Helmut Thielicke

Mensch sein – Mensch werden

Helmut Thielicke

Mensch sein — Mensch werden

Entwurf einer christlichen Anthropologie

R. Piper & Co. Verlag
München Zürich

ISBN 3-492-02695-8
3. Auflage, 15.-19. Tausend 1981
Studienausgabe

Gesamtherstellung H. Mühlberger, Augsburg
Gesetzt aus der Janson-Antiqua
Printed in Germany

Dem Lenoir-Rhyne-Professorenkollegium in Hickory, North Carolina, als Zeichen des Dankes für die dem Verfasser verliehene Würde eines Litterarum Doctor honoris causa respektvoll gewidmet

Der letzte, dem Menschen unbekannte Kontinent ist bekanntlich der Mensch.
Edgar Morin, Das Rätsel des Humanen

Welch ein Gewebe von Widersprüchen ist der Mensch! Er ist der schwerstverdauliche Bissen für jedes System. Er ist die Klippe für alles Wahre und Falsche. Er bringt die Naturalisten in Verlegenheit und die Orthodoxen ... Wir haben es hier mit einem Chaos zu tun, das schwerer zu entwirren ist als das der Dichter.
Pierre Bayle, Réponse aux questions d'un Provincial, 1702

Kein Psychiater, kein Psychotherapeut – auch kein Logotherapeut – kann einem Kranken sagen, was der Sinn ist, sehr wohl aber, daß das Leben einen Sinn hat, ja – mehr als dies: daß es diesen Sinn auch behält, unter allen Bedingungen und Umständen, und zwar dank der Möglichkeit, noch im Leiden Sinn zu finden.
Viktor E. Frankl, Der Mensch auf der Suche nach Sinn

Was liegt im Hinterhalt jenseits der Heide
Und hinter den Thingsteinen?
Hinter den Hünengräbern
Und hinter dem Lächeln des Monds?
Und was geschieht mit uns?
Und was sind wir, was tun wir?
Und auf all und jede dieser Fragen
Gibt es keine faßliche Antwort.
Uns traf viel mehr als ein persönlicher Verlust –
Wir verloren unsern Weg im Dunkeln.
T. S. Eliot, Der Familientag

Wer ein Warum zu leben hat, erträgt fast jedes Wie.
Nietzsche

Fern ist der Grund der Dinge und tief, gar tief, wer will ihn finden?
Der Prediger Salomo

Inhalt

ABSTIMMUNG MIT DEM LESER 19

A. DER MENSCH – EINE OFFENE FRAGE 23

I. Die Frage, was der Mensch sei, ist objektiv nicht zu beantworten 23

II. Fragwürdiges an naturwissenschaftlichen Anthropologien 27

III. Die Verschlingung von Freiheit und Notwendigkeit als Geheimnis menschlichen Daseins 29

IV. Hermeneutische Folgerung: Das menschliche Wesen kann nicht »begriffen«, sondern nur »verstanden« werden 32

V. Geschichte und Mythos als Verstehenshilfen 35

B. DER MENSCH – EINE UNSICHERE FRAGE 39

I. Die Fragwürdigkeit des Menschen als Motiv der Anthropologie 39

a) Indizien für die Unsicherheit: Natur- und Menschenrechte 40

b) Die drei Demütigungen des Menschen (Kopernikus, Darwin, Freud) 43

II. Unsicherheit und brüchiges Eis 47

a) Die Sehnsucht nach der Emanzipation 47

b) Rendezvous mit sich selbst: Die Identitätsnot 51

1. Das verzweifelte »Man-selbst-sein-Wollen« 51 / Ich-Verlust und Krankheit der Selbstvergessenheit 51 – Die Identitätskrise in der Dichtung 57

2. Verzweifelt *nicht* man selbst sein wollen 62 / Sprachlose Überwindung

der Individualität (Mystik, Romantik) 62 – Die Sprache als Erweiterung der Individualität 64 – Das Hineinschlüpfen in andere: Ausbruchsversuche aus der Leibeigenschaft unseres Selbst (im Alltag, in der Dichtung, in der Artistik, im Karneval) 69
3. Gibt es eine Beraubung meiner Identität? 74 / Folter, biologische Manipulation und ideologische Überfremdung 74 – Schicksalhafte und verantwortliche Beraubung. Zwei verschiedene Gestalten des Identitätsverlustes und der »Besessenheit« 76

C. DIE NEUE FRAGE NACH DEM MENSCHEN AUS DIESER UNSICHERHEIT
Ein Problemüberblick 81

I. Erste Krise der Identität: Schuld und Unschuld in zwangsläufigen Prozessen 83

a) Die eigengesetzlichen Zwänge. Beispiel: Der Weg von der Relativitätstheorie zur Atombombe 83
b) Erbsünde, tragische Schuld und Selbstrechtfertigung 86
c) Interpretation der biblischen Sündenfallgeschichte: das große Verschiebespiel 89
d) Tabu und Scham als Schutz menschlicher Blöße und Verwundbarkeit 92
e) Tabubrüche und ihr Wandel: das Geschlechtliche und der Tod 94
f) Zusammenfassung und erstes Ergebnis 95

II. Zweite Krise der Identität. Nochmals: Modellfälle aus Medizin, Biologie und Strafrecht 96

a) Der kommende Mensch als Züchtungsziel 96
b) Beginn und Ende des menschlichen Lebens 100
1. Der Beginn 100
2. Das Ende menschlichen Lebens 103
c) Das Strafrecht vor der Frage der Identität 109
1. Strafe setzt Identifizierung mit der Tat voraus 109
2. Die soziologische Entmächtigung der Strafe: die défense sociale 110
3. Ein Grenzfall als Modell: Kastration von Triebtätern 112
d) Die theologische Dimension der Identität: die neue Kreatur 115

III. Die Frage der Identität in der Verkündigung. Zum Verhältnis von Theologie und Anthropologie 117

a) Das veränderte Vorverständnis 117

b) Akkomodation an den Zeitgenossen 122
1. Soziologische, psychologische und andere zeitgenössische Fragestellungen 122
2. Zeitnähe und Zeithörigkeit, dargestellt am Modell der Erziehung 125
3. Die gefragte und die gegenfragende Theologie 128
c) Der Mensch in seiner Weltlichkeit. Wider eine »doketische« Anthropologie 130
1. Die geschichtliche Situation als »Leib« des Menschen 130
2. Die Identifizierung von Ich und Welt in der Bergpredigt 135
3. Die Welt-Dimension der Erb- und Ursünde 136

D. MENSCH, GESCHICHTE, SELBSTERFAHRUNG 139

I. Die Begegnung mit der Geschichte als Erweiterung des Selbst (Dilthey, Nietzsche) 139

II. Die Sphinx »Mensch«. Zur Verbindung von Natur und Geschichte im Menschen 145

a) Das menschliche Antlitz 145
b) Der animalische Leib 146
c) Die Verwandlung des Naturhaften in der humanen Sphäre (Eros) 149

III. Der Mensch im Verhältnis zum Animalischen, zu Gott und den Göttern 151

a) Die Frage nach der Grundrelation unseres Daseins 151
b) Die Identitätskrise unter der Herrschaft vorletzter Relationen (Exemplarisches dazu aus Ost und West) 152
c) Der theonome Bezug des Daseins bei den Griechen (Mensch – Götter). Rationalität und Autonomie im antiken und modernen Sinne 154

E. DER EINFLUSS DES MODERNEN WIRKLICHKEITSVERSTÄNDNISSES AUF DIE ANTHROPOLOGIE 161

I. Die Richtung, in der das Wirklichkeitsverständnis sich wandelt 161

a) Das Verhältnis von Zeit und Ewigkeit als Schlüssel zum säkularisierten Menschenbild 161
b) Die radikale Diastase von Zeit und Ewigkeit beim frühen Barth. Die säkularisierende Auswirkung dieses Ansatzes im Dritten Reich 163

c) Säkularisation als legitimes Kind des Christentums (Gogarten) 166
d) Zum geschichtlichen Beginn der Emanzipation 167

II. Die Formen, in denen das Wirklichkeitsverständnis sich wandelt. Von der theologischen zur philosophischen Anthropologie 168

a) Zur antiken und mittelalterlichen Ontologie. Die Korrespondenz von göttlichem und menschlichem Logos 168
b) Der neuzeitliche Durchbruch bei Descartes und Vico: der Mensch im Mittelpunkt 172
1. Die bedingte Neuzeitlichkeit Descartes'. Seine Reserve gegenüber dem Historismus. Die Last des griechischen Erbes 172
2. Vicos Eröffnung des neuzeitlichen Geschichts- und Menschenverständnisses 176
c) Zu den Folgen: Die Verfügung des Menschen über die Welt bei Karl Marx: der achte Schöpfungstag 179
1. Die Wahrheit des Machbaren 179
2. Der nicht in der Welt zu suchende, sondern ihr allererst mitzuteilende Logos 182
3. Zur theologischen Begegnung mit diesem Wahrheitsverständnis 184

III. Modellfälle für das neue Wirklichkeitsverständnis aus der Geschichte der Medizin und ihrer Anthropologie 187

a) Die spekulative und mythologische Medizin (Aristoteles, Hippokrates) 187
b) Der Schock der empiristischen Kehre 191
1. Das Postulat der Voraussetzungslosigkeit und der Primat des Faktums vor der Deutung 191
2. Keine metaphysischen Voraussetzungen, aber Offenheit für metaphysische Folgerungen. Die Beziehung von Erfahrungs- und Sinnsphäre 193
c) Empirismus in Verbindung mit dem Rückbezug zur Transzendenz, verdeutlicht an Niels Stensen 197

IV. Modellfall für den Wandel der Anthropologie: die Entstehung des individuellen Eros 200

a) Das Verständnis der Geschlechter in der Bibel und in der Reformation 201
b) Die Entdeckung des individuellen Eros: die neue »Weltlichkeit« der Geschlechtsliebe 206
1. Der Einbruch des Neuen in der Romantik 206
2. Das Verständnis des menschlichen Du in der Geschlechtsgemeinschaft 208

3. Die menschliche Qualität der Freiheit in der Geschlechtsgemeinschaft 212 / Die Inkongruenz der Erregungskurven bei Mann und Weib 213 – Der Ausfall der Brunstzeiten 215

V. Die neuzeitliche und neue Situation einer christlichen Anthropologie. Zusammenfassung und Ertrag: Theologie und Humanwissenschaften vor modifizierten Themen der Anthropologie 218

F. MENSCH UND NORM 225

Das Problem: Der Mensch im Gewebe von Ordnungen und Bezügen

I. Autonomie, Heteronomie, Theonomie 231

a) Die Gebote Gottes und das Autonomie-Postulat. Zur Auseinandersetzung mit Kant 231

1. Der Abgrund zwischen Gott und Autonomie 232
2. Die Überwindung des Abgrundes. Die Liebe als Erfüllung der Autonomie 239

b) Der Mensch im Verhältnis zu Autorität und Tradition 242

1. Die Infragestellung der Autorität im Namen der antiautoritären Selbstverwirklichung 242
2. Die Formen der Infragestellung: das Gleichheitspostulat 245 / Die Generalisierung des Gleichheitspostulats 246 – Die Ideologisierung des Gleichheitspostulats 248
3. Formen, in denen die Ablehnung der Autorität scheitert 251
4. Die Entstehung legitimer Autorität 255 / Das Verhältnis von Autorität und Autonomie 257 – Gleichrangigkeit und Überlegenheit der Autorität. Der grundsätzliche und der empirische Aspekt 260
5. Die anthropologische Bedeutung der Tradition 262 / Tradition und Freiheit 262 – Die antitraditionalistische Spitze der Emanzipation. Der Aufstand im Namen der Menschenrechte 265 – Karl Marx als Beispiel für eine anthropologische Fehlanzeige 267 – Die permanente Veränderung als Selbstzweck 271

II. Mensch und Gesellschaft 273

a) Die gottlose Welt und der weltlose Gott 274

b) Das Weltreich und das Gottesreich – der Mensch als Wanderer zwischen zwei Welten. Schöpfungsordnungen und Notverordnungen 277

c) Improvisierte und geplante Weltgestaltung – die neue Dimension der Liebe 283

1. Nicht nur Verbinden, sondern Verhüten von Wunden 283

2. Die politischen Implikationen dieser Gestalt von Liebe. Der Appell an die Rationalität und die Offenheit für den Kompromiß 284

d) Nächstenliebe im erweiterten Horizont der Neuzeit 288

1. Anstöße durch Karl Marx 288

2. Die Geschichte vom Barmherzigen Samariter in neuer Perspektive. Wider die »einäugige« Humanität 289

e) Unerledigte Probleme der Reformation in puncto Anthropologie 292

1. Von der Verwandlung des menschlichen »Herzens« zur Verwandlung der Welt. Versäumnis und Nachholbedarf 292

2. Die neue Freiheit des »Sohnes« in der Weltbewältigung 295

f) Kirche und Politik. Glaube und Sachlichkeit 299

1. Die Politik als Akt menschlicher Vernunft. Zugleich ein Plädoyer für die Skepsis gegenüber der Vernunft 299

2. Die politische Tätigkeit der befreiten Vernunft. Ihr Beitrag zur Ideologiekritik 301 / Die »totale Demokratisierung« 302 – Vertrauen und Mißtrauen inmitten des Pluralismus 304 – Das antiautoritäre Prinzip 306

G. MENSCH UND TECHNIK 311

Der Mensch als homo faber. Anthropologische Probleme des technischen Zeitalters

I. Die Technik als Einbruch eines qualitativ »Neuen« 311

a) Die geschichtliche Zäsur zwischen Handwerk und Technik 311

b) Der Aufstand der technischen Mittel 313

II. Die von der Technik ausgelöste Frage nach dem Menschen 315

III. Die Ambivalenz der Technik als Spiegelung der Ambivalenz des Menschen selbst 318

IV. Ein bedenkliches Mißverständnis der anthropologischen Technik-Deutung 320

a) Nochmals: Das Problem der Eigengesetzlichkeiten 320

b) Das Liebesgebot als Durchbrechung eigengesetzlicher Zwänge 322

c) Die Eigengesetzlichkeit als überpersönliche Schuld und nicht als Schicksal. Radikale Verschiedenheiten politischen Handelns, die sich aus dieser Unterscheidung ergeben 324

H. MENSCH UND ZEIT 327

I. Die Geschichtlichkeit des menschlichen Daseins 327

a) Das griechische Geschichtsverständnis als Hintergrund 327

b) Die Geschichte im Rahmen biblisch verstandener Anthropologie 330

1. Der geschichts-immanente und der geschichts-transzendente Standort 330 / Die illegal erraffte Transzendenz: die Vogelperspektive des Beobachters 330 – Das christlich verstandene Jenseits der Geschichte: Christus als »Mitte« 334 – Ist die Weltgeschichte das Weltgericht? Das Gericht und die Person des Richters 335 – Das »Schweigen« des Richters 338 – Weg und Ende der Warum-Frage 341

2. Die prophetische Enthüllung des Geschichtsgeheimnisses 342 / Die Geschichte kein logisch durchschaubares Kontinuum, sondern in der Freiheit Gottes gründend 342 – Das Schema »Weissagung–Erfüllung« als Schlüssel zur Geschichtlichkeit des Menschen 346 – Die Überbietung der Weissagung durch die Erfüllung: Der Weg in die offene Zukunft. Drei Modellfälle 348

II. Die Erstreckung menschlichen Daseins auf Zukunft. Sinn und Grenze der Fortschrittshoffnung 361

a) Hoffnung und Sorge als Vorwegnahme von Zukunft 361

b) Der Fortschrittsglaube als Paradigma der Zukunftshoffnung 363

c) Die Entgegensetzung von »konservativ« und »progressiv« – Entlarvung einer falschen Alternative 364

d) Die Technik als Stimulans des Fortschrittsglaubens 368

e) Gestaltwandel der Utopien 371

f) Ambivalenz des Fortschritts 373

g) Zukunft als Transzendenzersatz 374

h) Ausblick: Was ist zu tun? 377

III. Mensch und Endlichkeit. Über Beginn, Mitte und Ende des Daseins 381

a) Die Frage nach dem Wohin des Menschen 381

1. Das »Hiesige« und das »Drüben« 381
2. Der Tod des Menschen und das Verenden der Tiere 384
3. Die Auferstehung des Fleisches 385
4. Der Traum von der Unsterblichkeit 387
5. Die Gewißheit des ewigen Lebens 389

b) Die Frage nach dem Woher des Menschen. Grenzfragen zwi-

schen der biologischen und der theologischen Interpretation dieses Woher 394
1. Die Bedeutung der Grenze zwischen beiden Aspekten 396
2. Gründe und Formen der Grenzüberschreitung 400
3. Der Versuch, das Wesensbild des Menschen »wissenschaftlich« zu erheben (Beispielfall: Edgar Morin) 404
4. Verdeutlichung an Jacques Monod 407
5. Der quantitative und der qualitative Aspekt in seiner Bedeutung für die Anthropologie 414
6. Die Frage nach der Genesis des Menschen im Lichte der Schöpfung. Die modifizierte Fragestellung 416 / Ausblick auf biologische Analogien zu dieser Fragestellung (Adolf Portmann) 418 – Auswertung 424 – Der Hintergrund der modifizierten Fragestellung: der biblische Schöpfungsbericht 425
7. Die Möglichkeit einer »Entmenschlichung« 429

I. KRITISCHE BEGEGNUNG MIT ANTHROPOLOGISCHEN KONZEPTIONEN 433

I. Der Mensch in Auseinandersetzung mit dem Unbewußten (Freud, Frankl) 433

a) Stoffüberblick und Probleminformation 433

b) Zur Anthropologie Sigmund Freuds 435

c) Kritische Überlegungen 441
1. Die Normenblindheit der Psychoanalyse 441
2. Die Pervertierung des Menschenbildes 443
3. Die pragmatische Bedingtheit der Psychoanalyse 445
4. Albert Görres über die Psycho-»Physik« Freuds 448
5. Weltanschauung oder weltanschauliche Indifferenz der Psychoanalyse? 450

d) Die Überwindung der Eindimensionalität der Psychoanalyse durch die Logotherapie Viktor Frankls 457
1. Der kritische Einsatz: Wider die Reduktion des Menschen 457
2. Die Bedeutung der Sinnfrage in der Existenzanalyse 460
3. Die Frage nach der weltanschaulichen Neutralität der Logotherapie 463
4. Freud-Kritik im Lichte der Logotherapie 467
5. Arzt und Seelsorger vor dem Thema der Anthropologie 469

II. Der Mensch in seiner Selbstüberbietung (Teilhard de Chardin) 473

a) Skizze von Teilhards Konzeption 473
1. Teilhard als Repräsentant von Zeitfragen 473
2. Das Motiv Teilhards: die Synthese von Wissenschaft und Glaube 474

3. Die Evolution als verbindende Klammer um Diesseits und Jenseits, Denken und Sein, Theorie und Praxis 476
4. Der Geist der Lebensbejahung 479
5. Struktur und Antrieb der Entwicklung 480
6. Der Mensch im Prozeß der Evolution 482
7. Die Synthese von Natur und Gnade im Punkte Omega 485

b) Kritische Überlegungen 488

1. Der Einsatz der Kritik 488
2. Zu den anthropologischen Folgerungen Teilhards 491
3. Die Ortlosigkeit des Glaubens 493
4. Die Entmächtigung des Bösen 495
5. Teilhards Anthropologie im Zerrgürtel zwischen Heiligem Geist und Zeitgeist 498

Epilog 500

Anmerkungen 501

Register 510

Aus den Buchveröffentlichungen des Verfassers 525

Abstimmung mit dem Leser

Anthropologie hat mit *allem* zu tun, womit der Mensch sich abgibt, und was fiele wohl *nicht* unter diese Rubrik? »Nicht nur die Neurologie und die Psychologie, sondern noch viele andere Wissenschaften müssen integriert werden, wenn wir eine Wissenschaft vom Menschen schaffen wollen«, sagt Erich Fromm. In der Tat: Alle Fakultäten, alle Lebensbereiche – Kunst und Wirtschaft, Denken und Sprechen, Irrationales und Ekstase – haben einen menschlichen Bezug.

Darum kommt es bei einer Anthropologie weniger darauf an, eine *Auswahl* zu treffen: Wichtiger ist es, eine *Perspektive* zu finden, die Ausblicke auf das Ganze eröffnet.

»Perspektive« heißt zweierlei:

Einmal differenziert sie die Gegenstände in der Weise, daß die einen mir näher und die andern mir ferner stehen. Sie verhindert das neutrale Gleichmaß bloß statistischer Feststellungen.

Damit hängt das Zweite zusammen: Perspektive bezieht die Gegenstände auf den Standort des Beobachters und sorgt so für ein Moment der Subjektivität.

Die Anwendung der Perspektive auf das Thema »Mensch« kann nur bedeuten, daß ich mich dem zuwende, was *mir* wichtig ist, was *mich* interessiert (im Sinne von inter=esse) und was für *meine* Zeit relevant ist. Ich schreibe weder für das Jahr 1890 noch für das Jahr 2010. Dieses Subjektive, Bekennende möchte ich herauskehren.

Heißt das aber nicht, daß man ein solches Buch vor allem für sich selber schreibt? Warum hält es dann aber noch Ausschau nach Lesern?

Ein bewußt subjektiver Ansatz dieser Art – der im übrigen ja nicht irrational sein muß, sondern sich wissenschaftlicher Bezüge und rationaler Argumente bedient – kann eine fruchtbare Ausgangsbasis für Dialoge mit unsern Zeitgenossen sein. Ich denke mir das ähnlich wie bei einem Gespräch, in dem Wissenschaftler und interessierte »Amateure« um einen Tisch (oder Kamin) versammelt sind und bei dem die letzten Fragen auftauchen. Dann muß jeder sich selbst bekennen. Keiner gibt ein bloß allgemeines Blabla von sich, an dem alle Beteiligten in indifferenter Weise partizipierten und dem sie ebenso indifferent zustimmten. Aber einer hört dem andern zu und läßt ihn das Seine sagen. Und in eben diesem Zuhören ergibt sich die mäeutisch entbindende Kraft des Gesagten. Der Hörende sieht sich selber befragt.

In diesem Sinne möchte ich das »Meinige« sagen – jenes Meinige, das doch nicht ein eigenes Produkt ist, sondern das unter dem Druck erlittener Schicksale, in Lebenserfüllungen und Lebensentbehrungen, im Kontakt mit Freunden und Gegnern, in Konflikten und in Stunden des Friedens zustande kam. Ich wünsche mir Leser, die geduldig genug sind, dieses »Meinige« einmal anzuhören, und vielleicht geneigt sind, das »Ihrige« dadurch auslösen oder zumindest anregen zu lassen.

Es geht mir dabei um die gemeinsame Suche nach unserer *Identität*. Wir reden miteinander als solche, die unter ihrem Verlust leiden, oder auch als solche, die meinen, Ziel und Weg entdeckt zu haben. Dabei sehe ich, wie es meinem Beruf entspricht, vor allem junge Menschen im studentischen Alter vor mir.

Bei einem Buch, das so mit unserm Lebenszentrum zu tun hat, wird der Leser immer wieder auf gewisse Grund-Fragen stoßen, an denen der Verfasser besonders herumbohrt und um deren Bewältigung er jahrzehntelang – mit oft fragwürdigem Erfolg – gerungen hat. Auch dieses Insistieren auf der eigenen Gedankennot ist sicher ein Zeichen für die Subjektivität meines Versuchs. Aber wie sollte man etwas über den Menschen schreiben können, *ohne* die Spuren erkennen zu lassen, die die Falle der eigenen Existenz an einem hinterlassen hat? Überlegenheit und Distanz wären hier nur Hochstapelei. Zu diesen harten Brocken, die ich in meinem Steinbruch hin und her wälze, gehören Probleme wie die (von Theologen meist sträflich übersehene) Eigengesetzlichkeit geschichtlicher Prozesse, die unsere Freiheit zu verschlingen droht, oder eben auch jene Suche nach Identität, die gerade die junge Generation der siebziger und wohl auch achtziger Jahre umtreibt und umtreiben wird.

Obwohl ich in keinem Kapitel den Theologen verleugnen möchte, bin ich doch bemüht, nicht im Fachjargon zu reden, sondern aufgeschlossene Zeitgenossen so anzusprechen, wie ich das in einer Gesprächsrunde auch mündlich zu tun gewohnt bin. Eine gewisse Aufgeschlossenheit für das Feuilletonistische und damit die Bereitschaft, etwas aus der Reihe durchaus respektierter Fachgenossen zu tanzen, verlangte mir keinen besonderen Mut ab. Gastprofessuren in angelsächsischen Ländern und natürlich auch die entsprechende Lektüre haben mir diese Stilform allmählich in Fleisch und Blut übergehen lassen (auch wenn das »Made in Germany« sich in gelegentlichen Anläufen zum Tiefsinn wohl immer noch verraten wird und vielleicht auch soll!). Ich habe mich jedenfalls nicht gegen die Neigung zu diesem Stil und gegen illustrierende Bilder und eingestreute Anekdoten gewehrt, wenn das der Plastik und Verdeutlichung dient – im Gegenteil: Ich empfinde es als steril, wenn Theologen nur für Theologen schreiben und ihre Fachqualität so zu erweisen glauben.

Der einzige Mut, der hier verlangt wird, ist der Mut zum Dilettantismus: Im Rahmen einer Anthropologie ist man ja permanent mit Themen befaßt, in deren Bereich man nicht Fachmann sein kann: mit Human- und Naturwissenschaften, mit Philosophie und Medizin gleichermaßen. Es geht so um eine Grenzwanderung, die voller Tücken ist – aber nicht *nur* voller Tücken: Der Ort der Grenze ist zugleich, wie Paul Tillich einmal gesagt hat, der für die Erkenntnis fruchtbare Ort. *Einen* Kummer muß ich dem Leser allerdings noch gestehen: Zu dem Vielen, was ich auslassen mußte, gehört ein Kapitel über das so überaus Menschliche und den Menschen charakterisierende Phänomen des *Humors*. Doch hatte ich darüber erst eben ein besonderes Buch erscheinen lassen. Nun *noch* einmal etwas darüber zu sagen, wäre mir als eine peinliche Form des Aufwärmens erschienen, und die verträgt der Humor am allerwenigsten.

Ein paar technische Dinge möchte ich zum Schluß erwähnen:

Die »Theologische Ethik« des Verfassers mit ihren vier Bänden ist gewissermaßen *auch* schon als Anthropologie angelegt. Wenn in Fußnoten wiederholt auf sie (und noch andere eigene Produkte) verwiesen wird, so nicht in der eitlen Annahme, hier sei besonders Lichtvolles und Unentbehrliches gesagt. Obwohl das vorliegende Buch auch nicht gerade winzig ist, zwingt das Übermaß an Stoffen und Themen doch oft genug zur Abbreviatur, gelegentlich gar zur bloßen Andeutung. Dann dient es dem Verfasser ein wenig zur Beruhigung seines Gewissens, wenn er dem Leser sagen kann: Hier und da habe er schon einmal über das Problem nachgedacht und einiges zusammengetragen, was hier fehlen müsse.

Diese Hinweise sind wohl um so nötiger, als ich mich mit Literatur- und Zitatangaben auf das äußerste Mindestmaß beschränkt habe. Hätte ich damit erst angefangen, wäre im Nu ein Riesenapparat entstanden. Dieses Buch soll aber lesbar bleiben. Und Fachleute wissen sowieso, worauf ich mich stütze oder mit welchen Ungenannten ich im Gespräch bin.

Schließlich möchte ich denen noch danken, die mir – vor allem bei den Registern und beim Korrekturlesen – geholfen haben: meinen Mitarbeitern Dr. Uwe Böschemeyer in Hamburg und Vikar Reinhard Gilster in Bremen. Mein früherer Assistent Dr. Siegfried Scharrer hat sich besondere Verdienste durch eine kritische und anregende Durchsicht des Manuskripts erworben. Nicht zuletzt danke ich meiner Frau für die Gesamtüberprüfung der Druckvorlage. Hierbei zeigte sich wieder, daß Liebe nicht nur erfinderisch, sondern vor allem finderisch macht.

A. Der Mensch – eine offene Frage

I. Die Frage, was der Mensch sei, ist objektiv nicht zu beantworten

Es gibt kaum ein Betriebsfest oder eine staatsmännische Rede zum Jahreswechsel, die in irgendeiner Spielart den Satz ausließe: »Auf den *Menschen* kommt es an«: nicht auf Tarifregelungen, auf Geldverdienen, auf soziale Reformen – – – jedenfalls nicht im Sinne selbstzwecklicher Maßnahmen, sondern *wenn*, dann eben um des Menschen willen. Alle reden, in Ost und West gleichermaßen, von »positivem Humanismus«, von der »Vermenschlichung« des Strafvollzuges, des Schwangerschaftsabbruchs, der Bürokratie, der Altenbetreuung. Aber welchen Menschen meint man dabei? Welches Leitbild von Humanität ist hier maßgebend?
Bei einem Betriebsappell äußerte STALIN einmal (aus seinem Munde mag das besonders makaber klingen, aber auch nachdenklich stimmen): »In der Periode der Rekonstruktion entscheidet die Technik alles. Viele haben diese Losung nur mechanisch aufgefaßt, das heißt sie in dem Sinne verstanden, daß durch möglichst große Anhäufung von Maschinen alles getan sei, was diese Losung fordert. Das ist falsch. Man kann die Technik nicht von den Menschen trennen, die die Technik in Bewegung setzen. *Die Technik ohne den Menschen ist tot.*« Darum gelte es jetzt, die Betonung auf »die *Menschen* zu legen, die die Technik gemeistert haben ... Wir müssen jeden fähigen und sachkundigen Funktionär hüten und sein Wachstum fördern, die Menschen richtig im Produktionsprozeß einteilen und organisieren, den Lohn so organisieren, daß er die entscheidenden Glieder der Produktion festige und die Menschen dazu treibe, ihre Qualifikation zu heben.« Auf diese Sorge für den Menschen komme es jetzt an, »um eine zahlreiche Armee von produktionstechnischen Kadern zu schaffen«.
Welches Bild vom Menschen schwebt hier dem Redner vor? Der Mensch scheint vom technischen Prozeß nicht mehr als eigenwertige Größe abgehoben, sondern durchaus in ihn eingegliedert zu sein. In der Hierarchie der technischen Mittel wird ihm allerdings eine Spitzenstellung zugewiesen. Und auf dieser höchsten Stufe gibt es dann noch eine zusätzliche Feindifferenzierung, die sich nach dem Grade der »Qualifikation« bestimmt.

Hier wird also, wenn nicht alles trügt, der Mensch nicht im Sinne KANTS mit der Würde des Selbstzweckes ausgestattet, sondern er ist ein Mittel zum Zweck der Produktion, wenn auch ein Mittel von einsamem elitärem Rang. Hier geht es nicht um so etwas wie den »unendlichen Wert der Menschenseele«, um Privilegien also, die den Menschen aus dem Bereich des Dinglichen herausheben und ihm ein qualitatives Anders-Sein zusprechen, sondern hier ist er ausschließlich bedeutsam als nützliches Glied im Produktionsprozeß oder auch in der Gesellschaft.

Stellt sich dann aber nicht sofort die Frage nach der *Grenze* seines Wertes? Wie, wenn er alt und invalid, wenn er gar verblödet oder geisteskrank ist und damit jede Möglichkeit der Qualifikation entfällt? Sobald das qualitative Anders-Sein seines Wertes dem Blickfeld entschwindet, bleibt nur das Kriterium seiner sozialen oder technischen »Verwertbar*keit*« übrig – vom Embryo bis zum Greis. Beschreitet man diesen Weg aber, muß man ihn auch zu Ende gehen. Der nächste Schritt in dieser Richtung ergibt sich mit schauerlicher Zwangsläufigkeit:

Sobald die Verwertbarkeit den Rang eines Kriteriums gewinnt, stellt sich nämlich die Frage, wann die Grenze dieser Verwertbarkeit erreicht sei. Man mag diese Grenzlinie verschieden lokalisieren. Sie kann durch die Station der Sicherheitsverwahrung bei hoffnungslos Kriminellen oder durch den Punkt Irrenanstalt oder Asozialen-Asyl oder wie immer markiert sein: irgendwo wird sie jedenfalls gezogen werden müssen. Es handelt sich um genau jene Grenze, hinter der die Parole vom »lebensunwerten Leben« Geltung gewinnt.

Ob diese Parole zum Zuge kommt, hängt übrigens nicht vom Zynismus oder andern negativen Charaktereigenschaften der Beteiligten ab. Ich glaube aus guten Gründen nicht, daß es unbedingt *kriminelle* Instinkte gewesein müßten, die die Nazis zu Geisteskrankenmorden und Judenpogromen anstifteten. Bei vielen waren nämlich Idealismus und Bereitschaft zur Selbstverleugnung die Motive dieses schaurigen Geschäftes, so pervertiert diese Antriebe auch sein mochten. Was sie auslöste und dann das apokalyptische Drama des Massenmords anrollen ließ, war nicht die subjektive Befindlichkeit von Mordbuben, sondern die *Wertetafel ihrer Anthropologie*: Wenn nämlich Humanität durch den Gesichtspunkt der Verwertbarkeit bestimmt ist, stellt sich die Diagnose »lebensunwertes Leben« mit eigengesetzlicher Nötigung ein. Sie ist völlig unabhängig von subjektiven Charaktereigenschaften. Man kann dann wie HEYDRICH hingegeben einem Mozartquartett lauschen und im nächsten Augenblick die Häscher der SS auf ihre blutige Fährte setzen ... Der Obersatz der Anthropologie birgt alle weiteren Folgen in sich. Er entfaltet sich nur. Und die Strenge, in der er das tut, gleicht fast der Zwangsläufigkeit eines Naturgesetzes.

Macht man sich diese Konsequenzen mitsamt den schockierenden Modellfällen klar, die wir reihenweise dem Fundus der jüngsten Geschichte entnehmen könnten, dann stehen wir vor einem Rattenschwanz schwerwiegender Fragen:

Zunächst ergibt sich das Problem, wie denn die Alternative zu jener antihumanen These von der Verwertbarkeit aussehe, *wie also der unbedingte, der selbstzweckliche und sakrosankte Wert menschlichen Daseins zu begründen sei.* Sollte es wirklich genügen, diesen Wert nur deklamatorisch oder in Form eines Postulates auszusprechen? Solche Kundgebungen würden sicher von dem Verdacht begleitet sein, daß man unter dem Schock der Verwertbarkeitsthese und ihrer geschichtlichen Folgen einfach ins Gegenteil flüchte und also sage: Nur wenn uns menschliches Leben unbedingt heilig ist und wir den Menschen das Maß aller Dinge sein lassen, sind wir vor seiner Verdinglichung, Instrumentalisierung geschützt; nur dann ist er nicht jenem Geschick der Verschrottung überantwortet, wie es ausgedienten und unbrauchbar gewordenen Maschinen widerfährt. Ist aber das Wort von der Unbedingtheit und Selbstzwecklichkeit menschlichen Daseins so ein bloßes Produkt der Angst, wird es kaum glaubwürdig sein. Wie aber müßte es begründet werden, um diese Glaubwürdigkeit zu gewinnen? Ohne solche Legitimation *gibt* es ja keine Glaubwürdigkeit! Zweifellos reicht dafür auch nicht die Berufung auf abendländisch-christliche Traditionen aus, in deren Rahmen ja der Satz von der Unbedingtheit der Person ihren festen Ort hatte. Denn es könnte doch sein – und ist sicher so! –, daß die Voraussetzungen jener Tradition und ihrer Wertetafeln uns entschwunden sind. Wie aber können wir die Folgen behalten wollen, wenn die Prämissen nicht mehr bestehen?

Nehmen wir einmal an, daß das Christentum maßgeblich an der Einschätzung der Person als einer unbedingten, unserer Verfügung entzogenen Größe beteiligt war: Wie wirkt es sich dann auf das Seinsgeschick des Humanum aus, wenn wir – *säkularisiert* sind? Wäre es dann nicht möglich, daß der Motor jener »humanen« Tradition abgestellt ist, die Schwungräder aber das humane Getriebe noch eine Zeitlang in Gang halten, bis die immer langsamer werdende Bewegung schließlich im Stillstand endet? Und Stillstand hieße dann nichts anderes als das Abschiednehmen von der Unbedingtheit der Person, hieße ihre Verstoßung in einen bloß instrumentalen Rang, also in den Orkus bloßer Verwertbarkeit – oder?

Über diese Frage nachzudenken, bildet die Achse der folgenden Überlegungen. Wir halten dafür, daß es hier um eine Schicksalsfrage ersten Ranges geht.

Sollten wir dabei deutlich machen wollen, daß das Verständnis der Unbedingtheit menschlichen Daseins in der Tat *theologische* Gründe habe, so genügt es wiederum nicht, das nur festzustellen. Dann ist es vielmehr unsere Aufgabe, diese *Gründe* im Rahmen des Möglichen verständlich zu machen. Es gehört nun zum Wesen des christlichen Glaubens, der hier repräsentativ für jene Gründe steht, daß er nicht andemonstriert werden kann.

Wir würden ihn selber verleugnen und uns überdies einer erkenntnistheoretischen Naivität schuldig machen, wenn wir den *Beweis des Humanum* durch einen *Gottesbeweis* begründen wollten. Wohl aber können wir etwas anderes tun: Wir können *Überlegungen darüber anstellen, ob und inwiefern sich die Gottesfrage – als Frage! – innerhalb der Anthropologie stellt*[1].

Wir gehen also einmal von der heuristischen Annahme aus, daß sich diese Gottesfrage nicht einfach auf dogmatische Setzungen gründe – womöglich eine klerikale Herrschaftsideologie sei –, sondern ihren Grund in bestimmten Wirklichkeitserfahrungen habe und sich beim Eindringen in tiefere Daseinsdimensionen notwendig ergebe (wohlverstanden: als »Frage«, nicht mit beigefügter »Antwort«).

Wer die religiöse Diskussion seit der Aufklärung, seit dem »Ausgang des Menschen aus seiner selbstverschuldeten Unmündigkeit« (KANT) einigermaßen kennt, ist sich über das Ausmaß klar, in dem die Theologie zunehmend eine Verbindung mit der Anthropologie eingeht, sich sogar weithin – dann allerdings zu ihrem Schaden – in sie integriert. Je mehr der Mensch sich seit DESCARTES seines Ego bewußt wird und zur Autonomie strebt, um so mehr hört er auch auf, ein bloßer Passagier auf dem Schiffe »Tradition« zu sein, den einzuschlagenden Kurs und die Bord-Ordnung also wie Selbstverständlichkeiten hinzunehmen. Vielmehr stellt er die Geltung überlieferter Werte in Frage und erkundigt sich nach ihrer wirklichen Verbindlichkeit. Für ein sich emanzipiert verstehendes Ich bedeutet dies, daß die Frage genauer lautet: Was bedeuten diese Werte für *mich*? Kann ich die überlieferten Normen als Maximen *meines* Willens anerkennen, statt sie als Oktroi entgegenzunehmen, mich damit meiner Verantwortung zu entschlagen und diese an irgendwelche autoritären Instanzen zu delegieren? Ist es aber erst dahin gekommen – und wer möchte nicht wünschen, daß es dahin käme! –, dann gerät auch die Gottesfrage in die Zone des Zweifels, sie wird nun »hinter«-fragt. Und diese Frage lautet: *Inwiefern ist Gott für mich relevant*? oder auch: *Wo kommt Gott vor*? In welcher Beziehung steht er zu den Realitäten meines Lebens? Ein Himmel, der als Jenseits ohne Bezug zu unserm Jetzt und Hier ist, interessiert uns nicht. Er ist ohne Legitimation und bildet nur den Inhalt einer Behauptung, die auf dem Fließband der Tradition von Generation zu Generation weitertransportiert wird. Darum überlassen wir ihn mit Recht »den Engeln und den Spatzen«.

Zum Rattenschwanz der Probleme, die hier auf uns zukommen, gehört aber noch mehr. Schon die Überlegung, *wie* man denn überhaupt nach dem Wesen des Menschen zu fragen habe, weist auf ein solches Problem. Denn eines ist ja von vorneherein klar: Der Mensch ist kein Frage-Gegenstand von der Art, wie es Dinge, Pflanzen oder Tiere sind. Mache ich ihn in dieser Weise zum Objekt und bestimme ich seine objektiv erkennbaren

Merkmale, so mögen meine Feststellungen zwar richtig sein. Gleichwohl treffen sie nicht die Wahrheit, nicht das *Eigentliche* des Menschen. Im Rahmen solcher Objektivierungen tritt das menschliche Wesen vielmehr in das Zwielicht der Verwechselbarkeit. Im Sinne eines so verstandenen Erkenntnisobjektes – NORBERT WIENER hat einmal recht witzig darauf hingewiesen – erscheint mir der Mensch etwa als »federloser Zweifüßler«. Gegen die Richtigkeit dieser Feststellung ist zwar nichts einzuwenden, doch verfehlt sie auf groteske Art die Pointe des menschlichen Wesens. Ich werfe den Menschen dann »mit einem gerupften Huhn, einem Känguruh oder einer Springmaus in einen Topf«. Was ich also durch eine aufs Objektive gerichtete Phänomenologie am Menschen konstatieren kann, trifft ihn nicht in seinem Wesen. *Diejenigen Eigenschaften aber, durch die der Mensch wesentlich zu charakterisieren wäre, sind mir gerade* nicht *objektiv verfügbar. Zu diesen Eigenschaften gehören etwa Freiheit und Verantwortung.* – In jedem Erziehungsakt, im Strafrecht, das eine Verfehlung rächt, im Intimbereich der Ehe, überhaupt in *jeder* mitmenschlichen Beziehung, sogar in jeder Organisation der Gesellschaft rechnen wir mit der Gegebenheit oder zumindest mit der Möglichkeit von Freiheit und Verantwortung. Ohne sie könnte es kein Vertrauen geben, und ohne Vertrauen würde sich menschliches Leben in einen durch Kraft und Stoff geregelten Prozeß auflösen. Es könnte dann nicht mehr um Zumutungen, Erwartungen, eben um Vertrauen gehen; der andere wäre nur noch Gegenstand berechenbarer Reaktionen: eine wahrhaft apokalyptische, eine unmenschliche Vision.

II. Fragwürdiges an naturwissenschaftlichen Anthropologien[2]

Gerade diese wesentlichen und das Menschliche konstituierenden Facta entziehen sich aber den exakten Erkenntnis-Modi, wie sie etwa die Naturwissenschaft gegenüber ihrem Gegenstandsbereich verwendet. Das ist der Grund dafür, daß es stets unbefriedigend bleibt, wenn die Naturwissenschaftler von ihren Voraussetzungen her ein Menschenbild zu entwerfen suchen. Man kann sich das an dem Versuch JACQUES MONODS verdeutlichen, von seiner Molekularbiologie aus zu Aussagen über das menschliche Wesen zu kommen: Die A-priori-Wahrscheinlichkeit dafür, daß unter allen im Universum möglichen Ereignissen ein besonderes Einzelereignis – zum Beispiel die Entstehung des Menschen – sich vollziehe, liege nahe bei Null. Daß wir Menschen sind, komme daher, daß unsere »Losnummer« bei diesem Glücksspiel gewann. So sind wir ein Produkt des Zufalls, Zigeuner am Rande des Alls, und so tritt an die Stelle des Schöpfers die Evolution mit ihren Sprüngen. Wir finden uns in ziel- und bestimmungsloser, eben zufälliger Geworfenheit vor.

Ganz abgesehen von der Frage, ob diese Theorie richtig ist – darüber steht uns kein Urteil zu –, ergibt sich die Frage, was denn MONOD auf diese Weise vom Menschen zu Gesicht kriege. Degeneriert Anthropologie hier nicht zu einer bloßen Physik der lebenden Materie? Erscheint in dieser Sicht nicht ein wahrhaft gespenstisches Bild, besser: eine erschreckend leere weiße Wand, auf der sich in schwachen Konturen ein Ungreifbares, nicht Erkennbares andeutet? Wo bleibt hier all das, worin sich unser Leben in Wahrheit doch vollzieht: das Verhältnis von Ich und Du, die Frage nach orientierenden Normen und Werten, die Bereitschaft zur Entscheidung? Woher stammt nach dieser Konzeption die Lebensinitiative, so fragt SALVADOR DE MADARIAGA mit Recht, »woher das ins Auge gefaßte Ziel, die Willensenergie (die nicht in Wärmeenergie umtauschbar ist), welche die sogenannte Evolution vorwärtstreibt? Die Wahl, die Beharrlichkeit, auf jene Gipfel emporzusteigen, die sich Sixtinische Kapelle oder Neunte Symphonie nennen, woher stammen sie?« Eben dies ist doch das wahre Geheimnis *menschlichen* Lebens. Und ausgerechnet dieses Geheimnis vermag im thematischen Horizont MONODS nie zum Gegenstande der Frage nach dem Menschen zu werden. Strenggenommen bedeutet das nichts Geringeres, als daß der Mensch *selbst* außer Betracht bleibt.

In ähnlicher Weise scheint mir die »neue Anthropologie« EDGAR MORINS insofern an eine Grenze zu kommen, als der Verfasser in der Illusion befangen ist, das Wesen des Menschen sei objektivierbar und könne durch Zusammenstellung ausreichender empirischer Daten umschrieben werden. Da die bisherigen Vorstellungs- und auch Glaubenstraditionen »keine verbindliche Kraft« mehr haben, muß man nun nach einer neuen und umfassenden »Wissenschaft« vom Menschen suchen. Zu dieser universalen Anthropologie kommt man dadurch, daß man die Fülle der aus den empirischen Einzeldisziplinen gewonnenen Aspekte, daß man also die Erkenntnisse der Informationstheorie, der Kybernetik, der Hirn- und vergleichenden Verhaltensforschung, der Ökologie usw. zu einer allseitigen Synopse zusammenstellt.

Es dünkt mich nun eine irrige – in ihrer Irrigkeit noch zu begründende – Vorstellung zu sein, man könne das Wesen des Menschen durch Addition aller verfügbaren empirischen Aspekte gewinnen. Das vorliegende Buch bemüht sich demgegenüber, eine radikal *verschiedene* anthropologische Konzeption einsichtig zu machen: daß ich meine Überzeugung vom Wesen des Menschen nämlich aus *andern* als wissenschaftlichen Quellen beziehe – vielleicht aus einer reflektierten oder unreflektierten Weltanschauung, aus einer religiösen Überzeugung, aus der mich umgebenden und prägenden Tradition, aus unmittelbarer mitmenschlicher Erfahrung oder woher immer. Diese vorgegebene Gewißheit über das, was der Mensch sei, bildet den Rahmen für alles das, was ich nun an empirischen Einzelheiten erfahre. Von diesem A-priori-Rahmen aus interpretiere ich auch die einzelnen Fakta.

Wahrscheinlich ist es berechtigt, JACQUES MONOD dafür als Beispiel anzuführen: Es ist wohl doch nicht die Molekularbiologie, der seine Theorie von der »Zufälligkeit« menschlichen Lebens, vom »Zigeuner am Rande des Alls« entstammt. Diese seine Überzeugung ging vielmehr den empirischen Komponenten seines Menschenbildes voran: Er teilte mit seinem Freunde ALBERT CAMUS die Überzeugung von der absurden Sisyphus-Existenz des Menschen, und bestimmte molekularbiologische Aspekte schienen nur *bestätigende* Indizien dafür zu liefern[3].

Niemand hat die Unmöglichkeit, den Menschen wie ein Ding zu behandeln und dieses Ding sodann objektivierend auszuforschen, so nachdrücklich sichtbar gemacht wie KANT in der »Kritik der praktischen Vernunft«. Hier beschreibt er als das Eigentliche des Menschen ausgerechnet das, was sich dem erkennenden Zugriff entzieht: seine Freiheit.
Warum kann ich Freiheit denn nicht gegenständlich testen? Würde ich versuchen, sie in diesem Sinne zu erfassen, so ginge ich von der Voraussetzung aus, im Ablauf kausal bestimmter Prozesse ein *Loch* zu entdecken, eine Stelle also, wo eine Ursache nicht automatisch eine Wirkung aus sich heraussetzt, sondern wo dieser Fluktus unterbrochen und ein menschlicher Entschluß, statt selber bewirkt zu sein, nur »erste Ursache« wäre. Sollte es möglich sein, ein solches Loch zu entdecken, könnte ich triumphierend ausrufen: Seht, da habe ich den Augenblick der Freiheit erwischt, einen ursachlosen Augenblick, oder schärfer: einen Augenblick, in dem das menschliche Ich nicht einfach vom Kausalfluktus durchwirkt ist, sondern selber zur Ursache wird, so daß ich folgerichtig von seiner Selbst-Bestimmung, von seiner Autonomie reden kann.

III. Die Verschlingung von Freiheit und Notwendigkeit als Geheimnis menschlichen Daseins

Warum ist es nun unmöglich, die Freiheit als ein solches Loch in der Kausalität zu entdecken? KANT nennt dafür einen erkenntnistheoretischen und einen empirisch-statistischen Grund:
Erkenntnistheoretisch gesehen ist die Kausalität für ihn eine Kategorie, die in unserer Verstandestätigkeit wirksam ist. Vereinfacht ausgedrückt will er damit sagen: Ich kann gar nicht anders, als Gegenstände meiner Erfahrungswelt ursächlich bewirkt zu sehen und sie zugleich wieder als Ursachen neuer Wirkungen zu begreifen. Ein ursachloses Geschehen ist mir schlechthin unbegreiflich. Danach steht es also nicht in der Kompetenz meiner Verstandestätigkeit, eine Unterbrechung des Kausalfluktus durch das Loch der Freiheit wahrzunehmen. Freiheit wird mir so nicht im Rahmen einer theoretischen Erkenntnis gewiß, die sich auf Gegenstände bezieht, sondern ich werde ihr sozusagen ungegenständlich inne: so nämlich, daß ich in meinem Gewissen den Anruf des sittlichen Imperativs erfahre und so mit der Verantwortung belastet werde, ihm willfährig zu sein. Indem der praktische Logos mir im Gewissen sein »Du sollst« zuruft, ist es mir unmöglich, mich mit dem Argument herauszureden, ich stünde doch unter dem deterministischen Zwang kausaler Notwendigkeit und *könne* also leider nicht, wie ich wolle. Dem »Du sollst« entspricht vielmehr die Gewiß-

heit des »Du kannst«: dir ist der Raum deiner Freiheit durch diesen Anspruch zugesprochen.

Die Gewißheit der Freiheit gewinne ich folglich nicht im gegenständlichen Bereich, sondern in der Ungegenständlichkeit meines sittlichen Ich. Selbst die theoretische Vernunft erfährt nach KANT etwas von dieser Freiheit, aber auch sie tut das nur in dieser ungegenständlichen Weise: Müßte diese Vernunft sich nämlich sagen, daß alle ihre Schlußfolgerungen kausal – z. B. durch Gehirnfunktionen – bedingt seien, so könnte sie nichts Unbedingtes mehr denken. Der Anspruch auf Wahrheit wäre ihr dann verwehrt, und sie würde »in einen Abgrund des Skeptizismus« gestürzt werden. Die Gewißheit, daß die Vernunft in ihren Schlußfolgerungen frei wählend – das heißt das Wahre wählend – verfahren kann, ist danach schon »ein analytischer Grundsatz der reinen spekulativen Vernunft«. Das Wissen um die Freiheit im Bereich *theoretischer* Erfahrung ergibt sich so ebenfalls nicht aus einer Selbstobjektivierung der Vernunft, in deren Rahmen sie sich selbst beobachten und das »Loch« der Freiheit im Ablauf ihrer Schlußfolgerungen entdecken könnte. Nein: auch dieses Wissen um Freiheit kommt sozusagen als spontane, ungegenständliche Selbstgewißheit der Vernunft zustande.

Neben diesem erkenntnistheoretischen Grund dafür, daß ich Freiheit nicht im Zuge einer theoretischen Analyse aufweisen kann, steht bei KANT nun noch eine *empirische* Beobachtung, die in dieselbe Richtung weist: Angenommen einmal, es sei möglich, »in eines Menschen Denkungsart ... so tiefe Einsicht zu haben, daß jede, auch die mindeste Triebfeder dazu uns bekannt würde«, daß wir ferner über alle äußeren Einwirkungen Bescheid wüßten, denen er ausgesetzt ist, so würde man »eines Menschen Verhalten« mit der gleichen Sicherheit voraussagen können, wie die Astronomen »eine Mond- oder Sonnenfinsternis« berechnen – – –. Die Unmöglichkeit, das jemals zu können, und die Unmenschlichkeit dieser Vision zeigen uns, daß wir dabei den Faktor der Freiheit übersehen würden. Wir sprechen dem Wesen des Menschen Hohn, wenn wir ihn wie ein berechenbares Ding behandeln und ihn also abgesehen von seiner Freiheit betrachten wollen. Und die Geschichte spielt denn auch, wie wir hinzusetzen können, allen Voraussagen und Berechnungen immer wieder einen Streich, weil menschliche Freiheit eben das Unberechenbare tut. Das Kalkül der Prognostiker eilt von Blamage zu Blamage.

KANT fügt diesen Überlegungen nun noch einen Gedanken hinzu, der höchst charakteristisch für ihn ist: Selbst wenn wir einmal eine so waghalsige Hypothese aufstellen, daß man über alle Berechnungsunterlagen für menschliches Verhalten verfügte und daß wir sein Tun wie eine Mond- oder Sonnenfinsternis voraussagen könnten, dann müßten wir dennoch behaupten, daß »der Mensch frei sei«. Das klingt sehr verwegen, ja absurd. Doch können wir nach dem Gesagten nun schon erraten, wie KANT das meint: Selbst wenn ich mich der Stringenz solcher notwendigen Abläufe ausgesetzt sähe und mich unter diesem Zwange gegen das »Du sollst« verginge, würde ich mich schuldig wissen. Ein Alkoholiker etwa, der in seiner Trunkenheit Frau und Kinder prügelt und sein Mobiliar zerschlägt, wird in der wiederkehrenden Nüchternheit vermutlich nicht nur einen physischen Katzenjammer, sondern auch einen moralischen Kater kriegen. Er wird sich nicht einfach sagen können, sein Vater sei auch schon Alkoholiker gewesen, er stehe unter dem Zwang einer verkorksten Erbmasse und sei damit entschuldigt. Er wird also (außerhalb des Interesses an Schutzbehauptungen) kaum sagen: Ein »Es« kam über mich, sondern: »Ich« war es. Er wird so um seine Verantwortlichkeit, um seine Freiheit wissen.

Wenn Kant das Wissen um Schuld – selbst angesichts der Wirksamkeit des Kausalgesetzes – so mit der Ungegenständlichkeit des Ich begründet, dann mag das auf den ersten Blick abstrakt klingen. Und doch rührt er damit an sehr konkrete Lebenserfahrungen, die uns allen vertraut sind. Ich denke hierbei zum Beispiel an einen Kleptomanen, der mir aus dem Gefängnis schrieb. Obwohl er bekannte, unter einem unwiderstehlichen Zwang zu stehen, bedrängte ihn sein Gewissen, und er kämpfte mit der Selbstverachtung. Ohne daß er Kant je gelesen hätte, schrieb er: »Ich komme zwar nicht dagegen an, es ist wie ein Zwang, der über mich kommt; ich kann den ›silbernen Löffel‹ einfach nicht liegen lassen. Und dennoch kann ich mich nicht damit beruhigen, daß es ein Es außerhalb meiner selbst gewesen wäre, das hier in Funktion trat. Ich komme nicht darüber hinweg, daß eben ›ich‹ es war.« (Ganz in diesem Sinne spielt übrigens auch Kant auf die Kleptomanie an.)

Nach meinem Empfinden hat niemand so tief wie Luther diese Verbindung von Freiheit und Notwendigkeit geistig zu bewältigen gesucht, und zwar in seiner gegen Erasmus gerichteten Schrift über den »Geknechteten Willen«. Hier taucht das, was bei Kant »Notwendigkeit« ist, unter der Chiffre der *Prädestination* auf. Und seine Frage lautet dann: Wie kann ich annehmen, daß wir einerseits unter der Unausweichlichkeit göttlicher Vorherbestimmung stehen und andererseits gleichwohl verantwortlich sind, so daß wir nicht sagen können: kraft seiner Vorherbestimmung ist es eben Gott selbst, der für unsere Irrwege verantwortlich ist?

Um mit diesem Problem fertig zu werden, führt Luther eine höchst charakteristische Unterscheidung ein, nämlich die zwischen Zwang (coactio) und Notwendigkeit (necessitas). Coactio ist ein Zwang, der mich von außen her überfällt – so etwa wenn ein Polizist einen hilflos torkelnden Betrunkenen hinten an seiner Hose hochhebt und ihn so auf die Wache befördert. Dieser etwas gewaltsame Transport geschieht ganz ohne Zutun des Betrunkenen; er ist in keiner Weise an diesem Verfahren beteiligt. Die Initiative wird ganz außerhalb seiner Person ergriffen; nur der Polizist ist hier der Handelnde. Der Betrunkene kann nachher zu ihm sagen: »Du hast mich auf die Wache geschleppt!« Kann ich nun auch gegenüber Gott diesen Einwand geltend machen, *er* sei es eben gewesen, der mich zum moralischen Scheitern verurteilt habe? Das eben geht nicht, meint LUTHER. Denn die Zwangsläufigkeit, unter der ich *hier* stehe, habe den Charakter der »Notwendigkeit«: Kraft meines Soseins als gefallener, als entfremdeter Mensch könne ich ohne die rettende Gnade eben gar nicht anders, als den Irrweg in die Fremde einzuschlagen. Niemand anders als ich selbst müsse sich die Schuld dafür zurechnen (imputare). Das Subjekt dieses Tuns sei mein Ich. Ich habe also in Freiheit diese Notwendigkeit, unter der ich stand, in Anspruch genommen.

Wer nun meinen sollte, hier handle es sich um eine theologische Spitzfindigkeit, der mag sich nicht nur durch die analogen Überlegungen KANTS, sondern auch durch GOETHE eines andern belehren lassen. In den Versen über den Daimon spricht GOETHE in den »Urworten. Orphisch« von der »geprägten Form, die lebend sich entwickelt«. Auch die uns eingestiftete Entelechie unseres Wesens verwirklicht sich im Zuge einer Notwendigkeit, die keinen Widerspruch, keine freiheitliche Unterbrechung des Prozesses der Selbstverwirklichung gestattet. Wir müssen das werden, was wir sind; und »aller Wille / ist nur ein Wollen, weil wir eben sollten« (Anangke). Auch hier also muß ich »ich« zu mir und meinem Tun sagen, gerade weil es mein Selbst ist, das sich im Prozeß der Selbstverwirklichung befindet. *Freiheit und Notwendigkeit sind in diesem Sinne kein Widerspruch.*

IV. Hermeneutische Folgerung: Das menschliche Wesen kann nicht »begriffen«, sondern nur »verstanden« werden

Warum sahen wir uns veranlaßt, gleich zu Anfang diese ausführliche Erörterung des Freiheitsproblems anzustellen? Wir mußten das tun, um uns von vorneherein einem methodischen Problem zu stellen, an dem niemand vorüberkommt, der sich mit dem Thema der Anthropologie befaßt. Wenn nämlich Freiheit eine wesentliche Signatur menschlicher Existenz ist, dann läßt sich deren Wesen nicht in objektivierender Weise erfassen, so wie das bei den Dingen möglich ist und wie Physik oder Biologie das in ihren Bereichen mit Recht betreiben. Freiheit gehört nicht zu den möglichen »Gegenständen« des Erkennens. Sie wird mir vielmehr nur ungegenständlich gewiß. Sie wird mir in unmittelbarer Selbsterfahrung zugesprochen. Und nur weil ich dieser Selbsterfahrung vertraue, kann ich auch meiner Vernunfttätigkeit trauen, die mich erkennend auf die Gegenstände der Erfahrung zugehen läßt.

Seit DILTHEY sagt man deshalb mit Recht, daß man den Menschen und damit auch die Geschichte nicht »erklären«, sondern nur »verstehen« könne. Etwas »erklären« würde ja bedeuten, es kausal abzuleiten. Dem widersetzt sich aber gerade die nicht erklärbare Freiheit und damit das

maßgebliche Element menschlichen Wesens. »Verstehen« meint demgegenüber etwas anderes als »Erklären«:
Der Begriff Verstehen besagt nämlich im Sprachgebrauch DILTHEYS, daß ich fremdes personales Leben nur unter einer ganz bestimmten Bedingung erkennen kann: ich muß für meine Person dieselbe personale Daseinsstruktur haben wie jenes andere personale Leben. Nur weil ich selber ein verantwortliches Verhältnis zum praktischen Logos und zum Sinn meines Daseins habe, kann ich den andern in seinem entsprechenden Verhältnis verstehen. Allein deshalb rühren mich zum Beispiel seine Langeweile und Leere, seine Seinsverfehlung oder auch seine Seinserfüllung an. Darum verstehe ich, daß dieses andere Dasein in derselben Weise wie ich selbst dazu aufgerufen ist, seine Bestimmung zu ergreifen, und daß es unter dem gleichen Risiko der Seinsverfehlung steht. So kommt gerade durch Solidarität, die mich zusammen mit dem andern unter der gleichen Daseinsthematik stehen läßt, die Möglichkeit des Verstehens zustande. In einem seiner frühen Bücher über das alte unbekannte Innere Chinas gibt PAUL CLAUDEL zu diesem Problem einen hübschen Kommentar, wenn er den Begriff »Connaissance« (= Kenntnis, Wissen) interpretiert, indem er ihn zerlegt: »Con=naissance«, das heiße Zusammen-geboren-sein, auf der gleichen Erde, als der gleiche Mensch. So ergibt sich die zum Verstehen nötige *Analogie*.
In seiner Schrift über die Entstehung der Hermeneutik beschreibt DILTHEY diese Solidarität in psychologischer Manier: als die Kraft kongenialer Einfühlung und damit als das, was SCHLEIERMACHER zum Vermögen des »divinatorischen Verstehens« rechnet. Die Fähigkeit des Verstehens beruht also auf der Verwandtschaft, der Analogie zwischen dem Verstehenden und dem zu Verstehenden, zwischen dem Ausleger und dem Autor, »gesteigert durch eingehendes Leben mit dem Autor, durch beständiges Studium«.
Der Begriff der Kongenialität ist nun bei DILTHEY zweifellos so etwas wie der psychologische Überbau eines anthropologischen Grundtatbestandes: daß nämlich beide – Autor *und* Ausleger – solidarisch als Träger von personalem Leben sind; sie begegnen einander als Menschen, die sich selbst ergreifen oder verfehlen können, die vor der Alternative der Selbstverwirklichung oder der Entfremdung stehen und in beidem durch die Gabe und den Schrecken der Freiheit charakterisiert sind. »Wär' nicht das Auge sonnenhaft, die Sonne könnt' es nie erblicken«: mit diesem Wort rührt GOETHE an dieses Gesetz der Analogie, das jeder Möglichkeit des Verstehens zugrunde liegt.
Der Mensch kann nicht erklärt, sondern nur verstanden werden – das ist der erste Hauptsatz jeder Anthropologie. Dieser Satz aber schließt ein, daß ich zum Verstehen eines *andern* zunächst des Verstehens meiner *selbst* bedarf. Kann ich denn ernsthaft von der Schuld eines andern Menschen reden (und ihn also als Schuldigen verstehen), wenn ich nicht um die Pro-

blematik und Anfälligkeit meiner selbst weiß? Hat Jesus nicht eben dies im Blick, wenn er davon spricht, daß ich zunächst einmal an den Balken im eigenen Auge denken solle, ehe ich mich mit dem Splitter in dem meines Nächsten befasse?

Wie aber komme ich zum Verstehen meiner selbst?

Ganz sicher nicht so, daß ich mit Hilfe einer Selbstanalyse in mich hinein starre und einer Nabelbeschau fröne. »Der Mensch kennt nur sich selbst«, sagt GOETHE einmal in seinen autobiographischen Schriften, »insofern er die Welt kennt, die er nur in sich und sich nur in ihr gewahr wird. Jeder Gegenstand, wohl beschaut, schließt ein neues Organ in uns auf.« In der Begegnung mit andern werden mir »Spiegel« zur Verfügung gestellt, damit ich mir »über mich selbst und über mein Inneres deutlicher werden könnte«. Darum lerne ich mich nur durch »Tätigkeit« kennen, so gewiß ich im Handeln nach außen trete, auf die Welt einwirke und sie auch auf mich einwirken lasse. So heißt es in »Wilhelm Meisters Lehrjahren« einmal: »Wenn ich einen Menschen kennen lerne, frage ich sogleich, womit beschäftigt er sich? und wie? und in welcher Folge? und mit der Beantwortung der Frage ist auch mein Interesse an ihm zeitlebens entschieden.« Im gleichen Sinne äußert GOETHE sich in den Sprüchen in Prosa, wenn er sagt: »Wie kann man sich selbst kennenlernen? Durch (Selbst-)Betrachten niemals, wohl aber durch Handeln. Versuche deine Pflicht zu tun, und du weißt gleich, was an dir ist.« Er kann geradezu seinen Spott ausgießen über den sterilen Versuch, durch Autoanalyse hinter die Kulissen des eigenen Wesens zu blicken:

Autochthonisch, autodidaktisch,
Lebst du so hin, verblendete Seele.
Komm nur heran, versuche dich! Praktisch
Merkst du verdrießlich, wie's überall fehle.

Und im »Tasso« meint Antonio, daß es wohl angenehm sei, »sich mit sich selbst beschäftgen, wenn es nur so nützlich wäre«. Es ist aber nicht nützlich, denn

Der Mensch erkennt sich nur im Menschen, nur
Das Leben lehret jedem, was er sei.

Auf der gleichen Linie liegt es, wenn DILTHEY meint, der Mensch erkenne sich selbst niemals unmittelbar, sondern nur in der Begegnung mit der *Geschichte*. Sie ist ja gleichsam die *Sphäre* des Menschen, sie ist sein Analogon, dem er sich verstehend nähern kann, um darin zugleich sich selbst zu verstehen: »Der Mensch erkennt sich nur in der Geschichte, nie durch Introspektion. Im Grunde suchen wir ihn alle in der Geschichte.«

Wesentlicher freilich als die Feststellung, *wo* der Mensch sich selber findet, wenn er sich verstehen will, ist der negative Hinweis, wo er sich *nicht* und auf *keinen* Fall finden kann: nämlich in der unmittelbaren Introspektion, also in der Haltung des Hineingekrümmt-Seins in sich selbst (incurvatus in se ipsum). Daß dieser Weg der Nabelbeschau absurd und steril sei, ist nicht nur ein Erfahrungssatz. Vielmehr hängt diese Blockierung unseres Selbstverständnisses mit dem Sinngrund menschlichen Daseins zusammen.

Diesen Zusammenhang hat ausgerechnet ein ursprünglich von FREUD ausgegangener Tiefenpsychologe, der Logotherapeut V. E. FRANKL, mit aller wünschenswerten Deutlichkeit formuliert, wenn er sagt: »Der Mensch ist nicht da, um sich zu beobachten . . .; sondern er ist da, um sich auszuliefern, . . . erkennend und liebend sich hinzugeben.« Wenn wir zur Hingabe, zu einer Bestimmung-für . . . berufen sind, können wir uns in der Tat nur dann verstehen, wenn wir diese intentionale Bewegung mitmachen, uns also im Lieben, in der Hingabe, im Suchen nach Sinn, in der »Tätigkeit«, auch im »Immer-strebenden-Bemühn« selbst erfahren. Das nur introspektive Hineingekrümmtsein in uns selbst hat nur ein verzerrtes Menschenbild zum Ziel.

Wir fassen zusammen: Selbsterkenntnis kommt also nicht durch den kontemplativen Akt einer Selbstversenkung in das eigene Ich zustande, sondern nur durch ein Nach-außen-Treten, durch tätiges Handeln an der Welt und durch die Begegnung mit der Geschichte. Selbsterkenntnis ergibt sich so niemals unmittelbar, indem man sich mit seinem Selbst beschäftigt, sondern nur mittelbar und auf Umwegen. Sie fällt dann wie nebenbei mit ab. Daß und warum das so ist, erklärt sich daraus, daß der Mensch niemals als »Gegenstand« der Erkenntnis auftaucht, *auch* nicht als Gegenstand der Selbsterkenntnis. Wenn wir deshalb sagten, er könne nicht »erklärt«, sondern nur »verstanden« werden, so heißt das, daß er als freiheitliches Wesen nur seinesgleichen verstehen kann. Aber weil es darin eben um seines-gleichen geht, versteht er so nicht nur den andern, sondern auch sich selbst. Diese dialektische Beziehung von Welt- und Selbsterkenntnis bringt das zitierte GOETHE-Wort ja in eminenter Prägnanz zum Ausdruck, wenn es sagt, daß der Mensch die Welt »nur in sich und sich nur in ihr gewahr wird«. Die Welt ist mein makrokosmisches Abbild, und ich bin ein Mikrokosmos der Welt. Darum sind Innen und Außen einander analog. Insofern empfange ich dann mein Selbstbewußtsein aus dem Umgang mit der Welt. Und umgekehrt: ich weiß um die Welt nur, indem ich um mich selber weiß. Das gilt in besonderem Maße von der *geschichtlichen* Welt, weil sie als Sphäre des Menschen mein unmittelbares Analogon repräsentiert.

V. Geschichte und Mythos als Verstehenshilfen

Damit empfangen wir einen weiteren bedeutsamen Hinweis für die Methode, deren sich eine Anthropologie befleißigen muß:
Die Feststellung nämlich, daß der Mensch nicht erklärt, sondern nur verstanden werden könne, bezieht sich genauso auf die Geschichte als jenen

Raum, den wir die »Sphäre« des Menschen nannten. *Auch der Geschichte gegenüber kann ich mich nicht objektiv registrierend verhalten.* Ich bin vielmehr als geschichtliches Wesen stets in mein Verstehen von Geschichte eingeschlossen. Und wenn wir soeben sagten, ich erführe mich selbst nur auf dem Umweg über die Begegnung mit der Geschichte, so gilt auch das Umgekehrte: Ich erfahre die Geschichte nur auf dem Umweg über das Verständnis meiner selbst. In dieser Dialektik meldet sich das, was man den hermeneutischen Zirkel zu nennen pflegt: Die Art, wie ich mich selbst verstehe – als Geistwesen wie bei HEGEL oder als material-ökonomisch bedingt wie bei MARX –, ist sicher unter dem Eindruck des Geschichtsverlaufs zustande gekommen, entweder angesichts der Universalgeschichte (HEGEL) oder auch der Gegenwart in Gestalt des frühkapitalistischen Klassenkampfes (MARX). Das so vom geschichtlichen Eindruck provozierte und geprägte Selbstverständnis gewinnt sodann in Gestalt einer Rückkopplung den Rang einer Kategorie, die den erneuten und nunmehr methodisch geschärften Blick in die Geschichte leitet, die die Perspektive bestimmt und als Kriterium für Auswahl und Bewertung geschichtlicher Stoffe dient. Das so wirksame und vom Selbstverständnis diktierte Vorurteil läßt sich in keinem Fall ausschalten, so daß geschichtliches Verstehen prinzipiell niemals »voraussetzungslos« werden kann.

Daß das so ist, bedeutet durchaus keine Hypothek, die den Historiker neidvoll auf die exakten Naturwissenschaften blicken ließe, weil diese es mit dem Postulat wissenschaftlicher Voraussetzungslosigkeit eben leichter hätten. Denn wenn sich der Historiker gewaltsam von jenen Voraussetzungen seines Selbstbewußtseins befreien wollte, würde er nicht mehr menschliche Geschichte, sondern eine zur Pseudo-Natur degenerierte Un-Geschichte zu sehen bekommen. Nein: daß der Historiker nicht von den Voraussetzungen seines Selbstbewußtseins und seines Vorverständnisses loskommt, ist in der *Sache* begründet, um die es hier geht: *Nur als Träger von Freiheit kann der Mensch die Geschichte als Sphäre der Freiheit verstehen.* Freiheit aber gibt es ja nicht als abstrakte Beliebigkeit, sondern nur als Entschlossenheit zu etwas. Indem der Mensch sich als frei bezeichnet, bekennt er sich zum Beispiel in seinem Vermögen, ein Ziel anzugehen, sich selbst zu verwirklichen, seine Bestimmung zu ergreifen. Das, was ihm so als Ziel und Wesen gewiß wird, kann nicht ohne Wirkung auf die Art bleiben, wie er nun den andern und wie er die Geschichte insgesamt sieht und interpretiert.

Indem wir so auf die Tatsache stoßen, daß der Mensch als geschichtliches Wesen sich immer in sein Verstehen von Geschichte mit einbringt, meldet sich aufs neue jenes ungegenständliche, objektiv nicht greifbare Moment, auf das wir beim Durchdenken des Freiheitsproblems stießen.

Aus diesem Grunde läßt NICOLAI BERDIAJEW in seinem Buch über den Sinn der Geschichte den *Mythos* als eine tiefere Rekonstruktion des Lebens

erscheinen. Der Mythos erfaßt eine Dimension menschlichen Lebens, die einer nur objektiven Zurkenntnisnahme unzugänglich bleiben muß. Daß wir »eine ausschließlich objektive Geschichte nicht zu begreifen« vermögen, hat seinen Grund nicht in einem Mystifikationsbedürfnis, in einer Sehnsucht nach irgendwelchen Hinterwelten, die in verborgener Steuerung tätig wäre. Der sehr elementare Grund dafür ist vielmehr der, daß das Subjekt selbst ja der zu erkennenden Geschichte einbeschlossen ist und insofern auch »in sich selber das Geschichtliche empfinden und erschließen muß«. Wie hatte doch GOETHE gesagt? –: Der Mensch werde der Welt nur in sich und er werde seiner nur in der Welt gewahr. Genau das meint auch BERDIAJEW, wenn er an anderer Stelle sagt: »In die Tiefe der Zeiten einzugehen«, bedeute immer und zugleich, »in die Tiefe seiner selbst einzugehen.« Schon aus diesem Grunde könne »die Geschichte uns nicht von außen gegeben (sein), sondern von innen«, und das heißt dann: durch Anamnesis an Grund, Ziel und Sinn der eigenen Existenz.
So gewiß der Mythos die Tiefendimension der Geschichte aussprechen will[4], bildet er ein Element aller Verstehens-Aussagen über Geschichte. Im Mythos, so meint LEOPOLD ZIEGLER, gehe es nicht einfach um erfundene, sondern um gedeutete Geschichte. Es sei deshalb eine fatale »Denkgewöhnung«, von »zwei Dingen grundsätzlich nur das eine für statthaft zu halten: entweder mythisch zu dichten oder historisch zu berichten«. – Daß diese Alternative irreführend ist, liegt eben daran, daß in jedem geschichtlichen Verstehen das verstehende Subjekt in seiner Ungegenständlichkeit beteiligt ist. Da dieses Subjekt als Mensch auf Sinnverwirklichung hin angelegt ist und Sinn stets auf die Ganzheit des Seins bezogen ist, wird in jedem geschichtlichen Verstehen von Einzelnem ein Vorgriff auf das Ganze der Geschichte, eben auf ihren Sinn, wirksam sein. Dieser Vorgriff ergibt sich aber unmöglich aus einer objektiven Registrierung von Tatsachen, deren prozessualer Ablauf den Trend auf irgendein Endziel verriete, sondern die Annahme dieses Endziels gründet in Entscheidungen, die sich im Rahmen der Sinnsuche und Sinnannahmen des *Subjekts* begeben.
Daß es so keine Erforschung des menschlichen Wesens und seiner Geschichte im Sinne objektiver Wissenschaftlichkeit gibt (trotz alles Einzelnen, was *am* Menschen in diesem Sinne konstatiert werden mag), daß dieses Wesen vielmehr als Ganzes dem hermeneutischen Gesetz des Verstehens unterliegt, braucht den philosophischen oder theologischen Anthropologen nicht zu dem Minderwertigkeitsgefühl zu veranlassen, er werde im Kreis seiner wissenschaftlichen Kollegen nicht ganz für voll genommen. Er kann ja immerhin in erkenntnistheoretischer Strenge – also wissenschaftlich! – begründen, *warum* dem menschlichen Wesen nicht der Erschließungsmodus des *Erklärens*, sondern der des *Verstehens* angemessen ist. *Wir begreifen die Unbegreiflichkeit des menschlichen Wesens.*

Dieser Satz bildet gleichsam die Tangente, in der die Anthropologie den Kreis der Wissenschaft berührt. Aus einem ähnlichen Grunde braucht der Mathematiker nicht in schmerzlicher Resignation zu kapitulieren, wenn er feststellt, daß die Quadratur des Zirkels mit geometrischen Mitteln nicht möglich ist. Denn er kann ja beweisen, *warum* sie unmöglich ist. Insofern wahrt er die Souveränität seiner Wissenschaft selbst in Bereichen, wo er sein »Non possumus« sprechen muß. Prägnanter würde man statt dessen sogar sagen müssen: Wir haben Gründe dafür, daß wir es nicht einmal *wollen* dürfen.

In genau demselben Sinne äußert sich übrigens KANT, wenn er die Unbegreiflichkeit des Menschen an der Unbegreiflichkeit der ihn konstituierenden Grundeigenschaft verdeutlicht: an seiner Freiheit. So kann er in der »Grundlegung zur Metaphysik der Sitten« sagen: »... so begreifen wir zwar nicht die praktische unbedingte Notwendigkeit des moralischen Imperativs, wir begreifen aber doch seine *Unbegreiflichkeit*, welches alles ist, was billigerweise von einer Philosophie, die bis zur Grenze der menschlichen Vernunft in Prinzipien strebt, gefordert werden kann.«

So stoßen wir in jeder Richtung, in die wir uns wenden mögen, auf den ungegenständlichen Bereich, der sich objektivem Begreifen versagt. *Wir können den Menschen und seine Geschichte nur im Wagnis verstehen.* Den Mut, uns diesem Wagnis zu stellen, nehmen wir aus dem Wissen, daß »der« Mensch das gleiche Geheimnis ist, das wir selbst sind, und daß uns diese Gleichheit zum Fragen drängt. Wir werden die Voraussetzungen, die diese unsere Frage leiten, nicht los – wir selber *sind* ja diese Voraussetzung! –, doch können wir fragen, *welche* Prämissen uns bestimmen.

B. Der Mensch – eine unsichere Frage

I. Die Fragwürdigkeit des Menschen als Motiv der Anthropologie

Ehe wir aber dieser Frage nachgehen, bedarf es noch einer andern Überlegung. Wir haben uns zwar zu erklären gesucht, *warum* der Mensch sich selbst zur Frage wird, und ebenso, warum diese Frage von *besonderer* Art ist, sich nämlich von eigentlich »wissenschaftlichen« Fragestellungen unterscheidet und deshalb auch besondere Methoden zu ihrer Beantwortung erfordert. Wir haben aber noch nicht bedacht, warum gerade *heute* und mit dieser *Intensität* das Problem der Menschlichkeit des Menschen verhandelt wird.

Wir sehen, daß nahezu alle Fakultäten mit diesem Thema befaßt sind. Abgesehen von den Philosophen und Theologen, die schon vom Fach her thematisch hier engagiert sind – ich brauche nur an die großen Werke von ARNOLD GEHLEN und EMIL BRUNNER zu erinnern[1], wenden sich auch Naturwissenschaftler der anthropologischen Frage zu[2], ebenso – gerade im Zusammenhang von psychosomatischer und Ganzheitsmedizin – die Ärzte; auch das Problem der Organtransplantation und der Euthanasie löst anthropologische Grundsatzfragen aus[3]. Für die Soziologie wirft etwa PETER L. BERGER die Frage nach dem Menschenbild explizit auf[4]. Für Psychotherapie und Psychiatrie tut es – in Reaktion auf FREUD – VICTOR FRANKL in nahezu allen Veröffentlichungen. Repräsentanten der gleichen Bemühung im Bereich des Juristischen sind HEINRICH HENKEL und vor allem RICHARD LANGE[5]. Die Reihe ließe sich noch sehr viel weiter fortsetzen. Die zahlreichen Reflexionen über Mensch und Technik sowie über die Frage, ob der Mensch seinem physikalischen und biologischen Vermögen »existentiell« gewachsen sei, dürften dabei nicht vergessen werden.

Was mag diese auffällige Konzentration auf die anthropologische Frage veranlassen? Sollte es etwa um ein neu erwachtes menschliches Selbstbewußtsein gehen, das sich gegenüber der Dingwelt und dem animalischen Bereich stolz in die Brust wirft und seine Privilegien proklamiert? Manchmal könnte man das beinahe glauben, wenn man bei Betriebsappellen, Gewerkschafts- und Unternehmerversammlungen, nationalen Gedenktagen und allerhand Festivitäten die fast monoton geäußerte, schon erwähnte Versicherung hört: Auf den Menschen kommt es an! Doch dieser modern gewordene Slogan deutet statt auf menschliches Selbstbewußtsein viel eher auf eine galoppierend anwachsende *Unsicherheit.* Ich wage den etwas verwegenen Satz: *Wo man die Humanität zum Thema erhebt, drückt sich die Krise der Humanität – und darin eingeschlossen auch die Krise der Selbstgewißheit des Menschen – aus.* Symptomatisch dafür scheint es zu sein, daß die Frage nach dem Menschen immer zusammen mit der Frage nach seinen Grund- und Menschenrechten aufzutauchen pflegt. Diese aber werden in flagranter Weise akut zu Zeiten, in denen die Humanität sowohl wie das Recht in bedrohliche Krisen geraten. Um das einzusehen, lohnt es sich, einige exemplarische Fälle zur Kenntnis zu nehmen.

a) Indizien für die Unsicherheit: Natur- und Menschenrechte

Man wird als den Schöpfer des antiken, dem Schutze des Menschen dienenden *Naturrechts* wohl Hesiod bezeichnen dürfen. Für diesen »Rhapsoden von Akra« aber, der den Menschen unter das Patronat eines der Welt eingestifteten Seins-Ordo stellen möchte, ist die homerische Welt-Harmonie gerade zerbrochen. Diese Krise des Weltgefüges hat er am eigenen Leibe erfahren und breitet sie in seinem bäuerlichen Lehrgedicht »Werke und Tage« aus. Der traurige Anlaß zu dieser Dichtung war sein zänkischer und arbeitsscheuer Bruder, der das väterliche Erbe verschleuderte, ihn mit immer neuen und maßlosen Forderungen bedrängte und im übrigen auch keinerlei Hemmungen hatte, wenn es um die Bestechung der Richter ging. Die Auseinandersetzung zwischen Recht und brutaler Gewalt, der Hesiod sich so überantwortet sieht, ist für ihn ein Paradigma der Weltsituation überhaupt und damit auch der Lage des Menschen: Die Geschichte ist für ihn ein Prozeß, in dem sich der Widerspruch zwischen Macht und Recht zunehmend verschärft, so daß die »Geschenke fressenden Herrn« immer hemmungsloser die Privilegien ihrer Machtstellung ausspielen können. Während das erste »goldene« Zeitalter unter der Herrschaft des Kronos beginnt, wird das Finale der Geschichte durch Recht- und Glücklosigkeit bestimmt sein: Aidos (Ehrfurcht, fromme Scheu) und Nemesis (Ehr- und Rechtsgefühl) haben sich verhüllt und die Erde verlassen. Sie sind zu den Göttern auf den Olymp zurückgekehrt. Nichts als Leiden und Zwietracht ohne Ende haben sie den Menschen hinterlassen. So beginnt Hesiod nach einer *Grundordnung des Universums* zu fragen, an der sich das pervertierte positive Recht messen lassen muß. Jene Grundordnung ist ja nicht von *Menschen* gemacht. Sie steht vielmehr in zeitloser Gültigkeit *über* ihnen und markiert gerade deshalb ihr Wesen und ihr Bestimmungsziel.

Was in unserm Zusammenhang nun besonders wichtig zu sein scheint, ist dies: Für Hesiod ergibt sich die Frage nach der den Menschen tragenden Seinsgestalt gerade aus der Erkenntnis ihrer Verfälschung. Die Frage nach dem Recht erwächst aus der Sehnsucht nach Befreiung aus dem Unrecht. Weil das Weltgerüst wankt und zerfällt, fragt man, welches die wahrhaft tragenden Mächte seien.

Ähnliches läßt sich bei der Entstehung des *Völkerrechts* betrachten. Auch hier geht es ja um den tragenden Grund der Menschlichkeit, und zwar in ihrer kollektiven Gestalt als Verband der Nationen. Der Ruf nach dem Völkerrecht wird nun ebenfalls gerade dann laut, wenn das Rechtschaos an die Stelle verbindender und tragender Ordnung tritt, wenn insbesondere der Pluralismus der Ideologien alles Verbindende und gemeinsam Verbindliche dem Blickfeld entschwinden läßt. Eine Welt, die unter diesen Bedingungen steht, ist eine unmenschliche Welt, die sich der Selbstvernichtung überantwortet. So ist es sehr bezeichnend, daß der Ruf nach dem Völkerrecht gerade bei der richterlichen Auseinandersetzung mit der Unmenschlichkeit des Naziregimes laut wurde. Der strafrechtliche Grundsatz »nulla poena sine lege« (keine Strafe, ohne daß ein strafandrohendes Gesetz vorläge) drohte dabei die richterliche Kompetenz des Nürnberger Prozesses in Frage zu stellen. In der Tat gab es ja kein Gesetzbuch, in dem Völkermord, Geisteskranken-»Euthanasie« und Judenpogrome verboten gewesen wären. Die Phantasie früherer Gesetzgeber mochte wohl nicht ausgereicht haben, um sich jene schauerlichen Möglichkeiten der Massenvernichtung auszumalen, die der Nationalsozialismus in Szene setzte. Waren also die Naziverbrecher im juristischen Sinne straffrei oder gar unschuldig, weil sich kein Richter auf irgendein positives Gesetz zu berufen vermochte, wider das sie sich vergangen hätten? Gerade diese konkrete Rechtsnot aber rief die Frage wach, ob es denn keine ewigen und ungeschriebenen Gesetze gebe – jene Gesetze also, auf die sich schon die Antigone des Sophokles berief –, deren Richtspruch hier zuständig sei.

In der Tat wies die Anklagebehörde denn auch darauf hin, daß gewisse Grundgesetze, die das Patronat über die Menschlichkeit des Menschen ausüben, schon bei der Tatbegehung in Kraft gewesen seien – so gewiß sie eben *immer* und zu *jeder* Zeit gelten. Hier geht es gleichsam um Axiome der Humanität, deren Widerspiel dann die Verbrechen gegen die Menschlichkeit sind. Das war in der Tat auch das Stichwort, mit dem das Nürnberger Gericht seine Zuständigkeit für die Bestrafung der begangenen Verbrechen begründete. Was auch im einzelnen fragwürdig bei diesem Prozeß war, wieviel Siegertriumph und Siegereinseitigkeit auch hier die Dike gezwungen hat, ihr Haupt zu verhüllen oder wenigstens vorübergehend die Augen zu schließen: an dem Grundsatz, daß es überzeitliche Normen gebe, dürfte nicht zu rütteln sein.

Das aber ist in unserm Zusammenhang nicht einmal das Entscheidende. Worauf es vielmehr ankommt, sind die Bedingungen, unter denen man überhaupt auf die *Idee* kam, es müsse ein solch »ewiges ungeschriebenes Gesetz«, es müsse solche Axiome der Humanität geben. Die Bedingung dafür ist auch hier wieder die Unsicherheit eines chaotischen Schwebezustandes, bei dem alle Werte ins Gleiten geraten sind. Der amerikanische Hauptankläger ROBERT H. JACKSON hat diese Bedingung in einem klassischen Satz formuliert: »Das Völkerrecht muß sich ... wie das gemeine Recht von Fall zu Fall entwickeln, und zwar schreitet es immer auf Kosten derer fort, die es verkannt und ihren Irrtum zu spät entdeckt haben.«

Das ist eine Sentenz von antiker Größe. Sie erinnert an gewisse Hintergründe der attischen Tragödie: Warum muß etwa Ödipus durch Vatermord und Inzest schuldig werden? Liegt irgendein Sinn darin, daß der tragische Held ahnungslos und also schuldig-unschuldig wider die ewigen Ordnungen des Seins frevelt und die Unantastbarkeit von Vater und Mutter verletzt? In der Tat leuchtet hier ein solcher Sinn auf: Indem Ödipus jene Ordnungen stört, gibt er ihnen Gelegenheit, die Störung zu rächen und im Akt dieser Rache dann manifest zu werden. Ehe es zu dem Aufstand gegen die Ordnungen kam, waren diese sozusagen verborgen, sie hatten die Zone des Bewußtseins noch nicht erreicht. Nun aber treten sie aus dem Inkubationszustand heraus und werden virulent. Die Seinsordnung muß gleichsam erst provoziert werden, um dann reagieren zu können und durch diese Reaktion offenbar zu werden. *Was dem Menschen zukommt und was Menschenrecht ist, wird erst zur Frage, wenn der Mensch und seine Welt tödlich angetastet werden.*

Damit ist das dritte Stichwort gefallen: die Proklamation der *Menschenrechte.* Auch dazu kommt es erst im Augenblick der Bedrohung und der Unsicherheit. Dieser Augenblick pflegt dann einzutreten, wenn die Spannung zwischen individuellem Freiheitsbedürfnis und staatlichem Herrschaftsanspruch einen unerträglichen Grad erreicht hat und man sich unter diesem Druck dann auf das besinnt, was dem Menschen zukommt. Es ist deshalb kein Wunder, daß auch diese Proklamation der Menschenrechte bei der Liquidierung des unmenschlichen Herrschaftssystems des Dritten Reiches erfolgte. Am 10. Dezember 1948 gaben die Vereinten Nationen eine grundsätzliche Erklärung dieser Art ab und verkündeten eine ganze Summe sozialer Rechte, wie etwa das Recht des Menschen auf Arbeit, gerechten Lohn und Freiheit der Person. 1950 haben dann die Mitgliedsstaaten des Europarates eine Auswahl dieser Erklärungen als sogenannte »Grundrechte« verkündet.

Auch hier also bestätigt sich noch einmal die früher schon registrierte Beobachtung: Die Menschenrechte als das, was dem Menschen »zukommt«, lassen sich nur aufgrund dessen formulieren, was der Mensch »ist«. Nur ein vorhergehendes Wissen um Sein und Wesen des Menschen eröffnet die Möglichkeit, seine Lebensrechte zu bestimmen. Aber geht dieses Wissen wirklich voraus? Kommt es nicht gerade erst »nachträglich« zustande, nämlich als Folge eines Vergessens, eines Unerwacht-Seins oder gar einer Veruntreuung? *Die Frage, was der Mensch sei und was ihm zukomme, taucht erst auf, wenn alle Selbstverständlichkeiten der Unsicherheit gewichen sind* und wenn etwas ausdrücklich gesagt und proklamiert werden muß, was vorher als eine Art Tabu-Instinkt nur im Unbewußten waltete. Die Besinnung auf ein Natur-, Menschen- und Grundrecht pflegt stets in Form einer Defensiv-Maßnahme zu erfolgen, als Verteidigung eines Angetasteten. *Vielleicht liegt jeder anthropologischen Bemühung und dann auch wohl allen Humanismen dieses Defensiv-Motiv zugrunde.* Die Frage nach dem Menschen ist aus der Unsicherheit über den Menschen geboren.

Die gleiche Beobachtung können wir in unsern Tagen – und wohl noch lange in weiteren Tagen! – machen: Überall, wo *Rassenkämpfe* wüten, wo es *Apartheidsprobleme* gibt und das *Recht von Minderheiten* strittig ist, taucht die Grundsatzfrage des Menschenbildes auf. Wer etwa in Südafrika Gespräche führt, die sich nicht nur auf banale Tagesaktualitäten beschränken, sieht sich unversehens in anthropologische Grundsatzfragen versetzt. Sie äußern sich hier in der speziellen Spielart, in welchem Sinne und Maße die Rasse für das Wesen des Menschen konstitutiv sei und bis zu welchem Grade sie Verschiedenheit und Verschiedenwertigkeit begründe. Beantwortet man diese Frage so, daß die konstitutive Bedeutung der Rasse für die Qualität des Humanum entscheidend sei, daß sie also mehr als nur akzidentiellen Charakter habe, so kommt es natürlich zu der Forderung, daß der einzelne sowohl wie ganze Bevölkerungsgruppen das Recht auf »rassische Identität« besäßen. Der Vorrang der Rasse bestimmt dann in der Tat meine Identität. Und wenn es legitim ist, die eigene Identität durch Menschenrechte geschützt zu sehen, wird man *dann* auch die rassische Identität durch jene Menschenrechte gedeckt sehen. Man wird sie deshalb zum Beispiel für die Apartheidspolitik in Anspruch nehmen.

Wer das geistige Klima jener Zonen ein wenig kennt, spürt die *Unsicherheit* hinter jenen anthropologischen Thesen fast physisch. Ein nahezu unlösbares Problem – das Miteinander verschiedener Rassen, von denen die rassische Minderheit herrscht – drängt von dieser Sicht aus auf eine ideologisch rechtfertigende Theorie vom Menschen, die selbst pseudobiblische Begründungen nicht verschmäht. (Ham, der Sohn Noahs, verflucht und zur Knechtschaft bestimmt, gilt als Stammvater der nordafrikanischen, arabischen und kanaanitischen Völker, Genesis 9, 20 ff.) Die Frage, was der Mensch sei, oder besser: was er auf Grund bestimmter ideologischer Postulate zu sein *habe*, ist auch hier aus der Unsicherheit geboren und ergibt sich unter dem Druck einer politisch unlösbar erscheinenden Situation.

b) Die drei Demütigungen des Menschen (Kopernikus, Darwin, Freud)

Selbst bei den Naturwissenschaften ist das gleiche Entstehungsgesetz der anthropologischen Frage zu beobachten. Sigmund Freud hat bekanntlich von den drei großen Demütigungen gesprochen, die der neuzeitliche Mensch erleiden mußte: Die erste Demütigung fügte ihm KOPERNIKUS zu, der die Erde und damit auch den Menschen aus dem Mittelpunkt des Universums vertrieb. Dadurch zwang er ihm die bestürzende Einsicht auf, daß er nur eine belanglose Randerscheinung, Staub auf einem Staubkorn sei. Die zweite Demütigung fügte ihm DARWIN zu, als er in seiner Evolutionstheorie nachwies, daß seine Vorfahren Tiere waren. Das schien die Folgerung zu erzwingen, daß er dem animalischen Bereich nicht mehr mit seinen humanen Privilegien gegenüberstand und sich des Vorzugs der Gottebenbildlichkeit erfreute, sondern daß er sich nur als eine Art *höheren* Tieres verstehen durfte. Die dritte Demütigung, so meint FREUD, sei von ihm selber ausgegangen. Denn er habe dem Menschen deutlich gemacht, daß nicht er selbst und sein freier Wille, sondern daß ein Komplex unbewußter Triebe das Haus seiner Person beherrsche.

Alle drei Autoren dieser Demütigung fürchteten sich davor, ihre umstürzende Einsicht der Mitwelt bekanntzumachen. Das, was sie zurückzucken ließ, dürfte weniger die Angst vor der Inquisition – auch der Inquisition der öffentlichen Meinung – gewesen sein als vielmehr die Einsicht, welche Erschütterung des menschlichen Selbstverständnisses, welche weltanschauliche Sprengkraft in ihren Erkenntnissen enthalten sei. So bekennt KOPERNIKUS im Vorwort zu seinem Hauptwerk, er habe seine Entdeckung »vier Jahrzehnte« zurückgehalten. Tatsächlich erschien denn sein Werk auch erst 1543, in seinem Todesjahr, obwohl er schon seit 1507 Bescheid wußte. – Auch DARWIN zögerte über zwei Jahrzehnte, bis er mit seinen Erkenntnissen öffentlich herausrückte, und gestand seinen Freunden: »Mir ist, als hätte ich einen Mord begangen.« Und nicht ohne Trauer bekannte er, daß ihn seine Forschungen zu einem Menschen gemacht hätten, der gegenüber den Dingen des Glaubens farbenblind geworden sei. Auf einen Brief seiner Frau, die ihm dieses so Verlorene wieder nahezubringen suchte, schrieb er: »Wenn ich tot bin, so sollst Du wissen, daß ich manchesmal diese (Deine) Worte küßte und darüber weinte.« – Als FREUDS Schiff im Hafen von New York anlegte und die Menge den Propheten der Psychoanalyse umjubelte, fragte er seinen Begleiter: »Ob sie wissen, daß wir ihnen die Pest bringen?« Auch wenn das nicht als ein ernst zu nehmendes Fazit seines Lebenswerkes zu betrachten ist, so läßt die Selbstironie dieses Satzes doch erkennen, daß FREUD nicht ohne Sensus für die dunkle Seite seiner Entdeckung war.

In allen drei Fällen schien es zu einer Relativierung des Menschen zu kommen. Sie schien jene Privilegien zu untergraben, die sich in den pathetischen Umschreibungen seiner Existenz von alters her niedergeschlagen hatten: in der *Gottebenbildlichkeit*, der *Autonomie*, der *Unbedingtheit* und der *Selbstzwecklichkeit* dieser Existenz.

Gerade die Wirkungsgeschichte DARWINS ist dafür bezeichnend: In ihren ersten Stadien schien man von der Kontinuität mit und der Analogie zu dem Tier fasziniert zu sein. Das war ein revolutionärer Aspekt, der den bisherigen Normal-Humanismus in seinen Fundamenten antastete. Er schien sich zugleich gegen alle Formen des Menschenverständnisses zu richten, die die Sonderstellung des Menschen im Kosmos betonten, vornehmlich gegen die biblische Schöpfungsgeschichte und die darin bekundete supranaturale Herkunft des Menschen.

Demgegenüber zeigt sich bei den heutigen Biologen – nur beispielhaft seien die Namen PORTMANN und ILLIES genannt – das Bestreben, das qualitative Anderssein des Humanum auch in der biologischen Dimension erneut sichtbar zu machen. Wenn nicht alles trügt, hat sich diese Tendenzwende deshalb begeben, weil sich das Humanum in seinem Zentrum bedroht und verkannt sah, wenn es nur unter genetischem Aspekt gesehen wurde, um dann in der Pyramide des Lebendigen allenfalls die Spitze zu repräsentieren. Wie konnte es möglich sein, in der personalen Wesenheit des Menschen – in Vernunft und Gewissen – nicht mehr wie bisher ein qualitatives Totaliter-aliter zu sehen, sondern nur noch einen graduellen Unterschied? Und welche Folgerungen mußten sich daraus ergeben?

Wurde der Mensch aus der Analogie zum Tier verstanden, mußte man wohl oder übel auch die Gesetze der Natur auf die Geschichte übertragen, mußte das Verdrängungsprinzip, den Aggressionstrieb und das Recht des Stärkeren als natürlich bezeichnen und es jeder moralischen Relevanz entkleiden. Wenn, wie in der Kritischen Theorie der Frankfurter Schule, der Geist sich in Natur zurücknimmt, wird die Geschichte entmächtigt. Die Geschichte ist nicht mehr die Zone, in der sich das Selbstsein des Menschen gegenüber der Natur behauptet; die Naturalisierung der Geschichte zwingt vielmehr dazu, auch das Reich der Werte und der Wahrheit zu räumen (und zwar keineswegs nur im Sinne einer platonisch-aristotelischen Metaphysik als ein Reich zeitlos ontischer Wesenheiten). »Es gibt kein ewiges Wertreich«, sagt – wenigstens der frühe – HORKHEIMER, um die Zurücknahme der Geschichte in Natur zu begründen. (Daß dies in sublimer Dialektik und nicht im Sinne eines plumpen Naturalismus erfolgt, mag angemerkt sein, braucht uns hier aber nicht weiter zu beschäftigen.

Wir schwenken wieder in die bisherige Linie ein, auf der wir die naturhafte Interpretation des Humanum verfolgten: Diese Naturalisierung des Ethos mußte sich rächen: Da der Mensch nur über erheblich reduzierte Instinkte verfügt, mag er sich zwar nach Werten und Normen umsehen müssen, die ihn statt seiner Triebe leiten, und sich so die Welt der Kultur erschließen. Neben diesem positiven Effekt seines Instinktmangels steht aber eine enorm *zerstörerische Möglichkeit*: Er verfügt nicht mehr wie das Tier über bestimmte Hemmungsmechanismen in seinem Instinktleben, die den Artgenossen vor ihm schützen. Der Mensch rottet auch seinesgleichen aus. Und seine Kultur bringt überdies Technik hervor, und die

Technik ist auch *Waffen*technik. Selbst der Rest von Instinkthemmung wird noch ausgeschaltet, wenn Fernwaffen das Töten anonymisieren und entindividualisieren. Wenn Aggression, Revierbehauptung und Vernichtungswille nicht durch ein humanes Specificum gebändigt werden, ist das Menschliche seiner Selbstvernichtung ausgeliefert. GOETHES ironischer Komparativ, daß der Mensch noch tierischer als jedes Tier sein könne, weist auf diese Möglichkeiten hin. Ich schweige davon, wie sich die These von der Kontinuität zwischen Mensch und Tier auf das Verständnis des Sexus auswirken müsse, in welchem Maße er wesentlich »humaner« Qualitäten (wie Liebe und Kommunikation) verlustig ginge. Nur sofern und soweit man der Besonderheit des Menschen inne ist, wird man *dann* auch die Analogien zum Tier im Auge behalten müssen. Das Haus des Menschen besteht wahrlich nicht nur aus der bel étage der Personalität, sondern hat auch die Keller des Animalischen. Das aufs neue verdeutlicht zu haben, ist nicht das geringste Verdienst von KONRAD LORENZ.

Entsprechend zu DARWIN dürfte auch die Wirkungsgeschichte von SIGMUND FREUD verlaufen, auf die wir ebenfalls noch zu sprechen kommen werden: Die These, daß der Mensch durch Libido-Antriebe aus seinem Unbewußten gesteuert werde, läßt Werte, Normen und Sinn-Orientierungen nur als Projektionen erscheinen, die sich in der imaginären Zone des Über-Ich etablieren. Insofern bedeutet jene These ein Attentat wider Fundamente der Personalität. Von den Folgen dieses Attentats wird noch zu sprechen sein. FREUDS Wiener Landsmann und Zeitgenosse, der Satiriker KARL KRAUS, deutet sie in dem Satze an: »Die Psychoanalyse ... ist die Krankheit, für deren Therapie sie sich hält.« »FREUD sieht, was durch Verdrängung der *Sexualität* entsteht, oft außerordentlich treffend. Aber er fragt nicht einmal, was durch Verdrängung des *Geistes* entsteht«, sagt KARL JASPERS und charakterisiert damit jenes Attentat wider die Personalität.

Auch in diesem Falle zwingt die so ausgelöste Unsicherheit in puncto Menschlichkeit des Menschen zu der Rückfrage, worin sein Wesen gründe und ob dieses Wesen nicht allein so bestimmt werden könne, daß es auf die Macht des Geistes, auf Normen und Werte bezogen sei, statt alles dies nur als imaginären Überbau zu »produzieren«. Schon sind gewichtige Spuren erkennbar, daß man sich aus den Ruinen des Humanum zu seiner eigentlichen Gestalt zurücktastet und eine Psychologie und Psychotherapie zu konzipieren sich bemüht, die von einem vorrangigen Bilde des Menschen ausgehen. Kennzeichnend dafür ist eine Fülle von beachtlichen Autoren. Ich nenne nur VICTOR E. FRANKL mit seiner Logotherapie und den großen amerikanischen Psychoanalytiker KARL MENNINGER mit seiner Bemühung, die Sünde nicht nur als Ausdruck eines Komplexes, sondern als personale Realität zu erweisen – *wieder* zu erweisen[6].

Wir wollten mit alledem nur beispielhaft verdeutlichen, wie die Frage nach dem Menschen und der ihn bewegenden Macht des Geistes sich stets aus der so oder so entstandenen Unsicherheit ergibt, was der Mensch sei. *Die fragwürdig gewordene Menschlichkeit ist es, die nach dem Menschen fragen läßt.*

II. Unsicherheit und brüchiges Eis

Es ist gut, wenn wir noch weiter auf dieser Fährte bleiben und spezielle Motive der Unsicherheit aufspüren, durch das *unsere Zeit* hinsichtlich der Frage des Menschenbildes charakterisiert ist. Wenn es stimmt, daß die Frage nach dem menschlichen Wesen sich stets angesichts der Verdunkelung dieses Wesens ergibt, daß es also gerade die Entfremdung des Menschen ist, die die Rückfrage nach seinem Eigenen und Eigentlichen auslöst, dann kann es auf keinen Fall eine zeitlose, eine überzeitliche Anthropologie geben. Wir können uns dem Phänomen Mensch vielmehr nur so nähern, daß wir die besonderen Fragestellungen einer Zeit und entsprechend auch die sie auslösende besondere Situation als Orientierungsmittel benutzen. In diesem Sinne ist Anthropologie stets ein perspektivisches Unternehmen. Der Standort des Betrachters bestimmt die Sehweise.

a) Die Sehnsucht nach der Emanzipation

Die Emanzipation des Menschen ist in unserer Zeit zu einem Reiz- und Programmwort geworden. Es meint die Rückkehr aus dem Verlust des Selbstseins und aus der heteronomen Verzerrung seines Wesens. Gerade darum impliziert dieses Wort die Frage, was denn dieses sein eigentliches Wesen *sei*, zu dem er zurückkehren möchte. Auch hier ist es so wieder die *Krise* seines Wesens, die die Erkundigung nach seinem Wesen auslöst.
Die Modellsituation, die die entscheidenden Züge des späteren und heutigen Emanzipationsbegriffs bestimmt, wird durch das *römische Recht* geliefert. Hier bedeutet Emanzipation »das Rechtsgeschäft der Entlassung des erwachsenen Sohnes aus väterlicher Gewalt«, außerdem die Freilassung des Sklaven. Neuzeitlich umgreift der Begriff dann, sich ins Symbolische erweiternd, zugleich die Befreiung von der Natur, dem (fast naturhaften) Zwang gesellschaftlicher Verhältnisse und schließlich von jeder als übermenschlich vorgestellten Macht.
Emanzipation wird so zum Synonym für eigenverantwortliche Mündigkeit. Dabei wird auch Theonomie als eine Spielart der Heteronomie verstanden. (Die Richtigkeit dieser Identifizierung wird später noch genauer zu prüfen sein.) So vergewaltigt nach Marx die Klassengesellschaft den Menschen nicht nur durch ihre *Struktur* – insofern die besitzende Schicht ihn zum Ausbeutungsobjekt herabwürdigt –, sondern auch durch ihre ideologischen *Mittel*, wie etwa die Verabreichung des Opiums »Religion«. Emanzipation als Rückkehr des Menschen zu sich selbst kann sich deshalb

nur so ergeben, daß nicht allein die Klassengesellschaft, sondern auch die Religion aufgehoben wird, so gewiß sie die »illusorische Sonne (ist), die sich um den Menschen bewegt, solange er sich nicht um sich selbst bewegt«. Sich um sich selbst bewegen und also Subjekt der Selbstbestimmung zu sein: das ist das Ziel der Emanzipation, ganz gleich, ob man an die Autonomie des Individuums denkt oder an die Befreiung unterdrückter Gruppen, der amerikanischen Neger etwa oder auch der an ihrer Gleichberechtigung gehinderten Frau.

DOSTOJEWSKI hat im Kapitel über den Großinquisitor (»Die Brüder Karamasow«) Hoffnung und Krise dieses Drängens auf Emanzipation klassisch umschrieben. Wir müssen ihn hier zitieren. Der Großinquisitor weiß wie alle von Haßliebe Getriebenen sehr genau über das menschliche Herz Bescheid. Er kennt seine elementare Sehnsucht nach Selbstbestimmung, verweigert sie ihm aber, weil er weiß oder zu wissen glaubt, daß der Mensch ihr nicht gewachsen sei und als Opfer seiner geprellten Sehnsucht dann der viel grausigeren Herrschaft seiner Ersatzgötter und damit neuen und schlimmeren Entfremdungen überantwortet werde. So sagt er dem auf die Erde zurückgekehrten Jesus, warum er den Menschen die von ihm proklamierte Freiheit der Kinder Gottes versagen und sie auch weiterhin der Herrschaft – und der Geborgenheit! – durch die kirchliche Institution unterstellen müsse:

»Nichts ist verführerischer für den Menschen«, sagt der Großinquisitor, »als die Freiheit seines Gewissens; aber nichts ist auch für ihn qualvoller ... Statt des festen alten Gesetzes sollte der Mensch künftig selbst mit freiem Herzen entscheiden, was gut und böse sei, und dabei nur Dein Vorbild als Führer vor sich haben. Aber hast Du wirklich nicht bedacht, daß er schließlich sogar Dein Vorbild und Deine Wahrheit verwerfen und als unverbindlich ablehnen wird, wenn sie ihm eine so furchtbare Last aufbürdet, wie es die Freiheit der Wahl ist? ...

Es gibt für den Menschen, wenn er frei geblieben ist, keine dauerndere, quälendere Sorge, als möglichst rasch jemanden zu finden, den er anbeten kann ... Ich sage Dir, der Mensch kennt keine quälendere Sorge, als jemanden zu finden, dem er so schnell wie möglich jenes Geschenk der Freiheit übergeben kann, mit dem das unglückliche Geschöpf geboren wird. Aber nur derjenige bekommt die Freiheit des Menschen in seine Gewalt, der ihr Gewissen beruhigt ... Wenn Du ihm Brot gibst, so betet Dich der Mensch an; denn nichts ist unbestrittener als das Brot. Aber wenn jemand gleichzeitig ohne Dein Wissen das Gewissen der Menschen in seine Gewalt bekommt – oh, dann läßt er sogar das Brot im Stich und folgt demjenigen nach, der sein Gewissen verführt. Denn das Geheimnis des menschlichen Daseins liegt nicht darin, lediglich zu leben, sondern darin, für irgendeinen Zweck zu leben. Hat der Mensch keine feste Vorstellung von dem Zweck, für den er lebt, so mag er nicht weiterleben und zieht die Selbstvernichtung dem Bleiben auf der Erde vor. Mögen auch noch so viele Brote um ihn herumliegen.«

Nach diesem hintergründigen Spruch des Großinquisitors könnte man vielleicht sagen, daß der Emanzipationsdrang einer Krisensituation entstamme und im Zuge seiner Verwirklichung eine neue Krisensituation auslöse. Beide Phasen der Krise lösen je in eigener Weise die Frage nach dem Menschen aus:

Die erste Krisensituation besteht in der wirklichen oder vermeintlichen Herrschaft von Mächten – von Tyranneien, klerikalen oder ideologischen Inquisitionen –, die den Menschen als Instrument und Objekt ihres Willens mißbrauchen und insofern seine Selbstentfremdung bewirken. Dieser Druck löst das Wunschbild des mündigen, sich in Freiheit verwirklichenden Menschen aus. Die Umschreibung dessen, was dieser eigentliche Mensch ist, bildet die Antwort auf die erste Frage nach dem Menschen.

Hat der Mensch diese seine Ausgangskrise durch Emanzipation überwunden, sieht er sich sogleich einer zweiten Krise überantwortet: der Konfrontation mit dem *Terror* der Freiheit: Eine Freiheit – von SARTRE als Postulat auf die äußerste Spitze getrieben –, die nicht nur zwischen gut und böse zu *wählen*, sondern vor allem zu bestimmen hat, was gut und böse *sei*, bildet eine quälende Überforderung. So ist er leidenschaftlich darauf bedacht, möglichst bald etwas Neues zu finden, das er wiederum anbeten, dem er sich hingeben und an das er die übermächtige Last der Verantwortung delegieren kann. Und wenn »die Götter aus der Welt verschwunden sind« und nicht mehr zurückgeholt werden können: »das macht den Menschen nichts aus, dann werden sie eben vor Götzen niederfallen« und den Ideologien frönen. Denn so elementar das Brot auch für sie sein mag und so sehr sie bereit sind, das Lied dessen zu singen, deß' Brot sie essen: *noch* bedrängender ist ihr Bedürfnis, einem Zweck verbunden zu sein, für den zu leben es sich lohnt. Das Brot würde sie nur instand setzen, lediglich zu leben und dahinvegetierend ihren Lebensfaden fortzuspinnen. Das quälende Wissen darum, daß dieses Vegetieren dem Lebens-Soll des Menschen nicht gerecht wird und daß er gleichsam hinter sich selbst zurückbleibt, läßt darum neue Postulate dessen entstehen, was er zu sein habe, um sein Mensch-Sein zu erfüllen: Mag die Freiheit der Emanzipation auch ein erstes Stadium auf dem Wege zu sich selbst sein, mag er den Kopf schon ein wenig aus dem Wasser Entfremdung heraushalten, im nächsten Augenblick wird ihm schon eine negative und eine positive Erkenntnis zuteil:

Die *negative* besagt: Freiheit ist ebensowenig eine bloße Beliebigkeit der Wahl wie eine Kraft, die sozusagen automatisch zur Selbstverwirklichung führt. Freiheit, für sich selbst genommen, würde nur zu jenem Vegetieren führen, das gerade nicht die in der Emanzipation gewollte Selbstverwirklichung erreicht. Die *positive* Erkenntnis wäre, daß der Mensch sich selbst ergreifen und auf ein Ziel hin zu entwerfen habe. Er ist Subjekt nur dann – und eben das wollte er durch die Emanzipation doch erreichen! –, wenn er sich in mündiger Verantwortung als das verwirklicht, was er sein soll und ihm als sein Zielbild gewiß wird. Wenn denn Freiheit ihn vom Tier unterscheidet, dann gewiß nicht so, daß er dem Zwang der Instinkte entronnen ist und deshalb tun kann, was er will, sondern daß er werden kann – und werden *wollen* kann –, was er sein soll.

Die Nötigung, in dieser Weise nach seinem Lebens-Soll zu fragen, impliziert aber die weitere Nötigung, Ausschau nach dem Wer oder Was zu halten, von dem dieses Soll gesetzt ist oder in dem der letzte Zweck, der »Sinn«, besteht. Das kann nichts anderes bedeuten, als daß er sich nach dem erkundigt, über das er nicht mehr verfügt, sondern das über ihn verfügt. Unsere Ziele bestimmen wir nur im vorletzten Bereich selber. Der Sinn als das »letzte« Ziel ist uns unverfügbar gegeben.

Strenggenommen lautet deshalb der Imperativ auch nicht: Werde, was du sein sollst, sondern: Werde, was du bist. Damit wird zum Ausdruck gebracht, daß mein Sein als Werdeziel mir *vorgegeben* ist, daß ich mich also in dem, wozu ich entworfen bin, nicht selber gewählt habe. Man könnte den Fragezustand, in den ich mich so gedrängt sehe, noch anders beschreiben: Die Freiheit nötigt mich, nach meinem Wozu und Woraufhin zu fragen. Die Pfunde, die mir verliehen sind – vom Brot bis zu geistigen Gaben –, nötigen mich nicht nur zu der Überlegung, »wie«, sondern »wozu« sie fruchtbar zu machen sind. Das bedeutet aber nichts anderes, als daß die Frage meiner Bindung, meiner Wert-, Norm- und Zielbindung, up to date ist. Bindung bedeutet, einem Seinsgefüge eingebunden zu sein, das mir voraus und meiner Verfügung entnommen ist. Insofern sind Freiheit und Bindung keine Gegensätze, sondern fordern einander.

Dostojewskis »Großinquisitor« bringt erschreckende Analysen dieser Zusammenhänge (erschreckend deshalb, weil sie nicht durch Argumente, sondern nur durch ein Dennoch, weil sie nur im *Glauben* zu überwinden sind): Das Drängen der emanzipatorischen Freiheit auf neuen Anschluß an eine Bindungsmacht ist so elementar, daß es selbst den Hunger nach Brot in den Schatten stellt: Du magst dem Menschen Brot geben, und er mag daraufhin dein Lied singen. Wenn aber eine ideologische Tyrannis sein Gewissen in Beschlag nimmt, sich ihm als Surrogat der vergeblich gesuchten Bindungsmacht präsentiert, läßt er dich stehen und folgt dem nach, der die Last seines bindungslos gewordenen Gewissens übernimmt. Selbst schmerzende Fesseln sind ihm lieber als die Freiheit des bloßen Leerlaufs; so unausweichlich ist sein Bedarf an Bindung. Von dorther erklärt sich die Anfälligkeit des seiner Emanzipation überantworteten Menschen gegenüber jenen selbstgemachten Götzen, die die Rolle von Pseudo-Zielen und Bindungsersatz spielen. Zu diesen Götzen gehören auch die *Ideologien*. Sie sind Partisanen, die hinter die Front unseres Gewissens gedrungen sind und seine Entscheidungen leiten, ihm also die Selbstverantwortlichkeit abnehmen. Das Dämonische dieser Situation besteht darin, daß der den alten Tyranneien sich entwindende Mensch nicht bemerkt, wie er sich neuen Herrschaften unterworfen hat, daß er vielmehr

in der Illusion lebt, er wolle, was er muß, und er sei das Subjekt dessen, was in Wahrheit die Götzen ihm suggeriert haben.
Auch hier also sind es vielfach gestaffelte Formen der Unsicherheit, die die Frage nach dem menschlichen Wesen aufwerfen lassen. Es kann eine schon im Ansatz pervertierte Frage sein, und sie mag denn auch pervertierte Antworten erzeugen. Die Frage selbst aber muß sich so oder so stellen, wenn das Humanum sich in Frage gestellt sieht. *Die Nötigung des Menschen, nach sich fragen zu müssen, hat einen character indelebilis (einen unzerstörbaren Charakter).*

b) Rendezvous mit sich selbst: die Identitätsnot

KIERKEGAARD kann davon sprechen, daß es eine »Krankheit zum Tode« gebe, die sich vornehmlich in zwei Formen der Verzweiflung äußert: einmal verzweifelt man selbst sein zu wollen, und ferner: verzweifelt, *nicht* man selbst sein zu wollen. Die damit ausgelöste Frage, wer ich sei oder auch nicht sein möchte, warum ich so sei, wie ich bin, und warum ich nicht anders sein könnte, enthält die tiefere Frage nach der Menschlichkeit des Menschen selbst, genauer die Frage, wie sich der Mensch als den annehmen könne, der er ist. Um diese Frage in ihrer Aktualität sichtbar zu machen, können wir sie auch so formulieren: Wie steht es mit meiner Identität – – ihrem Verlust und ihrer Wiedergewinnung? Wir wählen im folgenden KIERKEGAARDS Einteilung und sprechen darum zunächst über

1. Das verzweifelte »Man-selbst-sein-Wollen«

Ich-Verlust und Krankheit der Selbstvergessenheit

In seinem Lebensbericht »Jahresringe« erzählt der Psychiater A. E. HOCHE einmal von dem Aufseher eines öffentlichen Parks, dem das seltsame Benehmen eines Besuchers auffiel. Als er ihn daraufhin ansprach und es zu einem Wortwechsel kam, richtete der Hüter der Ordnung schließlich an ihn die Polizeifrage: »Wer sind Sie denn überhaupt?« – »Ja, wenn Sie mir das sagen könnten . . .!« gab ihm der Besucher zur Antwort. Der Mann war übrigens niemand anders als SCHOPENHAUER.
Schon AUGUSTIN hat in seinem Johannes-Traktat vom Rätsel dieses meines Selbst-Seins gesprochen: Quid tam tuum quam tu, quid tam non tuum quam tu? (Was ist so sehr das Deinige wie du selbst, und was ist so wenig das Deinige wie du selbst?) In der Frage »Wer bin ich?« schwingt so unüberhörbar der Unterton einer andern Frage mit: Ist mein Ich wirklich das Meinige? Inwiefern gehört es mir, so daß ich darüber verfügen könnte? Muß ich mich als das annehmen, was ich bin, wo ich doch gar nicht gefragt worden bin, ob ich überhaupt sein wollte und ob ich gerade als dieser so und so Bestimmte existieren wollte? (Ein Halbwüchsiger hat mich einmal mit dieser unglücklichen Frage bedrängt.) *Muß* ich also der sein, der ich bin?

Lauschen wir in die Hintergründe *unserer* Zeit, dann ist diese Frage, wer ich sei, zwar ein unverkennbares und allgemeines Symptom unserer Ungewißheit über uns selbst. Doch äußert sich diese Identitätsnot weniger in der Variante, ob ich das sein müsse, was ich bin, als in der andern, wie ich mich selber finden könne und das zu werden vermöge, was ich bin.

Kein Zweifel, welche Zeit-Konstellationen es vornehmlich sind, die diese Frage nach sich selbst auslösen: Schon die Schlagworte von der Konsum-, der Leistungs- oder Wohlstandsgesellschaft bringen zum Ausdruck, daß ich zu einem bestimmten Rollenspiel verurteilt bin. Ich stehe unter der Repression gewisser sozialer Strukturen, die mich zum bloßen Ausführungsorgan, zum Funktionierer und Spurer degradieren, so daß ich Objekt und Durchgangsstadium eines fremden Willens oder überpersönlicher Zwänge bin.

Die marxistische Konzeption sieht diese Entfremdung des Menschen vor allem in seiner Rolle als Ausbeutungsobjekt. In Wirklichkeit reicht diese Entfremdung aber weit über den ökonomischen Aspekt hinaus. Sie findet sich in allen Gesellschaftssystemen: Mögen sie dirigistisch oder liberal, totalitär oder demokratisch sein: je deutlicher die Großorganisationen von Gesellschaft und Wirtschaft ins Blickfeld treten, um so unverkennbarer wird die Interdependenz aller Erscheinungen, wird die Eigengesetzlichkeit der Prozesse und damit der Zugzwang, dem nicht nur das individuelle Einzelrädchen, sondern ebenso die »weltgeschichtlichen Individuen« überantwortet sind. Der Übermacht des Apparates entspricht dann die Anonymisierung des einzelnen, seine Stellung der Dienstbarkeit im Prozeß und insofern jene Entfremdung, die ihn an Mächte außerhalb seines Ich binden und ihn damit nicht zu sich selbst kommen lassen.

Wenn die Technik die Mittel zur Verfügung stellt, um »die Erde untertan«, die Natur urbar zu machen und zu humanisieren, so sind diese Mittel dem menschlichen Zauberlehrling längst über den Kopf gewachsen. Er schlägt sich nun mehr mit den Geistern *herum*, die er rief, als daß er diese Geister zu Vollstreckern seines Willens machen könnte.

Man sieht diesen Wandel der Dinge an der *Mutation der Utopie*, auf die wir in dem späteren Kapitel über den Fortschrittsglauben noch genauer eingehen werden: Während man einst utopische Geschichtsziele erschaute – eine Welt der Gerechtigkeit, eine Welt ohne Hunger und Klassentrennung –, sind wir heute geradezu von der Bemühung aufgefressen, mit den Mitteln fertig zu werden, die uns die Verwirklichung jener Ziele ermöglichen könnten. Denn diese Mittel drohen mehr über *uns* zu verfügen, als daß wir über *sie* verfügten. Sie setzen uns einem Zugzwang aus, den wir aus den verschiedensten Richtungen noch beobachten werden. Auf jeden Fall wird uns das pathetische Gefühl verweigert, daß wir – die Menschen – es seien, die sich mit Hilfe jener Mittel selbst verwirklichen und der Erde ihre Spuren eingraben – »es wird die Spur von deinen Erdentagen nicht in Äonen untergehn« –, nein: wir drohen auch hier zu Ausführungsorganen und Durchgangsstadien von Prozessen zu werden, die ihren Grund nicht in uns selbst haben und so zu Zeugen unserer Entfremdung werden.

Vermutlich ist der Ruf nach *Ausweitung des Freizeitvolumens* tiefer begründet als durch die Sehnsucht nach angenehmer Faulenzerei oder durch Arbeitsscheu. Sein eigentliches Motiv könnte in dem Wunsch bestehen, daß der Mensch, indem er sich privatim selbst überlassen ist, wenigstens in etwa auch »zu sich selbst« kommen und so seiner Entfremdung entgegenwirken möchte. Das Berufsleben als Ort seiner gesellschaftlichen Tätigkeit fesselt ihn ja an die geschilderten Zwänge, die ihn sich entfremden; das Fließband ist dafür nur ein extremes Symbol, aber auch nicht mehr. Bleibt also die Freizeit nicht übrig als ein Verfügungsraum, in dem ich zu mir selbst kommen und also der sein kann, der ich bin? Aber müßte ich nicht *vorher* schon wissen, wer ich bin, um die Adresse zu kennen, bei der ich vorzusprechen wünsche? Und wenn ich gar nicht da wäre – wenn ich *nicht* mehr da wäre und es mich gar nicht mehr gäbe? Ist nicht ein Grad der Entpersonalisierung und Anonymisierung denkbar, bei der ich nur eine leere Wohnungshülse anträfe, aus der das Ich längst ausgewandert ist? Könnte die melancholische Diagnose, daß die meisten Menschen mit ihrer Freizeit nichts anzufangen wüßten, weil sie mit *sich* nichts anzufangen wissen, nicht ein Indiz für diesen Abschied des Menschen von sich selbst sein?

Vielleicht deutet auch der Umstand in die gleiche Richtung, daß unsere Freizeiterholung in der Regel auf *Zerstreuung* und nicht auf *Sammlung*, auf zentrifugale statt auf zentripetale Tendenzen hin angelegt ist. PASCAL jedenfalls sieht es so, wenn er in seinen »Gedanken« sagen kann, »daß das ganze Unglück der Menschen aus einer einzigen Ursache kommt: nicht ruhig in einem Zimmer bleiben zu können«. Mit sich allein zu sein, kann Schrecken, kann Budenangst bedeuten, wenn man dabei »Niemandem« begegnet. Was bleibt da anderes übrig, als das Nichtige zu zerstreuen, sich der Reizüberflutung auszusetzen und das Ich-Vakuum durch Importe von außen her zu füllen?

Sobald das Ich sich verloren hat und der Identitätsverlust eingetreten ist, wird es gefährlich, bei sich anzuklopfen und dann durch die Fehlanzeige der Nichtanwesenheit frustriert zu werden. Der Identitätsverlust bietet wohl die *Chance*, die Rückfrage nach mir und dem Wesen des Menschseins überhaupt zu stellen; die *Garantie* aber, daß diese Frage auch tatsächlich erfolgt, ist damit keineswegs gegeben.

Diese Frage kann genauso erlöschen; sie kann verdrängt werden. HERBERT MARCUSE meint zu sehen, wie es zu diesem Erlöschen kommt: Anstelle des noch von FREUD angenommenen Antagonismus zwischen Individuum und Gesellschaft sieht er in den neuen Wohlstandsgesellschaften eine »Identi-

fikation des Individuums mit seinesgleichen« und ein von der Gesellschaft verwaltetes Realitätsprinzip. Das so bestimmte Individuum fühlt sich in der verwalteten Welt mit erbärmlichem Behagen wohl; es hat sich angepaßt. Daß das so ist, hat nach MARCUSE seinen Grund darin, daß der Mensch – wiederum im Gegensatz zu FREUD – nicht ein konstantes, von Zeit und Raum unabhängiges Bündel von Triebenergien, sondern ein durchaus plastisches und insofern auch verformbares Gebilde ist. Deshalb kann die Gesellschaft ihn pervertieren; sie kann seine Seelenstruktur abbauen, verarmen lassen, sie kann ihn impotent machen und als Repräsentanten des eigentlichen Realitätsprinzips »vergesellschaften«. Sie kann ihn integrieren, vereinnahmen und durch Anpassung sich selbst entfremden.
Kommt es dahin, dann haben wir es nicht mehr mit einem seiner selbst bewußten, nach Autonomie strebenden Menschen zu tun, sondern mit einem Kastraten, einem Lemuren, einem Mini-Menschen und Homunkulus.

Die Therapie gegenüber diesem Krankheitszustand kann nach MARCUSE nicht von den Betroffenen selbst ausgehen. Der Degenerationszustand des gesellschaftlichen Kastraten gibt die Frage nach dem eigentlichen Menschen und seinem Bestimmungsziel nicht mehr aus sich heraus. Die Initiative zur Befreiung und Regeneration muß vielmehr von denen ergriffen werden, in denen das Zielbild des »wahren Menschen« noch lebt und die ihn durch Veränderung jener gesellschaftlichen Struktur, die ihn deformiert hatte, aufs neue freilegen können. Deshalb appellierte MARCUSE denn auch nicht an das saturierte und damit aktionsunfähige Proletariat von einst, sondern an die Studenten. So wurde er in den sechziger Jahren zum Chefideologen und zur Vaterfigur der studentischen Rebellion.

Aber verfügte denn wenigstens er, der die Misere zu durchschauen meinte, über das *Leitbild jenes wahren Menschen*, hatte die Indentitätskrise wenigstens bei ihm die Rückfrage danach ausgelöst?

Man mag vielleicht einräumen, daß in der Tat diese Frage bei ihm virulent wurde. Das Bild aber, auf das sie zielt und mit dem sie beantwortet werden sollte, bleibt verschwommen und konturenlos. MARCUSE beschränkt sich darauf, die technokratisch bestimmten Zukunftsentwicklungen der Gesellschaft und den Wandel ihrer Produktivkräfte zu charakterisieren, um daran die Folgerung zu knüpfen, daß diese einen neuen Menschen – *welchen* neuen Menschen? – produzieren würden: Die Arbeit werde auf ein Minimum zurückgeschraubt, die Freizeit auf ein Maximum erweitert. Dadurch würden die aggressiven Instinkte, die durch bisherige Repressionen ständig angestachelt wurden, ebenso abgebaut wie die jüdisch-christliche Arbeitsmoral oder die innerweltliche Askese MAX WEBERS. So entstünde ein neuer Mensch, »der das gute Gewissen zum Glück hat, der das Leben nicht verdienen muß, sondern der das Leben wirklich genießen kann«. Die so möglich werdende und von der Biologie zusätzlich unterstützte »Umprogrammierung« des Menschen führe dann dazu, daß »die bisherigen Instinkte und Bedürfnisse nicht mehr aktiv« bleiben. Was davon noch übrig sein wird, kann sich etwa im Sport sublimieren oder besser noch im Städtebau: »Wie herrlich kann sich der Destruktionstrieb realisieren und austoben in der vollkommenen Rekonstruktion der Städte, in der Rücknahme der ganzen Schrecken der gewaltsamen Industrialisierung und der Zerstörung der Natur.«

Wir brauchen hier keine kritischen Überlegungen zu der Frage anzustellen, ob in dieser harmonisierten Utopie-Gesellschaft nun nicht erst recht das Modellbild dumpf-glücklicher Lemuren herrschen wird, ein noch sehr viel *mehr* reduzierter Homunkulus also, der weder Romeo noch Julia sein und in dem kein Shakespeare noch irgendwelche dramatischen Impulse zu finden vermöchte. Statt dessen interessiert mich hier nur eine einzige Gegenfrage, und ich gestehe, daß sie von der Theologie inspiriert ist:

Diese Gegenfrage lautet: Ist hier auch nur ein einziges Wort über den ontologischen Status dieses neuen Menschen und über sein Wesen gesagt? Er wird doch ausschließlich als eine Funktion kommender gesellschaftlicher Bedingungen dargestellt. Er taucht nur als Schatten dessen auf, was sich gesellschaftlich ereignen wird. Er ist nur das Füllsel der Freiheitsräume, die durch die Automatisierung der Produktivkräfte eröffnet werden. Das ist alles.

Gerade diese ausschließliche Relation des Menschen zu seinen gesellschaftlichen Bedingungen läßt ihn so als plastisches form- und verformbares Material von Wirkungskräften erscheinen, wie sie von den sich wandelnden Produktionsverhältnissen ausgestrahlt werden. Die erhoffte *Frage nach dem Menschen kann deshalb nur so gestellt werden, daß man nach diesen sich wandelnden Produktionsverhältnissen fragt, um von da aus Rückschlüsse auf das sich wandelnde, weil in funktionaler Abhängigkeit von jenen Verhältnissen stehende Menschenbild zu ziehen.*

Der seinerzeit berühmt gewordene Satz Jakob Moleschotts, »der Mensch ist, was er ißt«, wird jetzt in den neuen Satz umgewandelt »der Mensch ist, was er produziert«; er ist so, wie er produziert. Man wird sagen müssen, daß damit die Grundfrage der Anthropologie verfehlt sei, weil weder Gott (im Sinne des Christentums oder auch Platos in seinen »Gesetzen«) noch der Mensch (im Sinne des Protagoras) das Maß aller Dinge ist, sondern weil nur dingliche Strukturen dieses Maß bilden. Kein Wunder, daß deshalb die Gestalt des neuen Menschen bei Marcuse gespenstische, doketische Züge gewinnt, daß sie ohne greifbare Konturen bleiben muß. Die kommende Gesellschaft Marcuses ist ein Schattenreich der Dingwelt, und der Mensch ist einer der hier geisternden Schatten. Er ist in dieser Schattenwelt nicht einmal der Fährmann Charon, der wenigstens *dieses* Ruder führt. Und wieder legt sich der Eindruck der Lemuren nahe, also ein mythisches und kein geschichtliches Bild.

Ist es angesichts dessen noch erstaunlich, daß die von solchen Ideologien genährten Gesellschaftsveränderer passen müssen, wenn man sie darum bittet, nicht nur zu sagen, »wogegen« sie sind, sondern vor allem, »was« sie denn eigentlich wollen und auf welche Gestalt des Menschen sie zugehen möchten? Die Irrealität des so absurd konstruierten Menschenbildes *kann* ja gar keine Realutopien mehr aus sich herausgeben. Das neu erwachte Bewußtsein von der Bedeutsamkeit des gesellschaftlichen Gefüges für den Zustand des Mensch-seins wird insofern auf eine falsche Fährte verweisen, als man darauf nicht mit der These von einer *Vermenschlichung* dieser Strukturen antwortet (denn dazu müßte man ja über ein eigenständiges Menschenbild verfügen!), sondern diese Strukturen als eine Art Demiurgen hinstellt, der den kommenden Menschen erschaffen wird.

Die »Krankheit zum Tode«, die KIERKEGAARD meint, die auch MARCUSES Zeitdiagnose im Auge hat und der er sich selber nicht entringen kann, drückt nun noch eine dritte Gestalt der von uns behandelten Identitätskrise aus. Es geht nämlich nicht nur darum, daß man verzweifelt man selbst oder nicht man selbst sein will, sondern es gibt nach KIERKEGAARD eine weitere Möglichkeit der Verfehlung des Selbst: nämlich »verzweifelt sich nicht bewußt zu sein, überhaupt ein Selbst zu haben«.

Genau diese Selbst-Vergessenheit des angepaßten, sich behaglich verwalten lassenden Menschen mag MARCUSE gemeint haben, wenn er die Identifikation des Individuums mit seiner Gesellschaft als die kollektive Krankheit unserer Zeit bezeichnet. Es ist der Zustand der erloschenen Frage nach sich selbst, der entleerten Ich-Hülse, bei der man nicht mehr vorsprechen kann, und damit zugleich der *Zustand, in dem die Menschlichkeit des Menschen nicht einmal mehr als Gegenstand der Frage existiert.*

Die Verzweiflung, die KIERKEGAARD im Hintergrund dieser Selbst-Vergessenheit wirksam sieht, kann deshalb nicht psychologisch im Sinne einer verzweifelten »Stimmung« verstanden werden. Wo der zu betrauernde Gegenstand – das verlorene Ich – nicht einmal mehr Gegenstand der Frage ist, kann es nur die »Unfähigkeit zu trauern« geben. Diese Art Verzweiflung – KIERKEGAARD bezeichnet sie denn auch als »uneigentliche Verzweiflung« – ist kein registrierbares emotionales Ereignis, sondern ein Existential, ähnlich der Angst, wie KIERKEGAARD und auch HEIDEGGER sie beschreiben: Sie west ungegenständlich im Hintergrund des Ich und bildet die Quelle jenes Prozesses, in dessen Verlauf ich die hoffnungslos gewordene Frage nach meinem Selbst verdränge. Auch die Angst kann ja in diesem ungegenständlich latenten Sinne wirksam sein. Die von ihr Geplagten rennen ja durchaus nicht als emotional Geängstete umher, vielleicht schreiend und in panischer Flucht, sondern sie können harte Täter, sie können immer in Aktion, sogar in produktiver Aktion, sein. Aber eben das kann nur die aktionistische Verdrängung von Angst sein. Als psychischer Zustand wird sie nicht einmal gespürt, geschweige denn erkannt. Auch die

Selbst-Vergessenheit als Krankheit zum Tode gehört in jene Zone der Ungegenständlichkeit, von der wir sprachen.

Die Identitätskrise in der Dichtung

Daß das Identitätsproblem so *die* existentielle Frage unserer Zeit ist und von der Jagd nach dem verlorenen Ich zeugt, findet in der Dichtung vielfachen Widerhall. Bei den französischen Existentialisten äußert es sich vornehmlich in der Frage, wie der Mensch die Fesselung durch ein »Fixiert-Sein« vom Außerhalb seiner zu sprengen vermöge. Bei SARTRE legt mich meine Umgebung, legen mich die andern fest, indem sie mich ansehen – eben »fixieren« – und in ihren Blick gewisse Erwartungen legen, die mich ihnen gefügig machen und meiner Selbstverfügung entreißen wollen. Noch übermächtiger freilich als die Außenwelt droht mich eine andere Gewalt daran zu hindern, in Freiheit mich selbst zu bestimmen: meine Vergangenheit, zugleich aber auch die Vergangenheit meiner Polis, deren überpersönliche Macht mich determinieren möchte.
So hat etwa ANOUILH im »Reisenden ohne Gepäck« einen Mann beschrieben, der durch einen Kopfschuß sein Gedächtnis total verlor. Indem er aber so seine Vergangenheit verlor, ging er gleichzeitig seiner Identität verlustig. Denn ich »bin« ja – schauerlicherweise – meine Vergangenheit. Wer sich bei einer Bewerbung selbst vorstellen muß, hat einen lückenlosen Lebenslauf zu liefern. Indem er seine Vergangenheit bloßlegt, legt er sich selbst bloß. Der Hirnverletzte bei ANOUILH scheint seinen Zustand der Vergangenheits- und Identitätslosigkeit fast zu genießen – ähnlich jenen Selbstvergessenen unserer Zeit, von denen wir sprachen. Denn ohne Vergangenheit leben zu müssen, leben zu dürfen, heißt ja zugleich, der Hypotheken der Vergangenheit ledig, heißt gewissermaßen schuldlos geworden zu sein. Der Vergangenheitslose fühlt sich gleichsam schwerelos wie ein Kosmonaut im Raum. Kein Wunder, daß er der Bemühung seiner Umwelt und seiner Angehörigen widersteht, ihn zu identifizieren, das heißt, ihn aufs neue mit der Hypothek seiner Vergangenheit zu belasten. Er fürchtet sozusagen den Schock, den der Kosmonaut erlebt, wenn er in das Gravitationsfeld der Erde zurückkehrt und von seinem ungewohnt gewordenen Gewicht schier erdrückt wird.
Die Angst, wieder ich selbst sein zu müssen, äußert sich freilich nicht nur negativ. Der Gedächtnislose will zwar nicht in sein altes Selbst zurückkehren, er will aber auch nicht ohne Selbst sein, sondern möchte ein *neues* Selbst haben. Er möchte von vorn beginnen und sich von diesem Null-Punkt aus in eigener Selbstverfügung zu dem machen, was er sein möchte. Er will der Schmied seiner eigenen Identität sein und will sie nicht bloß als das Produkt seiner Vergangenheit *übernehmen*. So kehrt er denn auch nicht in sein Elternhaus zurück, obwohl man ihn dort erkannt und also

identifiziert hat, sondern er läßt sich von Fremden »adoptieren«, um so eine tabula rasa zu sein, die sich neu beschriften kann.

Ähnlich liegen die Dinge in Sartres Drama »Die Fliegen«: Als Orestes in seine Heimat zurückkehrt, kommt er in eine Stadt, die vom Fluch des Königsmordes gelähmt ist. Seine Mutter Klytämnestra hat den eben heimgekehrten Agamemnon mit Hilfe ihres Buhlen Aigisthes umgebracht. Die Rachegötinnen – die »Fliegen« – walten über der Stadt und fixieren sie auf diesen Fluch der begangenen Freveltat. Das Leben der Polis steht so im Banne des schauerlich Geschehenen. Orestes will sich mit dieser lähmenden Schuld nicht identifizieren. Er weigert sich, an das Kreuz einer Vergangenheit geschlagen zu werden, die ihn überpersönlich umgreifen und an die Identität mit dieser Schuld fixieren möchte. So wird zum Schlüsselwort des Dramas jener Satz, der sich ihm als Aufschrei entringt und zugleich Proklamation bedeutet, der Satz: »Ich bin meine Freiheit.« Er sagt nicht: »Ich ›habe‹ Freiheit«, sondern »ich ›bin‹ Freiheit«; die Freiheit ist nichts Geringeres als mein Wesen und mein Selbst. Das bedeutet offensichtlich: Ich bin nicht das Objekt und das Produkt einer Vergangenheit – und obendrein einer Vergangenheit, die ich nicht selbst zu verantworten habe, sondern die überpersönlich nach mir greift –, sondern ich bin das Subjekt einer Zukunft, die *ich* gestalte. Wer ich bin, das bestimme *ich. Ich* und niemand sonst bin der Autor meiner selbst. So geht er mitten durch die Erinnyen, die Rachegöttinnen, hindurch (sie sind ja die Wächter des Vergangenen!), um den Raum offener und unbelasteter Zukunft zu gewinnen. Aber in welche Zeit und in welchen Raum geht er? Wird nicht schon der nächste Augenblick die erste Phase eines Prozesses sein, in dem er sich aufs neue mit Vergangenheit anreichert und damit abermals Hypotheken und Fixierungen aussetzt? Wird so die Identitätskrise nicht zu seiner chronischen Krankheit werden müssen? Wer Sartre kennt, wird bemerken, daß damit auf die wunde Stelle seiner Freiheitslehre verwiesen wird.

Der Theologe kann nur mit Staunen bemerken, wie sich in diesen Identitätskonzeptionen die *paulinische Rechtfertigungslehre* und die Dialektik von Gesetz und Evangelium abschatten: Das »Gesetz« hält mich bei meiner Vergangenheit fest. Es sucht mich durch das zu definieren, was ich hinter mir, was ich getan habe. Es macht meine Vergangenheit zur Kennmarke meiner Identität. Das Evangelium dagegen ermöglicht es mir, mich als eine »neue Kreatur« zu verstehen, für die »das Alte« vergangen ist. Der Schuldschein, der meine Vergangenheit repräsentiert, ist, nach dem Wort des Kolosserbriefs, getilgt und »ans Kreuz geheftet«. In der Erlösung bin ich nicht mehr auf meine Vergangenheit fixiert, sondern gewinne Zukunft. Mir wird eine *neue* Identität eröffnet. Was hier ein unverfügbares, durch Christus zuteil werdendes Geschenk ist, das wird bei Sartre und Anouilh zum Inhalt einer titanischen Tat, zur Demonstration menschlicher Selbstmächtigkeit.

Wer hat recht? Nirgendwo prallen das christliche und das säkulare Identitätsbewußtsein so elementar und entscheidungheischend aufeinander wie hier, wo es im Horizont meiner Zeitlichkeit erscheint und mich vor die Alternative stellt, ob ich durch meine Vergangenheit oder meine Zukunft bestimmt sei und wer oder was die Macht besitze, mich von dem einen zu lösen und mir das andere zu eröffnen. –

Für Max Frisch ist das Identitätsproblem geradezu das durchgängige Thema seines Lebenswerkes. Das, was ihm hierbei als Ziel vorschwebt, kann man nur dialektisch bestimmen (wenn wir etwa an den Roman »Stiller« denken): Einerseits wendet er sich gegen das Bild, das wir uns von einem Menschen machen und auf das wir ihn fixieren. Dieses »Bildnis und Gleichnis« droht uns zu einem Fetisch zu werden, der genauso zu verwerfen ist wie der Versuch, *Gott* in einem Bildnis und Gleichnis einzufangen. Andererseits bekämpft er aber ebenso die Antlitzlosigkeit der modernen Welt, wie sie sich in der Überfülle veräußerlichter Abbilder kundgibt. Frisch weiß etwas von der Selbstvergessenheit, die dem Schein verhaftet ist und das wirkliche Selbst des eigenen wie auch des fremden Ich verloren hat. Auch in Peter Handkes Roman »Die Stunde der wahren Empfindung« ist dieses Wissen spürbar, wenn der Pressereferent Gregor Keuschnig seine verlorene Identität wiederzufinden sucht. So erhofft er die Stunde der wahren Empfindung, in der er die fremdbestimmten Gefühle und die vorgedachten Gedanken loswird. Darum möchte er »alle Gefühle neu entdecken« und jenen Augenblick subjektiver Wahrheit erleben, in der er zu sich selbst kommt und er selbst wird. Nur die strengste Askese, die Abkehr von dem Bild, das uns dingfest machen will und dann auch den andern mit selbstgemachten Bildern identifiziert, kann uns nach Frisch frei machen für eine offene Begegnung. Die eigene Identität durch Begegnung zu erfahren, bedeutet zunächst einmal die Bereitschaft, nicht im Namen jenes prädisponierenden Modell-Bildes jemand Bestimmtes sein und den andern als jemand Bestimmtes haben zu wollen, sondern nach beiden Seiten offen zu sein. In der Bereitschaft zu solcher Begegnung wird der Jemand zunächst zu einem Niemand. Nur indem er sich seiner selbstgewählten Identität begibt, gelingt ihm der Sprung in das nicht prädisponierte Anders-Sein.

Doch kommt es nun wirklich zu diesem Offen-Sein? Frischs Roman »Mein Name sei Gantenbein« scheint die Krise der so gewonnenen Identität zu offenbaren. Im Mittelpunkt steht ein Mensch, der eine bestimmte Erfahrung gemacht hat, aber noch außerstande ist, sie in sein Bewußtsein einzuordnen und mit seiner Person in Einklang zu bringen. Darum sucht er Modelle von Lebenssituationen, in denen er sich (und die er in sich) unterbringen kann. Er nennt sie »Geschichten, die zu seinem Leben passen«. In diesem Sinne probiert er die Geschichten verschiedener Menschen durch, deren Erlebnisse er erst entwirft. Nach immer neuen Testversuchen dieser

Art paßt schließlich nur die Geschichte des Herrn Gantenbein zu seiner Erfahrung. Darum beschließt er: »Mein Name sei Gantenbein.«
Hier sucht jemand verzweifelt – aber auch nicht ohne Humor –, er selbst zu sein. Sein Leitwort könnten die bekannten Verse sein:

In jedem lebt ein Bild
Deß, das er werden soll.
Solang' er das nicht ist,
Wird nicht sein Friede voll.

Aber kommt es hier nun wirklich zu jener offenen Begegnung, in der der Niemand durch ein Stirb-und-werde hindurch zum Jemand wird und seine Identität findet, wie der »Stiller« es noch zu verheißen schien? Die Geschichten, die der Mann im »Gantenbein« durchprobiert, umschreiben für ihn ja keine wirklichen Menschen, denen er aufgeschlossen begegnen würde und die er entsprechend zu akzeptieren bereit wäre. Er selbst bleibt ja das Kriterium dafür, ob sie für ihn überhaupt »relevant« werden können. Also steht er ihnen doch *nicht* in offener Begegnungsbereitschaft gegenüber. Er nimmt vielmehr eine Selektion vor und fragt, ob »sie zu ihm passen«. Ist das möglich, ohne daß er ein »Bildnis oder ein Gleichnis« von sich selbst besäße, daß er also der Fixpunkt sein wollte, um den die Biographien der andern nur wie Monde um eine Sonne kreisen? (Dieses »Bildnis und Gleichnis« von mir hätte ich wohl selbst dann noch, wenn ich nur negativ zu sagen wüßte, wer oder was *nicht* zu mir paßt und insofern meine Identität gefährden müßte. In diesem Sinne fordert FRANÇOISE SAGAN in »Bonjour tristesse« die Freiheit, »zu entscheiden, wie ich selbst sein wollte – ich kann nicht sagen ›ich selbst zu sein‹, denn ich war nichts als ein modellierbarer Teig –, aber die Freiheit, eine bestimmte Teigform *abzulehnen*«.) Durch das ganze Werk FRISCHS hin sind gewiß viele Zwischentöne zu vernehmen, nicht Weniges äußert sich in verschwebender Dialektik, so daß der Leser Hemmungen hat, den Autor auf bestimmte Thesen festzulegen. Dennoch muß hier die Frage erlaubt sein, ob MAX FRISCH im »Gantenbein« den Postulaten gerecht wird, die er im »Stiller« doch deutlich machte: Wer sich vorbehaltloser Begegnung stellt und darin sich selber zu finden hofft, muß bereit sein, den andern zu akzeptieren, und zwar entgegen dem fixierenden Bilde, das er sich vorher von ihm machte. Und wenn ihm in dieser Begegnung Selbstgewißheit zuteil wird, wenn er sich als »Jemand« erfährt, dann muß er auch dieses sein Selbst akzeptieren – wiederum entgegen dem fixierenden Bilde, das er sich vorher von sich selbst gemacht haben mochte. Ist aber von dieser doppelten Offenheit im »Gantenbein« noch die Rede? Ist hier nicht schon eine fixe Vorentscheidung darüber getroffen, wer ich bin, und werden die Geschichten der andern nicht nur daraufhin geprüft, ob sie dazu passen? *Wenn* sie passen, kann ich sie zu *meiner* Geschichte machen und die so geklärte Identität durch einen neuen Namen bezeichnen, z. B. durch den Namen »Gantenbein«?

Ich sprach nicht zufällig von einer so geklärten und zu klärenden Identität. Wenn ich vorher sagte, über die eigene Identität sei bereits entschieden, wenn Gantenbein jene Geschichten an sich vorüberziehen läßt, dann gilt das nämlich nur mit einigen Einschränkungen. Sie ist während dieser ersten Stadien durchaus noch in statu nascendi. Er sucht sie ja mit Hilfe jener Geschichten erst abzutasten. Er möchte, indem er die passende Geschichte findet, sozusagen ein Aha-Erlebnis zustande kommen lassen: »Aha, der also bin ich; hierin erkenne ich mich wieder.« – Wer er ist, steht also zwar im vorhinein fest; doch er weiß es noch nicht. Er muß es erst im Aha-Erlebnis erfahren. Ontisch ändert sich durch diese Begegnungen jedenfalls nichts an ihm. Nur noetisch wird einiges anders.

Ist er also wirklich bereit, bedingungslos zu akzeptieren – – – die andern sowohl als sich selbst? Geht es hier nicht doch um das, was Kierkegaard meinte, wenn er von der Verzweiflung sprach, »man selbst sein zu wollen«, verzweifelt auf der Suche nach dem eigenen Bilde zu sein?

Vielleicht kann man sagen, daß das auf Identität drängende Individuum bei Frisch eine gewisse Ähnlichkeit zu dem aufweist, was Goethe die Entelechie nennt. Damit ist gemeint, daß der Mensch ein Aktzentrum, ein in sich gegründeter personaler Organismus sei. Die Identitätsfindung vollzieht sich deshalb durch die Begegnung mit verwandten *andern* Entelechien (wie etwa in Goethes »Wahlverwandtschaften«). Versteht man die Personalität des Menschen dagegen anders, so kommt es entsprechend auch zu andersartigen Krisen der Identität.

Das läßt sich an Friedrich Georg Jüngers Roman »Der erste Gang« beobachten: Sein Beobachtungsfeld ist der ungeheure Umwandlungsprozeß, den der Erste Weltkrieg in Gang setzte. Viele von denen, die ihn speziell an der Ostfront erleiden, sehen gleichsam ihre Identität eingeschmolzen. Indem die Welt, aus der sie kommen, hinter ihnen versinkt, lassen sie auch sich selbst dahinten. Die Gegenwart ist ein gewaltsamer Trennungsstrich zwischen einer abgeschlossenen Vergangenheit und einer ins Unvorstellbare geöffneten Zukunft. So werden sie von dem Gefühl befallen, als sei ihnen mit der vertrauten Welt des Bisher auch ihre Identität genommen. Die Räume, in denen sie aufwuchsen, die Bildung, die ihnen zuteil wurde, die Symbole, denen ihre Verehrung galt – kurz: alles, was sie prägte und worin sie verwurzelt waren, ist dahin und hat Geltung und Wesen verloren. Die Identität eines geschlossenen Selbstseins gerät durch eine Art Bewußtseinsspaltung in kritische Stadien: Die Zeit zerfällt für sie einmal in einen konservierenden Bereich, der für den Einzelnen mit persönlichen Erinnerungen gefüllt ist; hier ist der statische Aufenthalt des Vergangenen. Zum andern ist sie erfüllt von mitreißender Dynamik, die ohne Aufenthalt ist, beziehungslos das Vergangene ablöst und in eine Zukunft weist, in der sich der also Zerrissene noch nicht zu orten weiß, der er gleichsam unbehaust entgegentreibt.

Die Krise der Identität ist hier nicht nur durch den Riß zwischen Gegangenem und Kommendem, zwischen nennbarer – weil feststehender – Erinnerung und anonymer Hoffnung gegeben, sondern mehr noch durch die Ortlosigkeit und Unbehaustheit, der sich der Mensch nach der Liquidation seiner Vergangenheit ausgeliefert sieht. Der Ort und das Haus gehören hier zur Identität des Menschen hinzu. Er ruht nicht nur als Entelechie in sich selbst, sondern er west in dem, was sein Leben trägt, in den ihn prägenden Zeiten und Räumen: in den Werten, die ihn leiteten, in den Symbolen, zu denen er aufschaute, in den Menschen, die ihn begleiteten, in der Geschichte, die er erlebte, in den Häusern, die er bewohnte. *Indem er dies alles verliert, verliert er sich selbst.* Der Trennungsstrich zwischen Einst und Jetzt, wie ihn der Umschmelzungsprozeß des Krieges so gewaltsam zieht, ist zugleich der Trennungsstrich zwischen dem Ich, das sich gespenstisch weiterschleppt, und seiner Welt, die es dahintenläßt. Aber da diese Welt zu ihm gehört und sein Selbst-Sein mit ausmacht, läßt er auch sich selbst dahinten und erlebt den Phobos seiner verlorenen Identität.
Trotz aller Verschiedenheit gegenüber SARTRE, ANOUILH und FRISCH meldet sich doch in allen diesen Formen der Identitätskrise ein Problem, das wir später als das entscheidende der Anthropologie überhaupt erkennen werden: Ich meine das *Problem der Relation. Denn alle diese Krisen der Identität entstehen dadurch, daß eine Grundbeziehung unserer Existenz aus den Fugen gerät.* Es kann die Grundbeziehung zu unserer Vergangenheit sein, die uns fixieren will und von der wir uns nicht festlegen lassen wollen. Es kann die Beziehung zu einem Du sein, das uns in der Begegnung zur Selbstfindung verhilft (oder auch daran hindert). Ebenso kann es die Beziehung zu dem sein, was wir als »unsere Welt« erlebt haben und dessen Zerstörung unser Selbst-Sein *mit* in den Strudel des Untergangs zieht. *Wer nach seiner Identität, nach der Kongruenz seines Daseins mit dem Bilde »deß, das er werden soll« fragt, stellt damit – unbewußt oder programmatisch – die Frage nach dem sein Leben tragenden Bezug.* Wir werden noch sehen, welche Bedeutung deshalb die Gottesfrage, so gewiß sie ja die Frage nach dem »letzten« Lebensbezug ist, für das Verständnis unserer Identität besitzt.

2. *Verzweifelt* nicht *man selbst sein wollen*

Sprachlose Überwindung der Individualität (Mystik, Romantik)

Der verzweifelten Bemühung, »man selbst sein zu wollen«, korrespondiert nach KIERKEGAARD die entgegengesetzte und ebenso leidenschaftliche Tendenz: die Grenzen der eigenen Identität zu sprengen, sich selbst zu entrinnen und ein anderer zu sein. Das Ich, die Identität der Person, ist ja dem, was Menschenantlitz trägt, nicht einfach angeboren, so daß wir von Anfang an mit Individualität ausstaffiert wären und sie dann auch in späteren, individualitätsfeindlichen und kollektivistisch orientierten Menschheitsstadien unversehrt beibehielten. Das scharf konturierte individuelle Ich, das sich seiner Besonderheit bewußt ist, taucht in der Menschheitsgeschichte vielmehr erst ziemlich spät auf. Es bedurfte einer Fülle von Faktoren – etwa gesellschaftlicher Bedingungen wie der Arbeitsteilung, religiöser Entwicklungen wie des Bewußtseins der Unmittelbarkeit zu Gott und vieler anderer –, um das identische, sich seiner Autonomie bewußte und zu selbständigen Pflichten und Rechten befähigte Selbst zustande kommen zu lassen.

Mag die nach außen so abgegrenzte, unverwechselbare und einmalige Individualität in diesem Sinne als Errungenschaft gelten und vom Pathos der Humanität getragen sein – immerhin bildet sie auch eine schmerzliche *Grenze*: Ich bin nun, der ich bin, die Potentialität meines Ich hat sich verwirklicht; aber ich *muß* auch der sein, der ich bin; ich muß mich in meinem Sosein akzeptieren.

Der Vorgang der Ich-Werdung, um den es hier geht, ist nur dialektisch zu beschreiben: Einerseits möchte ich der sein, der ich bin; ich möchte mit dem Bilde kongruent werden, das als Entwurf in mir schlummert. Andererseits lehne ich mich dagegen auf, an die Identität gerade mit *diesem* Ich gefesselt zu sein. Ich kann verzweifelt *nicht* ich selbst sein wollen. Wir mögen etwa an Triebenergien denken, die dieses Haus meines Ich beherrschen und denen ich nicht entrinnen kann, weil ich *mir* nicht entrinnen kann; welcher Rauschgiftsüchtige, welcher Straftäter hätte sich und sein So-Sein noch nicht verflucht!

Der Wille, die Grenzen meines Selbstseins zu transzendieren, braucht freilich durchaus nicht immer ein »verzweifelter« Wille zu sein. Er kann sich auch in einem pantheistischen Einswerden mit dem All äußern. Wenn wir einmal die Welt der Religionen beiseite lassen und uns auf unsern eigenen Kulturkreis beschränken, können wir in der Romantik solche Tendenzen beobachten. Wenn der junge Schleiermacher die Religion als »Anschauung und Gefühl des Universums« versteht, dann äußert sich darin das Einswerden des beschränkten Ich mit dem Universum, die Ausweitung in ein Allgefühl, das im einzelnen Ich ein »Kompendium der Menschheit« insgesamt, ein mikrokosmisches Abbild des Universums selbst sieht. Diese Ausweitung des Ich im Sinne des Hen kaì pân (= Eins und alles) berührt sich – bis in die Formulierung hinein – aufs engste mit dem Aufgehen im All, das der »Werther« Goethes geradezu hymnisch bekennt:

Wenn ich »im hohen Grase am fallenden Bache liege und näher an der Erde tausend mannigfaltige Gräschen mir merkwürdig werden; wenn ich das Wimmeln der kleinen Welt zwischen Halmen, die unzähligen, unergründlichen Gestalten der Würmchen, der Mückchen näher an meinem Herzen fühle und fühle ... das Wehen des Alliebenden, der uns in ewiger Wonne schwebend trägt und erhält! Mein Freund, wenn's dann um meine Augen dämmert und die Welt um mich her und der Himmel ganz in meiner Seele ruhn wie die Gestalt einer Geliebten, dann sehne ich mich oft und denke: Ach könntest du das wieder ausdrücken ..., was so voll, so warm in dir lebt, daß es würde der Spiegel deiner Seele, wie deine Seele ist der Spiegel des unendlichen Gottes! – Mein Freund! – Aber ich gehe darüber zugrunde ...«

Das Universum der Spiegel meiner Seele, meine Seele der Spiegel des Universums, das All in meiner Seele ruhend und meine Seele im All: hier wird Individualität sich selbst wieder los, oder besser: sie wird in Augenblicken des äußersten Glückes ermächtigt, sich loszulassen. Sie sind nur als Augenblicke und Ausnahmen in Prozesse eingesprengt, die wieder zur Ich-Werdung zurückgeleiten und die Wiederannahme der kaum abgelegten Fesseln erzwingen. Wie ekstatisch und exzeptionell solche Augenblicke sind, erfährt der Goethesche Werther in derselben Weise wie SCHLEIERMACHER: Er kann das Erlebte nicht aussprechen, weder im Bild noch erst recht im Wort. Zu beidem wäre Abstand nötig, und gerade der ist ja in jenen Augenblicken zernichtet, wo die Einheit, ja die Identität mit dem All erlebt wird. »Spricht die Seele, so spricht, / Ach! schon die Seele nicht mehr«, kann SCHILLER sagen. Zur Sprache kommt es nur im nachhinein, wenn das Wunder der Einswerdung wieder zurückgetreten ist und sich so zeitlicher Abstand begibt. Der Augenblick des Erlebens selbst ist sprach*los*. Die Ekstase jener Ichentnommenheit, jener Sprengung der Identität findet deshalb nur als Erinnerung sprachlichen Ausdruck.

Die Sprache als Erweiterung der Individualität

Die Sprache vollzieht sich ja auch sonst nur als Kommunikation des Getrennten: Wären wir nicht verschiedene Individualitäten, würden wir nicht miteinander sprechen. Wo Individualität partiell, das heißt in der Beziehung zweier Individuen zueinander, erlischt, wo etwa bei manchen alten Ehepaaren jeder jede Regung des andern kennt und alles Erfahrbare von ihm erfahren hat, bedarf es des Brückenschlags der Sprache nicht mehr, dann breitet sich Schweigen aus. Das wäre dann die Karikatur einer sprachlos gewordenen Einswerdung. Aber eine Karikatur pflegt ja sehr vielsagend zu sein. Und was sie hier verrät, ist die Grundeigenschaft der Sprache: das Getrennte zu verbinden, sich »äußern« zu müssen, weil das »Innere« über die individuelle Besonderung hinweg ohne jenes sprachliche Nach-außen-Treten nicht einsehbar ist. Sprache wird also erst möglich in räumlicher oder zeitlicher Distanz. Der Historiker pflegt deshalb vom Zeitgeschehen zu sagen, es sei noch zu früh, um darüber zu reden. (Was dennoch von Zeitgenossen – etwa von den Zeugen einer Schlacht oder einer Revolution – gesprochen wird, wäre danach noch kein Reden im gefüllten Sinne, sondern ein expressives Lautgeben, etwa eine verbale Befreiung von Überdruck.)

Diese Feststellung, daß Sprache sich allererst aus der Distanz ergibt, weist

auf ein Doppeltes hin: einmal darauf, daß das Medium der Sprache in dem Maße an Bedeutung gewinnt, wie die Individualisierung fortschreitet (und zwar nicht nur im Sinne einer Individualisierung der Individuen, sondern auch der pluralistisch sich auseinanderfächernden Gruppen). Zum andern ist damit gesagt, daß die Sprache in dem Maße vom Schweigen verdrängt wird, wie die Individualität ihre Grenzen sprengt und es zur Identifizierung mit dem Universum kommen läßt. Selbst die Worte heiliger Schriften sind deshalb für den SCHLEIERMACHER der »Reden über die Religion« nur nachträgliche Rationalisierungen eines elementaren Erlebens, bloße Steine eines »Mausoleums der Religion«, Einbalsamierungen eines Erlebens, das eben nicht mehr lebt, wenn es in die Sprache eingegangen ist.
Die in allerhand charismatischen Bewegungen heute wieder aufblühende Glossolalie (= Zungenreden) deutet in ähnliche Richtungen: In einer Art ekstatischer unio mystica sieht sich der Gläubige so sehr sich selbst und den Grenzen seiner Endlichkeit entrückt, so sehr in eine Einung mit Gott versetzt, daß die normale Verständigungssprache aufhört und es zu Lauten geistlicher Wonne und Beglückung kommt, die nur Gott versteht. Soll es zur Verständigung mit den andern kommen und also der zwischenmenschliche Abstand überwunden werden, so muß der »Hermeneut«, der Dolmetscher, in Kraft treten und die Sprachlosigkeit der Ekstase wieder in die Sprache der Verständigung verwandeln, damit die andern kommunizieren können (vgl. 1. Korinther-Brief, Kapitel 14).

Indem die Sprache so unsere Individualität erweitert, versichert sie uns zugleich unserer Identität: Sie bedeutet uns, daß wir keine in sich abgeschlossenen Monaden ohne Fenster, sondern daß wir auf ein Sein zum Du, auf Mitmenschlichkeit angelegt sind.
Freilich hat diese Identitätshilfe der Sprache auch eine dunkle Kehrseite. Die Sprache kann ins Gegenteil einer Identitäts*bedrohung* umschlagen. Das Wort SCHILLERS: »Spricht die Seele, so spricht, / Ach! schon die Seele nicht mehr« weist bereits auf diese bedrohliche Seite hin. Die Seele, das eigentliche Selbst also, ist nicht mehr ganz und heil, wenn sie sich in das Exil der Sprache begibt. Die Vorstadien unmittelbaren, noch elementaren Erlebens – die ungebrochenen Ekstasen etwa – ließen diese Seele noch bei sich selbst sein und machten das offenbar, worin sie gründet und ihr Wesen hat, in was sie ekstatisch hineinsteht, um von dem Entfremdenden loszukommen. Genauso meint es ja SCHLEIERMACHER, wenn er das Ich in der Ekstasis von »Anschauung und Gefühl des Universums« aufgehen und gerade damit zu sich selbst kommen läßt. Dies Einssein mit dem Universum *ist* ja die eigentliche Identität. Sie aber ist bezeichnenderweise *sprachlos*. Sobald wir den Kairos jener Identität in der Sprache einfangen wollen, ist er schon vergangen, ist das Eins-Sein zerstört. Was auf den Begriff gebracht wird, ist schon Erinnerung, ist nicht mehr der gefüllte Augenblick. Die Sprache

als Herbarium enthält nur das nicht mehr gelebte Leben. Sie ist eben, wie wir sagten, das Idiom der Distanz. Sie hat diese Distanz entweder zur *Voraussetzung* (etwa die Verschiedenheit der Individuen, zwischen denen sie Kommunikation, »Verkehr« stiftet), oder sie hat die Distanz zur *Folge* (wenn sie etwas urtümlich Lebendiges in die Gefangenschaft des Begriffs bringt).

Die *belastende* Seite der Sprache, ihre mögliche Identitätsbedrohung also, wird in der Moderne nun noch auf eine besondere Weise erfahren. Angesichts dieses Attentats der Sprache können wir einer neuen Form von Sprachlosigkeit, von Verstummen überantwortet werden. Es geht hier sozusagen um eine Sprachlosigkeit post festum, um eine Sprachlosigkeit, die dem *Überdruß* an der Sprache, dem Irrewerden an ihrem schon reichlich erfahrenen Gebrauch entstammt. Insofern unterscheidet sich diese Sprachlosigkeit zweiten Grades von der ursprünglichen, noch vorsprachlichen Sprachlosigkeit. Diese ist noch »heile Welt«, während die zweite Form der Sprachlosigkeit eine Form von Dekadenz ist.

Über diese neue Sprachlosigkeit, die also der Identitäts*bedrohung* entstammt und gerade den Dichter, den auf Sprache Angewiesenen, belasten muß, hat HUGO VON HOFMANNSTHAL 1902 in seinem berühmten »Brief an Lord Chandos« wohl zum ersten Male gesprochen:

»Mein Fall ist, in Kürze dieser: Es ist mir völlig die Fähigkeit abhanden gekommen, über irgend etwas zusammenhängend zu denken oder zu sprechen ... Ich empfand ein unerklärliches Unbehagen, die Worte ›Geist‹, ›Seele‹ oder ›Körper‹ nur auszusprechen ... Die abstrakten Worte, deren sich doch die Zunge naturgemäß bedienen muß, um irgendwelches Urteil an den Tag zu geben, zerfielen mir im Munde wie modrige Pilze ...

Mein Geist zwang mich, alle Dinge ... in einer unheimlichen Nähe zu sehen: so wie ich einmal in einem Vergrößerungsglas ein Stück von der Haut meines kleinen Fingers gesehen hatte, das einem Blachfeld mit Furchen und Höhlen glich, so ging es mir nun mit den Menschen und ihren Handlungen. Es gelang mir nicht mehr, sie mit dem vereinfachenden Blick der Gewohnheit zu erfassen. Es zerfiel mir alles in Teile, die Teile wieder in Teile, und nichts mehr ließ sich mit einem Begriff umspannen. Die einzelnen Worte schwammen um mich; sie gerannen zu Augen, die mich anstarrten und in die ich wieder hineinstarren muß: Wirbel sind sie, in die hinabzusehen mich schwindelt, die sich unaufhaltsam drehen und durch die hindurch man ins Leere kommt.«

Das eigentliche, in der Sprachdimension zerstäubte und entkommene Sein hält sich sozusagen nur noch bei den *stummen* Dingen auf und eröffnet sich in sprachlosen Begegnungen mit ihnen: »In diesen Augenblicken wird eine nichtige Kreatur, ein Hund, eine Ratte, ein Käfer, ein verkümmerter Apfelbaum, ein sich schlängelnder Karrenweg, ein moosbewachsener Stein mir mehr, als die schönste, hingebendste Geliebte der glücklichsten Nacht mir je gewesen ist.« – »Dabei ist mir so, als könnten wir in ein neues, ahnungsvolles Verhältnis zum ganzen Dasein treten, wenn wir anfingen, mit dem Herzen zu denken. Fällt aber diese sonderbare Be-

zauberung von mir ab, so weiß ich nichts darüber auszusagen; ich könnte dann ebensowenig in vernünftigen Worten darstellen, worin diese mich und die ganze Welt durchwebende Harmonie bestanden und wie sie sich mir fühlbar gemacht habe, als ich ein Genaueres über die inneren Bewegungen meiner Eingeweide oder die Stauungen meines Blutes anzugeben vermöchte.«
Mit diesem Aufenthalt bei dem sprachlos Seienden, das nicht meiner Entfremdung dient, sondern mich zu mir selbst kommen läßt, steht es ähnlich wie mit der erwähnten »Stunde der wahren Empfindung« bei PETER HANDKE. Denn in dieser Stunde findet der Held des Romans, Keuschnig, auf einer Pariser Parkbank ein Kastanienblatt, ein Stück von einem Taschenspiegel und eine Kinderzopfspange vor sich im Sand. Auch Keuschnig, der auf der Flucht vor fremdbestimmten Gefühlen, vorgedachten Gedanken und klischierten Redensarten ist und über das im Sprachraum Verdorbene hinweg zur »wahren Empfindung« kommen möchte, erlebt in dem banal Unbedeutenden, dem sozusagen gar nicht Begriffsfähigen und insofern Untersprachlichen, eine erste Andeutung der »wahren Empfindung«.
Nicht als ob HOFMANNSTHAL damit das Verstummen als endgültigen Zustand erklären wollte. Chandos weist in diesem auf das Jahr 1605 datierten und an FRANCIS BACON gerichteten Brief nur darauf hin, daß er in seiner ihm *jetzt* zur Verfügung stehenden Sprache verstummen müsse. Doch lebt in ihm die Sehnsucht nach einer Sprache, die wieder aussagefähig sein wird, die er aber noch nicht kennt, weil »die Sprache, in welcher nicht nur zu schreiben, sondern auch zu denken mir vielleicht gegeben wäre, weder die lateinische noch die englische noch die italienische und spanische ist, sondern eine Sprache, von deren Worten mir auch nicht eines bekannt ist, eine Sprache, in welcher die stummen Dinge zu mir sprechen, in welcher ich vielleicht einst im Grabe vor einem unbekannten Richter mich verantworten werde.«[7]

Wie kommt es bei HOFMANNSTHAL zu diesem Versagen der Sprache, zu dieser Verstoßung in die Sprachlosigkeit? Er ist betroffen von der Unwahrheit der Sprache, besser: von der unwahr *gewordenen* Sprache. Aber worin besteht diese Unwahrheit, und warum durchsetzt sie unsere Worte wie ein schleichendes Gift?
Zum Wesen sprachlichen Ausdrucks gehört doch, daß die ausgesagte Wirklichkeit in der Aussage selbst enthalten, daß also unsere Worte gleichsam wirklichkeitsgesättigt sind. Ursprünglich, so sagt HANS-JOACHIM MÄHL mit Recht, gab es eine Einheit von Ich, Ausdruck und Ding. Diese Einheit ist zerfallen. Der Anspruch der Sprache, »im Wort zugleich die intendierte Wirklichkeit zu haben (die ›adaequatio ad rem‹)«, wird von *unserm* Reden heutzutage nicht mehr erfüllt. Warum aber nicht? Sind wir etwa Stotterer, Sprachgehemmte geworden, hat sich unsere Grammatik verwirrt? Nichts davon! Der Grund für das Versagen der Sprache liegt in ihrem Gealtert-Sein. In den Worten und Begriffen, die wir gebrauchen, sind frühere Interpretationen des Daseins und des Seins überhaupt gespeichert. Doch sind das nicht mehr *unsere* Interpretationen – jedenfalls nicht von vorneherein –, so daß wir fremde Worte in Umlauf setzen wie Falschmünzer ihre Blüten. Wir geben dauernd Wechsel ohne Deckung aus. Dar-

um spricht HOFMANNSTHAL von dem entleerten Wort, das uns »wie ein modriger Pilz im Munde zerfällt«. Denn: »Wenn wir den Mund aufmachen, reden immer zehntausend Tote mit.« So haben die Worte, statt Wirklichkeit zu enthalten und auszusprechen, »sich vor die Dinge gestellt«; »das Hörensagen hat die Welt verschluckt«. »Worte, Worte – Substantive! Sie brauchen nur die Schwingen zu öffnen, und Jahrtausende entfallen ihrem Flug«, so drückt GOTTFRIED BENN das gleiche aus.
So bereitet die Sprache dem Dichter Verlegenheit. Sie scheint nicht mehr aussagefähig zu sein. Es scheint unmöglich, in ihrem Bannkreis zu jenem »eigenen Ton« zu kommen, auf den nach HOFMANNSTHAL doch alles ankommt, weil er das Indiz für Identitätsfindung wäre. Vielleicht daß im Sinne von BERTOLT BRECHT und GOTTFRIED BENN die *Verfremdung* der Sprache, ihre listige Zu- und Neubereitung, helfen kann, nicht die gewohnten nichtssagenden Klischees einfach zu schlucken, sondern etwas Sperriges in den Hals zu bekommen, das schockiert und mit dem man sich auseinandersetzen muß. So kann das Pathetische ins Alltägliche, das Erhabene ins Banale gezogen werden; so kann BENN mitten in der Lyrik Fremdworte und Fremdsprachliches auftauchen lassen, um jenen Effekt des Sperrigen zu erreichen und die bedingten Reflexe des Erbaulichen zu verhindern, die sich bei dem lyrisch Gewohnten einzustellen pflegen und die doch nicht die Resonanz des »eigenen Tons« hervorrufen können, sondern nur einst gehabte und in der Sprache gespeicherte Fremd-Empfindungen wieder aufwärmen. Es gibt eher mehr als weniger denn jene »Fünf Schwierigkeiten beim Schreiben (und Sagen!) der Wahrheit«, über die BERTOLT BRECHT gehandelt hat.

Wir fassen zusammen: In allem zeigt sich eine widerspruchsvolle Vielschichtigkeit der Sprache, sobald wir sie auf die Frage hin prüfen, welche Bedeutung sie für unsere Selbstfindung habe oder in welcher Weise sie andererseits dazu dienen könne, uns verzweifelt auszuweichen und unsere Identität abzustreifen.
Sie *dient* unserer Selbstfindung, insofern sie Kommunikation mit dem Du ermöglicht und damit unser menschliches Sein als Sein zum Du freisetzt. Sie wirkt aber, wie gerade der Exkurs über HOFMANNSTHAL zeigte, auch unserer Selbstfindung *entgegen*, weil sie durch ihr Beladensein mit Vergangenheit – als »gealterte« Sprache also – den Kontakt mit unserer Wirklichkeit verliert, ja sich vor sie stellt und zum entleerten Klischee wird.
Dieser Zustand kann uns willkommen sein, wenn wir verzweifelt *nicht* wir selbst sein wollen. Denn er ermöglicht uns, dem eigenen Selbstsein und dem eigenen Ton dadurch auszuweichen, daß wir uns von fremden Empfindungen und Weltinterpretationen absorbieren lassen. Die formale Virtuosität des Sagens – bei einem Dichter etwa oder einem Journalisten –

verbirgt unter Umständen nur die völlige Ausgehöhltheit der eigenen Identität. Die Imitation früherer Aussageformen und Stile erscheint oberflächlich als jenes Eigene, das in Wahrheit längst ins Nichtige aufgelöst ist. Der Zustand der Sprachentleerung kann aber, statt zur Flucht vor sich selbst, auch zu einer neuen *Suche* nach sich selbst treiben: sei es, daß man die Last der Sprachlosigkeit auf sich nimmt (wie Lord Chandos), um nicht unter dem Oktroi des entfremdeten Wortes zu ersticken und sein Selbst vor dem Ersticken an »modrigen Pilzen« zu retten; sei es, daß man nach neuen Aussageformen sucht (wie bei der Verfremdungstechnik BRECHTS) oder auf ein neues, sozusagen eschatologisches Sprachwunder wartet (wie HOFMANNSTHAL selbst).

Das Hineinschlüpfen in andere: Ausbruchsversuche aus der Leibeigenschaft unseres Selbst (im Alltag, in der Dichtung, in der Artistik, im Karneval)

Ganz gleich nun, ob ich »verzweifelt« nicht ich selbst sein will oder ob ich in ekstatischer Wonne meine Identität auf ein Eins-Werden mit ... hin sprenge: in beiden Fällen werde ich der Einmaligkeit meiner Individualität nicht nur als eines Gewinnes inne, sondern ich erfahre sie auch als Hypothek, als die Last einer *Fesselung* an meine Identität. »Wir sind alle Leibeigene unseres Selbst«, heißt es im »Feuerschiff« von SIEGFRIED LENZ, »gefangen wie das Insekt im Bernstein, wir sind gekreuzigt an dies eine Leben, und jede fremde Erfahrung müssen wir erst durch die Festungstore unseres Ichs einschmuggeln.« – »Man kann sich selber manchmal gar nicht leiden, / Man hängt sich meterlang zum Halse raus« – meint ERICH KÄSTNER. Kein Wunder, daß der Überdruß an den immer gleichen Tapeten meines Ich, die mich umstellen und mich stets an den gleichen perspektivischen Mittelpunkt binden, in die Verzweiflung übergehen kann, *nicht* – oder jedenfalls nicht *nur*! – »man selbst zu sein«, und so den Wunsch auslöst, ein anderer zu sein und die Identität zu wechseln. – Für SCHOPENHAUER ist es der *Tod*, der uns von »der Einseitigkeit der Individualität« befreit. Denn da die Individualität »nicht den innersten Kern unseres Wesens ausmacht, vielmehr als eine Art Verirrung desselben zu denken ist«, tritt im Tode »die wahre, ursprüngliche Freiheit wieder ein«, ja geradezu eine »restitutio ad integrum«. Wer den Tod so sieht, gibt den Willen zum Leben gern auf; er möchte »wirklich und nicht bloß scheinbar sterben«; an einer Fortdauer der Person kann ihm nicht mehr gelegen sein. Er empfängt vielmehr die ersehnte Befreiung von seiner beengten Identität. In JOSEPH CONRADS Roman »Lord Jim« bekennt der Kaufmann, Abenteurer, Entomologe und Weise Stein seinen Wunsch, ein anderer zu sein und von den Fesseln seiner gegebenen Identität loszukommen: »Wir wollen auf so verschiedene Weise *sein*. Dieser prachtvolle Schmetterling findet einen kleinen

Schmutzhaufen und bleibt still darauf sitzen; aber der Mensch will niemals auf seinem Schmutzhaufen stillsitzen. Bald will er so sein und bald will er wieder so sein ... Er will ein Heiliger sein, und er will ein Teufel sein, und sooft er die Augen zumacht, sieht er sich als einen sehr feinen Kerl – so fein, wie er niemals sein kann ... Im Traum ...«

Es kann geradezu eine Form des Selbstgenusses sein, sich so träumend in einen andern zu verwandeln oder sich – über den bloßen Augenblick des Traumes hinaus – einen Seelenhabitus zuzulegen, der es gestattet, fortgesetzt in die Erfahrungen eines andern zu schlüpfen und die Welt mit seinen Augen zu sehen. So kann die Gemeinschaft mit einem andern Du nicht nur (wie beim Eros der Orphischen Urworte) zur Selbstfindung helfen, sondern sie kann auch die umgekehrte Wirkung erzeugen: sie kann das Ich dem Du anverwandeln und so der Begrenzung der eigenen Identität entschlüpfen lassen. *Nicht* ich selbst sein, sondern durch andere und in ihnen leben – das kann André Gide in den »Falschmünzern« als selbstgenießerische Überbietung der eigenen Identität preisen: »Mein Herz schlägt nur aus Sympathie; ich lebe nur durch andere; per procura sozusagen, in Stellvertretung, durch zerebrales Einheiraten. Nie fühle ich mich intensiver leben, als wenn *ich mir selbst entschlüpfe, um irgend jemand zu werden«* (Hervorhebung vom Verf.).

Was hier gemeint ist, können wir durch eine sehr harmlose und sehr alltägliche Beobachtung illustriert sehen: Freunde, die mich besuchen, möchten bei ihrem Hamburgaufenthalt gerne eine Hafenrundfahrt machen. Ich führe lieber mit ihnen an die Ostsee oder an die Lauenburger Seen, denn den Hafen kenne ich inzwischen so gut, daß es mir keinen Spaß macht, ihn abermals und zum soundsovielten Male zu durchqueren und die längst bekannten Späße des erklärenden Klabautermanns über mich ergehen zu lassen. Aber merkwürdig: Es macht mir dann doch Spaß, und ich sehe den Hafen wie zum ersten Male – – denn ich sehe ihn nun durch die Augen meiner Freunde. Diese Landratten sind von der fremden Welt der Ozeanriesen und der Schlepper fasziniert, und auch die abgestandenen Witze des Erklärers machen ihnen sichtlich Spaß; denn für *sie* sind sie ja neu und taufrisch. Und ich selbst ertappe mich dabei, wie ich auf ihr nächstes Ah und Oh warte, und mit Ungeduld sehe ich der schnurrigen Bemerkung entgegen, die beim Anblick des Michelturms regelmäßig aus dem Lautsprecher kommt. Ich sehe und höre das alles mit andern Augen und Ohren, darum eröffnen sich mir bei jeder neuen Hafenrundfahrt neue Perspektiven. Säße ich allein in dem Besichtigungsboot, würde ich vor Langeweile umkommen, denn mein persönliches Ich ist durch diese Eindrücke längst abgesättigt, es hat seine Kapazitätsgrenze erreicht. Es kann nur *dann* noch mehr in sich aufnehmen, wenn es seine Grenze überschreitet und jene Standpunkte außerhalb seiner selbst einnimmt, wie sie ihm durch die Augen der Freunde erschlossen werden.

Mit den Ohren kann es, wie schon angedeutet, ähnlich sein: Es ist Sonntagmorgen, und wieder haben wir einigen Logierbesuch im Hause. Ich frage sie, ob sie mit in die Kirche wollen, heute predige ein Pastor, von dem sie etwas haben würden. Zwei von ihnen gehen dann mit, der eine aus Neugier, der andere wohl mehr aus Höflichkeit. Beide gestehen, daß sie des Kirchgangs ziemlich entwöhnt seien. Der Mann predigt gut, und ich höre ihm wie immer gerne zu. Aber mein Hören ist anders als sonst. Heute erlebe ich mich nicht selber als den Adressaten der Botschaft, sondern ich höre mit den Ohren der beiden Freunde. Der Mono-Klang erweitert sich gleichsam zum Stereo-Sound. Der eine von beiden hatte mir noch gestern abend gesagt, das moralisierende Leute-Schelten, das ihm von seiner heimischen Kanzel entgegendröhne, *wenn* er denn einmal dem lieben Gott einen Anstandsbesuch mache, widere ihn an. Nun höre ich die Predigt von dieser *seiner* Erwartung aus mit, und ich frage mich, wie es auf ihn wirken und wie es ihn überraschen mag, wenn hier von Geschenken und Gnaden die Rede ist und gerade das Moralisieren eins ausgewischt bekommt. Der andere Freund hatte gemeint, es sei ja doch immer dasselbe, was der Pastor sage; diese Monotonie der ständigen Wiederholung sei ihm zu langweilig. Er wisse ja stets schon im voraus, was kommt. Ich beobachte, wie ich mich auch in ihn versetze und seine Verwunderung miterlebe – er hat sie mir selbst auch später gestanden –, daß ihm hier plötzlich Dinge über ihn selbst gesagt werden, die er noch nie gehört hat.

Es ist merkwürdig. *Die Bandbreite meiner Wirklichkeitserfahrung, die Plastik meines Sehens und die Polyphonie des Gehörten scheinen sich ins Unermeßliche zu erweitern, wenn ich durch andere hindurch höre und sehe und so aus meiner Identität auswandere.* Was ist der Reiz der großen Tragödie, die ich im Theater sehe? Nicht zuletzt doch die Solidarisierung mit dem Helden, in dem ich ein Seinsgeschick wahrnehme, das zwar nicht das meine, sondern das Geschick eines andern ist, das sich aber doch in der gleichen Welt der Konflikte begibt, in der auch ich lebe, und mich ähnlichen Möglichkeiten aussetzt. – – – Phobos und Katharsis, Schrecken und Läuterung, die nach ARISTOTELES die Wirkung des Tragischen ausmachen, ereignen sich als Phänomene einer ungeheuren Ich-Erweiterung: daß ich in einem andern mein eigenes Innestehen in der Welt samt seinen düsteren Möglichkeiten entdecke.

Und was macht – einige Stockwerke tiefer – den Reiz der »Western« mit Pferdegetrappel und Revolver-Colt-Geknalle aus? Ist es nicht auch hier die Identifizierung mit einem andern, der für Gesetz und Gerechtigkeit kämpft, aber in diesem Kampf über sehr viel rasantere Möglichkeiten verfügt als ich und mit einer Entschlossenheit und Findigkeit in seine Kämpfe zieht, von denen ich selbst allenfalls nur träumen kann?

Weiter: warum starre ich gebannt auf die fliegenden Menschen in der Zirkuskuppel oder auf den Schlangenmenschen, der zwischen seinen eigenen

Beinen hervorlugt? Die Artisten sind meine Stellvertreter in Möglichkeiten, die nicht die meinen sind, die aber potentiell in jener Menschheit schlummern, zu der auch ich mich zähle. Auch hier kommt es zu einer Identifizierung mit dem artistischen Du und damit zu einer Überschreitung der eigenen Identität[8]. *Der andere – mein Freund, der tragische Held, die Retterfigur des Western oder der Artist – vertritt einen Aspekt der Welt, der meine begrenzte Identität transzendiert; sie ergänzen meine Endlichkeit, indem sie mir ein Außerhalb meiner selbst ermöglichen.*

Es geht immer um die gleiche Diagnose und dieselbe Heilungssehnsucht: Meine Identität macht mich zu einem bestimmten perspektivischen Mittelpunkt der Welt und fixiert mich an ihn. Ich weiß aber, daß ich die Welt so nur flächig und einseitig sehen kann. Erst der Austausch dieses perspektivischen Mittelpunktes mit andern und immer neuen würde mir die Fülle der möglichen Weltaspekte eröffnen. Als sittliches Wesen sei er Monotheist, sagt GOETHE; als Künstler Polytheist und als Naturforscher Pantheist; er könne sich nicht mit *einer* Sicht begnügen. Hier vollzieht sich nichts anderes als die Überwindung jenes perspektivischen Mittelpunktes, kraft deren ich dann die Welt mit immer neuen und andern Augen sehe. Potentiell trage ich diese Fülle der Aspekte in mir; sie sind *meine* Möglichkeiten und *doch* nicht meine. Die Größe, die sie als Subjekt alle miteinander umfaßt, ist – im Sinne SCHLEIERMACHERS oder auch KANTS gesprochen – die »Menschheit«, nicht das abgetrennte und begrenzte Individuum. Ich komme aber jener Fülle der Aspekte um so näher, je mehr ich mich und die Welt durch andere hindurch zu sehen lerne und mich so wenigstens fragmentarisch mit der Menschheit identifiziere. *Hinter dem Nicht-man-selbst-sein-Wollen steht die leidvolle Erfahrung, von meiner begrenzten Identität aus dem Reichtum des Lebens nicht gerecht werden zu können, aus meinem Selbst ausbrechen und mich in andere verwandeln zu müssen, um des Ganzen ansichtig zu werden.* Das hat wohl auch WILHELM WINDELBAND gemeint, wenn er sagt, nur die Geschichte der Philosophie, in der sich alle Weltaspekte summieren, erfasse die Wahrheit, nicht aber ein einzelnes philosophisches System mit seiner Einäugigkeit.

Steht hinter den Pseudonymen KIERKEGAARDS nicht ein ähnliches Motiv – die Bemühung nämlich, die Welt einmal vom perspektivischen Mittelpunkt des Ästheten, dann von dem des ethischen und schließlich vom Standort des religiösen Menschen und des von Gott Angesprochenen aus zu sehen? Der portugiesische Dichter FERNANDO PESSOA versucht die Fesseln seiner Individualität sogar durch sechs Pseudonyme zu sprengen und bedient sich dabei deutlich unterschiedener Stile und Ausdrucksformen, »die je eine klar umrissene Dichterpersönlichkeit repräsentieren« (G. KALTENBRUNNER).

Die Sehnsucht, die eigene Identität zu sprengen und sich in einen andern zu verwandeln, dürfte wohl der maßgebliche Antrieb bei den *Festen der*

Maske, den *römischen Saturnalien und dem Karneval*, sein[9]. Eine schlichte und biedere Hausfrau verwandelt sich in einen Vamp, den sie im Kino gesehen hat, ein prosaischer Stehkragen-Buchhalter tritt als Zigeuner auf. Jeder sucht den Gegensatz zum eigenen Sosein, eine Art komplementärer Ausweitung seiner selbst.

Die treibende Grunderfahrung dabei ist wohl diese: Ich kann zwar, wenn ich tüchtig bin, beruflich höhersteigen, ich kann aber meine beruflichen Möglichkeiten nicht mehr frei wählen. Bestimmte Weichenstellungen liegen hinter mir und treiben mich auf der einmal gewählten Schiene weiter voran. Je älter ich werde, um so ärmer werde ich an Möglichkeiten, um so massiver macht sich das Fixiertsein auf meine Identität bemerkbar. Ich bin Professor und kann nicht mehr Lokomotivführer werden, obwohl das als Neigung in mir lebt und eine bestimmte Seite meiner Natur sich nur da entfalten könnte. Ich bin ein preußischer Pflichtmensch mit eiserner Zeiteinteilung und kann nicht mehr gammeln; ich beneide manchmal die Hippies, weil in ihnen einiges lebt, was in mir verdorrt oder schon gestorben ist.

Dazu kommt das determinierte Rollenspiel, zu dem mich die Gesellschaft zwingt: ein Professor tut dies und das und benimmt sich so und so. Aus diesem Gehege meiner Identität treibt es mich auszubrechen.

Im Karneval aber wird dieser Ausbruch und wird das Anders-Sein gespielt. Für Freud sind diese Art Maskenfeste nichts anderes als gesellschaftlich legitimierte Exzesse, in denen die sonst vom Über-Ich geförderten Grenzen außer Kraft gesetzt werden und es interimistisch erlaubt ist, gewisse geheiligte Gesetze zu übertreten. Jan Huizingas »Herbst des Mittelalters« ist voll saftiger Exempel, wie auch christliche Gesittung für die Zeit der Feste pausiert und wie die närrischen Scherze und Verkehrungen sogar in die Zone des Sakralen eindringen, ja selbst vor Verhöhnungen der Liturgie nicht Halt machen, um auch hier das Fixiertsein zu sprengen. Es ist, wie wenn so das Archaische vor der Geburt der Individualität Urständ feierte. Man kann verstehen, daß gerade Freud sich zur Interpretation dieser Vorgänge aufgefordert sieht. Denn unter psychoanalytischem Aspekt erscheint die Individualität und die mir zugewiesene gesellschaftliche Rolle ja zugleich als eine Form der Verdrängung: Ich bin eben *nicht* jenes andere, das ich zwar potentiell in mir trage, mit dem ich mich aber nicht identifizieren, von dem ich mich vielmehr distanzieren möchte. Ich wohne in der bel étage meiner Personalität und höre zwar die »Wölfe in meinem Keller heulen«; ich weiß auch, daß ich der Keller meines Ich-Hauses bin; aber ich will nicht wölfisch sein, ich will vielmehr Humanität zelebrieren. Ich habe meine Identität auf die bel étage begrenzt; dort steht mein Name als Zeichen meiner Identität – und eben *nicht* an der Kellertür. Individuelle Identität ist so zugleich die Verdrängung dessen, was ich nicht bin oder nicht zu sein wünsche und was dennoch potentiell in mir ist.

Alle nicht ausgelebten Gaben und alle nicht getragenen Lasten aber drängen darauf, sich geltend zu machen und aus dem Orkus ihrer Verdrängung hochzutauchen. In den Festen der Verwandlung geschieht das alles, hier kann es zu kontrollierten Entladungen kommen. Lange in Schach gehaltene Triebe und Instinkte haben freien Auslauf, und ich kann verzweifelt (oder die Verzweiflung verdrängend und in Lust umdeutend) für Augenblicke aufhören, ich selbst zu sein, und kann ein anderer werden:

Es war im schönen Karneval,
Wo – wie auch sonst und überall –
Der Mensch mit ungemeiner List,
Zu scheinen sucht, was er nicht ist.

(Wilhelm Busch)

3. Gibt es eine Beraubung meiner Identität?

Folter, biologische Manipulation und ideologische Überfremdung

Bisher beobachteten wir erstens, daß und wieso die Frage des Menschen nach seiner Identität ihn ebenso verfolgt und ihm im Nacken sitzt wie das Geschick seiner Menschlichkeit selbst. *Menschsein heißt, nach sich selber fragen zu müssen, heißt, bewegt zu sein von dem Bilde, zu dem wir entworfen sind und das uns zur Deckung von Essenz und Existenz drängt.* Im Grunde meldet sich hier die unsere Existenz bestimmende Spannung zwischen Sein und Sollen.

Wir haben zweitens gesehen, wie diese Frage in solchen Stadien der Geschichte und des Lebens zu erhöhter Virulenz aufläuft, in denen die Seinsorientierung *unsicher* wird, wo den Menschen Ungewißheit über sich selbst bedroht und er sich im gefüllten Sinne des Wortes »frag«-würdig wird.

Drittens haben wir uns einen Eindruck davon verschafft, in wie extrem verschiedenen Spielarten die Frage des Menschen nach seiner Identität auftaucht: Sie kann sich im verzweifelten Versuch der Selbst*findung*, aber auch im ebenso verzweifelten Versuch der Selbst*verweigerung* und des Ausbruchs aus dem Gehege der Identität bestehen.

Wenn wir diesen Katalog der Möglichkeiten systematisch abrunden wollen, stoßen wir noch auf eine letzte Frage. Bisher tauchte nämlich das Identitätsproblem nur so auf, daß der Mensch selbst als das Subjekt erschien, das sich ihm ausgeliefert sah und das sich entweder auf die Fährte zu seinem Selbst *hin* oder aber von ihm *weg* begab. In beiden Fällen galt die Gegebenheit – wenn auch die *verborgene* Gegebenheit – seiner Identität als selbstverständlich. Nur deshalb *konnte* sie ja überhaupt gesucht oder verweigert werden!

Doch ist sie wirklich immer eine derart fraglose und stabile Gegebenheit, ein Seinsbestand also, der so etwas wie »unzerstörbaren Charakter« hat?

Gibt es nicht möglicherweise auch einen *Bruch* in dieser Identität, und zwar dergestalt, daß ich nicht nur vergeblich mich selbst zu gewinnen suche, auch nicht nur vergeblich mich selbst verweigere, sondern daß ich mir selbst entführt *werde* und mich meiner Identität so von *außen* her beraubt sehe? Gibt es nicht Verwundungen meines Selbstseins, die mir in dieser Weise »zugefügt« werden, die ich also nicht als Subjekt vollziehe wie bei der Identitätsverweigerung, sondern denen ich als Objekt und Opfer ausgeliefert bin – ja, denen ich selbst dann unterliege, wenn ich mich fahrlässig oder ahnungslos einem Gefälle überantwortet habe, an dessen Ende der Verlust meines Selbst steht (wie etwa bei der Drogensucht, in deren identitätsverändernden Trend ich vielleicht hineingeschliddert bin)?
Was so in der Fragestellung abstrakt klingen mag, gewinnt sofort Leben, wenn wir uns einigen Phänomenen zuwenden, die uns in akuter Weise bedrängen. Was uns heute und hier als besonders krasse Form solcher Beraubung entgegentritt, hat es in vielerlei Variationen immer gegeben: Man denke etwa an die Formen *kultischer Ekstase*, eines Außer-sich-Seins also, das durch psychagogische Riten, vor allem durch Tanz, Rhythmus und Exerzitien der Konzentration erzeugt wird. Man bedenke ferner pathologische Formen der Ichberaubung wie etwa bei der *Schizophrenie* oder der sogenannten Bewußtseinserweiterung, der Auswanderung aus meinem Selbst bei der erwähnten Drogensucht. Auch Formen der *Besessenheit* wie bei den neutestamentlichen Dämonengeschichten und ihren immer neuen Wiederholungen mögen hier genannt werden. Ein besonders makabres Beispiel für den Raub der Identität liefern moderne *Foltermethoden*, die mit Hilfe einer entarteten Psychiatrie getätigt werden und auf künstlich erzeugten Ich-Verlust aus sind[10].
Diese Methoden drängen mit Hilfe verfeinerter wissenschaftlicher Mittel, deren sich besonders ideologische Herrschaftssysteme mit ihrem Aufgebot an Psychologen und Psychiatern zu bedienen pflegen, auf eine Grenze, jenseits deren das Ich gar nicht mehr der Träger einer Entscheidung für oder wider eine Wahrheit, eine Verhaltensweise und ein Bekenntnis ist, wo es vielmehr mit Hilfe eines entsprechenden Trainings zum Instrument bedingter und erwünschter Reflexe gemacht oder wo durch die Übergröße zugefügten Schmerzes das Ich als Entscheidungszentrum ausgeschaltet wird. *Diese Art Folter ringt dem Angeklagten nicht seine Entscheidung ab – durch Versprechungen, Drohungen, Bestechungen, durch die Erregung von Furcht und Hoffnung also und durch den Appell an den Selbsterhaltungstrieb –, sondern sie umgeht die Sphäre der Entscheidung, indem sie deren Vollziehbarkeit ausschaltet.*
Desgleichen kann das Ich-Zentrum mit *chemischen* Mitteln, durch Pentothal z. B. oder Scopolaminderivate und Weckamine, lahmgelegt werden. Ob der ungarische Bekennerbischof Kardinal MINDZENTY, der unter dem Einfluß irgendwelcher Methoden dieser Art bei seinem Prozeß höchst ei-

genartige »Geständnisse« ablegte, im späteren Rückblick wirklich sagen mußte: »Ich« habe das gesagt, »ich« habe verleugnet? Mußte er nicht vielmehr höchst erstaunt die Prozeß-Protokolle seiner Aussagen lesen, um dann vielleicht festzustellen: Hier findet sich nur der verbale Ausdruck bestimmter Reaktionen meines Nervensystems, aber hier habe nicht »ich« gesprochen[11]?

Die *Biologie* macht sich anheischig, die Gene zu manipulieren und damit Persönlichkeitsbilder zu ändern oder zu retuschieren. Elektrische Reizungen bestimmter Gehirnpartien können die Person zum Träger blinder Aggressionstriebe machen oder sie auch umgekehrt in die Zone pazifistischer Indifferenz verweisen.

Die erstaunte Frage nach der Rückkehr in den Normalzustand: »War ›ich‹ es, der dies und das sagte oder tat?« kann sich sogar dann ergeben, wenn nach dem Sturz eines ideologischen Herrschaftssystems jene Massensuggestion erlischt, die es durch seine Propaganda zu erzeugen wußte. Damit mag der rätselhafte Umstand zusammenhängen, daß Nazi-Verbrecher, die Menschenleben auf dem Gewissen haben oder auch wilde Reden schwangen, später als anonyme Bürger in aller Bravheit zu leben vermochten und – auf damals getane Äußerungen hin angesprochen – sie einfach abstritten. Es wäre viel zu vordergründig, das mit Zynismus oder mit der Absicht zu bloßen Schutzbehauptungen zu erklären. Sie mögen sich vielmehr in ihren Taten und Worten von einst tatsächlich nicht wiedererkennen und so zu der Annahme geneigt sein, es sei ein anderes Ich gewesen, das dort gehandelt und gesprochen habe. Es sei etwas in sie gefahren, der Dämon des Zeitgeistes habe von ihnen Besitz ergriffen und ihnen die Identität geraubt. Hier gibt es so etwas wie die Identitätskrise bei Besessenheiten.

Schicksalhafte und verantwortliche Beraubung. Zwei verschiedene Gestalten des Identitätsverlustes und der »Besessenheit«

Allerdings muß man hier genau differenzieren. Die Beraubung der Identität kann nämlich unbedingt und sie kann bedingt sein. Unbedingt ist sie dann, wenn jene Beraubung von außen her – neurochirurgisch etwa oder durch chemische und psychiatrische Manipulationen – erfolgt, so daß eine Art operativer Entselbstung erfolgt. Bedingt dagegen ist jene Beraubung dann, wenn ich mich einem »fremden Geist« zur Verfügung stelle, wenn ich die Bereitschaft aufbringe, mich von ihm besetzen zu lassen, wenn also der Effekt der »Besessenheit« und damit die Identitätsberaubung im ersten Stadium noch unter der Verantwortung meiner Identität steht.

Auf eine Beraubung in diesem zweiten, »bedingten« Sinne kommt Paulus in einem berühmten anthropologischen Passus zu sprechen: im 7. Kapitel seines Römerbriefes. Hier behandelt er eine Identitätskrise, die der Christ an sich beobachtet. Er stellt nämlich bei der Begegnung mit dem Gesetze Gottes fest: »Das Gute, das ich will, das tue ich nicht, sondern das Böse, das ich nicht will, das tue ich« (7,19). Worin besteht also meine Identität? Ist sie durch das bestimmt, was ich *will*, oder durch das, was ich *tue*? Wer bin »ich« dabei, wenn zwei auseinanderstrebende Subjekte als Kontrahenten in mir wirksam sind und meine Identität zerreißen?

Wenn ich den Apostel hier recht verstehe, scheint er sich im ersten Stadium seiner Argumentation dafür zu entscheiden, sein eigentliches Selbst sei das *wollende* Ich. Sein Herz – und das ist doch das eigentliche Ich-Zentrum! – schlägt ja für das Gebot Gottes, sein» inwendiger Mensch« hat »Lust« an diesem Gebot (7,22). Dort also ist sein Selbst zu Hause und wirklich bei sich selbst. Was aber ist dann jenes Andere, das ebenfalls motivierend in ihm wirksam ist? Muß er dazu nicht ebenfalls »ich« sagen, obwohl das doch so absurd wäre, wie wenn man »a« und »non-a« miteinander identifizieren würde?

Gerade bei dem so gestellten Identitätsproblem taucht nun eine Frage auf, die an das besprochene Thema der Besessenheit erinnert (obwohl der Begriff nicht auftaucht): denn Paulus weist es zunächst ab, daß die Kräfte in ihm, die dem Willen Gottes widerständen, zu seinem Ich gehörten. Er empfindet sie als etwas Fremdes, ihn okkupieren Wollendes, das in das Haus seines Ich eingedrungen ist. Er benutzt sogar mythische Chiffren, um diese dem Willen Gottes widerstreitenden Strebungen als das Fremde zu denunzieren, an dem sein eigentliches Selbst, sein »inwendiger Mensch« keinen Anteil habe: Zweimal (Vers 17 und 20) spricht er davon, es sei die »in ihm eingehauste Sünde« – nicht er selbst also! –, die sich hier gegen Gott auflehne und ihn nicht zur Einheit mit seinem Willen kommen lasse. Ebenso kann er von einem »Gesetz in seinen Gliedern« sprechen (Vers 23), das dem Gesetze Gottes zuwiderlaufe und dem er sich unterworfen sehe. Das mythische Element in seinen Aussagen liegt darin, daß er hier eine Macht des Es hypostasiert, die ihn besetzt hält, ihn besessen sein und nicht zu sich selbst kommen läßt. Etwas zuspitzend könnte man die Selbstaussage des Paulus so formulieren, daß er zu sagen wünsche: Hier bin »ich«, der ich zur Einigung mit dem Willen Gottes dränge; dort aber steht das »Es«, das mich daran hindern will. So ist mein Ich im ständigen Handgemenge, im Konflikt mit diesem andern, das nicht »ich« bin.

Hier geht es also um eine Art von »Besessenheit«, die insofern eine Identitätskrise mit sich bringt, als von einem Es, einem Nicht-Ich die Rede ist, das wie eine fremde Besatzungsmacht das Gelände meines Ich okkupiert hält. So kommt es zu einem Bekenntnis, das uns aus der Kriminologie von Triebtätern bekannt ist, wenn sie später sagen: »›Es‹ kam über mich aber ›ich‹ war es eigentlich nicht.«

Im Unterschiede nun zu der Ich-Beraubung, die von *außen* her mit Hilfe von Manipulationen vollzogen wird, finden wir hier ein Initiativ-Stadium, in dem mir ein Ja oder Nein gegenüber jener Besatzungsmacht des Es abverlangt wird. Sage ich ja, so bin ich besetzt und besessen; von da an werde ich von einem fremden Willen entführt und verliere meine Identität. Sage ich nein, so hört damit zwar der Konflikt nicht auf; ich bleibe im Gemenge mit dem, was mich mit seinem Herrschaftsanspruch bedrängt. Aber ich verfalle ihm nun nicht mehr einfach, ich räume ihm keine Exousia (= Macht) über mich ein und bleibe beobachtend und kritisch ihm gegenüber auf der Hut.

Die Identitätsfrage wird also hier nicht nur so gelöst, daß Paulus sagt: Mein Ich ist das in mir, was sich Gott zugeordnet weiß und in seinem Sinnen und Trachten auf ihn gerichtet ist. Sondern dieses Ich ist auch dadurch charakterisiert, daß es sich kritisch gegenüber dem abgrenzt, was so mit dem Anspruch auftrumpft, *selber* dieses Ich zu werden, ja an seine Stelle zu treten. Gerade damit aber übernimmt es diese andere und fremde Macht in sich auf seine eigene Verantwortung. Darum kommt es dann *doch* zu einer sehr hintergründigen Identifizierung: Das Kapitel schließt nämlich damit, daß Paulus nicht mehr in mythisierender Weise von dem »Es« in sich spricht, daß er also aufhört, das Böse in sich zur Hypostase eines Nicht-Ich zu machen. Statt dessen bekennt er am Ende: »›Ich‹ unglücklicher Mensch, wer wird mich erlösen vom Leibe dieses Todes?« »Ich« also bin es, der dieses beides in sich trägt: Ich bin *für* Gott und zugleich *gegen* ihn. Ich bin der Vergebung bedürftig – und wäre das ja nicht, wenn jenes Es in mir nur ein Fatum, ein Verhängnis wäre, dem ich mich wirklich als einem *Fremden* ausgeliefert sähe und mit dem ich mich nicht identifizieren müßte ... »Erlöse mich von dem Bösen!«, das heißt jetzt: »Erlöse mich von mir selbst!« Und wenn ich nun unter *diesem* Aspekt sagen sollte, worin meine wahre Identität bestehe, müßte ich bekennen: *»Ich« bin der trotz allem von Gott Angenommene; ich bin der in all seiner Fragwürdigkeit und mit all seinen Konflikten von ihm Bejahte.*

Mir lag sehr viel daran, diesen Unterschied zwischen den beiden Grundformen der Ich-Beraubung klar herauszuarbeiten. Beide haben das Gemeinsame an sich, daß es um eine Weise der *Besessenheit*, um die Inthronisation eines fremden Herrschaftsanspruchs auf dem Gelände meines Selbst geht. Diese Inthronisation kann einmal (1.) von *außen* her wie ein Geschick über mich verhängt werden: Man hat mich dann entpersonalisiert. Sie kann mir aber auch (2.) als die Frage begegnen, ob ich eine Macht Gewalt über mich gewinnen lassen will.

Um dieses Initialstadiums meiner Verantwortung willen muß ich mich dann auf meine *sich durchhaltende Identität* hin anreden lassen. Ich kann ihr also nicht entrinnen. Wenn man über das hinaus, was schon bei Paulus festzustellen war, eine Illustration dafür wünscht, möchte ich sagen, daß die Verantwortung der *Naziverbrecher* – oder auch der Untäter in andern

ideologischen Kraftfeldern – von dieser Art sei. Gewiß ist der Geist einer Ideologie, ein kollektiver Zeitgeist also, über sie Herr geworden, und er entführte sie dorthin, wohin sie ursprünglich und von Haus aus sicher *nicht* wollten. Gleichwohl haben sie in einem Initialakt ihr Selbst an diesen Geist verkauft. Dieser Geist fanatisierte sie dann, machte sie sich als seine Instrumente hörig und schien durch sie hindurch zu handeln. Sie wähnten deshalb, es selber zu sein, die hier dächten und handelten. Ihre Wertetafeln wurden unter der Hand umgeschrieben: Sie hielten für Gut und Böse, für Recht und Unrecht, was dieser Geist ihnen suggerierte. Da sie aber den Eröffnungsakt dieser Hingabe vollzogen – und nicht wie bei psychiatrischen und chemischen Ich-Verwandlungen in fatalistischer Weise entpersönlicht wurden –, müssen sie sich mit dem identifizieren, was sie taten. Ihr »besessenes« Ich: das waren und blieben sie eben selbst. *Wenn Faust den Pakt mit Mephistopheles unterschreibt, wird er entführt, wohin er nicht will. Aber es ist und bleibt sein Blut, mit dem er die Unterschrift vollzog.* Das Drama, das durch diesen Pakt ausgelöst wird, wird zur Tragödie von Fausts Identität. Die Masken und Rollen des Mephistopheles haben nur auslösende Funktion: Sie bringen lediglich das zur Entfaltung, was in Fausts Entelechie potentiell angelegt ist. Zu dem, was er tut, muß er also stehen und bekennen: »Ich« war es; »ich« habe Gretchen verführt.
Nachdem wir so die nötigen Differenzierungen vollzogen haben, wenden wir uns wieder der *Frage* zu, *in welcher Weise die Identität manipuliert und zur Nicht-Identität werden könne.* In zwei Bereichen gewinnt diese Frage heute und wohl noch auf lange hinaus erhöhte Aktualität: in der Medizin, speziell der Biologie, und im Strafrecht.

C. Die neue Frage nach dem Menschen aus dieser Unsicherheit

Ein Problem-Überblick

Im Rahmen der biologischen Möglichkeiten der Medizin entsteht zunehmend die Frage nach den Grenzen – – – jedoch weniger nach den Grenzen der Möglichkeiten als nach den Grenzen, bis zu denen diese Möglichkeiten in Anspruch genommen werden dürfen. Die inzwischen schon recht populär gewordene Frage lautet also: Dürfen wir alles, was wir können? Könnte nicht die bedenkenlose Ausschöpfung dessen, was der Artistik unserer biologischen und technischen Möglichkeiten offensteht, zum Frevel führen, könnte die »große Kunst« uns nicht »rasend« machen? (Acta 26, 24). Aber gegen wen oder was freveln und rasen wir denn hier? Ehe wir nun die theologische Kategorie der Hybris einführen – letzten Endes wird sie tatsächlich die Antwort auf jene Frage sein! –, sollten wir die Qualität »Frevel« zunächst im anthropologischen Bereich definieren. Hier werden jene Manipulationen als Bedrohung der menschlichen Identität verstanden. Sie könnten ein Frevel wider das Humanum sein. So ist es auch hier wieder die Unsicherheitssituation, die die Frage entstehen läßt, was denn jenes Humanum, das hier im Rahmen der Identitätsfrage erscheint, überhaupt sei. Kein Wunder, daß deshalb die Fundamentalfrage der Anthropologie bei Mediziner- und Biologen-Kongressen unüberhörbar im Raume steht. Wie sieht diese Frage genauer aus[1]?

Die ständig sich erweiternden Eingriffsmöglichkeiten der modernen Medizin nötigen zunächst dazu, sich über die Ziele klarzuwerden, die man – etwa im Bereich hormonaler oder neurochirurgischer Manipulationen oder auch der Beeinflussung der Erbsubstanz – anzusteuern wünscht. Wie das Londoner Symposion der Ciba Foundation von 1962 geradezu drastisch sichtbar machte, zeigt sich die Fragwürdigkeit dieser Ziele gerade dann, wenn man eine Realisierung unserer Möglichkeiten einmal bis zur letzten Konsequenz durchdenkt. Dann kommt es nämlich zu schockierend utopischen Vorstellungen einer vom Menschen erzeugten Superzivilisation, der er von Haus aus nicht mehr gewachsen wäre. »Von Haus« würde hier bedeuten, daß die biologische und mentale Mitgift des Menschen das nicht mehr zu bewältigen vermöchte, was er zu erzeugen verstünde, so daß er die

Kontrolle über die von ihm bewirkten Änderungen verlöre. Seine begrenzte Intelligenz würde von der Superintelligenz seiner Computer und anderen Hilfsapparaten überlistet und darum zu unbeherrschbaren und nicht gewollten Zielen entführt. Dem Zauberlehrling wüchsen die ausgelösten Kräfte über den Kopf.

So wurde etwa in einer amerikanischen Militärschule die These vertreten, daß der Mensch, gemessen an den technischen Möglichkeiten und Aufgaben der Weltraumfahrt, eine »Fehlkonstruktion« sei. Man müsse ihn folglich umkonstruieren, wenn er die von ihm konstruierten Instrumente wieder einholen, wenn er mit ihnen Schritt halten solle. So würde etwa die Situation des Kosmonauten wesentlich erleichtert, wenn man ihm statt seiner überflüssigen Beine den Greifschwanz des Gibbon-Affen anzüchten würde.

Hier wird in der Tat die Frage unausweichlich, inwieweit solchen biologischen Eingriffen – und dann auch dem Eingriff in die Erbsubstanz – Raum gegeben werden dürfe. Der Schock, der diese Frage begleitet, wird durch die Situation ausgelöst, die sie stellen läßt. Denn diese Situation sieht doch so aus, daß hier nicht mehr der *Mensch* das Maß der Dinge ist, daß er sich auch nicht, wie das Schöpfungsgebot ihn hieß, die Erde untertan macht, sondern daß umgekehrt diese von ihm bearbeitete Erde eine Art »Aufstand der Mittel« organisiert, der ihn dann seiner Freiheit beraubt und dem Zugzwang unterwirft. In der Tat ist es schockierend, daß statt des Menschen selbst nun die von ihm erschaffenen Strukturen, die Technik, der Fortschritt, der zivilisatorische Apparat, das Leitbild für die Gestaltung menschlicher Konstitution liefern sollen, daß die Superkonstruktionen also eine Art Angriff auf ihn mit dem Ziel ihrer Machtübernahme unternehmen. Nicht nur um mitzukommen, sondern im Interesse elementarer Selbsterhaltung scheint er in die Defensive gedrängt und zu der Konsequenz genötigt zu sein, sich zu manipulieren oder manipulieren zu lassen.

In diesem Sinne sprechen denn auch – teils hoffnungsvoll, teils voller Schrecken – gewisse utopische Endvisionen von einem gewandelten Menschen, der die Identität mit seinem heutigen Zustand überwunden hat und zu Ufern aufgebrochen ist, die sich unserm Vorstellungsvermögen heute noch entziehen. In dem Maße, wie der Mensch die Rolle des Mitläufers bei diesem Wettrennen mit den Apparaturen übernimmt und wie die Erweiterung seines technischen Aktionsradius sein Handeln determiniert, wird man cum grano salis sagen dürfen, daß auch dies eine Art »Besessenheit« zu sein vermag. Er begibt sich ja in das Kraftfeld einer Regie, die seiner Selbstbestimmung zuwiderläuft und die als »fremder Geist« seine Identität bedroht.

Abgesehen von der grundsätzlichen Problematik dieser Prozesse, über die wir bisher nachgedacht haben, gibt es auch auf der empirischen Ebene vielsagende Indizien, die auf die Fragwürdigkeit dieses Weges deuten. Diese Fragwürdigkeit äußert sich zum Beispiel in dem Teufelskreis, dem sich der Arzt mit seinem fortschrittlichen Können einbeschlossen sieht: Denn mit der enorm gewachsenen Fähigkeit, krankes Leben zu erhalten, droht sich zugleich die Erbmasse zu verschlechtern. Mit dieser artifiziellen Erhaltung verlängert man ja auch ein Leben, das sonst *vor* Erreichen des Zeugungsalters beendet sein würde, nunmehr aber seine Hypotheken in den Erbgang einfließen läßt und sie damit vervielfacht. Insofern bleibt der Mensch nicht nur mit seiner natürlichen Mitgift hinter dem Bewirkten zurück, sondern dieses Bewirkte übt zugleich einen Akt der Aggression wider ihn aus – einen Angriff nämlich, der seine ursprüngliche Konstitution zusätzlich reduziert und seine Hilflosigkeit noch vergrößert.

Diese Verschlechterung des Genotypus der Menschheit hat sich in makabren Visionen niedergeschlagen, die aber nicht etwa von wildgewordenen Publizisten, sondern von anerkannten Koryphäen der Wissenschaft stammen: Die Wechselbeziehung zwischen der Bevölkerungsexplosion auf der einen Seite – sie entstammt ebenfalls dem beschriebenen Teufelskreis! – und den pathologischen Hypotheken der menschheitlichen Erbsubstanz auf der andern Seite droht die Welt in absehbarer Zeit in ein »überdimensionales Krankenhaus« zu verwandeln, »voll von Prothesenträgern, psychisch Unstabilen, Neurotikern, Schwachsinnigen – mit Menschen, die nur noch leben können, wenn sie von einer fremden Kraft unentwegt Stützen oder Prothesen erhalten«. In diesem Zusammenhang taucht das Wort von einer drohenden »Prothesenkultur« auf[2].

Die Krise, der sich das Menschsein so überantwortet sieht, löst die Frage nach der Identität des Menschen in doppelter Hinsicht aus:

I. Erste Krise der Identität: Schuld und Unschuld in zwangsläufigen Prozessen

a) Die eigengesetzlichen Zwänge. Beispiel: Der Weg von der Relativitätstheorie zur Atombombe

Von denjenigen menschlichen »Exemplaren«, deren Selbst zum Objekt massiver Manipulationen gemacht und also entselbstet wird, wird man sagen müssen, daß sie ihrer Humanitas beraubt sind, zumindest aber, daß ihre Identität zeitweise suspendiert ist. Beraubung oder Suspendierung geben sich darin zu erkennen, daß die betreffenden Individuen zwischenzeitlich oder dauernd der entscheidenden Signatur des Humanum entbehren: Sie haben aufgehört, eigenes Aktzentrum zu sein; sie haben die Freiheit ihrer Selbstverfügung verloren. Sie tragen für das ihnen zugefugte oder aufgezwungene Sosein ebensowenig die Verantwortung wie der mit Hilfe negativer Psychiatrie Gefolterte und seiner Identität Beraubte. Sie haben je-

nes Ich nicht mehr, das sich als Subjekt dessen bekennen müßte, was sie in ihrem Zustande reden und tun.
Diese Deshumanisation und Ent-Schuldung der Manipulationsopfer schließt aber das Urteil nicht aus, sondern ruft geradezu nach ihm, daß »der« Mensch als Initiator jener Prozesse keineswegs aus seiner Verantwortung entlassen sei. Die unentrinnbare Notwendigkeit der Prozesse, die nun abrollen, nachdem der Teufelspakt mit den mephistophelischen Apparaturen geschlossen wurde, nahm den Menschen zwar die Freiheit und unterstellte sie dem Zugzwang. Die Initiative aber zur *Ingangsetzung* jener Prozesse haben sie ja in Freiheit ergriffen. »Der« Mensch – im Unterschied zu den Exemplaren seiner Species, die seine Opfer sind – kann die ihn nunmehr überrollenden Abläufe nicht anders interpretieren als so, daß er sich als ihren Urheber bekennt: Ich habe sie ausgelöst; ich habe den Pakt geschlossen.
Ich hoffe zutreffend unterrichtet zu sein, wenn ich das an Vorgängen um Albert Einstein verdeutliche:
Der Pazifist Albert Einstein nämlich – ausgerechnet er! – sah sich seinerzeit zu einem Brief an Roosevelt veranlaßt, in dem er von der schockierenden Möglichkeit sprach, daß ein Rasender wie Hitler über atomare Explosionen verfügen könne. Mit dieser Warnung hat Einstein zweifellos den Entschluß des Präsidenten wesentlich beeinflußt, daß Amerika nun seinerseits den Bau der Atombombe mit Macht vorantreiben müsse. Später, als dann die Katastrophe von Hiroshima hereingebrochen war und Einstein erschüttert vor dem vorläufigen Ende des Ablaufs von Wechselwirkungen stand, hat eine Besucherin ihm, so wird berichtet, gesagt: »*Sie* haben zuerst auf den Knopf gedrückt!« Einstein soll diese Anklage schweigend zur Kenntnis genommen haben. Er hatte das Ende dieses Prozesses nicht gewollt, aber seine Relativitätstheorie war die Formel, die eine alles überrollende Lawine zu Tale schickte. Er mochte sich in diesem Augenblick als Repräsentanten »des« Menschen verstehen und sich sagen müssen: »Ich« bin in diesem Augenblick der homo sapiens, der ahnungslos den ersten Schritt auf einer Fährte tut, die ihn führt, wohin er *nicht* will.
Wie, wenn dieser Weg nun zur Aufmarschstraße wider die göttliche Weltschöpfung würde, wenn es darin zu ihrem Widerruf käme? In Anspielung auf diesen hintergründigen Effekt von Einsteins Relativitätstheorie sagt Eduard Heimann einmal: »Gott legte die Grundlage der Welt, indem er seine schöpferische Energie in Substanz verwandelte. Wir verwandeln die Substanz zurück in blinde Energie.«
Was ist der Mensch? so möchte man angesichts solcher Verstrickungen fragen; was bedeutet es, die Selbstverfügung als Signatur des Humanum zu bezeichnen, wenn diese Freiheit blind bleiben muß für das, was sie forschend, entdeckend, Möglichkeiten erschließend *bewirkt*, um sodann

vom Zugzwang dieser Wirkungen verschlungen zu werden und ihren Träger aus einem Initiator zum Mitläufer und willenlos Getriebenen zu machen?
Hier stoßen wir auf eine noch tiefere Verschlingung von Freiheit und Notwendigkeit, als sie KANT vorschwebte. ARNOLD GEHLEN hat diese Selbstaufhebung der Freiheit sehr tiefgründig charakterisiert, wenn er selbst die Tätigkeit des Forschers – also auch die Konzeption der Relativitätstheorie und damit das besprochene Auslösesignal – nicht in freien Entschlüssen, sondern in einem Zugzwang begründet sieht. Denn weder stelle der Forscher die Probleme noch entschließe er sich zur technischen Anwendung des Erkannten. Was Problem werden müsse, folge vielmehr aus dem schon Erkannten. Es liege außerdem in der Logik des Experiments, daß die exakte Kenntnis bereits die Beherrschung des technischen Effekts einschließe. So erübrige sich ein besonderer Entschluß zur Anwendung (also *auch* zur Anwendung biogenetischer Manipulationen oder zur militärischen Anwendung der Atomenergie). Dieser Entschluß wird uns vom Objekt abgenommen. Man könnte auch sagen: Er wird weggenommen. R. OPPENHEIMER, der Vater der Atom- und Gegner der Wasserstoff-Bombe, hat diese Zwangsläufigkeit darüber hinaus einmal als ein unwiderstehliches *psychisches* Gefälle dargestellt, wenn er im Hinblick auf seine besondere Aufgabe sagte: Das, was »technisch schmackhaft« (technically sweet) sei, erweise sich als unwiderstehlich, selbst wenn es die Errechnung und Erbauung der Atombombe sei.
Die Form, in der sich die Eigengesetzlichkeit der Forschungs- und technischen Prozesse vollzieht, ist also die Verbindung von Frage und Antwort, von theoretischer Erkenntnis und technischem Effekt. Der Forscher scheint zu einem Medium reduziert zu sein, durch das hindurch sich jene Prozesse vollziehen. Sein eigener geistiger Beitrag ergibt sich lediglich aus der Fähigkeit – der unter Umständen *genialen* Fähigkeit –, die »wartende« Kettenreaktion von Frage und Antwort zu erkennen und dann zur Auslösung zu bringen. Doch ist er hier wirklich der verantwortliche Steuermann? *Fährt das Geisterschiff des wissenschaftlichen und technischen Fortschritts nicht mit leerer Kommandobrücke?*
GEHLEN meint, eine durchgreifende Änderung – also eine Art ethischer Intervention, eine Geltendmachung von Freiheit – sei fast nur in dem Sinne vorstellbar, daß sie an den extremen Enden wirksam werde: am Anfangspunkt, wo ich mich zum Wissen Wollen entschließe, und am Endpunkt des Prozesses, wo ich vor der Frage stehe, ob ich konsumieren oder verzichten will. Daß im Zuge des Wissen-Wollens sich die Frage nach radio-elektrischen Gegebenheiten ergibt und im Rahmen des Möglichen beantwortet wird, vollzieht sich als automatischer Prozeß, der keine ethischen »Bremsen« duldet. Desgleichen ist nicht zu verhindern, daß das Forschungsergebnis sich dann technisch in der Produktion von Fernsehgeräten

auswirkt. Selbst wenn ich der Meinung sein sollte – nur einmal angenommen –, daß die Fernsehkultur sich aufs Ganze gesehen *negativ* auf den menschlichen und geistigen Standard auswirke, daß sie insbesondere pädagogisch gefährlich sei, kann ich diese Abläufe nicht aufhalten. Ich kann nur Konsumverzicht leisten und den Apparat abstellen oder auf seinen Kauf verzichten.

Aber auch hier stehen wir über alle Einzelentscheidung hinaus, wie sie so am Anfang und am Ende des Prozesses noch verfügbar ist, vor dem Faktum, daß der Prozeß nicht wie ein Naturereignis von außen her über uns gekommen ist, sondern daß es eben der Mensch war, der auf den Knopf gedrückt hat. Es scheint in diesem Sinne ein tiefer Sinn darin zu stecken, daß die Bibel »den« Menschen in einer einzigen Person, in einer exemplarischen Kollektiv-Person sozusagen, repräsentiert sieht. Damit wird der überpersönliche Charakter eines Schuldzusammenhanges, in den ich mich gleichwohl als Mitvollstrecker eingeschlossen sehe, symbolisiert. *Ich kann mich aus dem Kreise derer, die Menschenantlitz tragen, nicht ausschließen. Ich »bin« Adam.*

Trotz aller Zwangsläufigkeit der einmal ausgelösten Prozesse, die den Menschen zum bloßen Mitläufer herabwürdigen, trotz aller Beraubungen des menschlichen Selbst, die er unter dem Druck des von seinen Apparaten auferlegten Zugzwanges tätigt, wird dieser Mensch seine eigene Identität nicht los. *Er sieht sich eines Frevels angeklagt, den »er« und niemand sonst in die Welt hereinließ.* Es gibt keine »Macht des Schicksals«, auf die er sich berufen könnte, so sehr er auch die Rolle des Schicksals für die spielt, die seine Opfer sind und die er ihrer Identität beraubte.

b) Erbsünde, tragische Schuld und Selbstrechtfertigung

Damit stoßen wir auf ein Faktum – die Erinnerung an die Gestalt Adams war dafür ein erstes Indiz –, das in der christlichen *Erbsündenlehre* zum Ausdruck kommt. Der Begriff »Erb«-Sünde ist freilich insofern fatal, als er abwegige Assoziationen auslöst: Er läßt das Mißverständnis aufkommen, als ob es hier um genealogisch bestimmte Vorgänge im Sinne einer vererbten Krankheit gehe. Damit aber wäre das, was der Begriff meint, gerade in seiner Pointe verfehlt. Ebenso wie eine Erbkrankheit ein Verhängnis ist, das mich von außen, von meinen Vorfahren her trifft, an dem ich also ganz unschuldig bin, würde auch die Erbsünde aus einer Schuld in Schicksal verwandelt und ins Außerpersönliche abgeschoben. Doch weil gerade das eben *nicht* gemeint ist, sollte man lieber die lateinische Vorlage des Begriffs, peccatum originale, Ursünde, als Bezeichnung wählen. In diesem Sinne meint das Wort einen Schuldzusammenhang, in dem ich mich immer schon vorfinde. Es meint Prozesse, in die ich mich verwickelt sehe, die ich aber gleichwohl so mitvollziehe, daß ich mich nicht von ihnen als einem personfremden Andern distanzieren kann, sondern daß ich sie als

Subjekt verantworten und von ihnen sagen muß: mea culpa, meine Schuld.

Was sich in den Großstrukturen der Welt begibt – zum Beispiel in der Eigengesetzlichkeit des sacro egoismo der Staaten –, ist zugleich das im Mikrokosmos *meines* Herzens wirksame Motiv. Ich muß gleichsam zur Welt sagen »Tatwam asi«, das bin »ich«, das ist das makrokosmische Abbild meiner selbst.

Das große Babylon ist nur ein Scherz,
Will es im Ernst so groß und maßlos sein
Wie unser babylonisch Herz. (FRANCIS THOMPSON)

Genauso wie die Welt mir vorweg ist – wir kommen darauf später noch genauer zu sprechen –, so bin ich auch mir selbst vorweg. *Ich finde mich in meinem Sosein vor, ohne daß ich deshalb aufhören könnte, »ich« zu mir zu sagen.*

Bloß moralische Kategorien sind dieser Wirklichkeit nicht gewachsen. Denn in deren Felde sieht es so aus, als ob ich stets vor noch offenen Entscheidungen stünde. Das ist aber zweifellos eine nicht nur banale, sondern auch unrealistische Schau der Dinge. De facto lehrt mich schon meine Erfahrung, daß mein Entscheidungsspielraum begrenzt ist, so gewiß ihn vielerlei Zwänge einengen: Formen der Eigengesetzlichkeit etwa, die alle möglichen Abläufe in Wirtschaft und Politik (aber auch schon im Bereich von Wissenschaft und Technik) bestimmen, ebenso Konflikte und vielerlei Gestalten des Wertwiderstreits, die im Gefüge unserer Welt angelegt sind: Meine Berufspflichten z. B. widerstreiten der Pflicht, mich meiner Familie und der Erziehung der Kinder zu widmen. Meine Zeit ist zu begrenzt, als daß ich der Fülle des Geforderten gerecht werden könnte.

Die moralisch gesehene Polarität von Gut und Böse ist wahrlich noch das harmloseste Problem. Viel aggressiver bestürmt mich der Widerstreit zwischen Gut und Gut: der Zwang also, durch das Gut-Sein im einen Falle das Gut-sein-Sollen im andern zu unterlassen. Aber obwohl ich diesen Widerstreit nicht will, obwohl er vielmehr im Weltgefüge angelegt ist und so gleichsam überpersönlich auf mich zukommt, werde ich unter »meinem« Versagen leiden und sehe mich außerstande, statt meiner die böse Welt zu verklagen. Ich kann zwar wie der greise Harfner in GOETHES »Wilhelm Meister« einmal so sprechen und die Götter als verantwortliche Repräsentanten jener Weltstruktur verklagen:

Ihr führt ins Leben uns hinein.
Ihr laßt den Armen schuldig werden.
Dann überlaßt ihr ihn der Pein,
Denn alle Schuld rächt sich auf Erden.

Doch das, was sich dem Menschen so als Aufschrei entringt, kann nur eine Art bloßen Zwischenspiels in seiner Selbstreflexion sein. Die griechische Tragödie – sie hat neben dem Wissen um die Ursünde diese Zusammenhänge am tiefsten erhellt – läßt diese Abweisung des überpersönlichen Schuldzusammenhangs zwar gelegentlich ebenfalls laut werden, spricht aber dann doch ihr Nein zu diesem Versuch der Ent-Schuldung und nötigt das Opfer des Schuldigwerdens, sich selbst als verantwortlichen Vollstrecker zu bekennen: Als Klytämnestra nach Agamemnons Ermordung – so berichtet es die Orestie des Aischylos – beteuernd ihre Unschuld versichert und darauf verweist, sie sei nur das willenlose Werkzeug einer ihr aufgetragenen Rache gewesen und »des Hauses alter grimmer Dämon« habe nur ihre *Gestalt* geborgt, um sein blutiges Werk zu vollbringen, da zwingt sie der Chor mit herrischem Spruch, sich *selbst* jene Schuld zuzurechnen. *Hier wird die Grenze zwischen Schuld und Schicksal, zwischen persönlicher und überpersönlicher Sünde durchbrochen. Klytämnestra* muß »ich« zu der begangenen Tat sagen. So jedenfalls redet der Chor sie an:

Dein ist die Tat. Kein Zeugnis
spricht dich frei von dem Morde.
Nein. Nein.
Nur Mithelfer der Untat
sind die Sünden der Väter.

Auch hier ist – im Rahmen einer sonst völlig andern Lebensdeutung – die Hintergründigkeit der Schuld in einem entscheidenden Punkt angesprochen: In ihr finden sich überpersönliche Umklammerung durch ein Schuld-Geschick *und* persönliche Zurechnung. Die Tat, zu der ich mich zwangsläufig gedrängt sah, ist dennoch »meine« Tat. Die Mächte, die das frevelhafte Tun in mir entbanden, die »Sünden der Väter« und »des Hauses alter grimmer Dämon«, enthüllen und geben nur das frei, was in mir selbst liegt und sich gleichsam aus potentieller in kinetische Energie verwandeln möchte. Sie sind nur »Mithelfer«, Geburtshelfer; und es ist »meine« Frucht, die sie entbinden. In diesem Sinne bringt auch das Wort Ursünde entgegen aller moralisierenden oder fatalisierenden Verharmlosung zum Ausdruck, *daß ich das Schuldig-Werden nie bloß als eine zukünftige Möglichkeit »vor« mir habe, sondern daß ich immer schon von ihm »her«-komme.* Ich habe immer schon Entscheidungen im Rücken. Indem sie bereits gefällt *sind*, gehen sie in meine eigenen Entscheidungen ein. Aber sie bleiben eben diese »meine« Entscheidungen. Insofern heben sie meine Identität nicht auf, sondern behaften mich mit ihr.

Diese Last der Menschlichkeit, »meiner« Menschlichkeit, an der ich so trage und die ich mit übernehme, stößt nun mit dem uns eingeborenen Triebe der *Selbstrechtfertigung* zusammen. In diesem Falle vollzieht sich diese Selbstrechtfertigung so, daß ich sozusagen den Spieß umkehre und den überpersönlichen Hintergrund der Schuld gerade als ein Argument benutze, aus dem ich ein Plädoyer für meinen Freispruch forme. (Aus Goethes »Wilhelm Meister« empfingen wir schon einen ersten Hinweis dieser Art.) Ich versuche mich nämlich als das Opfer von Zwängen zu verstehen, wie es auch Klytämnestra tat. *Indem ich mich so als Wirkung meiner Ursache hinstelle, verwandle ich Schuld in Schicksal.* Im Sinne LUTHERS würde das heißen: Ich verändere necessitas in coactio.

c) Interpretation der biblischen Sündenfallgeschichte: das große Verschiebespiel

Der klassische Modellfall für diese Art Selbstrechtfertigung liegt in der biblischen *Sündenfallgeschichte* vor (1. Mose 3). Als Gott in der Abendkühle durch den Garten Eden geht, um Adam wegen seines Griffs nach der verbotenen Frucht zur Rechenschaft zu ziehen, antwortet ihm dieser: »Das Weib, das du mir zugesellt hast, gab mir von dem Baum, und ich aß.« Adam versteht sich also als Effekt einer Ursache, nämlich der von Eva ausgehenden Verführung. Und da Gott selbst es war, der ihm eben dieses Weib zugesellt hatte, so spielt er die Rolle der ersten Ursache und ist damit schließlich und endlich die Quelle alles Übels.

Wie zum Zeichen dafür, daß hier das immer neu zu kopierende Urmuster dieses Entschuldungsvorgangs gegeben ist, setzt sich der gleiche Vorgang fort, als Gott sich an Eva wendet: »Warum hast du das getan?« – Darauf die Frau: »Ich« war es ja gar nicht, sondern »die Schlange betrog mich, ›so daß‹ ich aß.« Grammatisch gesehen, geht es in diesem Satzteil, in dem sie vom Essen der Frucht spricht, um einen Konsekutiv-, einen Folge-Satz. Wenn ein Handeln sich aufgrund falscher, durch Betrug zustande gekommener Prämissen ergibt, dann bin »ich« nicht mehr das verantwortliche Subjekt, sondern wiederum die Wirkung des betrügerischen andern.

Hier hört das Verhör Gottes auf, weil ein Dialog mit der Schlange, in dem auch diese sich argumentierend äußerte, einer Partnerschaft entsprechen würde, die zwischen Gott und der dämonischen Macht gerade *nicht* besteht. Wenn wir aber unsere Phantasie ein wenig spielen lassen, könnten wir uns ein etwas gewagtes Zwiegespräch sehr wohl vorstellen. Auf die etwaige Frage Gottes, was sie, die Schlange, zur Verführung Evas getrieben habe, würde die Schlange vermutlich mit der rhetorischen Frage antworten: Wer hat mich denn schließlich in diesen Garten hineingesetzt? Wenn du die Ursache von allem und jedem bist, dann bin ich samt meinen Funktionen ebenfalls dein Geschöpf.

Damit würde sich der Ring schließen. Alle hätten etwas anderes zur Ursache ihres Tuns und sich selbst als bloße Wirkung erklärt. Und alle hätten implizit damit die These vertreten, daß Gott selbst die prima causa und insofern an allem schuld sei: »Ihr führt ins Leben uns hinein . . .«

Als 1945 nach dem 2. Weltkriege die Frage nach der Schuld des deutschen Volkes an den Nazi-Greueln zum alles beherrschenden und bedrängenden Diskussionsthema in Deutschland wurde, kam es zu einem genau entsprechenden *Verschiebespiel:* Die verzweifelte Situation vor 1933 mit ihren sechs Millionen Arbeitslosen ließ nach dem starken Mann rufen; die Ar-

beitslosen waren ihrerseits das Resultat der im Versailler Vertrag diktierten Auspowerungspolitik und gingen so auf das Schuldkonto der Alliierten. Diese wiederum machten für ihre Politik den Wilhelminischen Imperialismus haftbar, auf den sie nur reagiert hätten. Die »Wilhelminischen Imperialisten« wiederum bezeichneten sich ebenfalls als bloß Reagierende und nicht verantwortlich Agierende: War es nicht der Neid der Engländer und Franzosen auf den wirtschaftlichen Aufschwung, der militärische Sicherungen zu Lande und zu Wasser erforderlich machte und zur Abschrekkung auch einige bramarbasierende Reden aus kaiserlichem Munde hervorlockte? Stand hinter dem Aufschwung des Deutschen Reiches nicht wiederum BISMARCK? Und dahinter FRIEDRICH DER GROSSE? Standen hinter dem, was man den »deutschen Untertanengeist« nannte – er war es ja, der die großen Sprecher und Täter sich so hemmungslos entfalten ließ! –, nicht das Fürstenregiment von einst, die Mächte der Tradition also, und natürlich auch LUTHERS Zwei-Reiche-Lehre?
So treibt das Verschiebespiel immer weiter zurück, so führt es zu einem regressus ad infinitium, bis – ja bis zuletzt Adam und Eva und im Hintergrunde Gott selbst an der Reihe sind. *Alle werden angeklagt, nur nicht wir. Diese Vorgänge sind allzumal Varianten des immer gleichen Versuches, Schuld in Schicksal zu verwandeln. Sie gehören zum klassischen Inventar unseres Plädoyers auf Freispruch.* Psychologen und Soziologen werden als zusätzliche Argumentationshelfer aufgeboten, um kriminelle Taten als logische Konsequenz von ... zu interpretieren. Das Wort Strafe wird zunehmend verpönt. In der Tat: Wie kann man strafen wollen, wenn man nicht mehr weiß, was Schuld ist? Die »défense sociale« mag das letzte Stichwort sein, das noch Widerstand gegen das Kriminelle begründet. Im übrigen haben vor Gericht die Gutachter das Wort. Der Richter droht auf die Rolle ihres Vollstreckungsgehilfen zurückgeschraubt zu werden. Er hat, zugespitzt ausgedrückt, nur noch die Funktion, auszusprechen, daß und inwiefern der vorliegende Fall nur sehr bedingt unter das einschlägige »Straf«-Gesetz subsumierbar sei.
Sobald man erkannt hat, daß der Argumentationsstil der »Rückführung auf ...«, daß also das Verschiebespiel nur der Entmächtigung der Schuld und schließlich der Eliminierung des Wortes Schuld selbst dienen soll, wird auch verständlich, warum die Frage nach dem Ursprung des Bösen, die Frage also, *»wie das Böse in die Welt gekommen sei«*, falsch gestellt ist und darum ohne Antwort bleiben muß. Auch hier geht es gar nicht um das kompromittierende Eingeständnis, wir *wüßten* keine Antwort. Unsere Antwort besteht vielmehr in der Begründung dafür, daß und warum es hier keine Antwort geben kann. Es steht damit also ähnlich wie bei KANTS Argument, daß und warum Freiheit nicht begründet werden könne.
Warum also können wir nicht sagen, wie das Böse in die Welt gekommen sei? Weil jeder Versuch, den Ursprung des Bösen aufzuweisen, nur in der

Bemühungen bestehen könnte, das Böse abzuleiten, es also in einem Kausalfluktus auftauchen zu lassen und es damit der wesentlichen Bedingung zu berauben, aufgrund deren es allein das Böse zu sein vermag: der Freiheit. *Die Unableitbarkeit des Bösen hat also denselben Grund wie die Unableitbarkeit der Freiheit.*

Die biblische Geschichte vom Sündenfall deutet sinnfällig auf diese Zusammenhänge hin, auch wenn das natürlich nicht in Gestalt philosophischer Reflexionen geschieht. Vor allem zwei Beobachtungen mögen hier unsere Aufmerksamkeit und vielleicht auch unser Erstaunen hervorrufen:

Einmal wird – aller übelwollenden Polemik zum Trotz – die Unableitbarkeit des Bösen insofern respektiert, als die Schlange sehr betont *nicht* als Ursache und Hervorbringerin des Bösen erscheint. Es ist wirklich eine Verleumdung, wenn man immer wieder hört, im Christentum werde das Böse auf den Teufel zurückgeführt, man rede sich also auf ein mythisch-dualistisches Prinzip heraus. Damit blockiere man dann jeden Zugang zu einem Verständnis menschlicher Autonomie, so gewiß in dieser ja Verantwortung begründet werde und der Mensch insofern als erste Ursache – auf keinen Fall also als Opfer des Teufels! – erscheine. Das Verschiebespiel von Adam und Eva, das schließlich der Schlange den Schwarzen Peter zuweisen möchte, mißlingt ja gerade! Sonst verlöre die Austreibung aus dem Paradies jeden Sinn. Sie hat ihre Bedeutung doch darin, daß Adam und Eva mit einer schuldvollen Tat behaftet, daß sie also mit dieser Tat identifiziert werden. Sie selbst waren es ja, die nach der verbotenen Frucht griffen. Des Paradieses »alter grimmer Dämon« war auch hier nur »Mithelfer der Untat«. Er entband Möglichkeiten – mehr nicht! –, die Adam und Eva ihrerseits dann ergriffen und in denen die Identität des gefallenen Menschen manifest wird. Das wird durch eine weitere Beobachtung bestätigt.

Zweitens. Adam selber glaubt die Argumente nicht, mit deren Hilfe er sein Verschiebespiel inszeniert. Sein Verhalten straft sie Lügen und läßt hinter der Maske seiner Vorwände das wahre Gesicht erscheinen. Es ist das Gesicht des Geängstigten und seiner Schuld Bewußten:

Längst ehe nämlich der Dialog mit Gott beginnt und Adam seine Schutz-Argumente vorbringt, hat er sich vor dem Angesicht Gottes unter die »Bäume des Gartens« versteckt. Hinter und unterhalb der Zone, in der er sein Verteidigungsmanöver entfaltet, weiß er um seinen Frevel, für den es eben *keine* Verteidigung gibt. Er weiß, daß das Angesicht Gottes nun wider ihn steht. Als Gott ihn aus seinem Versteck hervorholt, begründet Adam seine Flucht damit, daß er nackt sei und sich deshalb gefürchtet habe. Ist auch das nur ein Vorwand? Ja und Nein: Ja insofern, als er den eigentlichen Grund seiner Flucht, nämlich den Griff nach der verbotenen Frucht, damit zu verschleiern sucht; nein insofern, als er mit seinem Hinweis auf die Nacktheit seinen wirklichen Frevel gerade offenkundig macht und ihn unwissentlich ausplaudert. Denn schon die nächste Phase im Verhör bringt heraus, daß er um seine Blöße nur deshalb weiß, weil sein Fall ihm die Augen über sich geöffnet hat. Die Frage Gottes: »Wer hat dir denn überhaupt gesagt, daß du nackt bist?« enthält zugleich die Antwort: daß Adam sich an dem verbotenen Baum vergangen hat, machte ihn hellsichtig für seine Entblößtheit. Die Unschuld einer Nacktheit, um die er gar nicht wußte, die fraglose Selbstverständlichkeit des Zustandes »wie ihn Gott geschaffen hatte«, wird ihm nun bewußt, wird reflektiert und darin frag-würdig. Er schämt sich.

d) Tabu und Scham als Schutz menschlicher Blöße und Verwundbarkeit

Scham ist ein Zeichen, daß etwas Verwundbares zu schützen ist. Darum wird das Verwundbare mit dem Wall des Tabus umgeben. Die Bedeckung der »Blöße« entstammt diesem Motiv, der Verwundbarkeit des Menschen Rechnung zu tragen. In der Regel wird dieses Tabu nur im Bereich der Geschlechtlichkeit gesehen. Auch die Sündenfallgeschichte wird immer wieder in diesem Sinne interpretiert und als biblische Perhorreszierung des Geschlechtlichen verstanden; sie kann sogar als Zeugnis wider das Nacktbaden zitiert werden! Dieses Verständnis bedeutet zweifellos eine bedenkliche Verengung. Es macht aus dem Symbol eines Geheimnisses das Geheimnis selbst und aus einem Zeichen die bezeichnete Sache. Was aber *ist* diese bezeichnete Sache?

Diese »Sache« ist das Geheimnis des Menschen selbst. Es besteht, wie wir sahen, darin, daß er kein Ding unter andern ist, sondern um sich weiß, daß er eine offene Möglichkeit ist, sich ergreifen muß – und darum auch verfehlen kann. Er kann die in ihm angelegte Identität verraten; er kann das, wozu er entworfen ist, veruntreuen.

Dieses Geheimnis seines Mensch-Seins, das zugleich das Geheimnis seiner Blöße ist, äußert sich in doppelter Hinsicht:

Einmal darin, daß mir dieses Geheimnis meiner selbst erst aufgeht, wenn ich gefallen *bin*. Um die Polarität von Gut und Böse – und damit die Grundbefindlichkeit aller menschlichen Existenz – zu erkennen, muß ich das Böse schon vollzogen haben. Daß ich als Mensch in der Entscheidung lebe, daß ich mich ergreifen oder verfehlen kann, wird mir erst klar, wenn ich mich entschieden *habe* und wenn der Griff nach der verbotenen Frucht geschehen *ist*. Vorher lebte Adam sozusagen in der unbewußten Schwebelage einer ewigen Liturgie, die seine Gedanken an Gott band und an sonst nichts. Freiheit der Wahl zwischen Gut und Böse wird mir erst bewußt, wenn ich den Akt der Entscheidung durchschritten habe, und zwar so, daß ich mich *gegen* Gott entschied. Das hat die Schlange sehr wohl gewußt, wenn sie zu Eva sagt: »Welches Tages ihr davon (d. h. von der verbotenen Frucht) eßt, so werden eure Augen aufgetan, ihr werdet sein wie Gott und wissen, was gut und böse ist.« SCHILLER hat also eigentlich die Partei der Schlange ergriffen, wenn er den Sündenfall als die glücklichste Tat der Geschichte pries, weil damit erst der Mensch zu einem Entscheidungswesen geworden sei, sich zur Freiheit aufgerafft und damit die Tierheit überwunden habe. Mag SCHILLER also hier eine hintergründige »Not« des Menschseins – daß nämlich das Wissen um Gut und Böse, um Freiheit und Entscheidung sich erst aus dem Fall ergebe – zur »Tugend« erklären und damit die Tendenz der Sündenfallgeschichte umbiegen, *einen* entscheidenden Punkt hat jedenfalls auch er gesehen: daß ich erst im Nachhinein, *nachdem* ich die Entscheidung durchschritten und verfehlt habe, um sie selber weiß. Was das Geheimnis des Tanzens, seiner Schwerelosigkeit und unbewußten Anmut ist, das wird dem Tänzer in KLEISTS »Marionettentheater« erst bewußt, als er seinen speziellen Sündenfall getan hat: als er sich im Spiegel betrachtete und über seine Bewegungen zu reflektieren begann.

Daß sich das Geheimnis des Wissens um Gut und Böse, daß sich also das eigentlich *menschliche* Geheimnis erst im Zustand verlorener Unschuld ergibt, zeigt die Aussagestruktur des Dekalogs auf eine sehr bezeichnende Weise: Die Zehn Gebote sind nämlich *negativ* akzentuiert. Sie weisen nicht positiv auf ein zu erreichendes Ziel hin, an dem Idee und Gestalt des Menschen zur Identität kämen, nicht auf ein ideales Modellbild der Humanität also; sie sagen nicht: »Du sollst ehrlich sein, das Eigentum achten, Leben erhalten« usf., sondern sie weisen die *Verfehlung* alles dessen ab, und zwar nicht als eine Möglichkeit, um die es erst in Zukunft ginge, sondern als eine Wirklichkeit, die bereits eingetreten ist. Insofern enthalten die Zehn Gebote eine Art Rückverweis auf den Sündenfall, den die also Angesprochenen schon im Rücken haben. Man muß folglich als heimliche Begründung der Gebote stets diesen Rückverweis *mit*hören: »Du sollst *nicht* töten, denn du bist (bereits) ein Mörder«; »Du sollst *nicht* ehebrechen, denn du bist (bereits) ein Ehebrecher.« Nur weil das alles hinter dir liegt und diese Entscheidung schon gefallen *ist*, wird dir die Frage überhaupt bewußt, um die es hier geht, kommt es also zur Aktualität solcher Gebote.

Nur indem Adam so die Feuerzone des Wissens um Gut und Böse durchschritten hat und als Schuldiger nun unsicher über sich geworden ist, weiß er um seine »Blöße«, um seine Verwundbarkeit. Auch von dieser Seite wird noch einmal unsere These bestätigt, daß der Mensch nach sich selbst erst frage, wenn er über sich unsicher geworden ist, wenn seine Identität ihre Selbstverständlichkeit, ihr frageloses In-sich-Ruhen verliert, und er sich preisgegeben sieht. Adam sieht sich preisgegeben. Das ist die Entdeckung seiner Blöße.

e) Tabubrüche und ihr Wandel: das Geschlechtliche und der Tod

Ferner: Daß es hier um die Blöße und Verwundbarkeit des Menschseins selbst und nicht um die simple Verhüllung der Geschlechtsorgane geht, mag noch durch eine konkrete Beobachtung bestätigt werden. Wir können nämlich feststellen, daß die Tabus und Tabubrüche sich wandeln. Das läßt darauf schließen, daß die Schwerpunkte, in denen das Geheimnis, die Verwundbarkeit und entsprechend auch die Verunsicherungen des Menschlichen manifest werden, sich verlagern. Man könnte sagen, die *Lokalisierung* der »Blöße« ändere sich. Viele Menschen fühlen sich nach der Abhärtung durch verschiedene Sex-Wellen an ihrem Geschlechte kaum noch verwundbar. Es ist durch unzählige Aufklärungen, Statistiken und Röntgendurchleuchtungen – von KINSEY bis KOLLE – gleichsam objektiviert und damit aus der Zone des Menschlichen herausgenommen worden. Man kann nun »ruhig darüber sprechen«. Ob es dabei bleiben kann und ob die Selbsthilfe der menschlichen Natur nicht dafür sorgen wird, das verlorene Terrain sich wieder einzustücken, das Tabu – wenn auch nicht auf viktorianisch-puritanische Weise – zu erneuern und der unbeschreiblichen Verarmung des Sex so zu wehren: das alles ist eine andere Frage. Auch gewisse psychoanalytische Moden haben diese Tendenz der Enttabuisierung verstärkt: Intimfragen wie Komplexe, einschließlich der eigenen, werden zu Themen alltäglicher Konversation beim Tee und in Salons.

Das Tabu kann also erlöschen; jedoch nicht ganz. Es verlagert sich vielmehr und taucht an anderer Stelle wieder auf. So mag sich der Mensch in seiner Geschlechtlichkeit heute weniger bedroht und zur »Flucht in das Gebüsch« veranlaßt fühlen. Er vermutet hier kaum noch eine Bedrohung seiner Identität. Sobald das Geschlechtliche zum bloß apersonalen Drüsenereignis wird, schwindet auch sein Tabu. Es tangiert mein personales Zentrum nicht mehr. Es ist trotz seiner elementaren Bedeutung, die wohl niemand leugnet, nur eine Randerscheinung meiner Identität, die keinen Einfluß auf sie hat.

Vielleicht ist der Schwerpunkt des heutigen Tabu-Wissens vom Geschlechtlichen auf den Tod, das heißt auf unser Sein in der Endlichkeit verlagert worden. Früher war der Tod des Menschen kein Tabu. Das Memento mori machte ihn zum Gegenstand öffentlichen und stets offengehaltenen Wissens. Heute dagegen ist das Sterben-Müssen unter das Siegel des Tabus geraten. Dem Moriturus wird sein Sterben-Müssen verschwiegen. Die natürlichen Vorgänge von Verfall und Fäulnis sind für uns ebenso schockierend geworden, wie die natürlichen Vorgänge von Begattung und Geburt vor einem Jahrhundert es waren... »Unsern Urgroßeltern sagte man, daß die kleinen Kinder unter Kohlblättern gefunden oder vom Klapperstorch gebracht würden; unsern Kindern wird man vielleicht erzählen, daß sich die ›Dahingegangenen‹ in Blumen verwandeln oder irgendwo in lieblichen Gärten schlummern«, sagt Geoffry Gorer in einem Essay mit dem bezeichnenden Titel »Pornographie des Todes«. Das Zeichen der Verwundbarkeit, das sich in diesem Tabu des Todes meldet, könnte man vielleicht auf die Formel bringen: *Der Mensch wird mit seiner Endlichkeit nicht mehr fertig. Das Vergehen wird von ihm als ein Attentat auf seine Identität empfunden*, denn alle »Lust will Ewigkeit, will tiefe, tiefe Ewigkeit«. Erfüllungen und Siege wollen sie ebenfalls, desgleichen jede tiefere Kommunikation. Wer seine Endlichkeit nicht mehr mit tieferem Sinn zu erfüllen vermag, kann sie auch nicht bejahen. Und wenn er sie nicht mehr bejaht, muß er sie verdrängen. So zwingt die unbewältigte Endlichkeit dazu, die Zeit nicht mehr wahrhaben zu wollen. Sie führt deshalb zu einem Protest wider das Altern und spachtelt auf verrunzelte Gesichter die Maske der Jugend und das trügerische Symbol eines praesens aeternum. Es würde als nichts Geringeres denn als Pornographie empfunden werden, eine alternde Prominente von Varieté oder Film, deren Liebhaberinnen-Rolle als Klischee-Vorstellung lebendig ist, ohne Make-up zu zeigen. In manchen Großstädten werden aus dem gleichen Grunde die schwarzen Leichenwagen durch normalfarbige Limousinen ersetzt. Die Erinnerung an die Endlichkeit, an das Unbewältigte und den Grund der Unsicherheit, »gehört sich nicht«. Die Manager der Bestattungsinstitute wissen das sehr gut.

f) Zusammenfassung und erstes Ergebnis

Die Sündenfallgeschichte sowohl wie das Studium moderner Lebensphänomene wiesen uns jeweils in die gleiche Richtung:
Das, was den Menschen mit sich selbst identifiziert und die Menschlichkeit seiner Existenz ausmacht, ist seine Freiheit. Sie ist die Bedingung dafür, daß er verantwortlich ist für das, was er mit sich anfängt, wie er den ihm eingestifteten Entwurf erfüllt oder veruntreut. Diese Freiheit ist aber gefährdet, vor allem durch überpersönliche Prozesse und Zwänge, die die Macht der Determination über ihn zu gewinnen drohen. Sie scheinen ihm geradezu die Möglichkeit des Schuldig-Werdens, die ja eine wesentliche Signatur seiner Freiheit ist, zu nehmen; denn die drängen darauf, Schuld in Schicksal zu verwandeln.
Wir sahen, wie der Mensch das, was so als überpersönlicher Zwang seine Identität bedroht, zugleich als Entlastung empfindet und wie er die herrischen Züge geradezu als ein Gebüsch benutzt, hinter dem er sich verbirgt: Der Fluch über dem Hause Argos, des »Hauses alter grimmer Dämon«, die tragischen Verkettungen, die Eigengesetzlichkeit eines geschichtlichen Prozesses – das alles könnte ihn von den Schuldhypotheken seiner Freiheit entlasten und sie auf überpersönliche Abläufe übertragen. Die Sündenfallgeschichte zeigte uns, daß dieses Verschiebespiel gestört wird. Nicht ein »steinerner Gast«, Gott selbst unterbricht es. Adam kann seine Schuld nicht

von einem andern als sich selbst ableiten, um sie so zu entschärfen. Er muß sich mit seiner Freiheit, muß sich als erste Ursache identifizieren und entblößt aus dem Gebüsch hervortreten.

Die Sündenfallgeschichte zeigte uns aber noch mehr: Der Mensch wird seiner Entblößung nun auch inne. Die Stunde, in der er zur Freiheit durchstößt, ist nicht nur jener pathetische Augenblick, in dem er seine Identität oberhalb der Tierheit findet (wie SCHILLER wähnte), sondern er ist zugleich der Augenblick seiner Verwundung, der Augenblick also, in dem er seine eigentliche Identität, seinen Schöpfungsentwurf verwirkt. Freiheit wird nur um den Preis der Schuld erkauft. Das Wissen um Gut und Böse entsteht erst in dem Augenblick, wo Adam schon durch das Böse fixiert *ist*. Er hat dieses Wissen nur in der schmerzlich bewußt werdenden Entblößung, in der Scham. Diese Blöße wird verdeckt, sie wird tabuisiert. Die Wunde seiner Humanität ist es, die er verhüllt.

So ist die Identität des Menschen auch in dieser tiefsten Dimension, die wir ausloten können, von Anbeginn her eine *bedrohte* Identität. Und gerade diese Bedrohung, diese »Blöße« ist es, die ihn zu der Frage zwingt, wer er eigentlich sei. So bringt sie das Thema seiner Identität aufs Tapet. Wozu ihn der Schöpfer entworfen hatte, wird Adam erst nach seinem Falle klar. Erst in der Rückschau kann er ermessen, wie er gemeint war.

II. Zweite Krise der Identität. Nochmals: Modellfälle aus Medizin, Biologie und Strafrecht

Nach diesen grundsätzlichen Überlegungen empfiehlt es sich, noch einmal zur Empirie zurückzukehren, von der wir ja auch ausgingen. Wir haben nunmehr neue Gesichtspunkte gewonnen, deren Demonstrierbarkeit und Bestätigung an empirischen Phänomenen unsere Neugierde locken mag. Bei der Weite des Stoffgebietes, mit dem wir es in Medizin, Biologie und Strafrecht zu tun haben, müssen wir es bei drei exemplarischen Fällen bewenden lassen.

a) Der kommende Mensch als Züchtungsziel

Einige Aspekte, unter denen die Bedeutsamkeit der Biologie für das Verständnis menschlicher Identität in Erscheinung trat, haben wir bereits ins Auge gefaßt: Wir sprachen von der möglichen Beeinflussung der Gene und überlegten uns, inwiefern der also manipulierte Homunkulus in seiner Identität angetastet sei. In diesem Zusammenhang stellt sich die Frage, wer oder was der Mensch sei, noch sehr viel drastischer an einer anderen Stelle:

Die biologische Manipulierbarkeit hat nämlich gewisse *utopische Vorstellungen* erzeugt. Wenn der Mensch in der Hand der Biologen zu einem gleichsam plastischen, formbaren Material wird, dann scheint die Möglichkeit gegeben zu sein, neue Zielbilder menschlicher Entwicklung zu konzipieren. Es sind durchaus nicht dilettantische Träumer, die sich mit derartigen Visionen abgeben. Auf der schon erwähnten Londoner Tagung der Ciba-Foundation haben prominente Biologen sich ihnen hingegeben[3]. Auch Teilhard de Chardin träumt von dieser Selbstüberbietung des Menschen in kommenden Evolutionen. Diese Träume gehen bei ihm zwar von theologischen Prämissen aus, aber auch sie bedürfen zu ihrer Verwirklichung bestimmter biologischer Manipulationen. Die theologische Prämisse besteht darin, daß der Schöpfung von Anbeginn her bestimmte spirituelle Elemente eingestiftet seien, die den Gang der Evolution steuern. In dem Augenblick nun, wo das menschliche Gehirn und damit Selbstbewußtsein entsteht, kann der Mensch diese spirituellen Elemente, die vorher nur *an* ihm wirksam waren und seine Gestalt zustande kommen ließen, nun zum *bewußt* ergriffenen Inhalt und Bestimmungsgrunde seines Handelns machen. Insofern wird er dann zum Mitgestalter der Schöpfung, zum Cooperator Gottes. Er sieht sich sozusagen zum Juniorchef der göttlichen Welt-Firma befördert, ist zeichnungsberechtigt und greift nunmehr bewußt steuernd in die Evolution ein, statt sie nur passiv an sich geschehen zu lassen. So wird er ermächtigt und beauftragt, auch sich selbst nicht nur hinzunehmen und seine Identität als perfekte Gegebenheit anzusehen, sondern sich über sein gegenwärtiges Sosein hinaus in neuen, heute noch unerkennbaren Gestalten zu verwirklichen. Bei dieser Weiterführung der humanen Evolution bieten sich selbstverständlich biologische Mittel der Beeinflussung an, über die sein Gehirn verfügt.

Bis zu einer so geschlossenen und umfassenden Konzeption kommender Humanität dringen die nur-biologischen Träumer nicht vor. Teilhard de Chardin hatte immerhin ein nicht von der Biologie, sondern von einer universalen Theologie gewonnenes Zielbild des Menschen. Und die Biologie interessierte ihn dabei nur insofern, als sie über bestimmte Mittel zu verfügen schien, um dieses Zielbild menschlicher Selbstverwirklichung erreichen zu helfen. Die bloßen Fach-Experten dagegen machen es umgekehrt und verfallen damit der Gefahr aller Nur-Fachleute: Sie kommen zu anthropologischen Zielansprachen von dem engen Territorium ihrer Disziplin aus. So etwas geht zumeist schief. Denn der Mensch, um dessen Verwirklichung es sich hier handelt, transzendiert ja die einzelnen Fach-Ressorts. Wer sein Bild von der Psychoanalyse, der Physik oder eben auch der Biologie aus entwirft, könnte zu einer reduzierten Homunkulus-Karikatur kommen und schließlich das etwas melancholische Fazit ziehen: »Der Mensch ist nichts als ...« (Viktor E. Frankl).

Die Primitivierung dieses Denkansatzes verstärkt sich noch mehr, wenn man einfach die verfügbaren instrumentalen Möglichkeiten der Gene-Beeinflussung ins Auge faßt, sich sodann überlegt, was wohl herauskäme, wenn man alle diese Möglichkeiten realisiert, das so konzipierte Pro-

dukt schließlich zum utopischen Menschheitsziel erklärt und ihm dann die Weihe des Aufschwungs zum Übermenschen erteilt.
Das biologische Instrumentarium, über das man verfügt und das dann die zukünftig erreichbare Gestalt des Menschen vorzeichnet, ist die Kunst der *Züchtung*. Was die Inanspruchnahme dieses Instrumentariums beim *Menschen* anbelangt, so sieht man sich durch zoologische Experimente stimuliert. Denn beim Tier hat man tatsächlich Fortschritte und Höherentwicklungen durch überlegte und geplante Züchtung erreicht.
Gleichwohl versagt diese Parallele. Der Grund für dieses Versagen ist höchst charakteristisch. Indem wir ihn herausfinden, stoßen wir auf die unverwechselbare und vom Tier abgehobene *menschliche* Identität:
Warum also versagt die Parallele? Das Ziel der Züchtung ist beim Tier immer begrenzt, es muß sogar hochspezialisiert sein. Bei Schweine- und Pferdezucht überlegt sich deshalb der Züchter, *woraufhin* er die Tiere züchten will. So züchtet er etwa Schweine, die mehr Rippen haben oder bessere Schinken ergeben. Er züchtet Pferde, die höher springen, zur Dressur geeigneter oder als Acker- und Arbeitsgäule besser verwendbar sind. *Auf was hin aber will man den Menschen züchten?* Das ist die entscheidende Frage.
Hier zeigt sich ein verhängnisvoller Trugschluß: Da man die instrumentalen Möglichkeiten, über die man verfügte, zum Maßstab des Züchtungszieles erhob, konzipiert man als Zielbild der Züchtung einen Menschen, der ebenfalls für irgend etwas instrumental verwendbar ist: für die Bedienung von Apparaturen etwa wie bei den Weltraumfahrern, denen man – wie schon gesagt – die überflüssigen Beine weg- und dafür den Greifschwanz des Gibbonaffen anzüchten will. Vielleicht denkt man auch an die Züchtung aggressiver Instinkte, die man für Angriffstruppen braucht, und andererseits an passiv-pazifistische Toleranzeigenschaften, die für Robotertypen gut sein könnten, die stupide, aber ohne Langeweile an Fließbändern arbeiten. Der Phantasie sind hier keine Grenzen gesetzt.
Diese Konsequenzen sind höchst verräterisch. Denn der Zwang, bei der Züchtung nur hochspezialisierte Ziele ins Auge zu fassen, führt beim Menschen dazu, ihn ebenfalls auf einen begrenzten Sektor seines Lebens zu verengen. Und für die Auswahl dieses Sektors ist das Kriterium maßgebend, wie er am besten für diesen oder jenen Zweck verwendbar sei. *Die Veruntreuung des Humanum erweist sich also nicht nur in einer unerträglichen Dezimierung menschlicher Daseins-Fülle, sondern mehr noch darin, daß die personale Würde des Menschen als Selbstzweck aufgehoben und er als Mittel zum Zweck mißbraucht wird.*
In welchem Maße damit die menschliche Identität versehrt ist, wird deutlich, wenn wir noch weiter auf der Spur dieser Konsequenzen bleiben: Wir stellen nämlich fest, daß alles das, was wir als spezifisch »menschlich« empfinden – Konflikte, Bindungen der Liebe, Selbstverwirklichung im

privaten und Intim-Bereich – zweifellos Sand in der technischen Maschinerie des Funktionierens und damit in der Verwendung des Menschen zu bestimmten Zwecken bedeuten. Was wird man also in dem so konzipierten Züchtungsziel anstreben wollen, was wird man anstreben *müssen*? *Wird man also Faust seine Unruhe nehmen, um seine Dynamik produktiver einzusetzen, will man Hamlet von seiner Entscheidungshemmung, König Lear von seiner Gewissensqual, Romeo und Julia von ihren Konflikten befreien, um die so freigesetzten Energien für konkrete Zwecke dienstbar zu machen? Oder will man die hormonal gesteuerte Dumpfheit von Homunculi, die jenseits von Furcht und Hoffnung, geschichtslos und in animalischer »Unschuld« dahinvegetieren?*

Welche Welt tritt uns hier aus der sinkenden Dämmerung der Zukunft entgegen? Auch weniger zart besaitete Naturen werden sie als apokalyptisch und gespenstisch, als unmenschlich empfinden. Es ist die Welt der Roboter und Lemuren, eine Welt des Menschen a. D., der zum Homunkulus geworden ist.

Gerade wenn man diese Konsequenzen aus einem unmenschlichen, einem »nur«-biologischen Ansatz bedenkt, wird die Frage nach dem Wesen menschlicher Identität dringlich: daß sich der Mensch nämlich gegeben ist in der weiten Skala seiner Möglichkeiten und daß zu diesen Möglichkeiten die Selbstverfügung gehört, die ihm auf *allen* Lebensgebieten zur Aufgabe wird: bei der Begegnung mit dem *Schicksal*, mit dem er zu ringen hat, bei der *Schuld*, die ihm zur Aufgabe der Selbstwerdung wird, bei der *Angst*, die in seiner Kunst und in seinem Tun schöpferische Impulse auslösen kann, bei der *Hoffnung*, die ihn aufbrechen und Zukunft gewinnen läßt, und auch bei seinen *Konflikten*, die ihn zur Mündigkeit reifen lassen. *Über der Frage, was er »kann«, droht der Mensch zu vergessen, was er »ist« und was er im Namen dieses Seins zwar können, aber nicht wollen darf.* Man mag bei diesem Offenbarungseid an das skeptische Wort Albert Einsteins denken: »Wir leben in einer Zeit vollkommener Mittel und verworrener Ziele.«

Die Identität des Menschen tritt im begrenzten Sektor der einzelnen Fakultäten jedenfalls nicht in Erscheinung. Hier kann wiederum nur ein Sektor der Menschlichkeit ins Licht treten. Und wehe dem, der die so erscheinenden punktierten Linien für das Bildnis des Menschen hält! Was der Mensch in seiner Gänze sei, kann ich nur aus andern Quellen erfahren. Und diese Quellen können allein in Landschaften gesucht werden, wo man um die Fülle des Menschen weiß, wo man nach ihm selber fragt. Ob es viele Landschaften dieser Art gibt? Dort wo der Mensch sich in seiner Beziehung zu Gott sieht und nach seinem Schöpfungsentwurf fragt, dürfte eine solche Landschaft sein. Jedenfalls wollen wir dieses Gelände erkunden. Erst wenn – auf welche Weise auch immer – Gewißheit über das Wesen menschlicher Identität gewonnen wurde, können die Fakultäten kommen und ihren Mosaikstein in das Bildnis einfügen. Nicht die Biologie erzeugt ein mögliches Menschenbild. Wohl aber kann »der« Biologe es haben und dann nach der Relevanz seiner Wissenschaft für dieses Bild fragen. *Wenn* er es aber hat, dann entstammt dieses Bild einem andern Ursprung als dem des Fach-Ressorts – vielleicht der Religion, vielleicht einer philosophisch gegründeten Weltanschauung, vielleicht einem unreflektierten Lebenswissen, das sich aus Liebe, Haß und allerlei Konflikten ergab. Es kann vielerlei Quellen entstammen, nur nicht einem »Fach«.

b) Beginn und Ende des menschlichen Lebens

1. Der Beginn

Auch die Erkundigung nach den Grenzen menschlichen Lebens stellt die Frage nach der Identität: von wann an und bis zu welchem Ende ist der Mensch »Mensch«[4]? Die strafgesetzliche Regelung der Schwangerschaftsunterbrechung sowie der zunehmend lauter werdende Ruf nach Euthanasie oder Sterbehilfe verleihen diesem Problem besondere Aktualität.
Ohne daß es an dieser Stelle möglich wäre und unsere Aufgabe sein könnte, beide Problemkomplexe mit der Suche nach Lösungsmöglichkeiten anzugehen, möchten wir doch den Kernpunkt des hier sich meldenden Identitätsproblems akzentuieren.
Darüber, daß der menschliche Fötus nicht bloß ein Teil des mütterlichen Organismus, sondern eigenständiges Leben ist, besteht unter allen Verständigen kaum eine Meinungsverschiedenheit. Nur bestimmte Vulgär-Ideologien, die sich etwa in Transparenten Luft machen wie »Mein Bauch gehört mir!« fallen hier aus dem Rahmen. Man weiß, daß der Embryo sterben kann, während die Mutter lebt; und für eine begrenzte Frist, in der man das Kind noch lebend bergen kann, ist auch das Umgekehrte möglich. Wie beide Organismen ihre eigene Lebens- und Sterbensmöglichkeit haben, so hat jeder von ihnen auch seine eigene Erkrankungsmöglichkeit, von der der andere verschont bleibt. Der Fötus hat seinen eigenen Blutkreislauf und sein eigenes Gehirn. So ist man sich über die biologische Eigenständigkeit des werdenden Lebens durchaus einig.
Aber wann beginnt diese Eigenständigkeit: bei der Befruchtung, der Einnistung oder später? Selbst wenn man darüber einen Consens erzielen könnte, bleibt immer noch die Frage, ob der Beginn biologischer Eigenständigkeit synchron sei mit dem Beginn »menschlichen« Lebens. Bei den Vertretern der sogenannten »Fristenlösung« – bis zu drei Monaten nach der Empfängnis solle die Abtreibung straffrei sein – spielen diese Überlegungen eine Rolle. Der noch »ungeformte Keim« steht danach nicht unter dem gleichen menschlichen Tabu wie der Fötus, dessen menschliche Gestalt sich bereits abzeichnet. Obwohl der Verfasser aus Gründen, die hier keine Rolle zu spielen brauchen, die Fristenlösung ablehnt (bei gleich-

zeitigem Respekt vor den Motiven mancher ihrer Vertreter), interessiert uns hier nicht die Antwort auf das Fristen-Problem, sondern die Frage selber. Die Frage als solche hat jedenfalls recht, wenn sie zwischen Leben überhaupt und »menschlichem« Leben differenziert. Auch wenn das, was sonst zur Signatur »menschlichen« Lebens gehört (Selbstbewußtsein vor allem, auch Kommunikationsfähigkeit und einiges andere), dem Fötus so noch nicht eignet, so hat es doch gute Gründe, nach seinem Privileg gegenüber nur biologisch bestimmter Lebendigkeit zu fragen. Das gilt selbst dann, wenn man das Unterscheidende nur in den werdenden Organen sieht, die sein Menschsein bedingen: in seinem Gehirn zum Beispiel oder seinen Händen, die später gestalten und Werkzeuge bedienen werden. Die sehr viel größere Hemmung – sie hat auch eine strafrechtliche Seite –, einen ausgebildeten Embryo als ein eben befruchtetes Ei abzutreiben, dürfte einer mehr unbewußten Respektierung jener Differenz zwischen nur biologischem und menschlichem Leben entstammen.

Ist man einmal auf diese Unterscheidung aufmerksam geworden, entdeckt man, daß man von jeher nach ihr gesucht hat. Sie ist zum Beispiel unschwer – trotz der Abenteuerlichkeit dieser Gedanken – in der auf Aristoteles zurückgehenden und von der Scholastik weitertradierten »*Beseelungstheorie*« zu erkennen. Das Faszinierende dieses Gedankens besteht darin, daß man innerhalb des biologischen Werdeprozesses noch eine besondere Zäsur einlegt, von der ab der Embryo beseelt und damit der Würde der Humanitas teilhaftig wird. Von diesem Augenblick an gilt der Eingriff in das keimende Leben dann als »Tötung eines Unschuldigen«. Um die Grenze zwischen dem Erlaubten und dem Frevelhaften zu bestimmen, ist es dann unumgänglich, den Termin der Beseelung festzulegen. Daß dabei ein drolliger Unterschied zwischen männlichen und weiblichen Embryonen gemacht wird – der weibliche Fötus wird nach achtzig, der männliche dagegen schon nach vierzig Tagen beseelt! –, darf uns gegenüber der Ernsthaftigkeit der Frage, wann »menschliches« Leben beginne, nicht blind machen. Es geht um nichts Geringeres als die Frage, wann das werdende Leben seine menschliche Identität gewinne und darum schutzbedürftig und schutzberechtigt sei.

Es wird kaum möglich sein, im Rahmen einer derart ontologischen Fragestellung weiterzukommen. Dem Versuch, über den Beginn des Menschseins in *der* Weise Klarheit zu gewinnen, daß man die Grenze zwischen bloßem Bios und entstehender Humanitas objektiv zu fixieren wüßte, scheinen sich unüberwindliche Hindernisse in den Weg zu legen. Daß diese Schwierigkeiten bestehen, ist schon an der andauernden und nie zum Abschluß kommenden Kontroverse über diese Zäsur zu erkennen. Selbst *innerhalb* der katholischen Moraltheologie weichen die Terminierungen erheblich ab: Wurde sie im Rahmen der Beseelungstheorie relativ spät angesetzt, so sieht man heute den Beginn der Menschwerdung bei der Befruchtung und verkündet ein entsprechendes Tabu. Daß es hier zu keinem Konsensus aller Beteiligten kommen kann und daß selbst die verfeinerten Kenntnisse der modernen Medizin außerstande sind, jene so wesentliche Zäsur eindeutig zu bestimmen, ist nicht Ausdruck einer Ignoranz, die in irgendeiner Zukunft bei noch weiter vorangetriebenem Fortschritt überwunden werden könnte. Man kann vielmehr genau angeben, *warum* es nie zu jener Fixierung kommen kann. Es geht hier um denselben Grund, den wir in unsern erkenntnistheoretischen Überlegungen schon angesprochen haben: Die Menschlichkeit des Menschen ist *grundsätzlich* nicht objektivierbar. Was sich bei der Frage, wie menschliche Freiheit zu erkennen sei, als Unmöglichkeit herausstellte, das deutet sich bereits in den embryonalen Vorstadien des Personlebens an: *Schon der Übergang vom Bios zur Humanitas verweigert sich dem Thema einer »wissenschaftlichen« Fragestellung.* Hier sieht man sich eher auf ein unbestimmtes »Empfinden« (also eine höchst unwissenschaftliche Emotion!) zurückgeworfen. Und dieses Empfinden läßt uns die Menschlichkeit des Fötus näher sein und verbindlicher werden, wenn sich die Verbindung von Same und Ei schon zur Andeutung menschlicher Gestalt oder gar zu einem selbsttätig sich bewegenden und bemerkbar machenden Wesen entwickelt hat. Die Erschütterung selbst des abgebrühten Gynäkologen, wenn er beim künstlichen Abort die Glieder der schon halbwegs entwickelten Leibesfrucht zucken sieht, ist für dieses Empfinden bezeichnend.

Ontologisch, das heißt durch Beurteilung von Sein und Zustand der sich entwickelnden Frucht, kommen wir also bei unserer Frage in der Tat nicht weiter. Wir greifen schon späteren Erörterungen vor, wenn wir hier einen Gedanken sich melden sehen, der für unsere Anthropologie von entscheidender Bedeutung sein wird: Wer im Menschen den Entwurf des Schöpfers sieht, der diesem Menschen gegeben und zur Verwirklichung aufgegeben ist, der erkennt in dieser Relation zum Schöpfer die entscheidende Pointe menschlichen Daseins. Der Mensch ist kein Seiendes, das durch irgendwelche »Eigenschaften« – wie Vernunft, Gewissen, aufrechter Gang usw. – zu einem privilegierten Wesen würde. Seine Würde und Unantastbarkeit beruht vielmehr darauf, daß es aus den Händen des Schöpfers entlassen wird, daß diese Hände sich über seinem Leben breiten und es geleiten, bis es wieder zu dem gelangt, der es ins Leben entließ. Das Geheimnis menschlichen Seins gründet darin, daß der Herr des Lebens es zu einer Geschichte mit sich beruft. Insofern läßt sich menschliches Sein in seinem Wesen nicht dadurch ergründen, daß man ontologisch seinen Bestand und Zustand untersucht. Ganz entsprechend *beruht auch seine Würde nicht in jenen Eigenschaften, sondern, wenn man so will, in seinen »Außenschaften«:* nämlich in jenem Bezuge zu dem, der den Menschen erschafft, anspricht, beruft und ihm Ziele gibt, die er erreichen oder verfehlen kann. Deshalb sprechen wir nicht von einer eigenen, auf Eigenschaften gegründeten Würde menschlichen Seins, sondern – im Sinne LUTHERS – von einer »fremden Würde«. Der Mensch ist der »Augapfel« Gottes. Wer ihn antastet, rührt Gott selbst an. Die Würde des Menschen gründet in dieser verliehenen Teilhabe an göttlichem Leben. Die Geschichte, in die Gott ihn mit sich berufen hat, macht Grund, Ziel und Sinn seiner Existenz aus. *Sie ist das Geheimnis seiner Identität.*

Im Blick auf diese »fremde Würde« des Menschen verändert sich notwendig unsere Fragestellung nach dem Beginn menschlichen Lebens. Sie fragt jetzt nicht mehr in ontologischer Weise nach den Indizien – nach eigenschaftlichen Kennzeichen also –, in denen sich der Beginn »menschlichen« Lebens kundgibt, sondern sie fragt: *Wann beginnt jene die Menschlichkeit des Menschen begründende Geschichte mit Gott?* Daß diese Geschichte mit Gott nicht objektivierbar ist, daß sie vielmehr Grund und Gegenstand eines *Vertrauens* ist, bildet den Schlüssel für das, was vorher schon phänomenologisch festzustellen war: daß sich nämlich der Mensch selbst jedem Objektivierungsversuch entzieht. Betrachten wir in diesem Sinne die Geschichte mit Gott als den Grund menschlicher Identität, so ist diese Identität durch das schöpferische »Es-werde!« begründet, das den Menschen ins Leben ruft. Nicht *wir* erkennen im ungeformten Keim menschliches Leben – wir sahen, warum das nicht so sein kann –, Gott aber sieht in ihm die Identität des von ihm Geschaffenen und Berufenen:

. . . Du hast mich gebildet im Mutterleibe . . .
Es war dir mein Gebein nicht verhohlen,
da ich im Verborgenen gemacht ward . . .
Deine Augen sahen mich,
da ich noch unbereitet war,
und alle Tage waren auf dein Buch geschrieben,
die noch werden sollten,
als derselben keiner da war.

(Psalm 139)

Wenn die menschliche Identität unter diesem Aspekt gesehen wird, dann gibt es sogar das Stadium einer Präexistenz, die selbst der Zeugung vorausliegt. Sie liegt in den Gedanken Gottes, die alles Werden konzipieren und die dem Sein vorweg sind, das sie mit ihrem Es-werde aus dem Nicht-Sein rufen, »auf daß es sei« (Römerbrief 4, 17). Wir werden dieses Wesen menschlicher Identität später auf die Formel bringen, daß die Gottebenbildlichkeit des Menschen – eben das also, was seine Identität letztlich ausmacht – nicht in aufweisbaren Seinsbeständen erkennbar ist, sondern daß es sich hier um das Bild handelt, das Gott von *uns* hat. Wir leben in seinen Gedanken, schon ehe wir sind.

2. Das Ende menschlichen Lebens

Die Frage nach der Unterscheidung von nur biologischem und menschlichem Leben stellt sich auch von der andern Seite unserer Endlichkeit her: vom Tode aus. Hier sind es besondere Fertigkeiten der modernen Medizin, die dieser Frage eine bedrängende Aktualität verleihen. Die heutige Medizin ist durch bestimmte Methoden der Reanimation in der Lage, den Organismus in seinen Kreislauffunktionen auch dann am Leben zu erhalten, wenn die Gehirntätigkeit in irreversibler Weise erloschen ist, kein Selbstbewußtsein mehr stattfindet und der Mensch – oder der ehemalige Mensch? – nur noch pflanzenhaft vegetiert[5].

Wenn das ärztliche Berufsethos gemäß dem hippokratischen Eid die Erhaltung des Lebens gebietet, so stellt sich die Frage, ob die Pflicht zur Erhaltung des verbliebenen Rest-Organismus ebenfalls jenem Ethos einbeschlossen sei. Man könnte diese Frage auch so stellen: *Bezieht sich das Postulat der Erhaltung des Lebens nur auf die Pflege »menschlichen« Lebens oder auf die des Lebens überhaupt?* Wenn man darauf die naheliegende Antwort gibt, daß dem Arzte nur *menschliches* Leben anvertraut sei, dann ergibt sich sofort eine Kettenreaktion von weiteren Fragen: *einmal* das Problem, wo auch hier die Grenze zwischen beiden Formen des Lebens liege, wo also menschliche Identität ende und im nur organischen Weitervegetieren erlösche. *Ferner* ergibt sich die ebenfalls schon angesprochene Frage, ob der Arzt alles dürfe, was er kann, ob er also seiner medizinischen Artistik, die von der ärztlichen Kunst des Heilens sehr wohl zu unterscheiden ist, freie Entfaltung gestatten dürfe. *Endlich* ergibt sich noch eine dritte Frage: Darf es – auch abgesehen von diesem äußersten Grenzfall des seiner Menschlichkeit beraubten Rest-Organismus – der medizinischen Artistik erlaubt sein, mit raffinierten Methoden einen immer neuen Aufschub des Sterbens zu erreichen und das Leiden künstlich zu verlängern? Gehört zur menschlichen Identität nicht auch ihre Endlichkeit und insofern ein Recht des Individuums auf seinen ihm verordneten Tod?

Um in der Frage der »Grenze« weiterzukommen, stellt sich die Frage nach den Kriterien für spezifisch menschliches Leben in einer neuen Variante. Zweifellos geht es hier um eine andere Art von Kriterien, als diejenigen es sind, die für die Beurteilung von Kardio- und Enzephalogrammen gelten. Von der biblischen Urgeschichte bis in unsere Zeit – man braucht nur an die Ontologie Martin Heideggers zu denken – wird menschliches von bloß animalischem Leben dadurch abgehoben, daß es durch die Fähigkeit des *Selbstbewußtseins* und damit auch der *Selbstbestimmung* ausgezeichnet ist. Wir brauchen hier das Entscheidende nur anzudeuten, da es uns später noch intensiver beschäftigen wird:

Im biblischen Schöpfungsbericht sind Pflanzen, Tiere und Gestirne nur gleichsam passive Produkte des schöpferischen Es-werde, mit dem Gott sie ins Sein ruft. Der Mensch aber wird im Unterschiede zu ihnen in der zweiten Person, er wird mit »du« angesprochen. Er wird damit in eine Partnerschaft mit dem Schöpfer berufen und muß nun – auf sie eingehend oder sich ihr versagend – selbstverantwortlich darauf reagieren. Er ist also im Unterschied zu Dingen oder andern lebendigen Wesen nicht nur Objekt des göttlichen Willens, sondern von eben diesem Willen als Subjekt bestellt. Diese seine Identität als zur Verantwortung berufenes Subjekt wird er, wie die Sündenfallgeschichte zeigt, nicht wieder los, selbst nicht mit den raffiniertesten Kunstgriffen, die ihn als das entführte Opfer überpersönlicher Prozesse und Zwänge erscheinen lassen sollen. Der Versuch, sich seiner Identität dadurch zu entledigen, daß er Schuld in Schicksal verwandelt, wird im Keime erstickt. Wir haben das erörtert.

Ganz entsprechend ist auch bei Heidegger menschliches »Da«-Sein von sonstigem Seienden dadurch unterschieden, daß dieses Dasein von sich weiß und sich ergreifen muß. Dieses Selbstbewußtsein bezieht sich vor allem auf das Wissen um die Zukunft, auf die Sorge und den Tod. Während das Tier ganz im Augenblick aufgeht, nimmt der Mensch in Sorge und Hoffnung seine Zukunft vorweg.

Nur von diesem Selbstbewußtsein her wird es möglich, daß der Mensch im Unterschied zum Tier »ethisch« leiden kann. Denn ihm wird nun die Aufgabe zuteil, aber auch die Möglichkeit eröffnet, auf sein Leiden zu »reagieren«, sei es nun, daß er es bekämpft oder annimmt, daß er vor ihm kapituliert oder sich seiner Läuterungskraft erschließt, daß er es im Protest verneint oder aber in sein Leben integriert und es zum Teil seiner Identität macht. So kann ihm das Leiden zu einer produktiven Aufgabe der Selbstwerdung geraten, während dem Tier das Leiden nur Last ist. Insofern hat es sein Recht, wenn dieses »sinn«-lose Leiden durch einen Gnadenschuß beendet wird, während beim Menschen aktive Euthanasie Frevel wäre und sein Selbst antastete. Nur das notorisch Sinnlose kann der Zerstörung überantwortet werden.

Wann aber sollte der Zustand dieser Art von Sinnlosigkeit beim Menschen gegeben sein? – Diese Frage ist deshalb so delikat, weil sie nach objektiven Kriterien zu rufen scheint, die es aus den erörterten Gründen nicht geben kann. Ist ein Leben dann sinnlos, wenn das im allgemeinen Bewußtsein lebende Soll an Glück und Lebenserfüllung nicht erreicht werden kann? Dann müßte man die »Contergan-Kinder« umbringen. Oder ist es dann sinnlos, wenn das Leiden übermächtig wird und der Patient selber nach Beendigung seiner Qual ruft? Oder wenn pathologische Kriminelle in der Sicherungsverwahrung dahindämmern und ihr Zustand irreversibel ist? Wohin kommen wir, wenn wir diesen Pfad betreten, und wer kann die Innengeschichte der also Bedrängten von außen her beurteilen, so daß er sich die Vollmacht anmaßen dürfte, Richter über Leben und Tod zu sein?

Vielleicht läßt sich in aller Vorsicht dies sagen:

Wenn die Identität des Menschen durch Selbstbewußtsein und Selbstbestimmung charakterisiert ist, dann dürfte der völlige und irreparable Ausfall des Selbstbewußtseins ein Kriterium dafür sein, daß menschliches Da-

sein aufgehört hat zu existieren. Der Mensch ohne die Spur jedes Selbstbewußtseins wäre gleichsam nur noch biologisches Präparat. Dieses Präparat mit Hilfe aller Mittel moderner Medizin künstlich am Leben zu erhalten, wäre durch den hippokratischen Eid sicherlich nicht mehr gedeckt. Statt Gegenstand ärztlichen Auftrages zu sein, könnte sich seine Erhaltung nur deshalb empfehlen, weil jener Rest-Organismus als eine Art Reservoir für Organtransplantationen zu fungieren vermöchte.
Was so grundsätzlich einleuchtend sein mag, wird aber sofort wieder problematisch, sobald man sich dem konkreten Einzelfall zuwendet. Denn da sieht man sich durch die Frage attackiert, ob man denn in diesem *allgemeinen* Sinne überhaupt von Selbstbewußtsein sprechen dürfe. Stellt sich hier nicht sofort die quantitative Frage ein, ob es nicht ein Minimum von Selbstbewußtsein geben könne? Bei welchem Grad der Minimisierung darf man überhaupt von völligem Erlöschen sprechen?
Auch hier geht es mir nicht um die Frage der objektiven, mit Hilfe von Apparaten zu prüfenden Registrierbarkeit. Vielmehr meine ich die Art und Weise, in der das Selbstbewußtsein sich kommunikativ äußert. Sofern Spuren von Selbstbewußtsein vorhanden sind, müßten sie ja auch in Spuren möglicher Kommunikation manifest werden können. Es gibt kein Subjekt-Sein, das ohne jeden mitmenschlichen Kontakt, das schlechthin unansprechbar wäre.
Sicher darf das auch hier nicht heißen, daß man solche Spurenelemente – oder auch ihren völligen Ausfall – einfach nach rationalen Maßstäben beurteilen könnte. Pastor FRITZ VON BODELSCHWINGH, der ja große Erfahrung im Umgang mit tief Verblödeten besaß, hat hier immer wieder zur Vorsicht gemahnt. Er meinte Reaktionen festzustellen, die etwa bei der Zuwendung von Liebe zu erkennen seien, vielleicht auch bei einem Wort der Heiligen Schrift, das in sonst verschlossene Bereiche dringe, oder bei einem Choral. Selbst einem etwaigen Selbstbewußtsein gegenüber, das sich nicht mehr verbal zu äußern vermag und – wie etwa bei Schizophrenen – Dimensionen des Ich zugeordnet ist, die sich unserm hermeneutischen Zugriff entziehen, würde ich nicht wagen, das Selbstbewußtsein eines solchen Kranken und damit seine menschliche Identität einfach zu bestreiten. Es könnte zum Beispiel sein, daß ein Sterbender in einem Zustande ist, der menschliche Kommunikation längst hinter sich gelassen hat, der aber gleichwohl ein Selbstbewußtsein »sui generis« enthalten könnte. Darum wäre nur der völlige und irreversible Ausfall jeder Art von Selbstbewußtsein jene untere Grenze, die humane Existenz vom biologischen Präparat unterscheidet.
Doch was heißt »biologisches Präparat«? Soll damit gesagt sein, dieser seiner Identität beraubte Mensch, der gleichsam nur seine Hülse zurückgelassen hat, sei zu einem Ding geworden, über das wir deshalb beliebig verfügen könnten?

Wenn wir die Frage so stellen, reicht der zuletzt verwendete Begriff der Identität doch nicht mehr; wir stoßen vielmehr auf seine theologische Dimension. Zwar bleibt die These unangetastet, daß Selbstbewußtsein und Selbstbestimmung die maßgebliche Signatur menschlicher Identität sind. Gerade deren Zerstörung durch das, was wir die »negative Psychiatrie« nannten, machte uns ja deutlich, wie Identität tödlich angetastet werden kann. Doch bleibt noch zu bedenken, daß Selbstbewußtsein und Selbstbestimmung nicht unser kreatives Werk, sondern die uns zugesprochene Schöpfungsbestimmung sind. Wir können bei der Beurteilung dessen, der sich in diesem Zustande vorfindet oder sich seiner beraubt sieht, nicht von dem absehen, der über beides – das Geben und das Nehmen – verfügt. Wenn unser Satz zu Recht besteht, daß menschliche Identität letztlich in der Geschichte gründe, die Gott mit dem Menschen eingegangen ist, daß das Wesen dieses Menschen also darin besteht, der Angesprochene, Gerufene, Erwählte zu sein, ich sage: wenn dieser Satz stimmt, dann *bleibt* diese Zuwendung Gottes seine Identität, sie bleibt es im Geben *und* im Nehmen. Sie ist nicht gebunden an Zustände, die wir analysieren könnten und die uns die Diagnose erlaubten, hier liege die reine »Gottverlassenheit« vor, hier sei ein Mensch wieder zum Ding geworden und seiner göttlichen Bestimmung entglitten. *Die Konstanz unserer Identität ist vielmehr die Konstanz der Treue Gottes. Insofern kann man an den Bestand des Menschen und seiner Menschlichkeit nur in demselben Sinne glauben, wie man an den Gott glaubt, der seine Treue zusagt.*
Damit wird noch einmal deutlich, welches Gewicht die »fremde Würde« für die Bestimmung der menschlichen Identität hat. Indem der Grund dieser Würde in der Zuwendung Gottes besteht, liegt er nicht im Umkreis des ontisch Vorfindlichen. Er taucht nicht als eine Eigenschaft des Menschen und seines Zustandes auf. Er besteht nicht in dem *Namen* »Mensch«; diesen Namen können wir ja für irdische Augen verlieren, so daß jemand zu sagen vermöchte: »Diese verbliebene Hülse verdient nicht mehr den Namen ›Mensch‹.« Sondern der Grund dieser Würde liegt in dem, der mich bei »meinem« Namen *gerufen* hat. *Der Rufende und sein Ruf bleiben bestehen, auch wenn kein Ohr ihn mehr zu hören scheint, und wenn kein Auge mehr sieht, daß jemand auf diesen Ruf reagiert. Der Rufende und sein Ruf sind es, die die »fremde Würde« verleihen und den also Angesprochenen unantastbar machen.* Auch wenn wir angesichts einer solchen Menschenhülse sagen mögen: »Dies hier *war* einmal ein Mensch«, dann ist dieses »war« in der temporellen Ausdrucksweise menschlicher Zeitlichkeit gesagt. Für den, der war, ist und sein wird, ist auch das Perfekt ein Präsens. Wir sind und bleiben das Bild, das *er* von uns hat. Vor ihm sind die Toten lebendig ... Die Liebe, die nicht aufhört (1. Korintherbrief 13, 8), trägt auch das, was für uns ehemalig ist. In zeichenhafter Analogie kann Ähnliches auch in menschlicher Liebe

manifest werden. Dem Lebensgefährten oder der Mutter dessen, der nur noch an die Gestalt von einst erinnert, aber keine erkennbare Identität mit dem kommunikativen Ich seines Wachlebens hat, mag auch die Hülse noch teuer sein. Man darf sie darum auch nicht fragen (obwohl man es gelegentlich tut), ob man das Beatmungsgerät nun abstellen solle. Das ist nur das schattenhafte Abbild einer Treue, die an der Identität festhält und den Geliebten weiterliebt, auch wenn er seine erkennbare Existenz verlassen hat.

Um dieser »fremden Würde« willen bleibt auch die verbliebene Menschenhülse unserm Zugriff entzogen. Aktives Töten würde selbst Frevel sein und das Unantastbare antasten.

Zweifellos bedeutet es aber keine Antastung dieser Art, wenn man sterben »läßt« und also nicht mit Hilfe aller medizinischen Artistik das flackernde Leben des Vitalrestes gewaltsam erhält. Die Bereitschaft zum Sterben-Lassen gilt auch von den Zuständen eines Moriturus, der von ausweglosen und nicht zu beseitigenden Qualen oder auch von irreversibler Bewußtlosigkeit heimgesucht ist. Dazu hat sich übrigens auch Papst Pius XII. beim Empfang eines Anästhesistenkongresses geäußert. Die Rechte und Pflichten der zur Entscheidung aufgerufenen Familie hingen, so meint er, »im allgemeinen vom vermutlichen Willen des bewußtlosen Kranken ab«. Was die eigene und unabhängige Pflicht der Familie angehe, so erstrecke sie sich nur auf die Anwendung der konventionellen Mittel. Das heißt offenbar: Sie erstrecke sich nicht auf die außerordentlichen, eben »artistischen« Mittel einer fortgeschrittenen Medizin, die imstande ist, partielle Lebensfunktionen auch dann zu konservieren, wenn die »Ganzheit« des Menschen nicht mehr besteht. So gebe es Fälle, in denen die Familie »erlaubterweise darauf bestehen kann, daß der Arzt seine Versuche abbreche, und dieser darf ihr Folge leisten« (Verlautbarung am 24. 11. 1957). Darum kann er »das Atemgerät entfernen, bevor der Kreislauf endgültig zum Stillstand kommt«.

Es bedarf keiner besonders lebhaften Phantasie, um sich vorzustellen, welche Last gleichwohl auf dieser erlaubten Entscheidung liegt und daß es hier zu einer Art »metaphysischen Schuldgefühles« – auch beim Arzt – kommen kann[6].

Gerade die »fremde Würde« gebietet es, die Bereitschaft zum Sterben-Lassen aufzubringen, weil der, von dem sie stammt, den Menschen zur Endlichkeit bestimmt hat. »Es ist dem Menschen gesetzt, einmal zu sterben« (Hebräerbrief 9, 27). Die Geschichte mit Gott, in die der Mensch berufen ist und die seine Identität ausmacht, läßt unser irdisches Leben ja eine bloße Phase sein, die nach dem Sterben von andern Formen des Daseins abgelöst wird. Die Kontinuität unseres Daseins bricht im Tode zwar ab, wie Paulus es in dem großen Auferstehungskapitel des Ersten Korintherbriefes (15, 42 ff.) verkündet: »Es wird gesät in Schwachheit und wird auferstehen in Kraft. Es wird gesät ein natürlicher Leib und wird auferstehen ein geistlicher Leib.« *Doch unsere Identität bleibt: Wir bleiben in Ewigkeit die bei ihrem Namen Gerufenen.* »Mit wem Gott einmal zu reden begonnen hat, es sei im Zorn oder in der Gnade, der ist fürwahr unsterblich« (LUTHER). Das bedeutet doch, auf unser Problem angewandt: *Da die Geschichte mit Gott, die unsere Identität begründet, nicht aufhört, werden wir auch über den Tod hinaus in unserer Identität bewahrt.* Es ist nicht unsere Entelechie, kein unzerstörbarer Seelenkern im platonischen Sinne, der sich durch Tod und Auflösung hin durchhält, sondern es ist die Treue dessen, der sein Werk nicht fallen läßt und den Namen nicht vergißt, den er ins »Buch des Lebens« geschrieben hat. Um es in einem Bilde zu sagen: Wir gleichen nicht, wie es in östlichen Religionen scheint, Strömen, die auf den Ozean des All-Einen zufließen, um sich in ihm aufzulösen und zu verlieren. Sondern wir bleiben die bei ihrem Namen Behafteten, in ihrer Identität Bewahrten, wir bleiben die Berufenen und Gekannten.

Die »fremde Würde« bewacht also sowohl die Lebenden wie die Toten: die Lebenden insofern, als sie den letzten Grund ihrer Unantastbarkeit bildet; die Toten, weil sie das Sterben zum Übergang innerhalb einer Geschichte macht, die nicht aufhören darf, weil die Verheißung Gottes sie verbürgt.

In diesem Sinne könnte es Frevel sein – gerade unter dem Aspekt der »fremden Würde« –, wenn ich den Menschen gewaltsam am Überschreiten einer Schwelle hinderte, die ihm gesetzt ist und über die wir in neue Räume geleitet werden. Wir erkennen den gleichen Ruf und den gleichen Namen, der uns ins Leben geleitete. Und wie wir uns durch den Anruf unseres Namens erkannt fühlen, so werden wir nun auch unsererseits erkennen (1. Korintherbrief, 13, 12). Wir erkennen den Rufenden als denselben, dessen Wort wir bei Leibesleben vernahmen. Und eben damit erkennen wir uns selbst. Das ist unsere Identität.

c) Das Strafrecht vor der Frage der Identität

1. Strafe setzt Identifizierung mit der Tat voraus

Schon der Begriff »Strafe« impliziert ein bestimmtes Verständnis von Identität[7]. Denn Strafe ist nur sinnvoll, wenn das Vergehen, das durch sie gesühnt werden soll, dem Täter als schuldhaftes Vergehen zugerechnet wird. Eine Zurechnung dieser Art ist aber nur unter *einer* Bedingung möglich: daß nämlich dem Täter Selbstbewußtsein und Selbstverfügung zugesprochen werden kann. *Selbstbewußtsein* ist für die Zurechnung insofern erforderlich, als sich der Täter über sein Tun oder Unterlassen, über Absicht oder Fahrlässigkeit seines Handelns klar gewesen sein mußte, oder als man ihm das entsprechende Bewußtsein zumuten kann. Selbstbewußtsein ist auch insofern erforderlich, als der Rechtsbrecher – zumindest dem Anspruch nach – ein Verständnis für die Strafbegründung aufbringen und also die Möglichkeit haben soll, die Schuldhaftigkeit seines Tuns einzusehen, das heißt: sich mit seiner Tat zu identifizieren. – Ferner muß auch die Fähigkeit zur *Selbstverfügung* angenommen werden, wenn man den Täter als Subjekt seines Tuns oder Unterlassens ansprechen will. Die Strafgesetzbücher pflegen deshalb weithin einen »§ 51« zu haben, der den Täter exkulpiert, wenn er in einem Zustand offensichtlicher Unzurechnungsfähigkeit und deshalb nicht mit sich identisch, nicht Subjekt seines Handelns war.

Noch aus einem andern Grund spielt das Problem der Identität bei der Strafe eine Rolle: Vergangenheit und Gegenwart rücken für den Täter zu einer Einheit zusammen. Beides schließt sich in ihm zu *seiner* Zeit zusammen. Es ist sehr wohl denkbar, daß er sich inzwischen gewandelt hat. Zwischen seinem jetzigen und seinem früheren Zustand kann eine Zäsur liegen. Vielleicht ist er in eine andere Umgebung gekommen, die seinem Leben eine neue Richtung gab. Er kann auch eine religiöse Bekehrung erlebt haben, die ihn sagen läßt: »Ich bin ein anderer Mensch geworden.« Gleichwohl bleibt es seine Zeit, seine Vergangenheit, in der sein strafwürdiges Tun stattfand. Ich kann »meine Tat, die viele Jahre hinter mir liegt, aufgrund der in meinem Charakter vorgegangenen Änderung wie die eines Fremden betrachten«. Gleichwohl bleibt bei General Jepantschin, der das angesichts einer gemeinen Tat seiner einstigen Fähnrichszeit in DOSTOJEWSKIS »Idiot« bemerkt, die Reue und damit der Identifikationszwang. Der Fremde von dazumal, der er doch selber ist und immer bleiben muß, ist das Spukgebilde eines Als-ob. Das Einst des Dritten Reiches, in dem jemand mitschuldig an Judendeportationen wurde, bleibt auch dann »seine« Zeit, wenn er inzwischen nicht nur ein unbescholtener Bürger geworden ist (das könnte ein sehr banaler und wenig tiefgreifender Wechsel sein), sondern wenn er aus erschrockener Schuldeinsicht nun tätige Reue übt. *Der Satz »Ich bin, der ich war« bildet die ontologische Voraussetzung dafür, daß Strafe sinnvoll ist.*

2. *Die soziologische Entmächtigung der Strafe: die défense sociale*

Sicher hängt es mit diesem Identitätsverständnis zusammen, daß der Begriff »Strafe« in dem Maße sinnlos und überfällig wird, wie im Rahmen eines heute modisch gewordenen *extremen Soziologismus* nicht der einzelne Rechtsbrecher, sondern die Gesellschaft als das verantwortliche Subjekt erklärt wird. Sieht man den Menschen im wesentlichen unter dem Gesichtspunkt, daß er unter dem Druck gesellschaftlicher Strukturen steht und durch sie bis zur Unkenntlichkeit deformiert wird, so ist der zum Opfer der Verhältnisse Gewordene schuldfrei. Statt seiner sitzt die Gesellschaft auf der Anklagebank, die das Gefälle auf Kriminalität hin bewirkt hat. Dieser Sicht der Dinge entspricht dann eine utopische Vision: die Gestalt einer klassenlos und gerecht organisierten Welt, in der Neid, Aggressionstrieb und damit der Impuls zu kriminellen Handlungen erloschen sind, so daß das verlorene Paradies wieder auf Erden erscheint.

Da die Gesellschaft so in den Mittelpunkt der Betrachtung rückt, erscheint sie nicht nur als das eigentlich schuldige Subjekt, das entsprechend geändert werden muß, sondern sie wird gleichzeitig auch das zu schützende Objekt. Man kann ja etwas nicht ändern wollen, wenn man es gleichzeitig der Möglichkeit der Vernichtung aussetzt. Das aber täte man doch, wenn man die kriminell gewordenen Opfer falscher Strukturen hemmungslos walten und wüten ließe. Solange der Zustand gesellschaftlicher Perversion noch besteht und es also zur Kriminalität kommt, muß man die Gesellschaft folglich vor deren Auswirkungen schützen. Die Strafe ist freilich sinnlos geworden, dafür wird unter dem Stichwort der *défense sociale* die Sicherung gegenüber dem Rechtsbrecher zur Aufgabe der Gesellschaft. Sicherung kann dabei nicht nur bedeuten, den Rechtsbrecher hinter Schloß und Riegel zu bringen, sondern ihn zu resozialisieren. Was als Teil des Strafsinnes auch bisher eine Rolle spielte, nämlich die Erziehung des Rechtsbrechers, wird nun zu ihrem ausschließlichen Sinn.

Kein Zweifel, daß sich damit das Verständnis menschlicher Identität ändert: Während bei der Strafe auch die Vergangenheit dem Täter zugerechnet und zu »seiner« Zeit wird, ist bei der défense sociale die Vergangenheit als Schuld-Zeit eliminiert, oder genauer: Sie ist zur Schuld-Zeit der Gesellschaft geworden. Das Individuum dagegen hat seine Zeit und seine Identität nur in seiner *Zukunft*: in dem nämlich, was es mit Hilfe der erziehenden Gesellschaft an Möglichkeiten aus sich herausholt.

Die damit gegebene Schrumpfung der Identität tritt bei einigen Extremfällen geradezu eklatant in Erscheinung: Mit welcher Legitimation will man zum Beispiel noch *Nazi-Verbrecher* aburteilen, die das Klassenziel der Resozialisierung längst erreicht und sich als angesehene Bürger in der Gesellschaft etabliert haben? Gegen was will sich die Gesellschaft hier noch verteidigen? Gegen die Vergangenheit dieser Leute? Doch was soll das: Diese Vergangenheit konstituiert ja gar nicht mehr ihre Identität. Diese beschränkt sich vielmehr auf das, was sie *jetzt* sind und in *Zukunft* sein werden. Die ihrer zeitlichen Erstreckung beraubte Partial-Identität erlaubt keine Bestrafung mehr. Und wenn man sie mit Hilfe von Anleihen beim Strafgesetz von einst dennoch vollzieht und also meint, derart Ungeheuerliches nicht ungesühnt lassen zu können, so gibt man sich einer Inkonsequenz hin, auf die ein gewisser, mit dem Identitätsgeheimnis tiefer vertrauter Rechts-Instinkt entgegen aller rationalen Begründbarkeit drängen mag[8].

3. Ein Grenzfall als Modell: Kastration von Triebtätern

Gewisse andere Grenzfälle, die wiederum mit dem Vermögen moderner Medizin zusammenhängen, zwingen das Strafrecht nachdrücklich – und zwar den Gesetzgeber ebenso wie den oft sehr verlassenen Richter –, Farbe zu bekennen und offenzulegen, welche Anthropologie, welches Identitätsverständnis gelten und seinen Spruch legitimieren solle. Um nicht im Meer der ungeheuer weitschichtigen Problematik und der Stoffe zu versinken, versuchen wir wenigstens einen der wichtigsten Schwerpunkte zu erkennen. Wir wenden uns zu diesem Zweck wieder einem Modellfall zu:

Vor einiger Zeit ließ sich der Triebtäter K., wie die Presse meldete, während der Haft freiwillig entmannen. Er heiratete und bekannte: »Ich bin heute von meinem verhängnisvollen Trieb befreit. Ich fühle mich wohl, liebe meine Frau und bin ruhiger geworden.« Vor Gericht verteidigte er sich mit dem Argument: »Ich bin nicht mehr der, der ich gestern war. Ihr könnt gar nicht anders, als mich freizusprechen.« Die Tatsache, so schrieb der Berichterstatter, daß K. »heute ein völlig anderer Mensch ist als der, der in der Anklage geschildert wird«, habe zu einer »fast rührenden Hilflosigkeit der Richter und des Staatsanwaltes« gegenüber einem Angeklagten geführt, »dessen Gewalttaten ihn einst zu einem der gefährlichsten Triebverbrecher der Hamburger Kriminalgeschichte stempelten«.

Der Eindruck der fast rührenden Hilflosigkeit, den der Reporter gewann, mochte von dem herrühren, was ich soeben die Verlassenheit des Richters nannte. Denn hier standen anthropologische Grundfragen zur Diskussion, die durch den medizinischen Fortschritt aktualisiert werden, zumal hier nicht nur der chirurgisch einfache Eingriff der Kastration, sondern zugleich hormonale Einwirkungen eine Rolle spielen. Auf die damit zusammenhängenden Hintergrundfragen muß sich das Strafrecht, speziell die Rechtsphilosophie, allererst rüsten, während der Richter genötigt ist, in actu und ohne bereitgestelltes Rüstzeug den Spruch zu fällen.

Da mir der Richter bekannt war und ich wußte, daß ihn Erwägungen interessierten, die dem Grenzbereich zwischen Jurisprudenz und Theologie zugeordnet sind, schrieb ich ihm einen Brief, der ihm in seiner Entscheidungsnot vielleicht einen gewissen Beistand bedeuten sollte. Ich zitiere hier einiges aus dem Inhalt:

»Mich interessiert das Thema dieses Prozesses unter theologischem und rechtsphilosophischem Aspekt. Tatsächlich sind Sie ja genötigt, in anthropologisches Neuland vorzustoßen, denn hier stellt sich in einer neuen und verblüffenden Weise das Problem menschlicher Identität. Selbst der wohl nicht sehr intelligente Angeklagte hat es instinktiv durchaus richtig erfaßt, wenn er dem Gericht sagt, er fühle sich nicht mehr als derselbe, der er vorher, das heißt: zur Zeit seiner Tat, gewesen ist. Wenn man diese Fest-

stellung auf die Ebene philosophischer Diktion hinaufschraubt, lautet sie: ›Ich bin nicht mehr mit dem K. von einst identisch.‹Der Richter steht damit vor einer Rätselfrage: Wenn der Mensch in der hier relevanten Trieb-Dimension nicht mehr derselbe ist: kann er dann noch zur Verantwortung gezogen und bestraft werden? Man trifft ja den ›jetzigen‹ K., der sozusagen unschuldig ist und seine frühere Tat nicht einmal mehr begreift.
Hier zeigt sich die ganze Problematik, der das Strafrecht in seinem Verhältnis zum Triebtäter überantwortet ist: Zuerst wird die verantwortliche Subjekthaftigkeit des Menschen dadurch in Frage gestellt, daß er das Opfer, das bloße Objekt seines Triebmechanismus oder auch der Zwänge seiner sozialen Situation zu sein scheint. Und nun wird die gleiche Subjekthaftigkeit durch die Identitätskrise noch zusätzlich fragwürdig.«
»Meines Erachtens«, so schrieb ich weiter, »ist das Problem des Identitätsverlustes metajuristisch, es ist nicht mehr juridifizierbar. Und gerade dieser Umstand wird vermutlich dem Richter, der an diesem Problem nicht vorbeigehen kann, es gleichzeitig aber auch nicht zu bewältigen vermag und vermutlich auch keine Paragraphen und Kommentare zur Verfügung hat, auf die er sich berufen könnte, erhebliche Kopfschmerzen machen.
Ganz unabhängig von dem, was ich als Theologe dazu bemerken möchte, wird man sicher feststellen dürfen, daß es eine totale Eliminierung der Identität sicherlich *nicht* gibt. Maßgebliche Konturen des Charakters werden auch nach der Kastration erhalten bleiben, selbst wenn sie nun unter andern emotionalen Bedingungen stehen und ihre Äußerungsformen verändern. Dem nach dieser Zäsur auf das Einst Zurückblickenden wird es vielleicht bei seiner Triebentlastung rätselhaft erscheinen, daß er dies und jenes getan hat. Doch wird er sich kaum weigern können, über den einstigen Täter in der ›ersten‹ Person zu sprechen. Wenn am ›Recht des Verbrechers auf Strafe‹ auch nur ein Spurenelement von Berechtigung haftet, dann müßte er unter dem Eindruck des von ›ihm‹ bewirkten Schrecklichen nicht ohne Sühnebereitschaft sein. Kann es dann aber – zumal das Identitätsproblem strafrechtlich nicht lösbare Fragen aufwirft – ohne Bestrafung abgehen? Ich meine: nein.
Freilich bleibt ein erhebliches Unbehagen bei dieser Argumentation zurück: In diesem Falle hat ja der Täter durch die Kastration freiwillig einen außerordentlichen Eingriff in seine Persönlichkeit auf sich genommen. Dieser Eingriff hat ihn gewiß befreit und entlastet, aber trotzdem ... Dadurch, daß er sich ihm unterzog, hat er jedenfalls die Strafwürdigkeit seines Tuns eingesehen und durch die Tat demonstriert, sozusagen ›tätige Reue‹ geübt. Er ist dadurch in vielem anders geworden und hat tatsächlich seine Identität modifizieren lassen. Bestünde der Sinn der Strafe *nur* in der Resozialisierung, gäbe es überhaupt kein Problem mehr, und der Mann könnte frei ausgehen. Sieht man in der Strafe aber mehr als diesen bloß pragmatischen Zweck, bleibt ein unauflöslicher Rest von Fragen, den man

tragen muß, wenn man bei dem bleibenden und die Resozialisierung weit überschreitenden Sinn von Strafe bleibt.
Wie soll man aus dieser Zwickmühle herauskommen?
Ich meine, man könnte nicht anders als aus den genannten Gründen – daß nämlich die Identität nicht eliminierbar, sondern nur modifizierbar sei – nicht anders, als eine angemessene, durch die freiwillige Kastration gemilderte Strafe zu verhängen und allenfalls den Gnadenweg einschlagen. Ich habe mich durch das ausgezeichnete Buch von Th. Sehrt, ›Vergebung und Gnade bei Shakespeare‹[9], belehren lassen, in welchem Maße das angelsächsische Erfolgsstrafrecht im Unterschied zum deutschen Täterstrafrecht das Identitätsproblem vereinfacht und wohl auch klärt: Der Richtspruch bezieht sich auf die begangene Tat, für die es objektive Tatbestandsmerkmale und insofern Eindeutigkeit gibt. Der Täter wird also auf jeden Fall als Subjekt seiner Tat identifiziert und für deren Verwerflichkeit haftbar gemacht. Erst wenn diese klaren und gleichsam geometrisch errechenbaren Distanzierungen vollzogen sind, wird im nachhinein die Frage nach der Befindlichkeit des Täters, nach den etwaigen mildernden Umständen und also *auch* nach der etwa modifizierten Identität gestellt. Für den Druck des gleichsam eiskalt kalkulierenden Erfolgsstrafrechts bildet dann die ›Gnade des Königs‹ ein Ventil. Hier kann der irrationale Rest im Strafverfahren, hier kann auch das nicht mehr juridifizierbare Identitätsproblem dann eine Rolle spielen. Es ist jedenfalls von großer Symbolkraft, daß nicht der Richter mit seinem Spruch die Last dieser Problematik zu tragen vermag, sondern daß hier der König mit seinem Gnadenrecht ins Spiel kommt.«
Der Leser wird sich unschwer erklären können, daß auch hier im Hintergrund der Identitätserwägungen das Wort von der »fremden Würde« stand: Wir sahen, daß damit dem Menschen eine Identität zugesprochen wird, die in der Geschichte Gottes mit ihm gründet. Gerade deshalb ist diese Würde unabhängig von den jeweiligen Zuständen, in denen der Mensch sich befindet: Sie gilt dem Genie, und sie gilt dem Verblödeten in einer Anstalt gleichermaßen. Sie wird so vor allem als Bewahrung, als Begründung menschlicher Unantastbarkeit wirksam. Aber sie kann auch zum richtenden Gesetz werden. *Denn gerade weil meine Identität in der Geschichte Gottes mit mir gründet, werde ich als der identifiziert, der ich gestern war, heute bin und morgen sein werde.* Die Bußpsalmen der Bibel wissen davon ein Lied zu singen, wenn Alter und Jugend als die Zeiten desselben Menschen verstanden und miteinander der Vergebung Gottes anheimgegeben werden (Psalm 25, 7; vgl. Hiob 13, 26). Selbst als der unter der Gnade Neugewordene, als die »neue Kreatur« blicke ich auf den Gewesenen, überhaupt auf das andere in mir zurück (Römerbrief 7, 14 ff.) und bin mir klar, daß ich im Gedenken Gottes auf zweierlei Weise lebe: einmal als der, um dessen altes Leben er weiß, dessen »alten Adam« er

kennt; und dann wieder als der, den er in seine Barmherzigkeit einschließt, den er sich recht sein läßt und annimmt. Insofern schließt das Gedenken Gottes meine diffuse Existenz – ihre Zerrissenheit in Einst und Jetzt, auch das »schizophrene« Auseinanderklaffen meiner einzelnen Ich-Bereiche – zur Einheit meiner Identität zusammen. Bei alledem, was *ich* nicht zur Kongruenz bringen und auch nicht in seiner Kongruenz sehen kann, bin ich im Gedenken Gottes der, der ich wahrhaft bin. *Ich bin das Bild, das Gott von mir hat. Er allein weiß um meine Identität.* Ich »bin erkannt« (1. Korintherbrief 13, 12). So ist die Identität, die ich in der fremden Würde erfahre, Schrecken und Trost in einem. Der Angeklagte K. steht vor beidem.

d) Die theologische Dimension der Identität: die neue Kreatur

Wer also »ist« nun etwa Kardinal Mindzenty in diesem letzten Sinne? Ist er der Bekenner, der er einmal war und der er dann an seinem Zufluchtsort in der amerikanischen Botschaft oder später in seinem römischen und Wiener Exil wieder wurde? Oder ist er der, der unter dem Druck der Folter und der negativen Psychiatrie verleugnete? Wie sieht das Bild aus, das im Gedenken Gottes von ihm lebt?

Und wer ist der »verlorene Sohn« (Lukas-Evangelium 15, 11 ff.)? Hat er seine Identität in dem, was er vor seinem Ausbruch in die Fremde war? Oder in dem, was er in der Fremde an Möglichkeiten seiner Entelechie entfaltet? Oder ist er erst ganz er selbst, als er aus allen Irrungen und Wirrungen heimkehrt und die Vergebung seines Vaters findet? Bleibt seine Identität nicht ebenfalls – unabhängig von den Stadien und Zuständen seines Lebensweges – geborgen in dem Bilde, das sein Vater von ihm hat, also in seiner fremden Würde?

Ich wüßte niemanden, der dieses Geheimnis unserer in Gottes Gedenken verborgenen und geborgenen Identität so prägnant auszusagen gewußt hätte wie Dietrich Bonhoeffer in seiner Tegeler Gefängniszeit, kaum ein Jahr vor seiner Hinrichtung:

> *Wer bin ich?* Sie sagen mir oft,
> ich träte aus meiner Zelle
> gelassen und heiter und fest,
> wie ein Gutsherr aus seinem Schloß . . .
>
> *Wer bin ich*? Sie sagen mir auch,
> ich trüge die Tage des Unglücks
> gleichmütig, lächelnd und stolz,
> wie einer, der Siegen gewohnt ist.
>
> Bin ich denn wirklich, was andere von mir sagen?
> Oder bin ich nur das, was ich selbst von mir weiß?
> Unruhig, sehnsüchtig, krank, wie ein Vogel im Käfig . . .?

Wer bin ich? Der oder jener?
Bin ich denn heute dieser und morgen ein andrer?
Bin ich beides zugleich? Vor Menschen ein Heuchler.
Und vor mir selbst ein verächtlich wehleidiger Schwächling?

Wer bin ich? Einsames Fragen treibt mit mir Spott.
Wer ich auch bin, Du kennst mich, Dein bin ich, o Gott!

Ich möchte die mit der »fremden Würde« zum Ausdruck gebrachte und auch in diesern Versen angedeutete Identität des Menschen am Schluß durch ein gewagtes Bild verdeutlichen:

Ich stelle mir vor, daß beim Jüngsten Gericht – analog zu irdischen Gerichtsverfahren – vor Eintritt in die Verhandlung meine Identität festgestellt wird. Da aber kommt es zu einem Zwischenfall. Kaum nämlich hat der Höchste Richter an mich die Frage gestellt: »Wer bist du?«, fällt ihm der satanische Verkläger ins Wort und antwortet statt meiner: »Wer der ist, fragst du? Ich will es dir sagen: Er ist der, der das und das getan und zu tun versäumt hat. Er hat die Not des Nächsten neben sich übersehen, weil er sich immer selbst der Nächste war. Er hat geschwiegen, als er hätte bekennen müssen. Und das, was du ihm an Begabung mitgegeben hast, ließ ihn nicht demütig sein, sondern hat ihn hochmütig gemacht.« Noch lange fährt der Verkläger in diesem Sinne fort. Dann aber unterbricht ihn der Verteidiger; es ist der erhöhte Gottessohn: »Der Verkläger hat wahr gesprochen, Vater und Richter. Dieser da hat das alles hinter sich. Und doch stößt die Anklage ins Leere. Denn er *ist* nun nicht mehr das, was er hinter sich hat.« Und obwohl die Gestalt auf dem Richterthron sehr wohl weiß, was Christus damit sagen will, so fragt er doch um der Beisitzer und Zuhörer willen: »Wer ist er denn, wenn er nicht mehr das ist, was er hinter sich hat?« – Darauf erwidert Christus: »Er hat sich mir angeschlossen und hat mir geglaubt, daß du ihm in mir begegnen und ihm zum Vater werden willst, wie du mein Vater bist. So habe ich seine Vergangenheit durchgestrichen und den Schuldschein an mein Kreuz geheftet (Kolosserbrief 2, 14). Wer dieser also ›ist‹, fragst du? Er ist der, der mich angenommen und darin das Sohnesrecht gewonnen hat, wie du es zugesagt hast. So sieh ihn so an, wie du mich ansiehst: Er ist mein Bruder und dein Sohn.«

Das ist die Legende von unserer Identität.

In dem, was christlich Vergebung und Rechtfertigung heißt, hören Vergangenheit, Gegenwart und Zukunft auf, »meine Zeit« und die temporelle Umschreibung meiner Identität zu sein. Hier ist die Vergangenheit wirklich vergangen und liquidiert. Hier gibt es die neue, von ihrem alten Status gelöste und erlöste Kreatur (2. Korintherbrief 5, 17).

III. Die Frage der Identität in der Verkündigung Zum Verhältnis von Theologie und Anthropologie

Die theologischen Überlegungen, in die wir damit vorgestoßen sind, lassen vermuten, daß das Identitätsproblem auch in der christlichen Verkündigung eine Rolle spielt. Ich glaube sogar zu sehen und versuche es im folgenden zu begründen, daß die vielbeschrieene sogenannte Krisis der Predigt in der Neuzeit und speziell in der Gegenwart hier ihre Wurzel hat.

In einem ersten vereinfachenden Hinweis könnte man diese Krisis mit dem Satz beschreiben: *Der normale Zeitgenosse könne sich mit dem Inhalt und der Aussageform der Predigt nicht mehr identifizieren*[10]. Er fühle sich von dem Gesagten nicht betroffen. Er reagiere auf das Gehörte vielmehr mit der Feststellung: »Ich kam in der Predigt nicht vor«, oder auch in der Frage: »Von wem redet der Mann überhaupt?«

Leicht zu entmutigende und dem Gesetz des geringsten Widerstandes verfallene Vertreter der Kirche lassen sich durch solche Diagnosen immer wieder zu einer bedenklichen Konsequenz drängen: Sie meinen, »die« Predigt sei überhaupt nicht mehr zeitgemäß. Der heutige Mensch wolle sich nicht mehr »anpredigen« lassen. Da man so unwillkürlich der Mentalität der Meinungsforscher verfällt und den befragten Zeitgenossen zum Maßstab für das macht, was zu tun und zu sagen sei, kommt man zu einer merkwürdigen Alternative. Man möchte die anachronistisch gewordene Predigt nämlich entweder dadurch ablösen, daß man das persönliche, ohnmächtig gewordene Wort durch den überpersönlichen Kultus der Liturgiepflege ersetzt, oder aber genau umgekehrt dadurch, daß man »politische Gottesdienste« inszeniert, Reportagen über Folter und Minderheitenvergewaltigung bringt, Zeitungsnachrichten interpretiert und an die Stelle des Predigt-»Monologs« dialogische Auseinandersetzungen mit Zeitproblemen setzt. Nur so könne sich der Hörer mit dem gottesdienstlich Dargebotenen identifizieren.

Wir versuchen die Hintergründe dieser Situation aufzuhellen und wollen das so tun, daß wir die beiden wesentlichsten Einwände gegen die Predigt untersuchen:

a) Das veränderte Vorverständnis

Der sogenannte »heutige Mensch« kommt, ehe ihn die Botschaft trifft, bereits von bestimmten Vorverständnissen her, die er aus dem säkularen Daseinsraum bezogen hat: aus seiner Lebenserfahrung, dem common sense, der gesellschaftlichen Situation, aus den Massenkommunikationsmitteln und auch seiner persönlichen Umgebung, vorwiegend jedenfalls aus einem christlich nicht vorgeprägten Raum. Das sich so in ihm bildende Selbstverständnis ist begreiflicherweise nicht durch den Schöpfungsglauben, auch nicht durch das Wissen um Schuld und Entfremdung und ebensowenig durch ein Heilsverlangen bestimmt. Zwar mag alles dies im Hintergrunde stehen und eine Art indirekter Anwesenheit haben – schon deshalb, weil es hier um Elemente der Menschlichkeit selbst und durchaus nicht nur um christliche Reminiszenzen geht. In utopischen Sehnsüchten, bei der Flucht in die imaginäre Welt der Drogen und selbst im Hang zur trivialen Lebensverklärung bei Courths-Mahler-Romanen und -Filmen können diese Hintergrundmächte als Motiv wirksam werden. Doch sind sie in der Regel so latent und unbewußt, daß es fast eines psychoanalytischen Eindringens bedarf, um sie überhaupt zu entdecken. Auf unsern Kanzeln aber tun wir weithin so, als ob die Menschen uns diese Motive auf einem Präsentierteller entgegenhielten und keine andere Erwartung hegten als die, daß wir unsere lösenden Antworten dazulegten. Das ist aber nicht einmal bei der konventionellen Gemeinde so, geschweige bei den Säkularisierten und Entchristlichten. Statt seiner Gebundenheit an Schuld und Entfremdung beschäftigt unsern Zeitgenossen mehr die Fesselung durch gesellschaftliche Zwänge und Manipulationen. Statt nach der Erlösung von Schuld und Tod fragt er eher nach der Befreiung von Langeweile, Daseinsleere und Identitätsverlust.

Deshalb erhebt man ja auch gegen die Durchschnittsverkündigung heute den Einwand, daß der Prediger bei seinem Hörer Voraussetzungen unterstelle, die in Wirklichkeit gar nicht gegeben seien: daß er auf Fragen antworte, die überhaupt nicht gestellt würden, und andere überginge, die in den Menschen brennen. Folglich verstünde man nicht, wovon der Mann auf der Kanzel überhaupt rede. Es berühre einen nicht und wirke eben anachronistisch.

Unter dem nachwirkenden Einfluß des Existentialismus wird in der heutigen Homiletik kein Satz *mehr* durch die Mühle gedreht als die These: Tua res agitur – es geht um dich! Und kein Versprechen wird so wenig gehalten. Oder aber man leistet ein Übersoll an existentieller Zuwendung, indem man mit der Wünschelrute nach dem sucht, was für den Zeitgenossen »relevant« ist, sich dann ausschließlich darauf konzentriert und so die Thematik des zu Sagenden durch den Hörer diktieren läßt. *Vor lauter Leidenschaft, dem heutigen Hörer Zugänge in die Kathedrale zu eröffnen und allenthalben Stellen zu finden, wo man ihn hereinwinken kann, bricht man so viele Tore in die Dom-Mauern, daß schließlich die sakrale Stätte ganz verschwindet und der umworbene Zeitgenosse über einen leeren Platz zu gehen meint.* Es ist eine Art Marktplatz, auf dem er keine andern als die auch sonst vertrauten Stimmen hört: politische und sozialrevolutionäre Parolen vor allem. Wie sollte er auf die Idee kommen, er befände sich hier auf dem Gelände eines Domes, der sich vom Marktplatz abhöbe?

Was wir soeben als Über-Soll in der Begegnung mit dem Zeitgenossen bezeichneten, ist die extreme und verzerrende Reaktion auf die zeitlose Blässe der Verkündigung, auf ihre Gegenwartsentrücktheit und auf das Verweilen im Elfenbeinturm einer esoterischen Tradition. Dieses Verfehlen der Zeitfragen ist sicher genauso schlimm, wie wenn man sich an sie verliert und in ihnen aufgeht. Wer auf der Kanzel adressiert, gezielt und nicht ins Blinde hinein reden will, muß tatsächlich das Selbstverständnis des Menschen treffen, der heute lebt, und muß thematisch genau und unüberhörbar sich auf dieses Selbstverständnis beziehen. Es wird um eine Verkündigung im Dialog und nicht um monologisches Anpredigen gehen müssen. »Dialog« meint hier durchaus nicht, daß die immer wieder versuchten Zwiegespräche zwischen zwei Personen, die sich im Chorraum oder auf der Kanzel postieren, eine besonders glückliche Lösung dieser Frage seien. »Dialog« meint vielmehr, daß unsere Verkündigung einem höchst dialektischen Frage-Antwort-Spiel einbeschlossen sein müsse: Der Prediger sieht Fragen an sich gestellt, er muß sie also wirklich kennen; er antwortet aber nicht einfach darauf, sondern stellt Gegenfragen, um vom Evangelium her erst auf die wahren und eigentlichen Fragen aufmerksam zu machen. Wir können diesen Vorgang bei den seelsorgerlichen Gesprächen Jesu beobachten. In Gestalt einer Rückkopplung fängt der Prediger dann auch die Antwort seiner Hörer auf diesen seinen Angriff wieder auf und läßt sie in seine Verkündigung eingehen.

Der Prediger kann dieses Vorverständnis, er kann auch jene Reaktionen seiner Hörer offenbar nur so feststellen, daß er sich mit den Reflexionsgestalten beschäftigt, in denen sich alles dies ausspricht. Diese Reflexionsgestalten kann er zum Beispiel – um nur einige herauszugreifen – bei Karl Marx, Sigmund Freud, Teilhard de Chardin, Konrad Lorenz oder auch bei Jürgen Habermas finden. Auch wenn die allerwenigsten Zeitgenossen, die uns zuhören, davon Kenntnis genommen haben, wird von jenen Denkern etwas ausgesprochen, das in dumpfer, unreflektierter Weise in nahezu allen lebt. Ich denke etwas an die Marxsche These, daß Denken und Schicksal des Menschen von seiner gesellschaftlichen Situation bestimmt seien. Jedem Aufgeschlossenen drängt sich ja auf, daß daran zumindest »etwas ist«. Jeder Werkstudent wird an seiner Arbeitsstätte gelegentlich den Einwand erfahren – er taucht so schon in Tolstois Tagebüchern auf –, letztlich könne er trotz der gleichen Arbeit seine Kollegen nicht verstehen; denn sie seien ihr *Leben lang* an die Stupidität des immer Gleichen gefesselt, während der Student nur einen vorübergehenden Ausflug in diese trüben Gefilde mache und danach wieder über die Freiheit der Selbstgestaltung verfüge. Hier äußert sich so die Überzeugung von der gesellschaftlichen Situationsgebundenheit. – Darüber hinaus wissen wir alle, wie die marxistische These, der Mensch sei in Handeln, Gesinnung und Denken vom sozial-ökonomischen Unterbau abhängig, etwa in modernen Milieutheorien Gestalt gewonnen hat. Wir haben schon gesehen, wie sich diese Theorien bis in bestimmte Konzeptionen des Strafrechts hinein auswirken und etwa in der These erkennbar sind, nicht das Individuum, sondern die Gesellschaft sei schuld an der Kriminalität; *sie* habe deshalb Buße zu tun. Sie habe so das Recht zum Strafen verwirkt und müsse die Gefängnisse in Sozialsanatorien verwandeln, um der einzigen Pflicht zu genügen, die sie hier habe: der Resozialisierungs-Therapie.

Wer wollte bestreiten, daß und wie sehr solche Bewußtseinsgehalte samt den zugrunde liegenden anthropologischen Thesen in unzähligen Köpfen rumoren oder auch ernsthaft erwogen werden, und wie wenig deshalb diese Köpfe von der unmittelbaren Konfrontation mit der Botschaft von Schuld, Gericht und Erlösung berührt sein können. Man muß sich also mit solchen Thesen auseinandersetzen. Das heißt: Man muß unter den Augen und vor den Ohren dieser Theorie-Repräsentanten begründen, was angesichts ihrer Thesen etwa die Worte »Sünde« und »Schuld« bedeuten und inwiefern »Erlösung« etwas anderes meint als nur eine politisch-soziale Befreiungsbewegung.

Mit dem bloß negativ distanzierenden Hinweis auf das »ganz andere« der christlichen Botschaft kann es freilich nicht getan sein. Denn Sünde und Schuld sind ja nicht bloß auf den Individualbereich beschränkt, sondern sie haben tatsächlich *auch* eine strukturelle und insofern gesellschaftlich-überpersönliche Seite. Nur wäre eben zu zeigen, daß Sünde und Schuld, um bei diesem Beispiel zu bleiben, ihr Wesen nicht in strukturellen Perversionen erschöpfen, wie der Marxismus meint, sondern daß sie darin nur »unter anderm« manifest werden. *Die Entfremdung des Menschen liegt als Status der Existenz ihrem strukturellen Ausdruck voraus.* Diese vorausliegende Geschichte mit Gott bildet den Schlüssel, der die Bedeutung des strukturellen Ausdrucks allererst erschließt und damit die wirklichen Prioritäten erkennen läßt. Der Mensch ist der Schlüssel zu seiner Welt – einschließlich ihrer Strukturen. Das hat uns die Sündenfallgeschichte gelehrt.

Natürlich kann mit diesen Feststellungen nicht gemeint sein, daß diese Auseinandersetzungen in extenso auf der *Kanzel* zu führen seien. Aber der Ton der Predigt wird anders, und die Gezieltheit ihrer Aussagen ändert sich, wenn der Verkünder für seine Person diese Problemfelder durchschritten hat, wenn also ein Hintergrundwissen bei ihm besteht. Wer etwa einen Universitätsgottesdienst vor Studenten zu halten hätte, die vorwiegend Literarhistoriker und Germanisten wären, brauchte kein einziges Dichter-Zitat zu bringen. Aber jeder, dem seine Fragen aus der Dichtung zugeflossen sind, würde spüren, ob der Mann auf der Kanzel selbst ein Verhältnis zur Dichtung hat und ob er auch für seine Person im Dialog des Evangeliums mit der Dichtung lebt.

Oder ich denke, um ein anderes Beispiel zu nennen, an Thesen von Konrad Lorenz wie etwa die, daß vieles von dem, was wir moralisch als böse verschreien, in einem höchst »natürlichen«, die ganze Natur durchziehenden Aggressionstrieb begründet sei. Auch hier dürften die wenigsten Hörer Fragestellungen dieser Art explizit durchdacht oder auch nur zur Kenntnis genommen haben. Doch jeder sieht, daß diese These, das sogenannte Böse sei in Wirklichkeit nur der Ausdruck eines widernatürlichen Verhaltens zur Natur, wiederum dumpf und unreflektiert in den Köpfen schwelt, also ansatzweise da ist.

Vor allem gilt das vom Bereich des *Sexus*. Denn alles, was mit der Sexwelle auf uns zugekommen ist, bedeutet ja viel mehr als eine bloße Enttabuisierung oder gar emanzipierende Befreiung. Es geht in Wirklichkeit um eine *Naturalisierung* der Geschlechtlichkeit, negativ gesprochen: um eine Entpersonalisierung. Die einschlägigen Vertreter leiten nicht mehr zu einer geschlechtlich betonten Ich-Du-Gemeinschaft an, sie steuern vielmehr als eigentliches Ziel nur libidinösen Lustgewinn an, sie lehren die Artistik des Orgasmus. Darum spricht man charakteristischerweise auch kaum von Geschlechtserziehung, sondern von »Aufklärung«; man sehe sich nur die entsprechenden Sex-Fibeln an! – Naturvorgänge braucht man in der Tat nur zu begreifen, und zwar in einem objektivierenden, distanzierten Sinne, der sich vom biblischen »jadah« (= geschlechtliches Erkennen) grundlegend unterscheidet. Hat man die Positionen der Kohabitation begriffen und sie beherrschen gelernt, gilt man in diesen Gefilden als Virtuose der ars amandi.

Würde der Prediger diesen Zuständen nur mit moralischer Entrüstung entgegentreten, würde er es zu einer bloß unreflektierten Konfrontation mit den Geboten Gottes kommen lassen, hätte er dieses Thema ebenso wie jede sonstige Zeitproblematik von vorneherein verfehlt. Denn die Opfer einer solchen Naturalisierung des Sexus könnten in diesen Bußpredigten nur eine unzuständige, nicht sachgemäße Geltendmachung moralischer Maßstäbe sehen. Das amoralisch Natürliche gilt ihnen aber als prinzipiell nicht moralisierbar.

Statt in dieser auch theologisch fragwürdigen Weise »gesetzlich« zu reagieren, hätte der Prediger vielmehr davon zu sprechen, daß die *Geschlechtlichkeit selbst* hier grausam verfehlt und denaturiert wird. Wenn die Persongemeinschaft einer nur animalischen Vereinigung weicht, kommt es zu einer Verarmung der Geschlechtlichkeit, die hinter ihrer Schöpfungsbestimmung unbeschreiblich zurückbleibt. Was sollen die beiden noch miteinander anfangen, wenn der Orgasmus erreicht ist? Außerdem führt die Emanzipation aus früheren Tabu-Zwängen durchaus nicht einfach zu neuen Formen der Freiheit, sondern leitet in neue Zwänge hinüber, zum Beispiel zu einem sexuellen Leistungsdruck, von dem Seelsorger und Psychotherapeuthen der Nach-Sex-Wellen-Zeit einiges zu sagen wissen.

Von diesem verfehlten und »unmenschlichen« Geschlechtsverständnis kommen aber viele unserer Hörer her. Und es gehört zur Aufgabe der

Verkündigung, sie bei diesen vorfabrizierten Haltungen »abzuholen«. Diese Abholung ist aber nur möglich, wenn der Verkündiger selbst jene Problemzonen durchschritten hat und sie auf das Bildnis jenes *ganzen* Menschen bezieht, wie er in der biblischen Sicht von Schöpfung, Fall und Erlösung erscheint[11].

Die *erste* Gestalt der Verkündigungskrise besteht also darin, daß anthropologische Vorfragen verfehlt werden, daß der Prediger seine Hörer eben *nicht* bei den reflektierten oder unreflektierten Vorverständnissen abholt, in deren Bannkreis sie leben.

b) Akkommodation an den Zeitgenossen

1. Soziologische, psychologische und andere zeitgenössische Fragestellungen

Die Versuchung zu diesem Versäumnis ist dadurch gegeben, daß die Bibel von *vergangenen* Menschen und Verhältnissen redet. Die patriarchalische Struktur des alten Israel ist unserer modernen, auf Demokratie und Gleichberechtigung gerichteten Mentalität meilenweit entrückt. Diese Welt ist nicht mehr die unsrige – oder doch nur in einem hintergründigen Sinne, der aber dann erst, und zwar unter Einbeziehung *unserer* Welt, sichtbar gemacht werden müßte. Das Weltbild ist anders, die Geschichte wird nach andern Maßstäben gemessen, als der moderne Historismus das tut, und die Schöpfungspsalmen haben ein Verständnis der Natur, das mit dem der heutigen Naturwissenschaft wenig, und ganz sicher nicht den entscheidenden Aspekt, gemeinsam hat. Würde hier nur »referiert« – und es wird auf Kanzeln leider sehr viel referiert –, würden also die alten Texte nicht in jener tiefsten Schicht ihrer Verkündigungsgehalte interpretiert, die auch ein Element *unseres* Daseins ist, dann könnten sich die Bewohner der heutigen Welt nicht davon betroffen fühlen und gewännen, völlig zu Recht, den Eindruck des Anachronistischen.

Wir sind also in unserm Lebensraum von eigenen und vielfach anderen Problemen bedrängt. Einige haben wir schon angesprochen. Im übrigen genügt die Lektüre der »Kummerspalten« in unserer Presse, um sich einen Eindruck von den immer wiederkehrenden Betroffenheiten zu verschaffen. Da geht es etwa um Fragen der Kindererziehung, um Eheprobleme, Konkurrenzkampf im Beruf, Langeweile, Kommunikationsmangel und Einsamkeit, vornehmlich im Alter. Es tauchen auch Fragen auf wie Schwangerschaftsunterbrechung, Tötung auf Verlangen, Euthanasie und vieles andere. Obwohl es sich überwiegend um Individualprobleme handelt, ist der gesellschaftliche Hintergrund nicht zu übersehen: In einem pluralistischen Sozialgefüge gibt es nicht mehr die Selbstverständlichkeiten eines common sense, auch keinen eingeschliffenen, allen gemeinsamen Lebensstil, der jedem seinen Ort zuweist, gleichzeitig aber diese Orte kommunikativ miteinander verbindet. Hier ist im persönlichen Bereich vielmehr jeder in hohem Maße sich selbst überlassen und entsprechend orientierungslos. Weil die Welt der Bibel, jedenfalls auf den ersten und oberflächlichen Blick gesehen, eine *andere* Welt ist, weil sie zum Beispiel keine pluralistisch strukturierte Welt ist, wird man die heutigen Fragen nicht *so* in ihr auffinden und sie beantwortet sehen können, daß man wie in einem Gesetz- oder medizinischen Lehrbuch nachschlägt, um den betreffenden Fall beschrieben zu finden. Die »Fälle«, von denen die Bibel spricht – etwa der Fall des Petrus, der zu Jesus sagt: »Herr, gehe vor mir hinaus, ich bin ein sündiger Mensch«, ich halte deine Nähe nicht aus! –, sind so, daß wir uns zunächst einmal *nicht* darin wiedererkennen. Wir meinen weniger unter der hier von Petrus bekannten »*Schuld*« als unter Schuld-»Komplexen« zu leiden. Die in der Bibel gemeinte Realität ist uns also durch unsere psychologischen Schemata unter Umständen verstellt, so daß wir solche Texte als naiv und unaufgeklärt empfinden.

So liegt das, worauf sich die unmittelbare Thematik der Botschaft bezieht – der Ton liegt auf »unmittelbar«! – geradezu jenseits unseres Existenzhorizontes. Die andern angedeuteten Probleme aber (Angst, Langeweile, Berufsnöte usw.) stehen in der Mitte unseres Lebensraums. Wer diese Mitte erreichen will, muß also zu jenen Fragen reden. Er muß folglich anthropologische Themen in seine Verkündigung aufnehmen, oder schärfer: Er muß zeigen, daß die theologischen Themen von Schöpfung, Fall und Erlösung etwa einen sehr elementaren Bezug zu jenen anthropologischen Fragen haben, die uns heute und hier gestellt sind.

Hier stellt sich jedoch sofort ein Einwand ein, an dem man unmöglich vorübergehen kann. *Bedeutet das nicht, daß Verkündigung und Theologie sich erst einmal mit Fremdstoffen anreichern müßten, um sich interessant zu machen und ein »Inter-esse« des Zuhörers zu provozieren?* Illustrationen – oft peinliche Illustrationen – für solche Bemühungen um einen Attraktivitätsgewinn sind ja in Massen zu haben: Greift man nicht etwa zu Jazz, Beat und allerhand Musicals, also wieder zu Fremdstoffen, um einen toten Gottesdienst zu verlebendigen? Nimmt die Kirche nicht zu werweiß-wie-vielen Tagesproblemen Stellung, von der Tarifordnung, über die Mitbestimmung in den Betrieben bis zur Atomrüstung und zur Anti-Baby-Pille, um sich mit dem Reiz der Aktualität zu versehen? (Aber ist das wirklich das einzige Motiv?) Übernimmt man nicht modische Fragestellungen und modische Termini, die man aus dem verschwenderisch bestückten Großhandel der Soziologie bezieht? So stellt sich gelegentlich der makabre Eindruck ein: Da die eigenen Waren im Schaufenster, da die Offerten von Gnade und Erlösung nicht mehr beachtet werden, locke man die Leute mit attraktiven Auslagen, die man aus andern Lebensräumen geborgt und importiert hat. Oder man versuche, den alten Waren durch eine neue Ton- und Wort-Verpackung ein verlockenderes Image zu geben.

Wird dadurch aber die Bereitschaft zum christlichen »Konsum« gesteigert? Kommen die Leute nicht sehr bald hinter jene Absicht und sind entsprechend verstimmt? In diesem Sinne stellt der amerikanische Soziologe PETER L. BERGER die ironische Frage: »Warum soll man eigentlich Psychotherapie oder Rassenfriedensparolen noch in christlicher Verpackung kaufen, wenn man sie um die Ecke in weltlicher (also in Originalpackung; Verf.) haben kann, die immerhin doch noch ein bißchen mehr à la mode ist? Wahrscheinlich spricht die christliche Firmierung nur Leute an, die noch sentimental genug sind, an alten Symbolen zu hängen. Aber gerade dieses Häuflein schmilzt unter der Sonne der säkularisierten Theologie rapide zusammen.« Jene christlichen Anleihen beim Säkulum schlügen also auf die derart Borgenden selbst zurück. Aktionen dieser Art bedeuteten deshalb nichts Geringeres »als die Selbstaufgabe der Theologie und aller jener Institutionen, in denen sich die religiöse Überlieferung bisher verkörpert hat«.

Auf welchen Weg geraten wir also, wenn wir allzu sehr auf die sogenannte Mitte des Lebensraums beim heutigen Menschen achten und wenn wir in dem Angeln nach »Anknüpfungspunkten« förmlich aufzugehen drohen? KARL BARTH hat einmal in sehr einseitiger und rabiater Eigenwilligkeit gegen EMIL BRUNNER polemisiert, den er bei dieser verhängnisvollen Angeltätigkeit meinte ertappt zu haben. Auch wenn er dabei das Kind mit dem Bade ausschüttete und die Eigenschaft des Evangeliums, eine »adressierte« Botschaft zu sein, völlig unter den Tisch fallen ließ, so hat er zumindest die *Gefahr* richtig diagnostiziert, die sich bei der Bemühung einstellen muß, den sogenannten »modernen Menschen« ins Visier zu kriegen und Anknüpfungspunkte bei ihm zu entdecken. Die Gefahr besteht darin, daß diese Zielansprache schließlich zur *einzigen* Ansprache werden könnte, die nun auf der Kanzel noch zu hören ist. Anders ausgedrückt: die anthropologischen, auf den »modernen Menschen« zielenden Reflexionen können die theologischen Inhalte selbst (ad usum delphini) verändern, verzerren oder gänzlich resorbieren. Über der Frage: »*Wie*« sage ich's meinem Kinde? könnte die Frage des »Was« vergessen werden. *In der Tat liefert die Theologie seit der Aufklärung zahlreiche Beispiele dafür, wie modern sein wollende Theologen in ihrer Bemühung um die jeweiligen Zeitgenossen* zeit-hörig *wurden und sich dem Zeitgeist derart akkommodierten, daß ihre Konzeptionen mehr Aufschlüsse über die geistige Situation ihrer Epochen als über das Evangelium geben, das sie diesen Epochen doch nahebringen wollten.*

Gleichwohl darf uns dieser Horror-Eindruck der neueren Theologiegeschichte nicht in die verblendete Reaktion treiben, die Frage der Anknüpfung, des Zielens und Adressierens, also die *anthropologischen* Probleme der Verkündigung, als heißes Eisen zu meiden. Hier muß man vielmehr genauer differenzieren:

Es kann eine legitime und eine illegitime Form jener anthropologischen Zielansprache geben. Die legitime Form bestünde im Akt des Zielens und Adressierens. Die illegitime wäre das Aufgehen in diesem Akt. Im ersten Falle holt man den Hörer ab, um ihn dann zur Begegnung mit der »Sache« der Verkündigung zu führen. Im zweiten Falle dagegen bleibt man bei ihm stehen, entlockt ihm den Eindruck vertrauter Nähe und Solidarität, sagt ihm aber nichts mehr, was er nicht von sich aus bereits wüßte oder jedenfalls wissen *könnte*. Es geht also um die Frage, ob ich meinen theologischen Auftrag nur in ständiger Korrespondenz mit anthropologischen Fragestellungen erfülle oder ob ich diesen Auftrag an die Anthropologie zurückgebe. In diesem Falle kommt es zu einer Assimilation an die Zeit, zur Zeit-»Hörigkeit«.

2. Zeitnähe und Zeithörigkeit, dargestellt am Modell der Erziehung

Am besten verdeutlichen wir uns dieses Problem an einem Modellfall: an der *Erziehung*. Die pädagogische Aufgabe ist ja in geradezu klassischer Weise an anthropologische Fragestellungen gebunden. Indem wir also darüber nachdenken, welche Rolle das Evangelium bei Erziehungsfragen spielt, betreten wir ein Experimentierfeld, auf dem wir die legitime und die illegitime Beziehung von Theologie und Anthropologie verfolgen können.

Jede Erziehungsaufgabe stellt vor letzte Fragen der Anthropologie: Sie läßt zum Beispiel den kleinen Menschen als etwas Gegebenes erkennen, das man nicht einfach beliebig formen kann, sondern hinnehmen, »akzeptieren« muß. Sie stellt vor die Verantwortung für einen andern lebendigen Menschen, der uns anvertraut und nicht nur zur Bereicherung des eigenen Daseins gegeben ist; er hat den Rang der *Selbstzwecklichkeit*. Der Erziehungsauftrag stellt uns ferner vor das Geheimnis des *Bösen* und damit vor alles, was mit Vergeben und Verzeihen zusammenhängt. Sie stellt uns weiterhin vor die Aufgabe einer *Liebe*, deren Anspruch eine natürliche Affenliebe niemals gerecht wird, sondern die auch mit dem Fragwürdigen am andern fertig werden muß. Und endlich führt sie ständig über die materiellen Probleme von Bekleidung, Ernährung und Versorgung hinaus und läßt den Horizont menschlicher Existenz überhaupt ins Blickfeld treten: ihren Sinn, ihre Bestimmung und ihr Thema. Auf was hin soll ich überhaupt erziehen, welches Bild soll denn auf dieser Platte entwickelt werden? Das sind in der Tat Fragen, die bis zum Horizont der Anthropologie reichen.

Es sind aber auch genau die Fragen, mit denen der Glaube und die in seinem Dienst stehende Verkündigung und Seelsorge zu tun haben. Sie sind chiffrierte Formen der Frage nach der Schöpfung, nach der Rechtfertigung und der Bestimmung des Menschen. Indem wir als Verkünder und Seelsorger mit den Eltern über ihre Kinder sprechen und das Problem der päd-

agogischen Verantwortung behandeln – und zwar bis ins Detail, von der kindlichen Lüge bis zur Berufswahl des Halbwüchsigen –, können wir gar nicht anders, als jene Aspekte des Letzten ins Blickfeld zu bringen.
Wir bringen damit das Evangelium ins Spiel, so gewiß es ja Aussagen über Fragen enthält, die durch die Erziehungssituation schon auf dem Tapet *sind* und die wir also nicht erst kunstvoll und erfindungsreich *entbinden* müssen. *Wir lassen hier das Evangelium gleichsam als »Korreferat« zu Lebensfragen auftauchen, zu denen auch andere Leute und sonstige Größen referieren:* zum Beispiel der gesunde Menschenverstand der Eltern selbst, die sich natürlich ebenfalls Gedanken über diese Themen machen; ferner Lehrer, Philosophen, Leitartikler, Nachbarn, Tanten und viele andere. Das Evangelium taucht so in der Konkurrenz vieler anderer Diagnostiker und Therapeuten auf – genau wie die Kirche innerhalb der pluralistischen Gesellschaft ebenfalls als eine Stimme unter vielen auftaucht. In dieser Konkurrenz bietet es sich zur Bewährung und Lösung an. Hier steht es bereit für die Probe, ob es die maßgebliche Stimme werden und Maßstäbe setzen könne, ob es die Tiefe menschlichen Daseins überzeugend aufzuschließen vermöge. Hier bietet es sich als mögliche Antwort auf gestellte Fragen an. Deshalb werden das Angeln nach Anknüpfungspunkten und die künstliche Entbindung sachgemäßer Fragen hier überflüssig. Das alles liegt ja auf der Hand.
Die Beobachtung dieser Situation führt zu äußerst wichtigen Aufschlüssen über das Verhältnis von Theologie und Anthropologie. Das läßt sich an einigen geistes- und theologiegeschichtlichen Beobachtungen verdeutlichen. In einer ziemlich groben Abbreviatur kann man den Wandel der Dinge folgendermaßen ausdrücken:
Ursprünglich vollzog sich die theologische Arbeit so, daß man sich mit den Dogmen im engeren Sinne beschäftigte. Die ersten christlichen Jahrhunderte waren vom Kampf um die lehrmäßige Erfassung der Gestalt Christi und der Trinität erfüllt. Doch bereits sehr früh, deutlicher dann im Zeitalter der Reformation und ausgesprochen seit der Aufklärung begann man sich danach zu erkundigen, welchen »*Sitz im Leben*« diese Dogmen denn hätten. Die Frage nach diesem Sitz im Leben stellt geradezu den theologischen Schwerpunkt im Werke LESSINGS und auch SCHLEIERMACHERS dar. Beide gingen in ihrer Weise von der Voraussetzung aus, daß ich nur das aneignen und in meine Existenz aufnehmen könne, was mich unbedingt angeht und also thematischen Rang für mein Leben besitzt. Seitdem wurde es immer mehr *zur selbstverständlichen Aufgabe der Theologie, die »existentielle Relevanz« der Dogmen und kirchlichen Lehren aufzuzeigen.* Sie sucht also sichtbar zu machen, daß ich in jenen Aussagen vorkomme, daß es darin nicht um etwas Vergangenes und Überwundenes, sondern um mich selbst und mein Jetzt und Hier geht.
Glauben kann ich in diesem Sinne also nur, wenn mir dieser Bezug klar

wird. Das »Eine, was nottut«, muß mir eben in seiner Not-Wendigkeit klarwerden. Kommt es nicht zu dieser Evidenz, ist jeder Zugang zum Glaubensgut blockiert. Ich »hänge dann ab« oder werde zu einem Mitläufer, der sich passiv und ohne persönliches Engagement dem Trägheitsgesetz der Tradition unterwirft.

Der Verfasser ist nun der Überzeugung, daß wir gegenwärtig in einen neuen Abschnitt dieses Prozesses eingetreten sind. Es kommt viel darauf an, diese Zäsur klar zu erkennen:

Wir fragen nämlich – das gilt jedenfalls von säkularisierten Menschen, insoweit sie überhaupt fragen und aufgeschlossen sind –, wir fragen nicht mehr von gegebenen Dogmen zurück nach ihrem Sitz im Leben. Denn die Dogmen sind ja für viele gar nicht mehr gegeben, vielmehr völlig irreal. Wir sind dagegen von bestimmten Problemen bedrängt, deren Sitz im Leben ganz offensichtlich ist, deren existentieller Rang also nicht erst erwiesen werden muß.

Zu diesen Lebensproblemen gehört etwa die Frage nach unserer *Endlichkeit*. Wir leben, so scheint es, in einer permanenten Meditation des Todes, ohne daß vom Sterben und vom letzten Stündlein überhaupt die Rede zu sein brauchte (obwohl die Existenzphilosophie vieles davon ausplaudert): Wir wissen, daß die Jugend vergeht, daß wir »alles auskosten« müssen, weil das Vergangene so nicht wiederkommt. Wir »beeilen« uns und suchen das, was wir vom Leben haben möchten, unter Dach und Fach zu bringen; denn wir wissen, daß die Zeitlinie unumkehrbar ist. Wir protestieren gegen das Alter und vergöttern die Jugend. Und viele versuchen, die Jugend künstlich zu konservieren oder sie gar auf faltige Gesichter aufzuspachteln. Zeitlichkeit und Endlichkeit gehören zu den Problemen, deren Sitz im Leben unübersehbar und auch unbestritten ist.

Alle Fakultäten stoßen auf solche im Leben sitzenden Probleme:

Die *Medizin* etwa stellt die Frage, was Gesundheit überhaupt sei und worin die Unantastbarkeit menschlichen Lebens bestünde. Der *Jurist* fragt, wo angesichts eines drohenden Positivismus des Rechts die letzte normative Instanz zu finden sei: im Naturrecht, in den Geboten Gottes, im Gewissen, im common sense? Der *Techniker* fragt (oder die Menschen fragen *angesichts* der Technik), ob sie nicht im Sinne des zitierten EINSTEIN-Wortes zu einer Welt »vollkommener Mittel und verworrener Ziele« führe.

Auch die *Erziehung* steht vor Fragen dieses elementaren und existentiellen Gewichts. Indem wir das Evangelium mit diesen gegebenen Fragen in Kontakt bringen, werden Überlegungen, wo es seinen Sitz im Leben habe, überfällig. Denn wir gehen ja von diesem Sitz aus. Dieses Faktum *führt* doch gerade zur Konfrontation mit dem Evangelium. Wir sitzen also bereits dort, und wir haben entdeckt, daß wir dort sitzen.

Der Vorgang des Fragens verläuft somit umgekehrt wie früher: Wir fragen nicht mehr von den Dogmen zurück nach ihrem Sitz im Leben. Son-

dern wir kommen von jenem Sitz im Leben her und lassen das Evangelium von dort aus zu einer Frage oder zu einer Antwort oder einem Korreferat zu bereits gegebenen andern Antworten werden.

Natürlich ist das so sehr vereinfacht gesagt. Man darf sich den Vorgang dieser Umkehrung nicht so simpel vorstellen, als lägen jene Fragen, die ihren Sitz im Leben haben, fertig präpariert vor uns, und als seien sie so zugeschnitten, daß die Zahnräder des Evangeliums genau in sie paßten. Daß das nicht so ist, wurde uns schon an den Fragen klar, die wir durch die Erziehungssituation gestellt sahen: Daß mir mein Kind »gegeben« ist, entbindet noch keineswegs automatisch die Frage nach der Schöpfung. Daß ich an ihm das Böse entdecke, bedeutet noch nicht, daß ich das Thema »Sünde« gegeben sähe. Und auch die Aufgabe, verzeihen zu sollen, enthält nicht von vorneherein Hinweise auf Vergebung und Rechtfertigung. Etwas flach denkende Apologeten haben das zwar immer gemeint und ließen sich so auf den abwegigen Versuch ein, den Glauben anzudemonstrieren, und zwar mit dem Hinweis: Ihr habt ihn ja bereits, nur wißt ihr es noch nicht. Aber so ist es keineswegs. Mit den Problemen, die ihren Sitz im Leben haben, ist es oft wie mit den berühmten Glocken: Man hört sie wohl, doch weiß man nicht, wo sie hängen. Auch jene elementaren Fragen *hört* man wohl. Man ist sogar von ihnen bedrängt, aber man weiß nicht, *was* sie letzten Endes fragen. Dieses Was – nicht die Frage selbst, aber ihr Was – muß tatsächlich erst entbunden werden.

3. Die gefragte und die gegenfragende Theologie

Daß und wie das geschieht, kann man an den *Dialogen Jesu* beobachten. Er knüpft stets an die Fragen an, die von Menschen an ihn herangetragen werden, an Fragen etwa wie: »Muß man dem Kaiser Steuern zahlen?« oder: »Wer hat dir deine Macht gegeben, in wessen Namen handelst du?« oder: »Was muß ich tun, um ewiges Leben zu gewinnen«, um also mein letztes und eigentliches Ziel nicht zu verfehlen? Niemals aber beantwortet er diese Fragen einfach, oder genauer: niemals betrachtet er sie als eine fertig präparierte Form, in die die Antwort seiner Botschaft einfach hineinpaßte. Zuerst vielmehr korrigiert er die gestellte Frage, und zwar so, daß er Gegenfragen stellt. Und eben damit entbindet er hintergründige Themen, die in der gestellten Frage steckten und über die sich der Fragesteller selbst noch gar nicht klar war. Denn dieser ahnte meist gar nicht, nach *was* er eigentlich fragte und durch *was* er letztlich bedrängt war. So muß er dahin geführt werden, sich selbst in seiner Frage »zur Frage« werden zu sehen. Und er *wird* sich zur Frage, wenn er erfährt, daß sein Seinsgeschick das heimliche Thema seiner Frage ist.

Die Fragen, die ihn im Rahmen der Erziehungssituation wegen seines Kindes beschäftigen, gehen ihn zugleich selbst an. Auch er schaut danach aus, wer er sei und wohin es mit ihm wolle. Selbst dieses »Es« ist ihm fraglich.

Indem er über die Erziehung seines Kindes diskutiert, wird seine eigene Identität zum Thema.
Da diese Themen zugleich der Gegenstand des Evangeliums sind, wird seine Bezeugung ein Beitrag zur »Sache«. Was in seinem Namen hier gesagt wird, braucht in seiner Relevanz nicht mühsam gesucht und aufgewiesen zu werden. Es ist vielmehr evident. Wird es in diesem Sinne bezeugt, so bleibt es durchaus offen, ob der Hörer oder der Dialogpartner ein Glaubender ist oder nicht. Auf keinen Fall aber wird der Glaube als eine Art Vorgabe abverlangt, die entrichtet sein müßte, wenn die nötige Disposition zum Hören und Verstehen gegeben sein soll. *Der Glaube ist niemals eine als Bedingung verlangte Vorgabe. Sonst würde er zu einem gesetzlichen Werk, zu einem Akt der Verdrängung und einem selbstmörderischen Willensakt.* Nein: Er soll ja gerade dadurch geweckt werden (*allererst* geweckt werden!), daß der Partner das lösende Wort des Evangeliums zu der ihn umtreibenden Sache erfährt, daß ihm also dessen Relevanz, dessen Sitz im Leben klar wird.
Deshalb kann er jene Bezeugung zunächst durchaus als *eine* Stimme unter vielen hören, meinetwegen als einen bloßen Diskussionsbeitrag innerhalb des Pluralismus der Meinungen. In dieser Konkurrenz will sie sich bewähren. Um zu erfahren, wer Christus ist, und daß wir nach ihm »keines andern mehr warten« können, brauche ich ja ebenfalls nicht die Vorgabe-Bedingung zu erfüllen, daß ich ihn für »Gottes Sohn« oder den »Messias« halte. Schrecklich, so etwas auch nur zu denken! Ich kann ihn ruhig für einen Religionsstifter unter andern halten oder für einen Weisheitslehrer oder gar einen Psychotherapeuten. Wenn er der ist, als welcher er bezeugt wird, dann wird er schon diese Vorurteile und Verstehensschemata sprengen und seine Unvergleichlichkeit manifest werden lassen. Dann erst – als nachträgliches Fazit dieser Begegnung gleichsam – ist die Stunde des Glaubens gekommen, nicht vorher. Gerade dadurch, daß ich *so* vorgehe, traue ich der Botschaft die Kraft der Selbstbezeugung zu, die Kraft also, sich innerhalb des Chores der Stimmen als einzigartiges Solo zu erkennen zu geben und die Entstehung des Glaubens *ihr* und nicht *mein* Werk sein zu lassen.
Wir können die so entfaltete Beziehung von Theologie und Anthropologie zusammenfassen mit dem Satz: *Das Evangelium meldet sich im Zusammenhang anthropologischer Grundfragen als eine Stimme unter andern, als ein Korreferat sozusagen zu sonstigen Referaten, und stellt sich so der Legitimationsforderung.* Die dieser Forderung innewohnende Frage lautet, ob und inwiefern es die Vordergründigkeiten bloßer Sachfragen durchstoße, indem es in ihnen und durch sie hindurch die Frage des Menschen selbst zur Sprache bringe: die Frage nach seinem Woher und Wohin, nach seiner Entfremdung und seiner Rettung.
Theologie hat damit immer und überall einen anthropologischen Bezug.

Das hat selbst wieder theologische Gründe: Wenn Gott sich als Gott des Menschen erschließt, wenn er diesen Menschen als Du erschafft und annimmt – das ist ja der Kern der biblischen Heilsbotschaft –, dann kann ich von Gott nicht sprechen, ohne gleichzeitig von dieser Selbsterschließung auf den Menschen hin zu reden. Und umgekehrt: Ich kann dann auch vom Menschen nicht sprechen, ohne ihn ständig als Entwurf Gottes, als den Veruntreuer dieses Entwurfs und als den gleichwohl Bejahten und »Heim«-gesuchten zu verstehen.

Dieser anthropologische Bezug der Theologie bedarf freilich noch einer sichernden Ergänzung. Wer ist denn eigentlich dieser Mensch, auf den die Botschaft zielt und der sich selbst als Partner Gottes verstehen soll? Wenn diese Partnerschaft und damit seine fremde Würde auch seine eigentliche Identität ausmacht – wir haben darüber gesprochen –, so bedarf dieses Identitätsverständnis noch einer konkreten Füllung. Wir haben also nicht nur zu fragen: »Woraus« ergibt sich seine Identität? –, um dann mit der »fremden Würde« zu antworten, sondern wir haben noch weiter zu fragen, »wie« diese Identität strukturiert ist.

c) Der Mensch in seiner Weltlichkeit
Wider eine »doketische« Anthropologie

1. Die geschichtliche Situation als »Leib« des Menschen

Genauer formuliert lautet diese Frage so: Geht es bei dieser Frage der Identität nur um die individuelle Person? Scheint nicht manches von dem, was wir bisher an anthropologisch Bedeutsamem erwähnten, tatsächlich darauf zu deuten: die Endlichkeit des Menschen zum Beispiel oder seine Entfremdung, seine Langeweile und Lebensleere, sein Entworfen-Sein auf Zukunft und damit seine Sorge?

In der Tat hat der Existentialismus die individuelle Person in diesem Sinne thematisch akzentuiert. In Heideggers Ontologie schrumpft die Welt »auf die beiden Seinsweisen des Zuhandenen und Vorhandenen zusammen, auf den Bereich des technisch Nutzbaren und der von da aus als defizienter Modus (!) begriffenen Welt der nackten, sinnentleerten Wirklichkeit. Es fehlen Bereiche einer von eigenem Sinn erfüllten Wirklichkeit, vom organischen Leben des Tieres und der Pflanze bis zum Bereich der menschlichen Kultur im wertvollen Sinne. Und in einer entsprechenden Weise wird für Jaspers die Weltorientierung der äußeren Daseinsfürsorge zugeordnet. Vor dem unbedingten Glanz eigentlicher Existenz versinkt alle Welt zum sinnentleerten Hintergrund (O. F. Bollnow). Bei Sartre erscheint die Welt als ein bloßes Außen, durch das menschliches Dasein eingeschränkt, festgelegt, fixiert und insofern an der Selbstentfaltung seiner Identität gehindert wird. Und auch bei Bultmann tritt die Außenwelt dem Menschen von vorneherein als feindlich und seine Existenz be-

drohend entgegen, so daß existentielle Selbstverwirklichung nur durch Welt-Distanz, durch eine eschatologische Absetzbewegung möglich wird.
Haben diese anthropologischen Thesen des Existenzialismus recht? Können die Folgerungen, die etwa Bultmann für die Theologie aus ihnen zieht, so übernommen werden? Ist der Kierkegaardsche »Einzelne«, auf dessen Konzeption dies alles wohl zurückgeht, überhaupt existent? Gibt es die für sich isolierte »individuelle Person«?
Ich möchte im folgenden zeigen, daß dieser sogenannte Einzelne eine gespenstische, unwirkliche Erscheinung ist, die es eben *nicht* gibt. Und ich möchte ferner verdeutlichen, daß eine auf diesen Einzelnen aufgebaute Anthropologie dem »Doketismus« verfällt.
Der Begriff Doketismus, den ich vielleicht kurz erklären sollte, bezeichnet in der Regel eine häretische Richtung der Christologie[12]. Das Ketzerische wurde darin gesehen, daß man Christus nur eine Scheinleiblichkeit zugestand (dokeîn = scheinen) und damit seine volle und konkrete Menschwerdung antastete. Die gottheitlichen Prädikate, die man ihm zusprach, schienen es unmöglich zu machen, ihn gleichzeitig als »menschlich-allzumenschlich« zu bezeichnen und ihn wie das sonstige menschliche Gemächte der Endlichkeit, Leidensfähigkeit und Versuchlichkeit unterworfen zu sehen. Das Ergebnis dessen war dann die Vorstellung eines mehr oder weniger gespenstischen, unwirklichen Himmelswesens, das überhaupt kein wahrer Mensch war, sondern gleichsam »darüber« schwebte. Diesen Begriff des Doketischen möchte ich also hier auf eine bestimmte Konzeption der Anthropologie anwenden: auf eine Konzeption nämlich, die auf ein abstrakt-unwirkliches Menschenwesen aufgebaut ist, auf den »scheinleiblichen« Einzelnen.
Daß und warum dieser Einzelne gar nicht existiert – ebensowenig, wie es »den« Menschen gibt –, möchte ich wieder an einem Verkündigungsmodell verdeutlichen:
Stellen wir uns einmal vor, wir sollten einem Menschen unserer Zeit klarmachen, was Nächstenliebe ist. Hier stoßen wir sofort auf unser Problem, denn wir haben es ja offensichtlich – wirklich? – mit *zwei* Einzelnen zu tun: mit einem Ich, das zur Liebe aufgefordert wird, und einem Du, dem die Liebe zugewendet werden soll. Aber stimmt diese These vom Gegenüber zweier Einzelner tatsächlich?
Am besten ist es, wir malen uns die Situation möglichst konkret aus: Vielleicht gelingt es mir wirklich, die Nächstenliebe auf eine individualistische Weise lebendig und fesselnd auszulegen. Ich könnte zum Beispiel in höchst lebensnaher und anrührender Weise einige konkrete Situationen beschwören, könnte etwa davon sprechen, daß ich einem einsamen Alten in meiner Nachbarschaft manchmal vorlesen soll, daß ich einem bedrückten Kollegen ein gutes Wort sage; daß ich meiner Bank einen Dauerauftrag für hungernde indische Kinder erteile. Der doketische Anthropologe und der in

seinem Wind segelnde Verkünder kann wahrlich viele Farben auf seiner Palette haben, und niemand wird bei dieser prallen Lebensnähe einzuschlafen brauchen! Es soll auch gar nicht bestritten werden, daß es leuchtende und echte Farben sind.

Und doch kommt nach einer Predigt, die auf diesen Individualton gestimmt ist, nachher ein junger Kaufmann in die Sakristei und sagt dem Prediger etwa folgendes: »Alles, was Sie gesagt haben, war schön und gut. Doch leider kam ich in meiner besonderen Situation darin nicht vor.« (Also wieder der alte leidige Einwand!) Auf die Frage des Predigers: »Wieso denn nicht? Erkennen Sie sich etwa *nicht* in der Rolle des Nächsten wieder, der dem andern Liebe schuldig ist?« antwortet er: »Die Geschichte mit dem Vorlesen und dem guten Wort an einen bedrückten Kollegen brauchten Sie mir eigentlich gar nicht vorzusetzen. Als Individuum bin ich nämlich ziemlich gutmütig und von Natur schon so philanthropisch, daß ich so etwas von selber tue und darum keiner Ermahnung bedarf. Wer ein gutes Herz hat, kann schließlich gar nicht anders. So handeln auch einige meiner Bekannten, die keine Christen sind. Wenn ich aber bewußt als *Christ* leben und dann meinen speziellen Auftrag der Liebe erfüllen soll, bin ich von ganz andern Fragen umgetrieben, zum Beispiel von der folgenden: Ich bin ein Geschäftsmann, der im Konkurrenzkampf steht. Und der ist weiß Gott hart. Mein Hauptkonkurrent ist mir geographisch recht nahe. Er hat sein Geschäft und seine Wohnung in derselben Straße. Ich kenne ihn und seine Familie persönlich gut. Es sind ehrenwerte Leute, denen niemand seine Sympathie versagt. Weil sein Geschäft meine nächste Konkurrenz ist und ich ihn überdies fast täglich sehe, stehe ich immer wieder vor der Frage, wie ich mich zu ihm ›verhalten‹ soll. Und hier setzt meine Frage ein: *Wie* soll ich nun diesen meinen Konkurrenten lieben? Ich bin, ohne mich rühmen zu wollen, ein besserer Geschäftsmann als er und einfach in allem etwas geschickter. Ich bin auch kapitalkräftiger und darum manövrierfähiger. Ich habe eine ›Nase‹ für konjunkturelle Entwicklungen. Meine Überlegenheit ist so groß, daß in dem Maße, wie mein Geschäft floriert, das seine zurückgeht . . .«

»Was heißt nun konkret für mich«, so fragt der junge Kaufmann, »daß ich lieben soll? Das darf ja wohl nicht bloß heißen, daß ich ihm sentimentale Empfindungen zuwenden und mich in seine Lage versetzen soll, obwohl das natürlich ebenfalls gefordert ist. Was soll ich denn *tun*? Das ist doch die entscheidende Frage! Sollte ›lieben‹ hier etwa bedeuten, daß ich teurer verkaufen, schlechtere Waren anbieten und mein Produktionsvolumen künstlich drosseln soll, nur um dadurch meinem Konkurrenten eine Chance zu geben und seiner zunehmenden Restriktion Einhalt zu gebieten? Heißt ›lieben‹ hier also, daß ich den Konkurrenzkampf nicht mehr nach seinen eigenen Gesetzen ausfechten darf, daß ich ihn vielmehr philanthropisch und insofern *sachfremd* aufweichen muß? Habe ich als Christ

darum nur ›mit halbem Dampf‹ zu fahren? Muß ich bereit sein, auch ökonomisch mit meinem Geschäft möglicherweise unter den Schlitten zu geraten – – – um der Liebe willen?«
Der Kaufmann bedenkt auch die Folgen, die sich ergeben müßten, falls diese Fragen mit Ja zu beantworten wären: »Wenn ich nun durch dieses – einmal so angenommene! – Opfer meiner Liebe aufhöre, konkurrenzfähig zu sein, und vielleicht meinen Laden zumachen muß: Was wird dann aus meinen Angestellten, denen ich doch *auch* als Nächster verpflichtet bin? – Seh'n Sie, *hier* liegt mein Problem. Liebe bedeutet, wie es in Ihrer Botschaft hieß, ›für den andern da sein‹. Gut – wenn man das so allgemein sagt, klingt es selbstverständlich. Aber sowie ich ins Konkrete und ins Detail gehe, fangen die Schwierigkeiten an; so pflegt das ja *immer* zu sein. In welcher Weise kann *ich* denn in *meiner* Situation für den andern da sein? Ich bin ja nicht nur ein Ich als individuelle Person mit einem harten oder einem weichen Herzen, sondern ich bin der Kaufmann X, ich stehe in einer ganz bestimmten wirtschaftlichen und konjunkturellen Situation. Gehört das alles noch zu meinem Ich *hinzu*, ist das noch in meine Identität eingeschlossen? Oder sind die wirtschaftlichen und Situationsgesetze Mächte, für die ich nicht verantwortlich bin, die einfach von außen her Gewalt über mich ausüben, die also in spezifischer Weise Nicht-Ich sind und einen ›heteros nomos‹ bedeuten? (Wir lassen den Kaufmann hier ruhig einmal so reden, als ob er zwei Semester Theologie oder Soziologie studiert hätte!) ›Bin‹ ich das alles noch, oder bin ich es nicht, was mich da in Zugzwang versetzt und durch mich hindurch wirkt?«

Der junge Kaufmann steht also hier genau vor dem Problem, das wir vorher mit dem Begriff Doketismus bezeichneten: Ist es nicht eine Art trügerischer Scheinleiblichkeit, ist es also nicht höchst unrealistisch, wenn ich meine Individualität für sich nehme und aus dem Situationszusammenhang emanzipiere, in dem ich mich befinde? Diese Überlegungen stellen ihn schließlich vor eine Frage, die er gegenüber dem Neuen Testament hat:
»Hier unterscheide ich mich vielleicht von dem Mann, der den Herrn fragte: ›Wer ist denn mein Nächster?‹ (Lukas-Evangelium 10, 29). Das glaube ich zu wissen, denn ich habe das Gleichnis Jesu vom Barmherzigen Samariter gehört und wohl auch ein wenig verstanden. Mir aber bleibt zunächst die Frage nach meiner eigenen Identität: Wer bin denn *ich*, der ich meinem Nächsten ein Nächster sein soll? Bin ich wirklich das von seinem Beruf und von der Eigengesetzlichkeit wirtschaftlicher Abläufe isolierbare Individuum? Oder bin ich auch in meiner Eigenschaft als ›Nächster‹ noch der Kaufmann oder meinetwegen auch der Parteipolitiker oder der Präsident der Vereinigten Staaten? Wie aber sieht *dann* meine Nächstenliebe aus, die Gott von mir fordert?«
Wir können der Frage dieses Kaufmanns nun noch eine strengere Formu-

lierung geben und sie so ausdrücken: Was läßt mich eigentlich »geschichtlich« sein und wodurch bin ich »in Begegnung«, im »Sein zum Du«? Offensichtlich bin ich dies alles nur auf dem Weg über die Strukturen der Geschichte, über das Medium transsubjektiver Gegebenheiten. Ich bin ja immer, wie JASPERS sagt, »in Situation«. In-Situation-Sein kann aber nur heißen: Ich stehe zum andern, zu meinem Nächsten, stets in irgendeiner durch jene Strukturen vermittelten Relation: in beruflicher, wirtschaftlicher, politischer, erotischer oder anderer Beziehung. *Dieses Situationsgefüge, in dem der andere mir begegnet, ist sozusagen der Leib des Geschichtlichen, in dem meine Personhaftigkeit wohnt.* Jeder Versuch, davon abzusehen und meine individuelle Person in ihrem vermeintlichen An-sich zu sehen, wäre demnach eine gleichsam moderne Form von Spiritualisierung, er wäre der Versuch, den Menschen als körperlosen, freischwebenden Geist zu verstehen, und insofern eine Wiederholung der alten Häresie des Doketismus.

Die alte Kirche, die dieser Häresie widerstand, hat mit vollem Recht den Körper als unaufgebbares, mitkonstituierendes Element der Menschlichkeit verstanden. Ohne den begehrenden Körper wäre der Griff nach der verbotenen Frucht undenkbar. Ohne körperliches Sein gäbe es überhaupt kein Sein in der Welt und kein Sein zum Du. Ohne den Körper wäre unsere Endlichkeit, unser Sein zum Tode und damit eine wesentliche Signatur unseres Mensch-Seins unverständlich. Wenn der Körper, das »Sôma«, also unsere Identität wesentlich mit ausmacht und zu unserm Ich gehört, dann stellt uns das im Blick auf die geschilderte *moderne* Situation vor erhebliche Denkaufgaben:

Wir haben soeben das Gefüge unserer gesellschaftlichen und ökonomischen Situation als Phänomen unserer Leiblichkeit interpretiert und haben es als doketisch bezeichnet, unsern geschichtlichen Leib und die ihm innewohnenden Zwänge – z. B. das Konkurrenzprinzip – als Nicht-Ich und Nicht-Identität von uns abzuheben.

Darin steckt aber doch die *Frage, wie diese geschichtlichen Strukturen nun theologisch zu verstehen seien und was es heiße, daß sie meiner Identität zuzuschlagen seien.* – Wenden wir uns aber, indem wir diese Frage im Auge behalten, noch einen Augenblick dem Versuch zu, sie *doch* einmal als einen mich überfallenden und von außen auferlegten Zwang im Sinn von LUTHERS »coacte« zu verstehen. Ich sehe dann in ihnen also das, was ich selbst von Haus aus *nicht* bin, in das ich mich vielmehr geworfen sehe. Ich sehe jene Situation etwa als schöpfungsmäßig gegeben an, als ein unverfügbar der Welt Eingestiftetes. Man könnte es mit KANT so ausdrücken: Ich stehe in alledem den »Anlagen« meiner selbst und der Welt *gegenüber*. Für diese mitgegebenen Anlagen kann ich nichts; ich bin höchstens für das verantwortlich, was ich aus ihnen mache.

Man kann diese Abhebung von mir selbst aber auch so vollziehen, daß man sagt: Hier liegt eben die »gefallene« Welt vor, die sich dem Schöpfungsentwurf Gottes entfremdet hat. Aber auch dann ist dieses Weltschicksal ja nicht von »mir« bewirkt, sondern ich finde mich bereits in ihm vor. Ich sehe es über mich verhängt.

Oder aber – das wäre die dritte und ganz andere Möglichkeit – ich muß zugeben, daß die so strukturierte Welt eben doch *meine* Welt ist, daß sie also, wie wir früher in anderem Zusammenhange feststellten, die makrokosmische Spiegelung meines Herzens ist. Ich muß mich mit dem, was mir etwa als strukturelles Gesetz des sacro egoismo von draußen her entgegentritt, identifizieren, weil ich in den überpersönlichen Trends zugleich die Strebungen des eigenen Ich wiedererkenne. Deshalb sprachen wir von dem Bekenntnis des »Tatwam asi« – »Das bin ich«, das mir gegenüber dieser meiner Welt abgenötigt wird. Das Verdrängungsprinzip und der Konkurrenzkampf, die mir als überpersönliche Mächte entgegentreten, sind gleichsam die Objektivierung und Weltwerdung dessen, was ich selbst bin.

Dann aber kann ich nicht mehr sagen: Hier bin »ich«, der Mann mit dem guten Herzen, der das Beste möchte; und dort ist die »böse Welt«, die mir ungewollte Verhaltensweisen aufzwingt. Dann muß ich mich vielmehr als Subjekt dessen verstehen, zu dem jene Notwendigkeiten mich zu zwingen scheinen. *Dann geht es bei meinem In-der-Welt-Sein um eine unteilbare Identität, von der sich kein Ich-an-sich doketisch abspalten läßt.*

2. Die Identifizierung von Ich und Welt in der Bergpredigt

Offenbar ist die Bergpredigt der Musterfall eines Textes, in dem diese meine Identifizierung mit dem In-der-Welt-Sein vollzogen wird. Sie begnügt sich nämlich nicht damit, wie KANTS Ethik das tut, mich auf dem Boden gegebener Anlagen und im Rahmen schicksalhaft gegebener Situationen zu fordern. Sie fordert mich vielmehr über alle Gegebenheiten *hinweg*, stellt sie also als vermeintlich überpersönliche Mächte nicht in Rechnung und nimmt sie folglich in dieser Eigenschaft gar nicht ernst. Sie sagt zum Beispiel nicht bloß, daß ich für die *Verwendung* der in mir vorgefundenen Libido verantwortlich sei, sondern sie sagt: »Du sollst nicht begehren ...« (Matthäus-Evangelium 5, 28). Sie versteht damit die Libido, das Begehren also nicht als eine mir eingestiftete und unverfügbare »Anlage«, sondern rechnet sie zu meinem Ich. Ich kann demnach nicht einfach sagen: »Es begehrt in mir«, sondern ich muß bekennen: » ›Ich‹ begehre.« Die Bergpredigt erkennt auch den Zugzwang und das Echoprinzip des »Auge um Auge, Zahn um Zahn« nicht an (Matthäus-Evangelium 5, 38); sie verlangt vielmehr von mir, daß ich in schöpferischer Initiative diesem Wirkungszusammenhang entgegentrete. Aber gerade dadurch, *daß* sie das tut, erscheint dieser Zusammenhang nicht mehr als überpersönliches Schicksal, das mich nur in der Rolle des Opfers erscheinen läßt. Wo dieser Wirkungszusammenhang mächtig wird, bin ich vielmehr selbst am Zuge, da bin ich nicht nur Bewirkter, sondern da habe ich es mit meinen eigenen Wirkungen zu tun. Indem ich der so strukturierten Welt entgegentrete, trete ich mir selbst entgegen.

So stellt die Bergpredigt meine ganze Welt mit mir gemeinsam unter ihre radikalen, das heißt an die Wurzeln meiner Existenz rührenden Forderungen und sieht mich also mit dieser meiner Welt als eine unteilbare Wirklichkeit zusammen. Sie identifiziert mich mit diesem »Äon«.

Das geht so weit, daß man die Bergpredigt geradezu als »weltfremd« bezeichnet hat, weil sie sich über die Weltstruktur hinwegsetzt. Das tut sie zwar auch. Aber sie möchte damit nicht weltfremd sein, sondern will umgekehrt bezeugen, daß diese unsere Welt »Reich-Gottes-fremd« sei, daß sie eine völlige Gottgemäßheit gar nicht aus sich herausgebe und gleichsam strukturell in den Fall des Menschen hineingezogen sei. *Die Bergpredigt fordert uns »noch« so, als ob wir uns noch im Urstand (im Paradies, in der eben aus Gottes Hand entlassenen Welt) befänden; und sie fordert uns* »schon« *so, als ob das Reich Gottes bereits gekommen sei.* Darum stößt sie allenthalben an: an unserer Subjektivität wie an der Weltstruktur.

Das schließt weitestgehende Folgerungen in sich:

Versteht man nämlich die Identität des Ich mit »seiner« Welt so, dann wird *alles* Tun – nicht nur das persönliche und private, sondern auch das Handeln im eigengesetzlichen Gefüge der Welt – als vergebungsbedürftig bezeichnet. Vergebungsbedürftigkeit kann ja stets nur insoweit bestehen, als ich mich mit meinem Handeln identifizieren, mich als sein Subjekt haftbar machen lassen muß und also nicht als exkulpiertes Opfer von Zwängen bezeichnen kann. So wird der fromme Soldat, der sein Vaterland in der Überzeugung verteidigt, damit einem gottgewollten Auftrag zu entsprechen, gelegentlich daran denken (oder daran erinnert werden), daß der Krieg, in dessen Rahmen er gehorsam ist und also dem Willen Gottes zu entsprechen sucht, der Ausdruck einer Weltstruktur ist, die Gott so *nicht* gewollt hat. Und wenn er im Vaterunser die Worte spricht »Vergib uns unsre Schuld ...«, dann wird er nicht nur an das denken, was er individuell verfehlt hat, sondern dann wird sich diese Bitte auch auf das beziehen, was er im Rahmen jener Weltstruktur tun muß[13].

3. Die Welt-Dimension der Erb- und Ursünde

Wenn es stimmt, daß wir den Menschen so mit »seiner Welt« *zusammen* sehen müssen und ihn aus dieser Identität nicht herausnehmen können, dann wirkt sich das auf eine so konzipierte Anthropologie sehr tiefgreifend aus. So ist etwa die Lehre von der Sünde und von den Weltordnungen von daher ganz neu zu durchdenken: die Lehre von der *Sünde* insofern, als unsere Entfremdung dann nicht nur am Status der Individuen, sondern ebenso am überindividuellen Status der Welt haftet. Sobald das eingesehen wird, bekommt das überpersönliche Moment, das wir in der Erb- und Ursünde beobachteten, eine ganz neue Dimension: Es gewinnt nämlich einen Weltbezug insofern, als hier die gefallene Welt als das mir Vorgegebene mitgemeint ist. Auch das Verständnis der *Weltordnungen* gewinnt einen neuen Aspekt. Sie erscheinen nunmehr als Strukturformen dieses Äons, die als solche niemals reine »Schöpfungsordnungen« sein können, sondern zugleich Objektivationen menschlicher Schuld, sozusagen ihr weltförmiger Ausdruck sind. Sie liegen im Zwielicht zwischen Geschöpflichkeit und Entfremdung. Schließlich fällt von diesem Identitätsverständnis aus ein neues Licht auf die *Eschatologie*: Die so strukturierte Welt des Menschen gibt die Realisierung des unbedingten Gotteswillens aus ihren Bedingungen gar nicht heraus. Darum kann das Reich Gottes auf keinen Fall ein Zustand sein, der sich evolutionär aus dieser Welt ergeben, der aus ihr herausgeholt werden könnte. Es ist vielmehr eine Macht, die uns von der anderen Seite der Weltgrenze, vom *Ende* dieser Welt her entgegenkommt. Darum ist sein Anbruch zugleich der Abbruch der Welt. So bitten wir denn auch nicht: »Dein Reich ergebe sich«, sondern: »Dein Reich komme!«

Der erwähnte Kaufmann hatte in seinen Fragen implizit diesen weiten Problemhorizont aufgerissen, wenn er wissen wollte, ob die Eigengesetzlichkeit der Konkurrenz, die offenbar als Strukturform dieses Äons wirksam ist, nun irgendwie zu ihm gehöre. Ist sie also seiner Identität zuzuschlagen, so daß er sie sowohl wie auch alles, was er in ihrem Namen tut, mitverantworten muß? Oder bedeutet sie nur ein transsubjektives Gesetz, dem er schuldlos als einem Verhängnis unterworfen ist?

Wir gingen bei diesen Erwägungen über den Doketismus in der Anthropologie, über das In-der-Welt-Sein als Leiblichkeit des Menschen, aus von der *Situation der Verkündigung* und können nun abschließend dazu feststellen: Wenn die Hörer-Reaktion lautet: »Ich kam nicht in der Predigt vor; ich kann mich damit nicht identifizieren«, so braucht das durchaus nicht daran zu liegen, daß zu blaß, zu wenig illustrativ und plastisch gesprochen worden wäre. Es kann vielmehr – und wird in der Regel – seinen Grund darin haben, daß eine doketische Anthropologie vorlag. So erkennen sich in der Verkündigung gerade die nicht wieder, deren Leben in besonderer Weise mit den Zwängen und Gesetzen der Weltstruktur bemengt ist, die also – »im Leben« stehen. Und nur die mochten sich angesprochen fühlen, die etwa als alte Menschen, womöglich im Altersheim, der Welt relativ entrückt sind. Ich sage aber bewußt nur »relativ«, weil auch das Altersheim und selbst die Mönchszelle noch eine Welt im kleinen und also nicht einfach weltentrückt sind. Man braucht nur an die Selbsterfahrung LUTHERS in seiner Klosterzeit zu denken, um das illustriert zu sehen. Vielleicht haben hier die Alters- und sozialen Schichtungen, die den Meinungsforschern und Statistikern bei den Gottesdienstbesuchern aufgefallen ist, ihren tieferen Grund.

Im Vorausblick auf die weiteren Aufgaben, die uns durch diese Überlegungen gestellt werden, können wir ihr Ergebnis so zusammenfassen: *Gegenstand der Anthropologie ist das In-der-Welt-Sein des Menschen.* Das Wesen des Menschen so von seinem In-der-Welt-Sein aus zu bestimmen, bedeutet, es als Schnittpunkt zahlreicher Relationen zu verstehen. Wenn wir einige von ihnen beispielhaft nennen, so schließen wir hier die Beziehung zu Gott aus; sie ist keine Beziehung »neben« andern, sondern sie ist die alle *tragende* Beziehung.

An der Spitze des Relationsgefüges steht das Verhältnis zum Du. Dieses Verhältnis ist aber sehr vielschichtig. Genausowenig wie es das Ich-an-sich gibt, existiert auch ein Du-an-sich. Weil beide jeweils »in Situation« sind, ist auch ihre Begegnung an Situationen gebunden. Das heißt: sie verhalten sich nie unmittelbar zueinander, sondern ihre Begegnung ist durch die Struktur geschichtlicher Situationen vermittelt. Sie begegnen sich etwa im Rahmen der Familie als Vater, Mutter oder Kind. Oder sie begegnen sich in der Relation des Eros, so daß Alter, Geschlecht und bestimmte Formen der Anziehung die Begegnung bestimmen. Oder sie verhalten sich im wirtschaftlichen und sozialen Bereich: hierarchisch als Chef und Untergebener, als Konkurrenten oder Bundesgenossen, als Produzenten, Verkäufer und Verbraucher zueinander. Alle diese Relationen, die noch beliebig erweitert werden könnten, sind der Identität von Ich und Du sowie ihrem wechselseitigen Verhältnis zuzurechnen.

Das Relationsgefüge reicht aber noch über das Verhältnis von Ich und Du hinaus. Es umschließt, um auch dafür einiges Paradigmatische zu nennen, *das Verhältnis von Person und Natur*, und zwar nicht nur in dem Sinne, daß die Natur *draußen* gemeint wäre, wie wir sie in unsern Kulturen urbar machen oder auch industriell zerstören, sondern ebenso in dem Sinne, daß wir an das Natürliche in uns selbst, an unsern Körper, unsere biologische Befindlichkeit, denken.

Jenes Gefüge umschließt ferner *unser Verhältnis zur Zeit*: Wir empfangen uns einmal auf dem Weg über die Tradition aus unserer *Vergangenheit.* Wir beginnen unsere Existenz nicht an einem Null-Punkt, sondern inmitten einer vorgeprägten und prägenden Geschichte. Wir übernehmen ein Erbe und *über*nehmen uns vielleicht dabei. (Das ist wohl die Grundaussage in SARTRES Drama »Die Fliegen«.) Wir können nicht tabula rasa sein, sondern sind immer schon beschriftet. Wir leben ferner in ständiger Relation auf unsere *Zukunft*, die wir in Sorge oder Hoffnung, auf jeden Fall aber in Erwartung vorwegnehmen, während das Tier im Augenblick aufgeht.

Wir sehen also die Aufgabe unserer anthropologischen Bemühung vor allem darin, das Gefüge jener Relationen zu erhellen, in deren Schnittpunkt unsere menschliche Existenz steht.

D. Mensch, Geschichte, Selbsterfahrung

I. Die Begegnung mit der Geschichte als Erweiterung des Selbst (Dilthey, Nietzsche)

In seiner Schrift über die Typen der Weltanschauung sagt Wilhelm Dilthey einmal: das Rätsel des geschichtlichen Lebens – jener »einzige, dunkle, erschreckende Gegenstand der Philosophie« – sei die »Sphinx mit dem animalischen Leib und dem Menschenantlitz«, sei eben – der *Mensch*. Damit hat Dilthey vielleicht nicht so sehr die Thematik der Anthropologie, wohl aber ihren summarischen Stoffumfang angedeutet. Wenn ich die Schwerpunkte dieses Stoffes gemäß jenem Zitat einmal markieren darf, möchte ich sie so setzen:

Wenn Dilthey hier den Menschen in seiner Geschichtlichkeit als Gegenstand der Philosophie versteht, dann hat er wohl ähnliches im Auge wie das, was wir mit dem In-der-Welt-Sein des Menschen meinten. Dieses rätselhafte Wesen Mensch ist nun dadurch charakterisiert, daß es nicht nur *Gegenstand* jener philosophischen Erkenntnis ist, sondern daß es gleichzeitig als *Subjekt* diese Erkenntnis trägt. Insofern ist Anthropologie immer eine Form von Selbsterfahrung. Sie ergibt sich dadurch, daß dem Imperativ »Erkenne dich selbst!« Genüge getan wird.

Wir haben bereits darüber gesprochen, daß sich diese Selbsterfahrung nicht durch Introspektion, durch Nabelbeschau ergibt, sondern daß sie durch die Begegnung des Menschen mit seinesgleichen, vor allem mit der Geschichte zustande kommt. Wir erinnern an das Wort aus Goethes »Tasso«: »Der Mensch erkennt sich nur im Menschen, nur / Das Leben lehret jedem, was er sei.« Dieses Leben sieht Dilthey in der Geschichte versammelt. Darum erblickt er in ihr das maßgebliche Mittel der Selbsterfahrung. *Wir suchen uns selbst in der Geschichte.*

Was lehrt uns die Geschichte nun über uns selbst und das menschliche Wesen überhaupt? – Im Sinne Diltheys zeigt sie uns vor allem, daß »die menschliche Natur immer dieselbe« sei, ebenso wie »die Grundzüge der Lebenserfahrung allen gemeinsam sind«. Zu diesen Konstanten, die sich im Wechsel geschichtlicher Abläufe durchhalten, gehört etwa »die Vergänglichkeit der menschlichen Dinge und in derselben unsere Kraft, die Stunde zu genießen«; ferner der »Zug, diese Vergänglichkeit durch den

Aufbau eines festen Gerüstes ihrer Existenz zu überwinden«. Zwar gestaltet sich die Lebenserfahrung verschieden in den einzelnen Individualitäten. Aber auch da sind Konstanten erkennbar: »Ihren gemeinsamen Untergrund«, also das immer Gleichbleibende »in allen, bilden die Anschauungen von der Macht des Zufalls, die Korruptibilität von allem, was wir besitzen, lieben oder auch hassen und fürchten, und von der beständigen Gegenwart des Todes, der allgewaltig für jeden von uns Bedeutung und Sinn des Lebens bestimmt.« Gerade indem wir das Beharrungsvermögen dieser Grundbefindlichkeiten bedenken und uns darüber klarwerden, daß auch wir ihnen unterworfen sind, erweitert sich der Horizont unserer Selbsterfahrung: »Indem wir ein Vergangenes miterleben . . ., werden wir belehrt wie durch das Schauspiel des Lebens selber; ja unser Wesen erweitert sich.«

Kann die Geschichte aber diesen Dienst wirklich leisten, wenn wir uns ihr gegenüber wie die Betrachter eines Schauspiels verhalten? Da der Historiker, der tatsächlich als distanzierter Betrachter auftritt, erfahrungsgemäß durchaus keinen ungewöhnlichen Zuwachs an Selbsterkenntnis einzuheimsen scheint, stellen sich hier einige Zweifel ein. Worin sind diese Zweifel begründet?

Wenn wir – wie der Historiker – ein Stück Geschichte »betrachten«, dann liegt sie als ein Stück abgeschlossener Vergangenheit vor uns. Wir sehen, wie es geworden und was bei dem herausgekommen ist, dem die Menschen von einst in Furcht und Hoffnung entgegensahen. Gerade dieses Wissen um das, was dabei »herausgekommen« ist, verzerrt aber nun unsern Blick in die Geschichte. *Wir wissen gleichsam zu viel.* Wir wissen *mehr* als die Generation, die als Zeitgenossin die heute nur betrachtete Geschichte in actu durchlebte. Gerade dieses Zuviel an Wissen aber scheidet uns nun von ihr und beeinträchtigt jene Solidarität, die für die eigene Selbsterfahrung produktiv werden kann. Wir können uns als solche wissend Gewordenen und Rückblickenden kaum noch vorstellen, daß die Menschen, deren Handeln wir beobachten, seinerzeit einer völlig unberechenbaren und ihnen noch verhüllten Zukunft entgegengingen, daß sie Diagnosen der Lage und Entscheidungen *wagen* mußten und insofern von Furcht und Hoffnung gegenüber dem Ungewissen erfüllt waren. Selbst wenn ich eigene Lebenssituationen, zum Beispiel die Bombenerlebnisse des Zweiten Weltkrieges, in mir zu rekonstruieren suche, stoße ich auf psychologische Grenzen, die eine völlige Solidarität und Identifikation selbst mit der eigenen Vergangenheit behindern. Ich kann objektive Vorgänge im Bombenkeller während eines Angriffs zwar darstellen, kann von Geräuschen, Schreien, Erschütterungen berichten, aber ich kann als einer, der überlebt hat, nicht mehr die Emotionen in mir regenerieren – und sie waren doch das eigentlich Elementare jenes Erlebnisses! –, die mich angesichts der möglichen Auslöschung meiner selbst und meiner Familie schon in der nächsten Mi-

nute überfielen. Diese Stunden von einst mögen zu meiner Selbsterfahrung entscheidend beigetragen haben, gewiß; tut aber der historische Rückblick auf sie noch den gleichen Dienst? Versetzt die Etappe des Überlebenden nicht in eine Distanz, die es gerade verhindert, die Frontsituation der Menschlichkeit mit ihrer Angst und ihrem Hoffnungsbangen meinem heutigen Selbst zu integrieren und es daran wachsen zu lassen?
Das Problem, vor dem wir hier stehen, kann besonders intensiv von solchen erlitten und dann auch dargestellt werden, die in Personalunion beides sind: geschichtlich im Augenblick Handelnde *und* aus dem Nachhinein zurückblickende Historiker. Eine Gestalt dieser Art ist etwa WINSTON CHURCHILL. In seinen »Memoiren« macht er wiederholt darauf aufmerksam, daß er kaum noch begreifen könne, welche Sorgen er 1940 gehabt habe. Denn vieles von dem, was er damals befürchtet und was ihn und seine Stäbe Tag und Nacht in Atem gehalten habe – die Invasion Englands zum Beispiel oder die Besetzung Maltas –, sei überhaupt nicht eingetreten. Und umgekehrt hätten sich manche Hoffnungen, die er gehegt habe – wie der baldige Eintritt Amerikas in den Krieg – nicht erfüllt. Gerade diese Befürchtungen und Hoffnungen aber seien es doch gewesen, die damals die Motive seines Handelns und seiner Entscheidungen ausgemacht hätten. Indem sich nun diese Befürchtungen und Hoffnungen in der späteren Erinnerung mehr und mehr verwischten und nicht mehr reproduzierbar seien, werde einem zunehmend auch der ganze Motiv-Komplex, aus dem heraus man gehandelt und also Geschichte gemacht habe, ungegenwärtig und fremd. Wieviel mehr wird sich dieser Prozeß des Verblassens erst bei späteren Historikern auswirken! »Der Leser, der in künftigen Jahren diese Seiten durchgehen wird«, schreibt CHURCHILL, »muß sich vergegenwärtigen, wie dicht und trügerisch der Schleier des Unbekannten ist. Jetzt, im vollen Licht des Nachher, ist es leicht zu erkennen, wo wir nichtsahnend waren oder uns allzu große Sorgen machten, wo wir nachlässig oder unbeholfen waren.« Nur nebenbei mag hier die Erwägung anklingen, welche Hemmnisse für die Bewältigung unserer Nazi-Vergangenheit sich daraus ergeben. Wie vieles sehen wir im Rückblick falsch, weil wir unser Wissen als gebrannte Kinder in die Vergangenheit zurückprojizieren und damit die offene Zukunft von einst mit dem Dunst des Wissenden – denn auch den gibt es! – verhüllen.
Die Beobachtung dieser uns entschwindenden Vergangenheit kann nicht ohne Grund zu einer gewissen Resignation gegenüber der Geschichte und dann zu dem Satze führen, *daß man eben aus der Geschichte nichts lerne, de facto auch nie gelernt habe*. Das sei geradezu der Grund dafür, daß es keinen Fortschritt gebe und daß die Menschen aus früher gemachten Erfahrungen nicht weiser würden, folglich auch für ihre Selbsterfahrung wenig aus der Geschichte profitierten.
Eines dürfte jedenfalls feststehen: *Geschichtliches Verstehen, das der Fin-*

dung und Erweiterung der eigenen Identität zustatten kommt, kann nie in bloßer Zurkenntnisnahme eines Vergangenen bestehen. Dadurch töte ich die Geschichte vielmehr. Ich stehe als Nachgeborener ja vor versteinerten Realitäten. Der damals lebende Mensch aber stand vor offenen Möglichkeiten, vor der feuerflüssigen Lava des noch *nicht* Gestaltgewordenen, von dem er nicht voraussagen konnte, in welchen Formen es der Nachwelt einst als historisches Faktum und als »Petrefact« vorliegen würde. Nach DILTHEY kann ich deshalb Geschichte nur so verstehen, daß ich mir die Menschen von einst »gegenwärtig« sein lasse, daß ich mich nämlich so in ihre Entscheidungen »einfühle«, als ob sie meine eigenen wären.
Wie aber soll das möglich sein? Drohen wir hier nicht einer gewissen hermeneutischen Romantik zu verfallen, von der DILTHEY wohl tatsächlich nicht ganz frei ist?
Der Dienst der Geschichte an unserer Selbsterfahrung kann sich jedenfalls sicher nicht so vollziehen, daß wir dem noch so sorgfältigen und einfühlsamen Blick in die Geschichte zutrauen könnten, uns über uns selbst zu belehren. Eher dürfte es umgekehrt sein (obwohl die Dialektik der Wechselwirkungen nicht übersehen werden darf): Ich komme über die banale Zurkenntnisnahme des Nachgeborenen nur hinweg und kann sie nur durchstoßen, indem ich mein schon vorliegendes Wissen um mich selbst für das Verständnis der Geschichte fruchtbar mache, und dann erst – in Gestalt einer Rückkopplung sozusagen – Korrekturen und Erweiterungen meiner Selbsterfahrung aus ihr empfange.
Von diesen Zusammenhängen ist DILTHEY freilich nicht unberührt, auch wenn das nur beiläufig anklingt. So kann er etwa sagen: »Was wir unserer Zukunft als Zweck setzen, bedingt die Bestimmung der Bedeutung des Vergangenen. Die Gestaltung des Lebens, die realisiert ist, gewinnt einen Maßstab durch die Abschätzung der Bedeutung des Erinnerten.« So erscheinen das eigene Lebensverständnis und die eigene Lebensplanung als die Ausgangsbasis für historisches Verstehen. Aber das in diesem Verstehen Gefundene wirkt nun umgekehrt auf mich zurück und führt zu einer Erweiterung der individuellen und kollektiven Selbsterfahrung: »Das Verständnis dringt vom Leben aus in immer neue Tiefen; nur in der Rückwirkung auf Leben und Gesellschaft (!) erlangen die Geisteswissenschaften ihre höchste Bedeutung.« Die »Objektivität der wissenschaftlichen Erkenntnis« ist dabei nicht Selbstzweck, sondern nur Durchgangsstadium.

So mag ich mir selbst zwar nur auf dem Weg über die Geschichte begegnen, auf dem Weg über das mikrokosmische Abbild des Menschen und meiner selbst also, das sich in ungezählten Exemplaren realisiert hat und sich darlegt. Doch begegne ich mir selbst nur *dann* auf diesem Weg über die Geschichte, wenn ich diese Geschichte zugleich von *mir* her, von meinen eigenen Entscheidungen und meiner offenen Gegenwart her verstehe. Das ist der »hermeneutische Zirkel«, in den ich mich hier begeben muß. Die Grenzen dieses Vorgangs, von denen wir sprachen, sollten uns dabei bewußt bleiben.

Der Versuch, in diesem Sinn Geschichte und Selbsterfahrung zueinander in Beziehung zu setzen, liegt in NIETZSCHES klassischer Frühschrift »Vom Nutzen und Nachteil der Historie für das Leben« vor. Auch er geht dabei aus von der Feststellung, daß die bloß objektiv registrierende Zurkenntnisnahme des Vergangenen dem Leben – sprich: der Selbsterfahrung und der Selbst-Aktivierung – nicht nur nicht diene, sondern sich feindlich und zerstörerisch dazu verhalte. Durch das Übermaß nur historischen Wissens »werden die Instinkte des Volkes gestört, und der Einzelne nicht minder als das Ganze am Reifwerden verhindert; durch dieses Übermaß wird ... der Glaube, Spätling und Epigone zu sein, gepflanzt«, so daß »die Lebenskräfte gelähmt und zuletzt zerstört werden«. So mag es zu erklären sein, wie wir hinzufügen möchten, daß das alte, traditions- und geschichtsreiche Europa in seiner Zukunftsbewältigung oft gehemmter ist als etwa das relativ geschichtslose Amerika. Durch diese sterile Begegnung mit der Geschichte, die nur dem »An-sich« des Gewesenen zugewandt ist, wird die Persönlichkeit »zu ewiger Subjektlosigkeit oder, wie man sagt, Objektivität ausgeblasen«. So kann das Geschichtswissen geradezu Geschichtslosigkeit erzeugen und das wissenschaftliche Männchen, den vielwissenden Homunculus zustande kommen lassen, der in seiner eigenen Existenz geschrumpft und aus der Geschichte herausgetreten ist, ein »kalter Dämon der Erkenntnis«.

NIETZSCHE sieht nun drei Weisen der Begegnung mit der Geschichte, die zu einer fruchtbaren »Applikation« führen, die bloße Zuschauerperspektive gegenüber dem historischen Panorama überwinden und dem Betrachter zu eigener geschichtlicher Identität verhelfen können. Als diese drei Weisen bezeichnete er die monumentalische, die antiquarische und die kritische Historie.

Die *monumentalische* sieht »die großen Momente im Kampfe der einzelnen«, die sich zu einem »Höhenzug der Menschheit durch die Jahrtausende hin« verbinden. In der Betrachtung dieses Großgearteten wird der »Glaube an die Humanität« bestärkt, denn sie vermittelt die Gewißheit, »daß das Große, das einmal da war, jedenfalls einmal *möglich* war und deshalb auch wohl wieder einmal möglich sein wird«. So wird mir die monumentalische Betrachtung trotz einer gewissen Verzerrung und Einseitigkeit, in der sie mir die geschichtlichen Stoffe erscheinen läßt, zu einer Ermutigung für mein geschichtliches Jetzt. Sie läßt mich die Möglichkeiten meiner Identität ermessen und motiviert mich, sie auszuschöpfen.

Auch die *antiquarische* Historie dient dieser Selbsterfahrung und Selbstbestärkung. Sie bezieht sich auf die Geschichte meiner Polis und hat es als Lokalhistorie so mit meiner unmittelbaren Herkunft zu tun. So wird mir »die Geschichte meiner Stadt zur Geschichte meiner selbst«. Obwohl auch darin Einseitigkeit liegen und die Versuchung nach mir greifen kann, das mich Prägende zu konservieren und in den beschränkten Horizont der Kirchturmperspektive eingeschlossen zu sein, verhilft mir der antiquarische Aspekt gleichwohl zur Identitätsfindung: Ich gewinne so den Anblick meines gleichsam kollektiv erweiterten Ich; ich sehe, was an Kräften der Tradition, an der Generationenfolge sowie an Umwelt auf mich einwirkt und mich zu dem hat machen helfen, was ich bin.

Endlich steht die *kritische* Historie »im Dienste des Lebens« – *gerade* sie. Denn sie stellt uns vor die Aufgabe, »eine Vergangenheit zu zerbrechen und aufzulösen, um leben zu können«. Wir können uns nicht einfach als das *Produkt* unserer Vergangenheit verstehen und also im Bannkreis des Status quo verharren, sondern sind unter Umständen genötigt, diese Vergangenheit zu verwerfen, sie »vor Gericht zu ziehen«, »peinlich zu inquirieren« und endlich »zu verurteilen«. Ich kann mir etwa darüber klarwerden, »wie ungerecht die Existenz irgendeines Dinges, eines Privilegiums, einer Kaste, einer Dynastie zum Beispiel, ist, wie sehr dieses Ding den Untergang verdient«. Diese kritische Einstellung zur Vergangenheit bedeutet nichts Geringeres, als daß »man mit dem Messer an seine Wurzeln greift«, daß man »grausam über alle Pietäten hinwegschreitet« und – wie wir heute sagen würden – Tabubrüche begeht. Obwohl es nicht möglich ist, »sich ganz von dieser Kette zu lösen«, und wir nun einmal »die Resultate früherer Geschlechter sind«, lehnen wir uns dagegen auf, »auch die Resultate ihrer Verirrungen, Leidenschaften und Irrtümer, ja Verbrechen« zu sein und lassen uns sogar zu dem Versuch hinreißen, uns »gleichsam a posteriori eine Vergangenheit zu geben, aus der man stammen möchte, im Gegensatz zu der, aus der man stammt«. So entstehen dann legendär stilisierte Bilder des Einst und retuschierte Traditionen.

Gerade dieser letzte Fall der kritischen Historie zeigt deutlicher noch als der monumentalische und antiquarische Aspekt, wie es mit dem Verhältnis von Identität und Geschichte bestellt ist. Wir wiesen früher darauf hin, daß mein schon vorliegendes Selbstverständnis mir die Geschichte aufschließe; das Auge muß schon sonnenhaft sein, um das ihm Verwandte, das Sonnenlicht, erblicken zu können. *Erst die so verstandene und gesehene Geschichte wirkt dann auf mich zurück und expliziert meine vorher gleichsam nur implikative Identität, verhilft mir also zur Selbstwerdung.* Ich muß schon vorher eine wenigstens dumpfe Ahnung von dem haben, was im Entwurf des Menschen an Möglichkeiten steckt, um für den Eindruck des Monumentalischen in der Geschichte empfänglich zu sein, auch wenn dieser Eindruck dann das vorher nur dumpf Empfundene ins Licht der Gewißheit hebt und möglicherweise zum Lebensmotiv wird.

Das gilt erst recht von der kritischen Historie, die mir hilft, mich nicht als bloßes Resultat früherer Generationen zu verstehen, sondern der Vergangenheit auch als Kläger gegenüberzutreten. Um das zu können, muß ich meines Selbstseins schon gewiß sein. *Ich gehe also nicht in meinem Geworden-Sein auf, sondern habe eigenständiges Sein.* Ich kann den Horizont meiner Identität durch die Geschichte nur dann erweitern lassen, wenn ich den »historischen vom eigenen Horizont unterscheide« (Eckardt Otto). Um diese Unterscheidung aber vollziehen zu können, muß ich bereits einen eigenen Horizont *haben*, muß also meine Identität der Geschichte entgegensetzen können.

Dann erst und daraufhin kann das Wechselspiel mit der Geschichte beginnen, dann erst kann sie mir helfen, ich selbst zu werden und zu eigener geschichtlicher Identität durchzufinden. Die bloße Zurkenntnisnahme des Panoramas der Geschichte dagegen zerstört diese Identität und erzeugt den Homunkulus. *Wo kein Selbst mehr ist, das sich der Geschichte entgegenstellen und ihr Dialogpartner sein kann, dort kann es auch keine Selbst-Erfahrung mehr geben.*

II. Die Sphinx »Mensch«
Zur Verbindung von Natur und Geschichte im Menschen

a) Das menschliche Antlitz

Als wer oder was tritt sich der Mensch nun entgegen, wenn er in den Spiegel der Geschichte schaut und damit seine Selbsterfahrung erweitert?

Dilthey beantwortet diese Frage mit dem Bild von der Sphinx, die ein menschliches Antlitz trage und einen animalischen Leib habe.

Was das menschliche Antlitz betrifft, so gehen wir gewiß nicht fehl in der Annahme, daß Dilthey damit das meint, was wir heute im Anschluß an Heidegger als menschliches »Dasein« bezeichnen. Menschliches Dasein bedeutet – wir haben darüber schon gesprochen –, daß der Mensch jene einzigartige Form des Seienden darstellt, die sich selbst erkennen und ergreifen, also verantwortlich zu seiner Bestimmung verhalten muß. Gerade das, so sahen wir, unterscheidet das menschliche Dasein vom nur animalisch Seienden. Herder sagt dazu in seinen »Ideen zur Philosophie der Geschichte der Menschheit«, der Mensch sei nicht eine unfehlbare Maschine in den Händen der Natur, sondern werde »sich selbst Zweck und Ziel der Bearbeitung«. Indem er so nicht eine bloße Marionette ist, die von außen gesteuert wird, sondern sich schöpfungsmäßig mit der Gabe ausgestattet sieht, eigenes Aktzentrum zu sein, lebt er im offenen Risiko: Er kann die vom Schöpfer gemeinte Identität seiner selbst sowohl gewinnen wie verfehlen. Er ist das Risiko Gottes.

Entsprechend sagt Schiller in seiner Schrift über »Anmut und Würde«, bei dem Tier und der Pflanze gebe die Natur nicht bloß die Bestimmung und damit das Ziel der Entwicklung an, »sondern führt sie auch allein aus. Beim Menschen aber gibt die Natur bloß die Bestimmung an und überläßt ihm selbst die Erfüllung derselben.« Das bedeutet doch: Sein Ziel ist ihm »gegeben«. Insofern ist es seiner Selbstverfügung entzogen, sich selbst seine Bestimmung zu verordnen. Der Weg dahin aber ist ihm »aufgegeben«. Deshalb ist er zugleich die Möglichkeit seines Scheiterns. Das Experiment seines Daseins kann möglicherweise nicht aufgehen, ja er kann »ent«-menschen.

Das Wort vom menschlichen Antlitz deutet also darauf, daß der Mensch mit der Thematik seiner Bestimmung konfrontiert ist und sich zu sich selbst *verhalten* muß, daß er wesentlich »in Entscheidung« ist. Das aber schließt in sich, daß er auf Zukunft hin ist und also ein besonderes Verhältnis zur Zeit hat. Dieses Verhältnis ist sein wesentliches Existential und der Grund dafür, daß er zum Selbstbewußtsein und zur Identitätsfindung aufgerufen ist. Wir können es deshalb in allen Gegebenheiten, die sein Menschsein konstituieren, als tragendes Fundament wiedererkennen:

Erstens: Der Mensch ist Vernunftwesen. Das bedeutet, daß er nicht »durch seine Instinkte belehrt wird, sondern daß er seine Instinkte belehrt« (Goethe). Insofern ist er nicht einer determinierten Entwicklung überantwortet, sondern er muß mit Hilfe seiner Vernunft unter gegebenen Möglichkeiten wählen und darin auf Zukunft hin planen.

Zweitens: Er ist Gewissensträger. Das besagt wiederum, daß er sich nicht »gehenlassen« darf, sondern auf sein ihn erwartendes Ziel »zugehen« muß. Damit wird ihm seine Zukunft zum Auftrag.

Drittens: Er ist an seine Körperlichkeit gebunden. Darum lebt er aus dem Wissen, daß er eine begrenzte Frist hat und sie auskaufen muß. »Alles unter dem Himmel hat seine Zeit.« So steht er vor der Zukunft des Todes. Aber nicht nur dies: Er weiß zugleich, daß die Entscheidungen für den verbleibenden Vorrat an Zukunft *jetzt* abgerufen werden, daß die entschiedene Zukunft nicht beliebig revidierbar ist und daß er deshalb vor der Unumkehrbarkeit seiner Zeitlinie steht (Johannes-Evangelium 3, 4).

b) Der animalische Leib

Dilthey weist nun zugleich auf den *animalischen Leib* der Sphinx hin und meint damit, daß das Natürliche tief in den humanen Bereich eingreife, daß also Natur und Geschichte nicht durch eine scharfe Zäsur voneinander geschieden seien. Obwohl uns diese Überschneidungszone beim Gespräch mit Teilhard de Chardin noch beschäftigen wird, mögen schon an dieser Stelle einige Ausblicke auf dieses Feld angebracht sein:

Daß etwa das biologisch uns verordnete Todesende, daß der natürliche Aggressionstrieb und die ebenso natürliche Tendenz zur Selbstbehauptung und zur Rolle des Stärkeren als Motive menschlichen – und dann auch geschichtlichen – Handelns wirksam sind, ist so unverkennbar, daß es hier keiner besonderen Nachweise bedarf. Das eigentlich anthropologische Problem steckt nicht in dieser Faktizität, sondern in ihrem Verständnis und ihrer Bewertung. Denn hier erhebt sich die Frage, ob das, was gleichsam biologisches Schicksal und also durch eine naturhaft eingestiftete Zwangsläufigkeit bestimmt ist, nicht als *ethisch wertfrei* verstanden werden müsse und eben der »unschuldigen Natur« zuzuschlagen sei. Das aber ist offenbar unmöglich. Der junge Kaufmann, von dem wir sprachen, macht die Frage, vor der wir hier stehen, in exemplarischer Weise deutlich:

Jeder Mensch, der etwa in einem Konkurrenzkampf steht und sich seinem Zugzwang unterworfen sieht – sei es im Beruf, im Geschäft oder im Bereich des Eros –, erfährt, daß er diesen Kampf um die Rolle des Stärkeren nicht blindlings und absolut ausfechten kann. Er steht vielmehr plötzlich vor Wertgesichtspunkten, die vom Außerhalb der Automatik der Konkurrenz stammen: Er sieht etwa in seinem Gegenüber das Antlitz des Nächsten, auf dessen Kosten er die Konkurrenz bestehen möchte. Er sieht, daß das Schicksal des konkurrierenden Liebhabers genauso auf dem Spiele steht wie sein eigenes. Ich erinnere mich eines Berichtes aus dem Ersten Weltkrieg, in dem diese Situation mit symbolischer Eindringlichkeit deutlich wurde: Bei einem Bajonett-Angriff auf die britische Front stürzte ein deutscher Soldat in einen tiefen Granattrichter, wo er auf einen verwundeten Engländer stieß. In der entfachten Aggressionsleidenschaft wendete der Deutsche sein Bajonett spontan gegen den Engländer, und auch dieser, obwohl schwach, reagierte in der gleichen Abwehr. Sobald er dann merkte, daß er einen Schwerverwundeten vor sich hatte, ließ er seine Waffe sinken. Der Engländer gab ihm zu verstehen, daß er entsetzlich durstig sei, und der andere ließ ihn aus seiner Feldflasche trinken. Der Brite deutete dann auf seine Rocktasche, die er nicht mehr erreichen konnte. Der Deutsche griff hinein und zog ein Etui mit den Bildern von Frau und Kindern hervor, die der Sterbende noch einmal sehen wollte. Als ihn der dankbare Blick des Engländers traf und er dann mit ihm die Bilder seiner Familie betrachtete, begab sich ein radikaler Wandel im Verhältnis der beiden: Sie hörten auf einmal auf, bloß Exponenten feindlicher Fronten zu sein, die füreinander Objekte ihres entfesselten Angriffstriebes – eben des Kampfes um die Rolle des Stärkeren – waren, sondern sie wurden plötzlich zu Nächsten.

Worin dieser Wandel begründet war, erfahren wir nur, wenn wir die vordergründige Sentimentalität dieser Anekdote durchstoßen und zu ihrer anthropologischen Pointe vordringen. Die aber sieht so aus: Beide sehen sich von einem bestimmten Augenblick an in einem neuen und veränderten Relationsgefüge: Zuerst waren sie bloße Repräsentanten von Fronten, die auf Tod und Leben miteinander rangen. Nun aber erfahren sie bei der Stillung des tödlichen Durstes und beim Anblick des Familienbildes, daß sie in jener Repräsentantenrolle nicht aufgehen, sondern sie transzendieren:

Sie sind nicht nur Deutsche und Engländer, sondern sie sind zugleich Ehegefährten und Väter, sie sind Menschen, die von einigen andern Menschen geliebt werden und deren Leben ausmachen. Die gleichsam animalische Funktion des entfesselten Kampf- und Aggressionstriebes erschöpft nicht ihr Wesen. Vor ihnen enthüllt sich vielmehr eine Dimension ihres Daseins, in der sie sich nicht mehr in einer durch Fronten vermittelten Indirektheit, sondern unmittelbar gegenüberstehen, in der ihnen das Menschenantlitz des andern entgegenleuchtet und sich Kommunikation ergibt. Wenn die beiden in diesem Augenblick von dem schrecklichen Nonsens, dem Entfremdungseffekt des Krieges überwältigt werden – was ja menschlich verständlich ist –, dann verrät sich darin nichts anderes als die Tatsache, daß die Naturgewalt dessen, was sie vorher als kollektive Emotion des Selbstbehauptungs- und Vernichtungswillens steuerte, nicht »unschuldige Natur« und bloßer Einbruch des Animalischen ist, sondern daß sie dadurch vor die Infragestellung ihrer Menschlichkeit gestellt werden. Wenn Menschen miteinander kämpfen, ist es eben grundsätzlich anders, als wenn Hirsche das in ihrer Brunftzeit tun.
Sobald das Animalische innerhalb der Dimension des Humanum auftaucht, wird es so einer Mutation unterzogen, die ihm eine andere Qualität verleiht. Es ist nämlich unmöglich, zu sagen: »C'est la guerre«, oder »Das sind unverfügbare Naturgesetzlichkeiten«, sondern ich sehe mich genötigt, dieses Animalische in meine Identität aufzunehmen und mich als das vollziehende Subjekt, statt bloß als Opfer und Objekt zu bekennen.
Indem die beiden Soldaten im Granattrichter sich als Nächste entdecken, werden sie zugleich von einem Gefühl der Scham darüber bedrängt sein, daß sie den andern vorher mit einem Zerrbild identifizierten und ihn verkannten. Jede Ineinssetzung von Person und Funktion ist eine solche Verkennung. *Eine der Formen der Verführung, die sich darin äußert, ist die, den Menschen in der von der Natur suggerierten Eigengesetzlichkeit seines Agierens und Reagierens, überhaupt in einer »Rolle« aufgehen zu sehen.*

Noch einige andere Modellfälle legen sich nahe, an denen die Mutation erkennbar ist, die das Animalische erleidet, wenn es in der humanen Sphäre auftaucht:
Der mächtige Konzernherr, der kleinere Konkurrenten niederzuwalzen in der Lage ist, sieht sich plötzlich vor der Frage, ob übermäßige Machtkonzentration in einer einzigen Hand nicht die Struktur der Demokratie von innen her aufrolle und ob also die Hemmungslosigkeit einer eigengesetzlich ausgelebten Konkurrenz nicht zerstörerisch sei, *dann* aber doch zum Gegenstand verantwortlicher Entscheidungen werden müsse.
Die gleiche Aufforderung zur Entscheidung stellt sich gegenüber einem andern Einbruch des Animalischen im humanen Bereich, nämlich dem *Geschlechtstrieb:* Beim Tier ist dieser Trieb durch seine Brunstzeiten ge-

regelt und sozusagen kanalisiert. Beim Menschen aber ist er jederzeit abrufbar. Was beim Tier durch Hemmungsmechanismen begrenzt ist, wird dem Menschen zu einer Aufgabe, die er auch versäumen kann. (Er kann sich zum Beispiel auch überfressen). Alle Impulse, die dem animalischen Leib entstammen, würden, falls hemmungslos ausgelebt, gerade zur Unvernunft und damit selbstzerstörerisch. Sowie sie in die Region des Humanen, des Geschlechtlichen einstrahlen, werden sie verwandelt, gebrochen, in Frage gestellt. Sie werden zu der Frage, wie ihnen der Mensch sein Bestimmungsziel abgewinnt. Denn sie treiben ihn eben nicht automatisch in seine Zukunft, sie greifen vielmehr nach ihm und drohen ihn zu denaturieren:

c) Die Verwandlung des Naturhaften in der humanen Sphäre (Eros)

Das darf freilich nicht einfach im Sinne von KANTS Begriff der Personalität verstanden werden: nicht so nämlich, als ob der Mensch als Träger der praktischen Vernunft, als Gesinnungs- und Vernunftwesen sich nur in Opposition zu diesen Naturgegebenheiten in sich befände, als ob diese das Untermenschliche, der bloße mundus sensibilis, der Keller im Hause seines Ich seien, in dem eben »die wilden Wölfe heulen« (NIETZSCHE). Auch hier würde sich wieder ein doketisches Menschenbild ergeben, wenn wir das eigentlich Menschliche nur in der Personalität, in der Vernunft- und Gewissenssphäre angesiedelt sähen und den Menschen nur – um ein früheres Bild noch einmal anklingen zu lassen – in der bel étage des Ich-Hauses aufsuchten. Nein: auch jener Keller gehört zu ihm und bestimmt seine Identität mit. *Die Naturgegebenheiten sind nicht bloß das, von dem sich die Personalität als das »eigentlich« Menschliche absetzt, sondern sie bilden das Medium, innerhalb dessen es sich verwirklicht, und den Stoff, aus dem es sich bildet.* Der exemplarische Fall für das unauflösliche (und auch gar nicht aufgelöst werden *sollende*) Ineinander, für die Verbindung von menschlichem Antlitz und tierischem Leib, ist der *Eros*:

Ich kann die Würde meiner Humanität in diesem Umkreis ja nicht so demonstrieren, daß ich so tue, als ob ich nur den Nächsten im andern sähe und als ob ich nur so etwas wie ethische Kommunikation wolle. Denn es geht hier um Gesetze der Anziehung und Abstoßung, die zwar nicht *nur*, auf jeden Fall aber *auch* aus biologischen Gegebenheiten wie Geschlecht, Alter, Gestalt, Temperament und vielem andern rühren. Von dem allem kann ich mich im Namen vermeintlich »höherer« Motive nicht distanzieren, ich kann das nicht einmal wollen. So ist es mir zum Beispiel unmöglich, aus dem höchst humanitären Motiv des Mitleids zu heiraten. Täte ich das doch, würde ich nicht in, sondern neben die Ehe treten. Die hier sich meldenden Naturgegebenheiten werden also weder verneint noch als inferior zurückgestuft. Es ist vielmehr so: Indem ich *bejahe*, daß ich ein Geschlechtswesen von Fleisch und Blut und also von sehr vitalen Trieben und Naturinstinkten bin, mache ich den andern nun nicht, wie das Tier das tut, zum bloßen Objekt meiner Triebe, sondern ich sehe inmitten des Mediums meiner Geschlechtlichkeit und der des andern das Du, den Nächsten. Dieses Du wird dann durchaus geschlechtlich und also naturhaft getönt sein. Ich werde zu meiner Geliebten ein anderes Ich-Du-Verhältnis, oder besser: eine andere *Gestalt* dieses Verhältnisses haben, als eine Schwester im Altersheim es zu ihren Schutzbefohlenen hat. Aber es wird eben doch das lebendige Du des *Nächsten* sein, das mir inmitten einer vom Bios bestimmten oder mitbestimmten Kommunikation erscheint. *Nicht »trotz« des Geschlechtlich-Naturhaften kann dann so etwas wie die menschliche Gestalt von Liebe entstehen, sondern diese Liebe gebraucht jenes Geschlechtlich-Naturhafte als Material, aus dem sie sich bildet. Das aber ist nur möglich, wenn es die Bedeutung eines physischen Mediums hat, in das jene ganz und gar »menschliche« Beziehung der Liebe eingelassen ist.* So werden in diesem Medium Hingabe, Sich-Schenken und Beglücken-Wollen ebenso Ereignis wie Egoismus, Aggression und Über-Leichen-Gehen.

Die Gegenprobe dazu ergibt sich aus der Beobachtung, was geschieht, wenn die Bios- und Triebseite des Sexus verabsolutiert und das Sich-gehen-Lassen zum Rezept erotischen Verhaltens wird: Das wäre dann nicht nur ein Attentat gegen die bel étage der »höheren« Humanität, sondern das würde auch selbst denaturieren: Eros würde aufhören, Ausdruck der Begegnung zweier Menschen zu sein, und wäre grausam auf eine Drüsenmanipulation reduziert, die von allen Zufuhren aus der menschlichen Region abgeschnitten, aller Nuancierungen und tieferen Freuden beraubt wäre und die Beteiligten nach dem Orgasmus gelangweilt, leer und indifferent zurückließe. Hollywood, so sagte mir einmal ein Amerikaner, sei trotz seiner erotisch oft überfrachteten Filme im Grunde geschlechtslos. Auf meine erstaunte Rückfrage nach dem Warum und Wieso meinte er: »Das Begehren richtet sich dort auf einen schönen Busen, eine wohlgeformte Schulter oder attraktive Beine, immer nur auf ein Stück; das Ganze wird nie erreicht.« Das bezeichnete er, bewußt zugespitzt natürlich, als geschlechtslos, um damit anzudeuten, daß man nicht nur die höheren personalen Bereiche hierbei ausblende und einer Art Sexualmaterialismus fröne, sondern daß hier das Geschlechtliche selbst korrumpiert sei und die in ihm schlummernden Reichtümer verloren habe.

Hier zeigt sich auf sehr drastische Weise, was zu verdeutlichen uns so wichtig war: *daß die Biosbereiche, sobald sie innerhalb des Humanum auftauchen, unter neue und eigene Gesetze treten*, daß sie entweder zu Medien werden, innerhalb deren sich Liebe und Haß, Hingabe und Egoismus sowie alle andern menschlichen Qualitäten vollziehen, *oder* aber daß sie, in einer Art Naturschutzpark isoliert, aus der Ganzheit des Menschlichen ausgegliedert werden und dann auch in sich selbst verkümmern.

III. Der Mensch im Verhältnis zum Animalischen, zu Gott und den Göttern

a) Die Frage nach der Grundrelation unseres Daseins

Läßt sich nun, das ist die hier sich ergebende Frage, das menschliche Selbst aus dieser Relation zwischen dem »Personalen« und dem »Animalischen« bestimmen? Läßt sich das etwa so machen, daß man sagt: Der Mensch ist ein die Natur transzendierendes Wesen – freilich nicht in *der* Weise transzendierend, daß er sich aus der Natur emanzipierte, sondern so, daß er die Natur in sein Humanum integriert und sie damit verwandelt?

Obwohl mit diesen Bestimmungen nur das aufgenommen wäre, was wir eben festgestellt haben, wäre es doch unmöglich, das Humanum mit Hilfe dieser Relation »personal – naturhaft«, »menschliches Antlitz – tierischer Leib« zu bestimmen. Wir haben den Begriff der fremden Würde ja ausdrücklich deshalb eingeführt, um das Geheimnis des Menschen – mit guten Gründen! – aus dem Bereich des gegenständlich Fixierbaren herauszunehmen und es so in einer letzten, allein dem Glauben zugänglichen Relation, das heißt in der Beziehung zu Gott, begründet zu sehen.

Was diese Beziehung für die Dualität von menschlichem Antlitz und tierischem Leib bedeutet, soll vorerst nur durch ein KIERKEGAARD-Zitat aus der »Krankheit zum Tode« angedeutet sein. In ihm spricht KIERKEGAARD darüber, daß das menschliche Selbst immer nur aus seinen Relationen zu ... verstanden werden könne, niemals aber aus sich selbst als einer in sich abgeschlossenen Entelechie. Dabei müssen dann die Relationen zum Animalischen und zu Gott in ihren Spezifika behandelt werden: »Welch eine unendliche Realität erhält nicht das menschliche Selbst dadurch, daß es dessen sich bewußt wird, für Gott da zu sein, dadurch, daß es ein menschliches Selbst wird, dessen Maßstab Gott ist! Ein Viehhirt, welcher (gesetzt, dies wäre möglich) Kühen gegenüber ein Selbst ist, ist ein sehr niederes Selbst; ein Herrscher, welcher Knechten gegenüber ein Selbst ist, desgleichen und ist eigentlich kein Selbst – denn in beiden Fällen fehlt es am Maßstabe. Das Kind, welches bisher allein die Eltern zum Maßstabe gehabt, wird ein Selbst, indem es als Mann den Staat zum Maßstabe empfängt; welch eine unendliche Betonung aber legt sich auf das Selbst, wenn man zum Maßstabe Gott empfängt!«

Für KIERKEGAARD ist es also überhaupt keine Frage, *ob* das menschliche Selbst statt aus seinem ontischen Bestande aus seinen *Relationen*, aus seinen gleichsam »außenpolitischen« Beziehungen zu verstehen sei; ihn interessiert vielmehr nur die Frage, *welche* dieser Relationen die eigentlich tragende sei. Bei der Musterung der in Betracht kommenden Relationen stellt sich dann heraus, daß etwa die Beziehung zum Animalischen, wie der Viehhirt sie zu seiner Herde hat, unfähig ist, das menschliche Selbst zu tragen. Wer nur zu bekennen wußte: »Ich bin mehr als diese Kühe«, oder auch »Mein menschliches Antlitz ist mehr als mein Unterleib«, hätte den Horizont menschlicher Identität zweifellos nicht ausgeschritten, sondern nur das alte Spiel einer Teilung in Höheres und Inferiores getrieben. Beim Verhältnis zum Staat ist es schon etwas besser, weil sich hier der Mensch nicht nur nach unten, zum Keller hin, abgrenzt, sondern ein relativ *über* ihm befindliches Gebilde als Maßstab benutzt. Zu einer wirklichen Selbsterfassung kann es freilich auch hier nicht kommen. Denn mein Bezug zum Staate engagiert – ebenso wie der heute modische Bezug zur Gesellschaft – mein Ich immer nur partiell. Hier bin ich relevant nur in meiner »Eigenschaft als . . .«: als Bürger etwa, der seinen Pflichten nachkommt und ein nützliches Glied der menschlichen Gesellschaft ist; als Mitträger der Rechtsgemeinschaft, der »immer Treu und Redlichkeit« übt; als Nachbar, Abgeordneter, Inhaber eines Berufs – in sehr vielen Eigenschaften also. Doch bleiben in diesem Bezug zu Staat und Gesellschaft eine ganze Reihe von Ich-Dimensionen unbelichtet: so mein persönliches Verhältnis zu dem einen oder andern Menschen in Liebe und Haß; meine Einsamkeit; meine Verzweiflung bei unheilbarer Krankheit; die Verlassenheit beim Sterben. Aber auch meine Freuden, Feste und Begeisterungen sind staatlich weithin irrelevant. So bin ich auch in dieser Relation nur partiell erfaßt; meine Identität kann aus ihr nicht begriffen werden.

Der Punkt, von dem aus sie allein in Blick kommt, kann deshalb nur eine Größe sein, die die Gesamtheit des Relationsgefüges trägt, der ich das menschliche Antlitz ebenso wie den tierischen Leib verdanke und die mir beides als Gabe und Aufgabe überantwortet hat. KIERKEGAARD nennt diese Größe »Gott« und deutet damit an, daß das Selbst sich nur in dem finden kann, von dem es sich in der Fülle dessen empfängt, was es *ist*, von dem es zugleich das Ziel empfängt, das es erreichen *soll*, und von dem ihm endlich Weisung, Tragkraft, Treue und Vergebung für den *Weg* zuteil wird, der zum verheißenden Heile führt. Erst von der Größe her tritt die Ganzheit meiner Identität in Erscheinung – nicht für mich selbst; hier bleibt es eine nur geglaubte Identität; wohl aber für den, von dem ich erkannt bin (Psalm 139, 23; 1. Korintherbrief 13, 12). So eröffnet sich ein neuer Aspekt für unsern Satz, daß die menschliche Identität in der »fremden Würde« beschlossen sei, daß nur hier das Ganze des Humanum in den Blick komme.

b) Die Identitätskrise unter der Herrschaft vorletzter Relationen
(Exemplarisches dazu aus Ost und West)

Der Versuch, den Menschen *nicht* aus diesem ungegenständlichen und letzten Bezuge, sondern aus seiner objektivierbaren Funktion und damit als ein materiell Seiendes zu bestimmen, ist demgegenüber das Kennzeichen des neuzeitlichen Empirismus. Daher ist es verständlich, daß uns besonders massive Beispiele für diese Art Anthropologie im Umkreis des *dialekti-*

schen Materialismus begegnen. Um das beispielhaft zu verdeutlichen, zitiere ich einige Sätze aus einem Brief, den MAXIM GORKI 1926 an den gefeierten Sowjetpädagogen ANTON SEMJONOWITSCH MAKARENKO schrieb. MAKARENKO war einem pädagogischen Kollektiv beigetreten. Darauf nimmt GORKI Bezug: »Ihr wirket an einem herrlichen Werk. Die Erde ist wahrhaft unsere Erde. *Wir* haben sie fruchtbar gemacht, *wir* haben sie mit Städten geschmückt, mit Wegen durchzogen, alle möglichen Wunderdinge auf ihr geschaffen – wir Menschen: einst nichtige Teilchen der formlosen und stummen Materie, dann Halbtiere, doch jetzt Bahnbrecher eines neuen Lebens.« Hier drängt sich der Prozeß, von dem wir sprachen, in wenigen Sätzen zusammen. Indem der Mensch auf seine »prometheischen« Funktionen und also auf das, was gegenständlich in seinem Wirken erscheint, reduziert wird, erlischt der Sensus für seine Personalität: Er erhebt sich aus den Dingen, aus der »formlosen und stummen Materie«, und wird selber ein Ding. Daß die Beseitigung des ungegenständlichen Bezuges in der Tat dahin führt, bestätigt sich auch in der Antwort MAKARENKOS auf GORKIS Glückwunsch: »Ich habe mich ja gerade deshalb der pädagogischen Kolonne gewidmet, weil ich in einem gesunden menschlichen Kollektiv aufgehen (!) wollte... Darin aufzugehen, persönlich unterzutauchen ist die beste Art, mit sich ins reine zu kommen...« Mit dem Schwinden jenes Bezuges erlischt auch der unbedingte Akzent, den wir durch die fremde Würde auf das menschliche Dasein gelegt sahen und der ein Aufgehen, ein Untertauchen in ... unmöglich macht.

Natürlich ist dieser Prozeß des Identitätsverlustes – denn um den geht es ja! – nicht nur in diesem ideologischen Umkreis zu beobachten, auch in der westlichen Lebenslandschaft finden sich viele seiner Spuren. In seinen Versen über das »verlorene« Ich weist GOTTFRIED BENN auf ihn hin:

> Woher, wohin – nicht Nacht, nicht Morgen,
> Kein Evoë, kein Requiem,
> Du möchtest dir ein Stichwort borgen –,
> Allein bei wem?

Als einen Fall von besonderer exemplarischer Eindringlichkeit möchte ich Oberst LAWRENCE, den Verfasser der »Sieben Säulen der Weisheit«, nennen: Nachdem er durch die Führung der arabischen Aufstände weltberühmt geworden war – CHURCHILL hat ihn als eine der größten Hoffnungen des britischen Empire bezeichnet, B. SHAW hat sein Werk bearbeitet –, brachen aufgrund bitterer Erfahrungen seine Ideale zusammen. In einem Akt der Verzweiflung an jedem Sinn und jeder Möglichkeit, entscheidungshaft etwas Sinnvolles zu tun, meldete er sich trotz seines hohen Ranges unter anderm Namen beim Bodenpersonal der Royal Air Force und tat dort Dienst. Auf die Frage, warum er diesen ungewöhnlichen Schritt tue, antwortete er: »Ich tue das, um einem mechanischen Zweck zu dienen, nicht als Führer (der sich entscheidet, der Programme haben und sich als eigenes Aktzentrum bewähren muß [Verf.]), sondern als Schatten einer Maschine (also mechanisch-automatisch, entscheidungslos vegetierend und mitlaufend) ... Man lehrt sich, daß es nicht auf einen ankommt.« Ein anderes Mal spricht er von dem Ausweg, »sein freies Wollen zu vernichten, den Lebenswillen versiegen zu lassen und sich von jeder Handlung fernzuhalten, die noch die Sprache der Verantwortung und des Stolzes spricht ...«

Diese Aufhebung des spezifisch menschlichen Daseins durch Eliminierung des letzten geglaubten Bezuges und durch Reduktion auf objektive Funktionen ist, wie gesagt, typisch modern.

Das Umgekehrte, nämlich die Gründung der Humanität auf den ungegenständlichen Bezug, ist nun durchaus nicht nur *christlich*, gehört vielmehr zum Axiomenbereich einer Anthropologie, wie sie der Überlieferung des Abendlandes von jeher entsprach, auch schon in ihrer vorchristlichen Phase. Das mag uns ein kurzer Blick auf die Anthropologie des klassischen Griechentums zeigen:

c) *Der theonome Bezug des Daseins bei den Griechen (Mensch – Götter)*

Rationalität und Autonomie im antiken und modernen Sinne

Das sechste nemeische Siegeslied, das Pindar um 470 vor Christus verfaßte, beginnt mit den Versen:

> Eines der Menschen, eines der Götter Geschlecht;
> aber von *einer* Mutter haben wir Leben beide;
> es trennt (uns) in vollem Maß unterschiedene Macht,
> denn das eine Geschlecht ist nichtig, dagegen
> der eherne Himmel bleibt als stets sicherer Sitz.
> Aber doch sind wir ähnlich an mächtiger Denkkraft
> oder an Anlage den Unsterblichen.

Unsere Formel vom ungegenständlichen Grund menschlichen Daseins mag angesichts dieser Sprache fast wehetuend prosaisch wirken. Doch nötigt uns unser Thema, Pindars Aussage als bestätigendes Zeugnis heranzuziehen: Das Verständnis des Menschen erwächst in der Tat hier aus dem Bezug zu den »Unsterblichen«, denen wir an Denkkraft und Anlage analog sind und die unser Dasein umgreifen, ohne als Gegenstände und Gestalten in seinem Umkreis aufzutauchen, ohne also – es klingt hier wirklich beckmesserisch, aber es muß gesagt sein – objektiviert werden zu können. Das gilt selbst dann, wenn man von klassischen Philologen darauf aufmerksam gemacht wird, daß mit der gemeinsamen Mutter von Göttern *und* Menschen die physis, das heißt die Gesamtheit des als schaffend verstandenen Seins, gemeint ist. Denn auch dieses Sein ist ja mehr als die Summe des registrierbar Seienden. Es ist eine mythische Macht und nimmt insofern an der Ungegenständlichkeit des Umgreifenden teil. Kein Gedanke also daran, daß hier das Wesen des Menschen bloß in seiner Funktion, im Vermögen seiner téchne oder darin gesehen würde, daß er selber mehr sei als eines der Dinge, die er sich unterwirft. Der PINDARSCHE Viehhirt würde sich genauso wie der KIERKEGAARDSCHE nicht aus seiner Überlegenheit gegenüber den Kühen verstehen!

Auch bei PLATO tritt dieser Bezug zur ungegenständlichen Welt der Götter hervor, wenn es etwa im »Theaitetos« heißt: »Sich dem Bösen zu entziehen, ist Gott ähnlich werden nach Möglichkeit; Gott ähnlich werden, ist aber: gerecht und fromm werden in einem auf Vernunft gegründeten Verhalten.« Für das Verständnis dieses Satzes ist vielleicht der Hinweis hilfreich, daß »Vernunft« hier nicht einfach als das Erkenntnisorgan für die gegenständliche Welt verstanden wird, wie das beim modernen Rationalismus in seinen vielen Spielarten der Fall ist. »Vernunft« meint vielmehr eine Fähigkeit des Vernehmens und Wahrnehmens, die über die sinnlich gegebene Erfahrungswelt hinausreicht. Es geht nicht einmal nur, wie PLATO im »Phaidon« darlegt, um den Gegensatz von vernünftigem Denken zu trügerischer Sinneswahrnehmung, sondern innerhalb des vernünftigen Denkens um die höhere Stufe des »reinen Denkens«, zu dessen Gegenständen »das« Gerechte, »das« Schöne und »das« Gute, ja: das »Unsagbare« gehören. Hier aber wird schon der Begriff Gegenstand wieder fragwürdig, weil das Gedachte sich in diesem Falle ja auf ideale Größen bezieht, die nicht gegenständlich erfahrbar sind, sondern – mit KANT gesprochen – den Grund für die *Möglichkeit* aller Erfahrung bilden. Zu der Ungegenständlichkeit dieser alles menschliche Sein tragenden Größen gehört auch das, was PLATO »Gott« nennt.

So gewiß hierbei die den Menschen bestimmende Relation *nicht* die zu Dingen und Tieren, sondern die zu Ideen und Göttern ist, so gewiß ist es auch, daß noch eine andere für die Moderne charakteristische Relation für den alten Griechen nicht in Betracht kommen kann: Ich meine die Beziehung des Menschen zu sich selbst, wie sie sich etwa im Begriff der *Autonomie* ausdrückt[1]. Dieser moderne Begriff zeigt in vielen seiner Spielarten – übrigens keineswegs in allen, zum Beispiel nicht in der Kantischen Version – den Menschen, der sich aus seiner in sich ruhenden Endlichkeit versteht, der darin sein eigener Herr ist und sich insofern *nicht* mehr aus seinem Bezuge begreift. Er verhält sich nur noch zu sich selbst. Am Ende dieses Verstehenszweiges steht dann möglicherweise nicht mehr die Begegnung des Menschen mit sich selbst in seiner Menschlichkeit, sondern die Begegnung mit den pura naturalia, mit der nackten Vorfindlichkeit des Menschen. Für MAX STIRNER etwa, der diesen erstorbenen Ast wohl am besten repräsentiert, ist selbst das Wort von der »Menschlichkeit des Menschen« schon eine Abstraktion, eine mystifizierte Ungegenständlichkeit, die es so gar nicht gibt. Natürlich »gibt« es sie nicht; es gibt den Menschen tatsächlich nicht so, wie es Häuser und Bäume, Steine und Berge gibt – wir haben darüber gesprochen. Dem modernen Empirismus aber, der nur die gegenstandsbezogene Rationalität kennt, kann allein das wirklich sein, was es eben »gibt«. Und wenn man nun tatsächlich alles abzieht, was es am Menschen in dieser Weise eben *nicht* gibt – seine Personalität, sein Gewissen, sein Bezugsgeschick –, dann bleibt in der Tat nur jene nackte Vorfindlichkeit übrig, der Mensch in puris naturalibus, der »federlose Zweifüßler«.

Die Relation des antiken Griechen zu den Göttern ist diesem modernen Autonomieverständnis und erst recht seiner Entartung weltenweit entrückt. Obwohl man bei der Verwendung und dem Vergleich von Begriffen, die weit auseinanderliegenden Epochen angehören, sicher zurückhaltend verfahren muß, wird man doch sagen dürfen, daß der antike Mensch nicht autonom, sondern theonom orientiert sei. Bei HOMER werden die Menschen als »die Sterblichen« (thnetoí) bezeichnet. Die sie bestimmende Relation ist nicht die zum Tier, aus dem sie sich entwickelt hätten, von dem sie sich nun mit ihren humanen Würdegraden abgrenzten, sondern die *Beziehung zu den Göttern*, den »Unsterblichen« (athánatoi). »Trachte nicht, Zeus zu werden! ... Sterbliches nur kommt Sterblichen zu«, verkündet PINDAR.

Selbst Prometheus, der uns zum Urbild des aufständisch-emanzipatorischen Menschen geworden ist, wird dabei – wie KARL REINHARDT in seinem Aischylos-Werk gezeigt hat – säkularistisch mißverstanden und ins Moderne stilisiert, wenn er – wie bei KARL MARX – als mythischer Götterhasser zum Symbol des Aufstandes und zur Personifikation der Autonomie und Autarkie des Menschen wird. Gerade dadurch, daß AISCHYLOS ihn als Titanen versteht, rückt er ihn in einen Kontext, der zu seinem Verständnis unerläßlich ist. Der Mensch soll sich inmitten dessen, was ihm an Gewalt (bía) übergeben ist, seines titanischen Ursprungs erinnern, um darin »Gnade« zu empfangen. Die Gestalt des Titanen Prometheus steht zeichenhaft für diese Polarität von Gewalt und Gnade.

In allen diesen Texten liegt der Gedanke an eine Autonomie, die zur Signatur der Humanität würde, so weit außer Betracht, daß – wahrscheinlich mit einer einzigen Ausnahme – der Begriff »autonomer Mensch« nirgendwo auftaucht, es sei denn zur Bezeichnung souveräner Staaten oder »frei weidender Tiere« (!) Die einzige Ausnahme zeigt aber gerade ein Verständnis von Autonomie, die der heutigen Verwendung des Begriffs völlig fremd ist, ja, ihr geradezu inkommensurabel gegenübersteht. Diese Ausnahme findet sich in der »Antigone« des SOPHOKLES. Als König Kreon, das Recht mißbrauchend, die Bestattung ihres Bruders Polyneikes verbietet, setzt sich Antigone über das königliche Edikt hinweg und begräbt den ihr teuren Toten. Als der König sie daraufhin bestraft und lebend einmauern läßt, spricht der Chor: »Nach eigenem Gesetz (autónomos), auf dich allein gestellt lebend, gehst du hinunter zum Hades.« Der hier gebrauchte Begriff

»autónomos« ist aber so ungefähr das Gegenteil dessen, was *wir* ihm an Bedeutungsgehalt zumessen, wenn wir ihn mit »eigenwillig« oder »eigengesetzlich« gleichsetzen. Antigone gehorcht ja nicht ihrer individuellen Gewissensstimme, sondern sie widerspricht dem »positiven«, von Kreon in Willkür erlassenen Gesetz im Namen der ewigen, ungeschriebenen und *göttlichen* Gesetze. *Sie bezeichnet sich also mit dem Wort »autónomos« nicht als emanzipiert und ent-bunden, sondern im Gegenteil: sie spricht im Namen der Unentrinnbarkeit eines letzten Gebunden-Seins.* Sie ist »selbst«-ständig und bringt ihr Selbst (autós) nur insofern ins Spiel, als sie auf diesem Grunde steht. *Theonomie und Autonomie brechen hier nicht polar auseinander, sondern haben eine hintergründige Identität.* Auch das wird uns später noch genauer beschäftigen.
Dieser Rückbezug des Lebens auf seinen göttlichen Grund ist es auch, der bei VERGIL das Wort vom »frommen Helden«, vom pius Aeneas für den Ahnherrn Roms möglich macht. Schon die Verbindung von »Held« und »fromm« klingt fremd in unsern Ohren, weil wir den Helden eher, wie NIKOLAUS LENAU das in seinem von BISMARCK geliebten Gedicht »Der Indifferentist« tut, als »tollen« Helden verstehen möchten, der »die bange Welt durchrast«, oder allenfalls im GOETHESCHEN Sinne als den, der »allen Gewalten zum Trotz« sich erhält und gerade dadurch die Arme der Götter herbeiruft. Hier aber ist es anders:

Weil du dich beugst den Göttern, herrschest du.
Da liegt der Anfang, da auch das Ende stets –

das ist das heldische Motto, mit dem HORAZ in der 6. Römerode auf den Ursprung von Roms Größe und Untergang weist.

Es ist zwar unbestreitbar, daß es im Griechentum auch andere Anthropologien gegeben hat. PLATOS Satz: »Das Maß aller Dinge ist Gott« ist etwa gegen den berühmten Satz des Sophisten PROTAGORAS gerichtet, daß der *Mensch* das Maß aller Dinge sei. Auch dieser sophistische Versuch, sich angesichts von Skepsis und Infragestellung aller Werte auf die Ebene des »bloßen Mensch-Seins« zurückzuziehen, ist *eine* Farbe auf der reich bestückten Palette des griechischen Geistes. Doch wird man in den Sophisten mehr den Kontrapunkt zum eigentlichen Cantus firmus der *theonomen* Bindung dieses Geistes sehen dürfen.
Bei PLATO kommt diese Existenz des Menschen im bindenden Bezuge jedenfalls unüberhörbar zum Ausdruck: Die Seele als das personale Zentrum weilt ursprünglich im Reich der Ideen und befindet sich da im Gefolge der Gottheit, wird aber dann durch die affektischen Antriebe herabgezogen und aus ihrer Bahn abgelenkt. Im »Timaios« ist nur das Vernünftige (noetikón) göttlich und unsterblich; es wird als Daimon bezeichnet, den die Gottheit jedem mitgegeben hat. Die andern Seelenteile, die sich aus dem Bezug zum Ursprung lösen können, sind dagegen sterblich. Der irdi-

schen Existenz ist somit die Aufgabe gesetzt, aus der Entfremdung, der Emanzipation in den verlorenen Ursprung zurückzukehren. Die Seele muß stufenweise das Ideenreich wiedergewinnen und wird dabei unterstützt durch die Erinnerung (anámnesis) an den früheren Aufenthalt in jenem Reich, von dem sie ausging.

Jedenfalls: wer sich aus dem Bezuge zur Gottheit und zu den Ideen löst, verfällt an das Nichtige und verwirkt sein Humanum. Damit hat PLATO vorausgeahnt, was in späteren Entwicklungen auch als kollektive Zeiterscheinung auftaucht: Ich meine den seinem Urbezuge entnommenen und auf das gegenständlich Ergreifbare reduzierten Menschen.

Auch das, was etwa der dialektische Materialismus als Ausdruck reiner Rationalität interpretiert – nämlich den Menschen nur in seinen materiellen, wissenschaftlich zu erhebenden Daseinsbedingungen zu sehen –, würde PLATO wohl gerade als das Nicht-Vernünftige, als »affektisch« bestimmte Handelns-Motivierung und in alledem als Konzept der »herabgezogenen« Seele, der degenerierten Personalität deuten. Daß es im übrigen *Schuld* sein kann, den Menschen durch ungerechte Gesellschaftsstrukturen diesem Herabgezogen-Werden auszusetzen, brauchte von da aus keineswegs bestritten zu werden.

Im übrigen will ja der Marxismus die Welt auch gar nicht *interpretieren*, was im Sinne PLATOS doch heißen würde, daß er für die Frage nach dem *Wesen* des Menschen und seiner Welt aufgeschlossen wäre; sondern er will die Welt *verändern*. Seine Erkenntnisakte richten sich deshalb nicht im platonischen Sinne auf Grund, Ziel und Sinn der Welt, auf ihre »Idee«, sondern nur auf den zuhandenen und objektivierbaren Funktionsmechanismus, der manipuliert werden soll und zu dem man also ein ausschließlich pragmatisches Verhältnis hat. Nicht die Wahrheit als Selbsterschließung des Seins (alétheia), sondern das Interesse an der Aktion und damit ein »affektisches« Motiv bildet den entscheidenden Impuls. Schon damit gerät die Grundrelation außer Sichtweite, auf die sich die platonische Anthropologie gründet.

Ich hoffe, dem Leser so Verständnis dafür abgewonnen zu haben, daß und warum wir an dieser Stelle das griechische Menschenbild einer wenigstens kurzen Musterung unterzogen. Trotz aller Wesensverschiedenheiten des Christlichen und des Griechischen (im Verständnis der Zeit zum Beispiel, in der Seele-Leib-Beziehung, in der Kosmogonie und vielem andern), trotz der oft verhängnisvollen Vermengung beider (in der Abwertung des Leibes etwa oder in der Verwechslung von Auferstehung und Unsterblichkeit) scheint es höchst bedeutsam, daß die unsern Kulturkreis am meisten prägenden Anthropologien formale Entsprechungen in ihrem Ansatz aufweisen: *Denn für beide, für die griechische* und *die christliche, ist das Bild des Menschen durch die Relation zu einem Unbedingten bestimmt, auch wenn dieses Unbedingte hüben und drüben einen anderen*

Namen trägt und damit auch die Art der Relation verschieden qualifiziert ist.

Negativ heißt das: Das Bild des Menschen ist hüben und drüben gleichermaßen *weder* ein entelechisch geschlossenes Gebilde, das aus sich selbst verstanden werden könnte und darum durch keinerlei Bezug auf ein Unbedingtes – auf Grund, Ziel und Sinn des Daseins – zu bestimmen wäre; *noch* ist dieses Menschenbild auf eine Relation zum Bedingten gegründet, sei es zu den biologischen oder den gesellschaftlichen Bedingungen seiner Existenz, also auf das Vorfindliche und Objektivierbare.

Damit ist die Aufgabe, die unserer anthropologischen Untersuchung gestellt ist, klar herausgearbeitet. *Wir haben diese Relation zum Unbedingten genauer zu erforschen.* Das soll in der Weise geschehen, daß wir diese Grundrelation in den einzelnen Daseinsbereichen des Menschen aufsuchen: in der Beziehung zum Animalischen, zur Gesellschaft, zum Tode und vielen andern unser Dasein mitkonstituierenden Realitäten. Wir haben jeweils die Anwesenheit und Relevanz jenes Grundbezugs festzustellen. Wir fragen also mit KIERKEGAARD, inwiefern der Mensch sein Selbst und seine Identität jeweils dadurch gewinnt, daß er »vor Gott da« ist.

Diese Aufgabe behalten wir im Auge, wenn wir uns nun in einem Zwischenspiel der Frage zuwenden, was sich im Zuge der Neuzeit am Selbstverständnis des Menschen geändert, vor allem inwiefern er sich aus jener Grundrelation emanzipiert hat.

E. Der Einfluß des modernen Wirklichkeitsverständnisses auf die Anthropologie

I. Die Richtung, in der das Wirklichkeitsverständnis sich wandelt

a) Das Verhältnis von Zeit und Ewigkeit als Schlüssel zum säkularisierten Menschenbild

Ein Soziologe unserer Tage definiert die Säkularisation als einen »Prozeß, durch den Teile der Gesellschaft und Ausschnitte der Kultur aus der Herrschaft religiöser Institutionen und Symbole entlassen werden«, oder auch als »Rückzug der christlichen Kirchen aus Bereichen, die vorher unter ihrer Kontrolle oder ihrem Einfluß gestanden haben«. Obwohl damit die Phänomene zutreffend und dem üblichen Verständnis entsprechend beschrieben sind, berührt diese Definition doch nur die Oberfläche und spricht nicht die begründenden Antriebe des Prozesses der Säkularisation an[1]. Sie beschränkt sich auf seine institutionellen Auswirkungen. Wir versuchen statt dessen, unsere bisherigen anthropologischen Ergebnisse für das Verständnis der Säkularisation fruchtbar zu machen.

Wenn wir davon ausgehen, daß im Christentum ebenso wie im klassischen Griechentum – wenn auch inhaltlich verschieden – der Mensch aus der Relation zu seinem Bestimmungsziel verstanden wird und daß ihm die Wahl dieses Zieles verantwortlich aufgetragen ist, dann kann sich dieses Daseinsverständnis in doppelter Weise auswirken; und die Geschichte zeigt, daß das auch immer wieder geschehen ist:

Entweder (1.) wirkt es sich dahingehend aus, daß die Entworfenheit des Menschen auf seine Bestimmung hin zu der maßgeblichen Kategorie wird, die uns die »irdischen« Dinge verstehen läßt. Wir sehen die Geschichte – die allgemeine sowohl wie die individuelle Lebensgeschichte – in ihrem Licht; sie bestimmt die Sichtweise für den mitmenschlichen Umgang, für die Ehe, für Zeugung und Tod, kurz: für alles, was mit dem menschlichen Dasein zu tun hat. Natürlich nehmen sich alle diese Dinge, Ereignisse, Institutionen usw. anders aus, je nachdem, ob man sie nur als Phänomene beschreibt oder ob man sie im Lichte ihres Sinnes sieht und einem letzten teleologischen Bezuge zuordnet.

Oder (2.) kann es so sein, daß das Bestimmungsziel des Menschen den anthropologischen Aspekt derart absolut und ausschließlich bestimmt, daß die einzelnen Inhalte unseres Daseins nicht mehr ihren Akzent von dorther erhalten, sondern daß sie ihr spezifisches Gewicht völlig verlieren. Sie werden zu schattenhaften Gebilden, die vor dem Licht der eigentlichen Bestimmung zur Unwirklichkeit verblassen. Ein Beispiel dafür ist die Entwirklichung der irdischen Dinge, wie sie sich im Kraftfeld eschatologischer Hochspannung begeben kann. Das läßt sich etwa im siebten Kapitel des ersten Korintherbriefes beobachten, wo die Wiederkunft Christi, das Bestimmungsziel der Geschichte also, als unmittelbar bevorstehend gilt. Die Übermacht der Nähe, der Fast-schon-Anwesenheit dieses Zieles läßt alles Bestehende zu einer nur interimistischen Durchgangserscheinung werden, der fast keine eigene Wirklichkeit mehr eignet. Darum lohnt es sich kaum noch zu heiraten oder seine gesellschaftliche Situation – den Status des Sklaven etwa – zu ändern. Da »die Zeit kurz« ist, in der die jetzige Welt ausläuft, müssen alle, »die da Frauen haben, sein, als hätten sie keine; und die da weinen, als weinten sie nicht; und die sich freuen, als freuten sie sich nicht; und die da kaufen, als besäßen sie nicht; und die diese Welt gebrauchen, als gebrauchten sie sie nicht. Denn das Wesen dieser Welt vergeht«. Es lohnt nicht mehr. Die Nähe der Ewigkeit schraubt das Zeitliche zur Bedeutungslosigkeit zurück. In der ungeheuren Spannung des erwarteten Weltzieles, das zugleich den Abbruch dieses Äons in sich schließt, kann das so kommende Reich Gottes fast doketisch entrückte Züge gewinnen: Es durchdringt diese Welt sozusagen nicht mehr und hört auf, ihr jenen Sinn zu geben, der uns das Irdische sub specie aeternitatis sehen, der uns in dem Vielen das Eine erkennen läßt, »das not tut« und uns den Blick für die wahren Prioritäten eröffnet. Das Reich Gottes droht hier seiner Verleiblichung beraubt zu werden, es verliert den Bezug zum Irdischen.

Bei der *ersten* dieser beiden Positionen – dort also, wo das Reich Gottes als Bestimmungsziel die irdischen Dinge trägt, erhellt und in seinem Lichte sehen läßt – kann in allen Formen der Säkularisierung seine Relevanz sichtbar bleiben. Man sieht das zum Beispiel an einer Gestalt wie BONHOEFFER, der den weltlichen, der Säkularisierung Rechnung tragenden Bezug des theologischen Denkens entschieden herausstellt. Hier bleibt deshalb auch eine gemeinsame Gesprächsebene, auf der sich Christen, Agnostiker, Atheisten und Säkularisierte aller Art begegnen können. Gesellschaftliche Fragen zum Beispiel, das Eigentumsproblem etwa oder die Gleichberechtigung oder die Strukturfrage überhaupt, stehen zwar hüben und drüben in einem andern Bezugsrahmen. Die Sache selbst aber, die in diesem verschiedenen Rahmen gesehen wird, bleibt ein gemeinsames Thema. Und indem man es anspricht, kann *dann* auch gerade die Frage nach der letzten tragenden Relation ins Spiel gebracht werden. Wir haben früher schon gesehen, daß sich gerade im Rahmen dieser theologischen Weltinterpretation, dieses Sach-Dialoges, der legitime Ansatzpunkt für die Verkündigung ergibt.

Bei der *zweiten* der genannten Positionen – dort also, wo das Reich Gottes radikal geschichtstranszendent gesehen wird und sein Bezug zum Irdischen ausfällt – kann die Säkularisation totale Gestalt gewinnen und zum *»Säkularismus«* werden. Zwischen einem radikal transzendenten Gott und einer radikal immanenten Welt bleibe das einzig Verbindende nur das *Wort*, so sagte PETER BERGER einmal. Wenn dessen »Plausibilität« verschwinde, das heißt, wenn es nicht mehr – wie in der Neuzeit – den Inhalt einer allgemeinen und als selbstverständlich angenommenen Überzeugung bilde, dann sei der letzte »enge Kanal« abgeschnitten, der Diesseits und Jenseits noch miteinander verbindet. Und dann bliebe in der Tat nur die Welt als in sich ruhende Endlichkeit übrig, »in der ›Gott tot ist‹«. BERGER sieht diese Gefahr im Protestantismus stärker gegeben als im katholischen Bereich. Denn der Katholik lebe in einer Welt, »in der ihm das Heilige durch viele Kanäle vermittelt wird – durch die Sakramente, die Fürbitte der Heiligen, den Einbruch des ›Übernatürlichen‹ als Wunder –, eine fließende Grenze zwischen dem Sichtbaren und dem Unsichtbaren«. Hier sind Zeit und Ewigkeit durch ein ganzes System von Analogien miteinander verbunden.

b) Die radikale Diastase von Zeit und Ewigkeit beim frühen Barth Die säkularisierende Auswirkung dieses Ansatzes im Dritten Reich

Die Art, wie man also das Verhältnis von Zeit und Ewigkeit, Welt und Reich Gottes zueinander bestimmt, ist für das Verständnis der Säkularisation überaus bedeutungsvoll. Ich möchte das noch an der Theologie KARL BARTHS verdeutlichen und bin hier auf erheblichen Widerspruch gefaßt.
BARTH hatte in seiner Frühzeit die absolute Diastase von Zeit und Ewigkeit vertreten und damit – nach unserm Verständnis – einem gewissen Doketismus gefrönt: Gott ist für ihn der »ganz Andere«. Er spricht sein Nein und sein Gericht über allem, was die Welt an Werten und Normen proklamiert. Er ist in analogieloser Transzendenz. Die so sich ergebende Beziehungslosigkeit zwischen Zeit und Ewigkeit drückt sich gerade in der Hilflosigkeit gegenüber ethischen Fragen der Welt- und Lebensgestaltung aus: Um nämlich als Christ im Namen der Gebote Gottes verantwortlich leben zu können, *müßte* es ja eine Beziehung zwischen dem Willen Gottes, unserm Gewissen und dem Gefüge unserer Welt geben. Es *dürfte* nicht nur das Nein Gottes zu alledem gelten. Da aber eben doch jene absolute Diastase von Zeit und Ewigkeit in Kraft ist, kann es keine Gestalt unseres Tuns und unserer Entscheidung geben, die sich auf den Willen Gottes berufen dürfte. Die Legitimation der Eindeutigkeit bleibt uns prinzipiell unerschwinglich. Bei der Frage, ob ich mich in einer gegebenen Situation so oder so zu entscheiden habe, bleibt nur die Antwort: »Vielleicht so – vielleicht auch nicht.«
So bleibt alles in der Schwebe. Es klingt ein bißchen boshaft, ist auch nicht ohne Karikatur, wenn ich diese Position so beschreibe: Was ich auch in

dieser bösen Welt, über der Gott sein Nein spricht, tun mag: Verkehrt ist es doch. Deshalb bleibt nur eine gewisse Indifferenz – eben das »Vielleicht – vielleicht auch nicht« – übrig[2].

Die ethische Krise, die sich so ergeben mußte, machte selbstverständlich auch gegenüber theologisch zu legitimierenden Entscheidungen im Bereiche von Politik und Gesellschaft hilflos. Man sieht das an der Ahnungslosigkeit, mit der die von BARTH wesentlich bestimmte Bekennende Kirche in das Dritte Reich HITLERS hineinstolperte. Hellhörig wurde diese Kirche gegenüber der ideologischen Tyrannis nur insofern, als sie das Wort Gottes – jenen einzigen verbindenden Kanal zwischen Zeit und Ewigkeit – bedroht und angefochten sah. Hier setzte sie sich denn auch entschieden zur Wehr. Doch hatte das in zweierlei Hinsicht einen unangenehmen Beigeschmack:

Zum *ersten* schien die Kirche sich auf diese Weise nur selbst zu verteidigen und also lediglich pro domo zu sprechen. Sie war ja die Trägerin dieses Wortes; indem sie sich für es einsetzte, sprach sie zugleich für sich selber. Das drückte sich in dem Slogan jener Tage aus: »Kirche muß Kirche bleiben.«

Zum *andern* erreichte sie mit ihrem Protest gegen die ideologische (deutschchristliche und parteiamtliche) Unterwanderung des Wortes Gottes nur solche Zeitgenossen, die sich ebenfalls dem Worte verbunden wußten und also Christen waren. Für die Protest-Kommunikation mit den andern gab es ja gerade *keine* gemeinsame Basis. Die »Dinge« dieser Welt (Kulturpolitik, Erziehungswesen, Minderheitenprobleme u. a.) waren theologisch irrelevant. Wenn wir als Studenten unsern Lehrer KARL BARTH um eine Meinungsäußerung zu bestimmten Politika baten, möglichst im Kolleg, weil das ja alle interessiere und angehe, verweigerte er diese Antwort ex cathedra theologica und sagte: Kommen Sie in meine Sprechstunde – meine private Meinung will ich Ihnen gerne sagen.

Nun ist es aber doch unverkennbar, daß das ideologische Herrschaftssystem des Nazismus den Geboten Gottes, dem »Anspruch der Ewigkeit«, durchaus nicht nur auf jene direkte Weise widersprach, in der es dem christlichen Glauben und seiner institutionellen Vertretung, der Kirche, den Kampf ansagte. Hier konnte man sogar manches relativ unangetastet lassen: Gegen die Augsburgische Konfession und andere Bekenntnisschriften hat das braune Regime nie etwas eingewendet. Es hat sie nicht einmal zur Kenntnis genommen. Man konnte sich diese bedingte Toleranz erlauben, weil das Regime nicht ganz zu Unrecht die Überzeugung hegen mochte, ein Christentum, das weltlos geworden sei und nur noch innerinstitutionell vegetiere, befinde sich sowieso auf dem Aussterbeetat. Deshalb duldet ja aus ganz ähnlichen Gründen auch der Marxismus-Leninismus den orthodoxen Kultus hinter Kirchenmauern.

Die Nazi-Parole von der »Entkonfessionalisierung des öffentlichen Lebens«

hob dagegen auf den eigentlichen und gravierenden Antichrist-Widerspruch ab: Innerhalb der weltlichen Existenz des Menschen sollten die neuen Götter herrschen und den alten Gott des Christentums verdrängen. *So wurde ein neues Menschenbild proklamiert.* An die Stelle des Menschen, der seinem ewigen Bestimmungsziel zugeordnet war, trat der Herrenmensch, der sich nur der vermeintlichen Stimme seines Blutes verpflichtet wußte und im übrigen ein Funktionär und Apparatschik derer war, die diese Stimme offiziell repräsentierten: der Manager der Partei. Die Jugenderziehung – wieder ein weltliches Geschäft! – wurde antichristlich nicht primär deshalb, weil gegen das Evangelium polemisiert wurde, sondern weil es ihr um die Denaturierung des jungen Menschen ging: Er sollte zum personlosen Element nationaler Kollektive werden. Die Minderheiten – die Juden etwa oder die Geisteskranken – wurden ausgetilgt; und man konnte dies rechtfertigen im Namen einer Ideologie, die den Menschen nicht mehr aus seiner »fremden Würde« heraus verstand und ihn damit des Status seiner Sakrosanktheit beraubte.

So könnte man noch lange fortfahren. Der Kampf zwischen Geist und Ungeist spielte sich jedenfalls nicht auf kirchlich reservierten Schlachtfeldern ab, sondern mitten in der Welt. An die Stelle einer christlich interpretierten Daseins- und Weltwirklichkeit trat eine ideologisch manipulierte. Und gerade den *hier* laut werdenden Anruf zum Bekennen und Standhalten und Widerspruch hat man weithin *nicht* vernommen. Nur einzelne – Bischof WURM etwa oder der spätere Kardinal Graf GALEN – traten hier auf den Plan. DIETRICH BONHOEFFER, der mit zu diesen einzelnen und vielleicht an ihre Spitze gehört, hat deshalb im Namen *dieser* Bekenntnisverpflichtung auch den politischen Kampf aufgenommen und hat im Namen Gottes »weltlich« widerstanden. Er hat sich dafür geopfert.

Im Namen der damaligen Theologie von KARL BARTH konnte die Bekennende Kirche dem hier gestellten Anspruch aber nicht genügen. Sie stand ihm wehrlos und weithin blind gegenüber. Denn sie hatte den Bezug aus dem Auge verloren, in dem die weltlichen Dinge zum Reiche Gottes standen. *Die Radikalität, mit der diese Theologie das Totaliter-aliter Gottes und seine transzendente Souveränität zur Magna charta machte, führte zu einer ebenso radikalen Entlassung der Theologie aus ihrer weltlichen Verpflichtung.* Darum bewegte sich der Kirchenkampf nahezu ausschließlich um die dogmatische Bekenntnisfrage und nicht mehr um den Gehorsam, den der Christ inmitten seines Weltauftrages den Geboten Gottes schuldig war. Es war ein großes Unglück, daß die Lutheraner aus ganz andern Motiven, nämlich aus einer mißverstandenen Zwei-Reiche-Lehre, zu einer ähnlichen Dispensierung der Weltverantwortung kamen. Auch sie meinten so, ihren Widerspruch zum Regime nur auf den dogmatischen Bekenntniskampf beschränken zu dürfen. Die Judenverfolgung war ein »weltlich Ding« und schien keine theologische Relevanz zu haben. *Die radikale Dia-*

stase von Zeit und Ewigkeit beim damaligen BARTH *(und der von ihm maßgeblich geprägten Bekennenden Kirche) und andererseits die Naziparole von der »Entkonfessionalisierung des öffentlichen Lebens« (die faktisch seine Entchristlichung meinte) arbeiteten sich auf hintergründige und makabre Weise gegenseitig in die Hand.*

Freilich merkte gerade BARTH selbst sehr bald, in welche Sackgasse er sich damit verrannt hatte und wo der Schaden Israels in seinem System steckte. Er war politisch viel zu wach und zu engagiert, um die totale Verheerung, die der Nazismus auf der Weltebene anrichtete, zu übersehen. So mußte er bemüht sein, wenigstens nachträglich Umstellungen in seinem theologischen Denken zu vollziehen, um diese Weltfragen zu einem legitimen theologischen Thema zu machen und einen entsprechenden Auftrag zum Handeln begründen zu können. Es war klar, an welcher Stelle sich diese Umstellung begeben mußte: dort nämlich, wo es um die Relation der Zeit zur Ewigkeit, der Welt zum Reiche Gottes ging. Die völlige Analogielosigkeit beider, die im Namen des Totaliter-aliter Gottes erklärt worden war, hatte in die totale ethische Blockade geführt. Sie hatte – natürlich nicht wissentlich und erst recht nicht willentlich – dem Zugriff des Nazismus geradezu eine offene Flanke zur Verfügung gestellt. Die nötigen Korrekturen hat BARTH dann in der Tat vorgenommen, indem er zu einem neuen Analogieverständnis durchfand[3].

Es ist nach allem, was wir nun gefunden haben, gewiß verständlich, daß die Emanzipation eines sich nur aus seiner Immanenz verstehenden Säkulums und damit die Absage an ein Bestimmungsziel, das über diese Welt hinausweist, um so näher liegt und sich um so radikaler vollzieht, je mehr die theologische Anthropologie selber die Zeit-Ewigkeit-Relation außer Betracht läßt. *Kaum etwas hat der Säkularisation und schließlich dem völligen Säkularismus derart vorgearbeitet und ihr solche Initialzündungen vermittelt wie das doketische, entweltlichte und entleiblichte Reichs-Gottes-Verständnis im Bereich der protestantischen Kirchen selbst.*

c) Säkularisation als legitimes Kind des Christentums (Gogarten)

Gleichwohl ist das nicht der einzige Impuls, der in diese Richtung drängte. Vor allem GOGARTEN hat nicht zu Unrecht darauf hingewiesen[4], daß das säkulare Weltverständnis aus dem Christentum selbst hervorgegangen sei. Indem Christus die Welt entgöttert, entsakralisiert, wird ein sachliches Verhältnis zur Welt möglich. Ein Hindu, so könnte man sagen, ist außerstande, eine Anatomie der Kuh zu betreiben, weil sie manahaltig und sakral geladen ist. Ein objektives Verhältnis – und dazu gehört immer Distanz – ist nur möglich, wenn dieses Numinose aus der Welt verschwindet und die Dinge wirklich zu »bloßen« Dingen werden. Erst die durch Christus bewirkte Entmythisierung der Welt bringt deshalb eine Sachlichkeit hervor, die die neuzeitlichen Entwicklungen in Naturwissenschaft und Technik ermöglicht hat.

Das Christentum verhält sich zur technischen Revolution sozusagen wie ein Vater zu seinem Sohne, der unterdessen erwachsen ist. Der so mündig gewordene Sohn kann nun zweierlei tun: Er kann entweder als Erwachsener das Haus des Vaters verwalten – oder er kann in die Fremde gehen, sich vom Vater lossagen und sich »emanzipieren«. »Säkularisation« als Gestalt dieser Mündigkeit wäre damit eine legitime Folge des Christentums. »Säkularismus« als Form radikaler Emanzipation dagegen wäre die Verwendung der so verliehenen Freiheit zum Aufstand, analog dem Mißbrauch der ebenfalls verliehenen Freiheit in der Sündenfallgeschichte.

Die so veruntreute Relation zum eigentlichen Bestimmungsziel besitzt gleichwohl einen unzerstörbaren Charakter (einen character indelebilis). Denn nun setzt das emanzipierte Säkulum neue Ziele und Sinngebungen dieser Art aus sich heraus. Weltimmanente Teile werden zum Ganzen aufgebläht, das Relative wird verabsolutiert. Wir sehen diese Vorgänge in den neuzeitlichen Weltanschauungen und Ideologien, in denen bestimmte Seinsregionen zum Weltthema erhoben werden: der Geist etwa oder die Materie oder der Bios. Sprachlich sind diese Verabsolutierungen daran zu erkennen, daß Worte auf »... ismus« gebildet werden: Idealismus, Materialismus, Biologismus, Strukturalismus usw. *Es handelt sich dabei um Versuche, anstelle der verlorengegangenen Grundrelation Surrogatbindungen zu setzen. Die Erinnerung (die anámnesis) daran, daß menschliches Dasein sich nicht in seiner Vorfindlichkeit erschöpft, sondern nach einem Bezuge ruft, bleibt gleichsam präsent und wirkt sich noch in ihrer Verkehrung aus.*

d) Zum geschichtlichen Beginn der Emanzipation

Geschichtlich gesehen, beginnt der Prozeß dieser Emanzipation wohl mit der *Renaissance*, in der das Diesseits zunehmend im Sinne seiner Selbstzwecklichkeit und nicht mehr als bloßes Interim, als Entscheidungszone für ein ewiges Schicksal, verstanden wird. Ich begnüge mich nur mit einigen Akzenten, um das zu zeigen, und wähle sie so, daß der Wandel der Anthropologie dabei möglichst markant hervortritt.

Das Bild etwa, das Nikolaus von Kues vom Menschen zeichnet, gewinnt seinen neuzeitlichen Zug dadurch, daß der Mensch hier als Selbstwert in Erscheinung tritt: »Der Mensch ist Gott, zwar nicht absolut, weil er *nur* Mensch ist; aber er ist der menschliche Gott.« Von da aus wird es verständlich, daß die Renaissance den Menschen in seiner individuellen Erscheinung, als Person, beachtet. Bei den gotischen oder auch den byzantinischen Künstlern war das anders: Hier hob sich der Mensch von einem goldenen Hintergrund ab, er war auf den »heaven«, auf die Glorie Gottes, bezogen. Dieser Schimmer lag wie ein Abglanz über ihm und machte sein

Wesen aus. Sein Wesen lag nicht in seiner individuellen Besonderheit, sondern in eben dieser Relation. Das äußere Sosein seiner Individualität trat demgegenüber zurück. Auf den Ikonen sind die Gesichter und die Faltenwürfe der Gewänder typisiert. Individuelle Markierungen und Besonderheiten würden nur die Versuchung auslösen, das Eigentliche an der falschen Stelle zu suchen. Bei DONATELLO dagegen oder MANTEGNA oder VAN EYCK erscheint der Mensch gerade in seiner individuellen Besonderheit, in dem ihn charakterisierenden Schönen oder auch Häßlichen. Es geht gleichsam um eine realistische Bestandaufnahme, wenn man so will: um die Erscheinung des Menschen in seiner Diesseitigkeit, die in sich selbst und nicht nur als Hinweis auf etwas anderes sinnvoll ist.

In diesem Sinn kann der Bildhauer DONATELLO selbst seine Prophetengestalten entsakralisieren und sie als genialische Individuen von Fleisch und Blut darstellen. Sie sind nicht mehr einer transzendenten Berufung zugekehrt, der gegenüber ihre Leibgestalt nur das gleichgültige und von der Berufung verzehrte und verbrauchte Gefäß wäre, vielmehr wird der sie erfüllende Geist zur genialischen, sozusagen »immanenten« Leidenschaft, er wird aus der Sphäre des Pneuma in die der Psyche hineinverwandelt. Bezeichnend ist deshalb wohl auch, daß die Meister der Hochrenaissance – zuerst übrigens LEONARDO DA VINCI – auf den Heiligenschein verzichten. Er verliert angesichts des neuen diesseitigen Realismus seine Bedeutung, da er ja die Signatur des transzendenten Bezuges ist. –

Im Gefolge dessen wandelt sich dann auch das Verhältnis zum *Tode*. Die Angst vor dem Tode bleibt zwar, doch erfährt sie eine bezeichnende Mutation: Vorher, im unmittelbaren Transzendenzbezug, war sie Angst vor dem Jüngsten Gericht, jetzt aber wird sie zur Angst vor dem Aufhören des Lebens, vor der Vergänglichkeit und vor einem Alter, in dem sich die Fähigkeit zur Aktivität, zur Entscheidungsfreude und zum Lebensgenuß ihrem Ende zuneigt.

II. Die Formen, in denen das Wirklichkeitsverständnis sich wandelt

Von der theologischen zur philosophischen Anthropologie

a) Zur antiken und mittelalterlichen Ontologie
Die Korrespondenz von göttlichem und menschlichem Logos

Die Hinwendung zur Diesseitigkeit, zur Emanzipation, die wir damit in ihrer Tendenzrichtung dargestellt haben, offenbart ihre tiefsten Gründe und Anstöße wohl in den radikalen Umformungen, die wir seit Beginn der Neuzeit an der *philosophischen Kosmologie und Anthropologie* beobachten können.

Für die Antike sowohl wie für das Mittelalter bedeutet Wahrheit etwas anderes als im neuzeitlichen, durch den Empirismus geprägten Denken.

Für *uns* bedeutet die Feststellung, daß etwas wahr sei, immer ein Urteil über die Qualität einer Erkenntnis und deren angemessene Aussage. Wenn ein Satz, so kann man in einem heutigen Lexikon lesen, »die tatsächlichen Verhältnisse, den Tatbestand und Sachverhalt, richtig wiedergibt«, dann gilt dieser Satz als wahr. Wahrheit wird also verstanden als die Übereinstimmung zwischen behauptetem und wirklichem Sachverhalt. Insofern bezieht sich die Anerkennung, dies und das sei wahr, immer auf die Wertung eines Erkenntnisaktes. Das Kriterium dafür, *ob* etwas so wahr sei, ist dann die Nachkontrollierbarkeit des als wahr Bezeichneten. Dahinter steckt natürlich das vom Empirismus genährte Vertrauen, die Wirklichkeit werde sich schon gegenüber unseren Behauptungen durchsetzen und sie gegebenenfalls »falsifizieren«. Die Sonne werde es an den Tag bringen, wenn das als wahr Behauptete sich als Irrtum herausstellen muß. Die Wirklichkeit werde es umgekehrt auch bestätigen, wenn der erhobene Wahrheitsanspruch zu Recht besteht.

In Antike und Mittelalter gräbt man tiefer; man würde die heutigen Wahrheitskriterien vermutlich als ziemlich oberflächlich empfinden und von ihnen sagen, sie seien eigentlich nur auf die äußeren Symptome von Wahrheit, aber nicht auf ihr Wesen gerichtet.

Wenn man nach diesem Wesen fragt, dann stößt man zunächst auf das philosophische Grundproblem, *warum* es überhaupt so etwas wie Wahrheit geben könne. Die Antwort darauf lautet dann – das sehen wir schon bei der Stoa –, daß es eine der Welt eingestiftete Analogie geben müsse zwischen unserm Denken und dem von diesem Denken umkreisten Sein. *Nur weil das Sein »denkbar« ist, kann es überhaupt gedacht werden und zum Gegenstand einer wahren Erkenntnis werden.*

Die so vorausgesetzte Korrespondenz zwischen Denken und Sein kann nur unter einer einzigen Bedingung angenommen werden: daß nämlich im Sein selbst jener Logos waltet, der auch in unserer Vernunft wirksam ist und sie für ihn empfänglich macht. Es muß demnach eine Übereinstimmung zwischen neotischem (Erkenntnis-)Logos und ontischem (Seins-) Logos geben. Von hier aus lag dann der Gedanke nahe, der sich vor allem in der mittelalterlichen Scholastik – zum Beispiel bei Anselm – findet: daß Gott seinen Logos sowohl dem Sein wie unsern Erkenntnisorganen mitgeteilt hat. Gott ist gleichsam das Urbild des Denkers: Er erschafft das Sein, indem er es denkt. Denken und Erschaffen sind bei ihm eins. *Das geschaffene Sein ist insofern ein Gedacht-Sein, das die Spuren des göttlichen Intellekts allenthalben an sich trägt.*

Sieht man die Dinge so, dann eröffnet das für die Wahrheit ganz neue, tatsächlich aber sehr alte und nur von uns vergessene Perspektiven: Hier ist so etwas wahr, wenn es mit diesem Gedacht-Sein, mit diesem der Welt verliehenen Logos übereinstimmt. So ist es zum Beispiel zu verstehen, wenn Anselm nicht nur ein Urteil, sondern auch ein Ding, ein

Seins-Stück sozusagen, als wahr bezeichnen kann. Ein Ding ist nämlich dann wahr, wenn es das ist, was es sein soll, wenn es also dem entspricht, wie es gedacht war, wir können ruhig sagen: wie die Gedanken Gottes es konzipiert hatten. Das Feuer etwa, so sagt ANSELM, tue die Wahrheit und die Richtigkeit (rectitudo), wenn es brennt und wärmt; denn das solle es, dazu sei es bestimmt.

Von da aus ergibt sich noch eine Reihe weiterer Folgerungen, von denen vielleicht zwei für uns von besonderem Interesse sind, weil sie unsere moderne Mentalität fast wie ein Schock berühren und überdies einen unmittelbaren Bezug zur Anthropologie enthalten.

Einmal wird das Wort Wahrheit auch für unser ethisches Handeln zuständig. Hier zucken wir natürlich zurück, weil wir heutzutage nur die Alternativen richtig–falsch oder gut–böse in die Bewertungsskala unseres Handelns aufgenommen haben. Aber wie kann ein Handeln als »wahr« bezeichnet werden? Bei ANSELM ist die Sache ganz klar: »Wahr« handeln wir nämlich dann, wenn Übereinstimmung von Ziel und Verhalten, von Gesolltem und Gewolltem vorliegt. Diese Übereinstimmung ist dann gegeben, wenn sich unser Tun und Handeln der Ordnung des Seins einfügt. Denn diese Ordnung ist gewissermaßen der institutionelle Ausdruck für den Logos des Seins, der selbst wieder ein Abglanz Gottes als des absoluten Geistes ist. Nur so kann man es verstehen, daß für ANSELM das Gute und das Wahre ein und dasselbe sind: »Jedes Seiende ist eines, wahr und gut« (omne ens unum, verum, bonum). Wahrheit ist insofern nicht nur ein Merkmal, das auf gewisse Urteile beschränkt wäre und deren Widerspruchslosigkeit oder ihre Übereinstimmung mit der Wirklichkeit bestätigte, sondern sie kann auch von Dingen oder Handlungen ausgesagt werden, sofern sie dem Sein und seiner Ordnung entsprechen, also das sind, was sie sein sollen.

Daraus ergibt sich noch eine *zweite Konsequenz*, die uns im ersten Augenblick noch viel verwunderlicher erscheint:

Für uns Neuzeitliche erscheint der Begriff Wahrheit nur als Alternative zu Unwahrheit. Das Wort »Halbwahrheit« ist bloß eine ironische Bezeichnung, die andeuten will, daß man mit dem Schein von Wahrheit irreführen kann. In Wirklichkeit gibt es keine Zwischenstadien zwischen wahr und unwahr, kein Mehr oder Weniger an Wahrheit, sondern lediglich wahr oder nicht-wahr.

Aus dem gleichen Grunde gibt es auch keinen Komparativ zu »wahr«, mit dessen Hilfe ich etwa behaupten könnte, daß der Satz »a« wahrer sei als der Satz »b«. Die Worte »verheiratet«, »schwanger« und »wahr« sind nicht steigerungsfähig, sondern nur zu bejahen oder zu verneinen.

Und eben dies ist bei ANSELM anders[5]. *Hier gibt es tatsächlich verschiedene Grade von Wahrheit.* Sie hängen mit der Stellung eines Dinges oder eines Menschen und seines Handelns innerhalb der Seinsordnung zusammen. In dem Maße, wie etwas seinem Bestimmungsziel mehr oder weniger nahe kommt, ist es auch entsprechend wahrer oder weniger wahr. So ist innerhalb der Mineralogie der Kristall wahrer als der Quarz und der Quarz wieder wahrer als der Kiesel: denn der Kristall bringt die Fähigkeit, eine gewisse Raumform zu bilden, Licht zu brechen usw., vollendet zur Erscheinung, seine Seinsgestalt deckt sich mit seinem Bestimmungsziel, während das Zielbild im Kiesel noch unerkennbar ferne liegt. – Entsprechend sind auch Taten und Willensantriebe wahr, wenn sie ihrem Sinn, Werte in Wirklichkeit zu überführen, gerecht werden und sich dem höchsten Werte zuordnen.

In diesem Zusammenhange (man könnte ruhig sagen: in diesem *höheren* Zusammenhange) tauchte *dann* auch als bloß partieller Fall – nicht mehr! – der formalistisch-kognitive Wahrheitsbegriff der Neuzeit auf: Denn eine Aussage ist nach ANSELM dann wahr, wenn sie ihrer Bestimmung, Sachverhalte so, wie sie sind, auszudrücken, vollauf gerecht wird. Ein Mathematiker, gleich welcher – also auch *unserer* – Zeit, würde gewiß Verständnis dafür haben, daß die Formelsprache dabei einfacher oder komplizierter, eleganter oder umständlicher, prägnanter oder weitschweifiger sein könne. Nur würde er kaum, wie ANSELM das tut, diese positiven und negativen Komparative mit »wahrer« oder »weniger wahr« umschreiben. Für ANSELM aber gibt es auch hier die Kiesel- und die Kristallgestalt der Aussage.

Wir können dieses »alte« Wirklichkeitsverständnis, wie es exemplarisch bei ANSELM vorliegt, abschließend so zusammenfassen:

An der Spitze steht der schöpferische Urgeist, der Creator Spiritus, der Logos, der als seiende Wahrheit alle andern Wahrheiten bewirkt. Dann folgt die Wahrheit der Dinge, die von jenem Schöpfer-Geist ins Sein gerufen und innerhalb der Seinsordnung lokalisiert wird. Die Wahrheit der Dinge verursacht ihrerseits wieder die Wahrheit des Denkens und des Handelns. »Diese beiden Wahrheiten sind (dann) keine Ursache weiterer Wahrheit.« *Das Denken ist also im Sinne dessen, was unsere Anthropologie bisher ergab, insofern »menschlich«, als es sich und den Denkenden selbst auf seinen Endzweck, auf den Sinn und den Sinngeber bezieht.* Denn nur, indem das Denken das tut und also den Endzweck zu seiner Orientierung in Anspruch nimmt, ist es selbst in der Wahrheit und kann *dann* auch die Wahrheit der Dinge, ihre Stellung innerhalb der Seinsordnung, erkennen.

Es ist verständlich, daß ein Denken, das sich so von seiner Funktion innerhalb der Seinsordnung her versteht, auch imstande ist, einen *Gottesbeweis* zu führen und den Glauben im intellectus zu verankern (fides quaerens intellectum). Eigentlich geht es hier aber gar nicht um einen »Beweis«. Denn Beweisen kann ja stets nur bedeuten, aus der Ungewißheit in die Gewißheit führen. Für ANSELM jedoch ist Gott, wie das Einleitungsgebet seines »Proslogion« zeigt, in keinem Augenblick ungewiß. Er hat ihn schon im Glauben und möchte diese Glaubensgewißheit nur zu einer Verstehensgewißheit machen, damit auch die Vernunft an der Anbetung teilnehmen kann. Der vorauslaufende Glaube an den Spiritus Creator, an den »absoluten Geist«, impliziert aber zugleich den Glauben an das von ihm gedachte und geschaffene Sein. Und dieser Glaube an das gottgesetzte Sein enthält wieder den Glauben an die auf Gott hin angelegte Seins-Ordnung, durch die Grund, Ziel und Sinn unseres Denkens und Handelns bestimmt sind. Ein so verstandenes Denken kann gar nicht anders – sofern es innerhalb des von ihm selbst aufgestellten rectitudo-Prinzips funktioniert –, als auf den göttlichen Grund des Seins zu stoßen. *Der Mensch kann also dem Logos, dem Sinn des Seins nachdenken und schließlich auf ihn selber stoßen, weil sein eigener Logos, das heißt seine Vernunft, Gedanke des Urgedankens ist.* Er ist sozusagen nur ein abgesprengtes Stück des Weltlogos (lógos spermatikós). So kennt sich der Weltlogos gleichsam im Spiegel menschlicher Vernunft selbst. Wir wissen, in welchem Maße HEGEL diesen Gedanken aufgegriffen und zum Zentrum seiner Geistphilosophie gemacht hat.

ANSELMS Denken – und ähnliches gilt auch von weiten Bereichen antiker Ontologie – ruht somit auf einer geglaubten, nicht objektivierbaren Voraussetzung: eben auf der axiomatisch gesetzten Korrespondenz von Denken und Sein. Es ist nicht die Lust am Gedankenspiel und an spekulativer Phantasie, die nach diesem Ungreifbaren greifen läßt. Vielmehr nötigt die von uns weithin vergessene Grundfrage, *warum* und mit welchem *Recht* überhaupt von Wahrheit die Rede sein könne, eine Antwort dieser hintergründigen Art zu geben. Nur wer oberflächlich genug ist, um die bloßen Symptome der Wahrheit – die Übereinstimmung von Aussage und ausgesagter Wirklichkeit, die Widerspruchslosigkeit usw. – für ihr Wesen zu halten, wird diesem Wagnis des Denkens und Glaubens, wird also dem, was man eine »metaphysische Setzung« nennen könnte, sein Verständnis versagen.

b) Der neuzeitliche Durchbruch bei Descartes und Vico: der Mensch im Mittelpunkt

1. Die bedingte Neuzeitlichkeit Descartes'
Seine Reserve gegenüber dem Historismus
Die Last des griechischen Erbes

Der radikale Ausbruch aus dieser großen Konzeption, die Denken und Sein, Mensch und Kosmos als verleiblichten Gedanken Gottes zusammenschließt, liegt bei GIAMBATTISTA VICO (geb. 1668) vor. Auch wenn der theologische Bezug, vor allem in seinem Vorsehungsgedanken, noch durchaus offengehalten werden soll, so ist doch *die* Gestalt im Mittelpunkt, auf die alle Scheinwerfer gerichtet sind, der *Mensch*. VICOS »Neue Wissenschaft« (Scienza Nuova, 1. Auflage 1725) löst die Initialzündung zu einer Anthropologie aus, die mehr und mehr an die Stelle der »alten Theologie« tritt und schon deutliche Symptome eines emanzipatorischen Menschenbildes enthält.

Ein dreiviertel Jahrhundert vorher hatte freilich schon DESCARTES (geb. 1596) den ersten Schritt auf eine *anthropozentrische* Sicht des Seins hin getan[6]. Um den letzten Grund des wahrhaft Gewissen zu finden, stellt DESCARTES alles für selbstverständlich Gehaltene in Frage: Sind wir denn sicher, daß selbst die Außenwelt, in der wir uns bewegen, daß die Bäume und Häuser, die wir sehen, wahrhaft existieren und nicht nur eine geträumte Unwirklichkeit sind? Könnten die Werte, die uns als selbstverständlich gelten, nicht vielleicht nur Suggestionen des common sense und der Überlieferung sein, statt wirklich gegründete Geltung zu besitzen?
Das Ziel dieses so methodisch angesetzten Zweifels ist, *hinter* allem, was ihm zum Opfer fällt und sich so als brüchig erweist, den rocher de bronce eines nicht mehr zersetzbaren und deshalb absolut gewissen Seinsbestandes zu erkunden. Dieses einzige Seinsstück, das nicht mehr bezweifelt werden kann, ist die Identität des eigenen Ich. Mag ich mit meinem kritischen Denken auch alles bezweifeln: die Tatsache, daß »ich« es eben bin, der da denkt und zweifelt, und daß mit dem Akt des Denkens zugleich ein Subjekt gegeben ist, das ihn vollzieht: dieses ist evident und deshalb unbezweifelbar.
Aus dieser Ich-Gewißheit, einem anthropologischen Fakt also, gewinnt DESCARTES dann auch die Gewißheit einer existierenden Außenwelt und sogar eines existierenden Gottes zurück. Das geschieht durch ein Rückschlußverfahren, das sich des gleichen ontologischen Denkschemas bedient, das wir schon bei ANSELM beobachteten. Bei beiden liegt auch eine Relation Ich–Gott vor. Dennoch aber sind die Prioritäten innerhalb dieser Relation ganz anders gesetzt: Bei ANSELM liegt die Gottesgewißheit allen Schlußverfahren voraus. Sie kommen erst nachträglich ins Spiel, weil nicht nur das Herz, sondern auch der Intellekt am Glauben beteiligt sein soll. Die Gottesgewißheit hat so die höchste Prioritätsstufe; sie bildet den Angelpunkt für das Verständnis der eigenen Identität. Daß ich bin und wer ich bin, wird erst von jenem Gotte her klar, der alle Relationen trägt und das Seinsgefüge aus sich entläßt. Bei DESCARTES dagegen ist es genau umgekehrt: Hier ist das Ich, das seiner selbst als Subjekt des Denkens gewiß wird, der axiomatische Ausgangspunkt für alle andern Gewißheiten. Sie sind aus dieser Urgewißheit abgeleitet. Auch die Gottesgewißheit ist in diesem Sinne eine sekundäre Gewißheit. Sie gründet nicht in sich selbst, sondern ist eine Leihgabe der Ich-Gewißheit.
Insofern hat DESCARTES in der Tat einen entscheidenden Schritt auf das neuzeitlich-anthropozentrische Denken zu gemacht. Er hat die theologi-

sche Architektur des Anselmschen Weltgebäudes zerbrochen, auch wenn er für den ersatzweise errichteten Tempel des Menschen die gleichen Ziegel des ontologischen Arsenals verwendet.

Gleichwohl finden sich in Descartes' Denken noch einige Sperren, die einen völligen Durchbruch in das neuzeitliche Weltverständnis und Lebensgefühl verhindern. Denn beides ist ja insofern durch empirischen Realismus gekennzeichnet, als die *Geschichte* in ihm eine dominierende Rolle spielt und für das Verständnis des In-der-Welt-Seins maßgeblich ist: Der neuzeitliche Mensch sieht in Institutionen und Wertüberzeugungen keine vom Himmel gefallenen, metaphysisch sanktionierten Fakta, die er nur zu akzeptieren hätte, sondern er sieht das alles in seinem historischen Geworden-Sein und nimmt ihm damit seinen absoluten Geltungsanspruch. Ernst Troeltsch hat sicher etwas Richtiges gesehen, wenn er Historismus und Relativismus geradezu gleichsetzt. Der gleiche neuzeitliche Mensch ist auch höchlichst an der Frage interessiert, welche bewegenden *Kräfte* in der Geschichte wirksam sind: Sind es die »Männer, die Geschichte machen«? Ist es der Weltgeist, der in der vordergründigen Zufälligkeit des Geschehens in Wahrheit seine Vernunft-Konzeption verwirklicht? Oder sind es die material-ökonomischen Verhältnisse, die als Unterbau die geschichtlichen Prozesse bestimmen? Es ist weniger metaphysische Neugier, die zur Entschleierung dieser Zusammenhänge treibt, als vielmehr das pragmatische Interesse, wie man nun seinerseits die Welt gestalten, sich zum Herrn der Erde aufwerfen und deshalb die Triebkräfte des Geschehens *so* in seine Gewalt bringen könne, daß man manipulierend in sie einzugreifen vermag.

Von einem Zugang zu *diesem* Motivbereich geschichtlichen Denkens kann bei Descartes noch in keiner Weise die Rede sein. Trotz aller Modernität und trotz des anthropozentrischen Bezuges seiner Philosophie teilte er das von jeher – schon bei den Griechen – bestehende Vorurteil gegenüber der Geschichte: das Vorurteil nämlich, sie könne kein legitimer Gegenstand von »Wissenschaft« sein, sie stelle vielmehr eine Seins-Dimension dar, in der die Frage nach der Wahrheit ohne Ziel und Antwort bleibe. Alles Wissen, das aus sinnlicher Erfahrung oder aus dem historisch Überkommenen stammt, muß deshalb bei der Suche nach unbedingter Gewißheit ausgeblendet werden. Die Überlieferung und unsere Sinne sind Quellen permanenter Täuschung und sind keine möglichen Fundorte von Wahrheit. Auch der letzte von Descartes aufgefundene Grund unserer Gewißheit, das denkende Ich (cogito ergo sum), führt nicht zur Geschichte, ihrer Zufälligkeit und ihren Täuschungen zurück. Vom Ich und seinen eingeborenen Ideen kann vielmehr nur die *physikalische* Welt mit Hilfe der sie bestimmenden mathematischen Ideen wieder zurückgewonnen, kann die wahre Sprache der Natur vernommen und darin Wahrheit gefunden werden: *in der Natur also und nicht in der Geschichte!*

In dieser »antineuzeitlichen« Reserve gegenüber der Geschichte zeigt sich, daß DESCARTES in einer langen Tradition befangen und gefangen ist – in einer Überlieferung nämlich, die als Wirkungsgeschichte des Griechentums auch unter der Decke des christlichen Abendlandes fortlebte. Das Griechentum konnte nämlich schon deshalb keine eigentliche Geschichtsphilosophie hervorbringen, weil die Zufälligkeit geschichtlichen Geschehens keine Wahrheit aus sich herauszugeben schien und darum auch nicht den Inhalt wahrhafter philosophischer Reflexion zu bilden vermochte. »Wahrheit« konnte nur in der Berechenbarkeit, in der Vernünftigkeit der *Natur* gesucht werden – jedenfalls dann, wenn man ihr *überhaupt* in der Welt der Empirie nachjagte.

Die Leidenschaft, Wahrheit im »immer Gleichen« und gerade nicht im zufälligen Wandel der Erscheinung zu suchen – die Zeitentnommenheit der platonischen Ideen ist dafür das gültige Symbol –, regte die großen Geschichtsschreiber der Griechen dazu an, auch in der Geschichte nach Gesetzen, nach durchgängigen Kontinuitäten zu suchen und sie durch diesen Blick auf das »immer Gleiche« in Analogie zur Natur zu behandeln. So entdeckt HERODOT etwa in der Geschichte das »Gesetz« (!), daß menschliche Hybris zur Straf-Reaktion der Gottheit führe. Sehr viel radikaler in dieser Suche nach dem »immer Gleichen« verfährt THUKYDIDES, wenn er als bewegende Kräfte des geschichtlichen Prozesses Triebe und Leidenschaften – subjektiv-psychische Antriebe also – sowie objektive Machtfaktoren im Bereiche von Politik und Ökonomie aufspürt.

So erscheint die Bewegung der Geschichte als Bewegung des kosmischen Geschehens überhaupt, das inmitten alles Wechsels doch die immer gleichen antreibenden Impulse entdecken läßt. Das entspricht der Bemerkung PLATOS im »Gorgias«: »Dir entging es wohl, daß das mathematische (d. h. auf zeitlosen Gesetzen beruhende) Verhältnis unter Göttern und Menschen Gewalt hat.« THUKYDIDES meint, daß gerade dieser Blick auf die zeitlosen Bewegungsgesetze der Geschichte ein »deutliches Bild von den Vorgängen« entstehen lasse; doch nicht nur das: auch alles, »was sich, dem menschlichen Wesen entsprechend, so oder ähnlich auch in Zukunft ereignen wird«, kommt zur Enthüllung. Wer das Zeitlose im Zeitlichen entdeckt, wird damit zur Prognose befähigt und folglich auch zur planvollen Gestaltung von Zukunft.

Das also ist in groben Umrissen die distanzierte Stellung zur Geschichte, die auch in Descartes' Reserve noch nachwirkt: Diese Distanzierung äußert sich *entweder* so, daß die Geschichte als das nur »Zufällige« der bloßen Erscheinung aus den gesetzlichen Abläufen des Kosmos herausgenommen und damit als irrelevant für die Wahrheitsfrage erklärt wird. *Oder* jene Distanzierung vollzieht sich so, daß man die Geschichte gerade in den Kosmos integriert, sie dann aber in Analogie zu naturgesetzlichen Abläufen sehen muß. In beiden Fällen ist sie entmächtigt und wissenschaftlich diskreditiert.

2. *Vicos Eröffnung des neuzeitlichen Geschichts- und Menschenverständnisses*

Den eigentlichen Durchbruch zum neuzeitlichen Historismus, der mit den bisherigen Traditionen entscheidend bricht, vollzieht nun der große Rechts- und Geschichtsphilosoph GIAMBATTISTA VICO (1668 bis 1744), der seiner Zeit, wie KARL LÖWITH mit Recht sagt, zu weit voraus war, um unmittelbaren Einfluß auszuüben. Die Glocke, die in seinem Werke »Scienza Nuova« (Neue Wissenschaft), geistesgeschichtlich gesehen, den Beginn der Neuzeit anschlug, ist für den heute Zurückhorchenden vernehmbarer, als sie es für die Ohren der Zeitgenossen war.
Für ihn ist gerade die Geschichte – und damit die Anthropologie – möglicher und bevorzugter Gegenstand unseres Wissens, während die Naturwissenschaften, erkenntnistheoretisch gesehen, durch ein Minus an Wahrheitsgewißheit belastet sind. Das ist eine wahrhaft revolutionäre, ja schockierende Tendenzwende hinsichtlich der Richtung, in der von jeher Wahrheit gesucht wurde. Doch wie bei fast allen Revolutionen im Bereich des Geistes ist es auch hier: Der Umsturz setzt nicht mit einem radikalen und totalen Nein gegenüber Bisherigem ein, sondern im Gegenteil: Er rezipiert maßgebliche Gehalte der Tradition, sucht legitimierende Anlehnung an allgemein Anerkanntes, um erst dann und von da aus zu völlig neuen und unerwarteten Konsequenzen zu gelangen.

So geht VICO von einem Gedanken aus, für den er sich wenigstens formal auf ARISTOTELES berufen kann. Das machte zu seiner Zeit von vorneherein philosophisch kreditfähig. Dieser Gedanke besagt, daß wirkliches Wissen von etwas nur dann vorliege, wenn man dieses Etwas als ein Bewirktes verstünde und also seine Ursachen, seinen Grund kennt. Die umstürzende Folgerung, die VICO aus diesem Satze zieht, sieht nun so aus:
Wenn Wissen also ein Wissen um Ursachen ist und wenn von Wahrheit nur die Rede sein kann, sofern ich sie zu begründen vermag, dann *wissen wir wahrhaft und gründlich nur über das Bescheid, was wir selber gemacht haben.* Wir werden also der aristotelischen Gleichsetzung von »Wahrheit« und »Ursache-Wissen« nur dann gerecht, wenn wir selber die Ursache von etwas sind. Da die Geschichte nun der Raum menschlicher Hervorbringungen ist und der Mensch also hier die Funktion der Ursache hat, so ist er im Bereich des Geschichtlichen wie nirgendwo sonst zu wahrem Wissen befähigt. »Es kann nirgends größere Gewißheit geben als da, wo der, der die Dinge schafft, sie auch erzählt«, sagt VICO in der »Neuen Wissenschaft«.
Gegenüber der Gewißheit, die der Mensch so innerhalb der Geschichte als seiner erweiterten Autobiographie gewinnen kann, fällt die von den Naturwissenschaften gewährte Gewißheit nun plötzlich ab: Haben wir

denn den physischen Kosmos selbst hervorgebracht? Mitnichten! Da wir also nicht seine Ursache sind, wird er uns weithin verhüllt bleiben – jedenfalls ungleich verborgener sein als unsere Geschichte, die uns hermeneutisch als »Geist von unserm Geist« erschlossen ist.

Unter diesem Aspekt ist uns sogar die mythisch verschleierte *Vorgeschichte* zugänglich: Mag das »entfernteste Altertum« auch von »einer Nacht voller Schatten« verdeckt sein, so steht doch fest, »daß auch hier das ewige Licht jener Wahrheit scheint, die man durchaus nicht in Zweifel ziehen kann: daß nämlich auch diese geschichtlich-zivile Welt ganz gewiß vom *Menschen* gemacht worden ist«. Deshalb »können und müssen ihre Prinzipien in den Abwandlungen unseres eigenen menschlichen Geistes gefunden werden«, so heißt es wieder in der Neuen Wissenschaft.

Gerade in dieser Bemühung Vicos, selbst die Schatten der entferntesten Vorzeit noch für wahrheitshaltiger zu erweisen als die exakten Naturwissenschaften, zeigt die weitreichenden Konsequenzen an, die sich hier eröffnen. Ich möchte ihre Schwerpunkte so charakterisieren:

Erstens wird nun die im Griechentum so verachtete Faktizität wissenswürdig, wissensfähig und mit dem Privileg von Wahrheit ausgestattet. Bei Anselm war der von Gott gedachte und geschaffene Kosmos Gegenstand der Wahrheit. Diese Wahrheit bestand darin, den der Welt eingestifteten Logosgehalt zu erkennen. Nicht die Gegenständlichkeit der Fakten, sondern der Logos-Bezug der Fakten bildete den Inhalt des Verum. Bei Descartes war die ontische Gegebenheit des denkenden Ich das Verum ersten Ranges; und die daraus abgeleiteten Wahrheiten waren entsprechend nachgeordnet. Immer aber – bei Anselm *und* Descartes – war eine Gestalt des Seins das Verum, sei es das Sein als Ganzes in seinem Gedacht- und Geschaffen-Sein, sei es das Sein in jenem Konzentrat, wie es beim existierenden Subjekt des Denkens vorliegt. Man könnte also sagen: Etwas ist wahr, weil es zum Sein gehört (verum quia ens). Nun aber, bei Vico, erhält die geschichtliche Faktizität das Privileg, Inhalt einer möglichen Wahrheit zu sein. Denn der Mensch kann um sie und ihre Ursache wissen, weil er selbst diese Ursache ist. Deshalb gilt jetzt die These: Etwas ist wahr, weil und insofern es vom Menschen gemacht ist (verum quia factum).

Zweitens: Wenn Vico sogar in die mythische Vorgeschichte mit dem Licht der Wahrheit hineinleuchtet, obwohl die objektive Zurkenntnisnahme von Fakten hier doch weithin verwehrt ist, dann kann er diesen Mut nur deshalb aufbringen, weil er damit eine neue und neuzeitliche Erkenntnisgestalt gefunden hat, wie sie uns aus der Hermeneutik vertraut ist: Die Hermeneutik weiß ja nicht nur, wie wir bereits sahen, von einer Wahrheit, die sich im Begreifen der Ursachen enthüllt, sondern sie weiß zugleich von einer Wahrheit des Verstehens. Verstehen liegt dann vor, wenn sich uns etwas eröffnet, das uns verwandt ist, wenn wir etwa anderm Personleben begegnen, das uns in unserer eigenen Personalität berührt. Genau das meint Vico nun, wenn er sagt, daß die Prinzipien selbst der vorgeschichtlichen Welt in den Abwandlungen unseres eigenen menschlichen Geistes zu finden seien. Deshalb gibt es zwischen der Vorgeschichte und uns Analogien, die sie verstehbar machen. In Bultmanns Versuchen einer »Entmythologisierung« oder in C. G. Jungs Mythendeutung wird dieser schon bei Vico vorliegende Ansatz de facto entfaltet. Auch wenn sich der Begriff des Verstehens so bei Vico noch nicht findet[7], ist doch deutlich erkennbar, daß er hier das hermeneutische Problemfeld betritt und so auch in dieser Hinsicht den Durchbruch zu neuen und neuzeitlichen Aspekten der Welterfahrung vollzieht. *Der Mensch begreift die Geschichte, weil sie vom Menschen stammt.* Man ahnt, welche weiteren Treibsätze in dieser These noch stecken mögen: *Hier kündigt sich eine Historisierung des Wirklichkeitsverständnisses an, die zugleich den historischen Relativismus und damit unabsehbare weltanschauliche Konsequenzen entbindet.* Die Neuzeit enthält die Geschichte dieser Entbindungen.

Vico selbst ist aber noch nicht soweit. Auch wenn die Anthropologie für ihn zur eigentlichen Schlüsselwissenschaft wird – so gewiß der Mensch ja die Ursache dessen ist, was als geschichtliches Faktum das eigentlich Wahre darstellt –, so bleibt diese Anthropologie bei ihm gleichwohl theologisch fundamentiert:

Das zeigt sich zum Beispiel darin, daß er das menschliche Wahrheitswissen entschlossen auf das Wissen um *Geschichte* beschränkt, während die Welt der Natur nur der Einsicht Gottes zugänglich ist. Denn *Er* ist es ja, der sie geschaffen hat und deshalb auch allein imstande ist, sie als sein Werk zu durchschauen. Aber selbst wenn er so einräumt, daß der Mensch die Geschichte als »Geist von seinem Geist« zu durchschauen vermöge, bedeutet das für ihn nicht, daß damit die Geschichte als eine *Schöpfung* des homo faber verstanden werden dürfe. Nein: Wenn der Mensch mit der geschichtlichen Vergangenheit als einer Art Objektivierung und Niederschlag seines Geistes verkehrt, so gründet diese Möglichkeit darin, daß sein Geist der Teilhabe am göttlichen Geiste gewürdigt ist und so instand gesetzt wird, in der Geschichte die *Vorsehung* Gottes, die *Gedanken* des göttlichen Geistes zu erkennen. In dem Maße, wie sich der menschliche Geist der Vorsehung zuwendet, wird ihm auch der *Sinn* von Geschichte offenbar.

Damit hängt es zusammen, daß Vico sich einer Konsequenz widersetzt, die man möglicherweise aus seinem anthropologischen Ansatz ziehen könnte: der Konsequenz nämlich, daß die Philosophie als Repräsentantin des menschlichen Geistes an die Stelle der Theologie treten könne. Er wendet sich ausdrücklich gegen die These des rationalistischen Geschichtsphilosophen Polybios (zweites vorchristliches Jahrhundert), Religion erübrige sich, wenn die *Philosophen* die Welterklärung besorgten und durch sie dann die Tyche als organisierende Kraft des Weltgeschehens offenbar werde. Dem hält Vico entgegen, Philosophen fielen nicht einfach vom Himmel, sondern sie gingen aus Gemeinwesen hervor, die *vor* ihnen da seien. Diese Gemeinwesen aber könnten niemals ohne Religion entstehen. Der Glaube an eine Vorsehung sei allein imstande, den Menschen an die Ordnungen der Familie, der Sippe und des Staates zu binden. Nur wenn ihm diese Institutionen transparent würden und die in ihnen wirksame Planung Gottes durchscheinen ließen, seien sie imstande, den Menschen zu bändigen.

Obwohl also Vico den entscheidenden Durchbruch zu einem anthropozentrisch scheinenden, jedenfalls in diesem Sinne wirksam gewordenen Geschichtsbild zu vollziehen scheint, kann von einer wirklichen Emanzipation und Säkularisierung bei ihm nicht die Rede sein. Trotz seines Prinzips »Wahr und durchschaubar ist etwas nur für den, der es gemacht hat«, erscheint der Mensch hier keineswegs als Herr der von ihm gemachten Geschichte. Auf dem Weg über Vicos Vorsehungsgedanken sieht es vielmehr ganz anders aus: Der Mensch begegnet sich selbst in der Geschichte nur deshalb, weil er als Vollstrecker der Vorsehung selbst in sie eingebaut ist. Nur deshalb vermag er auch die früheren Selbstbekundungen dieser Vorsehung einzusehen.

Daß der Weg der Geistesgeschichte hier allerdings noch nicht zu Ende ist, läßt sich bei der Anlage von Vicos Konzeption unschwer vermuten. Der Durchbruch in den emanzipatorischen Säkularismus der Neuzeit wird sich verbreitern, und seine Tiefe kann ausgedehnt werden – wie es denn auch geschah. Bei ihm selbst bildet der Vorsehungsgedanke noch eine gewisse, aber doch recht schwache Sperre. In dem Maße, wie er fragwürdig wird und der Mensch zu erkennen beginnt, daß sein hermeneutisches Vermögen gegenüber den Geschichtsfakten auch dann noch funktioniert, wenn diese als Fakten einer in sich ruhenden Endlichkeit verstanden werden, wird es zur Etablierung einer emanzipierten Weltlichkeit kommen. *Die religiöse Bindung besteht bei* Vico *nur in einem sehr dünnen Faden, der bald zerreißen muß und denn auch zerrissen ist. Dann begegnet der Mensch sich nur noch selbst, weil es außer ihm kein Du gibt.*

c) Zu den Folgen: Die Verfügung des Menschen über die Welt bei Karl Marx: Der achte Schöpfungstag

1. Die Wahrheit des Machbaren

Wir bedenken den durchmessenen Weg: Er führte vom Seins-Logos zum Faktum, zur Welt des Menschen, der sich selbst in seiner Diesseitigkeit gegenübersteht. Doch damit ist der Weg ins Diesseits und in die Emanzipation immer noch nicht zu Ende. Eine neue Zäsur wird durch den Namen Karl Marx bezeichnet. Hieß es bei Vico noch: »Wahrheit gibt es nur im

Hinblick auf das von mir selbst Gemachte; ich kann verbindliche Aussagen nur über etwas machen, dessen Ursache ich selbst bin« (verum quia factum), so könnte man die Marxsche Position durch den Satz charakterisiert sehen: »Wahr ist etwas, insofern es getan werden kann und getan werden soll; wahr ist das Machbare« (verum quia faciendum)[8]. Wir denken dabei an den bekannten Satz: »Die Philosophen haben die Welt nur verschieden interpretiert, es kommt darauf an, sie zu verändern« (11. These gegen Feuerbach). Wenn wir diesen Satz ein wenig abwandeln dürfen, um das bisher Erkannte in ihn einzubringen, könnten wir ihn so formulieren: Bisher sind die Philosophen bei ihrer Weltbetrachtung von einem der Welt innewohnenden Logos ausgegangen[9], nun aber müssen wir darangehen, durch unsere Aktion den Logos in die Welt zu *bringen. Wir müssen die Welt aus dem Nicht-Logos ihrer Entfremdung herausholen und sie zu dem machen, was unser Logos sie zu sein heißt.*

Unter Wahrheit ist also von jetzt an nicht mehr die Wahrheit (der Logos-Gehalt) des Seins zu verstehen, aber auch nicht die registrierbare Wahrheit der Fakten, die seine Geschichte ausmachen, sondern es geht um die in die Welt hineinzutragende Wahrheit. Deshalb haftet sie an der Möglichkeit der Weltveränderung, an der Machbarkeit. *So wird diese Wahrheit pragmatische Züge tragen. Sie wird die Wahrheit von Interessen, sie wird ideologische Wahrheit sein*, obwohl das ein Widerspruch in sich selbst ist und das Wort »Wahrheit« hier in Anführungsstriche zu setzen wäre.

Im Zuge dessen heftet sich der Zweifel nicht nur an die antike Vorstellung des Welt-Logos; das sowieso: er erscheint dem ideologischen Pragmatiker notwendig als metaphysisches Gespinst. Er heftet sich vielmehr ebenso an die Fakta der Geschichte, und zwar in einem doppelten Sinne: *einmal* in der Weise, daß die Rückwendung zur Vergangenheit die Aufgeschlossenheit gegenüber dem Machbaren und zu Machenden abtötet; das Fixiertsein auf das Einst (auf die Fakta) läßt die Zukunft (das faciendum) versäumen. *Ferner* greift der Zweifel auch insofern auf die eben noch zur Königin gekrönte Historie über, als die Wahrheit der historisch erhobenen Fakta überaus brüchig erscheint. Alle Bemühung um protokollarische Exaktheit, alle unerbittlichen Rückfragen nach dem, was »wirklich gewesen« ist (Ranke), können den Eindruck nicht bannen, daß wir die Fakten von einst nicht zu Gesicht bekommen, daß ihr Aspekt vielmehr vom Standort des Betrachters abhängt, daß der Betrachter sich selbst in die Geschichte hineinsieht, sie also niemals voraussetzungslos sehen kann und es möglicherweise auch nicht einmal will. Er läßt bestimmte Interessen an der Formung seines Geschichtsbildes mitwirken. Die Fakten der Geschichte sind also nicht in einem absoluten Sinne, wie ihn die Norm der Wahrheit doch als Anspruch in sich enthält, fixierbar.

In dem Maße, wie der Blick vom Machbaren verzaubert ist, sieht man sich deshalb genötigt, das Feld der Geschichte überhaupt zu verlassen und sich nach Bereichen umzusehen, in denen das Wahrheitspostulat des Machbaren Befriedigung finden kann. *Wird das Machbare zum Kriterium des Wahren, so scheint sich die Möglichkeit exakter Wahrheit nur dort zu eröffnen, wo im Experiment etwas in kontrollierter Weise wiederholt und also »gemacht« werden kann. So gewinnt die naturwissenschaftliche Methode ihr Wahrheits-Prestige*, und mit ihr dann auch die technische Anwendung. Beides ermöglicht das zu Tuende, das faciendum, die voraussehbare Möglichkeit der Zukunftsgestaltung und ihre Verwirklichung. Nun wird der homo faber selber der Gott, der schafft, der die Regie der Welt in die Hand nimmt und den achten Schöpfungstag inszeniert.

So steht sich schließlich der Mensch selbst gegenüber in einer von ihm zu erschaffenden Welt, die sein gigantischer Doppelgänger ist. Und wir wissen – das darf hier eingeflochten werden –, daß ihm diese Welt zunehmend unheimlich wird. In dem Maße, wie er zum Weltschöpfer zu werden sucht und sich der Hoffnung hingibt, damit zugleich eine neue Gestalt seiner selbst zustande zu bringen und zum Selbstschöpfer (homo creator) aufzusteigen, wird er sich zugleich entfremdet. Diese »seine« Welt, die sich im Rahmen des Machbarkeits-Glaubens abzeichnet, erzeugt zunehmend Angst. Man braucht nur an die möglichen Folgen der thermo-nuklearen Energie, an die mögliche Manipulation der Gene oder an die Umwelt-Bedrohung zu denken, um die aufkommende Alpdruck-Frage zu begreifen, ob diese Welt in der Hand des homo faber nicht dem Verderben ausgeliefert sei und wie ein Staubschleier im Universum verwehen könnte. Tritt ihm nicht in der Fragwürdigkeit dieser synthetisch von ihm konstruierten Welt, tritt ihm nicht in ihren »sekundären Systemen« eine makrokosmische Objektivierung seiner eigenen Fragwürdigkeit gegenüber? Sieht er hier nicht den Mikrokosmos seines Herzens tatsächlich wie mit dem Storchschnabel vergrößert?

Setzt man sich diesem Eindruck aus, daß der Mensch seine eigene Wahrheit in der radikalen Selbstverwirklichung mit Hilfe einer ihm gefügigen Welt sucht, rückt einem die Vision beklemmend nahe, die Werner Heisenberg einmal so ausdrückt: Mit der scheinbar unbegrenzten Ausbreitung ihrer materiellen Macht komme die Menschheit in die Lage eines Kapitäns, dessen Schiff so stark aus Stahl und Eisen gebaut ist, daß die Magnetnadel seines Kompasses nur noch auf die Eisenmasse des Schiffes selbst zeigt statt nach Norden. Mit einem solchen Schiff könne man kein Ziel mehr erreichen; es werde nur noch im Kreise fahren und daneben der Strömung und dem Wind ausgeliefert sein.

Warum ist ihm diese Welt unheimlich? Warum sieht er sich entfremdet? Vielleicht deshalb, weil er sich selbst unheimlich ist, weil er den Sündenfall im Rücken hat und seinen Ursprung veruntreute? Dieser Ursprung bestand ja in seinem Bezuge auf Gott als den Grund des Seins. Und dieser Grund des Seins setzte ihn instand, sich dem Sein anvertrauen zu dürfen,

weil höhere Gedanken über ihm gedacht wurden und weil er im Weltentwurf von jemandem vorkam, dessen Gnadenziel ihm vertraut war.
Damit bin ich schon etwas vorausgeeilt. Als Ertrag unserer Überlegungen halten wir zunächst dies eine fest:
Wenn die Wahrheit in dem Logos gesehen wird, den ich – der Mensch – in die Welt hineinzutragen und durch Weltveränderung zu verwirklichen habe, lehne ich jede Hoffnung ab, diesen Logos als einen gegebenen auf dem Grunde des Seins zu *finden. Ich muß das Diesseits, das mir als gleichsam unbeseeltes Material vorgelegt ist, erst zu dem machen, was es sein soll, was es nach meinen Hoffnungen, Wünschen und Vorstellungen – oder auch nach meinen Interessen! – sein soll.* Insofern kann ich diese zum Diesseits gewordene Welt nur handelnd bestehen, muß mich in ihr behaupten und habe sie zu manipulieren.
Auch hier zeigt sich wieder, wie der Transzendenzbezug verblaßt. Vielleicht hätte der homo christianus *vor* der Renaissance auf die Frage, wie er das Leben gewinnt und die Welt besteht, ganz schlicht geantwortet: »... indem ich den Willen Gottes tue. Trachte ich nämlich *zuerst* nach dem Reiche Gottes, wird mir alles andere ›zufallen‹, auch die Bewältigung des nächsten Schrittes, auch die Phantasie, die mir Zielbilder für meine Aufgaben vor Augen malt, auch Wohnstätten und Gefährten.« Das Bestehen der Welt taucht innerhalb des Transzendenzbezuges zunächst nur als bloßes, sich gleichsam automatisch ergebendes Nebenprodukt meines *eigentlichen* Tuns auf: daß ich wirklich in dem Einen bestehe, das not tut (Matthäus-Evangelium 6, 33). Alle Imperative des Neuen Testaments, die mir Handlungsziele aufgeben, sind deshalb auf einen vorauslaufenden Indikativ gegründet: auf die Zusage nämlich, daß ich auf einen neuen Grund meines Lebens gestellt *bin* und daß sich aus dieser bestehenden Rückverbindung alles andere »ergeben« muß.

2. *Der nicht in der Welt zu suchende, sondern ihr allererst mitzuteilende Logos*

Indem dieser tragende Bezug verblaßt, verwandelt sich natürlich die ganze Fragestellung. Sie lautet nun nicht mehr: Wie muß ich mich verhalten, damit ich Gott das Problem der Welt anvertrauen kann, um im Zuge dieses Anvertrauens dann auch Ziele für meine Aufgaben und mein Handeln zu empfangen und so in der Wahrheit meiner Bestimmung zu sein? Vielmehr lautet die Frage jetzt: Was muß ich tun, um in eigener Initiative das unbestimmte und sinnfremde Leer-Material der Welt zu formen und ihm so Wahrheit mitzuteilen?
Um nun in diesem *Sinne zu wissen, wie ich an der Welt handeln und sie verändern soll, muß ich zunächst einmal wissen, wie die Welt an* mir *handelt, das heißt: nach welchen Gesetzen ihre Abläufe sich vollziehen und wie es überhaupt in ihr zugeht.* Herrschen in ihr nur – etwa im Sinne

Macchiavellis – die wertfreien energetischen Größen virtú und fortuna? Dann müßte ich mich selbst als pure und wiederum wertfreie Energie in ihr geltend machen. Oder ist es die material-ökonomische Basis des Geschehens, die den Ablauf geschichtlicher Prozesse bestimmt? Dann muß ich, um geschichtsmächtig zu handeln, an jener Basis einsetzen und sie in meine Verfügung bringen. Der Absicht zur Weltveränderung öffnet sich nur dann eine Chance, wenn ich vorher eine zutreffende Diagnose der Weltstruktur vollzogen und mir damit die Voraussetzung verschafft habe, um sie strategisch und taktisch zu beeinflussen.

Genauso hat auch Karl Marx gefragt: Die Freiheit, in die Welt einzugreifen, kann sich nur so ergeben, daß ich den Trend der Geschichte ausnutze, gleichsam in seiner Strömung schwimme. Dann aber muß ich diesen Trend und die in ihm wirksamen Antriebe eben kennen. Eine bloße Proklamation von Freiheit, hinter der keine Kenntnis der Eingriffs*möglichkeiten* und damit keine Einsicht in das zu beeinflussende Material stünde, müßte zu einer illusionären Phrase werden. Darum sind im Sinne von Marx bürgerliche Freiheitspostulate ob ihrer Ahnungslosigkeit auch nicht ernst zu nehmen. Wer die Wogen nicht kennt, auf denen er schwimmt, und die Strömung übersieht, die ihn treibt, bleibt trotz allem Freiheitswillen eben doch nur ein hilflos Getriebener, ein Spielball von Elementen, denen gegenüber er ahnungslos ist.

So kommt Marx zu der von Hegel übernommenen Definition der Freiheit: daß nämlich Freiheit »Einsicht in die Notwendigkeit« sei. Nur wer die Zwangsläufigkeit von geschichtlichen Prozessen kennt, kann sich ihnen eingliedern, sie beeinflussen und ausnutzen, ohne sich einem Unbekannten auszuliefern und fruchtlos mit Windmühlenflügeln zu kämpfen.

Das Ziel der so definierten Freiheit ist es also, im Namen des Dogmas von der Machbarkeit (des faciendum) den Logos in die Welt hineinzutragen und ihr den ideologisch erwünschten Sinn zu *geben*. Was so mit der Selbstgewißheit einer – vermeintlich – wissenschaftlich abgestützten Einsicht proklamiert wird und einen Realismus beansprucht, der sich von den Logosträumen der alten Seins-Metaphysik abhebt, endet aber seinerseits wieder in einem Glauben, der nicht sieht: Denn der in die Geschichte hineinzutragende und sie vollendende Sinn unterliegt gerade nicht jener Einsicht, die man für die Erschließung geschichtlicher Prozesse in Anspruch nehmen konnte. Das Erfüllungsende der Geschichte bleibt ja verheißen. Der eschatologische Zustand, in dem »der Streit zwischen Existenz und Wesen, ... zwischen Freiheit und Notwendigkeit, zwischen Individuum und Gattung« aufgehört hat, der Zustand also, in dem der »durchgeführte Naturalismus des Menschen und der durchgeführte Humanismus der Natur« erfüllt ist und im Menschen »gesellschaftliche Organe« ausgebildet hat: dieser Zustand ist nicht erfahrbar. Der der *Zukunft zugeordnete, vom Menschen zu bewirkende (faciendum) Logos des geschichtlichen Endzu-*

standes steht genauso jenseits aller Erfahrung und ist ebenso Gegenstand des »Glaubens« wie der vorzeitlich dem Sein eingestiftete Logos. Endet die Etablierung des abgeschlossenen Diesseits, das der Mensch seiner Hand überantwortet und auf dessen von ihm zu schaffende Wahrheit er vertraut, in einer Sackgasse und einem unauflösbaren Selbstwiderspruch? Überschreitet er nicht permanent die von ihm selbst gezogenen Grenzen, läßt er nicht – zumeist unbemerkt und auf alle Fälle widerwillig – Transzendenz herein?

3. *Zur theologischen Begegnung mit diesem Wahrheitsverständnis*

Hier ergeben sich außerordentlich weitreichende theologische Fragen. Etwas abgekürzt könnte man sie so formulieren: Die extreme Diesseitszugewandtheit und die ihr zugeordnete Logos-Herrschaft des Menschen erweckt den Anschein, als ob hier reiner Abfall von der Transzendenzgebundenheit, nackter Säkularismus vorläge (obwohl die eben ausgesprochenen Schlußfragen diesen Anschein schon erheblich trüben). Unter diesem Eindruck könnte ein etwas kurzschlüssiges Denken sich zu dem Postulat gedrängt fühlen: Diese falsche Weichenstellung muß revidiert werden, wir müssen wieder hinter sie zurück! Das aber wäre *reaktionär*. Es ist ein unmögliches Unterfangen, das Rad der Geschichte zurückzudrehen. In diesem Falle würde das die absurde Bemühung einschließen, das empirische Interesse der Neuzeit, die Neugierde gegenüber dem Wirklichen, zu liquidieren – – – und damit zugleich alle Resultate der Erkenntnis und Weltbewältigung, die uns von da her zugeflossen sind. Als ob man eine einmal eingetretene Seinserhellung wieder abdunkeln könnte! Man muß nun mit ihr leben, und selbst der, der sie »verdrängt«, verhält sich noch im negativen Modus zu ihr, ohne sie loszuwerden.

Der Theologe, dem diese Thematik besonders nahesteht, findet im eigenen Fachbereich ein eklatantes Beispiel für die Unumkehrbarkeit geistiger und geistlicher Prozesse: *Die historisch-kritische Schriftforschung des 19. Jahrhunderts* hat ein naives und ungebrochenes Verhältnis zur Bibel zerstört. Für den, der sich dieser Forschung aufgeschlossen und nicht-verdrängend stellt, ist es ein für allemal unmöglich geworden, ein passiver und unkritischer Konsument dessen zu sein, was ihm in diesem Buche mitgeteilt und »zugemutet« wird. Auch hier war und ist sehr bald der Einwand auf dem Plan, daß damit ein Verhängnis über den Glauben gekommen sei und daß man sich diesem Verhängnis entziehen müsse. Das aber wäre nur so möglich, daß man diesen kritischen Einbruch als nicht geschehen betrachtet, sich also in die vermeintlich glücklicheren Zeiten davor zurückversetzt und insofern »verdrängt«. – Schon indem wir es so sagen, haben wir das Dubiose dieses Verhaltens genügend angeprangert. Es kommt aber noch etwas hinzu: Das, was als kritisch zerstörerischer Einbruch empfunden wird und das Verhältnis zur Bibel zu untergraben scheint, ist in Wirklichkeit gar

kein Negativum, im Gegenteil: Gerade daß ich nun aufhören muß, nur passiv hinzunehmen, und in kritischer Wachheit die Wahrheitsfrage zu stellen habe, daß ich mich also nicht nur »anpredigen« lasse, sondern so etwas wie ein Dialogpartner der biblischen Botschaft werde, bedeutet, daß ich eine tiefere Dimension des Glaubens erreiche. Er hört nun auf, ein bloßes Für-wahr-Halten zu sein, und läßt mich nach verbindlichen Wahrheitsgehalten fragen, die ich von ihren zeitgeschichtlichen Hüllen unterscheiden muß. (Das hat übrigens LUTHER schon getan.) Außerdem erschließt diese kritische Forschung – entgegen dem Eindruck des bloß Zerstörerischen – einen vorher nicht zu erkennenden Reichtum der biblischen Botschaft: Sie hebt die Konturen der einzelnen Zeugen und Zeugnisse hervor und gegeneinander ab; und sie läßt nach der Einheit des Zeugnisses inmitten der Vielfalt und des Variationsreichtums der einzelnen Zeugen fragen. Es werden ganz neue Dimensionen der Aussage, es wird eine unvergleichlich größere Fülle (pleroma) der Inhalte offenbar.
Ähnlich verhält es sich mit dem Einbruch des neuzeitlichen Empirismus und der ihm folgenden Diesseitszugewandtheit. Sie ist irreversibel, und sie sollte auch im Namen des scheinbar veruntreuten Transzendenzbezuges nicht bloß als Abfall und Negation verstanden werden. Was uns schon an der historisch-kritischen Schriftforschung aufging, gilt auch hier: Aufgrund der neuen Phase des Menschen- und Wirklichkeitsverständnisses ergeben sich auch neue theologische Aufgaben. *Von jetzt an muß die Theologie so einsetzen, daß sie die so entdeckte und erlebte Wirklichkeit interpretiert, daß sie das sub specie aeternitatis tut. Sie tritt damit in Konkurrenz zu andern Wirklichkeitsinterpretationen, unter anderm mit der Machbarkeitsthese.* Sie muß diese Konkurrenz durchhalten und hat darauf zu vertrauen, daß die Evidenz ihrer Wahrheit sich dabei behauptet. Sie kann diese Konkurrenz inmitten des neuzeitlichen Pluralismus freilich nicht so bestehen, daß sie nur ihre Position gegen andere abgrenzt – etwa in dem Sinne, daß sie sagt: Ich vertrete die dem Sein von Gott eingestiftete und ihr die dem Sein durch menschliche Weltgestaltung erst *mitzuteilende* Wahrheit (verum ens und verum faciendum). Abgrenzungen sind noch kein Dialog. Der Dialog aber macht erforderlich, daß die Theologie den von ihr erhobenen Wahrheitsanspruch an der Wirklichkeit bewährt, deren Interpretation offen ist und auf Evidenz drängt.
BONHOEFFER hat ganz recht, wenn er die Mündigkeit des neuzeitlichen Menschen im Anschluß an die Naturrechtslehre von HUGO GROTIUS (1583 bis 1645) so bestimmt, daß er die Wirklichkeit erkenne, »als ob es Gott nicht gäbe« (etsi non daretur Deus). Der physikalische, biologische und chemische Forscher geht von dem heuristischen Prinzip aus, daß die Welt sich als geschlossenen Kräftehaushalt der Natur, als in sich ruhende Immanenz darbiete. Er erforscht die hier waltenden Gesetze und rechnet nicht mit transzendenten Interventionen. Insofern muß er im Sinne des franzö-

sischen Physikers LAPLACE (1749 bis 1827) auf die »Hypothese Gott« verzichten, jedenfalls in dem Sinne, daß diese Hypothese Einfluß auf Methoden und Ergebnisse seines Forschens haben könnte.

Auch der christliche Wissenschaftler verfährt ja nicht anders. Er weigert sich ebenso wie seine »weltlichen« Kollegen, die Hypothese Gott zur Erklärung des ihm noch Unbegreiflichen heranzuziehen und Gott so zum Hausvater eines asylum ignorantiae zu machen. Dort, wo das dennoch geschah – und es ist gelegentlich geschehen –, manövrierte man sich in die fatale Verlegenheit, einen ständigen Rückzug antreten zu müssen. Indem sich die Lücken unserer Erkenntnis mehr und mehr schlossen, verkleinerten sich ja die Räume, in denen man die Hypothese Gott noch ansiedeln konnte. Sie wurde so gerade *aus* jener Welt eskamotiert, in der man sie zu erhalten wünschte.

Die uns neu erwachsene Fragestellung kann deshalb nicht lauten: Wie können wir ungeniert und ungebrochen weiterdenken, als ob nichts geschehen wäre (etsi non daretur mutatio temporum). Sondern sie lautet: *Wie können wir die so neu geschaute Welt, der wir uns nicht entziehen können (und wollen!) und deren empirische Realität wir genauso sehen müssen wie »jedermann«, vor* Gott *(coram Deo) sehen lernen?* Wie können wir, um uns einer Formulierung TILLICHS zu bedienen, Gott als die »Tiefe des Seins« verstehen lernen? Wie können wir im Blick auf die Wirklichkeit deren Transzendenzbezug neu finden?

Auch HUGO GROTIUS hatte ja mit seinem Satz ». . . als ob es Gott nicht gäbe« keineswegs sagen wollen, daß die rationale Evidenz des Naturrechtes und seine Unabhängigkeit von göttlichen Geboten damit die Gottesfrage ad acta legen und sie als erledigt erachten ließe. GROTIUS meint seinen Satz vielmehr so: Gott habe sich im Naturrecht so sehr an seine eigene Ordnung gebunden, daß diese selbst dann gelten würde, wenn man annähme – »was jedoch ohne schweres Verbrechen nicht geschehen dürfe« –, daß kein Gott sei. GROTIUS postuliert hier also keineswegs eine atheistische Immanenzgläubigkeit, sondern rühmt im Gegenteil die Welt als Schöpfungswerk Gottes. Was Gott gegeben hat, sei so gut, daß es auch ohne ihn seine Ordnung bewahren würde, und so unabänderlich, daß nicht einmal Gott selbst es ändern könne (und wolle).

Hier zeigt sich bereits an der Grenze zur Neuzeit, *wohin der neue Einsatz des theologischen Denkens drängt:* Die zweifellos vorliegende Transzendenzgebundenheit des HUGO GROTIUS hindert ihn nicht, auch der emanzipierten rationalen Einsicht die Kompetenz zuzusprechen, daß sie Wahrheit zu erkennen vermöge: hier die Gültigkeit von Naturrechtsnormen. Er versetzt sich sogar selbst in eine Erkenntnisposition, in der er von Gott absieht, und richtet seinen Blick auf das, was die reine und religiös nicht gebundene Rationalität hergibt.

Diese Position bleibt aber eine heuristische Vorläufigkeit. Gerade angesichts dessen, was sich bei seiner Interpretation der – hier naturrechtlich bestimmten – Wirklichkeit ergibt, bleibt der Rückbezug auf die Transzendenz offen: Die Rühmung der derart evidenten Seinsordnung ist für ihn zugleich die Rühmung dessen, der sich in der Stiftung dieses Seinsgefüges meldet. Hier liegt geradezu ein Paradigma dafür vor, *wie sich von nun an theologische Fragen ergeben:* Sie entstehen an der Begegnung mit der Wirklichkeit, sie werden gegenüber andern Begegnungen bezeugt und zur Bewährung aufgerufen. Wir haben in früheren Zusammenhängen bereits darauf hingewiesen, welche neuen Aufgaben und Zielbestimmungen sich für die Verkündigung aus diesem Ansatz ergeben.

III. Modellfälle für das neue Wirklichkeitsverständnis aus der Geschichte der Medizin und ihrer Anthropologie

a) Die spekulative und mythologische Medizin (Aristoteles, Hippokrates)

Es reizt mich nun, den Wandel der theologischen und anthropologischen Fragestellungen an einem historischen Beispiel zu verdeutlichen, das ich der Geschichte der Medizin entnehme. Die Medizin – und im besonderen ihre *Geschichte* – ist überhaupt in der Lage, vielsagende Modelle für die Anthropologie und ihre Entwicklung zur Verfügung zu stellen. Denn das in der Medizin ja ständig präsente Problem, wie Leib, Seele und Geist sich zueinander verhalten, löst zugleich die Frage nach der Ganzheit und insofern nach dem Wesen des Menschen aus[10]. Es geht mir also um die Aufgabe, an einem exemplarischen Fall der medizinischen Anthropologie zu zeigen, wie sich auch hier der Diesseitsaspekt der Renaissance, das Interesse am biologischen Phänomen, durchsetzt und wie nun auf diesem Boden nicht etwa nur eine *Abkehr* von der Transzendenzgebundenheit entsteht, sondern wie sich ganz *neue* theologische, ganz neue *theologische* Aspekte ergeben:

Vor der empiristischen Richtung der modernen Naturwissenschaft und damit auch der Medizin herrschte durch das Mittelalter hindurch die von Aristoteles geprägte Anthropologie. Diese gründete nicht in einer exakt empirischen Beobachtung, zum Beispiel in anatomischer und physiologischer Forschung, sondern sie beschäftigte sich mit metaphysischen Deduktionen. Für uns Heutige, die wir im Zeitalter der exakten Naturwissenschaften und damit des Empirismus leben, ist es kaum faßlich, in welchem Maße die alten Ärzte entweder ohne Beobachtung der Natur auskamen oder wie ihre Beobachtungen im Bannkreis von empirisch nicht verifizierbaren Spekulationen standen.

Wenn wir heute etwa den Begriff körperlicher *»Gesundheit«* definieren sollten, würden wir doch etwa in folgender Richtung antworten: Gesundheit bestünde darin, daß alle Organe unseres Körpers intakt seien und ihrer Bestimmung gemäß funktionierten. Das soll natürlich keine erschöpfende Definition dieses überaus komplexen Zustandes sein; es kommt mir wirklich nur auf die »Richtung« und die Blickweise an, die sich von denen der spekulativen Medizin unterscheiden. Um also die Diagnose »gesund« stellen zu können, müssen wir die Funktion der Organe – des Herzens etwa und des endokrinen Drüsensystems – genau kennen. Erst dann können wir ihr reibungsloses Ineinandergreifen, ihr harmonisches Zusammenspiel und damit Gesundheit konstatieren. Wir müssen also die Lebensvorgänge anatomisch, physiologisch und biochemisch studieren. Der Begriff »Gesundheit« ergibt sich dann als Fazit der so gemachten Erfahrungen.

Nicht so Aristoteles. Wie anders es bei ihm ist, läßt sich an einigen Definitionen von Gesundheit in seiner Nikomachischen Ethik verdeutlichen. Ich gebe hier einige Beispiele dafür, ohne sie genauer zu interpretieren, denn mir liegt nur daran, uns einen Eindruck von dem spekulativen Stil dieses Denkens zu verschaffen und damit den Abstand von der durch *Empirie* geprägten Wissenschaftlichkeit unserer Tage spüren zu lassen:

So wird etwa die Gesundheit als »der Logos in der Seele und in der Erkenntnis des Wissens« definiert. Oder auch: »Die ärztliche Kunst ist der Logos, ist die Form (eîdos) der Gesundheit.« Logos und eîdos sind aber Begriffe aus der Metaphysik und beziehen sich auf letzte Seinszusammenhänge.

Noch deutlicher wird dieser metaphysische Hintergrund, wenn der maßgebende Begriff der Ethik, nämlich das »Mittlere« (die mesótes), zur Umschreibung der Gesundheit herangezogen wird. Dieser Begriff des Mittleren oder besser: der »rechten Mitte« spielt in der Ethik insofern eine Rolle, als er das Wesen der Tugend bestimmt. Was Tugend ist, läßt sich nur in der Weise ausmachen, daß man eine innere Haltung gegen ein Zuviel und ein Zuwenig abgrenzt und sie so in der »richtigen Mitte« angesiedelt sieht. In diesem Sinne besteht etwa die Tugend des Mutes in der rechten Mitte zwischen Tollkühnheit, die ein Zuviel an Mut bedeutet, und der Feigheit, die ein Zuwenig ist. Dieses Mittlere, diese mesóthes, ist als Ausdruck der Ausgewogenheit dann auch ein Synonym für »Gerechtigkeit« (dikaiosýne), die über den Parteien und deshalb wiederum »in der Mitte« zu stehen hat.

Beide Begriffe tauchen nun auch in der Medizin auf, um hier das im gesunden Sinn »Angemessene« zu umschreiben. Gerade das, was wir heute als Sportmedizin bezeichnen würden, liefert in der griechischen Antike prägnante Beispiele für das Verständnis der rechten Mitte: Dem Griechen ist der übermäßig geschwollene Bizeps ebenso zuwider wie der schwächlich zurückgebildete Muskel. Seine Verachtung gilt einem Muskelprotz von Faustkämpfer ebenso wie dem schwächlichen Männchen. Ins Moderne übertragen könnte man sagen, daß ihm das Renommier-Mannequin aus einer heutigen body-building-school ebenso unsympathisch sei wie ein bebrillter intellektueller Stubenhocker. Denn alle diese Polarisierungen der menschlichen Erscheinung lassen die rechte Mitte vermissen und sind darum nicht gesund. Die Gymnastik bildet für den Griechen das Gegentraining, das solcher krankhaften Einseitigkeit wehrt und für die »Angemessenheit«, für die Harmonie von Leib und Seele sorgt. Dem Gymnasion ist damit sein Erziehungsziel gegeben. Seine Arbeit ist dabei nicht nur auf das Körperliche beschränkt, sondern überträgt den Ausgleich auch auf das seelische Befinden. Das Postulat der rechten Mitte bezieht sich immer auf den *ganzen* Menschen. Gesundheit ist in diesem Sinne unteilbar.

Erst wenn uns das klar ist, können wir uns dem eigentlichen Geheimnis der so entstehenden »spekulativen« Medizin zuwenden und damit den ganzen Gegensatz dieser Denkrichtung zum neuzeitlichen Empirismus in Erscheinung treten lassen:

Die Form (das eîdos) der Gesundheit, die rechte Mitte also, könnte ich nämlich weder erkennen noch in meiner ärztlichen Kunst therapeutisch anstreben, wenn ich nicht *vorher* schon, das heißt *vor* aller empirischen Beobachtung, einen Begriff jenes Mittleren in meinem Bewußtsein hätte. Im Sinne Kants könnte man diesen Zustand so ausdrücken:

Der Begriff des »Mittleren« ist nicht a posteriori aus der Erfahrung gewonnen, sondern er gehört zur apriorischen Struktur meines Bewußtseins, die allererst Erfahrung ermöglicht und ihr deshalb vorweg ist. Daß Aristoteles so denkt, hängt mit seiner Ontologie zusammen: Form (eîdos) und Stoff (hýle) sind für ihn ursprünglich getrennt. Die reine, stofflich noch nicht realisierte Form west in gespenstischer Unwirklichkeit. Die nackte, noch nicht geformte Materie ist ebenso wesenloser Stoff. Beide sehnen sich deshalb nacheinander und werden von einer Art Eros zur Ergänzung ihrer selbst getrieben: Die reine Form sehnt sich nach stofflicher Füllung und Verwirklichung; die Materie sehnt sich nach Überformung. Erst indem beide einander treffen, werden sie zu »etwas« und lassen die Dinge unserer Erfahrungswelt entstehen. Nur weil der Mensch selbst diese überformte Materie ist, kann er die Dinge erkennen, die ihrerseits von derselben Seinsstruktur geprägt sind. Denn auch hier gilt, daß Ähnliches nur vom Ähnlichen verstanden und erkannt werden kann.

Hier wird es ganz deutlich, was mit dem Satze gemeint war, daß die transzendentale Voraussetzung aller Erfahrung in unserem Bewußtsein und seiner Struktur gründe:

Ich könnte kein Ding – keinen Tisch, keine Straße, keinen Baum – erkennen, wenn die Geformtheit der Dinge ihnen nicht ihre Identität verliehe und wenn die eigene Geformtheit nicht unser Bewußtsein zur Identifizierung, zum Erkennen befähigte und sich so als die vorgegebene Bedingung allen Erkennens erwiese. Ein Hase kann etwa mitten auf einer Autobahn Platz nehmen und Männchen machen – einfach deshalb, weil er die Straße als solche nicht »identifizieren« kann und erst recht unfähig ist, den entsprechenden Begriff zu bilden. Statt einer Verkehrsader sieht er nur eine freie Fläche, eine Art Waldlichtung.

Weil nun der Mensch, weil der Arzt den eingeborenen Begriff (idea innata) der »Gerechtigkeit« und des »Mittleren« schon in sich hat, und weil auch die Form (eîdos) des Menschen, weil das Bild seiner sein sollenden Gestalt schon vor aller Erfahrung in seinem Bewußtsein präformiert ist, kann er auch a priori wissen, was Gesundheit ist. Insofern bringt er bereits ein Vorgewußtes *mit*, wenn er anfängt, sich mit Gegenständen der Erfahrungswelt zu beschäftigen, etwa mit menschlichen Körpern und ihrer Erkrankung. Noch anders ausgedrückt: Ich habe das Wissen um die harmonische Ausgewogenheit des ganzen Organismus nicht aus anatomischen und physiologischen Untersuchungen gewonnen, sondern ich habe diesen Begriff des geformten Funktionsganzen schon vorher in meinem Bewußtsein: Ich weiß *vor* aller Erfahrung um die Geformtheit des Ganzen. *Der Logos in der Natur (die Vernunft in der Natur also), die ich draußen finde, ist nur erkennbar, weil der gleiche Logos bereits über einen Brückenkopf in meinem Bewußtsein verfügt.* So ist der Satz des ARISTOTELES gemeint, die Gesundheit sei der Logos in der Seele und in der Erkenntnis des Wissens.

Kein Wunder, daß hier die Thesen eines medizinischen Lehrbuches nicht so zustande kommen, daß sie eine Summe von Erfahrungssätzen bilden (wie in der neuzeitlichen, empirisch bestimmten Medizin), sondern daß es sich genau umgekehrt verhält: Sie werden aus Begriffen deduziert und aus Analogieschlüssen zusammengesetzt. Die Ärzte sind weniger Naturwissenschaftler als spekulative Philosophen, so wie sie vorher Mythologen gewesen waren, die in Krankheit und Gesundheit die Disharmonie oder Harmonie kosmischer Kräfte wirksam sahen.

Das wird selbst an einem so bedeutenden und auch die Natur schon beobachtenden Arzt wie HIPPOKRATES deutlich. Ich nenne dafür wieder nur einige beispielhafte Sätze, in denen er von der »heiligen Krankheit«, der Epilepsie, spricht. Der Unterschied zu heutigen Krankheitsbeschreibungen, die stets die biologische oder psychische Ursächlichkeit einschließen, ist überaus kraß: »Diese sogenannte ›heilige Krankheit‹ entsteht aus denselben Einflüssen wie die andern. (HIPPOKRATES scheint sie also gleichsam entmythologisieren und gegen abergläubische Interpretationen abgrenzen zu wollen. Doch bedient er sich auch seinerseits wieder mythischer und kosmischer Bilder.) Sie entsteht nämlich aus dem Kommenden, dem Gehenden, der Kälte, der Wärme, aus den Winden in ihrer ewig wechselnden Bewegung, der ewig ruhelosen. (Damit mag auf eine ›Erklärung‹ der epileptischen Zuckungen angespielt sein.) Diese *alle* sind göttlich, und daher ist diese Krankheit nicht göttlicher als die andern (!). Denn alle Leiden sind göttlich und menschlich zugleich.«

Nun darf man sich diese mythologische und spekulative Medizin – sie steht ja nur repräsentativ für die damalige Wissenschaft und Anthropologie überhaupt – nicht so primitiv vorstellen, als ob die alten Ärzte nur in sich selbst hineingeschaut, ihre Vernunft befragt und im übrigen phänomenblind durch die Welt gerannt seien. Sie haben vielmehr – jedenfalls weithin – *auch* beobachtet und dabei viele empirisch-statistische Zusammenhänge erkannt. Doch ist das Entscheidende eben dies: Sie *gewannen* ihre Erkenntnisse nicht aus der Empirie, sondern sie verstanden das, was sie empirisch bemerkten, nur als *Bestätigung* dessen, was sie a priori bereits wußten und was ihnen aus der Verbundenheit mit dem Kosmos zufloß. Natürlich sind hohe Fiebertemperaturen krankhaft, sagten sie sich. Aber warum? Nicht etwa, weil hier ein Signal somatischer Störungen vorläge – der Hinweis auf eine Infektion vielleicht oder, wie beim Resorptionsfieber, das Indiz für irgendeine Form von Eiweißzerfall –, sondern deshalb, weil hier jenes »Mittlere«, jene »Ausgeglichenheit« gestört ist, wie sie in der normalen Körperwärme vorliegt. Unterkühlung und Überhitzung sind Variationen der gleichen Störungsformen, wie sie die Ethik bei Tollkühnheit und Feigheit feststellt.
So ist man durch den spekulativen Ausgangspunkt keineswegs gehindert, auch Erfahrungen zu sammeln und Phänomene zu beobachten. Doch kann das dann nur sekundären Rang haben: bloß den Rang des Nachträglichen und der bloßen Bestätigung. Den Logos der Gesundheit kenne ich aus andern Quellen als denen der Empirie.

b) Der Schock der empiristischen Kehre

1. Das Postulat der Voraussetzungslosigkeit und der Primat des Faktums vor der Deutung

Ich glaube nicht, daß es ganz vergeblich war, wenn wir uns diesem Eindruck vorneuzeitlichen Denkens einen Augenblick meditierend hingegeben haben. Man muß es auch nachfühlen können und nicht nur kompendienhaft wissen, welchen unbeschreiblichen und erdbebenhaften Einbruch nun die Zuwendung zum erfahrbaren Diesseits in der Renaissance bedeuten mußte. In den vorangehenden spekulativen und mythologischen Epochen konnte es ja noch eine ungebrochene Einheit des Bewußtseins und aller Fakultäten geben. Die theologische, die philosophische, die medizinische und naturwissenschaftliche Begriffsbildung bedienten sich derselben metaphysisch orientierten Methoden, sie schöpften aus den gleichen Quellen. *Jetzt* aber wird das anders: Man »beobachtet«, man sieht scharf zu, berechnet und findet so Gesetze des immanenten Seinszusammenhanges. Und plötzlich werden die so beobachteten Phänomene sperrig: Sie passen nicht mehr in die vorfabrizierten Ordner und die von der Metaphysik dargebotenen »patterns.«

Solange man im Namen jener spekulativen Vor-Urteile das Leben betrachtete, verfuhr man gleichsam fortgesetzt nach dem Morgensternschen Satze, daß »nicht sein kann, was nicht sein darf«. Denn was sein durfte und *nicht* sein durfte, das wußte man bereits im vorhinein. Also stritt man ab oder übersah, was nicht in dieses Schema des Sein-Sollenden oder -Dürfenden paßte. Nun aber übersah man es *nicht* mehr, weil der Bann jener spekulativen Vorurteile gebrochen war. Jetzt begann man zu staunen:
Man übernahm zum Besispiel nicht mehr das – theologisch zumindest *mit*begründete – Vorurteil, daß die Sonne sich um die Erde drehen müsse, weil Christus doch die Mitte des Universums sei und sein Werk auf dieser Erde vollbracht habe. Kopernikus und Galilei beobachteten vielmehr den Himmel, begannen exakt zu rechnen und revolutionierten so die Astronomie. Das mußte ein Schock ohnegleichen sein. Wer heute snobistisch das schockbedingte Inquisitionsverfahren gegen Galilei belächelt, zeigt nicht nur, daß er problemblind gegenüber der Nicht-Synchronisation von weltbildlicher Entdeckung und weltanschaulicher Verarbeitung des Entdeckten ist, sondern daß er auch unter einem Mangel an Phantasie leidet.
Wir versuchen nun das, was sich hier geistig ereignet hat und was noch heute unsere theologischen und anthropologischen Fragestellungen aufs tiefste bestimmt, begrifflich etwas strenger zu formulieren und dabei zu überlegen, welche theologischen Konsequenzen daraus zu ziehen sind.

Seitdem man sich beobachtend den Phänomenen des Diesseits zuwendet und fragt, was los ist, was überhaupt »ist« (und also nicht mehr bloß, was aus spekulativen Gründen sein »soll«), ergeben sich *zwei grundlegende Aufgaben, die den modernen Wissenschaftsbegriff einschließlich der Theologie bestimmen und einen radikalen Bruch gegenüber allem Bisherigen herbeiführen, die also die sogenannte »moderne Welt« hervorbringen:*
Erstens kommt es zum Postulat der »Vorbehaltlosigkeit«, mit der Beobachtungen und Berechnungen zu betreiben seien. Diese Vorbehaltlosigkeit besteht in der Bereitschaft, eben *nicht* schon vorher wissen zu wollen, was sein soll und nicht sein darf, sondern ohne Rücksicht auf metaphysische Verluste das Seiende selbst zu prüfen und so bedingungslos »realistisch« zu sein. In dieser Bereitschaft steckt zugleich die Offenheit gegenüber möglichen Überraschungen. Man muß ferner bereit sein, Traditionen in Frage zu stellen und das »Messer an die eigenen Wurzeln zu legen« (Nietzsche).
So wird die *Voraussetzungslosigkeit* zum Axiom aller modernen Wissenschaft oder – wenn sie nicht zu erreichen ist, wie gerade im Bereich der Anthropologie – wenigstens die Reflexion auf die Voraussetzungen. Der Marxismus verweigert die Infragestellung seiner axiomatischen Voraussetzungen und damit auch die entsprechende Reflexion. Damit diskreditiert er seinen Wissenschaftlichkeitsanspruch. Die Theologie reflektiert über

ihre (Glaubens-)Voraussetzungen; darum hat sie eine der Wissenschaft zugekehrte Seite.

Wir haben schon bei den Überlegungen zum geschichtlichen Verstehen festgestellt, daß gerade in einer menschlichen Sphäre wie der der Geschichte hermeneutische Voraussetzungen unvermeidlich sind. Das Selbstverständnis, daß wir mitbringen, bestimmt wesentlich den Aktionsradius unseres Verstehens, unsere Sichtweise und damit auch die Auswahl und Anordnung der Phänomene. Der sumpfigste Subjektivismus, der hier auf der Lauer liegt, kann dabei nur so vermieden werden, daß man nicht nur seine Gegenstände, sondern auch sich selbst und seine Voraussetzungen in das Licht kritischer Bewußtheit erhebt. Das gilt ebenso von allen Gegenstandsbereichen, die *anthropologische* Relevanz haben. Wir stehen uns selbst bei diesen Gegenständen gleichsam zu nahe, um *nicht* durch heimliche Prämissen belastet zu sein. Wer aktuelle Beispiele dafür wünscht, braucht nur an die Debatten über die Homosexualität zu denken, bei denen sich gesellschaftliche, moralische, religiöse und Instinkt-Vorurteile, ein makabres Stelldichein geben[11].

Zweitens ergibt sich die Aufgabe, das so als wirklich Erkannte nun zu *interpretieren*, also die Frage zu stellen, was es bedeutet. Nachdem man zum Beispiel den Instinktmangel beim Menschen festgestellt hat, ergibt sich die Deutungsaufgabe: Man stellt etwa fest – wie es Herder und neuerdings wieder Gehlen getan haben –, daß nur durch diesen Mangel Freiheit und damit die Möglichkeit zur Kultur gegeben sei. So kommt z. B. Goethes Satz zustande, daß das Tier durch seine Instinkte belehrt werde, während der Mensch seine Instinkte belehre. Ich gehe also auch hier gerade *nicht* mehr (wie einst) davon aus, daß ich schon wisse, was der Kosmos »bedeutet«, welchen Endzweck (finis ultimus) er hat, um dann und daraufhin erst zu postulieren, wie diese Welt nun konkret strukturiert sein müsse. Sondern ich mache es umgekehrt: Ich stelle fest, wie die Welt aussieht und wie sie ist, um erst von hier aus die Frage nach der Bedeutung des so Seienden zu stellen. Das Interpretieren *folgt* von jetzt an – jedenfalls im Sinne des Exaktheitspostulats und damit der Absicht – dem Konstatieren und geht ihm nicht mehr als Prämisse des Bedeutungswissens *voran*.

2. *Keine metaphysischen Voraussetzungen, aber Offenheit für metaphysische Folgerungen. Die Beziehung von Erfahrungs- und Sinnsphäre*

Hierbei zeigt sich nun etwas sehr Aufregendes: daß nämlich im anthropologischen Bereich nicht nur die Sicht der Dinge selbst, sondern daß erst recht ihre Interpretation sehr verschieden sein kann und die erstrebte »Allgemeingültigkeit« der exakten Wissenschaften wie etwa der Mathematik nicht erreicht wird. Von den vielen Illustrationsmöglichkeiten, die sich dafür anbieten (einiges haben wir eben schon angedeutet), wählen wir hier

ein einziges Beispiel aus, weil es in unser Programm des Nachdenkens gehört:
Die Interpretationsfolge der empiristischen Kehre braucht nämlich keineswegs darin zu bestehen, daß man nun »säkularistisch« werden müsse und daß das Resultat aller Deutungen nur das von jeder Transzendenz abgeriegelte Diesseits sein könne. *Es braucht also nicht so zu sein, daß mit dem Wegfall der metaphysischen und theologischen »Voraussetzungen« nun auch die metaphysischen »Folgerungen« entfallen.* Damit wir nicht im Abstrakten bleiben, erzähle ich dafür eine Beispielgeschichte:
In den Sitzungsberichten der Österreichischen Akademie der Wissenschaften berichtet St. Meyer: »Es muß in den ersten Jahren des 20. Jahrhunderts gewesen sein, da besuchte uns in Wien im alten physikalischen Institut in der Türkenstraße der Patriarch von Jerusalem. Er hatte vom Radium gehört und wollte seine Wunder sehen. Wir zeigten im Dunkeln das Selbstleuchten und die prächtige Lumineszenz an Röntgenschirmen ... Er blieb ganz ergriffen eine Weile stumm. Dann erklärte er uns: ›Erst jetzt beginne ich die Bibel zu verstehen. Dort heißt es: Gott sprach: Es werde Licht! Und es ward Licht. Erst später: Gott sprach: Es werden Lichter an der Feste des Himmels, die da scheiden Tag und Nacht ... Und Gott machte zwei Lichter: ein großes Licht, das den Tag regiere, und ein kleines Licht, das die Nacht regiere, dazu auch die Sterne (Genesis 1, 3. 14. 16). Wie – fragte der Patriarch – konnte man es denn verstehen, daß Gott zuerst das Licht von der Finsternis schied und erst viel später Sonne, Mond und Sterne schuf? Das schien ein unlösbares Rätsel.‹ Nun aber, da er das Radium und sein Leuchten gesehen habe, beginne er zu begreifen, wie auch das möglich gewesen sei.«
Dazu möchte ich einen erklärenden Hinweis fügen: Auch die alttestamentlichen Fachleute erblicken darin, daß das Licht *vor* den astralen Licht*trägern* geschaffen wurde, eine gewichtige Aussage, sogar eine Polemik gegen die babylonisch-ägyptische Astrologie, die den Gestirnen numinose Mächtigkeit zuerkannte. Der biblische Schöpfungsbericht will aber die Lichtquellen des Universums betont entmythisieren und spricht ihnen sozusagen das Monopol des Lichtes ab. Es ist sogar nicht ohne einen Hauch von Ironie, wenn es im Sinne des Urtextes heißt: »Gott setzte ›Lampen‹ an den Himmel.« Lampen! Das Licht, das der Schöpfermacht Gottes entspringt, bleibt von den geschöpflichen Lichtspendern geschieden. Diese werden sozusagen relativiert, und dem muß auch der ironische Unterton dienen.
Das hat der ehrwürdige Patriarch begreiflicherweise nicht gewußt. Ohne diese Pointe aber mußte der biblische Text für ihn eine beunruhigende Absurdität enthalten. Ob nun das Radium, das ja ebenfalls eine geschöpfliche Größe ist und darum der gleichen Verwechselbarkeit mit dem Schöpfer unterliegt wie Sonne, Mond und Sterne, ob dieses Radium geeignet ist,

die biblische Aussage zu »erklären«, lasse ich dahingestellt. Das ist auch ganz unwesentlich. Es wird dem Patriarchen jedenfalls zu einem Hinweis darauf, daß das Tun des Schöpfers souverän und unabhängig bleibt gegenüber den Funktionen, mit denen er seine Geschöpfe beauftragt hat. Er sieht sich offenbar nicht genötigt, die Lumineszenz des Radiums in dem Sinne interpretieren zu müssen, daß die Natur des Lichtes in der Potenz eines Dinges gründe, das dem Gefüge immanenter Kausalitäten eingefügt sei und sich in ihnen erschöpfe. Er sagt aber auch nicht, wie es den Ontologen der Antike und des Mittelalters naheliegen mochte: Das Licht ist reichsunmittelbar zu Gott; darum kann jedes Ding zu der Funktion eines Lichtträgers ermächtigt werden; insofern wäre zu postulieren, daß es neben den »konventionellen« Lichtträgern wie Sonne, Mond und Sterne auch strahlende Materie geben muß. O nein: der Gedankengang des Patriarchen ist viel einfacher und auch viel neuzeitlicher: Er deduziert weder im metaphysischen Sinne von einst noch steigt er induktiv von einer Analyse physikalischer Befindlichkeiten zu einer Art Schöpfer- und Gottesbeweis auf. Sondern es ist doch so: Auf der einen Seite ist sein Glaube von der Gewißheit des Schöpfers getragen, obwohl ihn da einige Ungereimtheiten (wie die den Gestirnen vorangehende Erschaffung des Lichtes) beunruhigen; auf der andern Seite nimmt er – offenbar aus physikalischer Neugierde – ein empirisches Faktum zur Kenntnis, eben die Ausstrahlung des Radiums. Beides zusammen führt ihn dazu, sich die empirische Beobachtung als Interpretation eines Glaubenssatzes dienen zu lassen. *Er gewinnt diesen Glaubenssatz nicht aus jener Beobachtung, sondern hat ihn schon vorher zu eigen. Aber er sieht, wie die Beobachtung ein neues Licht auf ihn fallen läßt, so daß auch er eine Lumineszenz erhält, die vorher nicht bemerkt wurde.*

Für unser Nachdenken über den Schock der empiristischen Kehre ist diese Feststellung überaus wichtig. Sie zeigt uns, daß damit die Brücken zwischen der Erforschung des Diesseits und der Rückverbindung zu einer theologischen Interpretation des Seienden keineswegs abgebrochen sind. Theologie und Metaphysik (letztere in dem beschriebenen Sinne verstanden) tauchen jetzt nur an einem andern *Ort* als früher auf. Sie liefern nicht die axiomatischen Voraussetzungen, aus denen ich das Seinsgefüge deduziere, ohne exakter empirischer Erhebungen bedürftig zu sein. Sie tun das auch dann nicht, wenn der Glaube eher da ist als meine Welterforschung, wenn ich zum Beispiel schon Christ bin, ehe ich meinen naturwissenschaftlichen Beruf ergreife. Aber sie bieten sich mir als entscheidende Wegmarken an, wenn es um die nachträgliche Interpretation der Erkenntnisse geht, die ich mit empirischen (oder mathematischen) Methoden gewinne.

Wir können zur Verdeutlichung dessen an einige anthropologische Feststellungen erinnern, die wir früher trafen: Ich kann etwa die Genese des Menschen im Sinne der Evolutionstheorie bestimmen; ich kann seine soziologischen oder ökologischen Daseinsbedingungen erforschen. Das alles wären dann Kapitel einer empirischen Anthropologie, die in keiner biblischen oder sonstwie religiösen Lehre vom Menschen zu finden wären oder aus ihr abgeleitet werden könnten. Aber hätte ich mit jenen empirischen Daten das *Wesen* des Menschen erfaßt? Mitnichten! Dieses Wesen kann erst zur Sprache kommen, indem ich jene Daten interpretiere. Dann sehe ich mich etwa vor die Aporie gestellt, daß die Genesis des Menschen noch nichts über Grund, Ziel und Sinn seines Daseins aussagt, und daß ich in eine Sackgasse gerate, wenn ich ihr gleichwohl eine solche Aussage abzuringen versuche (was ja geschehen ist!). Ich stelle dann fest, daß ich die Auskünfte über das Wesen aus andern Quellen beziehen muß. Hierbei könnte ich auf den Gottesglauben oder auch auf andere weltanschauliche Sinn-Interpretationen stoßen.

Ganz gleich nun, woher ich diese Auskünfte beziehe: sie werden auf jeden Fall mit den empirischen Erhebungen der biologischen, soziologischen und ökologischen Anthropologie konfrontiert werden müssen. Als Beispiel verweise ich wieder auf den empirisch erhobenen Instinktmangel des Menschen. Die Feststellung selbst besagt noch gar nichts. Wenn ich mir aber – als Christ oder Kantianer oder Heideggerianer oder wie immer – klargemacht habe, daß der Mensch ein Wesen ist, das sich in Freiheit ergreifen muß, das sich deshalb gewinnen oder auch verfehlen kann, dann fällt auf das biologische Faktum des Instinktmangels auf einmal das Licht von Sinn. Dann kann es – ähnlich wie das Radium für den Patriarchen – zu einem Hinweis darauf werden, daß die biologische Struktur unseres Daseins nicht ohne Bezug auf ihren Endzweck, auf ihren »metaphysischen« Sinn ist. *Beide Wirklichkeitsbereiche, die Erfahrungs- und die Sinnsphäre, stehen im Verhältnis einer Interdependenz zueinander, die nicht unterbrochen werden darf, wenn der Glaube nicht wirklichkeitsblind und die Erfahrung nicht sinnentleert werden soll.* Die Fälle, an denen das demonstriert werden könnte, sind zahllos. Ein besonders charakteristischer Fall wird uns im Gespräch mit der Anthropologie von TEILHARD DE CHARDIN noch beschäftigen.

Diesen Wechsel des Ortes, an den die Theologie (oder die »Metaphysik«) im Bezuge zu den empirischen Wissenschaften zu stehen kommt, muß man verstanden haben, um ermessen zu können, was neuzeitlich *moderne* Theologie ist – also eine Theologie, die im dialogischen Austausch mit der sich verändernden Welt steht, sie ernst nimmt und nicht nur steril und restaurativ das alte Korn immer neu drischt, ohne zu merken, daß alle Scheunen und Weltkulissen um sie herum umgebaut werden.

Diese Möglichkeit, auch angesichts der modernen Zuwendung zum Diesseits, zur realistischen Erfahrung, Christ und Theologe zu bleiben und in neuer Art zu werden, möchte ich wieder an einem exemplarischen Fall illustrieren. Die moderne Diesseitstheologie, die ich im folgenden vorstelle, ist zwar für unsere heutigen Begriffe schon wieder veraltet. Sie wirkt sogar naiv. Wir Heutigen müssen es zweifellos wieder ganz anders machen. Aber darauf kommt es im Augenblick nicht an. Es geht nur um eine der vielen Formen, in denen sich der Rückbezug der Empirie auf Transzendenz, der Erfahrungssphäre auf die Sinnsphäre vollzogen hat. Dabei geht es wieder um ein Beispiel aus der Medizingeschichte. Hierbei habe ich einen unglaublich interessanten Mann vorzuführen, den man weder unter Medizinern noch unter Theologen im allgemeinen heute kennt. den zu studieren aber faszinierend ist. Ich meine Niels Stensen[12].

c) *Empirismus in Verbindung mit dem Rückbezug zur Transzendenz, verdeutlicht an Niels Stensen*

Niels Stensen, Mitte des 17. Jahrhunderts in Kopenhagen geboren, ist einer der großen Naturforscher und Theologen des Barock. Seine für damals ungewöhnlich ausgedehnten Reisen, nicht nur in Deutschland, sondern auch nach Frankreich, Italien und Ungarn, gaben ihm kosmopolitische Weite. Zu seinen Briefpartnern gehörten viele Zeitgenossen von Rang, darunter auch Leibniz und Spinoza. Er war führendes Mitglied der berühmten Accademia del Cimento in Florenz. Papst Innozenz xi. berief ihn zum Bischof und Apostolischen Vikar von Hannover. Zu seinen naturwissenschaftlichen Forschungsgebieten gehörten vor allem die Anatomie, daneben aber auch Geologie und Paläontologie. Noch als Bischof vollzog er vor Medizinern anatomische Demonstrationen. Als Theologe war er in Verkündigung und Seelsorge vor allem Praktiker. Ihm lag am persönlich gelebten Beispiel christlichen Lebens.

Niels Stensens Lebenszeit fällt mitten in jenen Umbruch, den ich charakterisiert habe. Er ist aus Überzeugung zum Katholizismus übergetreten und vollzog einen Berufswechsel geradezu sensationeller Art: Aus einem der berühmtesten Anatomen seiner Zeit wurde er zum Bischof im deutschen Norden. Er demonstrierte sozusagen schon durch seine Biographie, daß ein Weg besteht von der neuen Diesseitszugewandtheit einer voraussetzungslosen Erfahrungswissenschaft zu transzendenten Bindungen. Ich gebe einige Hinweise für die Art, in der Stensen den Umbruch zum Empirismus in seiner Anatomie vollzieht und dessen Schock bewältigt:

Er wendet sich bezeichnenderweise immer wieder im Namen der Empirie gegen das metaphysische Analogieprinzip, das – in nahezu durchgängiger Aufnahme des Aristoteles – ausgesprochen abstrakt verfährt und sich mit Deduktionen des Sein-Sollenden begnügt, statt den Phänomenen hart auf der Spur zu bleiben. Das ist bei ihm geradezu eine Kampfansage von konfessorischer Leidenschaft: »Man muß den Irrtum derer anhalten«, kann er etwa sagen, »die die Phänomene im Naturgeschehen (nur) durch andere ähnliche erklären wollen ... So hat man gesagt, daß der Foet durch die Nabelschnur mit der Gebärmutter verbunden sei (genau analog) wie die Pflanzen durch ihre Wurzeln mit der Erde; oder daß die Röhren der Venen aus den Eingeweiden Nahrung saugen wie die Wurzeln aus der Erde; oder daß der Magnet das Eisen anzieht wie der Geist das Objekt seines Strebens.«

Es war also der vorausgesetzte Logos des Seins, es war das Axiom des ens verum, das seine mittelalterlichen und zeitgenössischen Gegner dazu verführte, Analogien innerhalb aller Dimensionen des Wirklichen (in Biologie, Physik und Geisteswissenschaften) aufzuspüren. Man könnte diese geistige Position vielleicht so bestimmen: Da der Logos, da die Wahrheit unteilbar ist, müssen seine Wirklichkeitsmuster in Gestalt von Analogien überall auftauchen und die Ganzheit des Seins durchwirken.

Entsprechend wendet er sich auch gegen DESCARTES, der ebenfalls Lebensvorgänge nicht beobachtet, sondern sie aus Prinzipien ableitet. Eines dieser Prinzipien ist die *Wärme*. Schon daß er eine Sinnesempfindung oder, physikalisch ausgedrückt, eine besondere Form mechanischer Energie in den Rang eines »Prinzips« erhebt, ist höchst charakteristisch. Die Wärme ist für DESCARTES insofern ein Lebensprinzip, als das im Herzen wirksame Feuer den Blutkreislauf in Bewegung setzt. Dabei dehnt sich das kochend heiß werdende Blut aus und schäumt in Verbindung mit der Luft, die von der Lunge aufgenommen wird, derart auf, daß es in die Arterien getrieben wird und sie ausdehnt.

Als STENSEN nun bei den Untersuchungen eines Ochsenherzens und eines Kaninchenfußes das phantastisch Irreale dieser Vorstellungen durchschaut, hat das auch Folgen für sein theologisches – nicht nur sein naturwissenschaftliches – Verständnis der Wirklichkeit. »Wenn diese Herrn«, so schreibt er darüber in einem sehr viel späteren Brief an LEIBNIZ, »sich bei den materiellen Dingen, die den Sinnen zugänglich (also der Kompetenz empirischer Beobachtungen zugeordnet) sind, so getäuscht haben, welche Sicherheit können sie mir dann dafür bieten, daß sie sich nicht täuschen, wenn sie von Gott und der Seele sprechen?« (Vgl. Johannes-Evangelium 3, 12). *Was vorher den Gottesgedanken durch eine umfassende Seins-Interpretation und durch den Aufweis höherer Analogie-Gedanken sichern sollte, beginnt diesen Gottesgedanken nunmehr geradezu zu kompromittieren*: Wie kann man diesem theologisch so scharfsinnig konstruierten Seinsgefüge noch trauen, wenn es im Bereich des empirisch Kontrollierbaren derart hanebüchen versagt und durch den simplen Augenschein widerlegt werden kann! Wer solche Absurditäten über den Blutkreislauf von sich gibt wie DESCARTES, dem kann man auch die metaphysischen Voraussetzungen nicht mehr abnehmen, die ihnen zugrunde liegen. *Was früher Apologetik war, wird nun zur Anfechtung.*

Deshalb muß das Steuer um 180 Grad herumgeworfen werden. Wir müssen, meint STENSEN, bei dem einsetzen, was wir wissen und prüfen können, um in Gestalt einer Interpretation des so Gefundenen *dann* erst das Recht einer theologischen Aussage zu gewinnen. In der Tat – dieser Gedanke steht hier im Hintergrunde: die Wahrheit ist unteilbar. Was wir als Wahrheit »glauben«, kann nicht im Widerspruch zu dem stehen, was wir als Wahrheit »erkennen«. Deshalb müssen wir unsern Schöpferglauben durch das, was wir im Bereich der Schöpfung erkennen können, bestätigen lassen – oder ihn um der Unteilbarkeit der Wahrheit willen möglicherweise auch modifizieren.

Wie dieser neue Einsatz des Denkens dann bei ihm aussieht, geht z. B. aus seiner »Disputation über die Drüsen des Mundes« (1661) hervor. Wiederum in Polemik gegen die »Scholastiker«, die dies alles übersehen und sich über die Beobachtung hinweggesetzt haben, beschreibt er die Wangen-, Unterzungen- und Gaumendrüsen, den Ursprung des Speichels und sinnt über Zweck und Sinn dieses Drüsensystems nach. Erst aufgrund dieses genauen Hinsehens erlaubt er sich so etwas wie eine theologische Interpretation und meint, die gesunde Vernunft müsse gestehen, der menschliche und tierische Körper sei »das Werk eines Meisters, der weise ist und das Lebende liebt«. Eine Abhandlung über »Die Nasengefäße« schließt mit den Sätzen: »Aus alledem geht deutlich hervor, wie sorgfältig der allweise Schöpfer ... darüber wachte, daß nichts Unreines den Kopf besudle, diesen Königsthron. Die Hohlräume des Ohres, der Augen und der Nase sollen feucht gehalten werden, der Mund und der Schlund sollen mit Feuchtigkeit überzogen werden. Trotzdem findet man keine Ausflüsse, weder in der Nase, im Auge oder im Mund, wenn Du nach der Naturordnung lebst.«

Daß dies alles für unsere heutigen Ohren reichlich nach »natürlicher Theologie« aussieht und daß der Kenner der Aufklärung sich hie und da an gewisse rührende Naivitäten des Deismus erinnert fühlen mag, braucht uns nicht zu stören. Es kam mir nur darauf an, uns durch die besprochenen Paradigmen einen Eindruck davon vermitteln zu lassen, in welchem Maße sich die theologischen Betrachtungsweisen verschieben müssen, wenn sich das Verhältnis von Logos und Wirklichkeit verschiebt. Das aber ist eben durch den neuzeitlichen Empirismus unwiderruflich geschehen.

Gewiß: wir können nicht so naiv, wie das STENSEN tat, einen Gottesbeweis aus der beobachteten Teleologie des menschlichen Organismus erheben. Wir können keine »Physikotheologen« mehr sein, die aus dem Alpengras (wie in BROCKES »Irdischem Vergnügen in Gott«), aus den Gesteinen (Lithotheologie des FRIEDRICH CHRISTIAN LESSER) oder aus den Wundern der Schalentierlein die Gewißheit Gottes schöpfen. Und doch haben diese naturfrommen Männer des 18. Jahrhunderts auf ihre Weise den Schritt zur empiristischen Wende auf ihre noch kindliche Art zu machen und ihn theologisch zu deuten versucht. Sosehr wir das heute anders machen müssen und als vielfach gebrannte Kinder an dieser rührenden Analogie von Zeit und Ewigkeit irre geworden sind, eines ist auf jeden Fall geblieben: *Es wird keine Theologie und auch keine theologisch orientierte Anthropolo-*

gie mehr geben, die ihre Aussagen über Grund, Ziel und Sinn menschlichen Daseins nicht permanent in Verbindung mit den empirischen Erkenntnissen bringen müßte, die wir den sogenannten Humanwissenschaften verdanken. Wir können ihnen zwar keine theologischen Erkenntnisse in dem Sinne entnehmen, daß sie uns als Prämissen dienten, aus denen sich ewige Gewißheiten als Konsequenz ergäben – womöglich im Sinne eines Gottesbeweises. Wohl aber muß das, was wir über den Menschen als Gegenstand des Glaubens sagen, ständig an dem bewährt und mit Wirklichkeit gesättigt werden, was wir empirisch von ihm wissen können.

IV. Modellfall für den Wandel der Anthropologie: die Entstehung des individuellen Eros[13]

Wir haben uns bisher die ungeheure Zäsur, die das antik-mittelalterliche und das neuzeitliche Weltverständnis voneinander trennt, vor allem an der verschiedenen Art klargemacht, in der man das Seiende philosophisch und wissenschaftlich zu begreifen sucht. Auf der einen Seite stand eine metaphysische Konzeption des Kosmos, aus der man das einzelne Seiende ableitete. Auf der andern, der neuzeitlichen Seite, stand die Bemühung um ein objektiv-empirisches Erfassen dieses Seienden, aus dem sich dann mögliche – aber nicht notwendige – metaphysische Folgerungen erst nachträglich ergaben. Wir versuchten uns in diesem Zusammenhang auch Gedanken über die veränderte Stellung der Theologie zu machen.

Wir bemühen uns nunmehr, die so gewonnenen Erkenntnisse für die Anthropologie auszuwerten. Es kann ja überhaupt kein Zweifel darüber aufkommen, daß der besprochene Einschnitt zwischen Mittelalter und Neuzeit sich auch auf das Selbstverständnis des Menschen auswirken muß. Man wird sicher annehmen können – das wird sich uns sehr bald bestätigen –, daß auch der Mensch sich nicht mehr so fraglos einem göttlich gefügten Kosmos einbeschlossen sieht und daß er kraft dieser Eingliederung über Grund, Ziel und Sinn seines Daseins wie über Selbstverständlichkeiten orientiert ist. Alles wird hier ebenfalls anders:

Auch der Mensch wird zum Gegenstand einer empirischen Nachfrage. Er beginnt den Zusammenhang körperlicher und seelischer Phänomene zu begreifen, etwa im Bereich neurologischer und psychosomatischer Forschung. Er erkennt animalische Bedingtheiten seiner Humanität in Sexual- und Aggressionstrieb: er ist beeindruckt von der gesellschaftlich-ökonomischen Verwurzelung seiner Existenz – – – und von vielen andern wissenschaftlich aufhellbaren Zusammenhängen. In äußerster Konsequenz kann ihn diese neue Situation einem Selbstverständnis ausliefern, wie es SARTRE formuliert: daß er sich in seiner reinen Vorfindlichkeit (existentia) entdeckt und erst von dieser realen Basis aus die Frage zu stellen hat, wie er sich nun in seinem Wesen zu verstehen oder besser: welchen Sinn (welche essentia)

er sich mitzuteilen und wie er das noch leere Blatt seiner Vorfindlichkeit zu beschriften habe.
Bei dieser Schau der Dinge tritt besonders deutlich der Abstand von der aristotelisch-mittelalterlichen Anthropologie hervor: daß nämlich die Deutung des Daseins, wie sie in der Tradition vorliegt, mitnichten der Begegnung mit den konkreten Realitäten vorausgeht, sondern daß sie zunächst völlig fehlt, daß der Mensch sich gleichsam in puris naturalibus, nackt und ohne jede Sinn-Bekleidung, empfängt und daß er nun seinerseits erst dafür sorgen muß, welches Wesen und welche Daseinsdeutung er sich beizulegen wünscht.
Methodisch wollen wir im folgenden so vorgehen wie bisher: daß wir das neuzeitlich veränderte Selbstverständnis des Menschen an einem besonders vielsagenden Fall studieren, hier an der fundamentalen Wandlung des *Erosverständnisses*. Im Anschluß daran stellen wir dann die Frage, ob und inwieweit dieses gewandelte Verhältnis der Geschlechter es erlaube oder sogar dazu nötige, die empirischen Befunde zu transzendieren, nach dem Sinn des Eros zu fragen und von hier aus eine neue, anders geartete Rückverbindung zur christlichen Tradition und ihrem Verständnis der Geschlechter zu gewinnen.

a) *Das Verständnis der Geschlechter in der Bibel und in der Reformation*

Das antike, hier durch das Alte und Neue Testament repräsentierte Verhältnis der Geschlechter gibt sich vor allem in den Aussagen über die *Ehe* und ihr Verständnis kund. Dabei wird deutlich, daß die dem neuzeitlichen und erst recht »modernen« Menschen so wichtig persönlich und individuell getönte Begegnung der Geschlechter, daß das Erlebnis des Eros in keiner Weise an der Sinnbestimmung des Geschlechtlichen, allenfalls am Zustandekommen einer Ehe beteiligt ist (wie etwa bei Jakob und Rahel). Hier geht es vielmehr – das erinnert an früher Gesagtes – um eine dem Menschen vorgegebene Schöpfungsordnung, der gegenüber alle konkreten Erfahrungen, etwa in der Partnerwahl, nachträglich und sekundär sind. Kein hebräischer Mensch wäre auf die Idee gekommen, etwa zu sagen: Ich wähle mir einen Lebensgefährten, weil er mir gefällt und mich ergänzt – um dann womöglich noch hinzuzufügen: das sei doch der Sinn der Ehe, daß es so ist!
Man kann mit Recht fragen, ob für das alttestamentliche Denken nicht die meisten Ordnungen – die des Rechtes etwa oder des Staates – eine Art von Notinstitutionen gegen den Sündenfall seien und deshalb der Verfassung der Welt nach der Sintflut, dem »noachitischen Bunde«, aber nicht der heilen Geschöpflichkeit des Urstandes zugerechnet werden müßten. In diesem Sinne hat LUTHER in seiner Erklärung der biblischen Urgeschichte einmal gesagt: Im Paradiese hätten Adam und Eva ständig ihren Blick auf

Gott gerichtet, so daß er sie mit kleinen Fingerwinken (uno moto digito) habe leiten können. Als sie sich aber im Sündenfall von ihm abwandten, hätten sie auch nicht mehr auf seine andeutenden Winke geachtet. Deshalb müsse er sie nun mit fühlbarer Macht zur Räson bringen. Der institutionelle Ausdruck dieser nach dem Fall nötig gewordenen Gewaltlenkung sei der Staat.

Das gilt jedoch von der Ehe und der Geschlechterbeziehung so ganz bestimmt *nicht*. Sie ist eine Verfügung Gottes von Anbeginn. Sie gilt nach der relativ späten Schöpfungsgeschichte bereits in der unversehrten Welt. Zu ihrer urständlichen Bestimmung gehören die Partnerschaft zwischen Mann und Weib (Genesis 2, 18), ihr Für-einander-geschaffen-Sein (2, 21 f.), ihr Sich-ineinander-Erkennen (2, 23). Die ursprüngliche Identität, die sich – dargestellt durch das Gleichnis von der Rippe – dann in die Mann-Weib-Polarität zerlegt, ähnelt in mancher Hinsicht gewiß dem Ergänzungsgedanken und dem Suchen nach der ursprünglichen Einheit in PLATOS Eros-Verständnis. Doch hat diese Polarität ganz sicher noch keine individuellen Züge, sie deutet noch nicht auf eine spezielle Person, in der ich mein Komplement fände. Adam und Eva sind Repräsentanten des Menschengeschlechts. Der Ergänzungsgedanke gilt hier der »Art«, sie gilt für »den« Menschen im generellen Sinn. Der moderne Personbegriff, der an den Gedanken individueller Entelechie verbunden ist, bleibt hier noch außer Betracht. Das gleiche gilt dann selbstverständlich auch von der uns vertrauten Idee der Partnerschaft.

Nur so ist etwa die Objekt-Stellung der Frau im alten Israel zu verstehen: Der Mann wird als Herr (ba'al) und die Frau als Eigentum bezeichnet. Ebenso muß man es von daher erklären, daß die Verführung eines jungfräulichen, noch nicht verlobten Mädchens im Katalog der *Eigentums*vergehen auftaucht (Exodus 22, 15 f.; Deuteronomium 22, 28 f.). Der Verführer hat als Entgelt für diese Eigentumsbeschädigung (und zwar am Gut des *Vaters*!) denjenigen Betrag zu entrichten, den der Vater bei der regulären Verheiratung seiner Tochter hätte beanspruchen können.

Gerade wenn wir so einen »unpersönlichen« Zug an diesem Verständnis des Mann-Weib-Verhältnisses feststellen, deutet sich darin der grundlegende Gegensatz an, der uns seit der Entdeckung der Individualität, des individuellen Eros und der neuzeitlichen Erfahrung geschlechtlicher Liebe von der Welt des alten Israel scheidet.

Dafür lassen sich noch weitere Exempel statuieren:

Während die Herrschaft des individuellen Eros, der wir uns alle fügen, nicht nur individuelle Partnerwahl mit sich bringt, sondern auch den Verzicht auf die Ehe möglich macht, waren in Israel praktisch *alle* verheiratet. Das Alte Testament hat überhaupt keinen Begriff für den »Junggesellen« – im Unterschied übrigens zu den Arabern, die ihn mit dem ironisch klingenden Wort »azab« bezeichnen, was soviel wie »Hagestolz« oder »Zukurzgekommener« bedeutet. Wir wissen nicht, ob es überhaupt Unverheiratete in Israel gegeben hat – so sehr war das Eheinstitut generelle und *alle* bindende Ordnung. Sie unterlag keiner eigenen Entscheidung.

Ludwig Köhler hat sicher recht, wenn er einmal sagt: »Wo in einer Volksgemeinschaft alle heiraten und alle geheiratet werden, fallen viele Spannungen dahin.« In der Tat ist im Alten Testament niemals von der Tragik unglücklich Liebender die Rede, zwischen denen das Wasser allzu tief ist (auch die schmerzlichen Geduldsproben, die Jakob bei seiner Werbung um Rahel auferlegt wurden, wird man so kaum deuten dürfen). Ebensowenig ist von unglücklichen Ehen die Rede, deren Partner an »unüberwindlicher Abneigung« kranken. Indem die überpersönliche, der Welt eingestiftete Ordnung alle individuellen Entscheidungen entlastet, verleiht sie dem Geordneten Stabilität. Es »gehört sich eben so«; man nimmt sich selbst und sein Gefühl nicht allzu wichtig. Die Ehe, und zwar auch die konkrete Ehe, ist einer Plausibilitätsstruktur eingefügt, die ihr fraglose Geltung verleiht. Diese Tendenz wird noch dadurch verstärkt, daß in der Ehe weniger zwei individuelle Menschen als zwei Sippen zueinander in Beziehung treten. Auch dadurch werden die labilen Emotionen des Eros mit einem Dauer verleihenden, überpersönlichen Gegengewicht versehen.

Abschließend lassen sich diejenigen Züge im Alten Testament, die sich besonders auffällig von der individuell betonten Geschlechterbeziehung seit der Renaissance abheben, so zusammenfassen:

Einmal geht es um eine allen individuellen Erfahrungen vorausliegende Schöpfungsordnung, der die Geschlechter einbeschlossen sind. Dieser ihr »überpersönlicher« Bezug äußert sich auch in den Eheregelungen durch Gesetz und Sitte.

Ferner: Sosehr die Ehe auf die Zeugung von Nachkommenschaft, auf den Fortbestand des verheißenen Segens und auf gegenseitiges, sich ergänzendes Helfen ausgerichtet sein mag: ihr eigentlicher Sinngrund besteht nicht in diesen irdischen Verwirklichungen, sondern in einer Stiftung, die das Geschöpf dem Schöpfer zuordnet und insofern einen transzendenten Grund hat. Nur deshalb kann die Ehe auch gleichnisfähig für das Verhältnis Gottes zu seinem Volk sein sowie später für das Verhältnis Christi zu seiner Gemeinde (Jesaja 50, 1; Jeremia 2, 1 f.; 3, 1 ff.; Hesekiel 16, 23; und vor allem Hosea 1–3; im Neuen Testament: 1. Korinther-Brief 11, 3; Epheser-Brief 5, 22 ff.).

Soweit es den Kern unserer Fragestellung betrifft – der Frage nämlich, welche theologischen Implikationen in der Wandlung des neuzeitlichen Welt- und Selbstverständnisses stecken –, können wir uns beim *Neuen Testament* mit wenigen Hinweisen begnügen. Dessen Zeugnis von der Ehe kann nur vor dem schon beschriebenen Hintergrunde gesehen werden.

Auch hier ist die Ehe Schöpfungsordnung. Das tritt gerade im Ehescheidungs-Dialog Jesu mit den Pharisäern hervor (Matthäus-Evangelium

19, 3 ff.). Hier knüpft Jesus an die gestiftete Urordnung an, die der Menschengeschichte vorausliegt: Gott, der »zu Anfang die Menschen als Mann und Weib erschuf« (Matthäus 19, 4), hat sie damit zu *einem* Fleisch zusammengefügt. »Was nun Gott zusammengebunden hat, das soll der Mensch nicht trennen« (Vers 6). Der Schöpfer hat diese Bindung aneinander sogar stärker gestaltet als die Bindung an Vater und Mutter (Vers 5; vgl. Genesis 2, 24). Wenn nun trotzdem die Möglichkeit der Ehescheidung, des mosaischen »Scheidebriefs«, eingeräumt wird, so kann das nicht als der ursprüngliche und »eigentliche« Wille Gottes gelten (Vers 8). Vielmehr hat Gott sich darin zu einem Zugeständnis an unsern Zustand der Gefallenheit, an unseres »Herzens Härtigkeit« herabgelassen. – Hier wird also ausdrücklich auf die Ursprünglichkeit (die arché) der noch unversehrten Schöpfung und damit auf die *maßgebende* Ordnung Bezug genommen. *Sie* wird zum Maß für das Wesen der Ehe und zugleich zum Kriterium für den Rang des Rechts-Status der Scheidung gemacht. Negativ heißt das: Nicht konkrete Erfahrungen in der Begegnung der Geschlechter – das Erlebnis von Lebensfülle etwa oder auch das Gegenteil: Haß und »unüberwindliche Abneigung« – begründen das Recht zur Vereinigung oder auch zur Trennung. Dieses Recht gründet vielmehr ausschließlich in einer Willenskundgebung Gottes: *Bei der Ehe handelt es sich um die »eigentliche« Absicht Gottes, bei der Scheidung dagegen um den nachgebenden, sich auf den De-facto-Zustand des Menschen einstellenden und insofern »uneigentlichen« Willen Gottes.* Auch wenn Gott so die Scheidung der Ehe als Notfall in der gefallenen Welt zuläßt, entspricht sie nicht im gleichen Sinne dem Willen Gottes wie die Ehe selbst. Das ist deshalb interessant, weil die Rechtsordnung hier als Signatur »dieses Äons«, also der Welt »nach dem Fall«, deutlich wird. Sie ist ihrerseits eben betont *nicht* Schöpfungsordnung, sondern – wie alles Recht – eine Art Notverordnung im Sinne des noachitischen Bundes (vgl. Genesis 9).

Auch bei PAULUS tritt die Ehe, freilich modifiziert, als überpersönliche Ordnung auf, die in keiner Weise den Akzent individueller Lebenserfüllung und Erfahrung trägt. Man wird dem ehrwürdigen Apostel sicher nicht zu nahetreten, wenn man dem Empfinden Ausdruck gibt, daß hier auch eine gewisse »erotische Unmusikalität« den entsprechenden theologischen Thesen zu Hilfe gekommen sei. Welches sind diese Thesen?

Im siebenten Kapitel des 1. Korinther-Briefes wird deutlich, daß die Ehe als Schöpfungsordnung nur noch schattenhaft im Hintergrund auftaucht, während die Zurüstung auf die Endzeit und deren Bedrängnisse (Verse 26 und 28) es empfehlenswert erscheinen lassen, ehelos zu bleiben (Verse 1, 8, 26, 38). Statt am Urbeginn der Schöpfung orientiert sich dieses Eheverständnis am nahe bevorstehenden Weltende. Wie könnte man auch Lebenserfüllung in einer Welt suchen, die auf ihren baldigen Abbruch wartet! Selbst die Institutionen, die dieser Welt als Halte- und Ordnungskräfte eingestiftet sind, werden jetzt auf den Rang der Vorläufigkeit reduziert und haben kein eigenes spezifisches Gewicht mehr.

So kommt es gleichsam, am heutigen Lebensgefühl und Erosverständnis gemessen, zu einer *doppelten Relativierung*: Die Suche nach persönlicher Lebenserfüllung in der Begegnung der Geschlechter bleibt außer Betracht – »Relativierung« ist dafür eigentlich ein zu mildes Wort –, weil die Individualität dieser Begegnung und die Begegnung von Individuen noch vom Blick auf die Überpersönlichkeit der Ehe-Institution verschlungen werden. Die zweite Form der Relativierung besteht darin, daß selbst diese Ordnung der Ehe angesichts der eschatologisch hochgespannten Erwartung des Weltendes in ihrer Bedeutung verblaßt: Freien und Lieben, meint PAULUS, binde an Menschen statt an den wiederkommenden Herrn (Verse 32–34). Außerdem werde der Unverheiratete leichter durch die Bedrängnisse der hereinbrechenden Endzeit hindurchkommen und sich manche Trübsal ersparen, die er durch die Bindung an einen andern Menschen auf sich nehmen müßte (Vers 28). Hat er sich aber schon gebunden, dann soll er zwar nicht versuchen, sich zu lösen (Vers 27), sondern er soll sozusagen auf »innere Distanz« gehen, er soll »haben, als hätte er nicht«:

»Die verbleibende Zeit ist kurz. Fortan müssen auch, die da Frauen haben, sein, als hätten sie keine; und die da weinen, als weinten sie nicht; und die sich freuen, als freuten sie sich nicht; . . . und die diese Welt gebrauchen, als gebrauchten sie sie nicht. Denn das Wesen dieser Welt vergeht« (Verse 29–31). *Der dem Herrn Gehörende*, das meint PAULUS, *engagiert sich in der Schlußphase der Welt nicht mehr, er ist ohne eine Beteiligung, die ihn noch aufwühlen dürfte.* Er befleißigt sich einer Weltentnommenheit, die den Abbruch der Welt vorwegnimmt. Manchen gelingt diese Distanz freilich nicht. Dann ist es besser, daß er heiratet, statt in Brunst zu fiebern (Vers 2). Die Relativierung der Ehe geht hier so weit, daß sie – im Unterschied zum Schöpfungsbericht – nun selber zu einem Notinstitut wird, das der Brunst wehrt und damit eine Leidenschaft kanalisiert, die in stärkere Gebundenheiten und Ablenkungen führen könnte als die immerhin zähmende Ehe-Institution. *Hier dürfte derjenige Punkt erreicht sein, der am weitesten entfernt liegt von Weltgefühl und Welterfahrung des neuzeitlichen Menschen.*

Es ist bekannt und oft genug – historisch konstatierend, theologisch kritisierend oder antichristlich polemisierend – darauf hingewiesen worden, daß sich hier der eine der beiden Stränge christlicher Leib- und Diesseitsfeindlichkeit zeige; der andere bestehe in jenem hellenistischen Erbe, den das Christentum zu seinem Schaden rezipiert habe.

Selbst LUTHER, der in seiner Zwei-Reiche-Lehre und seiner Betonung der Leiblichkeit eine theologisch durchreflektierte Diesseitszugewandtheit zeigt, dringt nur sporadisch, aber nicht grundsätzlich zu dem durch, was wir die neuzeitliche Erfahrung des individuellen Eros nannten. Auch für ihn überschattet der Schöpfungszweck der überpersönlichen *Ordnung* alles, was spätere Generationen vom Lebensreichtum des Eros zu sagen und zu singen wußten. Auch er kann die Ehe gelegentlich (wie der Paulus des 1. Korintherbriefs) als institutionelle Kanalisierung der sonst verwildernden Libido, als ein »Asyl der Siechen«, verstehen. Von Gott her gesehen gehören für LUTHER der primäre Ehezweck, nämlich Kinder zu erzeugen, und die Befriedigung der sexuellen Libido zusammen. Der Schöpfer benutzt das Begehren der Geschlechter, um diesen Zweck zu erreichen, auch wenn Liebende das in ihrem Bewußtsein keineswegs zu realisieren brauchen (Weimarer Ausgabe 34 I, 40. 59). Man könnte hier vielleicht cum grano salis den Vergleich mit HEGELS »List der Vernunft« heranziehen: Wie das »weltgeschichtliche Individuum« seine eigenen Zwecke betreibt und etwa seinen Machttrieb befriedigt, ohne zu ahnen, daß es damit zugleich die Zwecke des Weltgeistes realisiert, so befriedigt der Mensch seine Sexualität, ohne sich klar darüber zu sein, jedenfalls sich klar sein zu *müssen*, daß er damit den Zwecken der Schöpfungsordnung dient.

Das für *unsern* Zusammenhang theologisch Interessante ist hierbei dies, daß der Ort des psychischen Eros-Erlebnisses bei LUTHER unbestimmt bleibt. Dieses Erlebnis wird einfach als gegeben konstatiert. Gott weiß, warum er es uns zukommen läßt. Man kann die Absicht Gottes auch theologisch formulieren, wie LUTHER es gelegentlich selbst tut. Es liegt aber außerhalb seines Reflexionshorizontes, dieses Eros-Erlebnis *selbst* zum Gegenstand einer theologischen Interpretation zu machen und es in seiner eigenen Qualität – etwa als Geschenk der Lebenserfüllung oder gar als Anlaß, sich aneinander zu binden – zu würdigen.

Eben das berührt uns aber als »mittelalterlich« oder antik. Hier finden wir noch keine Spiegelung unseres eigenen Eros-Erlebnisses. Wir bemerken höchstens ganz leise, theologisch kaum ausgewertete Vorstöße in eine andere Richtung. So etwa, wenn LUTHER die Geschlechterliebe gelegentlich auch abgesehen vom Zweck der Kindererzeugung als das unaufgebbare Band der Ehe bezeichnen und sogar davon sprechen kann, daß Gott lache und sich mitfreue, wenn zwei Eheleute sich gut miteinander vertragen und lieben (WA 34 I, 61)[14].

b) Die Entdeckung des individuellen Eros: die neue »Weltlichkeit« der Geschlechtsliebe

1. *Der Einbruch des Neuen in der Romantik*

Es ist vielleicht gut, das Problem, auf das wir zusteuern, schon hier anzukündigen: Wenn wir den ungeheuren Abstand des Lebensgefühls bedenken, der zwischen der geschilderten *Überpersönlichkeit der Geschlechter- und Eheordnung* und andererseits der neuzeitlichen Idee einer

individuellen Lebenserfüllung im Bereich des Eros klafft, ist die Frage unvermeidlich, ob damit die biblischen Aussagen zum Thema nicht antiquiert und erledigt seien. Welche Möglichkeiten können unter diesen Umständen bestehen, sie nach wie vor als normative Autorität ernst und dann auch in Anspruch zu nehmen? Möglichkeiten dieser Art könnten sich doch nur dann eröffnen, wenn es gelänge und man sich womöglich sogar gedrungen sähe, die neue »diesseitige« Erfahrungsweise des Eros in das Koordinatensystem der biblischen Seins-Interpretation einzufügen, wenn man also Räume in dieser Interpretation entdeckte, die für unser Lebensverständnis offen wären und seine Integration gleichsam »vorsähen«. Wie sollte man damit rechnen können und wie sähe gegebenenfalls diese Rechnung aus? Das ist die Leitfrage, zu deren Beantwortung wir Material sammeln und unsere Modelle studieren. Zu diesem Zweck müssen wir den Wandel des Eros-Verständnisses noch schärfer ins Auge fassen und über die bisherigen Andeutungen des Abstandes von Einst und Heute hinausgehen.
Die Geschlechter- und Eheordnung vor der Romantik und erst recht vor der Renaissance ist dadurch bestimmt – einen Eindruck davon haben wir uns bereits verschafft –, daß der Eheschluß nicht vom Einzelnen, sondern von Familie und Sippe getragen wurde, daß *diese* es also vor allem waren, die als Subjekt des Handelns (und des Handels!) in Erscheinung traten und über die Ehekandidaten weithin verfügten. Das braucht sicher nicht einfach zu bedeuten, daß es hierbei lediglich um rationale, ökonomische und ähnliche Überlegungen gegangen wäre. Vielmehr ist anzunehmen, daß auch der elterliche Instinkt mitgesprochen habe und daß das Zueinander-Passen der Kinder keineswegs außer Betracht geblieben sei. Immerhin wird man nicht bestreiten wollen, daß innerhalb der jüngeren Geschichte erst die Neuzeit, in diesem Falle nach rückwärts abgegrenzt durch die Renaissance und besonders die Romantik, den individuellen Eros als maßgebliches Kriterium für die Frage eingeführt hat, ob zwei Menschen »füreinander geschaffen« sind und die Ehe miteinander schließen sollen.
Nicht als ob der individuelle Eros vorher ganz außer Betracht geblieben wäre! In Berichten, Liedern und philosophischen Reflexionen ist seit Urzeiten und auch allerorts die Rede von ihm, es sei nur an den platonischen Mythos vom Kugelmenschen oder an die Minnelieder des Mittelalters erinnert (wenn wir uns auf unsern eigenen Kulturraum beschränken wollen). *»Neuzeitlich« im strengen Sinne ist vielmehr nur, daß dieser individuelle Eros im öffentlichen Bewußtsein als Voraussetzung, ja als einziger Grund einer möglichen Lebensbindung gilt.* Etwas vergröbert ausgedrückt könnte man für unsern räumlichen und zeitlichen Kulturbereich die Formulierung wagen: *Vor* der Romantik heiratete man oder wurde verheiratet und sah dann der individuellen Liebe entgegen, die sich *innerhalb* der so geschaffenen Bindung ergeben werde. *Nach* der Romantik heiratet man auf Grund bereits erlebter Liebe.

Persönliche Liebe als Konsequenz oder als Voraussetzung: das umreißt stichwortartig und natürlich vereinfachend die Umwertung des individuellen Eros im Hinblick auf die Ehe. Das öffentliche Bewußtsein der Moderne hat längst anerkannt, daß die wechselseitige persönliche Anziehung zweier Individuen die legitime Bedingung für Lebensgefährtenschaft ist. Dabei ist vorausgesetzt, daß diese Weise der Anziehung, »Liebe« genannt, ein Indiz für das Zueinander-Passen und die erwartete Ergänzung bedeutet. Hinter diese historische Zäsur können wir selbstverständlich nicht zurück – ebensowenig wie wir hinter den modernen Empirismus in Historie und Naturwissenschaft zurückkönnen, um durch Verdrängen oder Überspringen des Neuen eine unmittelbare Adäquatheit zur biblischen Botschaft zu gewinnen. Der einmal beschrittene geschichtliche Weg ist irreversibel. Mit dem Erwachen der Individualität und des Identitätsbewußtseins, mit dem dadurch verbundenen Streben nach Mündigkeit und Selbstverwirklichung erwacht auch der individuelle Eros. Er wird das *entscheidende* Mittel dieser Selbstverwirklichung. In seinem Kommentar zu den Eros-Versen seiner »Urworte. Orphisch« merkt GOETHE in diesem Sinne an: Der Liebende wird »in seinem Innern gewahr, daß er sich nicht selbst bestimmen könne (als ob er mit sich allein wäre und als Solipsist seine Identität finden könnte [Verf.]), daß er den durchs Geschick ihm zugeführten Gegenstand nicht nur gewaltsam ergreifen, sondern auch sich aneignen und, was noch mehr ist, ein zweites Wesen eben wie sich selbst mit ewiger, unzerstörbarer Neigung umfassen könne«[15].

2. *Das Verständnis des menschlichen Du in der Geschlechtsgemeinschaft*

Für das biblische Denken waren Begegnung und Bindung der Geschlechter, wie wir sahen, durch die transzendent begründete Überpersönlichkeit der Schöpfungsordnung geregelt und zweifellos *nicht* auf die individuelle Erfahrung der Partner gegründet. Im Unterschied dazu könnte man vom individuellen Eros sagen – oder *scheint* man sagen zu können –, daß er rein »diesseitig« sei, genauso diesseitig wie der neuzeitliche Empirismus. Schließlich ist die Partnerwahl, die in seinem Namen getroffen wird, doch auf *Erfahrung* gegründet, und offenbar hängt diese Erfahrung in keiner Weise von weltanschaulichen oder religiösen Vorgegebenheiten ab – es sei denn, daß diese als ein Faktor eingeschätzt würden, der für das Zueinander-Passen eine Rolle spiele. Im Grunde geht es nur um die Frage, ob und wie ich den andern in seinem So-Sein und in seinem Für-mich-Sein erlebe und insofern erfahre. Die so zu treffende Wahl, die mich auch von der oder dem »Erwählten« sprechen läßt, ruft die *Freiheit* meines Wählens und ebenso die Freiheit im Umgang mit dem andern an. Sie stellt so vor vielerlei Entscheidungen.

Eine der Grundentscheidungen, die mir so abgefordert sind, besteht etwa in der Frage, *was* ich in meiner Eros-Begegnung suche und *wer* der andere

für mich ist. Die Alternative, vor die ich gestellt bin, sieht so aus:
Ich kann *einmal* den andern als Mittel der eigenen Befriedigung und Selbstentfaltung verstehen, weil ich im Grunde nur mich selbst suche. Ich wäre also ein »Egoist«. Dabei ist freilich festzuhalten, daß Egoismus sich nicht nur brutal, sondern auch äußerst sublim und von zarten Schleiern umwoben äußern kann. Am Neuhumanismus WILHELM VON HUMBOLDTS etwa ließe sich die egoistische Fixierung auf eine letztlich Du-lose Selbstverwirklichung aufweisen, die im Gewande verfeinerter Kultur auftritt. Vielleicht wird man auch den GOETHESCHEN Faust als eine Variante dieses sublimen Egoismus verstehen dürfen: Faust will ja seine Entelechie entfalten. Er strebt nach höchster Selbstverwirklichung und sucht diesem Streben in der Weise Genüge zu tun, daß er »tätig« wird, sich nach außen wendet, um so – ganz im GOETHESCHEN Sinne – durch Begegnungen die eigene Identität zu finden. Er durchstürmt die Fakultäten (»Habe nun, ach ...«), ohne daß sein Drang gestillt wird. Auch die Liebe zu Gretchen ist ihm ein Mittel der Selbstfindung. Und gerade hier wird er schuldig: Ein lebendiges Du kann nicht in diesem Sinne instrumental verwendet werden, selbst dann nicht, wenn dieser Einsatz dem »ethischen« Ziel der persönlichen Entfaltung, dem Soll-Gehalt des eigenen und sogar höheren Ich dient.
Die *Alternative* zu diesem sublimen Egoismus bestünde nun in dem Motiv, den andern zu beglücken und ihn zu den äußersten und ekstatischen Möglichkeiten seines Selbst zu entbinden. In der Regel pflegt man diesen »Dienst« am andern in der Geschlechtsgemeinschaft nicht als Eros, sondern als Agape zu bezeichnen. Denn Agape – als die *christliche* Variante der Liebe – ist vom Motiv dienender und helfender, insofern »selbstloser« Hingabe bestimmt.
Was so theoretisch als eine Alternative erscheint, drückt in Wirklichkeit ein komplementäres Verhältnis beider Gestalten der Liebe aus. Es wäre geradezu albern, zu meinen, die christliche Ethik wolle die selbstlos dienende Nächstenliebe *an die Stelle* des Eros setzen. Wer ohne erotischen Bezug auf den andern nur aus »Nächstenliebe«, nur weil der andere ihn etwa braucht, heiraten würde, müßte, wie wir in anderem Zusammenhang schon feststellten, *beide* unglücklich machen. Aber auch der im egoistischen Sinne »nur« Erotische wäre geprellt: geschlechtliches Glück ist im bloßen Haben-Wollen letztlich gar nicht zu gewinnen. Damit es zuteil wird, sind das Mitmachen des andern, sein Eingehen, seine Möglichkeit und Bereitschaft zur Hingabe unumgänglich. Die aber sind selbst durch die größte Kunst der ars amandi allenfalls in Gestalt körperlicher Reaktionen, nicht aber als Hingabe der ganzen »Person« zu erreichen. *Diese* Art völliger Hingabe kann nur zustande kommen, wenn das Motiv, nicht nur *selber* Befriedigung zu finden, sondern den *andern* beglücken zu wollen, zum beherrschenden Antrieb wird. In diesem Falle wird die eigene Erfüllung gleichsam wie nebenbei mit abfallen.

Die hier erwachende Frage, wie ich den andern verstehe, wer er für mich sei, ob ich ihn nur instrumental gebrauche oder ob er für mich Selbstzweck ist, ergibt sich also nicht aus der an sich Eros-*fernen* Absicht, den christlichen Agape-Gedanken möglichst überall und darum auch hier zur Geltung zu bringen. *Vielmehr ergibt sich die Frage nach dem Verständnis des andern in der Eros-Zone* selbst. Sie entsteht gleichsam als immanentes Problem der Geschlechtsgemeinschaft und wird keineswegs von außen her an sie herangetragen, so daß sie ein heteronomes Oktroi bedeuten würde. Wer als Seelsorger in allerlei Liebes- und Ehenöten um Rat gefragt wird, würde sich höchst närrisch benehmen, wenn er dem Ratsuchenden sagte: »... und bedenken Sie auch gegenüber Ihrer Partnerin, was Sie einst im Katechismus gelernt haben: ›Liebe deinen Nächsten wie dich selbst!‹« Dieses fromme Schwänzchen wäre hier eine hohle und natürlich auch lächerliche Phrase. Er könnte seinem Gegenüber nur sagen: »Sie machen Ihre Gemeinschaft kaputt und kommen auch nicht zu eigener Befriedigung, wenn Sie nur sich selbst und nicht den andern Menschen im Auge haben. Nicht nur als sogenannter ›ethischer Mensch‹ oder als ›Christ‹ sind Sie dann der Geprellte, sondern vor allem als Geschlechtswesen sind Sie es.«

Diese Feststellung, daß die Frage nach dem Du, nach dem *Verständnis* dieses Du, so ein Problem ist, das dem Erotisch-Geschlechtlichen *selbst* innewohnt und seiner Erfahrung zu entnehmen ist, scheint mir höchst bedeutsam zu sein. Denn *damit drängt die Erfahrung des Geschlechtlichen über sich selbst hinaus und läßt es auch hier wieder offenkundig werden, daß der Mensch ein Wesen ist, das sich selbst transzendiert.* Ich sehe mich hier ja aufgefordert, nach dem Wesen menschlicher Gemeinschaft – also auch der Geschlechts-Gemeinschaft – zu fragen. Diese Frage kann aber nur so beantwortet werden, daß ich zuvor ein anderes Problem löse: wer oder was denn das menschliche Du sei, mit dem ich es zu tun habe. Nur dann kann ich ja die Rolle bestimmen, die es für mich spielen darf oder spielen soll. Ich bin also hier vor die Frage nach dem Menschen selbst gestellt. Und es ist unschwer zu erkennen, daß dabei die letzten Probleme der Anthropologie auf mich zukommen – – – zum Beispiel jene Probleme, die wir unter den Stichworten »unendlicher Wert« und »fremde Würde« auf der *einen* und »Verwertbarkeit« sowie »instrumentale Bedeutung« auf der andern Seite besprochen haben. Bei der Entscheidung dieser Alternative stellt sich, auch das haben wir erörtert, die Gottesfrage ein.
So stoßen wir hier auf eine erste Andeutung, wie in der veränderten Situation der Neuzeit, wie sich im Rahmen ihres höchst diesseitigen Empirismus die theologischen Fragen neu und an anderer Stelle wieder einfinden. *Die Tradition, in der die »letzten«, die von jeher und immer bestehenden Fragen nach Grund, Ziel und Sinn der Menschlichkeit auf uns zukommen, wird nicht abgebrochen. Das Neue der Neuzeit ist nicht nur neu. Es ist erst*

recht nicht anders. Das alte Stück wird weiter gespielt. Allein die Kulissen werden umgestellt, allein die Perspektive ändert sich.

Die gleiche Frage nach dem menschlichen Du begegnet uns noch unter einem andern Gesichtspunkt:
Der sich selbst absolut nehmende und deshalb egoistische Eros drängt in immer neue Krisen. Wer sich in seinem Namen dem reinen Zweck der Selbstverwirklichung verschreibt, unterwirft sich bei seiner Partnerwahl ausschließlich dem Kriterium, ob der andere ihn komplementär vervollständigen, ihn ergänzen könne und also in jeder Hinsicht zu ihm passe. Nur so kann er ja der Entfaltung der eigenen Entelechie und im Zuge dessen auch der geschlechtlichen Befriedigung dienen. – Wer an dieses *eine* Kriterium fixiert ist – und nach dem Erwachen des individuellen Eros pflegt das in geballter Häufigkeit so zu sein –, sieht sich einem permanenten Kontrollierzwang und damit einer ebenso permanenten Krise überantwortet. Die Rückfrage, zu der er sich immer wieder genötigt sieht, lautet hier so: *Ist der andere wirklich und immer noch der »Richtige« für mich? Repräsentiert er wirklich und weiterhin die optimale Ergänzung?* Für den Zwang zu dieser Rückfrage gibt es drei Gründe:
Erstens fordert die anfänglich sich einstellende Vermutung, gerade *dieser* andere sei für mich das optimale Komplement, eine ständige Überwachung und möglicherweise eine Revision jener anfänglichen Vermutung. Wir beide sind ja »geschichtliche« Wesen, die sich im Laufe der Zeit wandeln. Was in dem Augenblick, da die Bindung eingegangen wurde, noch stimmen mochte, kann durch auseinanderstrebende Entwicklungen beider Partner nun anders sein. Wer hätte dafür nicht genug Beispiele aus eigenem oder fremdem Leben zur Hand! Es ist das dem Eros innewohnende Interesse an der eigenen Individualität, das mich immer wieder zu dieser Kontrollfrage nötigt.
Zweitens ist der für sich isolierte Eros nicht nur am *Sein* und So-Sein des andern, sondern auch an seinen *Funktionen* interessiert. Er läßt fragen, ob der andere mir in seinen erotischen und geschlechtlichen Funktionen »noch« gerecht werde und als Komplement diene. Auch hier ist wieder unsere Geschichtlichkeit im Spiel: Wir wissen, daß Zeit und Alter nicht ohne Einfluß auf die erotische Funktionstüchtigkeit sind. Die hier sich ergebenden Veränderungen verlaufen bei beiden Partnern durchaus nicht synchron; der eine kann schneller altern als der andere. So müssen sich Zerrungen und Disharmonien ergeben. Die Funktionen sind geschichtlich noch sehr viel variabler als das Sein der beiden Individuen.
Drittens. Eine weitere Ursache für jenen Kontrollierzwang ergibt sich aus dem Rhythmus-Gesetz des Eros: der Ekstase des Augenblicks folgen indifferente Phasen oder gar Zeiten der Abstoßung. Gerade dann kann die Frage, ob die Komplementarität immer noch bestehe oder aber zerstört sei,

sich zur Qual steigern und sogar neurotische Züge annehmen. Darum folgt oft genug den Flitterwochen eine Krise der *nur* erotischen, der nur »romantischen« Verbundenheit. Die zunehmende Labilität der Ehe, die sich seit der Herrschaft des individuellen Eros zeigt, ist geschichtlich ja offenkundig. Der altväterische Satz, daß die Liebe schon mit der Ehe kommen werde, hat jedenfalls – was die Solidität der so verstandenen Ehe betrifft – nicht so *ganz* unrecht gegenüber dem nachromantischen Satz, daß die Eros-Liebe die Ehe begründen müsse und so ihr vorauslaufendes Kriterium sei.

Diese Feststellung kann selbstverständlich nicht bedeuten, die sogenannten »guten alten Zeiten« zum Leitbild hochzustilisieren. Sie kann erst recht nicht die absurde Meinung begründen, daß die Entwicklung sich umkehren lasse und daß man wieder hinter die Romantik zurückgehen könne oder auch nur solle. Sie kann vielmehr nur den Sinn haben, uns das Fragwürdige einer nur erotisch begründeten Geschlechts- und Lebensgemeinschaft in seinen Hintergründen zu zeigen.

Es ist jedenfalls eigentümlich zu sehen, wie sich sowohl auf der Eros- wie auf der Agape-Linie der Hinweis auf die *Einzigkeit des Geschlechtspartners* ergibt. In beiden Fällen wird diese Einzigkeit zum Thema: *Der Eros postuliert jene Einzigkeit durch den Hinweis auf die hochspezifische Komplementarität. Die Agape zielt auf sie, weil sie die Unbedingtheit, die Einmaligkeit des andern im Auge hat.* Auch hier darum wird die anthropologische Grundfrage wiederum akut, wer der andere sei, wer er als Repräsentant »des« Menschen überhaupt sei. Diese Frage taucht hier, wie auch früher schon deutlich wurde, wohl in immanenten Erfahrungszusammenhängen auf. Sie empfängt ihre *Antwort* aber nicht aus diesen Zusammenhängen. Der Mensch bleibt hinsichtlich seines Wesens ein Gegenstand des Glaubens, der die Erfahrung transzendiert. Das ist so kein christlicher Satz, denn er gilt auch für weltanschaulich fundierte Anthropologien. Doch kann er ebenso das christliche Menschenbild mit umgreifen.

3. Die menschliche Qualität der Freiheit in der Geschlechtsgemeinschaft

Die neuzeitliche Erfahrungswelt vergißt also die Frage nach dem Menschen nicht, sondern stellt sie nur neu. Sie ergibt sich nun erst, nachdem die Erfahrungen gemacht sind. Man hält keine Antwort mehr in Händen, die der Erfahrung vorausläuft und einem religiös fundierten ontologischen System entstammt. Indem man aber *so* nach dem Menschen fragt, stellt sich zugleich die Frage nach dem, was ihn transzendiert und was in seinem empirischen Erscheinungsbilde nicht eingefangen ist.

Ist man einmal auf die Fährte dieser Überlegungen geraten, so reizt es einen, noch weitere Proben aufs Exempel zu machen. Die Anthropologie stellt hier einen großen Vorrat an Paradigmen zur Verfügung. Ich wähle nur zwei von ihnen aus, weil sie einen hohen Grad symbolischer Prägnanz haben. Auch ist es von Wert, daß sie beide aus dem Bereich der Physiologie stammen und so betont »diesseitig« und transzendenz-abgewandt zu sein scheinen. Beide sind wieder dem Bereich menschlicher Geschlechtlichkeit entnommen. Es handelt sich um die Inkongruenz der mann-weiblichen Erregungskurven und um den Ausfall der Brunstzeiten.

Die Inkongruenz der Erregungskurven bei Mann und Weib

Die menschliche Triebstruktur, also ein ganz animalisch scheinender Tatbestand, enthält erstaunliche Hinweise auf das die Trieberfahrung transzendierende »Menschliche«. Es ist bekannt, daß die männliche Erregungskurve steil emporsteigt und ebenso steil wieder abfällt. Bei der Frau dagegen sind Anstieg und Abfall langsamer und langfristiger. Ihre Kurve umgreift längere Stadien von Vorspiel und Abgesang, von »erotischer Atmosphäre«. Würde jeder der beiden Partner nur an sich selber denken, müßte er den andern notwendig allein und unbefriedigt lassen. Die so entstandene Inkongruenz würde aber auf ihn selber zurückwirken: Auch er wäre dem Gleichtakt im Rhythmus der Prozesse entnommen und ginge des Mitmachens und Eingehens auf der andern Seite verlustig.
Wem zur Beurteilung dieser Inkongruenzen in der mann-weiblichen Triebstruktur *nur* physiologische Kategorien zur Verfügung stünden, müßte vermutlich zu der Diagnose kommen, hier melde sich eine Unvollkommenheit der Natur, ein Webfehler sozusagen. Denn durch diese Disharmonie wird es ja tatsächlich möglich, daß der eine Partner (in der Regel wird es der weibliche sein) nicht »mitkommt« und daß etwa die Orgasmen nicht nur nicht synchronisiert sind, sondern daß der eine Teil möglicherweise ganz leer ausgeht und sich verlassen wähnt. Feuer und Asche, Erregtheit auf der einen und Schlaf auf der andern Seite können in frustrierende Nachbarschaft geraten.
Ziehen wir daraus Folgerungen für das Wesen menschlicher Geschlechtlichkeit, so stoßen wir auf einen Punkt, an dem physiologische Sachgesetzlichkeiten zugleich über sich hinausweisen und wieder das Transzendierende in den Blick bringen. Denn die geschilderte Verschiedenheit der mann-weiblichen Erregungskurven lassen es als nicht erlaubt erscheinen, dem Triebe nur »animalisch-blindlings« zu folgen. Der Grund dafür ist einmal im Physiologischen selbst zu suchen: Der nur auf die eigene Erfüllung bedachte Trieb – die Selbstzwecklichkeit der Triebbefriedigung sozusagen – führt gerade *nicht* zur Befriedigung. *Dieses Spezifikum menschlicher Sexualität stellt vielmehr vor eine Aufgabe, die zum Transzendieren der bloßen Natur aufruft.* Die Geschöpflichkeit des Leibes ist mehr und anderes als seine bloße Natürlichkeit. Die Geschöpflichkeit bedeutet, daß der Mensch in jedem Augenblick aufgerufen ist, sich auf sein Bestimmmungsziel, eben auf jenes Spezifikum seiner Humanitas hin zu entwerfen und damit das Natürliche zu überschreiten. Das gilt auch für seine

»körperlichen« Augenblicke. Der Körper mit seiner Libido ist der Repräsentant des Menschen selbst. Und genau wie er als Mensch zur Kommunikation geschaffen, wie er auf den andern hin und von ihm her ist, wie er dienen und sich dienen lassen muß, so ist es auch dort, wo sein Körper ihn repräsentiert.

Die Verschiedenheit der Geschlechtsnatur verbietet also nicht um sogenannter »höherer Pflichten«, sondern um ihrer selbst willen das bloße »Sich-gehen-Lassen«. Sie zwingt vielmehr, im Sinne ARNOLD TOYNBEES gesagt, einer challenge mit verantwortlicher response zu begegnen. Sie ist eine Provokation, wirklich ein »Herausrufen« aus der Determination durch die Naturgesetze. Sie setzt dem Scheitern und dem Gelingen aus. Und *sie stellt in alledem das Thema menschlicher Kommunikation und nicht bloß animalischer Kopulation.*

Das alles kündigt sich so, worauf wir größtes Gewicht legen, auf der Triebebene *selbst* und nicht erst in der höheren Reflexion oder gar in der Gewissenssphäre an, die es mit bewußten Entscheidungen zu tun hat. *Die ethische Entscheidung wirkt also nicht von oben her und gleichsam veredelnd auf die »inferiore« Triebschicht ein, um ihr etwas Neues und bisher Unzugängliches mitzuteilen. Das wäre eine idealistische Verfälschung des Humanum; es ist nämlich überall dort verfälscht, wo durch die Scheidung zwischen Höherem und Niedrigerem, Geistigem und Sinnlichem die Einheit des menschlichen Wesens gesprengt wird.* Vielmehr ist es so, daß potentiell die sittlichen Entscheidungen schon in der menschlichen Triebstruktur angelegt sind, daß sie von hier aus angerufen, geweckt und virulent gemacht werden. Der Mensch ist, wenn man so will, auch in diesem Sinne ein geschlossenes System. Das, was ihn transzendiert und ständig zur Selbsttranszendierung aufruft, ist darum nicht ein *Zusatz*, ist keine *Addition* zu dem, was sich in seinem natürlichen Erscheinungsbilde zeigt und der empirischen Beobachtung zugänglich ist. Vielmehr sind in diesem Bilde *selbst* schon Hinweise dieser Art angelegt.

Und eben das möchte ich unter der menschlichen Integration der Libido verstehen. *Sie wird »menschlich« nicht erst dadurch, daß sie von Vernunft und Gewissen gesteuert wird, sondern sie ist es bereits in ihrer Selbststeuerung* (wenn wir diese Möglichkeit einmal etwas gewaltsam konstruieren). Wenn die menschliche Libido sich selbst will, kann sie sich doch nicht *nur* selbst wollen, sondern sie muß den andern wollen. Sie muß ihn bejahen und kann ihn nicht bloß begehren. Die Libido muß gleichsam ein »diakonisches« Element in sich tragen, um selber nicht verlassen und geprellt zu sein. Die Inkongruenz der mann-weiblichen Geschlechtsnatur mag im ontologisch-natürlichen Sinne eine Unvollkommenheit sein. Doch gerade dadurch erhält sie die Chance der Humanität – schon im Physis-Bereich. Hier wird der Automatismus tierischer Triebabläufe transzendiert.

Das, was hier im Physis-Bereich bemerkbar ist, hat den Charakter eines humanen *Zeichens.* Darum will das so Bezeichnete auch in den sonstigen Bereichen des Humanum zum Zuge kommen. Das bedeutet: Was im physischen Bereich der Geschlechtsgemeinschaft weithin dem Instinkthandeln überlassen ist (aber eben dem Instinkthandeln des *Menschen*!), das will im Gesamtbereich der Kommunikation zum *Motiv* werden und von dort wieder – in Gestalt eines feed back – in den physischen Bereich zurückstrahlen. Denn jede menschliche Geschlechtsgemeinschaft verwirklicht sich nur so, daß sich in ihr der eine dem andern schenken, daß er ihn zur Geschlechtsfreude erwecken und ihm insofern »dienen« will. Wenn er zuerst danach trachtet, dem *andern* zur Erfüllung zu verhelfen, wird ihm auch die eigene Erfüllung zufallen. Die Befriedigung – jedenfalls in diesem optimalen Sinn – ist nie direkt und selbstzwecklich zu haben, sondern sie »fällt mit ab«.

Hier zeigt sich also, wie die *Agape* sich im Medium der Geschlechtsgemeinschaft meldet und in welcher Weise sie da ist und gebraucht wird. Sie ist dadurch charakterisiert, daß sie »nicht das Ihre sucht« (1. Korinther-Brief 13, 5) und doch »nebenbei« alles empfängt. Sie nimmt eine Tendenz auf, die in der kreatürlichen Geschlechtsnatur des Menschen zeichenhaft, als challenge, angelegt ist, und macht sie zum Motiv. Sie gibt dem, was der Instinkt unwissend tun mag, *Sinn* und bezieht es auf die Schöpfungsbestimmung menschlicher Existenz und Gemeinschaft überhaupt. *Da strahlt die so durch Agape bestimmte Geschlechtsgemeinschaft auch auf ihre physischen Elemente hin aus und zurück.*

Der Ausfall der Brunstzeiten

Ein mindestens ebenso prägnantes Modell für die Art und Weise, wie physiologische Phänomene durch ihr Auftauchen im Bereich des Humanen eine neue Qualität erhalten und sich dann einem nur physiologisch-empirischen Verständnis entziehen, wird uns durch ein weiteres Kennzeichen der menschlichen Triebstruktur zur Verfügung gestellt:

Beim Tier hat die sexuelle Triebhandlung einen völlig automatischen Charakter. Die Begegnung des Männchens mit dem läufigen Weibchen stellt vor keine Entscheidung, sondern hat etwas Zwingendes. In gleicher Weise ist der Rhythmus der Brunstzeiten automatisch geregelt. Wird eine derart zwangsläufige Triebhandlung gewaltsam von außen her unterbrochen, erfolgt ein Affektausbruch oder eine Störung sonstiger Art. Niemals aber findet eine Ersatzhandlung statt, in der sich die nicht kinetisch werdende Triebenergie sublimieren oder auf ein anderes Gebiet verlagern könnte.

Dieser automatische Charakter fehlt beim Menschen. Es gibt beim »normalen« Menschen keine einfach zwingende Triebhandlung. Ein wesentlicher Grund dafür im Bereich des Geschlechtlichen ist der, daß es keine

Brunstperioden gibt – höchstens bestimmte jahreszeitlich bedingte Hormonanregungen, die sich in einer Trieb*intensivierung* äußern und etwa den Mai zum Wonne- oder auch Weh-Monat des Eros werden lassen. Durch diesen Ausfall der eigentlichen Brunstzeit ist der Mensch bereits innerhalb des Triebbereichs dem Zyklus der Zeit entronnen.

Diese Beobachtung enthält im übrigen interessante Hinweise auf die *mythische Anthropologie* und das ihr zugrunde liegende Verständnis der Zeit. Der Zeitbegriff ist dem Wechsel der Tages- und Jahreszeiten nachgebildet und hat insofern zyklischen Charakter. Der mythische Mensch sieht sich in die Natur und ihren jahreszeitlichen Rhythmus eingebettet. Der nachmythische Mensch dagegen versteht sich gerade nicht mehr als ein dem Ablauf der Naturprozesse ausgeliefertes, sondern als ein die Natur überschreitendes »geschichtliches« Wesen, das sich ihr behauptend und sie gestaltend gegenübertritt.

In ähnlicher Weise, wie wir es bei den mann-weiblichen Triebkurven beobachteten, könnte diese Ausgliederung aus dem Rhythmus der Natur zunächst als Negativum, als Verlust erscheinen. Darf man wirklich sagen, daß es dabei um ein »Überschreiten« der Natur geht? Sieht es nicht eher nach einem »Unterschreiten« aus, danach also, daß der Mensch hinter den natürlichen Standard zurückgefallen sei? Diese Frage gewinnt erhöhte Dringlichkeit, wenn man sieht, welches Maß von Unstabilität und Unordnung aus jener Ausgliederung folgt. Diese Negativa bleiben dem Tier ja erspart. Im Unterschied zum Menschen kann es kaum fehlen, irren und scheitern – außer dem jungen Tier, das noch keine Erfahrung hat und nicht genügend auf seine Umwelt eingespielt ist. Beobachten wir *doch* einmal so etwas wie ein Irren des Tieres, so liegt es entweder daran, daß ein Organausfall bei ihm vorliegt, der vielleicht durch ein Experiment bewußt herbeigeführt wurde, oder daß seine Umwelt in einem bestimmten Augenblick täuschend war, wie etwa dann, wenn ein Vogel gegen ein Glasfenster fliegt.

Gleichwohl ist die auch hier wahrnehmbare Ausgliederung des Menschen aus dem Instinktzwang nicht nur ein Minus, sondern eine Chance, ja ein Zeichen seiner Größe. Die Volksweisheit, daß Irren »menschlich« sei, enthält dafür vielsagende Hinweise. Dieser Satz ist sicher doppelsinnig. Er besagt einmal: daß Menschlichkeit so etwas wie ein mildernder Umstand, ein Entschuldigungsgrund ist. Wir sind eben »nur« menschlich und entbehren der sichernden Steuerung durch den Instinkt, aber auch der Weisheit der Götter. Ferner steckt in diesem Satz zugleich der Ausdruck für eine Auszeichnung des Menschlichen, das eben dem Risiko, dem Scheitern-Können überantwortet ist. Der verlorene Sohn im Lukas-Evangelium (Kap. 15) hat seinen menschlichen Rang gerade dadurch, daß er in seiner Verfehlung immerhin noch die Möglichkeit und die Bereitschaft zur Entscheidung verrät, daß er sozusagen eine »geschichtliche« Figur ist. Der daheimgebliebene ältere Bruder hat dagegen trotz seiner Bravheit den geringeren menschlichen Rang. Er steht dem Herzen des Vaters auch entsprechend ferner. Er bleibt sozusagen durch Umwelt und Sitte determiniert und bildet damit ein gewisses Analogon zur Natur-Determiniertheit. Man traut ihm die Ablösung von seinem Milieu, man traut ihm also ein Wagnis wie den Übertritt auf die freie Wildbahn der Fremde gar nicht recht zu und wird darum auch seiner intakt bleibenden Moralkurve nicht recht froh. Der Vater aber – hier eine Chiffre für Gott – liebt den Menschen in seinem Risiko, den Menschen also, der sich selbst Entwurf ist, der darum als Entwurf auch scheitern kann, aber gerade in seinem Scheitern verstehen lernt, was die Möglichkeit der Heimkehr und die Gewißheit der Gnade bedeuten.

Die Minderung seiner Potenz als Naturwesen enthält für den Menschen gerade die Chance, zu seiner Bestimmung durchzufinden. Indem die Ordnung seines Lebens nicht einfach gegeben und durch Instinkte geregelt, sondern durch Risiko gefährdet ist, wird sie ihm zur Aufgabe: Er muß nach dem Sinn seines Tuns und Werdens fragen, muß sich nach orientierenden Werten und nach Normen umsehen. *Das Irren-Können wird damit zur Voraussetzung dafür, daß der Mensch zwischen Möglichkeiten seines Sein-Könnens gestellt ist, daß er selber Möglichkeit »ist«.* Das aber ist die Urbedingung dafür, daß *Kultur* entstehen kann, daß es zur Sphäre von »Geschichte« – eben zur *menschlichen* Sphäre – kommt und daß der Mensch die Natur urbar und sich untertan machen kann, statt ihren Gesetzen unterworfen zu sein. Daß damit nicht einfach ein Gegensatz gemeint sein kann, der das Animalische und die Bios-Bedingtheiten menschlichen Daseins übersähe, haben wir uns schon verschiedentlich klargemacht und werden es bei unsern Dialogen mit TEILHARD DE CHARDIN noch weiter bestätigt finden.

Bereits HERDERS Anthropologie (wir wiesen schon kurz darauf hin) interpretiert das »Mängelwesen« Mensch in ähnlicher Weise als Chance, ja als die Grundbedingung aller Humanität. Die Soziologen ARNOLD GEHLEN und HELMUT SCHELSKY sprechen im Anschluß daran von der »Plastizität« des menschlichen Daseins, das der Prägung und vor allem der Selbstprägung überantwortet sei. Diese Plastizität wird sogar darin kund, daß nicht einmal die Rolle der Geschlechter festgelegt und konturenscharf voneinander geschieden ist: Bei den Primitiven trägt die Frau in der Regel die Last des Ackerbaus, während es bei den europäischen und asiatischen Völkern meist umgekehrt ist. Im allgemeinen gelten Jagd und Kriegertum als männliche, Kochen und Haushaltsführung dagegen als weibliche Tätigkeitsformen. Aber auch hier wartet die Völkerkunde (zum Beispiel MARGARET MEAD) mit erheblichen und drastischen Ausnahmen auf: Die Tasmanierfrauen beispielsweise betrieben die gefährliche und abenteuerreiche Seehundsjagd. Sie jagten auch das Opussum und mußten dabei hohe Bäume erklettern. Auch wir machen heutzutage in unsern Emanzipationsbewegungen von dieser Plastizität der menschlichen Geschlechtsnatur ziemlich ausgiebigen Gebrauch, selbst wenn die eifrigsten Frauenrechtlerinnen es dabei sicher nicht so weit treiben möchten wie die Tasmanierinnen.

Wir können jedenfalls feststellen: *Die Nicht-Determiniertheit der menschlichen Sexualität und des Verhältnisses der Geschlechter durch den Naturzwang zieht paradoxerweise den Humanisierungszwang nach sich.* »Wir sind zur Freiheit verurteilt«, so könnte man hier (eine Formulierung SARTRES aufgreifend und ihre ursprüngliche Intention modifizierend) cum grano salis sagen. Der Übergang aus dem Naturzwang in bewußte und verantwortliche Handlungen ist ein Vermögen und ein Müssen zugleich. Dieser Übergang, den wir als Selbsttranszendierung des Menschen bezeichneten, ist potentiell bereits in der Triebstruktur des Menschen angelegt. Darum ruft diese Struktur nach anthropologischer Interpretation.

V. Die neuzeitliche und neue Situation einer christlichen Anthropologie

Zusammenfassung und Ertrag: Theologie und Humanwissenschaften vor modifizierten Themen der Anthropologie

Wir haben so, vom Modellfall des individuellen Eros ausgehend, beobachtet, wie die neuzeitliche Anthropologie zunehmend bei den empirisch erhebbaren Phänomenen einsetzt, gerade hier aber wieder auf das Transzendierungsproblem stößt. Je mehr der individuelle Eros zum beherrschenden Kriterium für die Entstehung der Geschlechtsgemeinschaft wird, um so deutlicher und konturenschärfer muß dieser neue Zustand in Erscheinung treten. Es lohnt sich deshalb, die Bedeutung des individuellen Eros bis in seine konkreten Konsequenzen zu verfolgen. Wir möchten diesem fruchtbaren Modell noch weitere Erkenntnisgehalte abgewinnen.

Zunächst ist offensichtlich, daß der Entscheidungsspielraum, wie er durch die »Plastizität« der menschlichen Geschlechtlichkeit gegeben ist, beim individuellen Eros sich nicht nur weiter ausdehnt, sondern auch mit Komplikationen füllt. Je ausgeprägter und differenzierter zwei sich begegnende Individualitäten sind, um so mehr führt sie das Gesetz von Anziehung und Abstoßung in ein unaufhaltsames Gefälle auf Labilität zu. Auf einen bezeichnenden Hinweis darauf sind wir früher schon gestoßen: Die so verstandene Eros-Begegnung zweier Individualitäten wird, wie wir sahen, von der Frage geleitet: Inwiefern ergänzen wir uns? Inwiefern sind wir aufeinander hin? In diese Frage eingewickelt ist die ständige Kontrollfrage: Passen wir »noch« zueinander, oder haben wir uns auseinanderentwickelt?

Je ausgeprägter die Individualitäten sind und werden, um so dringlicher wird diese Frage. Um so größer werden auch die Angriffsflächen, die der eine dem andern bietet, um so zahlreicher werden die Möglichkeiten des Anstoß-Erregenden. Das aber macht empfänglich für die ganze Skala sublimer und intimer Spannungen und führt zu unerhört gesteigerten Möglichkeiten des Schuldigwerdens. *Je differenzierter eine Individualität ist, um so verletzlicher ist sie auch.* Ein Blick, eine Geste, ein Timbre in der Stimme kann im Rahmen erhöhter Sensibilität einen Angriff, eine Absage, ein Sich-Verschließen oder -Eröffnen bedeuten. Die Wachheit gegenüber Bewegungen im Hintergrund des Ich wächst und verfeinert sich. Jeder Psychologe und Eheberater weiß, in welchem Ausmaß die Krisen einer Geschlechtsgemeinschaft nicht durch großkalibrige Spektakel hervorgerufen sind, sondern in sogenannten »Kleinigkeiten« gründen: in der Gewohnheit etwa, den andern zu übersehen; die Zeitung zu lesen, wenn er reden will; alltägliche Klagen anzustimmen, wenn der andere Ruhe oder Aufmunterung braucht; Schlampigkeit bei der Bereitung von Mahlzeiten oder im Auftreten; nicht zuletzt in Rhythmus-Verschiedenheiten, die den einen langsam, den andern schnell reagieren lassen. Das alles muß mit der Ausprägung der Individualität und dem dadurch gegebenen Ergänzungsproblem zunehmend an Bedeutung gewinnen, zumal es »symbolisch« genommen und als Indiz für das *ganze* Persönlichkeitsbild verstanden wird. So kommt es zu früher unbekannten Formen des Schuldig-Werdens aneinander, aber auch zu Formen der Zerrüttung, die außerhalb ethischer Kriterien zu stehen scheinen.

Mit dem Erwachen des individuellen Eros steigert sich jedenfalls die Gefahr, daß die eigene Individualität, die eigene Entelechie zum Maß aller Dinge wird und daß so das Motiv der Selbsterfüllung, der amor sui also, alle Lebensentscheidungen von Rang bestimmt. Daß so die Individualität zum Gegenstand eines Götzendienstes werden kann, ist unverkennbar. Die Frage: »Was habe ich davon?« kann die andere Frage: »Wo und wem habe ich zu dienen?« bedenklich verdrängen. Der Wechsel dieser Fragestellung wird noch gefährlicher dadurch, daß die Frage: »Was habe ich davon?« ja durchaus nicht im materiell-ökonomisch-genießerischen Sinne gestellt zu werden braucht. Auch sie kann ja äußerst sublimiert sein und das »höhere« Selbst meinen, das sich erfüllen möchte und sogar ethisch dazu aufgerufen sieht. Auch Faust hat nicht durch ein plumpes Libido Motiv an Gretchen gesündigt, sondern gerade im Namen seines metaphysisch verklärten faustischen »Wesens«, eben seiner Entelechie und des Motivs der »Selbstverwirklichung« (wie wir wohl heute sagen würden). So kann jene Frage eine ethische, ja eine religiöse Tönung erhalten, indem sie die Gestalt gewinnt: »Was bin ich mir schuldig?«

Wenn der so erwachte individuelle Eros und die erwachte Individualität in diesem Sinne erhöhte Möglichkeiten der Verwundung, der Vergewaltigung und selbst der Grausamkeit mit sich bringen, so können Formen der Zerrüttung entstehen, die dazu nötigen, auch den christlich traditionellen Satz von der »Unscheidbarkeit der Ehe« zu modifizieren und die Frage zu stellen, ob es denn wirklich *Gott* sei, der hier zusammengefügt habe, und ob man sich mit Recht auf ihn berufe, wenn man den Satz von der Unscheidbarkeit radikal und kompromißlos praktiziert[16].

Es erscheint mir verhängnisvoll, daß diese vom individuellen Eros bewirkte Krise der Geschlechtsgemeinschaft – vor allem der Ehe – von den christlichen Kirchen nahezu unbemerkt geblieben ist, jedenfalls kaum im Rahmen theologischer Reflexion auftaucht. Wo sie einmal angesprochen wird, pflegt das nur in negativer Akzentuierung und mit dem tadelnden Hinweis zu geschehen, die Menschen nähmen sich heute in ihrer Individualität zu ernst, wenn sie darüber nachsinnen, was sie ihrer Selbstverwirklichung schuldig seien, und sich entsprechend verpflichtet wähnen, die Gemeinschaft mit einem Partner zu lösen. Ich mache mich nicht anheischig, zu bestreiten, daß dieser Vorwurf und dieser Ordnungsruf häufig am Platze sind, daß sie sogar mit zu dem Widerspruch gehören, den ein christlicher Seelsorger gegen den Götzendienst der Individualität einzulegen verpflichtet ist. *Der Mißbrauch der Individualität hebt aber ihren legitimen Anspruch nicht auf – jenen Anspruch, der den neuzeitlichen Menschen nun einmal getroffen hat und durch das Erwachen des individuellen Eros zu einem unveräußerlichen und nicht aufkündbaren Bestandstück seiner Humanität geworden ist.* Dieser Anspruch nötigt letzten Endes ja *wieder* dazu, daß der Mensch sich ergreifen, daß er seine Natur bewältigen und transzendieren muß, kurz: daß er sich zur Aufgabe wird. Insofern wiederholt sich auch auf dieser neuen Ebene – im letzten unverändert! – der Ur-Auftrag der Menschwerdung.

Gerade weil das aber so ist, weil die vom individuellen Eros bestimmte Situation in keiner Weise nur Abbruch und keineswegs nur Emanzipation ist, vielmehr die Grundfragen des Humanum erweckt und zur Erscheinung bringt: gerade darum erscheint es mir so verhängnisvoll, daß dieser Wandel und diese Konstanz *im* Wandel von den Kirchen so unbemerkt geblieben sind. Das mag einer der Gründe sein, warum Menschen, die unter Krisen ihrer Geschlechtsgemeinschaft und Ehe leiden, den kirchlichen Seelsorger vielfach meiden und sich lieber an Psychotherapeuten oder die Verfasser der Zeitungs-Kummerspalten wenden. Die Kirchen sollten dieses Übergangen-Werden nicht immer mit dem Argument rechtfertigen, man suche eben die größere Unverbindlichkeit, man wolle die ethische Indifferenz des bloßen Sachexperten. Das ist nur zum Teil richtig. *Man fürchtet vielmehr, so dünkt mich, daß das Problem der Individualität in den Kirchen nicht ernst genommen wird, daß man sozusagen keinen theologischen Ort dafür hat und sich immer noch im Bereich generalisierender dogmatischer Regeln aufhält.* Gerade deshalb bemühen wir uns, diesen

Ort der Individualität zu finden, und begnügen uns nicht damit, nur kulturkritisch den Wandel der Zeiten zu beklagen.
Das Ernstnehmen der neuzeitlich erwachten Individualität bedeutet, die darin schlummernde Chance zur Menschwerdung zu erkennen. Diese Chance wird sichtbar, wenn wir uns klarmachen, mit welcher Intensität der Mensch hier gefragt wird, als was er sich verstehen und woraufhin er sich entwerfen wolle, ob er sich bloß zur Selbstentfaltung – zu einem sublimen Egoismus also – gerufen wisse oder aber zur Hingabe, zum Sich-Verströmen, zum Dienst. In beidem erfährt sich der Mensch als Aufgabe und als Auftrag zur *»Selbstverwirklichung«* (wenn wir das »Selbst« hier nicht als vergötzte Entelechie verstehen). Er kann diesen Auftrag gewiß verwirken; es geht ja nur um Chancen, nicht um einen gesicherten Automatismus. Und er tut das vielleicht so, daß er sich nur selber sucht und ergreift. Doch selbst dann vollzieht er noch seinen spezifisch menschlichen Auftrag, wenn auch im negativen Modus. Das positive Pendant dazu wäre die Selbstverwirklichung als Sein zum Du. Das schlösse dann ein, daß auch dieses Du als ein Selbst verstanden würde, das mit seinem Werden beauftragt ist und das mich zu verantwortlicher Beteiligung an diesem Werden ruft. Auch auf dieser neuen Ebene bin ich zu Entscheidungen darüber genötigt, als wen ich den andern verstehe: ob er mir nur instrumental wichtig ist (als Mittel meiner Selbstentfaltung wie Gretchen für Faust) oder ob ich ihn etwa in jener Unbedingtheit und Selbstzwecklichkeit sehe, wie sie uns am Gedanken der fremden Würde deutlich wurde.
Wenn wir es so ausdrücken, ist unschwer zu vermuten, wie eine theologische Interpretation dieser anthropologischen Tatbestände auszusehen hätte. Sie läßt sich durch das polare Schema *Gesetz und Evangelium*, *Gericht und Gnade* aussagen:
Um Gnade geht es in dem Sinne, daß auch das Erwachen der Individualität unter einer Verheißung steht: Die Bestimmung zum Menschsein, zu einer in Freiheit zu vollziehenden Subjekthaftigkeit und Partnerschaft Gottes, wird ebensowenig aufhören wie »Saat und Ernte, Frost und Hitze, Sommer und Winter, Tag und Nacht« (Genesis 8,22). Unter diesem Aspekt erscheint das Erwachen der Individualität und des individuellen Eros als Entfaltung der Schöpfungsfülle, insbesondere der Intention des Schöpfers, jedem »seine besondere Art« zu geben (Genesis 1, 11 f.). Nicht Emanzipation aus dem Schöpfungsauftrag, sondern seine weitergehende Erfüllung, seine reichere Instrumentierung: das könnte die Verheißung für die erwachte Individualität sein. – Die Gerichtsansage dagegen weist auf die der Gabe innewohnende erhöhte Macht der Gefährdung hin, auf neue und differenzierte Formen des Schuldigwerdens aneinander, auf die Versuchung, die Entfaltung der eigenen Entelechie zum Selbstzweck und damit zum Götzendienst zu machen, auf die Möglichkeit, die Agape und damit die Ehrung des andern in seiner fremden Würde zu veruntreuen.

Daß und inwiefern alle diese Feststellungen den Umbruch des neuzeitlich-theologischen Denkens bezeugen, dürfte nun klargeworden sein. Gerade die Anthropologie stellt in Gestalt des individuellen Eros und des dadurch gewandelten Verständnisses der Geschlechtsgemeinschaft ein überaus fruchtbares Modell zur Verfügung.

Wir fassen nunmehr den entscheidenden *Ertrag* zusammen:

Die anthropologischen Aussagen werden nicht mehr aus bestimmten dogmatischen Grundaussagen deduziert, um dann auch durch diese begrenzt zu werden[17], sondern der neue Einsatz des Denkens sieht nun so aus: Im Lichte des Glaubens an den Ursprung und die Bestimmung des Menschen werden empirische Phänomene – hier die mann-weibliche Triebstruktur und ihre Differenz – *interpretiert.* Dabei treten Hinweise und Bezüge ins Licht, die ohne diese sub specie aeternitatis sich ergebende Perspektive vielleicht nicht hervorgetreten wären. Das theologische Wissen, wenn ich es einmal so nennen darf, taucht also hier tatsächlich im nachhinein als Interpretation derjenigen Phänomene auf, die man vorher mit allen empirisch arbeitenden Humanwissenschaftlern zusammen zur Kenntnis genommen hat. Vorweggegeben ist nur ein bestimmter Befragungsmodus gegenüber diesen Phänomenen, ist also das »sub specie . . .«. So befragen wir die Struktur des geschlechtlichen Triebes im Sinne eines bestimmten Woraufhin: Wir befragen sie auf Indizien hin, die ein den bloßen Bios Transzendierendes, die nämlich »Menschlichkeit« ankündigen. Diese Art der Fragestellung und diese Perspektive ist durchaus nicht auf den Umkreis christlicher Theologie beschränkt. Sie kann sich genauso im Rahmen von weltanschaulich orientierten Humanwissenschaften ergeben. Auch diese treten ja, gleich ob materialistisch oder idealistisch oder wie immer ausgerichtet, mit bestimmten vorgegebenen Fragestellungen an die Phänomene heran. Diese Fragestellungen können unter Umständen nicht nur dazu führen, vorher schon erkannte Phänomene lediglich zu interpretieren und in einem bestimmten Lichte zu erhellen, sie können sogar neue und vorher versteckt gebliebene Phänomene entdecken lassen und auch im empirischen Bereich Forschungsergebnisse zeitigen. So wird man zum Beispiel einräumen müssen, daß die materialistische Anthropologie und Geschichtsauffassung von Karl Marx nicht nur historische Fakten neu interpretiert hat, sondern eine Fülle von ihnen allererst bloßlegte: Hatte man bisher die Geschichte, vereinfacht ausgedrückt, wesentlich als Kriegs- und Kulturgeschichte verstanden, so trat jetzt – im Lichte der materialistischen Geschichtsauffassung – die Realität der ökonomisch-gesellschaftlichen Bedingungen ins Licht. Die griechische Antike erschien so nicht mehr bloß – wie bei Winckelmann oder Jacob Burckhardt als die Welt der Akropolis, der dorischen Säulen und vollendeten Plastiken, sondern auch als die Welt der Sklaven und Fellachen, durch deren »proletarisches Schicksal« dieses alles möglich wurde.

In *diesem* Sinne war und ist es gemeint, wenn wir die Theologie an jenem neuzeitlichen Einsatz des Denkens teilnehmen und auch ihr die Aufgabe zugewiesen sahen, aus ihrer Perspektive die Diesseitigkeit der Empirie zu interpretieren. Sie hat dabei die Koinzidenz im Auge zwischen dem, was ihre vorgegebene Fragestellung leitet, *und* dem, was die befragten Phänomene der Erfahrungswelt als Antwort aus sich herausgeben.

Nirgendwo wird diese neuzeitliche Situation des Denkens so offensichtlich, so modellhaft klar wie im Themengebiet der Anthropologie. Nur eine radikal positivistische, sich im Bereich des vorfindlich Empirischen haltende Anthropologie oder ein konsequenter Behaviorismus (J. B. WATSON)[18] bleiben von diesen Problemen der Koinzidenz verschont. Dafür aber, daß man die Phänomene nicht mehr in das Licht dessen stellt, was sie transzendiert, muß ein unerhört hoher Preis entrichtet werden: Man verzichtet so darauf, die Frage nach dem Wesen des Menschen überhaupt zu stellen.

F. Mensch und Norm

Das Problem: Der Mensch im Gewebe von Ordnungen und Bezügen

Wenn der Mensch ein Wesen ist, das sich auf etwas hin entwerfen muß, das also nicht – wie das Tier – Objekt prozessualer Abläufe ist, dann wird damit ausgesagt, daß er ein »Beziehungswesen« sei, eine Spinne gleichsam, die durch zahlreiche Fäden mit dem Außerhalb-ihrer verbunden ist. Was ist damit gemeint?

Die Grundbefindlichkeit des Menschen, daß er erst »werden *soll*, was er ist«, daß er sich folglich nicht als potentiell fertige Gegebenheit von der Natur empfängt, nötigt ihn zu der Frage nach seinem Woher und Wohin. Damit stehen Grund, Ziel und Sinn seines Daseins zur Diskussion. Eine Antwort auf diese Grundfragen muß er auf *jeden* Fall geben, selbst dann, wenn er das nicht in bewußter oder reflexiver Form, sondern nur durch seine De-facto-Lebensvollzüge tut. Er gibt sie auch dann, wenn er sie verdrängt und in die Indifferenz ausweicht. Auch wenn er »sich gehen läßt«, wenn er Entscheidungen ausweicht, *ist* das eine Entscheidung.

Diese den Grund der Menschlichkeit bildende Frage, wer ich sei und was ich werden solle, kann nun unmöglich durch Introspektion, durch eine Nabelbeschau meines Ich beantwortet werden. Darüber haben wir schon anhand von Goethe und Dilthey gesprochen. Beide sagen, der Mensch könne sich nur so erkennen, daß er aus sich heraustritt und der Geschichte begegnet (so Dilthey) oder daß er »tätig« ist und bei seinem Wirken am Draußen, bei der Bewältigung von Widerständen und bei schöpferischem Gestalten dann merkt, »was an ihm sei« (so Goethe).

Selbst dort, wo es um das Thema der Selbstentfaltung geht, um die »geprägte Form, die lebend sich entwickelt«, ist es so. In »Urworte. Orphisch« spricht Goethe zwar den »Dämon« des Menschen als das an, was »die notwendige, bei der Geburt unmittelbar ausgesprochene, begrenzte Individualität« und damit das Einmalige und Besondere des Menschen ausmacht. Und doch entfaltet sich dieser Dämon nicht aus sich selbst. Er kann sich deshalb in seinem Woher und Wohin auch nicht so erkennen lassen, daß man nur in ihn hineinsieht und seine evolutionären Potenzen beobachtet. Nein: Er kommt nur so zu sich selbst und kann darum auch nur so erkannt werden, daß er in Kontakt mit dem Außerhalb-seiner-Selbst tritt, daß er sich Begegnungen erschließt und sich so in das Gewebe vieler Bezüge begibt: Er setzt sich dem »Zufälligen« (Tyche), der »Liebe« und damit dem andern (Eros) und schließlich der »Nötigung« (Anangke) aus. Erst indem der Dämon sich inmitten dieser Kraftfelder durchhält, also »im Bezuge« besteht, kommt das Ich zu sich selbst.

Daß es so ist, liegt daran, daß mein Ich im Schnittpunkt zahlreicher Bezüge steht und daß diese Bezüge entscheidend *mit* zu seiner Identität gehören. Sie sind also nicht ein bloßes Draußen, von dem abgesehen das menschliche Selbst noch etwas wäre. Im Gegenteil: Ließe man diese Bezüge außer Betracht, wäre das Ich ungreifbar. Es würde zu einem gespenstischen Gebilde, ebenso wesenlos und unwirklich, wie es in STIRNERS abenteuerlicher Vision des »Einzigen und seines Eigentums« denn auch erscheint. Wir brauchen uns nur einige dieser Grundbezüge vor Augen zu halten, um diesen Eindruck sofort bestätigt zu sehen:

Ich bin ein Kind bestimmter Eltern. Dadurch ist meine erste Grundbeziehung markiert. Pädagogik und Soziologie sprechen in diesem Sinne sogar ausdrücklich von »Bezugspersonen«, im Verhältnis zu denen das Kleinkind lebt und webt. Als Vater oder Mutter stehe ich in Beziehung zu meinem Kinde. Ich habe Nachbarn, Feinde und Freunde, Kollegen und Konkurrenten, zu denen ich mich in wechselseitiger Prägung verhalte. Ich bin ein Geschlechtswesen, das als Mann oder Weib auf die Ergänzung durch ein anderes Wesen angelegt ist. Ich sehe mich in Ordnungen, gesellschaftliche Strukturen, geschichtliche Prozesse und Überlieferungen eingegliedert, zu denen ich mich »verhalten« muß, denen ich willfährig zu sein oder wider die ich mich zu behaupten habe.

Nie kann ich mich so aus meiner isolierten Vereinzelung begreifen – – – einfach deshalb nicht, weil meine Identität dieses Einzelner-Sein überragt. Was wir unter Individualität verstehen – und was GOETHE unter »Dämon« und »Entelechie« versteht –, ist deshalb nie ein geschlossenes, sondern ein offenes, in ein Beziehungssystem eingelassenes und dadurch geprägtes Gebilde. *»Ich lebe, webe und bin« im Sein zum Du und im Sein zur Welt mit ihrem unendlich differenzierten Gefüge.* Selbst jene »letzte« Daseinsorientierung, die wir mit Grund, Ziel und Sinn unseres Lebens umschrieben, kann ich nur so gewinnen, daß ich auch entsprechend »letzte« Grundbezüge meines Daseins bestimme, die mich umhüllen und tragen. Wir sind darauf schon in anderm Zusammenhang zu sprechen gekommen, als wir die Sicht jener Grundbezüge bei KIERKEGAARD behandelten: Wir können unser Dasein entweder durch unser Verhältnis zum Tier bestimmen und uns als dessen Überbietung verstehen. Oder wir können uns an Gott orientieren, der »über« uns ist und den Sinngrund unseres Daseins ausmacht; vielleicht auch nur – meint KIERKEGAARD – am Staat, der wenigstens

bedingt noch über den Menschen hinausweist und ihn einem höheren, jedenfalls sinnhaften Gefüge einordnet.
Gerade hier wird nun deutlich, daß je nach dem Bezuge, aus dem ich den Menschen so verstehe, ein völlig *anderes* Bild erscheint:
Wähle ich nämlich die Relation »nach unten«, zum Tier hin, so habe ich zwar die Relation zu einem Außerhalb gewählt, aber zu einem solchen, das die Selbsttranszendierung meiner Existenz auf Sinn nicht mehr ermöglicht, sondern den Menschen nur zu einem höheren Tier macht oder ihn gar – wegen seines Instinktverlustes – unter das Niveau des Tieres reduziert sieht.
Das eindrucksvollste Beispiel dafür ist mir immer NIETZSCHES *Verständnis des Gewissens:* Im allgemeinen versteht man das Gewissen ja als eine humane Qualität, als die eigentliche Signatur des Humanum. Denn in ihm erfahre ich doch den Anruf des Sollens, die Aufforderung, mich zu entscheiden und meine Bestimmung zu ergreifen. Insofern legt sich auch die theologische Interpretation des Gewissens nahe: daß ich in ihm den Anruf Gottes vernähme, daß es gleichsam dessen Brückenkopf in meinem Bewußtsein sei, auf den er dann mit der Macht seines Wortes zugehen und mit dem er sich vereinen kann. In diesem Falle wäre das Gewissen also aus seiner Relation »nach oben« interpretiert. – NIETZSCHE aber versteht das Gewissen aus seiner Relation zur Tierheit, sieht es also gerade »von unten her«: Solange der Mensch noch in seinen animalischen Stadien auf freier Wildbahn lebte, waren seine Kampf- und Jagd-Instinkte nach außen gekehrt. Sie halfen ihm, sich zu behaupten. Sobald aber die Zäsur zur vermeintlich »höheren« Menschwerdung überschritten ist und er sich in »den Bann der Gesellschaft und des Friedens eingeschlossen« findet, sind die alten Raubtierinstinkte gleichsam arbeitslos und überfällig geworden. Er ist nun gebändigt und damit auch depotenziert. So also erging es »diesen der Wildnis, dem Kriege, dem Herumschweifen, dem Abenteuer glücklich angepaßten Halbtieren«. Alle spontanen und unmittelbaren Antriebe, wie sie der Instinkt und der elementare Wille zur Selbstbehauptung vermittelten, müssen abgebaut werden, weil sie im bergenden Gehäuse der Zivilisation keine Angriffsflächen mehr haben und funktionslos werden. An die Stelle des so abgebauten Instinktes tritt nunmehr die Reflexion.
Was NIETZSCHE hier meint, könnte man sich gut mit Begriffen aus FREUDS Psychoanalyse deutlich machen: Die Kampfinstinkte des wilden Steppentieres oder auch noch des »Halbtieres« können nicht einfach ins Nichts zerfließen, wenn sie nicht mehr gebraucht werden. Sie können höchstens »verdrängt«, ihre energetische Kraft kann nur in andere Energien transformiert werden (so wie das etwa beim Vorgang des Sublimierens geschieht). In diesem Falle ist es so, daß die vorher nach außen gewendeten Kampf- und Beute-Instinkte nun nach *innen* schlagen: Sie werden jetzt die Triebkräfte in einem Kampf des Menschen mit sich selbst, im Kampf zwi-

schen Wille und Trieb, Fleisch und Geist, (vermeintlich) Gutem und (vermeintlich) Bösem. Das Gewissen – und insbesondere das *schlechte* Gewissen – ist für NIETZSCHE der Kampfplatz, auf dem diese Auseinandersetzung stattfindet. Sie ist die Selbstzerfleischung des mit sich zerfallenen und aufgespaltenen Menschen.

Kein Wunder, daß NIETZSCHE hierin eine Entartungserscheinung gegenüber der Tierheit sieht, daß er in der »Genealogie der Moral« von einer »tiefen Erkrankung« spricht: »Der Mensch, der sich aus Mangel an äußeren Feinden und Widerständen, eingezwängt in eine drückende Enge und Regelmäßigkeit der Sitte, ungeduldig selbst zerriß, verfolgte, annagte, aufstörte, mißhandelte, dies an den Gitterstäben seines Käfigs sich wundstoßende Tier ..., dieser ... vom Heimweh der Wüste Verzehrte, ... dieser verzweifelte Gefangene wurde der Erfinder des ›schlechten Gewissens‹.«

An diesem Beispiel NIETZSCHES scheint mir besonders eindrücklich klarzuwerden, was ich zu sagen wünschte: Einmal, daß in *jedem* Falle – selbst in dieser etwas abenteuerlich-einlinigen Genealogie NIETZSCHES – *menschliches Dasein immer nur erschlossen werden kann, indem man die es tragende Grundrelation erschließt, in diesem Falle die Relation zu tierischen Vorstadien der Menschlichkeit. Ferner wird hier sichtbar, daß je nach der Relation, die man nun wählt, das herausspringende Menschenbild fundamental anders wird.*

Das gilt auch von den innerweltlichen – also nicht bloß jenen »letzten« – Relationen. Hier kann es ebenfalls zu zwei völlig verschiedenen Menschenbildern kommen: Ich kann den Menschen zum Beispiel bei seiner *Relation zur Gesellschaft* in purer Abhängigkeit von deren Struktur und ihren Zwängen sehen; ich kann ihn als ein Wesen verstehen, das in diese Relation eingeschlossen ist und sie nicht überragt, so daß er als ein *nur* gesellschaftliches Wesen erscheint. In einem bestimmten Vulgärmarxismus, auch bei bestimmten Linksextremisten, ist es sicher so geschehen; aber auch bei ideologischen Lobrednern eines totalen Staates – also auf der »rechten« Seite – steht es ähnlich. Alle diese Richtungen sehen sich zwar ebenfalls genötigt, menschliches Wesen durch eine Relation zum Außerhalb-Seiner zu bestimmen, doch wählen sie hier einen Bezug, und zwar den totaler funktionaler Abhängigkeit, der die Selbstbestimmung des Menschen, das verantwortliche Ergreifen seiner selbst, von vorneherein blokkiert.

Andererseits ist es möglich, daß jemand die Relation zu Gesellschaft und Staat zwar für ein Konstitutivum menschlicher Existenz hält, diese aber nicht darin aufgehen, sondern sie aus jener Relation gleichsam »hinausstehen« sieht. Diese Haltung kommt z. B. in der Art zum Ausdruck, wie LUTHER im Namen seines Gewissens auf dem Reichstag zu Worms den

Repräsentanten der Staats- und Kirchenordnung gegenüber- und entgegentrat, und zwar mit dem (ihm möglicherweise in den Mund gelegten) Wort: »Hier stehe ich, ich kann nicht anderst ...« LUTHER, dessen Haltung hier für uns symbolische Bedeutung haben kann, akzeptiert ganz gewiß seine Relation zu »Kaiser und Reich«, zu den Institutionen von Staat, Kirche und Gesellschaft; er sieht in ihnen ein von Gott gestiftetes Gefüge. Aber er läßt sich nicht durch diese Relation definieren, sondern er definiert umgekehrt, bis wohin die Kompetenz jener Autoritäten reicht, daß sie seine Gewissensentscheidung keineswegs mit umschließt und damit ausschaltet.

Wie aber wird es *möglich*, daß LUTHERS Selbst, daß sein Gewissen so aus der Relation zu den Weltordnungen »heraussteht« und sie transzendiert? Diese Relativierung des weltlichen Gefüges, dieses Sich-nicht-von-ihm-gefangen-nehmen-Lassen ist nur dadurch möglich, daß er einen Punkt außerhalb der Welt im Blick hat, von dem aus diese Welt aus den Angeln gehoben werden kann. Er spricht ja im Namen seines an Gott gebundenen Gewissens. Nur von dieser letzten Instanz aus werden die vorletzten Instanzen, werden Kaiser und Reich relativiert. (Philosophisch ausgedrückt könnte man sagen: Im Namen der norma normans kann ich die normae normatae in ihre Schranken weisen.) LUTHER räumt nur der »letzten« Relation, nämlich der Bindung an Gott und sein Wort, völlige Verfügungsgewalt über sich ein. Und gerade deshalb verfügt er über die »vorletzten« Relationen. Sie dürfen ihn nicht mehr gefangennehmen. Er kann ihnen nun »gegenüber«-treten, er – transzendiert sie.

Damit haben wir uns die Bedeutung der Relationen – der letzten sowohl wie der vorletzten – für das Zustandekommen des Menschenbildes klargemacht. *Eine Anthropologie, das ist das Ergebnis, kann nur so angelegt werden, daß sie den Menschen innerhalb eines Systems von Bezügen aufzeigt.* Blicken wir auf unsere bisherigen Überlegungen zurück, stellen wir fest, daß wir auch immer so vorgegangen sind. Ob wir nun das Thema der Identität, das menschliche Vermögen des Verstehens oder den Wandel des Wirklichkeitsverständnisses in der Neuzeit besprachen: Ausgesprochen oder unausgesprochen wurde immer der »Mensch im Bezug« deutlich. Was bisher bloß »nebenbei« geäußert wurde, was dem Verfasser gleichsam nur mit in die Feder floß (um Heuchelei zu vermeiden: ganz so zufällig war es denn doch nicht!), das soll nunmehr auch ausdrücklich behandelt und zu einem eigenständigen Thema werden. Wir wollen uns das Gewebe der Relationen genauer ansehen.

Wenn der Leser die folgenden Relationen überblickt, wird es ihm vielleicht bedenklich erscheinen, daß die entscheidende Grundrelation, die Beziehung zu Gott, in unserm Aufriß fehlt. Diese Auslassung geschieht bewußt: Die Beziehung zu Gott kann nicht als *ein* Faden neben andern aufgefaßt werden. Sie taucht nicht als ein Gewebe-»Stück« auf, sondern an ihr ist das ganze Netz aufgehängt. So wird sie in der Darstellung *aller* Relationen präsent sein.

Der mit der jüngeren philosophischen Landschaft vertraute Leser mag sich durch unsern Gedanken des Relationsgefüges, von dem aus der Mensch allein zu verstehen sei, an die von FERDINAND DE SAUSSURE begründete und von der »Prager Schule« der Linguistik ausgebaute Bewegung des sogenannten *»Strukturalismus«* erinnert fühlen. Trotz mancher formaler Analogien würde der Verfasser sich damit aber nicht zutreffend geortet sehen. Ein kurzer Hinweis auf das Unterscheidende kann vielleicht dazu helfen, die Konturen unserer Konzeption noch deutlicher zu markieren:
Der Strukturalismus ist ursprünglich eine Sprachphilosophie (»Linguistik«). Die Ausgangsbeobachtung, die zu deren Entfaltung treibt, kommt in der These zum Ausdruck, daß eine Sprache nicht aus ihren physikalisch beschreibbaren Lautelementen (den »Phonemen«) oder Wort-Einheiten zu verstehen sei, sondern ein in sich zusammenhängendes System von Beziehungen, eben eine »Struktur« sei. DE SAUSSURE macht das am Beispiel des Schachspiels deutlich: Ein König, ein Bauer oder ein Läufer hat sein Charakteristikum nicht darin, daß er als Figur so und so aussieht und von dem und dem Material gefertigt ist, sondern daß er im System des Schachspiels eine bestimmte Funktion ausübt, die nur aus dem Gesamtgefüge des Spiels, aus seiner »Struktur«, zu verstehen ist. Das relationale Gefüge ist also im Sinne des Strukturalismus das Eigentliche der Wörter und der Dinge; ihre »Substanz« (mit der DE SAUSSURE die aristotelische Hyle, die Materie, meint) ist dagegen das noch Ungeformte, in seinem Wesen noch nicht zu sich Gekommene und darum auch nicht Erkennbare. Die Grundthese des Strukturalismus ist deshalb, wie es GÜNTHER PATZIG formuliert, »der Satz vom prinzipiellen Übergewicht der Relation über die Beziehungsfundamente, der Struktur gegenüber ihren Elementen«, während diese für ARISTOTELES umgekehrt nur ein »Anhängsel«, ein bloßer »Seitensproß« des Seienden ist.
Sobald diese strukturalistische These nun auf den Menschen angewendet wird, zeigt sich, daß das formalistisch verstandene Gefüge von Relationen nicht zureicht. Das läßt sich an ARISTOTELES verdeutlichen, auf den sich – trotz der genannten Differenz – DE SAUSSURE gerne beruft. Für ihn ist der Mensch als solcher nicht relational, sondern als Substanz zu verstehen, als für sich seiendes Seins-Element. Relational ist nur der konkrete Mensch zu verstehen, zum Beispiel der Sklave, der auf seinen Herrn bezogen ist.
Hier entsteht die entscheidende und kritische Frage: Ist der Mensch nur hinsichtlich seiner Funktionen strukturell bedingt und insofern dann auch einem Relationsgefüge einbeschlossen, während er »an sich« eine Entelechie ohne Außenbeziehungen ist? Sind seine Beziehungen also nur etwas, das er erst nachträglich eingeht und sich als »Anhängsel« angliedert, ohne daß sie sein Wesen selbst bestimmten? Wenn man es so sähe: könnte man diese Konstruktion auf die Dauer aufrechterhalten? Oder müßte es nicht dahin kommen, daß man schließlich auch das *Wesen* des Menschen (das also, was ARISTOTELES – nach DE SAUSSURE – seine »Substanz« nennt) in Funktionen auflöst und es so doch wieder in das Gefüge relationaler Bedingungen eingliedert? Ist es nicht so bei MARX tatsächlich eingetreten, wenn der Mensch hier nur als Beziehungselement innerhalb eines sozialen Sy-

stems gesehen wird? Muß der Strukturalismus nicht notwendig auf diese Integration des Menschen in ein System immanenter Bezüge drängen – muß er nicht »weltanschaulich« werden, worauf sein Suffix »-ismus« ja auch tatsächlich deutet? Das würde dann aber die Verneinung unserer anthropologischen Grundthese implizieren, daß der Mensch ein Wesen sei, das sich selbst transzendiere und deshalb nach Grund und Sinn seines Daseins fragen müsse. Das Koordinatensystem, innerhalb dessen er hier zu orten und auf das er bezogen wäre, könnte niemals ein Gefüge sein, innerhalb dessen die Sinnfrage auch nur legitim zu stellen, geschweige denn zu lösen wäre. Hier käme es im besten Falle zu immanenten Teleologien, das heißt in diesem Falle: zu Zweckbezogenheiten. Daß der Mensch sich selbst transzendiere, kann ja nicht nur heißen, daß er auf ein ihn umgreifendes Funktionssystem bezogen ist – wie die Schachfigur auf das Spiel-Gefüge –, sondern daß er zugleich die Frage stellen muß, welchen Sinn dieses System, die »Struktur«, nun *ihrerseits* wieder habe. Diese Frage wäre insofern keine Grenzüberschreitung ins Metaphysische, als sie mit der in ihm angelegten Nötigung verbunden ist, sich selbst ergreifen und über den thematischen Sinn seines Daseins klarwerden zu müssen. Die Stellungnahme zu dieser Grundfrage greift dann tief in seine immanenten Bezüge ein. Er wird entweder in ihnen »aufgehen«, er wird sich zum Beispiel in seiner Eigenschaft, gesellschaftliches Funktionswesen zu sein, erschöpfen. Oder er wird auch *abgesehen* von diesen Funktionen in einem »letzten« Bezuge stehen, der sein Eigentliches – etwa seine fremde Würde – ausmacht.

Die Frage, die wir an den Strukturalismus und seine anthropologischen Konsequenzen zu stellen hätten, müßte also lauten, ob die nur formalistisch bestimmten Bezüge imstande sind, eine Wesensbestimmung menschlichen Daseins zu tragen, ob nicht vielmehr alles darauf ankommt, die leeren Formen inhaltlich zu füllen und so die Frage zu stellen, um *welche* vorletzten und letzten Bezüge es schließlich geht.

I. Autonomie, Heteronomie, Theonomie

a) Die Gebote Gottes und das Autonomie-Postulat

Zur Auseinandersetzung mit Kant

Wir erinnern uns, daß es gewisse »Mängel« des Menschen sind, sein Instinktmangel vor allem, die ihm die Chancen der Menschlichkeit eröffnen. In seiner »Abhandlung über den Ursprung der Sprache« (1772) sagt Herder einmal: »Wenn der Mensch Sinne hat, die ... den Sinnen des Tieres ... nachstehen an Schärfe, so bekommen sie dadurch den Vorzug der Freiheit.«

Nun ist Freiheit ja zweifellos – auch darüber haben wir uns Gedanken gemacht – mehr und anderes als Willkür, als bloße Beliebigkeit des Handelns. Freiheit als Gut menschlichen Daseins heißt nicht, daß ich tun kann, was ich will; im gefüllten Sinne des Wortes bedeutet sie vielmehr, daß ich werden darf, was ich soll. Sie verleiht das Vermögen, ich selbst zu sein, meine Identität zu erreichen. Der durch den Ausfall der Instinkte eröffnete

Freiheitsraum bleibt also nicht leer, sondern muß durch ein Programm gefüllt werden, an dem und mit dessen Hilfe die Freiheit überhaupt wirksam werden kann. Das aber bedeutet, daß die Freiheit nach Normen ruft, an denen sie sich orientiert. *Freiheit und Norm sind Korrespondenzbegriffe: Freiheit ohne Norm ist Willkür, ist bloße Libertinage und führt zur Selbstzerstörung. Norm ohne Freiheit ist Diktatur und Oktroi;* sie wird zur bloßen Regel einer Dressur oder auch zur Gehirnwäsche; sie läßt nur noch »manipulieren« und zerstört das menschliche Selbst.

Der Mensch muß sich also zu Normen verhalten. Damit eröffnet sich einer der Grundbezüge seines Daseins.

Aber woher bezieht er diese Normen? Das ist die entscheidende Frage. Indem wir sie durchdenken, stoßen wir noch einmal auf die Zäsur zwischen Mittelalter und Neuzeit. Die Grenze zwischen beiden wird in diesem Falle durch KANT repräsentiert.

1. Der Abgrund zwischen Gott und Autonomie

In der biblischen Zeit und im Abendland vor der Säkularisierung schien die Frage der Normen sehr einfach gelöst zu werden: Der Mensch empfing in den Geboten Gottes – oder auch in den Denksystemen, die sich um sie gebildet hatten – die entscheidenden Anweisungen für sein Handeln und damit zugleich für den Weg, den er zum Ziel seiner Bestimmung hin zu beschreiten hatte. In dem Maße nun, wie er sich neuzeitlich von diesen Bindungen »abnabelte«, sich emanzipierte und mündig sein wollte, erschienen ihm solche angeblich oder wirklich erlassenen Gebote als Vergewaltigung, als Blockade seiner freien Selbstbestimmung. Das große Zauberwort, das KANT zur Magna Charta neuzeitlicher Ethik machte, lautet »Autonomie«. Abgekürzt ausgedrückt bedeutete diese Parole: Der Mensch kann sich nicht von außen her – auch nicht von Gott! – sagen lassen, wer er sei und zu welchem Ende er sich zu gestalten habe. Darüber sagt ihm vielmehr der im eigenen Gewissen sich äußernde praktische Logos das Entscheidende. Nur indem er ihm und keiner äußeren Autorität gehorcht, hört er auf, der Funktionär eines *fremden* Willens zu sein und sich heteronom gängeln zu lassen; nur so findet er zur Freiheit autonomer Selbstbestimmung und damit zu sich selbst, zu seiner humanen Bestimmung durch. Der »kategorische Imperativ«, der ihn allein steuern darf, ist eben *sein* Imperativ. Und die Gebote Gottes können allenfalls *so* ihre Geltung und damit ihr Leben weiterfristen, daß sie sich vor dem Forum dieses autonomen Gewissens als ihrer vorgesetzten Instanz legitimieren. Sie müssen vor dieser Zensurstelle den Nachweis erbringen, daß sie Maximen enthalten, die nur das ausdrücken, was auch der Imperativ unseres Gewissens von uns fordert.

Mit dieser Feststellung wird das Normenproblem überaus delikat. Bedeutet die durch KANT bewirkte kopernikanische Wende nicht, daß die Ge-

bote Gottes, daß also die vom Christentum proklamierte Lösung des Normenproblems, ein für allemal ad acta gelegt seien? Daß für uns heute somit der Autonomiegedanke der einzige Leitstern sei, nach dem wir unsern Kurs auszurichten haben? Daß entsprechend auch jede Anthropologie an diesem Axiom der Autonomie orientiert sein müsse?
Wir treiben diese kritischen und selbstkritischen Fragen noch weiter voran: *Ist eine christliche Ethik von da aus nicht ein Widerspruch in sich selbst*? Ist sie nicht insofern heteronom und geradezu anti-ethisch, als sie den Menschen zum Objekt eines Gesetzes macht, statt ihm die Freiheit zu belassen, sich *selber* das Gesetz zu geben und damit sittliches Subjekt zu sein? Ist Theonomie nicht eben – Heteronomie?
Müßte man diese Frage bejahen, so hieße das, die Theologie – und das ganze Christentum überhaupt – sei außerstande, so etwas wie eine ethische Disziplin auf ihrem Territorium zu bilden oder auch nur gedeihen zu lassen. Wenn sie dennoch den Anspruch erhebe, das zu können, drehe sie das Rad der Zeit zurück und suche krampfhaft ein mittelalterlich-vorkantisches Bewußtsein zu konservieren. Sie verhielte sich also in einem grotesken Sinne anachronistisch und reaktionär.
Nun ist eines bei diesem Einwand sofort zuzugeben:
Die einmal ins Bewußtsein getretene Autonomie kann ebensowenig rückgängig gemacht werden wie die andern neuzeitlichen Durchbrüche, von denen wir sprachen: wie das Erwachen des individuellen Eros etwa oder das historisch-kritische Bewußtsein, das auch vor der Autorität der Bibel nicht haltmacht. Gott als Urheber verpflichtender Gebote kann nun nicht mehr eine Art »Vorgabe« sein, die unser Gewissen schlicht zu akzeptieren hätte, die man also einfach »glauben müsse«. Ihr in einem derart naiven und ungebrochenen Sinne treu bleiben zu wollen, hieße gerade, sich selbst untreu zu werden und die Würde der Selbstbestimmung zu verraten.
In welche Konflikte also kommen wir hier? BONHOEFFER gibt nur unserm gewöhnlichen Bewußtsein Ausdruck, wenn er sagt: »Die Bewegung in der Richtung auf die menschliche Autonomie ... ist in unserer Zeit zu einer gewissen Vollständigkeit gekommen. Der Mensch hat gelernt, in allen wichtigen Fragen mit sich selbst fertig zu werden ohne Zuhilfenahme der ›Arbeitshypothese Gott‹ ... Es zeigt sich, daß alles auch ›ohne Gott‹ geht, und zwar ebensogut wie vorher.«
Es geht so um die nicht mehr aus der Welt zu schaffende Erfahrung, daß ich ein Gewissen, sagen wir ganz allgemein: ein funktionierendes sittliches Kriterium in mir habe, das auch im Zustande einer äußersten Emanzipation und Autarkie des Diesseits tätig ist und tätig bleibt. Entsprechend bleibt KANTS Forderung in Kraft und unrevidierbar, daß ich den Gehorsam gegen die Gebote *verantworten* muß. Ich kann sie folglich der Heteronomisierung durch ihr Kommando nicht passiv und indifferent aussetzen, sondern habe zuzusehen, ob sie vor der souveränen und insofern höchsten

Instanz meines Gewissens bestehen können. Ich muß sie so unter Umständen auch abweisen.

Doch bedarf ich ihrer dann *überhaupt* noch? Welche Relevanz könnten sie denn (rebus sic stantibus) für mich noch haben? Sie können mir ja nichts sagen, was ich nicht durch meinen praktischen Logos immer schon wüßte. Wenn sie aber mehr und anderes sagen, sind sie damit notwendig als heteronomes Oktroi abgewertet. Sie sind bei der Zensurstelle meines Gewissens gleichsam durchgefallen.

Daß die Neuzeit, hier repräsentiert durch KANT, auch in dieser Hinsicht revolutionäre Erschütterungen des bisherigen Normgefüges und damit der Anthropologie insgesamt mit sich bringt, ist unverkennbar.

Sollte es in diesem Zentrum der neuen Anthropologie nicht ganz ähnlich sein können, wie es uns im Bereich des Empirismus begegnete: daß auch *diese* Neuorientierung zum Diesseits hin – hier zur Autarkie des sittlichen Ich hin – offen für einen Transzendenzbezug und damit für theologische Interpretation bleibt –? Machen wir uns einmal das ganze Gewicht dieser Fragestellung klar, wie es im Rahmen christlicher Tradition doch erscheinen muß:

Wenn wir tatsächlich nicht mehr hinter die einmal erwachte autonome Selbstgewißheit zurückkönnen, wenn andererseits aber christliche Anthropologie ihr Axiom einer Theonomie nicht preisgeben *kann*, dann scheinen wir der Nötigung ausgesetzt zu sein, etwas zur Synthese bringen zu müssen, was grundsätzlich *un*vereinbar ist. Uns wird offenbar zugemutet, die Vorstellung eines hölzernen Eisens oder eines viereckigen Kreises zu bilden. Ist der Gedanke einer »theonomen Autonomie« etwa weniger paradox?

Um diesen sehr elementaren Einwand auf seine Stringenz zu prüfen, tun wir gut daran, *den Begriff Autonomie genauer unter die Lupe zu nehmen.* Wir wollen das in der Weise tun, daß wir zunächst weniger auf die Worthälfte »nomos« (= Gesetz) als auf den Bedeutungsgehalt von autós (= Selbst) achten. Wir richten unsern Blick damit auf das anthropologische Kernstück dieses Begriffs.

Was also ist mit diesem »Selbst« gemeint?

Für KANT ist dieses Selbst die mit sich einsame Person. Freilich auch sie wird durch eine Relation bestimmt: Sie nimmt am mundus intelligibilis dadurch teil, daß sie in *sich*, im eigenen Gewissen, die Stimme des praktischen Logos vernimmt. *Der Mensch verhält sich also zu sich selbst*, auch wenn es gleichsam das höhere und eigentliche Ich ist, zu dem er sich verhält. Er verhält sich zu sich als einem Repräsentanten der »Menschheit«. Nur weil so »die Menschheit in unserer Person uns selbst heilig sein« muß und weil sie eben »in« unserer Person ist, darum sind wir als sittliche Wesen autark. Ja: der Blick nach außen, der nach Bestimmungsgründen unseres Handelns im Außer-Ich Ausschau hält, zerstört gerade die in sich geschlossene Struktur unseres Selbst (autós). Dieser falsche Blick nach draußen findet etwa dann statt, wenn das, was Furcht und Hoffnung in uns auslöst, zum Motiv unseres Handelns wird. Furcht vor Strafe zum Beispiel, Angst vor dem, was sich rächt, oder auch die Hoffnung auf erfüllte Wünsche sind keine sittlichen Antriebe. Selbst das Schielen nach einer gebietenden Autorität wird sittlichen Ansprüchen nicht gerecht: Man delegiert dann ja seine eigene Entscheidungsvollmacht wieder an eine fremde Größe. Man dispensiert oder suspendiert so seine sittliche Subjekthaftigkeit.

Und *warum* tut man so etwas? Vielleicht deshalb, weil man Angst vor der eigenen Freiheit und ihrer Verantwortung hat? Oder weil man um die Gunst jener Autorität buhlt, weil man auf ihr Wohlwollen hofft oder ihre Ungnade fürchtet? Was auch immer diesen Blick nach draußen motiviert: Auf keinen Fall geht es um einen sittlichen Antrieb; so oder so ist es ein *eudämonistisches* Motiv und damit der Antipode ethischer Gesinnung. *Deshalb* also ist das sittliche Selbst nur das mit sich einsame, gleichsam in sich selbst hineinhorchende und nach außen abgeschirmte Ich.

Natürlich kann das nicht bedeuten, daß damit der Kontakt mit der Außenwelt abgebrochen würde. Das wäre ja absurd! Denn der Handelnde tritt selbstverständlich aus sich heraus, um an der Welt zu wirken. Sittliches Handeln vollzieht sich doch in lauter Begegnungen, zum Beispiel im Verhalten zu andern Menschen, in Liebe, Freundschaft und allen Formen des Umgangs.

Für KANT aber ergibt sich diese Relation zur Außenwelt erst in der *zweiten* Phase des sittlichen Prozesses: Dann nämlich, wenn das Ich nun Objekte in der Außenwelt sucht, *an* denen es die im Inner-Ich gebildete Gesinnung sich auswirken lassen kann.

Was in dieser Form reichlich abstrakt klingt, kann man sich anschaulich machen, wenn man überlegt, wie sich etwa die *Nächstenliebe* in diesem Denkschema ausnimmt:

Für KANT ist es auf keinen Fall so, daß der *Eindruck* des Nächsten und seiner Hilfsbedürftigkeit Gefühle der Anteilnahme, danach liebende Hinneigung und schließlich die Gesinnung altruistischer Hingabe in mir auslösen würde. Emotionen nachzugeben, die von außen her stimuliert werden, könnten immer nur eine – wenn auch noch so sublime – Form egoistischer Selbstbefriedigung zustande bringen und wären deshalb wieder eine Spielart des Eudämonismus. Darum geht KANT den umgekehrten Weg, wenn er die Entstehung des ethischen Motivs beschreiben will: *Zuerst* nämlich bilde ich in mir – also ganz unabhängig von äußeren Eindrücken – die Gesinnung einer nicht-eudämonistischen Hilfsbereitschaft. Die ethische Qualität dieser Gesinnung wird durch das Kriterium geprüft, ob sie »zum Prinzip einer allgemeinen Gesetzgebung« erhoben werden könne und also überindividuell-menschheitlichen Charakter habe. Und erst danach, in einem zweiten Akt also, suche ich mir die Gestalt des Nächsten, an dem ich diese schon vorhandene Gesinnung nun *praktizieren* kann.

Deshalb hatten wir Grund zu sagen: Für KANT ist das Selbst (der autós) das mit sich einsame, nur in der Relation zu sich selbst befindliche und insofern autarke Ich. Dem von da aus gebildeten Begriff der Autonomie liegt also eine anthropologische Vorentscheidung zugrunde.

Damit stoßen wir auf eine überaus wichtige Feststellung: *Daß es nämlich bei dem Gegenüber von Autonomie und Theonomie nicht so sehr auf die Frage ankommt (um die es* KANT *allerdings vornehmlich ging), was hier jeweils unter dem Nomos zu verstehen sei und woher man ihn beziehe. Vielmehr muß der Akzent auf die Frage gelegt werden, wie jene anthropologische »Vorentscheidung« aussehe, das heißt: was man unter dem Selbst (dem »autós«) zu verstehen habe.* Hier und nirgendwo sonst liegt die entscheidende Fragestellung. Nur sie ist auch maßgebend für die Überlegung, ob dieser neuzeitliche Begriff der Autonomie noch offenbleibe für einen wie immer verstandenen Transzendenzbezug, also auch für eine *theonome* Begründung menschlicher Existenz.

Erst im Lichte dieser Fragestellung wird die eigentlich gravierende Differenz sichtbar: Dieses Selbst, dieser autós wird von der christlichen Anthropologie *anders* interpretiert. Und eben dieses Anders-Sein bildet den präzisen Gegenstand der hier zu fällenden Entscheidung – nichts sonst:

Für christliches Denken ist das Selbst des Menschen nur aus seiner Relation zu *Gott* zu verstehen: Es ist das von Gott geschaffene, das von ihm abgewichene (»entfremdete«), das heimgesuchte und das zur Erlösung berufene Ich. *Es gibt keine theologische Aussage über Gott und auch über den Menschen, die nicht diese Relation mit einkalkulieren müßte.*

Würde man dennoch eine solche »theo«-logische Aussage *jenseits* dieser Relation (extra relationem) wagen, begäbe man sich in die unerforschliche und auch unzugängliche Zone eines »Gottes an sich« und damit des Deus absconditus (= des verborgenen Gottes). Gegenstand einer Erkenntnis Gottes kann immer nur der »Immanuel«, der in einer Geschichte mit mir sich erschließende Gott, sein. Gott erkennen heißt geradezu, seine *Geschichte* mit uns, heißt Gott in seinem »Für-mich« (pro me) erkennen – so könnte man ein berühmtes Wort MELANCHTHONS abwandeln.

Doch auch das Umgekehrte gilt:

Es gibt keine theologische Aussage über den Menschen, die nicht seine Relation zu Gott in sich schlösse. Würde man dennoch eine Aussage über ihn jenseits dieser Relation wagen, so entdeckte man entweder nur physische und psychische Funktionen samt ihren Organträgern, bliebe also im Gegenständlich-Vorfindlichen stecken, *oder* man müßte zu metaphysischen Setzungen und Sinnkonstruktionen greifen. Jedenfalls würde man die Pointe menschlicher Existenz verfehlen, wenn man den Menschen aus jener Relation zu seinem letzten Grunde löste.

Damit hängt es zusammen, daß ich an den Menschen nur *glauben* kann, weil Gott als der sein Wesen Bestimmende und Tragende ja ebenfalls Gegenstand des Glaubens für mich ist. Der unendliche Wert des Menschen und damit seine Unantastbarkeit – das also, was wir als seine fremde Würde umschrieben – ist empirisch nicht festzustellen. Der Empirie bietet sich nur der Gesichtspunkt der Verwertbarkeit in seinen brutalen oder sublimen Spielarten an. Hier taucht statt der »Person« lediglich die »Funktion« samt ihrem Träger auf (Hans Freyer). Darum ist es auch möglich, daß ich (wie Nietzsche) zu der Feststellung komme, der Mensch sei ein Ungeziefer in der Erdrinde. Natürlich kann ich auch zu pathetischeren Diagnosen kommen. Das Eigentliche des Menschen, seine Personhaftigkeit, würde ihnen gleichwohl unerschwinglich bleiben.
Nimmt man nun jene ausschließliche Definierbarkeit des Menschen durch Gott ernst, so gewinnt auch das in der menschlichen Autonomie gemeinte Selbst eine bestimmte Qualität: Der Mensch kommt dann zu sich »selbst« nur, indem er zu Gott kommt. Abgesehen davon verfehlt er sein Selbst. Er gewinnt es höchstens in fragmentarischer Andeutung.

Das läßt sich wieder am Gleichnis vom »Verlorenen Sohn« verdeutlichen (Lukas-Evangelium Kapitel 15, Vers 11 bis 24):
Wenn dieser Sohn sich vom Vater sein Erbe auszahlen läßt, um in die Fremde zu gehen, will er nicht die Rolle eines Playboys oder heruntergekommenen Vagabunden spielen, sondern er hat ein geradezu ethisches Motiv: Er sucht im Grunde sein Selbst – nichts anderes; er fürchtet, daß er es im Vaterhause eben *nicht* finden könnte. Denn »zu Hause« steht er unter einer gebietenden Autorität, in einem bestimmten durch Tradition festgelegten Wertsystem, das seinerseits wieder festlegt, was man zu tun und zu lassen habe. Das alles scheinen »heteronome« Einflüsse zu sein, die den Sohn zum Objekt eines Gegängeltwerdens machen, ihm aber nicht die Freiheit eigener Entscheidung und also einer autonomen Subjekt-Rolle einräumen. Nur in der Fremde kann er der sich selbst Bestimmende sein. Insofern sucht er sich selbst.
Es zeigt sich jedoch, daß er sich selbst *nicht* findet. Denn indem er sich von der »höheren« Autorität des Vaters löst, gerät er unter die Diktatur des »Inferioren«: in den Ausstrahlungsbereich der Triebe, des Ehrgeizes, der Angst und des Heimwehs. Als er endlich auf der untersten Station, am Schweinetrog, endet, *erfährt er, daß die ersehnte Freiheit nicht das Gegenteil der Bindung, sondern nur eine besondere* Form *der Bindung ist.* Nur in einer letzten Bindung bin ich im Vorletzten frei. Nur das in diesem Sinne gebundene Gewissen kann mich sagen lassen: »Hier stehe ich, ich kann nicht anders.« Bindung ist dieses Nicht-anders-Können. Weil es aber die *letzte* Instanz ist, die mich hier bindet und nicht anders können läßt, bin ich frei, mich der Bindung durch die vorletzten Mächte – durch »Kaiser

und Reich« – zu entringen. Auch das andere gilt entsprechend: Bindung an jene vorletzten Mächte macht mich zum Sklaven eines fremden Willens und befreit mein Ich nicht zu sich selbst, im Gegenteil: Es beraubt mich meiner Identität. Im Rahmen des Gleichnisses stellt sich das so dar:

Beim Vater, besser: in der *Bindung* an den Vater (ohne Bild: in der Bindung an Gott) ist der Sohn frei, ist er Kind im Haus mit allen Sohnesrechten. Draußen, außerhalb der Bindung (extra relationem), wird er zum Knecht des Inferioren. Darum findet er beim Vater sein Selbst, während er es draußen verliert. Denn sein Selbst ist nicht – wie er wohl wähnte – eine in sich beruhende Entelechie, sondern sein Selbst ist die Existenz des Sohnes.

Diese Existenz wird *nicht* dadurch frei, daß er nur das Kind im Haus ist, daß er die Kinderstube der Abhängigkeit nicht verläßt (wie der ältere Bruder). Sie wird vielmehr frei erst dadurch, daß er die Fremde durchmißt und die Bindung an den Vater nun wissend und mündig geworden ergreift, daß er gleichsam zu einer Bindung zweiten Grades durchfindet.

Seine Existenz wird aber *auch* nicht dadurch frei, daß er sich aus der Kindschaft *löst*; denn die Alternative zur Kindschaft ist die Knechtschaft. Vielmehr wird sie dadurch frei, daß er zu *mündiger* Sohnschaft durchfindet (vgl. Galaterbrief Kap. 4, Vers 1–7). *Als jener »autós«, der in einem christlich verstandenen Autonomiebegriff gemeint ist, kann nicht der emanzipiert auf sich selbst Gestellte, sondern nur der Träger mündiger Sohnschaft gemeint sein.* Darum ist die Versicherung der Freiheit, die uns mit dem Worte: »Alles ist euer!« zuteil wird, gekoppelt mit der andern Feststellung: »Ihr aber seid Christi« (1. Korinther-Brief, Kap. 3, Vers 31 und 32)[1].

Damit wird deutlich, daß Theonomie und Autonomie auf dieser Ebene durchaus keine Gegensätze sind, weil Gott für den Menschen kein »héteros nómos (= kein »Fremdgesetz«) ist. Denn indem der Mensch bei Gott ist, ist er ja gerade auch bei sich selbst; indem er nicht bei ihm ist, verfehlt er sein Selbst.

Allerdings muß das noch differenzierter gesagt werden:

Es gibt nämlich durchaus die Möglichkeit, daß Gott ein solcher »héteros nómos« und ein Fremdgesetz für den Menschen ist. Dieser Fall liegt im Sinne des Johannes-Evangelims etwa dann vor, wenn ich die »Existenz in der Wahrheit« (18, 37) verweigere und auf mich selbst gegründet zu sein wünsche. Ich bin dann zwar immer noch auf Gott bezogen, aber sozusagen im negativen Modus. Er ist für mich dann die Triebfeder für Widerstand, Feindschaft und Infragestellung.

Auf diese Situation macht die paulinische Lehre vom *Gesetz* aufmerksam. Luther sagt von ihr, daß ich auf den »Gott des Gesetzes« nur mit Widerwillen, mit knechtischem Gehorsam (oboedientia servilis) oder gar mit Gotteshaß (odi Deum) reagieren könne. Ich stehe dann sozusagen nicht auf der *Seite* des göttlichen Gesetzes, so daß mein eigener Wille ihm konform wäre, sondern ich stehe ihm als Opponent gegenüber (auf jeden Fall als Opponent in einer bestimmten Ich-Schicht [Römerbrief 7, 22 f.]). Insofern begegnet mir das Gesetz Gottes, wenn es die ausschließliche Signatur meiner Beziehung zu Gott ist, tatsächlich als Oktroi und als jenes Fremdgesetz, jener »héteros nómos«. Denn dem Gesetz entspricht auf menschlicher Seite ja der Knecht, und zwar in allen nur denkbaren Spielarten: vom widerwillig und aus Angst Gehorsamen über den konsequenten Saboteur bis hin zum Kündigenden und Flüchtigen, der das Bild des gefährlichen Herrn verdrängt und durch mythische oder ideenförmige Wunschbilder ersetzt.

Man wird also sagen dürfen, daß mir Gott von Haus aus – genauer: von *meinem* Haus aus, nämlich in meiner Eigenschaft als natürlicher Mensch – tatsächlich heteronom ist. Insofern hat der Einwand, von dem wir ausgingen, in einer andern Weise recht, als er sich selbst wohl interpretieren konnte. Die *Erlösung* aber besteht gerade darin, daß ich nicht nur mein Selbst neu *verstehen* lerne, sondern daß ich vor allem ein neues Selbst *erhalte*, daß nämlich mein »alter Mensch« aufhört und ich eine »neue Kreatur« werde (2. Korintherbrief, 5, 17; Galaterbrief 6, 15).

2. *Die Überwindung des Abgrundes*

Die Liebe als Erfüllung der Autonomie

In diesem Sinne wird die *Wirkung des Heiligen Geistes* so beschrieben, daß er mich mit Gott konform macht und ich dasselbe will, was er will. Indem mein Selbst so auf ihn hin gerichtet wird, verliert er die Fremdheit und das Antithetische seines Gegenüber. Wir erhalten ein anderes »Herz«, das uns nunmehr dazu treibt, »in seinen Geboten zu wandeln und seine Ordnungen zu halten« (Hesekiel 11, 19). Dann ist das Gesetz Gottes nicht mehr »draußen« und mir fremd, sondern es ist »mir ins Herz gegeben und in meinen Sinn geschrieben« (Jeremia 31, 33), so daß ich ihm spontan zugeneigt bin, und es gleichsam zu meinem eigenen Gesetze wird. Es hört dann auf, eine Zumutung zu sein, ja es macht sich gewissermaßen überflüssig, weil ich es nun in mir trage (31, 34). Es kann so zu einem Ausdruck meiner »Autonomie« werden, weil mein »autós«, weil mein Selbst gewandelt ist. Nun ist das Wort Gottes »ganz nahe bei mir, in meinem Munde und in meinem Herzen« (Deuteronomium 30, 14), »so daß« ich es tue. Das Tun ergibt sich nun aus mir selbst, es ist eine Folge, genau wie jener Satz grammatisch ein Folgesatz ist. *So entstammt der Antrieb meines Handelns nicht mehr einem von außen auf mich zukommenden Fremdgesetz, sondern er ergibt sich aus jener Spontaneität des Ich selbst, wie sie dem kantischen Autonomiegedanken zugrunde liegt.* Formal bestehen hier überraschende Analogien; nur das Verständnis des Selbst, des autós, hat sich fundamental gewandelt. Dem neuen Selbst entspricht notwendig auch eine ihm zugeordnete neue Form von Autonomie. Indem ich zum »Sein in der Wahrheit« berufen werde und auf diesen Ruf eingehe, *will* ich diese Wahrheit auch. *Ich will, was ich nun bin.*

So hört Gott auf, der zu sein, wider den ich meine Autonomie zu verteidigen hätte. Es ist nun umgekehrt: Gott ruft mich als Vater, bei dem ich meine Eigentlichkeit als »mündiger Sohn« finde und bei dem ich so allererst zu meiner Autonomie komme. Was mir vorher als Autonomie erschien, wird mir nun als eine sehr sublime Form der Selbstentfremdung sichtbar – als ein geistiges Instrumentarium, mit dessen Hilfe ich mich der letzten Infragestellung entzog[2].

Erst von hier aus fällt ein Licht auf den Satz des Paulus, daß »die *Liebe* des Gesetzes Erfüllung« sei (Römerbrief 13,10). Man muß die neue Konzeption der Anthropologie im Auge haben, um diesen Satz in seinen Hintergründen zu verstehen.

Was heißt denn: Gott lieben?

Gott zu lieben bedeutet, dasselbe zu wollen, was Gott will, also mit seinem Willen geeint, ihm »konform« zu sein. Denn dieser Wille hat mich ja als Kundgabe dessen berührt, der mich liebt und sich mir zum Vater-Sohn-Verhältnis (im Rahmen von Mündigkeit) erschließt. Die Forderung »Du sollst Gott, deinen Herrn, lieben von ganzem Herzen, ganzer Seele und allen Kräften deines Gemütes« berührt mich nun nicht mehr als der Anspruch eines »héteros nómos«, der mir »gegen den Strich« ginge und der mich zur Selbstbehauptung meiner Identität nötigte. Dieser Forderung fehlt gerade das Charakteristikum des Fremdgesetzes: daß es Opposition wirkt. Sie ist vielmehr für den, dem sich Gott als der Liebende erschlossen hat, gar nichts anderes als die Auslösung einer neuen Spontaneität des ganzen Ich. Im Akt seiner Gegenliebe ist es ganz »dabei«. Denn sein Wille hat – eben weil Liebe eine Gesamtbewegung des Ich ist, auch die von Mensch zu Mensch – die Liebe ja nicht unter mehreren Möglichkeiten gewählt oder sie sich in einer Entscheidung abgerungen, um sie dann als diese *eine* Möglichkeit zu wollen und die andern auf ihn zudrängenden Möglichkeiten willentlich niederzuhalten.

Wirkliche Liebe ist deshalb konfliktlos (übrigens auch beim Eros). Sie bedarf keines Entschlusses, keiner Entscheidung. Ich habe sie keiner Opposition in meinem inneren Parlament abzuringen. Daß Liebe dann in neue und andere Konflikte führen kann, ist eine Frage für sich.

Das ist ja – nebenbei gesagt – in einer kranken, nur körperlichen Sexualität das Qualvolle, daß der Mensch nie »ganz« dabei ist, daß eben nur seine körperliche Libido vorübergehend gelöscht wird, während Herz und Gedanken unbeteiligt bleiben und deshalb ungestillt aus der Begegnung hervorgehen. Darum entbehrt Sexualität ohne Liebe stets der Erfüllung – einfach deshalb, weil eine sich emanzipierende Geschlechtlichkeit niemals total sein kann. Das dürfte auch der Grund dafür sein, daß es kaum je so viele Sexualprobleme gegeben hat wie im Zeichen gegenwärtiger Emanzipation und endloser Fernkurse in den Künsten des Liebeslagers. Sie haben kaum therapeutische Bedeutung für die entstandene Not, geben sich vielmehr als die Heilung von Konflikten aus, die sie gutenteils selbst hervorgerufen haben.

Die Liebe – wie gesagt: auch die *erotische* Liebe – engagiert die *ganze* Person. Sie vollzieht sich nicht durch den Entscheidungszwiespalt hindurch, sondern investiert sich ganz und ungeteilt. Deshalb hört im Bereich der Liebe der Wille auf, sich gegen Widerstrebendes zu behaupten (wie in KANTS Pflichtenlehre); er »will« vielmehr das, wozu die Liebe »treibt«. Der Wille ist so selber ein Element oder besser: ein Träger der Liebe geworden.

Darum kann Jesus auch den sehr merkwürdigen Ausdruck wählen, daß das Gebot der Nächstenliebe dem der Gottesliebe »gleich« sei (Matthäus-Evangelium 22, 39). Das kann nur so gemeint sein, daß Gott und der Nächste im Hinblick auf die Liebe keine verschiedenen Wirklichkeiten mehr bedeuten. Gott macht ja den Nächsten zu dem, was er mir bedeutet, indem er ihn »teuer erkauft«, ihm die »fremde Würde« verliehen und ihn damit in die gleiche Geschichte seiner Liebe hineingenommen hat wie mich.

Aus diesem Grunde ist der Akt des Liebens unteilbar: Er ist weder hinsichtlich seines *Gegenstandes* zwischen Gott und dem Nächsten aufzuteilen (Jakobusbrief 2, 14 ff.; 1. Johannesbrief 4, 19–21); noch ist er hinsichtlich seines *Vollzuges* in dem Sinne teilbar, daß ihm nur die eine Ich-Hälfte innewohnte, während die andere – womöglich protestierend – außerhalb seiner stünde. Diese doppelte Unteilbarkeit wird nur denkmöglich, wenn Gott mir die Liebe »abgewinnt« und wenn er dadurch, daß er mich in seine Gemeinschaft beruft, ein neues Selbst, eine neue Kreatur setzt.

Indem das an mir geschieht, kann ich im strengen Sinne *nicht* sagen, daß ich ein »anderer« geworden sei. Vielmehr muß ich bekennen, daß ich nun erst zu mir »selbst« zu meiner eigentlichen Identität durchgefunden hätte und in den Augen Gottes mit meinem Entwurf kongruent geworden sei. *Wenn ich mich also theonom bestimmen lasse (nicht als ein Widerstreitender unter dem Gesetz, sondern als ein mit Gott »konform« Gewordener unter dem Evangelium), gewinne ich Autonomie im* eigentlichen *Sinn, so gewiß das hier gemeinte Selbst meine wahre Identität repräsentiert. Damit löst sich der ursprünglich angenommene Widerspruch zwischen Theonomie und Autonomie auf.*

Es bleibt freilich bestehen, was wir am Anfang dieses Abschnittes sagten: daß wir hinter die einmal entdeckte Autonomie des sittlichen Bewußtseins nicht mehr zurück können und daß keine Form von – noch so frommer – Autoritätshörigkeit das Gütezeichen einer »ethischen« Qualität für sich in Anspruch nehmen darf. Es ist und bleibt uns fortan unmöglich, einen knechtischen Gehorsam gegenüber den göttlichen Geboten als sittlich zu bezeichnen. Wir können sogar noch weiter gehen und mit KANT sagen, daß der Anspruch von angeblichen Geboten, selbst wenn sie ihre ehrwürdige Herkunft vom Sinai behaupten, um der Würde der sittlichen Person willen nur dann akzeptiert werden dürften, wenn sie die Zensur des ethischen Bewußtseins durchlaufen und hier ihr Plazet erhalten, wenn sie also dem ethischen Bewußtsein nur als Objektivierung des in ihm selbst tönenden Imperativs deutlich geworden sind. *Der einzige, allerdings fundamentale Unterschied gegenüber* KANT *ist lediglich der, daß es für den Christen um das ethische Bewußtsein eines* neuen *Ich, nämlich um das Ich der mündigen Sohnschaft geht.*

Auf dieser veränderten Ebene bleiben dann alle formalen Strukturmerkmale der Autonomie genau dieselben. Ja: die Entdeckung dieser Strukturmerkmale durch KANT und ihre vielfach variierte Fixierung *seit* KANT zum Beispiel in der Existenzphilosophie kann für den christlichen Ethiker überaus hilfreich sein. Denn sie trägt dazu bei, den Unterschied zwischen knechtischem Gehorsam (oboedientia servilis) und kindschaftlicher Liebe (dilectio filialis) im philosophischen Postulat der Selbstbestimmung reflektiert zu sehen und damit neue Dimensionen seiner Bedeutung zu erkennen. Gerade weil eine säkulare Ethik geneigt sein mag, Theonomie als Heteronomie zu verstehen und mißzuverstehen, nötigt sie jede theonome Ethik zur Selbstkritik und zugleich zur Selbstvergewisserung: zur Selbstkritik insofern, als nicht nur die Möglichkeit, sondern sogar die Notwendigkeit der Heteronomie überall dort gegeben ist, wo Theonomie die Herrschaft des *Gesetzes* meint und Gott nur als den Autor der Gebote (auctor legum) versteht. – Zur Selbstvergewisserung aber dient jenes philosophische Mißverständnis insofern, als das Autonomiepostulat eine sonst vielleicht verborgen bleibende Dimension des Evangeliums erhellt und aufschließt: In ihm wird das Sein in der Liebe als jenes neue Selbst sichtbar, das den Willen Gottes zu *seinem* Willen macht und das in dieser Relation zu Gott seine Eigentlichkeit erfährt.

Theonomie und Autonomie weisen also in dem Maße aufeinander hin, wie Gesetz und Evangelium polar auseinandertreten. Diese Polarität ist deshalb Kern und Stern jedes Grundlagengesprächs zwischen theologischer und philosophischer Anthropologie.

b) Der Mensch im Verhältnis zu Autorität und Tradition

1. Die Infragestellung der Autorität im Namen der antiautoritären Selbstverwirklichung

Wenn wir uns als Menschen erst ergreifen und zu dem *werden* sollen, was wir sind, dann gehört zum Menschsein die Selbstbestimmung, das heißt die Freiheit, jenem Auftrag nachzukommen. Wir haben uns klargemacht, daß damit das Autonomie-Postulat verbunden ist. Wir prüften in diesem Zusammenhang scheinbare oder wirkliche Bedrohungen dieser Autonomie auf *religiösem* Gebiet und stellten die Frage, ob die Theonomie, ob also das autoritäre »Gott hat befohlen ...« eine Vergewaltigung der Autonomie sei.

Doch finden sich solche Infragestellungen der Freiheit vor allem auf der Ebene der *Gesellschaft.* Hier liegt es nahe, in der Autorität und der Tradition Mächte zu vermuten, die der menschlichen Selbstbestimmung widerstreiten und insofern die Bedeutung heteronomer Zwänge haben. Aufklärung ist deshalb nach einem berühmten Wort KANTS die Selbstfindung des Menschen durch Emanzipation von der Autorität, und zwar im Sinne einer ethischen, auf die Bestimmung des Menschen gerichteten Aufgabe: »Aufklärung ist der Ausgang des Menschen aus seiner selbstverschuldeten Unmündigkeit.« Unter Unmündigkeit versteht KANT dabei die Selbstüberantwortung an eine Autorität, an die ich mein Subjekt-Sein gleichsam delegiere. Denn Unmündigkeit ist für ihn das »Unvermögen, sich seines eigenen Verstandes ohne Leitung eines andern zu bedienen«. So bleibt der Mensch hier unterhalb seines humanen Standards: Er erfüllt nicht den Auftrag der ihn zum Menschen allererst erhebenden Autonomie. Die Preisgabe dieses Lebensauftrages hat selbstverständlich eine *ethische* Relevanz. Darum bezeichnet KANT diese Unmündigkeit als »selbstverschuldet». Dieses Verdikt trifft jedenfalls dann zu, »wenn die Ursache derselben (nämlich der Unmündigkeit) nicht am Mangel des Verstandes, sondern der Entschließung und des Mutes liegt, sich seiner ohne Leitung eines andern zu bedienen«.

Deshalb ist das »Sapere aude! Habe Mut, dich deines *eigenen* Verstandes zu bedienen!« so etwas wie der Wahlspruch der Aufklärung. Der Inbegriff dieser eigenen, gleichsam emanzipierten Vernunfttätigkeit ist für HEGEL die Philosophie. Sie ist »zum Begriffe des freien Gedankens gekommen«, läßt ihn geradezu ihr »Prinzip« sein und ist deshalb »von aller Autorität frei«. Er kann sogar sehr pointiert sagen: »Das Unterschieben eines andern Grundes als den der Autorität hat man Philosophieren genannt.« Die Philosophie als Mobilisierung des eigenen Verstandes erscheint hier als der ausgesprochene Antipode der Autorität.

Auf der – allerdings extremen – Fortsetzung dieser Linie liegt es sicherlich, wenn man die Forderung einer *»antiautoritären« Seinsweise* erhebt. Dieses Postulat geht sehr weit über die Absicht hinaus, nur die Selbständigkeit der eigenen Verstandeskräfte gegenüber unmündiger Autoritätshörigkeit zu wollen. Ihr Ziel ist vielmehr die Emanzipation der ganzen Existenz in *allen* ihren Bezügen. Positiv ausgedrückt, wird diese Intention vielleicht am besten dadurch umschrieben, daß sie auf reibungslose, also von keiner »Repression« bedrängte Entfaltung der eigenen Entelechie bedacht sei.

Wenn das nicht zu einem chaotischen Gegeneinander der verschiedenen

Individualitäten führen und dann zu einem Hemmschuh jeglicher Sozialisation werden soll, kann diese Art Selbstentfaltung nur unter *einer* Bedingung sinnvoll und akzeptabel erscheinen: daß nämlich das sich so entfaltende Selbst bereits mit jenen »gesellschaftlichen Organen« ausgestattet ist, von denen Marx in seinen Frühschriften spricht. Erst wenn seine Individualität vom »Gattungswesen« Mensch resorbiert ist, kann jener »Sprung in die Freiheit« erfolgen, der ungehemmte Selbstentfaltung mit den Interessen der Gesellschaft harmonisiert und sie dann wünschbar erscheinen lassen kann.

Der Weg zu dieser antiautoritären Endmöglichkeit ist freilich mit lauter Zwängen, Umprägungen und vielleicht sogar Gehirnwäschen gepflastert und insofern alles andere als antiautoritär (wie denn in allen Bereichen, in denen der Marxismus sich etabliert hat, ein strenger und höchst autoritärer Dirigismus herrscht). Das Stichwort des Antiautoritären ist deshalb die gleichsam vorzeitige Proklamation eines Zustandes, der – falls er überhaupt realisierbar sein sollte – langfristiger Lernprozesse und vieler Vorstadien bedürfte. Es geht hier gleichsam um die Antizipation eines Eschaton.

Kein Wunder deshalb, daß dieses Projekt mißglückt, in Amerika gleichermaßen wie in Westdeutschland. Gleichwohl ist dieses Experiment selbst in seinem Mißlingen heuristisch sehr fruchtbar. Gerade dann nämlich, wenn man Aufschluß darüber sucht, *warum* diese Welle auslaufen muß – und in allen Beobachtungsbereichen denn auch wirklich ausgelaufen ist oder ausläuft –, drängt sich einem die Gewißheit auf, daß *die Bindung an Autorität und damit zusammenhängend auch an Tradition zu den Konstanten des Mensch-Seins gehört.* Darum kann es keine Anthropologie geben, die dieses Thema auslassen dürfte.

So könnte es ein nicht uninteressanter methodischer Einsatz sein, sich an die Bedeutung von »Autorität« einmal *so* heranzutasten, daß man die Gründe für das Scheitern der »anti«-autoritären Ideologie untersucht. Welche Gründe sind hier erkennbar?

Zunächst ist es *bezeichnend, daß jene Ideologie nicht zwischen dem Substantiv »Autorität« und dem Adjektiv »autoritär« unterscheidet.* Das Adjektiv »autoritär« bezeichnet in der Regel – und im modischen Sprachgebrauch geradezu penetrant – Eigenschaften von gesellschaftlichen und institutionellen *Strukturen.* Dieses kritische Etikett soll aussagen, man habe es mit bestimmten Herrschaftsverhältnissen zu tun, die zur Einteilung in überlegene und ausbeutende sowie in unterlegene und ausgebeutete Klassen führen. Wer zur Klasse der Überlegenen gehört, gewinnt damit eine autoritäre Stellung, die ihm auch ohne persönliche Legitimation Vorrang zukommen läßt. Und umgekehrt: Wer zum inferioren Bereich gehört, sieht sich dem Diktat, dem »heteros nomos« der Herrschenden ausgeliefert. Er ist dann trotz etwaiger persönlicher Legitimation gar nicht imstande, mündig zu leben und sich »seines eigenen Verstandes ohne Leitung eines andern« zu bedienen.

Kein Zweifel, daß der Protest gegen solche autoritären und entmündigenden Gefüge zu Recht erfolgt. Die Leidenschaft dieses Protestes führt dabei allzuleicht und häufig zu einem blinden und verblendeten Anathema *alles* Überlegenen und entsprechend *aller* hierarchischen Stufungen. Sie läßt die entscheidende Differenz übersehen, um die es hierbei geht: die Verschiedenheit nämlich zwischen autoritären Strukturen, die auf gleichsam mechanische Weise Überlegenheit verleihen, und persönlich legitimierter Autorität, die sich in ihrer Überlegenheit bezeugt und evident macht.

Die Einebnung dieser Verschiedenheit liegt allerdings nahe. Denn überlegene Naturen suchen sich notwendig auch Verhältnisse zu verschaffen, in denen sich ihre Überlegenheit auswirken kann. Der Zusammenhang von personaler Autorität und autoritärer Struktur besteht also durchaus und führt deshalb leicht zu entsprechenden Verwechslungen.

Gleichwohl muß man die Differenz zwischen beiden Verständnissen von »Autorität« im Auge behalten. Nur wenn man das tut, versteht man auch die Gründe für eine Störung dieses Zusammenhanges. Störungen solcher Art ergeben sich immer dann, wenn festgefügte, etablierte Strukturen *nicht* legitimierte Personen in eine Herrschaftsposition hineinhieven, wenn sie damit das System als solches unglaubwürdig machen und so berechtigte Proteste auslösen. Das Unvermögen, die geforderte Differenzierung zwischen Person und Gefüge, zwischen Autorität und autoritären Strukturen zu vollziehen, führt notwendig dazu, auch die *legitime* Autorität radikal und von vorneherein zu verwerfen. SHAKESPEARE hat diese Verwerfung in »Antonius und Kleopatra« beklagt:

> Oh, hingewelkt ist aller Siegeslorbeer,
> Gestürzt des Kriegers Banner; Dirn' und Knabe
> Steh'n jetzt den Männern gleich: kein Abstand mehr.
> Nichts bietet der Verehrung mehr sich dar
> Unter dem späh'nden Mond.[13]

2. *Die Formen der Infragestellung: Das Gleichheitspostulat*

Die so begründete Abwehr der Autorität hat einen generalisierenden und einen ideologischen Charakter. Beide Seiten dieses Charakters finden ihren Niederschlag im Mißbrauch des *Gleichheitspostulates*. Das wollen wir im folgenden kurz begründen:

Die *generalisierende* Tendenz bei der Abwertung der Autorität zeigt sich hier darin, daß das Gleichheitsprinzip radikalisiert und weit über seine ursprünglich begrenzte Bedeutung hinaus verallgemeinert wird. Um diese Mutation eines Begriffs genauer aufzuzeigen, müßte man ausführlich auf die Geschichte des Gleichheitsverständnisses zu sprechen kommen. Doch haben wir uns hier mit bloßen Andeutungen zu begnügen.

Ursprünglich – *vor* der modernen Mutation des Begriffs also – ist Gleichheit immer nur partikulär verstanden. Sie gilt in einer bestimmten Hinsicht, besser: im Rahmen einer begrenzten Relation. So gibt es etwa die Gleichheit »vor Gott«: Hier ist nicht »Knecht noch Freier, hier ist nicht Mann noch Weib (was ja in der antiken Welt ebenfalls ein Über-Unterordnungs-Verhältnis in sich schloß); denn ihr seid allzumal *einer* in Jesus Christus« (Galaterbrief 3, 28). Selbst dort, wo hierarchische Stufungen zwischen Mann und Weib angenommen werden, bahnt sich durch die Berufung auf das Gottesverhältnis ein Ausblick auf Gleichheit an: So spricht Paulus etwa davon, daß der Mann des Weibes Haupt sei, fügt aber zugleich hinzu, daß die Männer ihre Frauen »lieben« (agapân) sollten, »gleichwie auch Christus geliebt hat die Gemeinde und hat sich selbst für sie gegeben« (Epheserbrief 5, 22. 25). Dieses in der Antike einzig dastehende Liebesgebot schließt in sich – und gerade die Berufung auf Christus bestärkt das –, daß der Liebende zum Dienst und zum untersten Weg aufgerufen wird. Damit wird die äußere Ordnung, die dem Manne eine Vorrangstellung einräumt, zugleich relativiert und überboten durch die Dimension des Seins-vor-Gott: In dieser Dimension fallen die hierarchischen Stufungen hinweg, weil nun alle unterschiedlos füreinander da sein sollen.
Auch bei Luther ließe sich dieses Gleichheitsverständnis »vor Gott« aufweisen. Das zeigt sich zum Beispiel an der charakteristischen Weise, wie bei ihm die Gleichheit mit der Freiheit und der Brüderlichkeit zusammengeordnet wird. Während nämlich die Französische Revolution das Dreigestirn »Freiheit, Gleichheit, Brüderlichkeit« zur Richtschnur macht, spricht Luther – darauf hat Johannes Heckel hingewiesen – von »Bruderliebe, Gleichheit, Freiheit«. Da die so an die Spitze gerückte Bruderliebe gemäß dem Liebesgebot aber in der Gotteskindschaft gründet und aus ihr den Nächsten empfängt, wird die Gleichheit auch hier in die Grenzen einer bestimmten Relation gewiesen: Unbeschadet aller äußeren Verschiedenheiten, die sich ihrerseits in verschiedenen Gesellschaften wieder verschieden ausprägen mögen, sind wir vor Gott gleich in unserm Auftrag, unserm Versagen und unserer Erlösungsbedürftigkeit. Daß diese Gleichheit »vor Gott« zugleich eine permanente Infragestellung der ungerechten Ungleichheit unter Menschen impliziert und sich ihrer religiösen Verbrämung widersetzt, darf wenigstens am Rande vermerkt werden. Die Geschichte der Christenheit offenbart freilich ein erschreckendes Sündenregister gegenüber diesem Prinzip.
Eine neuzeitliche Variante des Gleichheitsverständnisses findet sich bei Kant. Auch hier ist Gleichheit in eine ganz bestimmte Relation eingebettet und damit partikulär verstanden. Bei Kant ist diese Relation unser Ver-

hältnis zum *Gesetz*, vor dem wir alle gleich sind und dem sich niemand durch Ausnahme-Privilegien entziehen kann. So sagt er in seiner Schrift »Zum ewigen Frieden«: »... äußere (rechtliche) *Gleichheit* in einem Staat ist dasjenige Verhältnis der Staatsbürger, nach welchem keiner den andern wozu rechtlich verbinden kann, ohne daß er sich zugleich dem Gesetze unterwirft, von diesem wechselseitig auf dieselbe Art auch verbunden werden zu *können*.«

Die moderne Generalisierung des Gleichheitsprinzips, von der wir sprachen, zeigt sich nun darin, daß Gleichheit nicht mehr auf eine bestimmte Relation (»vor Gott«, »vor dem Gesetz«) beschränkt und an einem festen Bezugsobjekt orientiert wird, sondern daß man sie auf eine prinzipielle Gleichwertigkeit aller Menschen ausdehnt. Der berechtigte Protest gegen autoritäre Strukturen oder gegen die Kraßheit des Unterschiedes von Reich und Arm, von Privilegierten und Unterprivilegierten schlägt in die extreme Gegenposition um: Sie führt zur Forderung, alle sozialen Unterschiede einzuebnen, und damit zu kollektiven Nivellierungstendenzen.

Freilich bleibt auch in ideologisch weniger verblendeten Bereichen der Sinn dafür erhalten, daß die Differenz von Gleichheit und Ungleichheit weiter besteht und daß sie identisch ist mit der Differenz zwischen verschiedenen Dimensionen unseres Menschseins. So sieht man sich auch heute zu der Frage genötigt, unter welchem Aspekt die Menschen gleich und unter welchem sie ungleich seien:

Ihre *Gleichrangigkeit* wird hierbei qualitativ verstanden: Sie ist durch die Menschenwürde bestimmt und findet ihren Ausdruck in den Menschenrechten (also wieder – analog zu Kant – in der Relation zum Gesetz). Ihre *Verschiedenheit* dagegen bemißt sich nach dem quantitativ verschiedenen Beitrag zur Gesellschaft, also nach der Funktionsdifferenz. Da dieser zweite Aspekt der optisch sich vorrangig aufdrängende ist, droht er immer wieder beherrschend zu werden und dann den Leistungsschwachen oder Behinderten in unmenschlicher Weise ins Abseits zu drängen. Der – wiederum berechtigte – Protest dagegen verstärkt dann die Tendenz, nicht nur eine Gleichheit der Ausgangschancen zu fordern (sie hilft dem konstitutionell Leistungsschwachen ja auch wenig), sondern jene generelle, eingeebnete Gleichheit zu postulieren, von der wir sprachen. Dieses Postulat pflegt sich mit einer entsprechenden Gesellschaftskritik zu verbinden und mit der Begründung zu argumentieren, daß die Ungleichheiten und die ihr folgenden Privilegien oder Unterprivilegierungen ausschließlich gesellschaftsstrukturell bedingt seien und demgemäß durch eine Änderung des Systems beseitigt werden könnten.

Der ideologische Charakter dieser Hypothese, ihre Realitätsfremdheit also, erhellt allein schon daraus, daß sie die Frage außer Betracht läßt, die in den USA seit 1969 durch die Untersuchungen des Psychologen ARTHUR JENSEN einen erhöhten Grad von Aktualität gewonnen hat: Die Frage nämlich, ob die Intelligenz (oder das, was die IQ-Tests messen) weniger durch die Gesellschaft als durch Erbfaktoren und insofern biologisch bedingt sei. Vermutlich liegen zwischen Bios und Societas höchst komplizierte Wechselwirkungen vor, ohne daß man den einen der beiden Faktoren verabsolutieren und so zu einem ideologischen fundamentum humanitatis machen dürfte. Niemand hat diese generalisierte Gleichheits- und Nivellierungsthese glücklicher ironisiert als ORWELL in »The animal farm«: »Alle Tiere sind gleich, aber einige sind gleicher als andere.«

Die Ideologisierung des Gleichheitspostulats

Wie ich schon anmerkte, geht mit dieser Generalisierung der Gleichheitsidee zugleich ihre *Ideologisierung* einher. Gewiß schillert der Begriff der Ideologie zwischen vielen Bedeutungsfarben. Er hat aber zweifellos auch eine Grundfarbe, die in all seinen Varianten wiederkehrt. Ideologie ist – vielleicht unter anderm – immer der Versuch, ein Interesse mit Argumenten zu versehen und es in höhere Zusammenhänge so einzubauen, daß die pragmatische Wurzel selbst verhüllt und das Augenmerk auf ganz anderes, eben auf jene vermeintlich höheren Zusammenhänge, abgelenkt wird.
Wenn wir in diesem Sinne von einer Ideologisierung der Gleichheitsidee sprechen, möchten wir also sagen, daß hinter den höheren Zusammenhängen ihrer Humanitätspostulate das Motiv eines ganz bestimmten Interesses, ein pragmatisches Agens also, wirksam sein könnte. Um *welches* Motiv könnte es sich hier handeln?
Seit HELMUT SCHOECKS bedeutender Gesellschaftstheorie, die den Obertitel »Der Neid« trägt[4], ist man massiver noch als früher auf die Vermutung gestoßen, daß auch an Gleichheits-, Gleichmachungs- und Nivellierungstendenzen das Neidmotiv maßgeblich beteiligt sein könnte. Schon NIETZSCHE hat diesen Hintergrund egalitärer und emanzipatorischer Ideologien freigelegt, wenn er in der Forderung nach Freiheit und Gleichheit nur »maskierte Arten des Willens zur Macht« zu erkennen glaubt. Sein Ideologieverdacht ist so ausgeprägt, daß er auch in Christentum, Revolution, gleichen Rechten, Friedensliebe und Wahrheit bloß »große Worte« sieht, die nur »Wert haben im Kampf, als Standarte: nicht als Realität, sondern als Prunkworte für etwas ganz anderes«, das sogar im Gegensatz zu dem stehen kann, was sie in ausladendem Pathos als ihr Motiv plakatieren.
Was NIETZSCHE hier als die Fassade der »Prunkworte« bezeichnet, entspricht genau dem, was ich oben die »höheren Zusammenhänge« mit ihrer Verhüllungsfunktion nannte. In dem, was NIETZSCHE hinter den Prunkworten wirksam sieht, ist das Neidmotiv unverkennbar – jedenfalls dann, wenn man im Neid einen Impuls sieht, der allem Überlegenen seine Überlegenheit mißgönnt und sich entweder zu ihm hinaufzustemmen oder es

zu sich herabzuziehen bemüht ist (natürlich ohne das offen zu sagen, vielmehr die Fassade der Prunkmotive vor die eigentliche Absicht zu stellen).

So unterscheidet NIETZSCHE in der Metamorphose des Willens zur Macht »seitens derer, denen sie (d. h. die Macht) fehlt«, vier Stufen, von denen jede einzelne dadurch charakterisiert ist, daß man den Neid auf die Herrschenden und Überlegenen durch das Pathos scheinbar sittlicher Motivierungen verhüllt: Auf der *ersten* Stufe verlange man »Gerechtigkeit« von seiten derer, die die Macht haben. Auf der *zweiten* rede man von »Freiheit«, das heißt, man wolle loskommen von denen, die die Macht haben. Auf der *dritten* proklamiere man »gleiche Rechte«, das heißt, man wolle, solange man noch nicht das Übergewicht hat, auch die Mitbewerber hindern, in die Macht zu wachsen. Auf der *vierten* Stufe endlich wolle man die Macht dann ganz allein und so selber jener Privilegien teilhaftig werden, die man den andern nicht gönnte und deren Recht man bestritt.

FRANÇOIS BABEUF (1760–1797), auf den die Ideen von der Sozialisierung der Produktionsmittel zurückgehen und der auch das Schlagwort von der Diktatur des Proletariats geprägt hat, bietet für diese Hintergrund-Motive der Gleichheitsforderung ein eindrucksvolles Beispiel. In seinem Blatt »Le tribun du peuple« vertrat er das Gleichheitspostulat mit revolutionärer Leidenschaft, vor allem mit dem Ziel eines Gleichgewichts des Besitzes, aber auch im Hinblick auf die gleichen Menschenrechte. Was er aber so als Theoretisierer vertrat, sollte für den Fall des erstrebten Machtantritts entscheidend modifiziert werden. Er wünschte sich nämlich dagegen abzusichern, daß ihm die gewonnenen Privilegien der Macht nun mit denselben Gleichheits-Argumenten streitig gemacht werden könnten, die er seinerseits gegen die Herrschenden eingesetzt hatte. Darum sollten, sobald das Gleichheitsideal verwirklicht wäre und sich staatlich etabliert hätte, die Menschenrechte wieder eingeschränkt werden, und zwar auf unabsehbare Zeit. (Natürlich würde man auch hier das Gesicht zu wahren und höhere Gesichtspunkte für die Begründung zu finden wissen.) Man werde den Leuten nur erlauben, Lesen, Rechnen und Schreiben zu erlernen. Das würde sie in einem gewissen – wenn auch inferioren – Gleichheitsgefühl bestärken, zugleich aber der Bildung von Eliten entgegenwirken, die den jener Gleichheit entstammenden Privilegien der neuen Herrscherklasse gefährlich werden könnten. *Deutlicher als hier kann es kaum ausgeplaudert werden, daß das Gleichheitspostulat zu einem plakativen Reizwort werden kann, hinter dem sich bei Macht*anwärtern *der Neid auf die gegenwärtigen Monopolinhaber und bei den zur Macht* Gekommenen *die nicht minder egoistische Sorge um Selbsterhaltung verbirgt.* Hier kehrt das von NIETZSCHE entlarvte Motiv des Willens zur Macht wieder.

MARX hat in seiner Schrift »Nationalökonomie und Philosophie« (1844) ähnlich argumentiert. Doch sieht er hier mehr den Splitter in seines Bruders Auge – im Auge des »rohen Kommunismus« nämlich –, ohne sich über eigene Motiv-Miseren dieser Art Gedanken zu machen. Im rohen Kommunismus ist für ihn »der allgemeine und als Macht sich konstituierende *Neid*.. nur die versteckte Form, in welcher die *Habsucht* sich herstellt und nur auf eine *andere* Weise sich befriedigt. Der Gedanke jedes Privateigentums als eines solchen ist *wenigstens* gegen das *reichere* Privateigentum als Neid und Nivellierungssucht gekehrt, so daß diese sogar das Wesen der Konkurrenz ausmachen. Der rohe Kommunist ist nur die Vollendung dieses Neides und dieser Nivellierung von dem *vorgestellten* Minimum aus« (Hervorhebungen im Original).

Ernst Topitsch hat mit Recht darauf hingewiesen, daß die so motivierte Gleichheitsidee sich heute hinter dem Stichwort »Demokratisierung« verberge: Man wettere gegen die »Eliten«, um eben jene Eliten zu stürzen, die den eigenen Ansprüchen auf totale Macht entgegenstehen. Man ereifere sich gegen »Privilegien«, um selbst massive ungerechtfertigte Vorteile zu ergattern. Man fordere »Chancengleichheit« und ziele in Wirklichkeit auf Gleichheit des Erfolges bei völlig ungleicher Leistung. Das führe aber – in zynischem Widerspiel zur vorgegebenen Gleichheitsabsicht – zur Ausbeutung und schließlich sogar zur Entmündigung der Leistungswilligen und Ideenreichen.

Exemplifizierung an der biblischen Sündenfallgeschichte

Als ein erstes Ergebnis können wir festhalten: Wenn sich die grundsätzliche Verwerfung der Autorität – nicht nur der autoritären Strukturen – des Gleichheitspostulates zu ihrer Begründung bedient, so kann diese Begründung ihrerseits durch ganz andere, ideologisch nur verhüllte Motive begründet sein. Obwohl der Mensch sich, wie wiederum Topitsch sagt, gerne als »animal rationale« versteht, wird »unser Geschlecht weithin durch Motive aus irrationalen Tiefen bestimmt«.

Wenn dieses Irrationale aber die Umschreibung von hintergründigen Motiven des Neides, des Willens zur Macht, der Selbsterhöhung auf Kosten anderer ist, wird man in dieser Feststellung nicht nur eine *psychologische* Diagnose sehen dürfen, sondern sich zu der Frage gedrängt sehen, ob sich hierin nicht jene Entfremdung des Menschlichen äußere, die wieder die biblische Sündenfallgeschichte meint. Denn auch hier zeigt sich eine erste Andeutung jener irrationalen Hintergrundmotive. Daß hinter dem Griff nach der verbotenen Frucht das Motiv steht, »Gott gleich zu sein« (Genesis 3, 5) und das totaliter-aliter Gottes durch Nivellierung aufzuheben: das bleibt auch hier gleichsam ideologisch versteckt. Im Vordergrunde steht eine Prunkdiskussion, eine geradezu religionsphilosophische, sich rational gebende Frage. Die Schlange läßt ihren Dialog mit Eva ja so einsetzen, daß sie ein »Problem« aufs Tapet bringt: »Sollte Gott wirklich gesagt haben: ihr sollt nicht essen von *allen* Bäumen im Garten?« Wie kann er das denn gesagt haben! Diese Fragestellung löst eine Kette unausgesprochener, aber naheliegender Assoziationen aus: Mit welchem Recht, so könnte eine dieser auftauchenden Fragen lauten, kann Gott den Baum in der Mitte des Gartens mit Sonderprivilegien ausstatten? Sind nicht alle seine Schöpfungen und darum auch alle Bäume des Paradieses von gleichem Rang? Steht hinter diesem Verbot nicht das Wissen, daß ihr mit seiner Übertretung in die polare Spannung von Gut und Böse tretet, daß eure Augen gerade dadurch aber aufgetan werden und ihr so erst zu wirklicher Mündigkeit kommt? Sollte es denn Gottes Absicht sein, euch im Zustande einer Unmündigkeit zu erhalten, die die Gefahrenzonen einer Entscheidung und darum auch offener Auflehnung gar nicht erreicht? Will er nicht vielmehr mündige Partnerschaft? Aber wie kann er sie wollen, und wie könntet ihr sie erreichen, wenn ihr nicht den Griff nach dieser Tabu-Furcht wagt und im riskierten Schuldig-Werden die Erfahrung von Gut und Böse macht, euch also diesem Wissen aussetzt?

Das alles sind, wenn man so will, lauter »geistige« Fragen. Die Schlange führt mit Eva nichts Geringeres als eine theologische Diskussion, bei der es um die Frage nach Wesen und Willen Gottes, aber auch um die Frage nach der gottgewollten Bestimmung des Menschen geht. Und doch geht es nur um verschleiernde Reizworte, die ein irrationales Hintergrundmotiv überlagern: das Motiv nämlich, »sein zu wollen« wie Gott, die Kluft zwischen Gott und Mensch, zwischen Hohem und Niederem zu überwinden, den Himmel – wie später beim Turmbau zu Babel (Genesis 11) – zu evakuieren und sich selber auf den Thron Gottes zu setzen. Hinter dem Drang nach dem Übermenschentum steht der Neid auf Gott, der es unerträglich sein läßt, »nur« Mensch, »nur« in einer letzten schlechthinnigen Abhängigkeit zu existieren. Auch hier meldet sich das Gleichheitspostulat, das sich der letzten Autorität erwehrt und im Gefolge dessen dann auch die vorletzten Autoritäten verneinen wird.

Die Sündenfallgeschichte ist ein Lehrstück zum Ideologie-Problem.

3. Formen, in denen die Ablehnung der Autorität scheitert

Wir begnügen uns hier mit der thesenartigen Aufzählung der entscheidenden Gesichtspunkte:

1. Das gegen die Autorität gewendete Schlagwort von der *Selbstverwirklichung* ist ein Verführungsprinzip, dessen Destruktivität in dem Maße wächst, wie es zu einer allgegenwärtigen Modemasche wird. Es wendet sich zwar vornehmlich gegen die Autorität, insofern man in ihr ein Oktroi erblickt, das das eigene Selbst einer Fremdmacht hörig werden läßt und damit zur Entfremdung, zur Ent-Selbstung führt. Doch wäre damit die Abwehr nach außen, die der Selbstverwirklichungs-Ideologie eignet, noch zu einseitig charakterisiert. Sie wendet sich gegen *alle* Ansprüche, die von außen her auf das Selbst eindringen: Die Mutter fürchtet, durch die Hingabe an die Kinder und ihre Erziehung nicht mehr zu sich »selbst« zu

kommen. Der Ehegatte fürchtet, sein Selbst in Ehe und Familie »verdampfen« zu lassen, und sucht sich selbst in Formen der Emanzipation. Die Erwachsenen befürchten – stellvertretend für die Kinder, die diese Art Furcht noch nicht hegen können –, daß Mutterbindung, behütetes Eingebettetsein in die Familie und damit autoritäre Bindung eine mögliche Selbstwerdung im Keim ersticke.

In all diesen pädagogischen Odysseen wird übersehen, daß Selbstfindung sich niemals ereignen kann, wenn sie zum Selbstzweck wird. (Wir erinnern uns an GOETHES Spottworte über Introspektion und Selbst-Versessenheit.) *Es ist paradox, aber es ist so: Das Selbst wird nur in der Selbst*vergessenheit *gefunden: so nämlich, daß es sich hingibt.* Alle Menschen, die man als Originale – oder gar als *große* Originale – und damit als unverfälschte, urwüchsige Formen eines Selbst empfindet, sind immer solche gewesen, die in einem Dienst, einer Aufgabe und einer Berufung förmlich aufgingen. Nur in der Hingabe werden wir uns selbst gegeben. Nur in der Bereitschaft zu Ansprüchen, aber auch in der Auseinandersetzung mit ihnen, finden wir uns selbst. Auch hier geschieht diese Selbstfindung dann nicht so, daß wir die Sorge um unser Selbst- und So-Sein das Kriterium unseres Verhaltens sein ließen. Im Gegenteil: Die ausschließliche Frage, ob etwas recht sei, ob man es verantworten könne, läßt in Selbstvergessenheit dieses unser Selbst zustande kommen. Deshalb ist es geradezu absurd, etwa ein Original werden zu *wollen*; Versuche, originell zu wirken, ziehen sich nur den Fluch der Lächerlichkeit aufs Haupt. Sogar die etwaige Selbstbeurteilung, ich »sei« ein Original oder habe es dazu »gebracht«, ist unsinnig. Dieses Urteil kann nur von andern gefällt werden. Dem eigenen Bewußtsein und der eigenen Absicht bleibt es entrückt.

2. Kinderpsychologen haben längst festgestellt, daß die der Selbstfindung dienen sollende antiautoritäre Pädagogik das Gegenteil ihrer Absicht erreicht, so fruchtbar sie als vorübergehendes Korrektiv zu einem patriarchalischen Erziehungsstil auch sein mag. Das dieser Behandlung oder besser Nicht-Behandlung preisgegebene Kind honoriert die nervenzermürbende Freizügigkeit nicht, die man ihm gewährt. Es fühlt sich durch das Gewähren-Lassen, wie CHRISTA MEVES überzeugend dargelegt hat, nur vernachlässigt und insofern lieblos behandelt. Es spürt keine Zuwendung, es sieht sich nur selbst überlassen. Was seiner allzu vorzeitigen emanzipierten Selbständigkeit dienen sollte, ist in Wirklichkeit eine Überforderung. Ihm werden Entscheidungen abverlangt, denen es nicht gewachsen ist und die ihm das Glück der Behütung rauben. Insofern ist die Frage eines Kindes in einem Hamburger Kinderladen höchst bezeichnend: »Tante, müssen wir heute wieder das spielen, was wir wollen?« In dieser Formulierung tut sich die Weisheit der Unmündigen kund.

Entsprechende Versuche, diesen Erziehungsstil selbst noch auf die Mittelschule anzuwenden, sind in Amerika längst gescheitert. Entsprechend kann Dennis Gabor sagen, er sei der Meinung, daß die »permissive« Erziehung in der Mittelschule, die in Amerika schon so viel Unheil angerichtet habe, grundsätzlich falsch sei. In den ersten Lebensjahren könne es nach den Ideen der großen Maria Montessori zwar noch um spielerische Selbstentfaltung gehen. Die Mittelschule dagegen müsse – spätestens vom zehnten Lebensjahr an – »dem Schüler eine lebenslange Gewohnheit zur Selbstdisziplin beibringen, ohne die eine freie, ›permissive‹ Gesellschaft unmöglich ist. Das geht nicht ohne ein gewisses Maß an Härte, sonst erziehen wir nur unglückliche und tief gelangweilte Hedonisten.«

Insbesondere läßt der Appell an das Lustprinzip und die sexuelle Selbstentfaltung den Menschen anfällig werden für den Konsumzwang und erreicht so das Gegenteil von dem, was die antiautoritären Kinderläden wollen. Ahnungslos – vielleicht auch manchmal beabsichtigt – *wird hier eine Strategie verfolgt, die ichschwache Menschen erzeugt und sie gegenüber demagogischer Indoktrination wehrlos macht.*

3. Damit sind schon die Folgen angedeutet, die in dem antiautoritären Nein zur Autorität angelegt sind: Kein Geringerer als Alexis de Tocqueville hat darauf hingewiesen, daß das gegen Autorität und Tradition gewendete Gleichheitsprinzip die Hilflosigkeit des verlassenen Einzelnen heraufführe und so nur einen »sophistischen Freiheitsbegriff« erzeuge, der darin besteht, daß »der über die Masse absolut gebietende Staat selbst jede Freiheit besitzt, alles zu tun, ohne Unterscheidung, Gutes und Böses, Wahres und Unwahres ...« Der sich selbst und seiner vermeintlichen Selbstentfaltungs-Freiheit überlassene Mensch habe keine »Heimat mehr in der Vergangenheit«, fühle sich in der Masse bald isoliert und habe keine bestimmte Funktion mehr im gleichen Kreise Zugehöriger. »Diese Zustände führen zu einer Zersplitterung des Willens in bezug auf die wirklich lebenswichtigen Angelegenheiten. Die Reaktion wird sein, daß Willensballungen entstehen, die jeden Einzelnen zwingen, an den Angelegenheiten des Staates auf Befehl teilzunehmen. Dann ist man wieder bei der Despotie und somit beim Anfang angelangt.« *Die vermeintlich freiheitliche Emanzipation von Autorität und Tradition führt gerade nicht zu der erstrebten Freiheit, sondern läßt diese als überfordernden Zwang zu permanenter Selbstbestimmung empfinden und schließlich an die stärkste Kommandostimme delegieren. Die Wendung gegen die Autorität beschwört so die Pseudoautorität der Despotie herauf.* Ideologische Tyranneien und »totale Staaten« bedürfen geradezu der entwurzelten, bindungslos gewordenen und damit sich selbst überlassenen Individuen. Ideologische Herrschaftssysteme *schaffen* deshalb ein Vakuum dieser Art, um das physikalische Gesetz des Horror vacui auszunutzen.

4. Autoritätsverlust dieser Art gründet aber in der Regel nicht in einer Initiative der Nachgeordneten oder der Jugendlichen, die von sich aus die Autorität aufkündigte und ein Emanzipationsprogramm auf die Beine stellte. Jener Verlust ergibt sich vielmehr meist aus einer Selbstpreisgabe der Autorität selbst. *Erst wenn Autorität sich selbst entleert und aufgibt, zieht sie sich die Proteste gegen ihren Anspruch auf den Hals.* Aufstände dieser Art pflegen also nicht initiativ zu sein. Sie sind vielmehr Reaktionen auf bereits verlorene Autorität. Sie sind nichts anderes als die zumeist emotional gestellte Diagnose: »Hier liegt keine Autorität mehr vor; hier ist ein Anspruch verwirkt; warum sollen wir uns ihm dann noch beugen?« Mit einer solchen »Autorität a. D.« kann sich das nachgeordnete Selbst nicht mehr identifizieren. Insofern sieht es sich mit Recht einer Selbst-Entfremdung ausgesetzt, wider die es sich auflehnt. *So kommt es, daß sich gerade bei der rebellischen Jugend Autoritätskrisen stets mit Identitätskrisen verbinden.*
Der Wechsel vom Autoritätsverlust zur Pseudoautorität der Tyrannei vollzieht sich also dadurch, daß ein Übermaß bindungsloser Freiheit gewährt wird. Die Formen, in denen dieser Umschlag erfolgt, sind vielfältig. Wir wiesen schon darauf hin, daß die überforderte Freiheit nach neuer Steuerung ruft und daß sie darum anfällig ist für die stärkste Kommandostimme. Der Umschlag kann sich auch so vollziehen – und gerade darauf hat KARL MARX hingewiesen –, daß der Besitz an Produktionsmitteln und damit die Durchsetzungspotenz des eigenen Willens einer bestimmten Schicht Privilegien von Freiheit in einem Maße verschafft, das zu gesellschaftlicher Ungleichgewichtigkeit, zur Massenverarmung auf der einen und zur Besitzakkumulation auf der andern Seite führt. Das wiederum drängt zu gewaltsamem Ausgleich durch die erstrebte Diktatur des Proletariats.

Eine andere Form des Umschlags beschreibt PLATO im 8. Buche seiner »Politeia«: Eine Demokratie, die ein Übermaß an Freiheit gewährt, muß in Tyrannei umschlagen. Hier gibt sich die Autorität insofern selbst preis, als sie dem »unersättlichen Hunger nach dem Gute der Freiheit« nachgibt und durch die *allen* gewährte Freiheit Anarchie erzeugt. Das beginnt im Privathaus und teilt sich von hier aus der Schule mit: Der Vater bekennt sich nicht mehr zu seiner Rolle als Überlegener und entschuldigt sich sozusagen für seine Existenz. Er »lebt sich in die Rolle eines Knaben hinein« und beginnt sich schließlich »vor seinen Söhnen zu fürchten«. Kein Wunder, daß daraufhin der Sohn sich »in die Rolle des Vaters versetzt und weder Scham noch Furcht vor seinen Eltern hat, um nur ja recht frei zu sein«. Indem das Alter aufhört, sich zu sich selbst zu bekennen, und einen Hätschel-Kult mit der Jugend treibt, um ja nicht zum alten Eisen geworfen zu werden, sondern sich als fortschrittlich, mobil und zukunftserschlossen zu zeigen, hat es sich der Glaubwürdigkeit seiner Autorität schon begeben: »Der Lehrer hat ... Angst vor den Schülern und umschmeichelt sie, die Schüler haben keine Achtung vor den Lehrern ..., und überhaupt stellen sich die Jüngeren den Älteren gleich und suchen ihnen den Rang abzulaufen in Worten und Taten, während die Alten sich (plump-ver-)traulich mit den Jünglingen einlassen und, ganz im Geiste der Jugend, unerschöpflich sind in Witzeleien und Spaßhaftigkeiten, um nur ja nicht griesgrämig und herrisch zu erscheinen.« Schließlich schwindet so auch »jede Achtung vor den Gesetzen, gleichviel ob geschrieben oder ungeschrieben, um ja keinen Gebieter, in welchem Sinne es auch sei, über sich zu haben«. Das anarchische Element, das in dieser Losgelassenheit aller, in dieser vermeintlichen »Freiheit« steckt, schreit dann nach Revisionen des unhaltbaren Zustandes und wird auf diese Weise *zum »schönen und herrlichen Anfang, aus dem die Tyrannis hervorwächst«*. Denn »das Übermaß im Vorwärtstreiben der Dinge pflegt einen Umschlag ins Gegenteil ... zur Folge zu haben«. So führt »das Übermaß von Freiheit ... zu nichts anderem für den Einzelnen wie für den Staat als zum Umschlag in ein Übermaß von Knechtschaft«. *Darum gründet die Tyrannis in »keiner andern Verfassung als der Demokratie«, wenn diese die Freiheit als Selbstzweck kultiviert und sie als Emanzipation von jeder Autorität versteht.* Das Gesetz des dialektischen Umschlages, das wir bei Pflanzen, Tieren und ebenso in der menschlichen Gesellschaft beobachten, bewährt sich auch hier.

4. Die Entstehung legitimer Autorität

Es wäre nach alledem falsch, die Infragestellung der Autorität als einen ursprünglichen Protestakt zu verstehen. Der Protest ist vielmehr die Folge einer bestimmten *Art* von Freiheit, die die bisherige Autorität einräumte. Und sie räumte sie ein, weil sie sich selbst nicht mehr traute und sich insofern preisgab. Sie stellte sich dem Nachgeordneten gleich oder *unter*stellte sich ihm sogar. Was danach verblieb, waren nur personal entleerte autoritäre Strukturen, die ursprünglich als gesellschaftliche Basis möglicher autoritativer Wirkung dienten, nunmehr aber – mangels noch vorhandener Autorität – dieser Funktion nicht mehr gerecht werden. *Der Aufstand gegen die Autorität ist also ursprünglich nicht eine Verneinung der Autorität selbst, sondern die Ablehnung einer überfällig gewordenen Autorität und ihrer verbliebenen strukturellen Hüllen.* Darum kommt soviel darauf an, zwischen dem personal gefüllten Substantiv »Autorität« und dem nur strukturell charakterisierten und auf jene Hüllen bezogenen Adjektiv »autoritär« zu unterscheiden.

Auf die Frage, wie es überhaupt zu einer Revolte, speziell zu einer Jugend-Revolte komme, antwortet PARKINSON in seinem Buch »Die pelzgefütterte Mausefalle« eindrucksvoll, »daß die Menschen sich niemals gegen Tyrannei auflehnen, sondern stets gegen eine Autorität, die schwächer wird und zu werden beginnt«. Es sei kein Charakteristikum der Menschheit, »sich gegen eine verschlossene und verriegelte Tür zu werfen. Der Stoß erfolgt (vielmehr) gegen die wackelige Tür mit kaputtem Schloß. Die Geschichte aller Revolutionen beginnt nicht mit der Verschwörung der Rebellen, sondern mit Meinungsverschiedenheiten und Zweifeln unter den Männern im Amt. *Der Verfall der Regierenden (sprich: der Autorität) schafft das Vacuum, in das die Rebellion gezogen wird.«*

Warum gibt es diesen Verfall? PARKINSON antwortet darauf, er komme daher, daß die Herrschenden der Jugend kein Ziel anzugeben wissen, weil sie selber keines haben. Es könne aber kein Angebot eines Zieles sein, wenn in den USA die Autoritätspersonen zu den Jungen sagten: »Seht mal, was wir euch zu bieten haben: Ihr habt Schule, Universität, Kultur und Sport, dazu Farbfernsehen, Reisen und Beratung. Was wollt ihr denn mehr?« Was sie »mehr« wollen, sei eben ein Ziel, für das zu leben es sich lohnt und das die Autoritätspersonen ihrerseits glaubwürdig zu vertreten haben. Wenn das entfällt, hört auch die Bindung an die Autorität auf. »Wenn wir die Loyalität der streunenden Jugend zurückgewinnen wollen, dann müssen wir ihnen ein Ziel außerhalb der Gesellschaft anbieten, in der sie leben sollen«, ein Ziel also, mit dem man sich zu identifizieren vermag, so daß sie sich auch mit denen identifizieren kann, die dieses Ziel ihrerseits vertreten und ihr – als Autoritäten – auf dem Weg zu ihm vorangehen. »Was versuchen wir denn, in nicht-materiellen Kategorien, in diesem Sinne zu tun?« Die Marxisten, so meint PARKINSON, hätten auf diese Frage eine Antwort, und darum gebe es hier zumindest gewisse Analogien zu dem, was wir Autorität nennen, und vielleicht sei »selbst eine so überholte Antwort« wie die ihre besser als gar keine. Solange diese entscheidende Frage nicht beantwortet werde, müsse unserer Gesellschaft und auch denen, die sie als »Autoritäten« repräsentieren, »jede magnetische Anziehungskraft auf die Jugend abgehen«.

Nur wenn man sich in diesem Sinne klarmacht, daß der rebellische Protest ursprünglich nicht der Autorität selbst, sondern der untergegangenen Autorität und ihren noch verbliebenen, aber überfälligen strukturellen Basen gilt, wird es auch verständlich, daß die Ablehnung sogenannter autoritärer Strukturen sich mit der Sehnsucht nach legitimer Autorität, die sich in Personen verkörpert, durchaus verträgt. Damit ergibt sich die Frage, was denn unter dieser legitimen Autorität zu verstehen sei.

Eine entscheidende Vorbedingung für diese Legitimität haben wir bereits herausgestellt: Sie müßte die These widerlegen, daß sie dem menschlichen Selbst als Oktroi gegenüberstünde und es durch Fremdsteuerung in seiner Identität behinderte. *Man könnte dieser Frage auch die Wendung geben, ob Autorität a limine autonomiefeindlich sein müsse oder ob sie im Gegenteil dieser Identität dienlich sei und geradezu Möglichkeiten der Selbstverwirklichung eröffnen könne.*

Diese Frage läßt sich an einem besonders vielsagenden und interessanten Modell studieren: an LESSINGS Schrift über die »Erziehung des Menschengeschlechts«. So viele Vorbehalte man auch gegenüber LESSINGS aufklärerischem Gottesverständnis haben mag: Das, was Autorität ihrem Wesen nach ist, tritt an diesem vielleicht verzerrten Bilde jedenfalls klar und vereinfacht wie an einer Schultafel hervor[5]. Denn LESSING versteht Gott im strengen Sinne als eine dem Menschen überlegene »Autorität«. Die Art, wie Gott diese seine Autorität ausübt, gewährt entscheidende Einblicke in ihre Art und Funktionsweise:

Im Sinne einer gleichsam absoluten und auf ihre Legitimität hin noch *nicht* zu hinterfragenden Autorität verhält sich Gott vor allem gegenüber dem noch jungen und unmündigen Menschengeschlecht. In diesem Frühstadium erläßt er Gebote und tut Wunder, um seine Überlegenheit und damit seine Autorität zu demonstrieren. Doch vollzieht er damit keine blinden und beliebigen Willenssetzungen, sondern er handelt – typisch für diese aufklärerische Konzeption – im Namen einer Vernunft, die dem Menheits-»Kinde« noch nicht zugänglich ist, der es aber entgegenreifen soll. Gott benutzt folglich seine Autorität, um Vernunftmitteilungen an die Menschheit gelangen zu lassen, die für ihre Jugendphase noch unerschwinglich wären und die sie sich deshalb vorerst nur sagen lassen kann. Gerade durch diese Vorweg-Mitteilungen beschleunigt er aber die Evolution des Menschen auf ein Ziel hin, an dem er dann *selber* über das »ewige reine Evangelium« der Vernunft verfügen kann. Die Autorität Gottes dient damit dem Zustandekommen menschlicher Autonomie.

Analysiert man das hier vorliegende Verständnis von Autorität, so lassen sich zwei entscheidende Wesenszüge feststellen:

Einmal bedient sich die Autorität keines willkürlichen Machtgebrauchs, sondern sie läßt sich ihrerseits autorisieren. Die übergeordnete und sie autorisierende Instanz ist der Logos, der nicht nur in der Menschenwelt, sondern auch im Reiche Gottes letztgültigen, normativen Rang innehat.

Ferner ist die Autorität Gottes dadurch bestimmt, daß sie zur Autonomie hinleitet und sich damit selber überflüssig zu machen sucht. Sie ist in echt rationalistischem Sinne als die Autorität eines Lehrers verstanden, der das gleiche Ziel verfolgt, dem auch die Entwicklung des Zöglings zudrängt. Darum dankt ein Schüler dem Lehrer schlecht, wenn er immer nur der Schüler bleibt. Der Lehrer erzog ihn doch gerade zur Selbst-Ständigkeit.

Damit stoßen wir auf eine wechselseitige Zuordnung von Autorität und Autonomie, die wir zunächst vielleicht nicht vermuteten. In der Regel verbinden wir mit dem Begriff der Autorität den Eindruck, daß der ihr Nachgeordnete wenigstens einen Teil seiner Selbstverfügung preiszugeben, eben an die Autorität zu »delegieren« habe. Die jetzt sich herausstel-

lende Zuordnung (statt der vorher angenommenen Entgegen-Ordnung) von Autorität und Autonomie läßt sich in zwei Sätzen aussprechen, die anschließend kommentiert werden sollen.
Erster Satz: *Autorität kann immer nur von einer zumindest potentiell vorhandenen Autonomie eingeräumt werden.*
Zweiter Satz: *Autorität konstituiert sich immer nur gegenüber einem autonomen Partner und muß darum das Ziel verfolgen, zunächst nur potentiell vorhandene Autonomie zum maßgeblichen Faktor des Selbstbewußtseins werden zu lassen.*

Kommentar zu diesen Sätzen:
Autorität – im Unterschied zu blinder Gewalt – liegt nur dann vor, wenn der Träger von Autorität auf einer im letzten Grunde gleichen Normen-Ebene mit demjenigen steht, *über* den Autorität ausgeübt wird. Nur dann verfügt der Nachgeordnete über Kriterien, die ihm die Legitimierung von Autorität ermöglichen. Nur dann kann auch die Autorität ihrerseits die Bereitschaft aufbringen, sich von dem ihr Nachgeordneten legitimieren zu lassen. Beide halten sich ja an die gleiche Richtschnur.
Man kann sich das wieder an einem Musterfall verdeutlichen, diesmal an der Autorität des Richters in einem Strafprozeß. Man wird dem Richter ja tatsächlich den Rang einer Autorität zubilligen müssen: Er ist es schließlich, der den Strafprozeß leitet; außerdem handelt er als Repräsentant der Rechtsgemeinschaft. Nicht der Angeklagte, sondern *er* bestimmt, was hier rechtens sei. Gleichwohl versetzt diese überlegene Stellung des Richters den Angeklagten nicht in eine pure Abhängigkeit, sondern mißt ihm den Rang eines »Partners« innerhalb der Rechtsgemeinschaft zu. Beide stehen unter dem sie *gemeinsam* bindenden Gesetz: der eine als Rechtswahrer dieses Gesetzes, der andere als (wirklicher oder verdächtiger) Rechtsbrecher.
Diese Partnerschaft von Richter und Angeklagtem im Namen eines sie beide umgreifenden und höheren Tertium ist von jeher Gegenstand juristischer Grundsatzbetrachtungen gewesen. Sie wurden zum Beispiel angestellt, wenn es um die Frage ging, ob man zur Wahrheitsfindung den »Lügendetektor«, die »Narkoanalyse« oder psychiatrisch gesteuerte Mittel der Folterung benutzen dürfe. Strafrechtler (wie etwa EBERHARD SCHMIDT) haben diese Frage mit einem durchschlagenden Argument verneint: Der Angeklagte werde auf diese Weise seiner partnerschaftlichen Stellung im Rechtsverfahren beraubt und in eine bloße Objektrolle abgedrängt. Zu jener Partnerschaft und damit zu seinem Range als »Subjekt« gehöre es auch, daß er selbst Träger der Entscheidung bleibt, ob er die Wahrheit sagen oder lügen will[6].
Daß der Richter sein Urteil *begründen* muß, hängt ebenfalls mit dieser Art seiner Autorität zusammen. Die Urteilsbegründung hat ja nicht nur den Sinn, den technischen Sinn der Urteilsfindung und also den Einklang des

Urteils mit dem Gesetz vor der *Rechtsgemeinschaft* zu beglaubigen; sie verfolgt vielmehr ebenso das Ziel, den *Angeklagten selbst* anzusprechen, ihn nämlich von der Rechtmäßigkeit des Urteils zu überzeugen. Gerade dadurch wird ihm das Privileg zugebilligt, die gleiche Rechenschaftforderung stellen zu können, die der Rechtsgemeinschaft insgesamt zusteht und die ihn also nicht aus dieser Gemeinschaft ausschließt, sondern im Gegenteil in sie einbezieht. Die Frage, ob diese Überzeugung des Angeklagten gelingt, ist unerheblich gegenüber der grundsätzlichen Position, die man ihm gegenüber hier einnimmt: daß nämlich an den Consensus des Angeklagten appelliert und daß er folglich als potentieller Richter seiner eigenen Tat angesprochen wird. Damit respektiert das Gericht die Autonomie des Rechtsbrechers und stellt ihn mit der Autorität des Richters zusammen unter das beide gleichermaßen autorisierende Gesetz. So kommt hier die Korrespondenz von Autorität und Autonomie mit aller wünschenswerten Deutlichkeit zur Erscheinung.

Genau dasselbe läßt sich auch an andern Gestalten oder Institutionen zeigen, die eine anerkannte Autorität repräsentieren: Wenn etwa LUTHER für die evangelische Kirche eine Art Kirchenvater und insofern eine Autorität ist, dann ganz gewiß nicht – ich gebrauche seine eigenen Worte –, »um seiner blauen Augen und schönen gelben Haare willen«, sondern ganz sicher nur deshalb, weil er im Namen der Heiligen Schrift als der ihn autorisierenden Instanz spricht. Wird diese Autorisierung ernst genommen, so kann das nur heißen, daß seine Autorität nachkontrollierbar sei und daß die Kirche folglich über Kriterien dieser Kontrolle verfüge. Das ist in der Tat der Fall, weil die Kirche die normative Instanz der Heiligen Schrift anerkennt und damit die Autorisiertheit von LUTHERS Autorität nachzuprüfen vermag. Hier liegt eine deutliche Analogie zu dem Richter vor, dessen Urteil am Gesetz nachzuprüfen und gegebenenfalls zu revidieren ist.

Wenn es stimmt, daß die Autorität so der ständigen Kontrolle bedarf – weil sie es eben mit der *Autonomie* der ihr Nachgeordneten zu tun hat! –, dann kann es nie um eine permanente, eine ein für allemal etablierte Autorität gehen. Sie gilt vielmehr nur interimistisch und »bis auf weiteres«, nämlich gerade so lange, wie ihre Kontrolle an der übergeordneten Instanz positiv ausfällt. *Nur so lange, wie wir durch eine Autorität die uns verpflichtende Norm, das für uns Verbindliche repräsentiert sehen, können wir uns mit ihr identifizieren und unsern autonomen Willen in ihr aufgehoben wissen.* Die Regeln, die Freiheit und Gehorsam (beides!) voraussetzen und beanspruchen, »müssen von einer Autorität ausgehen, die nicht als eine fremde und feindliche gilt und die von denen, welche sie leitet, als *ihnen zugehörig geliebt* wird (Hervorhebung vom Verf.) ... Sie müssen hinreichend fest und allgemein und an Zahl hinreichend wenige sein, damit der Geist sie ... aufnehmen ... kann, ohne sich jedesmal, wenn eine Entscheidung zu treffen ist, von neuem an ihnen zu stoßen« (SIMONE WEIL).

Die Beobachtung, daß Autorität so im Namen der eigenen Autonomie *zuerkannt* werden muß und demgemäß von diesen autonomen Nachgeordneten abhängig bleibt, führt nun sofort auf ein neues Problem: Ist damit nicht letzten Endes eine *Gleichordnung* zwischen beiden behauptet, eine Ebenbürtigkeit nämlich zwischen dem, der Autorität innehat, *und* dem, *über* den er Autorität hat? Andererseits besteht das Wesen von Autorität doch zweifellos in einem wie immer zu definierenden Überlegenheitsverhältnis. Wie reimt sich das zusammen?

Gleichrangigkeit und Überlegenheit der Autorität
Der grundsätzliche und der empirische Aspekt

Der scheinbare Widerspruch löst sich, sobald man erkennt, daß hier eine grundsätzliche und eine empirische Betrachtungsweise sich überschneiden. Die *grundsätzliche* Überlegung besagt: Da Autonomie und Personhaftigkeit des Menschen unantastbar sind und sich so die Folgerung ergibt, daß erst autonome Partnerschaft Autorität konstituieren kann, muß man in der Tat annehmen, daß eine grundsätzliche Gleichrangigkeit besteht zwischen dem Träger einer Autorität und denen, die ihm diese Autorität zuerkennen und sich mit ihm identifizieren.

Die *empirische* Überlegung dagegen besagt: Es hat sich »bisher« bewährt, daß der Träger von Autorität Recht hatte. Er kam meiner eigenen Einsicht und Entscheidungsmöglichkeit zuvor. Er sah weiter als ich. »Bisher« schien er in einem Verhältnis größerer Unmittelbarkeit und Vertrautheit zu der uns beide bindenden Instanz zu stehen als ich. Darum habe ich Grund, »zunächst« auch weiter auf die Gültigkeit dessen zu vertrauen, was mir die Autorität verkündet oder befiehlt. Hat LUTHERS Einsicht in die Heilige Schrift sich »bisher« an entscheidenden Punkten bewährt und hat er hier Perspektiven eröffnet, die mir vordem verschlossen waren, so bin ich geneigt, »zunächst« und bis zum Erweis des Gegenteils seiner bewährten Einsicht auch dort zu vertrauen, wo mich seine Thesen im ersten Augenblick befremden.

NEHRU hat für dieses empirische Verhältnis zur Autorität ein eindrucksvolles Beispiel geliefert, wenn er über GANDHI als einen Mann von höchstem Autoritätsrange sagt: »Anfangs widersprachen ihm viele von uns, aber bald erkannte jeder, daß GANDHI das einzig Richtige getan hatte. So verließen wir uns mehr und mehr auf sein Urteil – so wie wir schon gelernt hatten, uns auf seine Grundsätze zu verlassen.«

Das Prestige der Autorität ergibt sich so aus der *Erfahrung*, und zwar aus der Feststellung, daß sie sich bewährt hat. Erfahrung bleibt aber immer auf die Zeitstrecke beschränkt, innerhalb deren sie gemacht wird. Sie ist ein Phänomen der Zeitlichkeit. Eben darum kann man den Rang der Autorität nur mit dem temporalen Begriff des »Bisher« und »Zunächst« umschreiben. Das »Bisher« und »Zunächst« besagt, daß es sich immer nur um Au-

torität auf Zeit handelt. Ich vertraue ihr aufgrund bisheriger Bewährung, bis sich für meine kritische Wachheit herausstellen sollte, daß sie ihren Rang eingebüßt hat und meine eigene Einsicht mich zum Widerspruch gegen sie, zur »Emanzipation«, nötigt.
Die Überlegenheit der Autorität beruht somit nicht auf einer Entmündigung des ihr Nachgeordneten, nicht auf einem Raub seiner Autonomie. Sie beruht vielmehr auf einem Vorschuß-Kredit, den der Mündige der Autorität einräumt, weil sie sich im Umkreis seiner Erfahrung bewährt hat.
Darum wäre es mehr als ungenau, bei ganz kleinen Kindern oder gar bei Tieren von einer »Autorität« der Eltern oder des »Herrchens« zu sprechen. Denn hier liegt ja gar keine Erfahrung vor, die überhaupt Kredit einräumen könnte. Ebensowenig gibt es hier eine Mündigkeit, die imstande wäre, Autorität zuzuerkennen. In diesen Fällen geht es vielmehr nur um Überlegenheit des Einflusses, um die ausstrahlende Kraft der Liebe, um elterliche Gewalt oder um die Befähigung des Überlegenen zur Dressur.

Der Vorschuß-Kredit, den man aufgrund von Erfahrung der Autorität zuerkennt, wird in ähnlicher Weise auch der *Tradition* eingeräumt. Autorität und Tradition haben viel Verwandtes.
In der Tradition ist der Erfahrungsschatz der Generationen enthalten. Darum wird jener Vorschuß-Kredit, den die zunächst noch begrenzte eigene Erfahrung der überlegenen – etwa in Sprichworten sich äußernden – Kollektiverfahrung einräumt, so lange weiter gewährt, bis der Erfahrungsschatz der Tradition in der eigenen Erfahrung ein ausreichendes Äquivalent gewonnen hat oder durch die eigene Begegnung mit dem Leben eingeschränkt oder gar widerlegt wird. Das gilt selbst dann, wenn man der Tradition – wie in den christlichen Kirchen – gewisse unüberholbare Momente zubilligt. Denn auch da muß es zu einer Unterscheidung und Scheidung zwischen dem unüberholbar Gültigen und dem sich anhängenden Ballast des nur Zeitbedingten kommen. Diese Unterscheidung zwischen autoritativ Geltendem und Überfälligem läßt sich aber wiederum nur mit Kriterien vollziehen, die allein dem Mündigen zur Verfügung stehen und also Autonomie (in dem von uns herausgearbeiteten Sinne) voraussetzen.
Die Begrenzung der Autorität, von der wir sprachen, ist übrigens nicht nur zeitlich bedingt, so daß Autorität prinzipiell den Charakter der Vorläufigkeit hat. Sie hat auch noch andere Gründe. Es besteht bei der Schwäche der menschlichen Natur ja die Möglichkeit, daß es ein *Zuviel an Autorität* geben kann und daß dieses Zuviel dann doch zur Entmündigung der Abhängigen führt. Es gibt auch eine Gewöhnung an übermächtige Autorität, die den Willen zu kritischer Wachheit lähmt und kraft des Trägheitsgesetzes die Autorität zur autoritären Struktur denaturiert. Und endlich haben Institutionen, die Träger von Autorität sind, die Tendenz, sich strukturell

zu stabilisieren und gemäß jener Eigengesetzlichkeit der Macht, über die Jacob Burckhardt so Einleuchtendes gesagt hat, zu expandieren. Exemplarische Fälle dieser Entartung von Autorität haben wir etwa in Diktaturen, insbesondere in der ideologischen Tyrannis, vor Augen. Sie pflegen mit einem Personenkult verbunden zu sein, der dem »Führer« oder dem »großen Vorsitzenden« zubilligt, unter allen Umständen recht zu haben. Hier wird der Vorschuß-Kredit zu einem Dauer-Kredit, der sich institutionell verfestigt, zur Entmündigung der Abhängigen führt und damit die grundlegende Korrespondenz von Autorität und Autonomie außer Kraft setzt.

Ein gesellschaftsstrukturelles Gegenmittel wider diese Entartung der Autorität ist etwa *das demokratische Prinzip der Gewaltenteilung*: Die Abhängigkeit von Legislative, Exekutive und Jurisdiktion führt zu einem System gegenseitiger Kontrollen, das zu einer ständigen Neu-Legitimierung der Autoritäten zwingt und damit die Korrelation von Autorität und Autonomie institutionell sichert. Das Wissen um die Schwäche der menschlichen Natur, die diese Regelungen erzwingt, mag in entfernten Erinnerungen an das gründen, was die biblische Sündenfallgeschichte zu unserm Menschenbilde beigetragen hat.

5. *Die anthropologische Bedeutung der Tradition*

Tradition und Freiheit

Wir hatten schon Gelegenheit, anzumerken, daß Autorität und Tradition einiges miteinander zu tun haben: Die Tradition hat insofern eine autoritative Bedeutung, als sich in ihr kollektive Erfahrungen und ein kollektives Normenbewußtsein versammeln, die der Erfahrung des einzelnen vorweg und ihr dadurch – vorerst – überlegen sind. Wir werden vermuten dürfen, daß ihr so ähnlich spezifisch *menschliche* Züge eignen wie der Autorität.

In der Tat gibt es Tradition nur beim Menschen. Das Tier überliefert nicht, sondern vererbt nur. Selbst das, was es seinen Jungen beibringt, ist nicht ein Weitergeben im menschlichen Sinne, sondern aktiviert nur das eingeborene und eingeschliffene Instinktverhalten. Mit diesem aber gibt es keine Auseinandersetzung – weder eine Aneignung noch eine Absage –, wie sie dem zur Mündigkeit berufenen Menschen auferlegt ist, sondern nur ein problemloses, durch den Mechanismus der Instinkte bewirktes Einschwenken. Deshalb gibt es beim Tier auch nur ein »typisches« Verhalten ohne jene individuellen Nuancierungen, wie sie sich bei allen Verhaltensweisen ergeben, die durch eine Entscheidung, durch Reaktionen auf Herausforderungen, hindurch müssen. Für den Menschen gibt es auch keinen »Zwang« der Tradition, wie es für das Tier den Zwang des Instinktverhaltens gibt. Er ist vielmehr in der Lage, vom Kraftfeld der einen Tradition in das einer andern überzugehen und sich in Assimilation oder Emanzipation zu ihr zu »verhalten«. ALEXANDER RÜSTOW wagt sich bei seinem Bemühen, den humanen Charakter der Tradition herauszustellen, sogar bis zu der Formulierung vor, die Menschlichkeit des Menschen bestehe nicht in seiner Erfindungsgabe, sondern in der Weitergabe. KONRAD LORENZ hat diese Seite der Menschlichkeit durch das geistvolle Diktum charakterisiert, der Mensch sei das Lebewesen, das die Vererbung erworbener Eigenschaften (eben die Tradition) erfunden habe.

Der Mensch empfängt auf dem Weg über die Tradition bestimmte Wertvorstellungen und Formen des Weltverhaltens, die er sich aneignen oder kritisch überwinden muß. Auf jeden Fall aber ist das so Überkommene zunächst seiner eigenen Entscheidung vorgegeben. Er beginnt niemals beim Nullpunkt oder als tabula rasa. Selbst der Mensch revolutionärer Zeitalter, der die Determination durch die Vergangenheit sprengt und im Namen einer selbst geplanten Zukunft lebt, läuft in Spuren, die eine große Persönlichkeit, etwa LENIN oder MAO TSE-TUNG, vorgespurt hat.
Und noch etwas ist hierbei für den konstitutiv-humanen Charakter der Tradition charakteristisch: Sogar revolutionäre Bewegungen, die vorgefundene Traditionen zertrümmern, beginnen beinahe im gleichen Augenblick ihrerseits neue Tradition zu setzen, unter Umständen durch Legendenbildungen sogar zu erfinden. Ohne Tradition käme sich der Mensch geschichtslos und gleichsam nackt, als Fremdling ausgesetzt und in die Zeit geworfen vor. Er fröre in seiner Einsamkeit. Man mag sich das an JACQUES MONODS Bild vom Menschen als einer puren Zufälligkeit, eines »Zigeuners am Rande des Universums« illustrieren. Eine völlig traditionslos gedachte Menschheit wäre eine äußerste Abstraktion und wiese einen Grad der Entfremdung auf, die in einem Negativbilde gerade die Unaufgebbarkeit der Tradition, ihren unzerstörbaren Charakter (character indelebilis) als Signatur des Humanum erwiese.

Nun kann gerade das, was im urtümlichen Sinn »menschlich« ist, auch in die Unmenschlichkeit stürzen lassen. Die Möglichkeit des Unmenschlichen, der völligen Selbstentfremdung ist eben ein – dubioses – Monopol der Humanität, das dem Tier erspart bleibt. Gerade die *Freiheit* ist es ja, deren bindungsloser Mißbrauch die äußerste Unfreiheit heraufbeschwören kann. Es ist der freie Entschluß zum Griff nach der verbotenen Frucht, der in eine Unheilsgeschichte hineinreißt, zu Kains Brudermord und zum Götzendienst führt, wobei der Mensch zum sklavischen Mitläufer der von ihm heraufbeschworenen Prozesse wird. Es ist der freie Entschluß des Verlorenen Sohnes, der ihn in die Fremde aufbrechen läßt und damit ihrer Sklaverei überantwortet.
Genau im gleichen Sinne kann auch die Tradition als eine institutio hu-

mana den Menschen in Unmenschlichkeit stürzen: Die Tradition tritt dem ihr Einbeschlossenen mit dem Anspruch bestimmter Wertvorstellungen und Verhaltensweisen entgegen. Genauer gesagt tritt sie ihm aber nicht »entgegen«, sondern sie umhüllt ihn von allen Seiten, er atmet sie gleichsam ein, sie ist die Atmosphäre, in der er lebt und webt. Und genau wie unser Ein- und Ausatmen nicht bewußt erfolgt, sondern ein elementarer Lebensakt ist, der sich mehr an uns vollzieht, als daß wir ihn vollzögen, so sind wir uns des traditionell uns Bestimmenden weithin nicht bewußt. Über weite Stadien unseres Lebens hin stellt sich uns nicht die reflexive Frage, was Teil unseres Selbst und was Teil der Tradition ist. Es gehört zu den naiven Stadien unseres Lebens, daß wir diese Unterscheidung nicht vollziehen, sondern uns mit der Tradition identifizieren. *Es ist wie ein neuer Geburtsakt, wenn wir angesichts der Tradition nach unserer eigenen, von ihr abgehobenen Identität zu fragen beginnen.* Da jeder Geburtsakt schmerzhaft ist – um so schmerzhafter, je stärker der mütterliche Organismus einer Tradition ist! –, enthält die Tradition die Versuchung, uns an ihr festzuklammern und uns willenlos von ihr mitnehmen zu lassen. So kann sie zu einer Selbstberaubung der Freiheit führen und damit entmenschen lassen. Das Allermenschlichste ist immer das Allerverführerischste – auch hier.

Es hängt nun mit dem Wesen menschlicher Personhaftigkeit und Freiheit zusammen, daß es keine Gabe gibt, die nicht zugleich eine Auf-Gabe wäre und nur als eine so ergriffene dann »Gabe« bleiben kann. Als bloß konsumierte, passiv entgegengenommene Gabe wird sie zu einem Ferment der Zersetzung. Genau in diesem Sinne gilt auch vom Erbe der Väter der Imperativ, es zu »erwerben, um es zu besitzen«. Statt einer passiven Entgegennahme muß es zu einer eigenständigen Aneignung kommen. Die Soziologen sprechen hier von der Aufgabe einer »Internalisierung«, einer bewußten oder unbewußten Übernahme in das eigene Innere.

Die Tradition ist in diesem Sinne angeeignet, wenn ich das von ihr Gegebene und Geforderte in Freiheit wollen kann, wenn es also den Akt kritischer Reflexion durchschreitet und das Plazet meines autonomen Gewissens erhält. Nur dann hört der Widerstreit zwischen Tradition und Autonomie, zwischen einem Oktroi des Überkommenen und meiner persönlichen Freiheit auf. Doch selbst dann, wenn ich eine Tradition – etwa eine solche feudaler, patriarchalischer oder bürgerlicher Provenienz – im Namen meiner Freiheit verneine, bedarf ich ihrer, um meine Identität und die Freiheitsluft, in der sie allein atmen kann, von ihr entbinden zu lassen: Sie übt dann die Funktion des schöpferisch Provokatorischen, der »challenges« im Sinne Toynbees aus.

Dieser immanente Konflikt der menschlichen Natur, der durch die schöpferische Spannung zwischen den Polen Tradition und Freiheit gesetzt ist, äußert sich geschichtlich im permanenten Kampf zwischen Vätern und Söhnen oder – psychologisch ausgedrückt – zwischen Dankbarkeit und Absage. Auch hier gilt, daß Selbsterkenntnis und Identitätsfindung nicht durch pure Introspektion, sondern nur durch die Begegnung mit einem Fremden, einem Außer-Ich möglich werden. Diese Begegnung intensiviert sich in dem Maße (und wird entsprechend fruchtbarer), wie das Fremde mir mit dem Anspruch entgegentritt, mein Eigenes zu sein oder mein Eigenes zu werden. Mit eben diesem Anspruch begegnet mir aber die Tradition. Und gerade die Auseinandersetzung mit diesem Anspruch führt dazu, daß ich mein Eigenes erkenne und daß sich meine Identität findet.

Das hat seine besondere Bedeutung für das, was man »*Bildung*« nennt. Denn Bildung ist ja immer auch und vor allem Heraus-Bildung des eigenen Selbst, Selbstformung. Darum führt das bloße Konsumieren von Wissensstoffen niemals zur Bildung, selbst wenn es sich die grenzenlose Fülle des Traditionsgutes einverleibte. Dieses Konsumieren würde nur das wissenschaftliche »Männchen«, den vielwissenden Kastraten und jenen Homunkulus erzeugen, den NIETZSCHE in seiner Schrift über »Nutzen und Nachteil der Historie« so satirisch zu beschreiben weiß. Darum entsteht Bildung nie aus der bloß passiven Übernahme eines Angebotenen, sondern sie kommt nur so zustande, wie THOMAS MANN einmal sagt, daß ihm »ein bildsamer Stoff« korrespondiert, der zu freier Entfaltung angeregt und so geformt, »gebildet« wird. In GOETHES Sinne ist Bildung »Reproduktion« des Empfangenen.

Der Gegensatz zwischen einer nur gängelnden, als Oktroi wirksamen, passiv konsumierten Tradition auf der einen und einer aktivierenden, zur Selbstfindung anregenden Tradition auf der andern Seite kommt sehr schön in einer bildhaften Formulierung zum Ausdruck: Irgend jemand hat einmal gesagt, die Tradition hochzuhalten heiße nicht, die Asche des Vergangenen zu bewahren, sondern die Flamme zu hüten. Wer ein Feuer erhält, muß wissen, was überhaupt hier brennt und warum es sinnvoll ist, es am Brennen zu erhalten. Und jemand, der sich so um die Flamme kümmert, die er in Traditionen entdeckt hat, läßt sich niemals nur passiv von ihr wärmen. Er ist wirkend beteiligt, um ihre Glut zu erhalten. Und wenn man *diese* Haltung dann »konservativ« nennt, kann damit keine reaktionäre Rückwärtsgewandtheit bezeichnet sein.

Die antitraditionalistische Spitze der Emanzipation
Der Aufstand im Namen der Menschenrechte

Der Mode-Slogan von der »emanzipatorischen« Aufgabe der fortschrittlich Gesinnten fordert vielerlei Lossagen von Vielem, nicht zuletzt eine Absage an jede Gestalt von Tradition. Er denunziert sie als eine Macht der Entfremdung, die den Menschen zum willenlosen Funktionär eines überlieferten Kollektivwillens macht. So wird dieser zum Helfershelfer, zum Bewahrer und Vollstrecker bestimmter Interessen-Konstellationen, die motivierend hinter jenem Kollektiv-Willen wirksam sind. So blockiert die Tradition in verhängnisvoller Weise die eigene Identitätsfindung. – Diese These muß uns alarmieren, weil sie alles, was wir unsererseits über die humane Rolle der Tradition festgestellt und ausgesprochen haben, von Grund aus in Frage stellt:

Wenn nämlich unser Grundsatz stimmt, daß Tradition zu den Constitutiva der Menschlichkeit gehöre, dann müßte die *anti*-traditionelle Spitze der Emanzipationsideologie notwendig auf eine neue Form der *Un*menschlichkeit drängen. Sie würde also das Gegenteil dessen bewirken, was sie eigentlich will: Indem sie das Ziel verfolgt, die Entfremdung des Menschen zu überwinden, müßte sie eine neue und vielleicht sogar radikalere Gestalt der Entfremdung heraufführen. Diese Frage geht unsere Generation sehr elementar an. Darum müssen wir sie prüfen.

Zur *Begriffsbestimmung von »Emanzipation«* ist zu sagen, daß das Wort dem römischen Recht entstammt. Es bezeichnet die rechtlich fixierte Entlassung des mündig gewordenen Sohnes aus der väterlichen Gewalt, ebenso auch die Entlassung des Sklaven in die Selbstbestimmung. In der Moderne hat sich die Bezeichnung »Emanzipation« mehr und mehr aus der individuellen Sphäre auf *Gruppen* verlagert, die sich aus rechtlicher, gesellschaftlicher oder politischer Bevormundung losringen. Repräsentative Gruppen dieser Art waren etwa das Bauerntum, das Proletariat, die Juden und die Frauen. Zu den flankierenden Hilfsparolen dieses Postulates der Emanzipation gehören die Forderung nach »Gleichberechtigung« oder nach »Demokratisierung« oder das Recht zur »Mitbestimmung«. Als Kuriosum, das gleichwohl nicht ohne symbolische Bedeutung ist, darf hierbei erwähnt werden, daß in Frankreich vor einiger Zeit selbst das »älteste Gewerbe der Welt« Emanzipation gegenüber den Zuhältern und eine entsprechende Demokratisierung der Eros-Center gefordert hat. Das geistige Fundament, auf dem emanzipatorische Forderungen erhoben werden – ganz gleich, ob sie allgemein humanitärer, liberaler oder sozialistischer Natur sind –, wird gebildet durch die Menschen- und Bürgerrechte, die zunehmend ins Bewußtsein treten – obwohl sie schon in der antiken Naturrechtsidee vorgebildet sind[7] – und schließlich 1948 von den Vereinten Nationen kodifiziert wurden. Von da sind sie als sogenannte »Grundrechte« in die Verfassungen der Teilnehmerstaaten übernommen worden[8].

Da die Emanzipationsbewegungen ihre Lossage-Aktionen so mit Menschenrechten begründen, die das bisherige Gesellschaftsgefüge vorenthielt und deren Versagung ganze Menschheitskontingente der Unmündigkeit überantwortete, ergibt sich nun eine entscheidende Frage. Sie lautet: *Wie sieht das Modellbild des »eigentlichen« Menschen aus*, *das sich im Zu-*

stand seiner endlich erreichten Mündigkeit herauskristallisieren soll und in dessen Namen der Protest gegen die Mächte der Entfremdung doch erhoben wird?

Karl Marx als Beispiel für eine anthropologische Fehlanzeige

Wer dieser Frage nachgeht, stößt auf eine höchst eigentümliche Fehlanzeige: Die Emanzipations-Ideologen scheinen nämlich nur zu fragen, *wovon* – von welchen strukturellen Mächten der Bevormundung und der Verzerrung – der Mensch befreit werden müsse, um er selbst zu sein. Was aber dieses Selbst *ist*, das hier seine Ketten abwirft, bleibt ein unbekanntes, vielleicht unaussprechbares »X«.

Die Anonymität des so auf Befreiung drängenden Selbst braucht sicher nicht zu bedeuten, daß man keine wenigstens ungefähre Vorstellung von ihm hätte oder daß einen diese Frage womöglich nicht interessierte. Dennoch muß man feststellen, daß dieses Wesen nirgendwo expliziert wird, daß es sozusagen kein Porträt von ihm gibt. Es bedarf komplizierter Interpretationen und Indizienbeweise, um einigermaßen herauszubekommen, was Vertreter der Emanzipations-Ideologie – z. B. Karl Marx – unter »dem« Menschen nun positiv verstehen. Was er *nicht* ist und sein soll, wissen sie sehr wohl zu sagen: Er ist nicht und soll nicht sein das pervertierte Produkt perverser gesellschaftlicher Strukturen, wie sie etwa im Hochkapitalismus vorliegen. Kann man aber von dieser Art Entfremdung sprechen, wenn man sie nicht an der Norm dessen mißt, was der Mensch in seiner Eigentlichkeit ist? Läßt sich das Uneigentliche ohne den Maßstab des Eigentlichen überhaupt feststellen?

Es ist ein eigentümliches Phänomen, daß dieses Unlogische gleichwohl immer wieder geschieht. Auch bei uns ist es ja so, daß wir alle ziemlich genau sagen können, was unmenschlich ist. Wenn man aber sagen soll, was nun Menschlichkeit im *positiven* Sinne bedeuten würde, breitet sich leicht Verlegenheit aus. Wer weiß, was böse ist, weiß noch längst nicht, was gut ist. Denn um zu wissen, was der Mensch ist und was gut ist, müßte man die Quelle seines Wissens verraten: zum Beispiel ob der Mensch Ebenbild Gottes oder aber nur Funktionär ökonomischer Prozesse ist. Beschränkt man sich dagegen auf die Negation, auf die bloße Feststellung dessen, was *un*menschlich ist, braucht man das nicht ohne weiteres zu verraten. Denn eine massive Mißhandlung des Menschen, seine zynische Ausbeutung zum Beispiel, widerspricht beiden Menschenbildern.

Das Anonym-Bleiben des »eigentlichen« Menschen bei Marx ist um so auffälliger, als er in seinem System ja durchaus Gelegenheit hätte, sich über diesen »eigentlichen« Menschen zu äußern. Das ist gerade dann der Fall, wenn er den eschatologischen Vorgang schildert, in dem der Mensch seine bisherigen Fesselungen abstreift und zu sich selbst kommt. Diesen Vorgang charakterisiert er mit dem Stichwort »Sprung in die Freiheit«. Der Sprung in die Freiheit besteht darin, daß »mit der Besitzergreifung der Produktionsmittel durch die Gesellschaft ... die Warenproduktion beseitigt (ist) und damit die Herrschaft des Produkts über die Produzenten ... Der Kampf ums Einzeldasein hört auf. Damit erst scheidet der Mensch endgültig aus dem Tierreich, tritt aus tierischen Daseinsbedingungen in wirklich menschliche ... Die eigene Vergesellschaftung des Menschen, die ihm bisher von Natur und Geschichte oktroyiert gegenüberstand, wird jetzt seine eigene Tat.» Das ist »der Sprung der Menschheit aus dem Reich der Notwendigkeit in das Reich der Freiheit«.

Der Mensch an sich, der »eigentliche« Mensch ist also derjenige, der nicht mehr Objekt der Verhältnisse ist, sondern gesellschaftliche Organe bekommen hat und daraufhin *seine eigene Vergesellschaftung in freier Tat vollzieht.* Ist das aber etwas anderes als eine immer noch negative Aussage, als eine Negation der Negation? Steckt darin denn mehr als die Feststellung, der Mensch sei nun nicht mehr verfremdet, ohne daß aber gesagt würde und nach dem ideologischen Ansatz auch gesagt werden könnte, was er positiv ist, wie er etwa lebt, leidet, liebt, sich freut und stirbt? Wie wird die Geschichte dieses rätselhaften und gespenstischen Gebildes weitergehen? Geht sie überhaupt weiter? Es gibt offenbar keine feindlichen Gewalten mehr, weder außerhalb des Menschen in der Gesellschaft (die Klassenkämpfe haben ja aufgehört) noch in der Seele des Menschen; es gibt keine Auseinandersetzungen mehr. Ist dieser Mensch der letzten Tage also gut, vollkommen, ohne das Böse? Das alles bleibt dunkel und muß wohl dunkel bleiben. Ein Mann wie ROBERT HAVEMANN hat sich in seinem Buch »Dialektik ohne Dogma?« Gedanken darüber gemacht. Aber schon die Tatsache, daß er dieses Thema überhaupt stellte, schien den Instinkt der Chefideologen zu bestätigen, daß er ein Fremdkörper im System sei.

Es gibt anscheinend bei MARX nur *eine* Andeutung (in der »Deutschen Ideologie«), die das Wesen des Menschen selbst anspricht: Auch für MARX hat sich die ganze ungeheuerliche Macht des Bösen, wie sie in der wirtschaftlichen Unordnung des Kapitalismus proletarisierend und entmenschlichend am Werke ist, ja nicht von selbst gebildet, sondern sie kommt vom Menschen her, der sie letztlich »verschuldet« hat. Es ist, sagt MARX, »die *eigene Tat des Menschen*«, die »ihm zu einer fremden, gegenüberstehenden Macht wird, die ihn unterjocht, statt daß er sie beherrscht«.

Ist es ein Zufall, daß dieser Gedanke des Bösen als einer anthropologischen Wesensaussage ebenfalls nicht weiter expliziert wird, daß der Begriff des Bösen (außer unter der Chiffre der Entfremdung), soweit ich sehe, sonst nirgendwo auftaucht? Der Gedanke an das radikale Böse ist in der marxistischen Eschatologie wieder ganz eliminiert. Hier erscheint nur das utopische Traumbild eines Menschen, der keine Geschichte mehr hat: ein merkwürdig unwirkliches doketisches Gespenst, an dem keinerlei Wesenszüge mehr abzulesen sind. Hier hört Marx einfach auf, den Menschen zu porträtieren. Er hört also gerade dort auf, wo wir aufs höchste gespannt sind, nun sein unverfremdetes und eigentliches Wesen zu erblicken.

Wo ist jenes Böse geblieben, um dessen Spurenelemente beim geschichtlich-empirischen Menschen Marx immerhin weiß? Angenommen einmal, es sei nach Marx wirklich so gewesen, daß die soziale Form der Entmenschlichung, daß Ausbeutung und Klassenstruktur der Gesellschaft das Produkt des Bösen im Menschen sei: Wie soll man dann hoffen dürfen, daß der Mensch essentiell anders würde, wenn er die Erscheinungsformen dieses seines Bösen beseitigt? Müßte man nicht vielmehr annehmen, daß die im Menschen schlummernde potentielle Energie des Bösen sich nun in neuen und andern kinetischen Formen auch bei der klassenlosen Gesellschaft entladen wird, z. B. im individuellen Kampf der Menschen miteinander, in Neid, Haß, Prestigebedürfnis und allen möglichen Komplikationen, wie sie im biologisch eingeborenen Trieb zur Hackordnung angelegt sind? Der Aggressionstrieb bleibt doch wohl erhalten, oder?

Herbert Marcuse läßt hier seine Phantasie weiter ausschweifen als Marx, ohne aber dadurch einer positiven Wesensaussage näherzukommen: Wir erinnern uns an die entscheidenden Züge dieser Marcuseschen Eschatologie, die uns früher schon beschäftigt hat (Seite 54 f.): Beim Menschen der befreiten Gesellschaft entfallen die Momente, die in der Klassensituation und beim Leistungs-Streß den Aggressionstrieb stimulierten. Er wird so nicht nur friedlicher nach außen, sondern gewinnt auch das Glück innerer Ausgewogenheit. Was bei dieser Umprogrammierung noch an überschüssiger Kraft bleibt, kann sich in positiven Aufgaben verströmen, so im Städtebau oder auch im Sport. Selbst auf das Tierreich werde dieser Erlösungszustand übergreifen: Der Raubfisch brauche die kleineren Genossen nicht mehr zu fressen, weil er andere Nahrungsquellen hat und sich einem harmloseren Verzehr zuwenden kann. Ein letzter unauflöslicher Rest von Aggression würde indessen immer noch bleiben, das möchte auch Marcuse nicht bestreiten. So werde man wohl damit rechnen müssen, daß auch im goldenen Endzeitalter der Geschichte zwei junge Männer um ein Mädchen kämpfen[9].

Ist damit nicht ein Bild des Menschen von gespenstischer Unwirklichkeit gezeichnet? Besteht diese harmonisierte Utopiegesellschaft nicht aus dumpf-glücklichen Lemuren, aus Homunkuli also, die weder Romeo noch Julia sein können und in denen kein Shakespeare noch irgendwelche dramatischen Impulse zu finden vermöchte? Ist in alledem auch nur ein einziges Wort über den ontologischen Status dieses neuen Menschen und über sein Wesen gesagt? Er wird doch bei Marx sowohl wie bei Marcuse ausschließlich als eine Funktion kommender gesellschaftlicher Bedingungen dargestellt. Er taucht nur als Schatten dessen auf, was sich gesellschaftlich ereignen wird. Er ist nur das Füllsel der Freiheitsräume, die durch die Automatisierung der Produktivkräfte eröffnet werden.

Das Bild dieses eschatologischen »eigentlichen« Menschen wird noch ungreifbarer dadurch, daß er alle individuellen Züge verliert und zum bloßen

Substrat eines kollektiven Bewußtseins wird: »Erst wenn der wirklich individuelle Mensch den abstrakten Staatsbürger in sich zurücknimmt und als individueller Mensch in seinem empirischen Leben, in seiner individuellen Arbeit, Gattungswesen geworden ist, erst wenn der Mensch seine ›forces propres‹ als gesellschaftliche Kräfte erkannt und organisiert hat und daher die gesellschaftliche Kraft nicht mehr in der Gestalt der *politischen* Kraft von sich trennt, erst dann«, so meint MARX, »ist die menschliche Emanzipation vollbracht.«

Der Mensch vollendet sich also in der Weise, daß er als Individuum aufhört und »gesellschaftlicher« Mensch wird. Erst hier bildet die Gesellschaft eine vollendete Wesenseinheit des Menschen mit der Natur; hier erst gibt es den »durchgeführten Naturalismus des Menschen« und den »durchgeführten Humanismus der Natur«. Mit andern Worten: Hier ist der Mensch in die Einheit mit Natur und Welt zurückgekehrt. Hier will er das, was die Natur will, was die Gesellschaft will. *Alle Widersprüche hören auf, weil die Emanzipation alles Partikulären und Individuellen beendet ist und gerade diese Emanzipation der Emanzipation nun den Menschen zu sich selbst kommen läßt.* Da Geschichte nicht ohne Gegensätze denkbar ist, wird man sagen dürfen, hier sei der Mensch aus einem geschichtlichen ein mythischen Wesen geworden, das sein Eigenleben eingebüßt hat und nur noch einen kollektiven Willen vertritt.

Ist dieser Mensch mit seinen kollektiven Instinkten, seinem kollektiven Bewußtsein nicht in der Tat von unwirklicher Scheinleiblichkeit? Hat er nicht im Grunde aufgehört zu »sein«, ist er nicht statt dessen ein bloßes Synonym für jene »Menschheit« geworden, die im 18. und 19. Jahrhundert und noch bei FEUERBACH die Summe aller positiven und sich ergänzenden Eigenschaften des Menschen ist?

Durch diese Irrealität des humanen »X« bestätigt die marxistische Eschatologie eine Erkenntnis, die wir früher gewannen: Das Wesen des Menschen kann nicht empirisch erhoben und aus der Summe von Eigenschaften gewonnen werden. Das jedoch hat MARX getan, wenn er den Menschen aus der Empirie des Geschichtsverlaufs als homo oeconomicus zu erweisen sucht. *Das Eigentliche des Menschen ist aber von der partikulären Lebensäußerung des Ökonomischen her nicht zu erfassen.* Daß das nicht möglich ist, wird schon daraus ersichtlich, daß viele Phänomene des Lebens – um nur an Leben, Lieben, Leiden, Sterben zu erinnern – sich dem Versuch widersetzen, sie aus ökonomischen Interessensituationen zu erklären. Und lassen sich etwa Gestalten der Weltgeschichte, z. B. LUTHER, FRANZ VON ASSISI oder selbst HITLER, aus solchem Kräftespiel der Interessen erklären? Wo man es zu tun versuchte – gerade LUTHER ist ja das Opfer solcher spekulativen Experimente gewesen –, kam es zu Zerrbildern und zu schauerlich amputierten Homunkuli. Die Luthergroteske, die bekanntlich DIETER FORTE auf die Bühne gestellt hat, ist nur ein makabres Beispiel dafür.

Das Bild des Menschen tritt erst von einem ihn Transzendierenden her in Erscheinung. Wir haben darüber im Zusammenhang mit der »fremden Würde« gesprochen.

Wir erinnern uns an die Überlegungen, die uns zu dieser Kurzanalyse der marxistischen Anthropologie geführt haben. Wenn die Emanzipationsideologen, so sagten wir uns, sich von einer für das Humanum so konstitutiven Größe wie der Tradition lossagen, dann müsse diese Negation zu einer neuen Form des Unmenschlichen führen. Marx sollte für uns die Probe auf dieses Exempel sein. Da für ihn die Geschichte ein Prozeß von Klassenkämpfen ist und alle Traditionen deshalb nur deren funktional abhängigen »Überbau« bilden können, *kann* man sich zur bisherigen Tradition nur emanzipatorisch verhalten. Das als Ziel der Geschichte ausgemachte Gattungswesen »Mensch« hat deshalb diese durch Klassenkämpfe bestimmte Tradition und ihre entfremdende Wirkung abgestreift. Das Resultat aber ist nun, wie wohl deutlich wurde, die doketisch gespenstische Erscheinung eines Lemuren: also eine Form dessen, was wir als neue Unmenschlichkeit bezeichnet haben.

Die permanente Veränderung als Selbstzweck

Die Emanzipations-Ideologen wollen so durch eine totale Lösung aus dem Bisherigen und damit aus jeder Tradition eine totale Umprogrammierung des Menschen erreichen. Diese Umprogrammierung war aber – jedenfalls der Absicht nach – immerhin noch mit einer bestimmten Zielangabe inhaltlich gefüllt: Es ging um den aus seiner Entfremdung befreiten Menschen, selbst wenn dieses Ziel letztlich nur negativ zu umschreiben war und in seiner konkreten Gestalt verschwommen bleiben mußte.
Der Gipfel dieses emanzipatorischen Trends scheint nun dann erreicht zu werden, wenn der Akt der so erstrebten »Veränderung« zum Selbstzweck wird. Das ist dann der Fall, wenn nicht ein bestimmtes Ziel das Movens der Veränderung ist, sondern der Akt der Veränderung sich selbst genügt. Er richtet sich damit nicht auf eine zu erstrebende Zukunft hin, sondern erschöpft sich in der Absage an die Vergangenheit. »Veränderung« bedeutet dann ausschließlich: »So wie bisher kann es auf keinen Fall bleiben.« Die sogenannte »neue Linke« ist in diesem Sinne polemisch rückwärtsgewandt und damit auf eine paradoxe Weise reaktionär. Entsprechend tritt die Tradition nur als etwas in Erscheinung, das auf jeden Fall zu entlassen ist, weil es Veränderung zu verhindern und statt dessen Bewahrung zu erzwingen scheint. Der traditionell Gebundene »wiederholt« nur Vergangenes, ohne sein eigenes Selbst vergegenwärtigen zu können. »Ist es etwa als Wille zu bezeichnen«, fragt Peter Handke, »daß jemand nur immer von neuem das wiederholen will, was man ihm einmal beigebracht hat? Kann man einen leerlaufenden Wiederholungswillen als Willen bezeich-

nen? Oder ist es nicht so, daß nur jener Impuls als Wille bezeichnet werden kann, der jedesmal etwas anderes will?« Jedesmal etwas anderes wollen und etwas nur deshalb zu verneinen, weil es einmal gewollt worden *ist*, also von vorneherein die Frage abzulehnen, *warum* es gewollt wurde und ob die Gründe für dieses Warum nicht auch *meine* Gründe sein könnten: das ist *die dezidierte Ablehnung jeder Art von Tradition.*

Diese Ablehnung drängt zu ganz extremen Konsequenzen: Sie kann nicht einmal eine freiheitliche Rechtsordnung wünschen, die in noch so grenzenloser Liberalität alle Spielräume für Emanzipationen jeder Art zur Verfügung stellte. Denn sobald sich ein Emanzipationsprogramm institutionell verfestigte, würde es ja schon *wieder* zum Element von Tradition. Freiheitliche Institutionen aber, so hat ROBERT SPAEMANN ganz mit Recht bemerkt, würden dem emanzipatorischen Freiheitsbegriff unmittelbar widersprechen. *Der Aktionismus eines selbstzwecklichen Veränderungswillens müßte sich groteskerweise gegen jeden institutionellen Ertrag, gegen jede Frucht seiner selbst wenden, weil das etwa erreichte Ziel der Veränderung ihren Aktionismus ja zur Ruhe brächte.* Jeder etwa erfüllte Zweck der Veränderung würde die proklamierte Selbstzwecklichkeit der Veränderung außer Kraft setzen und die ganze Konzeption in Selbstwidersprüchen ersticken.

Damit hängt es vermutlich auch zusammen, daß die notorischen Veränderer, wie das wiederum an der »neuen Linken« deutlich wird, freiheitliches Gewähren-Lassen mit äußerstem Unbehagen registrieren und daß sie hier eine gefährlichere Gegnerschaft vermuten als in harten konservativen Gegenfronten. Sie scheinen zu spüren, daß eine ihnen entgegenkommende Emanzipationsbereitschaft ihren Veränderungswillen in lähmende Selbstwidersprüche verstrickt: Sie können nicht gegen etwas sein, das sich als »für sie« erklärt. Aber sie können gleichwohl nicht »dafür« sein, weil ihr Veränderungsfanatismus ein Vorhandenes – womöglich als freiheitliche und tolerante Ordnung Vorhandenes – nicht bejahen kann. Darum sprechen sie in dem üblich gewordenen Ton der Gosse von »liberalen Scheißern«. Der aus akademischer Tradition stammende HERBERT MARCUSE hat diesen Slogan in das noblere Latein übersetzt und von »repressiver Toleranz« gesprochen.

Was läuft also hier schließlich leer? (um das Wort von PETER HANDKE noch einmal aufzugreifen). Gewiß kann die Tradition zum Leerlauf werden, wenn wir ihre passiven Konsumenten sind und sie weder »erwerben, um sie zu besitzen«, noch kritisieren, um an ihr unser Eigenes zu erfahren. Hier ist der Leerlauf nur eine *Möglichkeit* des Mißbrauchs. Wird aber der Leerlauf nicht zum *Prinzip*, wenn die Veränderung sich zum Selbstzweck erklärt und damit (in der Sprache der »neuen Linken«) »perpetuiert«? Der Leerlauf eines Automotors bedeutet, daß die Maschine sich in sich selbst, womöglich in höchster Drehzahl, bewegt, ohne den Wagen vom

Fleck, geschweige an ein Ziel zu bringen. *Veränderung um ihrer selbst willen ist ein Leerlauf dieser Art.* Sie darf sich nicht auf etwas hin bewegen, darf nichts erreichen wollen, weil jedes Erreichte für die Veränderungsprogrammatik nur Gegenstand eines neuen Widerspruchs sein könnte. Auch hier endet, noch viel entschiedener als bei MARX, die Absage an die Tradition im Unwirklichen und Unmenschlichen. Der Mensch, so sahen wir, ist ja ein Wesen, das sich auf ein Woraufhin entwerfen muß, das als Geschöpf mit einem Bestimmungsziel ausgestattet ist, selbst wenn es seine Bestimmung auf eine noch so eigenwillige und vom biblischen Schöpfungsgedanken noch so entfernte Weise bestimmen mag. Hier aber, bei der selbstzwecklich gewordenen Veränderung, gibt es weder ein Woher (es sei denn als Gegenstand des Sich-Absetzens) noch ein Wohin (es sei denn als Gegenstand der Angst vor dem Etablierten). Es gibt nur das gespenstische Nu des Augenblicks, eine abstrakte Gegenwart ohne Vergangenheit und Zukunft. Die Bewegung, zu der die so verstandene Veränderung drängt, ist der zirkuläre Lauf des Kreisels, ist das Karussell: Es dreht sich in sich selbst, ohne irgendwohin zu gelangen. Die Selbstaufgabe dieses auf den Augenblick fixierten, aus jeder Tradition entlassenen Menschen läßt das Mephistopheles-Wort wahr werden, über dessen Wahrheit angesichts des sterbenden Faust man streiten könnte:

> Vorbei und reines Nichts, vollkommnes Einerlei!
> Was soll uns denn das ew'ge Schaffen!
> Geschaffenes zu nichts hinwegzuraffen!
> Da ist's vorbei! Was ist daran zu lesen?
> Es ist so gut, als wär' es nicht gewesen,
> Und treibt sich doch im Kreis, als wenn es wäre.
> Ich liebte mir dafür das Ewig-Leere.

Dieses »Als-wenn-es-wäre ...« drückt den Leerlauf aus, von dem wir sprachen. *Emanzipation als grundsätzliche Absage an die Tradition ist unmenschlich.* Sie ist es auf *jeden* Fall. Die Tradition aber *kann* nur unmenschlich werden, oder besser: wir können sie unmenschlich sein lassen. Ob etwas menschlich oder aber unmenschlich ist, ob es im einen oder andern Sinne gehandhabt wird, hängt davon ab, ob dem Menschen die Freiheit eingeräumt wird, sich auf ein Woraufhin zu entwerfen. Diese Möglichkeit aber gibt es nur dort, wo der Mensch zugleich in seinem Woher gesehen und verantwortlich mit ihm konfrontiert wird. Insofern ist die Tradition, in der sich dieses Woher darstellt, für ihn unaufgebbar.

II. Mensch und Gesellschaft

Im Kapitel über die Weltlichkeit des Menschen und vielfach auch sonst hatten wir schon Gelegenheit, darauf hinzuweisen, daß und wie der Mensch in sein gesellschaftliches Sein verwoben sei. Der Mensch ist nicht

zuerst »an sich« und in seiner Individualität da, um danach dann durch seine Sozialisation erweitert zu werden. Robinson Crusoe ist kein Paradigma für sein ursprüngliches Dasein, sondern allenfalls eine Grenzsituation der Selbstentfremdung, in die ihn das Verhängnis eines Schiffbruchs schleudern kann. In Wahrheit ist die Gesellschaft kein zu seiner Selbstheit Hinzukommendes, kein Additiv also, das sich ihm von außen her angliederte. Er lebt und webt vielmehr »von Haus aus« in seinem Sein zum Du und entsprechend auch in den Ordnungen, in den Bezugssystemen, die das Verhältnis von Ich und Du, Ich und Gruppe, Ich und »Großem–Ganzem« tragen und regulieren. Die Ordnung von Mann und Weib gehört etwa dazu oder das Verhältnis der Generationen zueinander. Auch die Großordnungen von Staat und Gesellschaft mit ihren zahllosen Untergruppierungen jeder Art – von der Kollegenschaft an der Arbeitsstätte bis zum heimischen Gesangverein – sind Impulse oder Auswirkungen von Implikamenten seiner gesellschaftlichen Konstitution.
Diese Verwobenheit des Menschen in sein gesellschaftliches Sein ist der Kristallisationspunkt dessen, was man sein »Verhältnis zur Welt« nennt.

a) Die gottlose Welt und der weltlose Gott

Hier erhebt sich nun für das Christentum, speziell für das reformatorische, eine selbstkritische Frage: Ist der Weltbezug nicht dem Glauben entglitten? Lassen sich Welterkenntnis und Weltbewältigung der Moderne, läßt sich ihr »Weltgefühl« überhaupt mit diesem Glauben in Einklang bringen – oder kommt es hier zu Verkrampfungen und gewaltsamen Umschaltungen?
Ich erinnere mich an das Gespräch mit einer Studienrätin, die Biologie und Religion lehrte. Nach einem Vortrag, den ich über das Verhältnis von Schöpfungsglaube und Evolutionstheorie gehalten hatte, überraschte sie mich mit der Bemerkung, sie habe sich bisher noch gar nicht klargemacht, daß beide Aspekte der Welt – der biologische und der theologische – in einem relevanten Bezuge zueinander stünden. Auf meine verwunderte Gegenfrage, wie sich denn ihre Biologie- und ihre Religionsstunden vor derselben Klasse zueinander verhalten hätten, ob sie nie an einem Einklang von beiden interessiert gewesen sei, ob sie diesen Einklang nicht einmal als Frage empfunden habe, verblüffte mich ihre naive Antwort: »Ich habe in der Pause einfach umgeschaltet und hatte das Gefühl, ein völlig anderes Gelände zu betreten.« Das mag in dieser etwas infantilen Harmlosigkeit so ein Ausnahmefall sein, jedenfalls bei Gebildeten. Aber er zeigt eben doch abwegige Möglichkeiten auf, das Verhältnis zu Welt und Weltverständnis zu verdrängen und das glaubende Ich gespenstisch zu isolieren und von seinem Weltbezug abzuschneiden. Das kann bis zu einer Bewußtseinsspaltung gehen, die die Personalunion zwischen glaubendem und weltlich existierendem Ich untergräbt.

Die hier gestellte Frage erweist sich schon dadurch in ihrer Dringlichkeit, daß seit der Zeit Luthers die *entscheidenden* Wandlungen gerade in unserer Beziehung zur *Welt* stattgefunden haben: In Historie und Naturwissenschaft gilt die nüchterne Empirie. Hier scheint die Gottesfrage ausgeklammert zu sein, man pflegt einen methodischen Atheismus. Auch christliche Historiker und Naturforscher tun das – entweder in erkenntniskritischer Bewußtheit oder naiv-unreflektiert wie die zitierte Studienrätin. Technik und Organisation scheinen die Welt dem Menschen verfügbar zu machen und aus einer religiös verstandenen »schlechthinnigen Abhängigkeit« zu befreien: »Wir pflügen und wir streuen« – natürlich maschinell! – »den Samen auf das Land.« Bei »Wachstum und Gedeihen« aber vertrauen wir im allgemeinen mehr auf die künstliche Düngung und den Marktausgleich der EWG als auf »des Himmels Hand«. Es scheint sich geradezu so etwas wie eine Machtübernahme des Menschen vollzogen zu haben, und Gott sieht sich in ein Jenseits verbannt, dessen Himmel von so subalternem Rang ist, daß er dieses Notquartier im Außen mit den Spatzen teilen muß. Kein Wunder, daß dann das Gerücht vom »Tode Gottes« kolportiert wird und daß man ihn vor die Alternative stellt, sich entweder im Welt-Diesseits bemerkbar zu machen oder sich ganz abschreiben zu lassen.
Jedenfalls: *Die Reformation und speziell das Luthertum sieht sich dem Verdacht ausgesetzt, mit der Welt nicht fertig geworden zu sein.* Die These, der Mensch werde »allein aus Glauben« gerecht, mag zwar ein neues Gottesverhältnis, eine neue Unmittelbarkeit zu Gott gezeitigt haben. Doch was hilft das, wenn dieser Gott den Kontakt zur Welt und damit auch zum In-der-Welt-Sein des Menschen verloren hat? Wir können doch nicht außerhalb der Welt ein Verhältnis zu ihm haben, genausowenig wie zu uns selbst: Wir arbeiten in unserm Labor, an unserm Schreibtisch; wir ringen um Märkte, um Selbstbehauptung in der Konkurrenz; wir haben einen Körper mit seinen Trieben, deren biologischen Ursprung wir erforschen; wir fühlen uns verantwortlich für soziale Gerechtigkeit und fortschrittliche Lebensformen – ja: Wenn Gott inmitten dieser unserer Weltverflechtung nicht vorkommt, dann wird er *überhaupt* zu einer irrealen Erscheinung. *Von Emigranten – sei es, daß sie ins Jenseits, oder sei es, daß sie in die bloße Innerlichkeit emigrieren – redet man nicht mehr lange.*
Sollte dies also die Signatur unserer Wirklichkeit sein, bei der wir trotz oder infolge der Reformation angekommen sind, *daß sich eine gottlose Welt und ein weltloser Gott gegenüberstünden*? Das ist die entscheidende Frage.

Daß das Luthertum mit der Welt nicht fertig geworden sei und damit die Neuzeit versäumt haben könnte, wird ihm in der Tat von ernsthaften Leuten vorgeworfen. Wir machen uns das klar, indem wir einige dieser Vorhaltungen akzentuieren:

Einmal: Gibt es in LUTHERS Kleinem Katechismus – und damit in der maßgeblichen Lehrnorm der lutherischen Tradition – nicht so etwas wie eine patriarchalisch-altmodische Welt von gestern, in der die Vatergestalt dominiert? Und wirkt sich das nicht in den auch heute noch spürbaren Nachwehen des Obrigkeitsstaates aus? Haben wir um dieser Tradition willen nicht Schwierigkeiten mit der theologischen Bewältigung einer freiheitlichen Demokratie? Ist der hier vertretene Kult der Autorität nicht allem mündigen Weltbezug zuwider? Ist die These, daß jeder seinen Stand als von Gott zugewiesen begreifen und also darin bleiben solle, nicht eine lähmende Hemmung jeder modernen Mobilität und jedes Aufstiegsgedankens?

Ferner: Auch in der Sexualethik hat die Kirche der Reformation das rechte Wort zur Welt-Stunde offensichtlich nicht gefunden, ebensowenig zu den Fragen von Ehe und Ehescheidung. Diese kritische Vermutung braucht keinen Zweifel an der Ehe als »Gottesordnung« zu enthalten. Doch bleibt die Frage offen, ob der Wille Gottes uns im Umkreis eines partnerschaftlich verstandenen Verhältnisses der Geschlechter, einer anerkannten Gleichberechtigung der Frau und einer veränderten Vaterautorität nicht mit ganz andern, jedenfalls gewandelten Ansprüchen erreicht.

Sind wir also nicht – im vermeintlichen Namen des reformatorischen Glaubensverständnisses – allzusehr der Vätersitte verschworen, statt uns vom gegenwärtigen, vom *aktuellen* Wort erreichen zu lassen und für die Zukunft offen zu sein? Kann man denn, darf man denn im Namen des Glaubens restaurativ und reaktionär sein? Selbst bewährte Traditionen können ja, wenn sie nicht mehr gegenwartsmächtig sind, zum tötenden Gesetz werden. Man braucht sich nur vor Augen zu halten, wie das nachexilische Judentum die Asche der Gesetzestradition von Urne zu Urne umfüllte und im Buchstabenkult des Rabbinats endete, um einen exemplarischen Fall dieses Absterbens von Traditionen vor Augen zu haben. Bewegen wir uns in der Art, wie das Luthertum unser Weltverhältnis bestimmt, nicht auf eben dieser Todeslinie?

Im Grunde ist es ja eine erstaunliche Frage, ob die Reformation so die Neuzeit versäumt und ein theologisch gefülltes Verhältnis zur Welt verhindert haben könnte. Erstaunlich deshalb, weil die allgemeine Vorstellung – doch sicher nicht ganz zu Unrecht – durch den Gedanken bestimmt ist, daß LUTHER aus Klerikalismus und theokratischer Bevormundung befreit und das Welthandeln geheiligt habe. War *er* es nicht, der die Grenze zwischen sakralen und profanen Bereichen eingerissen hat und davon sprach, daß auch die Mutter, die Kinder gebiert, oder die Magd, die den Besen schwingt, so etwas wie Gottesdienst im weltlichen Stande leiste? Und hat er dieser Emanzipation der Welt in seiner Lehre von den »zwei Reichen« nicht den theoretischen Hintergrund gegeben?

Bei der Frage, ob LUTHERS Theologie so doch den Glauben zur Welt geöffnet haben könnte, um dann – durch welche Denk-Zwischenfälle immer – neuen Blockierungen überantwortet zu werden, stoßen wir auf eben jene Schlüssel-Konstruktion, die das theologische Weltverständnis bei ihm reguliert: auf die Lehre von den »zwei Reichen«.

b) *Das Weltreich und das Gottesreich – der Mensch als Wanderer zwischen zwei Welten*
Schöpfungsordnungen und Notverordnungen

Obwohl diese Lehre einen entscheidenden Durchbruch bedeutet und das Weltverständnis in den Glauben einbezieht, können wir sie heute nur in modifizierter Gestalt übernehmen. Wir sind gleichsam gebrannte Kinder und beobachten, daß auch ein verweltlichtes, »konformistisches« Christentum diese Lehre als ideologisches Alibi benutzen konnte. Dieser Mißbrauch vollzog und vollzieht sich so, daß man dem gebietenden Anspruch Gottes nur die *geistliche* Sphäre (Wortverkündigung, Seelsorge und ähnliches) als Zuständigkeitsbereich einräumt. Das Weltreich dagegen versteht man als eine Zone, in der ausschließlich wirtschaftliche, politische und gesellschaftliche Sachgesetze herrschen. Darum gelten in ihr die Gebote Gottes als inkompetent und fehl am Platze. Sie können nur »unsachliche«, störende und im übrigen auch ganz ineffektive Zwischenrufe bedeuten. – So bedarf diese mannigfach malträtierte Lehre für uns, die wir aus Erfahrung – wenn nicht klug, so doch – vorsichtig geworden sind, gewisser Absicherungen, deren Notwendigkeit LUTHER im Augenblick seines Durchbruchs noch nicht gegenwärtig sein konnten[10].
In unserm Zusammenhang kommt es nur auf die entscheidenden *Intentionen* dieser Lehre und weniger auf die Gebresten an, mit der ihre reflexive Entfaltung belastet ist. Uns interessiert sozusagen die Durchbruchssituation selbst, die die Welt eröffnet, und zwar im Sinne eines gottgewollten Aufgabenfeldes, nicht nur im Sinne der Verneinung und der Distanzierung (wie bei AUGUSTIN und später in verschiedenen Varianten des Pietismus).
Wenn ich nach dem entscheidenden Impuls frage, der diese Lehre von den zwei Reichen auslöst, dann stoße ich auf einen dramatischen Glaubenskonflikt: Auf den Zusammenprall nämlich zwischen den radikalen Forderungen der Bergpredigt Jesu und einer Weltstruktur, die mir die Erfüllbarkeit dieser Forderungen zu versagen scheint. *Die Welt steht offenbar in einem seinshaften Widerspruch zu dem, was die Bergpredigt will*:
Da heißt es, nicht nur wer die Ehe breche, sondern wer ein Weib ansähe, »ihrer zu begehren«, der habe schon mit ihr die Ehe gebrochen in seinem Herzen (Matthäus-Evangelium, Kapitel 5, 29). Oder: »Wenn dir dein rechtes Auge Ärgernis schafft, so reiß es aus und wirf's von dir.« Oder: »Ihr sollt dem Übel nicht widerstreben; sondern wenn dir jemand einen Streich gibt auf deine rechte Backe, dem biete die andere auch dar.« Die Reihe dieser Radikalismen ließe sich noch fortsetzen.

Nun zeigt jeder Blick in das wirkliche Leben, daß ich diesen Forderungen im Sinne wörtlicher Erfüllung nicht gerecht werden *kann*. Daß es mir unmöglich ist, liegt nicht am Fehlen meiner subjektiven Bereitschaft – die vielleicht vorhanden ist –, sondern an objektiven Verhältnissen, die eine unüberwindbare Sperre bedeuten. (Wir sind in anderm Zusammenhang schon einmal auf dieses Problem der Sperre gestoßen, als wir den jungen, zur Nächstenliebe bereiten Kaufmann in der Gefangenschaft des Konkurrenzprinzips beobachteten; S. 132 ff.) Ich kann mich zu Recht aufgefordert sehen, mein Begehren zu zügeln; darüber aber, daß elementares Begehren in mir aufzüngelt, verfüge ich nicht. Das ist gleichsam ein Vitalvorgang, der dem Zugriff meines Willens entrückt ist. Wie kann er dann aber Gegenstand eines Vorwurfs sein und als »Ehebruch im Herzen« verstanden werden?

Was so schon als Zwang im Inner-Ich aufbricht, tritt uns in objektivierter und überpersönlicher Gestalt bei den Strukturgesetzen der Welt entgegen: Was geschähe etwa – so haben wir uns schon einmal gefragt (a. a. O.) –, wenn ich dem Übel *nicht* widerstrebte und beim Schlag auf die eine Wange noch die andere böte? Käme es nicht zum Chaos und zur schrankenlosen Herrschaft des Stärkeren? Sehen wir nicht, daß das Gefüge unserer Welt von Ordnungen durchwirkt ist, die dem Übel widerstreben und unser Leben ermöglichen? Sollte Gott dieses Leben denn nicht wollen und seine Schöpfungsabsicht widerrufen? Gibt es nicht auch ein christliches Berufsethos, das uns an eben diese – offenbar als gottgewollt verstandenen – Ordnungen bindet? Der Richter kann doch im Namen der Feindesliebe die kriminellen Feinde der Rechtsgemeinschaft nicht einfach »lieben« und dann womöglich laufen lassen. Er *muß* ihnen doch entgegentreten und sie gegebenenfalls hinter Schloß und Riegel bringen. Und wie ist es mit Vater und Mutter? Selbst wenn sie extrem antiautoritär sein sollten, können sie nicht im Namen der Liebe jede Lüge, jeden Egoismus durchgehen lassen. Sie mögen noch so gründlich danach forschen, wie das Kind zu seinen Verstößen gekommen sei: Es wird trotzdem Situationen geben, wo sie ihm schlechthin widerstehen, also »dem Übel widerstreben« müssen. Ließe man ohne Widerstand alles durchgehen, würde aus dem Jungen nur ein unausstehlicher Bengel. Und wahrscheinlich würde er seinen Eltern später, wenn er mit dem Leben nicht fertig wird, mit Recht den Vorwurf machen, daß sie »lieblos« – nämlich nach dem Gesetz der Bequemlichkeit und des geringsten Widerstandes – an ihm gehandelt hätten.

Woran liegt es denn nun, daß die Verhältnisse mir offenbar nicht gestatten, dem Liebesgebot Jesu kompromißlos, sozusagen buchstabengetreu, nachzukommen? Das hat wohl folgenden Grund:

Die irdischen Ordnungen und Strukturen, in deren Rahmen wir handeln müssen, haben eine gewisse Eigengesetzlichkeit, die wir nicht, wie das die

Schwärmer anstrebten und als möglich verkündeten, überspringen können. Der Richter muß im Rahmen der Rechtsordnung dem Übel der Kriminalität widerstreben und darf sie nicht hinnehmen. Der Staatsmann darf feindlichen Machenschaften gegen sein Land nicht tatenlos-duldend zusehen und deren Trägern die »andere Wange« hinhalten, sondern er hat die, die gegen die Interessen seines Staates handeln, aktiv abzuwehren. Er ist kraft der Eigengesetzlichkeit des Politischen zur Selbstbehauptung und damit zur Konsolidierung von Macht genötigt; einfach den »untersten Weg« zu gehen, ist ihm verwehrt. Der Kaufmann muß innerhalb des Konkurrenzgesetzes bestehen und kann nicht im Namen der Nächstenliebe »nachgeben«. Wir machten uns früher schon klar, daß er damit die Interessen seiner Angestellten verletzen und so nach einer andern Seite dem Liebesgebot nicht gerecht werden würde.

Man kann diese Feststellungen nicht treffen, ohne sich an zwei Gesichtspunkte zu erinnern, die naheliegende Mißverständnisse vermeiden lassen:

Der *erste* Gesichtspunkt: Wenn die Struktur unserer Welt der Erfüllbarkeit der radikalen Bergpredigtgebote so einen Riegel vorzuschieben scheint, wird man daraus nicht folgern dürfen, daß sie in einem entsprechend radikalen Widerspruch zu Gott stünden. Denn der, in dessen Namen das unbedingte Liebesgebot erlassen wurde, ist ja zugleich der Stifter der Weltordnungen. Sie werden nach der Sintflut feierlich installiert, um der durch Sünde aus den Fugen geratenen Welt wieder ein Gefüge zu geben und dadurch menschliches Leben überhaupt möglich zu machen (Genesis Kapitel 9). Würde der Mensch seinen Einzel- und Gruppenegoismen einfach überlassen bleiben, müßte er sich selbst vernichten. Der Vernichtete aber kann auch seiner Bestimmung nicht mehr gerecht werden. Um diesem Ziel zuzustreben, muß er zumindest physisch existieren können. Darum sind die Ordnungen von jeher als Maßnahmen providentieller Fürsorge und Liebe verstanden worden. Das, was so aus Liebe gestiftet wird, begrenzt aber zugleich die Möglichkeiten radikaler Liebe. *Steht hier die Liebe mit sich selbst im Konflikt?* Hier tut sich in der Tat ein Ausblick auf letzte Seinswidersprüche auf. Worin sind sie begründet? Das was wir bisher über den Sündenfall gesagt haben und noch weiter erörtern werden, kann uns vermuten lassen, daß die Gebrochenheit menschlicher Existenz, daß der »Abgrund« zwischen Gott und Welt am Zustandekommen jener Spannungen beteiligt sei. Das ist zugleich einer der Gründe dafür, daß das kommende Reich Gottes keine innergeschichtliche Zukunft ist, die dieser Äon aus sich herausgeben könnte.

Der *zweite* Gesichtspunkt: Die Unangemessenheit des Menschen und seiner Welt zu der radikalen Forderung der Bergpredigt enthält eine Anklage. Sie erscheint als Gericht. Es ist aber unmöglich, sich diesem Gericht mit dem Argument des Tragischen zu entziehen und etwa im Sinne BERT BRECHTS zu sagen: Ich selbst möchte schon dem Willen Gottes konform leben, »doch die Verhältnisse, die sind nicht so«. Wie wir schon früher sahen (S. 135 f.), ist es mir unmöglich, mich in *dem* Sinne von den »Verhältnissen« der Welt zu emanzipieren, daß ich sage: Hier bin ich, und dort sind jene »Verhältnisse«; ich würde durch sie und also von außen her daran gehindert, der zu sein, der ich sein möchte. Denn ich stelle fest, daß etwa der sacro egoismo und der Selbstbehauptungswille in der politischen Welt nur die kosmisch erweiterte Form dessen ist, was auch in meinem Herzen lebt und webt ... In dem ich in jenes »Außen« blicke, muß ich sagen (wir haben früher darüber gesprochen): Dies ist »meine« Welt; Tatwam asi – das bin »ich«. Ich muß mich mit meiner Welt identifizieren. Insofern versetzt mich nicht die »böse Welt« in jene Spannung zum Bergpredigtgebot, sondern ich selbst. So gewiß ich *Repräsentant* dieser meiner Welt bin, erkenne ich mich als den Initiator und den Grund jener Spannung.

Die Lehre von den zwei Reichen versucht – fragwürdig gewiß, aber immerhin so, daß sie einer gestellten Frage nicht ausweicht –, den Widerspruch zwischen der radikalen Forderung Gottes und den Bedingtheiten irdischer Ordnung, die sich ihr widersetzen, in einem Gedankenmodell auszudrücken und verstehbar zu machen.

Was hier gemeint ist, läßt sich an dem sogenannten »noachitischen Bunde« verdeutlichen, den Gott mit jener Welt schließt, die sich wie neugeboren aus den weichenden Wassern der Sintflut erhebt (Genesis Kapitel 9.) Hier ist noch einmal ein Neubeginn, fast wie am Schöpfungsmorgen. Abermals werden Schöpfungsverheißungen und Schöpfungsgebote laut wie in der Stunde des Ursprungs, als die Welt ins Leben gerufen wurde. Noch einmal wird der Mensch zur Herrschaft über die Erde berufen. Gottes Welt wird ihm aufs neue anvertraut. Wieder wird er aufgerufen, fruchtbar zu sein, sich zu mehren und die Erde zu füllen.

Und doch ist in dem allem ein fremder Klang hörbar, den die heile Schöpfungswelt so nicht kannte. Von der menschlichen Weltherrschaft heißt es nun: »Furcht und Schrecken vor euch liege auf allen Tieren der Erde und allen Vögeln des Himmels; mit allem, was sich auf Erden regt, und mit allen Fischen des Meeres sind sie in eure Hand gegeben« (9, 2). Es ist nicht mehr die ewige Liturgie der Schöpfungswelt, die hierarchisch in sich selbst ruhte, weil sie auf den Schöpfer hin gewandt war. Dieser Neubeginn der Welt trägt von vorneherein das Stigma des Bundesbruchs an sich: Herrschaft ist nun nicht mehr einfach verliehen und wird als verliehene nicht mehr fraglos respektiert, sondern sie muß behauptet werden. Sie ist mit »Furcht und Schrecken« verbunden. Der Bruch mit Gott, der als Hypothek auf dieser Welt nach der Sintflut lastet, ist zugleich ein Bruch zwischen Mensch und Mensch. Und wenn dieser Bruch nicht zur Selbstvernichtung führen soll, muß er mit Gewalt verhindert werden. Darum gilt: »Wer Menschenblut vergießt, dessen Blut soll durch Menschen vergossen werden, denn nach dem Bilde Gottes ist der Mensch gemacht« (9, 6).

Die Welt nach der Sintflut, die »gefallene« Welt, bedarf so der *Rechtsordnung*. Und wenn hier die Todesstrafe als deren extreme Maßnahme verstanden wird[11] – wie verhält sie sich eigentlich zu dem Willen Gottes? Sie wird hier zwar verordnet; kann das aber heißen, daß sie seinem eigentlichen, seinem ursprünglichen Willen entspreche? Doch sicherlich nicht! Es wäre absurd, solche Drohungen in der Schöpfungsgeschichte suchen zu wollen. Es geht hier vielmehr um einen neuen, einen gleichsam modifizierten Willen Gottes, um einen Willen, der auf die gebrochene Situation der gefallenen Welt »eingeht« und sich ihr so nahebringt, wie sie es zu ertragen vermag.

Luther hat in seinem Genesis-Kommentar zwischen diesen Willensäußerungen Gottes in einem schon zitierten Bilde unterschieden: In der heilen Welt der ursprünglichen Schöpfung konnte Gott durch den Wink eines einzigen Fingers (uno moto digito) die Welt regieren. Das war möglich, weil die Menschen gleichsam in seinen Anblick versunken waren und auf jenen Wink achteten – ähnlich wie ein Orchester auf seinen Dirigenten blickt und willfährig seinen Gesten folgt.

Mit dem Sündenfall ist das aber schlagartig anders. Indem der Mensch sich von Gott abwendet, sieht er auch seine Winke nicht mehr. Darum muß Gott ihn mit der Faust packen, um seinen Willen durchzusetzen. Die institutionelle Form dieser regierenden Faust ist nun nach Luther – der *Staat*. Deshalb sind die Ordnungen der Geschichte (zum Beispiel Staat, Recht, Wirtschaft usw.) nicht als ursprüngliche »*Schöpfungsordnungen*« zu verstehen. Sie sind vielmehr eine Art »*Notverordnungen*«, die der neuen Situation des gefallenen Menschen entsprechen. Man könnte auch sagen, sie seien Ordnungen der Geduld Gottes, kraft deren er selbst die gefallene Welt noch am Leben erhält und sich der Mittel bedient, die in ihrem Rahmen verfügbar sind und für ihre Selbsterhaltung eingesetzt werden können.

Auch Jesus selbst hat diese Differenzierung bei den göttlichen Willensäußerungen vorgenommen: Als er gegenüber den Pharisäern von der Unverbrüchlichkeit der Ehe spricht (»Was Gott zusammengefügt hat, das soll der Mensch nicht scheiden«; Matthäus-Evangelium 19, 3 ff.), antworten sie mit der Gegenfrage: Warum hat denn Mose – natürlich doch im Namen Gottes! – den »Scheidebrief« erlaubt? Darauf Jesus: »Mose hat euch erlaubt, euch zu scheiden von euren Frauen, um eures Herzens Härtigkeit willen; von Anbeginn aber ist's nicht so gewesen.« – Hier wird ganz klar unterschieden zwischen dem ursprünglichen, dem *eigentlichen* Gotteswillen, wie er im »Anbeginn« der Schöpfung laut wurde, und jener Äußerung seiner Geduld, die die »Herzenshärtigkeit« des gefallenen Menschen erträgt. Wenn es denn einmal Ehebruch und Krisen gibt, ist die ursprüngliche Schöpfungsordnung gestört. Ihre gewaltsame Aufrechterhaltung würde rebus sic stantibus tödlich und grausam sein. Darum geht Gott in der entfremdeten Welt auf deren Möglichkeiten ein und trägt sie durch Ordnungen der Geduld.

So baut der Schöpfer gewisse Gesetze des gefallenen Äon – daß zum Beispiel »Furcht« und »Schrecken« in ihm herrschen und daß es nun nicht mehr ohne Gewalt abgehen kann – in der Weise aus, daß sie kraft des Wunders seiner Erhaltung und seines Segens nicht zur Zerstörung dienen müssen, sondern die Welt gerade erhalten. Sie sind, wie GERHARD VON RAD in seiner Auslegung des »noachitischen Bundes« sagt, Ordnungen, die »in dem durch Gewalttat entarteten Verhältnis der Kreaturen zueinander gelten«, sie sind Notordnungen, in denen der Macht und der Gewalt eine legitime Funktion zugewiesen wird.

Das Gedankenmodell der Zwei-Reiche-Lehre besagt in diesem Sinne, daß dem unmittelbaren Willen Gottes, wie er in der Schöpfungsordnung symbolisiert ist, jene andere Gestalt des Willens korrespondiert, wie sie sich in den Ordnungen der Welt äußert, in jenen Willenssetzungen also, durch die Gott auf die Situation der gefallenen Welt »eingeht«, sie selbst noch mit ihren fragwürdigen Mitteln erhält und sie in Geduld trägt. Auch sie sind Zeichen liebender Providenz, die erhalten und offene Räume der Rettung schaffen will. Das Reich »zur Rechten« ist hierbei der Ausdruck des unmittelbaren Schöpfungswillens; das Reich »zur Linken« dagegen ist das Welt-Reich, in dem der durch die »Herzenshärtigkeit« gebrochene Wille Gottes sich in Gestalt der Ordnungen institutionalisiert.
Wer diese zwei Reiche nicht unterscheidet und darum auch nicht zwischen dem eigentlichen und dem uneigentlichen Willen Gottes differenziert, erzeugt Zerrbilder des Menschen und seiner Welt. Die beiden Möglichkeiten, in denen sich der Verzicht auf jene Unterscheidung äußern kann, sind leicht erkennbar:
Die *eine* Möglichkeit besteht darin, daß man etwa die radikalen Forderungen der Bergpredigt – den »eigentlichen« Gotteswillen also – ohne Rücksicht auf den Zustand dieses Äons als Verfassungsgesetz der Welt proklamiert. Dann behandelt man die Welt, als ob sie *noch* im Urstand des ersten Schöpfungstages wese oder als ob *schon* das Eschaton des letzten Welttages hereingebrochen sei. In diesem Sinne die Welt mit der Bergpredigt regieren zu wollen und sie zu einem Gesetz zu machen, war und ist der verhängnisvolle Irrtum aller Schwärmer und Utopisten.
Die *andere* Möglichkeit, durch die man die Unterscheidung zwischen eigentlichem und uneigentlichem Willen Gottes übersehen kann, besteht darin, daß man die Ordnungen dieses Äons zu »Schöpfungsordnungen« hochstilisiert und daß man gegebene Zustände damit gleichsam sakral auflädt, ihnen theologische Legitimation erteilt. Dann wird etwa der Krieg als Stiftung Gottes verstanden und geheiligt. Gott selbst erscheint dabei als »der Gott, der Eisen wachsen ließ«. Dann wird die Staatlichkeit zum institutionellen Ausdruck des Willens Gottes, was zur Folge hat, daß ihrer Intensivierung – bis hin zum totalen Staat und zur ideologischen Tyrannis – keine theologische Hemmung mehr entgegenwirkt. Historische Exempel zur Rechten und zur Linken –, von den Deutschen Christen des Dritten Reiches bis zu systemkonformen Christen im marxistischen Bereich, drängen sich in makabrer Fülle auf.

Der Mensch dieses Äons nach dem Sündenfall, nach der Sintflut, wird zum Zerrbild, sobald er vergißt, daß diese beiden durch das Reich zur Rechten und zur Linken symbolisierten Dimensionen sich in ihm überschneiden. Dann verschließt er sich einseitig in der einen oder andern und geht entweder schwärmerisch über diese Welt – und damit auch über das Verhalten Gottes zu ihr – hinweg, oder er verabsolutiert diese Welt und setzt ihre Wolfsgesetze mit den Geboten Gottes gleich.
Ohne den Blick auf die zwei Reiche ist keine theologische Anthropologie zu haben; keine Verballhornung, die diese Lehre – vornehmlich im 19. Jahrhundert – erlitt, darf uns davor die Augen verschließen lassen.

c) Improvisierte und geplante Weltgestaltung – die neue Dimension der Liebe

1. *Nicht nur Verbinden, sondern Verhüten von Wunden*

Die entscheidende Beobachtung, die uns hier zuteil wird, ist die: Der Wille Gottes erreicht uns offensichtlich nicht immer in derselben Gestalt. Er ist keine statisch zementierte Größe, sondern er ist flexibel, dynamisch und von jener Vielseitigkeit, wie wir sie auch im Umgang des Menschen mit seiner Geschichte feststellen können. Deshalb wechselt die Art, wie wir nach diesem Willen fragen und ihm gerecht werden, mit den Daseinsmedien, in denen wir existieren.
Es kann zum Beispiel sein, daß er die Improvisation der Liebe von uns erwartet, etwa dann, wenn uns der Nächste unvorhersehbar vor die Füße gelegt wird (wie in der Geschichte vom Barmherzigen Samariter; Lukas-Evangelium 10, 30 bis 37). Dann liegt das, was von uns gefordert wird, sozusagen quer zu allen Planungen. Priester und Levit gehen an dem unter die Räuber Gefallenen vorbei. Wir wissen nicht genau, *warum* sie hier einen Bogen um den Zusammengeschlagenen machen. Es könnte natürlich Angst oder auch die Scheu vor der Belästigung gewesen sein. Es wäre aber ebenso denkbar, daß der Terminkalender des Priesters einen bestimmten Tagesplan vorsah und daß sein hilfreiches Verweilen alle Dispositionen über den Haufen geworfen hätte. Vielleicht hatte er abends einen Vortrag über Nächstenliebe in Jericho zu halten, und die konkret praktizierte Nächstenliebe hätte sein Programm der *Lehre* über Nächstenliebe empfindlich gestört. Gleichwohl zielt dieses Gleichnis Jesu doch offensichtlich auf die Feststellung, daß eben diese Bereitschaft, sich stören zu lassen, hier das Gottgewollte gewesen wäre. Der Wille Gottes kann eine Improvisation der Liebe von uns fordern, die uns allen Planungen entreißt, selbst solchen, die wir im Namen Gottes oder der Mitmenschlichkeit aufgestellt haben. (Schließlich war ja auch der etwaige Vortrag über Nächstenliebe in Jericho einem so gottwohlgefälligen und menschenfreundlichen Plan zugeordnet!)

Es kann aber mit dem Willen Gottes auch genau umgekehrt stehen. Es ist möglich, daß er gerade keine Improvisationen – jedenfalls nicht *nur* Improvisationen –, sondern daß er *Planungen der Liebe* von mir haben will. Man sagt ja, daß Liebe erfinderisch mache. Zunächst aber macht sie doch erst einmal finderisch: Sie läßt nach der Ursache einer Misere fragen, der sie sich helfend zuwenden möchte. Denn es könnte ja sein, daß eine wirksame Hilfe nur dann möglich ist, wenn man das Übel an der Wurzel bekämpft. Dazu aber muß man diese Wurzel erst kennen. So können quälende Mißstände etwa gesellschaftliche Ursachen haben, und diese wiederum mögen in einem organisatorischen oder politischen *System* begründet sein. In diesem Falle könnte es der Liebe geboten sein, jenem System an den Kragen zu gehen, das die sozialen und menschlichen Unerträglichkeiten erzeugt. Dann aber *dürfte die Liebe nicht bei Improvisationen stehenbleiben, sondern sie müßte eine planende, organisierende, prophylaktisch wirksame und weit vorausschauende Liebe sein. Nur so* könnte sie effektiv die Aufgabe einer Veränderung angehen. *Nur so könnte sie nicht beim bloßen Wunden-Verbinden bleiben, sondern müßte Wunden verhindern helfen.*

2. *Die politischen Implikationen dieser Gestalt von Liebe*

Der Appell an die Rationalität und die Offenheit für den Kompromiß

Sieht man aber diese Planungsaufgaben, diese gleichsam »systematische« Form der Wirksamkeit als eine Form der Liebe an, die der Wille Gottes von mir fordern könnte, so ergibt sich sofort ein ganzer Rattenschwanz weiterer Folgerungen:

Wenn man nämlich die Weltgestalt so systematisch beeinflussen, wenn man sie möglicherweise sogar verändern will – und gerade das müßte ja die »planende« Liebe wollen! –, dann muß man sich natürlich auch nach den Gesetzen der Welt richten. Dann kann man zum Beispiel nicht das Unmögliche und Utopische wollen, sondern man muß politisch wirksam werden, will sagen, man muß die »Kunst des Möglichen« betreiben und sich realistisch verhalten. Das heißt ganz schlicht: Wir müssen die realen Verhältnisse und die besonderen Bedingungen im Auge behalten, wenn wir jetzt und hier die Gebote Gottes erfüllen und für unsern Nächsten so da sein wollen, daß wir ihm in geplanter, programmatischer, vorausschauender und umfassender Weise helfen wollen.

Ich will das, was ich meine, möglichst anschaulich zu sagen versuchen:

Wenn der Wille Gottes uns zum Handeln anweist, dann tut er das nicht so, daß er uns ein *Meßtischblatt* in die Hand drückt, auf dem unsere Marschroute genau eingezeichnet wäre. Sähe die Sache so aus, dann wäre an jeder Wegkreuzung – überall dort also, wo ich vor einer Entscheidung stünde – ein Pfeil angebracht, der mir die gottgewollte Richtung anwiese. Ich könnte genau und kasuistisch ablesen, nach welcher Seite ich mich zu wenden hätte, wenn es etwa um Fragen der Schwangerschaftsunterbrechung, der Fristen- oder Indikationslösung, um Tarifauseinandersetzungen, um Konflikte in meinem Privat- oder Berufsleben ginge. So würde ich einer gesetzlichen Kasuistik und Gängelung überantwortet, bei der mir der Wille Gottes als heteronomer Zwang begegnete. Gerade so aber will er mir eben *nicht* begegnen. Wir sahen schon früher, daß und wieso das Evangelium *die* markante Gegenthese zu diesem Verständnis des Willens Gottes ist.

Statt eines Meßtischblattes bekomme ich vielmehr einen *Marschkompaß* in die Hand gedrückt mit der Aufforderung, den Zeiger auf jene Richtung einzustellen, in die ich mich nun nach dem Willen Gottes begeben soll. Ich richte den Zeiger also auf Richtung »Nächstenliebe« ein, auch auf das, was wir die geplante, die politisch wirksame Nächstenliebe nannten. Doch *wie* gehe ich nun in diese Richtung? Es ist ja unmöglich, sie stur zu verfolgen und unbeirrt geradeaus zu gehen. Wo gäbe es das überhaupt, wenn ich mich im Gelände und seiner Vielgestaltigkeit und nicht auf einer abstrakten Wüstenebene zu bewegen habe! Da stehen mir Hochhäuser und Zäune, Ströme und Berge im Weg, über die ich nicht unbesehen hinwegkann. Mir bleibt nichts anderes übrig, als sie zu umgehen. Wichtig ist nur, daß ich die Zeigerrichtung im Auge behalte und nach allen Kreuz- und Querwegen wieder auf sie einschwenke.

Die Rücksicht auf die Geländeverhältnisse, ohne die ich hier nicht auskomme, symbolisiert die Nötigung, die Gegebenheit der Umstände, unter denen ich handle, mit in Rechnung zu stellen. Ich kann sozusagen nicht mit dem Kopf durch die Wand, sondern habe an das rebus sic stantibus »Mögliche«, an das Realisierbare zu denken. Ich muß die Geländeverhältnisse hierbei ausnutzen, muß Interessenkonstellationen, politische Gegensätze und Gemeinsamkeiten und vieles andere bedenken. Andernfalls handle ich schwärmerisch, unrealistisch und dann auch ineffektiv.

Drückt so das Bild vom Marschkompaß die Art und Weise aus, wie der Wille Gottes mich in Anspruch nimmt, dann wird damit ein unerhörter Appell an unsere *Freiheit* gerichtet. Denn damit beansprucht der Wille Gottes auch unsere *Rationalität*, unsere mündige Selbstverfügung:

Wir sind doch zu Überlegungen darüber genötigt, *wie* bei den gegebenen »Geländeverhältnissen« und unter Ausnutzung der bestehenden Möglichkeiten dem Liebesgebot Rechnung getragen werden könne, wie also rebus sic stantibus das Beste aus den Umständen herauszuholen sei. Es geht um die Frage, wie vorhandene Konfliktsituationen – wenn nicht zu lösen, so doch – zu durchschreiten seien, wie wir uns im Wertwiderstreit verschiedener Anforderungen entscheiden sollen, wie es also wenigstens zu einer Erfüllung des Liebesgebots im »Kompromiß« kommen könne. *Der Kompromiß zwischen einem unbedingten Anspruch und den sich dagegen sperrenden Bedingtheiten der konkreten Umstände: Das ist die eigentliche Auf-*

gabe der hier vom Willen Gottes beanspruchten Rationalität. Die prinzipielle Verweigerung des Kompromisses wäre ja nur eine Form utopischer Radikalität, die an der Wirklichkeit scheitern müßte und im vermeintlichen *Namen* des Willens Gottes diesen Willen gerade sabotieren würde.

Indem der Wille Gottes – nicht *nur*, aber in besonderem *Maße* bei den Planungsaufgaben der Liebe – uns so nach den Realisierungsmöglichkeiten fragen läßt, nimmt er nicht nur die Bereitschaft unseres *Willens*, sondern auch unsern *Geist* in Anspruch. So paradox es zunächst aussehen mag, so wahr ist es eben doch: *Gerade die Erschlossenheit gegenüber dem Kompromiß, gerade die In-Rechnung-Stellung der Geländeverhältnisse bei der Benutzung des Marschkompasses, nimmt uns total in Beschlag und wendet sich an Gewissen, Willen und Rationalität:* Das Gewissen sagt zum Anspruch des Willens Gottes ja; der Wille macht aus diesem Ja die Bewegung gehorsamen Eingehens; und die Ratio interpretiert jenen Anspruch unter dem Gesichtspunkt, was er in einer gegebenen Lage bedeute.

Deshalb muß die Ratio zugleich auch die Umstände und die Situation interpretieren und dabei *Ermessensurteile* fällen. Diese Lage-Interpretationen können selbstverständlich ganz verschieden ausfallen – eben weil wir nicht über die Eindeutigkeit eines Meßtischblattes mit seinen Hinweis-Pfeilen verfügen. *Deshalb kann jene Lagebeurteilung auch unter Christen, für die der Wille Gottes eine gemeinsame Norm des Handelns bedeutet, sehr unterschiedlich sein.* Das zeigt sich schon äußerlich darin, daß Christen ganz verschiedenen Parteien oder Interessenverbänden angehören können. Ein weiteres Indiz für jene Verschiedenheit der Beurteilung ist es, daß Synoden in solchen Fällen – etwa bei der Frage, ob man revolutionäre Freiheitsbewegungen unterstützen oder Resolutionen wider die Rassentrennung beschließen solle – kaum je zu einem eindeutigen Consensus kommen können. Sie mögen einig im sogenannten »Prinzip«, das heißt in der Einstellung der Kompaß-Richtung, sein. Die Differenz entsteht aber sofort angesichts der Interpretation der »Geländeverhältnisse«, also der konkreten Situationen und damit des Urteils über die Realisierbarkeit des Prinzips.

Gerade weil wir bei solchen Fragen total – nach Gewissen, Wille und Geist – beansprucht sind, kommt es bei den so entstehenden Auseinandersetzungen erfahrungsgemäß zu besonders leidenschaftlichem Engagement. Die Intensität des Kampfes der Geister erreicht so Grade der Erhitzung, wie sie in früheren Jahrhunderten bei dogmatischen Auseinandersetzungen über Häresien zu beobachten waren. Gelegentlich vernimmt man in kirchlichen Kreisen ein Stöhnen darüber. Man meint ein Symptom für Glaubens-Dekadenz darin zu erkennen, daß man sich heute nicht mehr primär über Inkarnation, Auferstehung und Jüngsten Tag, sondern eher über Fragen der politischen Ethik auf den Synoden zerstreitet. Mir will scheinen, daß dieses Stöhnen unberechtigt ist und daß man zu Unrecht hier einen Rückgang des dogmatischen Lehr-Interesses sieht. Hat man vielmehr *einmal* entdeckt, welche Bedeutung die Wirklichkeit, die Situation, die »Geländeverhältnisse« für die Realisierung des Liebesgebots haben – und diese Entdeckung ist eben das Schicksal des neuzeitlichen Menschen –, dann dürfte es verständlich werden, warum heute an *dieser* Stelle die theologischen Leidenschaften aufflammen. Wir sehen den Menschen nicht mehr in abstracto und in seinem An-sich, sondern sehen ihn im Gefüge von Wirklichkeitsstrukturen, die zu ihm gehören und von denen er nicht ablösbar ist.

Wird der so verstandene Mensch nun zum Lieben aufgefordert, muß jenes Wirklichkeitsgefüge sofort mit ins Spiel kommen. Denn auch der Nächste, den er lieben soll, ist Teil dieses Gefüges: Er ist Konkurrent, Tarifpartner, Parteifreund oder Parteigegner, er hat ein mir nahestehendes oder fremdes politisches Weltbild, eine bestimmte gesellschaftliche Stellung, bestimmte wirtschaftliche Interessen, die den meinen konform oder entgegengesetzt sind. Dieses Wirklichkeitsgefüge, in dem jeder von uns steckt, läßt eine Fülle von Barrieren entstehen, die ich überwinden oder umgehen muß, um den andern zu finden. Es läßt die Frage entstehen, *wie* ich rebus sic stantibus dem Dienst am Menschen gerecht werden könne und vor welchen Bedingungen der Realisierbarkeit, des »Möglichen«, ich dabei stehe.

Die Unbedingtheit des Anspruchs löst deshalb – um es mit einem Terminus Kierkegaards *auszudrücken – gerade in dem Maße eine »unendliche Leidenschaft der Innerlichkeit«, ein Engagement, aus, wie mir die Realisierbarkeit des Liebesgebotes ungewiß wird.* (Was mir gewiß ist wie der Satz »zwei mal zwei ist vier«, läßt mich kalt und löst keine Leidenschaften aus.) Jene Realisierbarkeit wird mir aber gerade dadurch fraglich, daß ich vor der Barriere der Wirklichkeitsstrukturen stehe, vor Eigengesetzlichkeiten, Zwängen und überpersönlichen Fronten, die mir den geraden, von der Kompaßnadel gewiesenen Weg verbauen. Eben diese Fraglichkeit führt aber zu meiner »totalen« Inanspruchnahme: Ich bin nicht nur partiell beteiligt, insofern ich meinen guten Willen zur Verfügung stelle, sondern auch mein Geist, meine Ratio wird engagiert. *Ich bin zu der Freiheit verurteilt, die Wirklichkeit, die »Geländeverhältnisse«, verantwortlich zu interpretieren, Kompromisse mit ihnen zu schließen und die nötigen Umwege zum Dienst am Nächsten zu erkunden.*

Gerade in dieser Last von Freiheit und Verantwortung, die dem Geiste aufgebürdet wird, zeigt sich noch einmal, daß wir nicht Sklaven und Funktionierer, daß wir also keine Leute sind, die in ihrer Unmündigkeit auf Schritt und Tritt gegängelt werden. Wir sind vielmehr als »Söhne Gottes« berufen (Galater-Brief 4, 1 bis 7), die in verantwortlicher Selbstverfügung und im Wagnis ihrer Freiheit zum Dienst beordert sind.

Hier sind die Linien vorgezeichnet, in die wir unser modernes Wirklichkeitsverständnis einfügen können: Die »geplante Liebe« – jene Gestalt der

Liebe also, die sich mit den Barrieren der Wirklichkeit auseinandersetzt, die systematisch und systemkritisch, die prophylaktisch und politisch gestaltend tätig ist –, diese geplante Liebe hat *hier*, sie hat in der freien Verantwortung der Sohnschaft ihren Ort.

d) Nächstenliebe im erweiterten Horizont der Neuzeit

1. *Anstöße durch Karl Marx*

Die Entdeckung dieser *neuen* Dimension der Liebe bedeutet eine unerhörte geschichtliche Zäsur. Sie läßt alte Traditionen über das Verständnis des Liebesgebots nicht über Bord werfen, aber sie eröffnet – durchaus auf der Linie jener Traditionen – neue Perspektiven:

Jahrhundertelang waren die Christen die Diakone und Samariter der Welt: Sie haben Wunden verbunden, Kranke gepflegt, Gefangene besucht und den Armen Almosen gegeben. Man kann diesen Aufwand an Liebe nicht ohne Respekt konstatieren. Und doch erhebt sich sofort die Frage, ob dies allein das lösende Wort für die Probleme der modernen Welt sein könne. Sollte das, was das Liebesgebot von uns erheischt, nur die Errichtung eines gigantischen »Bethel« sein (so eindeutig Bethel auch auf der Seite des Liebesgebotes stehen mag)? Dann hätte wohl jener sowjetische Autor recht, der in einer Moskauer Zeitung schrieb: Die Kirche habe längst aufgehört, eine Feuersäule zu sein, die vor der Menschheit einherzieht und sie dem höchsten Ziele entgegenführt. Sie sei eher einem Sanitäter zu vergleichen, der sich neben dem Treck des Lebens herschleppt und die Verwundeten und Niedergebrochenen aufsammelt.

Derweil die Kirche so auf die unglücklichen Opfer des Menschheitstrecks blickte, kam Karl Marx und analysierte die Ursachen des sozialen Elends. Diese Ursachen sah er in der Struktur der kapitalistischen Gesellschaft. Konsequenterweise schlug er deshalb eine Umstrukturierung großen Stils vor. Ob das, was er dabei positiv vorzuschlagen hatte, richtig war, ist für uns hier nicht relevant. Entscheidend ist vielmehr der neue Aspekt, unter dem das Humanum und der Dienst am Menschen von hier aus erscheinen: Marx suchte nämlich die gesellschaftliche Großwetterlage zu beeinflussen, während die Kirche – zugespitzt und darum ein wenig ungerecht ausgedrückt – den Unbehausten nur Regenschirme für den Augenblick anbot.

Formal ähnlich wie Karl Marx sein Experiment mit der Gesellschaft betrieb, machten es auch Medizin, Hygiene und Technik: Sie änderten die *Bedingungen* des menschlichen Zusammenlebens. Sie riefen nicht bloß zur Pflege der Seuchenkranken auf, sondern sie drangen zu den Ursachen vor. Sie bekämpften die Bakterien.

Hier stehen wir vor der Frage, ob man damit den »Weltkindern« und ihrer wissenschaftlichen Neugierde oder ihrem politischen Interesse nicht eine Aufgabe überlassen habe, die auch für die *Christen* das Gebot der Liebe im

Reiche zur Linken, in der Dimension der »planenden Liebe« hätten sein müssen. War es dieser Liebe nicht aufgegeben, *mehr* als bloße Samariterdienste zu leisten, d. h. im Blick auf den bedrohten Nächsten und bedrohte Menschheitskontingente zu organisieren, sachliche Arbeit und institutionellen Dienst zu leisten, um Not zu *verhindern*?
Bei dieser Aufgabe planender Prophylaxe sind dann aber zugleich sachliche Aufgaben der Weltbewältigung gestellt. Und das schließt die Erforschung der *Bedingungen* in sich, unter denen die Realisierung dieser Aufgaben möglich ist. Es geht also wieder um das Problem der »Geländeverhältnisse«, vor denen wir mit unserm Marschkompaß stehen.

2. *Die Geschichte vom Barmherzigen Samariter in neuer Perspektive*
Wider die »einäugige« Humanität

Ich darf mich hier wohl nicht scheuen, diese tief in die Abstraktion treibende Problematik mit Hilfe einer kleinen Geschichte zu verdeutlichen (aber nicht eigentlich zu vereinfachen!):
Vielleicht ist es ein gewisser Überschuß an Phantasie, der mich immer wieder zu Überlegungen treibt, wie wohl die Geschichten des Neuen Testaments weitergegangen seien. So reizen mich Spekulationen über die Frage, was wohl aus der kanaanäischen Frau geworden sei, deren erste Begegnung mit Jesus so folgenreich war (Matthäus-Evangelium 15, 21), oder aus dem reichen jungen Mann, dessen Dialog mit Jesus überaus trübselig endete (19, 16). Am interessantesten aber ist diese Frage nach dem möglichen Hernach bei einer Gestalt wie dem »Barmherzigen Samariter« (Lukas-Evangelium 10, 25). Wir sahen ja schon: Er ist der Mann einer »improvisierenden« Nächstenliebe. Als er plötzlich auf den unter die Räuber gefallenen und schwer verletzten Mann stößt, ändert er sein Tagesprogramm spontan ab, kümmert sich um ihn und steht für die Kosten ein, die seine Versorgung in einer benachbarten Herberge machen wird.
Ich frage mich nun, ob der Samariter es bei dieser spontanen Hilfsaktion belassen wird oder ob jetzt weitere Konsequenzen auf ihn zukommen. Er ist ja nicht von Beruf »Samariter« oder Vorsitzender eines Samaritervereins. (Das anzunehmen wäre genauso töricht, wie wenn man sagen würde, Goethe sei von Beruf »Klassiker« gewesen.) Natürlich hat der Mann irgendeinen Beruf gehabt. Und da hier die Phantasie frei schweifen darf, nehme ich einmal an, er sei Bürgermeister in seinem Heimatort gewesen. Ich könnte mir nun folgendes denken: Nachdem er in seine Amtsstube zurückgekehrt ist, wird er sich aus der gleichen Nächstenliebe heraus, die ihn zu seiner spontanen Hilfe drängte, Gedanken über die Frage machen: Was kann ich dafür tun, daß so etwas nicht noch einmal passiert? Wie kann ich dafür sorgen, daß in Zukunft Wunden *verhindert* und nicht nur – wie bei meinem Dazwischentreten – schon geschlagene Wunden *verbunden* werden?

So sieht er sich als Bürgermeister, zu dem wir ihn ja versuchsweise ernennen, dazu veranlaßt, seine beiden Polizeiposten loszuschicken, um die benachbarten Wälder nach Räubern zu durchkämmen. Diese einer liebevollen Vorbeugung dienende Maßnahme führt dazu, daß die beiden »Augen des Gesetzes« eines Tages zwei gefährlich aussehende Burschen anschleppen, die sie in einer verdächtigen Situation aufgegriffen haben. Wie diese dann in ihrer armseligen Ertapptheit so vor ihm stehen, kommt dem samaritanischen Bürgermeister plötzlich der Gedanke, daß das Liebesgebot ihn ja auch an diese beiden verunglückten Menschenbrüder weist.
So nimmt er denn eine kleine Exploration vor und fragt sie, wodurch sie wohl auf die schiefe Bahn gekommen sein möchten. Nun – um die Geschichte nicht zu lang werden zu lassen, benutze ich einige abkürzende Fachtermini, die diese Leute unmöglich so gebraucht haben können, zumal auch ich mir bei meiner Wendung ins »Moderne« keine Hemmungen auferlege. Der eine der beiden also gibt zur Antwort: »Ich stamme aus einem asozialen Milieu; meine Mutter hat mich schon als Kind auf Diebestouren geschickt.« Der andere sagt (als moderner Krimineller hätte er seinen psychologischen Testern diese Fachsprache vielleicht wirklich abgelauscht!): »Ich habe ein Jugendtrauma, bin schon als Kind zu heiß gebadet worden.«
Wiederum drängt das Liebesgebot den Samariter nun zu der Überlegung, wie nach diesen Auskünften seine prophylaktischen Maßnahmen zu erweitern seien. Und er sagt sich, daß die Slums, die das asoziale Milieu zustande kommen ließen, unbedingt zu bereinigen seien, und daß man den Mann mit dem Jugendtrauma auf die Couch des Psychotherapeuten bringen müsse. Um diese Projekte zu realisieren, ist eine Fülle weiterer flankierender Maßnahmen erforderlich, die enorme organisatorische und Planungsaufgaben stellen. Doch nehmen wir einmal an, der Barmherzige Samariter habe sich unverdrossen auf diesen Weg begeben.

Es ist gewiß etwas abenteuerlich, das Gleichnis Jesu in diesem Sinne weiterzudichten, und man könnte vielleicht die Befürchtung hegen, es in eine Groteske zu verwandeln. Doch ist diese Fortsetzung wirklich so abwegig? Tut sie etwas anderes, als die Fülle von Aspekten zu veranschaulichen, die im Liebesgebot angelegt sind? In diesem Gebot steckt die Dynamik einer Rakete mit mehreren Treibsätzen:
Sie wird zunächst durch die unmittelbare Not des Nächsten angetrieben, die zum Helfen herausfordert. Danach wird der Treibsatz wirksam, der zu prophylaktischen Maßnahmen anregt und Wunden verhindern läßt. Der letzte wirksam werdende Antrieb löst dann das Motiv aus, weitergreifende Aktionen in die Wege zu leiten, die die gesellschaftliche und politische Wurzel des kriminellen Gefälles angehen. Das führt zweifellos über den Akt spontan geäußerter Nächstenliebe hinaus und läßt die

Ebene grundsätzlicher Reflexion, vorausschauender Planung und Organisation betreten.
Es kann gerade bei diesen letzten Schritten leicht geschehen, daß das christliche Ausgangsmotiv – eben das Liebesgebot – außer Sichtweite gerät und daß man sozusagen im Management und im Aktionismus aufgeht. Vielleicht ist heute eine bestimmte linksradikal ideologisierte Theologie ein makabres Modell für diesen Vorgang des Vergessens: Sie verwandelt die Gemeinde in einen Politklub für gesellschaftliche Veränderung, ohne noch den Auftrag im Auge zu behalten und ihn kultisch zu vergegenwärtigen, der im Sinne einer »praktischen Konsequenz« dazu aufrief. Abgesehen von dieser Verirrung wird man aber sagen müssen, daß gerade die Einsicht in den Facettenreichtum des Liebesgebotes deutlich macht, in welchem Maße es uns *total* in Anspruch nimmt: Es appelliert angesichts der Not des Nächsten nicht nur an Gewissen und guten Willen, sondern auch an den Geist: *Es verlangt Aufgaben der Reflexion von uns.* Hierbei geht es einmal um *meditative Reflexionen*, die den Bezug zum letzten Motiv alles Liebeshandelns vergegenwärtigen: Wir besinnen uns darauf, daß wir von Gott akzeptiert sind und deshalb auch andere akzeptieren können, daß wir das uns zuteil gewordene Widerfahrnis also nur weitergeben. Dazu kommen *rationale Reflexionen*, die uns in planende Überlegungen treiben und damit vor politische, wirtschaftliche und gesellschaftliche Aufgaben stellen.
Dieser totale und unsere Menschlichkeit geradezu definierende Anspruch kann in doppelter Hinsicht veruntreut werden und dazu führen, daß jenes totale auf ein bloß partielles Engagement reduziert wird:
Die *eine* dieser beiden Einschränkungen besteht darin, daß man bei der improvisierenden Nächstenliebe stehenbleibt und von Fall zu Fall die geschlagenen Wunden verbindet. Bei allem Respekt vor den Opfern, die dabei gebracht werden – man denke an die vielen selbstlosen Helfer im Alltag und auch in karitativen Organisationen –, wird man doch sagen müssen, daß eine programmatische Beschränkung auf diese Spontaneität und damit die Abwehr gegenüber der planenden, die Ratio beanspruchenden Agápe eine Vereinseitigung des Liebesgebots in sich schließt.
Die *andere* Einschränkung liegt darin, daß über der Praktologie und der Hingabe an das rationale Projektieren der meditative Bezug auf die Verbindung von Gottes- und Nächstenliebe verkümmert. *Darum kommt alles darauf an, die Totalität des Liebesgebotes im Auge zu behalten, um so – wie* ERNST JÜNGER *in anderm Zusammenhange einmal sagt – einer »einäugigen Humanität« zu wehren, die den Menschen nur partiell in Erscheinung treten läßt. Der Mensch ist mehr als der unmittelbare Nächste, der mir vor die Füße gelegt ist. Er ist aber auch mehr als ein individuelles Molekül in jenen Großordnungen, die ich zu gestalten oder zu ändern suche.*

e) Unerledigte Probleme der Reformation in puncto Anthropologie

1. *Von der Verwandlung des menschlichen »Herzens« zur Verwandlung der Welt*
Versäumnis und Nachholbedarf

Es kann kaum ein Zweifel bestehen, daß diese Totalität des Liebesgebots und damit des Humanum selbst in der Geschichte der Christenheit immer wieder außer Sichtweite geraten ist. Es ist – auch wenn man nicht gern ungeschichtlich denken möchte – vielleicht doch beschämend, daß die Dimension einer planenden, gesellschaftspolitischen Dimension der Agápe erst durch KARL MARX ins Bewußtsein gerufen werden mußte (und hier nun wirklich nicht unter Berufung auf eine christlich verstandene Agápe!). Trotz der Lehre von den »zwei Reichen«, die ja ein durchaus geeignetes Koordinatensystem bildet, in dem die weltlich planende Liebe ihren Ort haben könnte, blieb dieser Aspekt außer Betracht, blieb sozusagen unentdeckt. Wie ist dieses Versäumnis zu erklären? Oder positiv ausgedrückt: *Wie gewinnen wir ein Verhältnis zur Welt und zur weltlichen Existenz des Menschen, das der Totalität des Liebesgebots entspricht?*
Zunächst muß man hier eine geschichtliche Feststellung treffen. Die Reformation konzentrierte sich auf eine Frage, die das menschliche *Herz* betrifft. »Herz« ist im biblischen Sprachgebrauch und in der christlichen Tradition überhaupt eine symbolische Umschreibung des personalen Zentrums, des spezifisch Menschlichen überhaupt. Der Reformation ging es vor allem darum, daß dieses Herz aus dem Unfrieden befreit würde, den das Leistungsprinzip eines gesetzlich verstandenen Gehorsams auslösen mußte. Wird nämlich das Verhältnis zu Gott im Sinne dieses Leistungsprinzips – des Vollbringens »guter Werke« und der Erlangung von »Verdiensten« – verstanden, so kommt es notwendig zu einer Ich-Zentriertheit, die Unfrieden heraufbeschwören muß. Bin ich doch dann genötigt, mich selbst und meinen Leistungsstandard ständig zu beobachten, um dann in eingebildeter Sicherheit (securitas) auf die errungene Leistungsqualität zu vertrauen oder verzweifelt (desperatio) mein Ungenügen zu konstatieren.
Für diese doppelte Möglichkeit eines »Hineingekrümmt-Seins in mich selbst« (LUTHER nennt es die »incurvatio in me ipsum«), für diese narzißhafte und selbstquälerische Egozentrik mußte es natürlich eine ungeheure Befreiung bedeuten, wenn die Reformation das Wort von der »Rechtfertigung allein aus Glauben« zur Parole machte. Denn diese These bedeutet: Gott nimmt uns um Christi willen so an, wie wir sind. Wir brauchen uns ihm nicht durch einen bestimmten Leistungsstandard wohlgefällig zu machen. Seine Annahme ist bedingungslos. Weil wir aus diesem Vertrauen auf eine Gnade leben können, die uns gerade in unserer Verlorenheit akzeptiert, können wir uns selbst ganz uninteressant werden. Unsere Identität ist bei Gott geborgen und angenommen. Darum brauchen

wir selbst nicht mehr auf ihren Erwerb fixiert zu sein. *Damit sind wir vom Zwang zur Selbstkontrolle und damit von falscher Sicherheit und nicht mehr angebrachter Verzweiflung befreit.* – So wurde gleichsam das Herz erneuert. Es bekam eine neue, von der Last des Leistungsprinzips erlöste Einstellung zu Gott. Der Zwang zum egozentrischen »Hineingekrümmtsein in mich selbst« konnte weichen.

So außerordentlich diese Befreiung auch sein mochte: *Eine* Frage mußte sich gleichwohl einstellen und durfte keinesfalls übersehen werden (was aber weithin doch geschah). Diese Frage lautet: *Wie wirkt sich das so erneuerte Herz auf den Blutkreislauf aus?* Pumpt es das Blut auch in die Gliedmaßen, in die »Extremitäten«? Gibt es da nicht klamme, undurchblutete Glieder? Ohne Bild heißt das: Wird es deutlich genug, daß die veränderte Einstellung des Herzens etwas bedeutet für die Gesamtheit aller Lebensgebiete, in die wir verflochten sind, für unsere Sexualität etwa oder für unser Geschäftsgebaren, für unser Verhältnis zum Eigentum und zu den Strukturen der Gesellschaft? Damit wäre somit die Frage gestellt, welche Relevanz die »Rechtfertigung allein aus dem Glauben« für unser Verhältnis zur Welt, für unser mitmenschliches und politisches Verhalten, für die improvisierende und die planende Liebe enthält.

Hier müssen die eigentlichen Fehlanzeigen angemeldet werden, die wir in ihren Symptomen schon festgestellt und deren theologischen Grund wir nun aufgewiesen haben: *Die reformatorische Theologie hat zwar die Frage des »Herzens« gestellt, sie hat aber die Frage des Blutkreislaufs vernachlässigt.* Hier besteht ein immenser Nachholbedarf. Darum kann eine theologische Anthropologie an dieser Frage nicht vorübergehen.

Sie kann dies um so weniger, als das Verhältnis von »Herz« und »Blutkreislauf« durchaus kein Thema ist, das erst durch Karl Marx in unser Bewußtsein hätte gerufen werden müssen. Es taucht etwa mitten in der Bergpredigt auf, und zwar unter dem Stichwort *»Heuchelei«:*

Heuchelei bedeutet nämlich hier nicht eine primitive Form der Verstellung. Sie ist sehr viel hintergründiger verstanden und meint einen objektiven Selbstwiderspruch des Menschen, dessen er sich möglicherweise gar nicht bewußt wird und auf den er deshalb aufmerksam gemacht werden muß. So liegt Heuchelei z. B. dann vor, wenn ein Mensch seine Gabe auf dem Altar opfert (Matthäus-Evangelium 5, 23) und sich vielleicht gar nicht darüber klar ist, daß dieser Gottesdienst im Widerspruch steht zum Zerwürfnis mit seinem Nächsten; oder wenn er sich von Gott Vergebung widerfahren läßt, während er seinem Nächsten nichts nachläßt (18, 21 bis 35). Heuchelei ist in diesem Sinne der Gegensatz zwischen einem Herzen, das sich auf einen neuen Zugang zu Gott beruft, und der Verschlossenheit gegenüber den Konsequenzen, die darin für unser Verhältnis zur Welt und zu weltlichen Geschäften enthalten sind. Hier versagt der Blutkreislauf. Es kommt zu klammen Gliedern. Der Selbstwiderspruch ist perfekt.

Angesichts dieser Kritik wird man aber zweifellos nicht übersehen dürfen, daß es ein ungeheurer und im positiven Sinn folgenreicher Neuansatz war, wenn die Reformation das »Herz« als den strategischen Punkt betrachtete, an dem die Erlösung einsetzte. (Gerade in dieser Hinsicht – beim Rechtfertigungsthema also – sind sich übrigens auch Protestantismus und Katholizismus seit den Tagen der Reformation wesentlich näher gekommen.) Vom Herzen aus als dem Personzentrum kann man sich leicht nach den »Extremitäten«, nach den Gliedern durchfragen. Man kann sich erkundigen: Was bedeutet das Liebesgebot, was bedeutet das neue Gottesverhältnis für? (auch wenn einem bei diesen Fragen, wie im Falle KARL MARX, der Star möglicherweise erst durch Nichtchristen gestochen werden muß!). – Der umgekehrte Weg dagegen ist kaum möglich. Da laboriert man an der Gliedmaßen-Therapie herum: Man bemüht sich um soziale Erneuerung und technische Perfektion, man schreibt die Parole Mitmenschlichkeit auf seine Fahne und zielt auf die Änderung eines ungerechten Gesellschaftsgefüges. So wichtig das auch sein mag, so hat man die Rechnung doch ohne den Wirt gemacht. Man findet nämlich von dort aus kaum zu jenem Punkte, an dem sich der entscheidende Verlust der Mitte und ebenso der befreiende Eingriff ereignet hat, wo also der »Herz«-Punkt des Menschen in seiner Fragwürdigkeit und Erlösungsbedürftigkeit sitzt.
Ein wesentliches Indiz für diese Fehlanzeige äußert sich darin, daß gerade die revolutionären Strukturänderer weithin Utopisten sind. Sie gehen von der Voraussetzung aus, daß menschliche Existenz mehr oder weniger strukturabhängig sei, so gewiß man diese Existenz vornehmlich oder gar ausschließlich in der Dimension des Gesellschaftlichen beheimatet sieht. Daraus ergibt sich die These, wie sie gerade ROBERT HAVEMANN oder HERBERT MARCUSE eindrucksvoll zu vertreten wissen: daß der Mensch sich durch eine Vervollkommnung der gesellschaftlichen Strukturen selber vervollkommnen könne. Am Eschaton der Geschichte erscheint so der eigentliche, vom Makel befreite Mensch.
Theologisch interpretiert, bedeutet dies eine Regeneration der Lehre von der Werkgerechtigkeit und damit der Gesetzesherrschaft. Hier wird die vom Menschen bewirkte Perfektion der Geschichtsordnungen zu jenem »guten Werk«, durch das sich der Mensch selber produziert. (Es wäre reizvoll, die einzelnen Symptome der »Werkgerechtigkeit« auch in diesem Umkreis aufzuspüren.) Wiederum theologisch interpretiert, lebt diese Konzeption von der Ignorierung oder Leugnung des *Sündenfalls*. Menschliche Existenz gilt hier nicht in *dem* Sinne als entfremdet, daß sie willentlich ihre Bestimmung veruntreut hätte (wie es die Sündenfallgeschichte doch meint), sondern sie wird sich selbst von außen her entfremdet, sie wird das passive Opfer ungerechter Strukturen. Sobald der Mensch aber dieses Schicksal seiner Verbiegung, besser: seines Verbogen-*Werdens*, abschüttelt, schnellt seine unter Druck stehende Essenz wieder in ihre Aus-

gangslage zurück, so daß es zu einer Restitution des Humanum und zum Sprung in die verlorene Freiheit kommen muß[12].

Hier ergibt sich sehr nachdrücklich die Frage, woher das Unheil stamme, ob es schicksalhaft »über« den Menschen gekommen sei oder ob er selber die Wurzel des Übels bilde und das Unheil schuldhaft provoziert habe. Es geht also um nichts anderes als um die Frage nach dem Verständnis des Menschen selbst. Wird er im marxistischen Sinne als prinzipiell »in Ordnung« und nur strukturell verbogen angesehen, wird sich das Interesse auch ausschließlich auf das strukturelle Problem konzentrieren. Damit ist es zu erklären, daß man von dem her, was wir die »Gliedmaßen«-Analyse nannten, nicht auf die Frage des menschlichen Herzens stößt und daß die Grund-Entfremdung des Menschen als eines Gefallenen überhaupt nicht in das Blickfeld tritt. So muß es hier notwendig zu einer Begrenzung des Blickfeldes, zu einem blinden Fleck im Auge, kommen, während der umgekehrte Weg, von dem wir sprachen (der Weg vom Verständnis des menschlichen Herzens zum Verständnis des Blutkreislaufs und der Durchblutung der Gliedmaßen) sehr wohl offenbleibt.

In gewissen Ansätzen und Anläufen (verständlicherweise nie mit jener thematischen Konzentration, wie sie in der Bergpredigt vorliegt) kann das menschliche Herz doch zum Gegenstand der Frage werden. Beispielhaft könnte das etwa an A. Mitscherlich (Thesen zur Stadt der Zukunft, 1971) aufgewiesen werden: Die Planung darf nicht den Ehrgeiz haben, durch neue Häuser und neue Stadtgebilde den gerechten Menschen zu erzeugen. Umgekehrt: »Nur ihrer Lage ansichtig gewordene Menschen könnten den Mut finden, jene Tabus zu brechen, die einer wirklichen Neugestaltung der gigantischen Stadtwelten im Wege stehen.« Aber: »Woher diese Menschen nehmen?« Welche »Lage« der Menschen, deren sie ansichtig werden sollen, ist hier überhaupt gemeint? Welche Tiefendimension mag Mitscherlich im Auge haben? Ob es hier wirklich um ein Analogon zu dem geht, was die Bibel das »Herz« nennt?

Das Laborieren an den »Extremitäten«, das Fixiert-Sein auf bloße Weltgestaltung erreicht jedenfalls das Geheimnis des Menschen *nicht*. Es ist nur eine Art Symptomtherapie, die an den eigentlichen Krankheitsherd des Herzens, des Personzentrums also, nicht herankommt.

2. Die neue Freiheit des »Sohnes« in der Weltbewältigung

Wir stellen somit fest, daß der Mensch durch die Verwandlung der Welt sich selber *keineswegs* neu produzieren kann. Die gegenteilige Annahme verführt nur zur utopischen Verklärung der Welt und zur Ausblendung der Fragwürdigkeit des Menschen (des »Sündenfalls«). Indem so der Mensch in seiner Essenz nicht mehr thematisiert wird, sieht er sich auch in seinem Bestimmungsziel nicht angesprochen und damit in seinem Kurs auf ein solches Ziel verunsichert. Die Fixierung auf die bloßen *Mittel* der Lebensbewältigung läßt die Frage nach dem Zweck (vor allem nach dem End-Zweck) und dem Sinn offen. Wenn es aber so ist, sehen wir uns aufs

neue auf den Einsatz beim menschlichen »Herzen« verwiesen. Nur hier können Erneuerung und Verwandlung beginnen. Das wiederum impliziert die Frage – wir haben sie jetzt von allen Seiten umkreist –, wie es denn nun zum Schritt von der Verwandlung des Herzens zu der Verwandlung der Welt, zu der besprochenen »planenden Liebe« also, kommen könne. Wenn wir in unserm Bilde bleiben wollen, lautet die Frage: *Wie vollzieht sich der Übergang des vom Herzen angetriebenen Blutkreislaufs in die Gliedmaßen?*
Hier wird noch einmal unser Gleichnis vom Marschkompaß aktuell, der uns – im Unterschied zum Meßtischblatt mit seinen Pfeilbezeichnungen – selbständige Entscheidungen darüber abnötigt, wie wir uns im Gelände zu bewegen haben, um Hindernisse zu umgehen und gleichwohl das Ziel im Auge zu behalten. Ich muß also in Freiheit, und zwar in der *verantwortlichen* Freiheit der Sohnschaft (Galater-Brief 4, 1 bis 7, Römer-Brief 6, 15 bis 18), entscheiden, wie ich mich zu orientieren und welchen Weg ich einzuschlagen habe.
Das aber ist im Ursinne neutestamentlich. In den Evangelien, von den paulinischen Briefen gar nicht zu reden, finden sich markante Hinweise, daß dieser Freiheitsraum dem Sohne zugewiesen wird und daß gerade dies ihn vom weisungsgebundenen Knecht unterscheidet. Der Sohn kann sich in seinem Erbe bewegen, wie es seinem Gutdünken entspricht.

Drei Beispielfälle mögen das verdeutlichen:
Erstens die Zinsgroschengeschichte (Matthäus-Evangelium 22, 15 bis 22): Die Pharisäer hegten die Absicht, Jesus eine Falle zu stellen, als sie ihn fragten: »Soll man dem Kaiser Steuern bezahlen oder nicht?« Wie er sich hier auch drehen und wenden mochte, jede denkbare Antwort schien ihn in der Falle festzuhalten. Sagte er: »Man soll«, dann schien er die Partei der römischen Fremdmacht zu ergreifen und erzürnte entsprechend sein eigenes Volk. Antwortete er: »Man soll nicht«, legte er sich mit der Besatzungsmacht an. Wenn er sich dieser beklemmenden Alternative nun durch die Antwort entzog: »Gebet dem Kaiser, was des Kaisers ist, und Gott, was Gottes ist«, so war das gewiß in einer staunenerregenden Weise (Vers 22) klug. Doch wäre es verfehlt, in dieser Antwort nur einen taktischen Schachzug zu sehen. Sie hatte zugleich einen programmatischen Rang, der über die zufällige Situation hinaus ins Zeitlose griff (das ist sogar der eigentliche Grund für das fassungslose Staunen, das sie erregte): Jesus gibt nämlich keine klare, auf dem Meßtischblatt darstellbare Kompetenzaufteilung zwischen Gott und Kaiser, kirchlichen und staatlichen Belangen. Wir werden nicht kasuistisch gegängelt, sondern müssen die Grenze zwischen beiden Kompetenzen von Fall zu Fall selber finden.
Diese Grenze ist überdies nicht von einer Art, daß sie *ein für allemal* auszumachen und festzulegen wäre. Sie ist vielmehr geschichtlich variabel. In

einem demokratischen Rechtsstaat wird sie anders verlaufen als in einer ideologischen Tyrannis. Die Geländeverhältnisse sind hier verschieden und verlangen insofern immer neue Richtungsentscheidungen. Indem Jesus die Kompetenzgrenze offen läßt, stellt er in hohem Maße die schon besprochenen Anforderungen an unsere Reflexion. Auch der Geist, mit dessen Hilfe die Situation interpretiert werden muß, wird hier unter den Anspruch des Gehorsams gestellt.

Weil sich damit der Anspruch erhöht, haben wir die Neigung, uns ihm zu entziehen. Gesetzesreligionen scheinen zwar in ihrem Anspruch unerbittlicher und radikaler zu sein. Aber das scheint wirklich nur so. In Wirklichkeit entlasten sie, weil sie uns Entscheidungen abnehmen. Eben deshalb werden sie begehrt. Sie scheinen einen Ort gesicherter Zuflucht zu bilden, an dem man vor der Strapaze von Freiheit und Eigenverantwortung geschützt ist.

Um zu ermessen, wie sehr wir im Grunde diese kasuistische Gängelung wünschen, brauchen wir uns nur an die ethischen Konflikte zu erinnern, die eine Gewaltherrschaft wie die des Nationalsozialismus (aber wahrlich nicht nur sie!) einem auferlegte. Die Technik dieser Art von Gewaltausübung besteht ja gerade darin, den von ihr Beherrschten entschlossene Geradlinigkeit zu rauben und sie durch künstlich erzeugte Konfliktsituationen zu lähmen. Gerade sie bilden die eigentliche Qual des Lebens unter ideologischer Herrschaft. Denn sie verhindert den eindeutigen Weg des Gewissens. Schon indem man Steuern zahlt, gibt man der Tyrannei seinen Tribut. Weil man ständig in der Überschneidungszone der Kompetenzen von Gott und Kaiser lebt und sich nicht radikal auf die eine oder andere Seite schlagen kann, steht man unter dem Druck, daß *jede* Form von Tun oder Lassen mit dem durchsetzt ist, was man nicht will und auch nicht wollen darf und was insofern unsere Selbstachtung bedroht. Gerade deren Verlust aber ist das Ziel dieser Herrschaftsausübung, weil sie gefügige Spurer schafft. Jeder, der in solchen Situationen gestanden hat, weiß, wie sehr man sich hier nach klaren Pfeilbezeichnungen auf dem Meßtischblatt sehnt und eindeutige Auskünfte darüber wünscht, was hier »des Kaisers« und was »Gottes« ist, ob ein Kompromiß noch erlaubt sei oder nicht.

Doch diese Entscheidung wird uns nicht abgenommen. Wir haben in unserm Erbe Sohnes-Rechte und damit zugleich -Pflichten. Auch der damit engagierte Geist, unsere Rationalität also, wird gefragt, ob sie sich in den Gehorsam gegen das Gebot einbeziehen lasse, ob sie der Geist des »Sohnes« sein oder aber nur dazu dienen wolle, unsere Flucht in die Unverbindlichkeit mit Argumenten zu decken.

Unsere Vernunft ist ja kein neutrales intellektuelles Organ, sondern sie wird gesteuert von den Grundentscheidungen, die wir fällen. Deshalb steht auch die Vernunft vor der Entscheidung, ob sie im Namen Gottes – als die Vernunft des »Sohnes« – eine Konfliktsituation beurteilen will oder ob sie das Kneifen in dieser Situation nur rational zu legitimieren wünscht. *So gibt es keine Dimension unseres Ichs, auch die rationale nicht, die außerhalb der Entscheidung, außerhalb des Anspruchs der Freiheit stünde. Darum wird auch unser Denken und Urteilen immer vergebungsbedürftig bleiben.*

Zweiter Beispielfall: »Man muß Gott mehr gehorchen als den Menschen« (Apostelgeschichte 5, 29). Dieses Wort ist eine Variante des erstgenannten Beispiels, das die Entscheidung zwischen Gott und Kaiser betraf. Worin dieses »Mehr« besteht, ist wiederum nur in der verantwortlichen Beurteilung eines Wertwiderstreits auszumachen.

Dritter Beispielfall: »Seid klug wie die Schlangen und ohne Falsch wie die Tauben!« (Matthäus-Evangelium 10, 17). Diese Sentenz steht in der Aussendungsrede Jesu an seine Jünger. Sie werden von ihm »wie Schafe mitten unter die Wölfe« geschickt. Würden sie sich angesichts dieser gefahrenträchtigen Lage nicht sorgfältig im Gelände umsehen und auch taktische (Schlangen-)Klugheit in Anspruch nehmen, wäre es alsbald um sie geschehen. Sie müssen aber sehen, wie sie durch- und nicht einfach umkommen. Denn wenn sie tot sind, können sie auch nicht mehr verkündigen. Andererseits dürfen sie sich auch nicht *nur* taktisch verhalten und die Selbsterhaltung *über* ihren Auftrag stellen. Denn dann müßten sie durch Anpassung und Tarnung ihre Botschaft bis zur Unkenntlichkeit entstellen lassen. Sie würden dann zwar inmitten der Wölfe überleben, aber ihr Auftrag wäre preisgegeben und ihre Vollmacht verloren. Darum müssen sie auch »ohne Falsch sein wie die Tauben«, müssen ohne Taktik und Hintergedanken ihre Botschaft ausrichten.
Wann nun das eine oder andere am Platze ist – Schlangenklugheit oder Taubenunschuld –, das ist wiederum kasuistisch nicht festzulegen, sondern bleibt unserer Entscheidung überlassen. Ich kann in vermeintlicher Taubenunschuld nach einer Märtyrerkrone angeln oder blindlings und mutwillig ins Messer laufen. Ich kann aber auch mit taktischer Schlangenklugheit zum Verleugner werden. Rechts und links von meiner Entscheidung warten Skylla und Charybdis. Auch hier bedarf die Entscheidung der Teilnahme meiner Rationalität: Ich muß reflektierend mit der Frage fertig werden, was die Situation mir an Rücksichtnahme auf mich selbst erlaubt und was für meinen Auftrag unabdingbar bleibt. Ich muß den Grat finden, der zwischen diesen beiden Ansprüchen hindurchführt. Ich muß wiederum das Gelände beurteilen, zugleich aber das auf dem Kompaß eingestellte Ziel im Auge behalten.

f) Kirche und Politik
Glaube und Sachlichkeit

I. Die Politik als Akt menschlicher Vernunft
Zugleich ein Plädoyer für die Skepsis gegenüber der Vernunft

Gerade dadurch, daß der Anspruch Gottes den mit Freiheit begabten und zur Freiheit »verurteilten« Menschen meint, gibt er diesem die Chance, sich in seiner Ganzheit zu erfahren: nämlich als den, der im Gewissen, im Willen und im Geist gefordert ist und in allen diesen Dimensionen zugleich das Angebot der Vergebung empfängt.

Unter diesem Anspruch und mit diesem Zuspruch bewegt sich so der Mensch in der Welt und sucht sie im Namen des empfangenen Auftrags zu gestalten. Genauer gesagt, haben wir es hier nicht mit »dem« Menschen im allgemeinen zu tun, sondern mit konkreten Menschen, die jenen Auftrag und jenen Zuspruch empfangen haben und sich seiner bewußt sind. Insofern haben wir es mit dem Christen zu tun.

Sucht dieser Christ nun die Welt zu gestalten – seinem Beruf nachzugehen, politisch zu handeln, Strukturen der Gesellschaft zu verbessern und in alledem »Gott mehr zu gehorchen als den Menschen«, so wird er hier mit andern Christen kaum je so einig sein können wie in dem gemeinsamen Bekenntnis zum gemeinsamen Glauben. Dieser Glaube ist ja das sie alle verbindende Ziel, auf das der Kompaßzeiger eingestellt ist. Was sie aber auf dem Wege zu diesem Ziel trennt, ist die verschiedene Beurteilung der Geländeverhältnisse, sprich: der jeweiligen geschichtlichen Situation.

Wir sind früher schon einmal auf dieses Faktum der Uneinigkeit gestoßen. Es ist darin begründet, daß die Rationalität der »mündigen Söhne« *mit* beansprucht wird und zu Ermessensurteilen über die konkrete Lage führen soll. In diesen Ermessensurteilen aber wird es keine Einigkeit unter Christen geben. Wir erwähnten in anderm Zusammenhang schon den Umstand, daß Synoden auseinander- und auch aneinander geraten, wenn es um Themen geht, die in die politische Ethik hineinreichen: um Rassismusfragen zum Beispiel oder um das Recht zur Revolution, zur Gewalt oder auch zur Fristenlösung bei der Schwangerschaftsunterbrechung. Aus diesem Grunde kann es deshalb auch kein gemeinsames christliches Programm für Gesellschaft, Politik und Kultur geben. *Es gibt keine Konzeption der Weltgestaltung und Weltveränderung, die als »die« christliche zu legitimieren wäre.* Insofern kann es – außer in Grenzsituationen – auch keine verbindliche kirchliche Stellungnahme zu Weltfragen geben.

Es mag nun etwas widerspruchsvoll klingen, wenn wir gleichwohl meinen, daß in bestimmten Hinsichten eine solche Stellungnahme unaufgebbar sei. Wir müssen das begründen und jene »bestimmten Hinsichten« präzisieren[13].

Wir dürfen uns nämlich nicht einbilden, daß wir in allen Weltfragen, zum

Beispiel denen der Politik und der Wirtschaft, wirklich nur aufgrund sachlicher Argumente, wirklich nur im Namen unserer Rationalität entschieden, dächten und handelten. Auch beim Leitartikel einer Zeitung, der scharfsinnig, nüchtern und rational zu argumentieren scheint, werden wir die Frage nicht los (vor allem dann, wenn wir die Zeitung nicht kennen und sie vielleicht unterwegs am Kiosk kaufen): Welches Interesse könnte dahinterstehen? Was »will« – nicht nur, was »denkt« – der betreffende Redakteur, von welchen Emotionen oder Vorurteilen ist er bestimmt? *Man darf nicht alles für sachlich halten, was sich sachlich gibt. Die Argumentation kann auch die Toga sein, die sich ein Wollender umwirft, um unsere skeptische Ratio zu beschwichtigen und für sich einzufangen.* Hat nicht auch Hitler in seinen Reden argumentiert und es an Begründungen »erstens, zweitens und drittens« nicht fehlen lassen?

Die Gedanken, selbst die eigenen, bleiben uns mit Recht suspekt, weil wir wissen, daß der Wunsch ihr Vater sein könnte. Furcht und Hoffnung sind maßgeblich und motivierend an ihnen beteiligt. »Was man wünscht, das glaubt man gern«, das *denkt* man auch gern. Unsere Argumente sind vielfach nur das intellektuelle Alibi oder das Schamtüchlein, das sich unsere Furcht und unsere Hoffnung zu besorgen wissen. Gründe sind billig zu haben, wenn man sie sucht. Sie werden um so billiger, je reicher instrumentiert ein Intellekt ist und je leichter ihm seine Assoziationen zufließen. Insofern wächst hier mit dem Grade der Begabung auch der Grad der Gefährdung, das, was man will, intellektuell rechtfertigen, oder das, was man fürchtet, intellektuell bestreiten zu können. Ich erinnere mich an einen bekannten Krebs-Chirurgen, der sein eigenes Karzinom nicht erkannte. Seine Assistenten suchten ihm die schmerzliche Wahrheit vorsichtig nahezubringen und legten ihm die betreffenden Labor-Ergebnisse vor. Gerade seine hoch entwickelte medizinische Rationalität erlaubte ihm aber Assoziationen, die die Befunde diagnostisch anders interpretierten. Er »wollte« die gefürchtete Wahrheit nicht wahrhaben und besorgte sich die rationalen Mittel, um sie zu verdrängen. Schon Paulus erwähnt dieses rationale Mittel der Verdrängung, wenn er davon spricht, daß wir die »Wahrheit in Ungerechtigkeit *niederhalten*« können (Römerbrief 1, 18) und daß wir das auf argumentierende Weise tun. Gerade diese Beobachtung mag Luther zu seinem gewagten Diktum veranlaßt haben, daß die »Vernunft eine Hure« sei, ein käufliches Frauenzimmer also, dessen man sich zur Bekräftigung und Bestätigung seiner Triebe bedienen könne. Es ist ein albernes, wenn auch sehr verbreitetes Mißverständnis, in dieser These eine antirationale Pointe zu sehen. Nicht die Vernunft wird hier angeklagt, sondern die Art und Weise, wie wir sie instrumental verwenden und mißbrauchen können. Es geht um den existentiellen Motivbereich, der *hinter* ihren Argumenten wirksam ist.

Gerade hier zeigt sich nun die Bedeutung des *Glaubens* für ein sachliches

Verhältnis zur Welt. Die Furcht Gottes ist auch insofern »der Weisheit Anfang« (Psalm 111, 10), als sie uns von der Furcht vor dem Vorfindlichen und der Hoffnung auf das Vorfindliche, also von falscher Furcht und falscher Hoffnung befreit und Überwindung der Angst schenkt. Erst indem Christus als Pantokrator die Welt entgöttert, »die Mächte öffentlich zur Schau gestellt und seinen Triumph über sie gehalten hat« (Kolosserbrief 2, 15), indem er also unsere Welt entmythisierte, hat er die Quellen der Angst versiegen lassen und damit ein sachliches Verhältnis zur Welt ermöglicht. *Die Erlösung ist im Bereiche der Vernunft zugleich Erlösung zur Sachlichkeit.* Sie bildet – auch geistesgeschichtlich – die Zäsur, jenseits deren Objektivität entstehen kann. Die Befreiung aus der Gefangenschaft gewährt zugleich Unbefangenheit.

Damit mag es zusammenhängen, daß gerade im Bereich des christlichen Abendlandes Naturwissenschaft und Technik zu entstehen vermochten, selbst wenn sie ihres Ursprungs vergaßen und nur noch von den Konsequenzen lebten, die sich aus dem befreiten Verhältnis zur Welt, aus der Erlösung zur Sachlichkeit ergaben.

C. F. von Weizsäcker hat diese christliche Wurzel der säkularisierten Welt und ihrer Wissenschaft einmal schön am Bilde eines säkularisierten Klosters verdeutlicht: Dieses Kloster sei noch dasselbe Gebäude wie zuvor; seine Räume hätten noch die Struktur von Mönchszellen, eines Refektoriums, einer Kapelle, selbst wenn sie jetzt für andere Zwecke gebraucht würden. So habe auch die moderne Welt noch die Struktur einer christlichen Welt, selbst wenn sich auf der Planskizze alle Farben geändert hätten und sich Schwarz in Weiß und Weiß in Schwarz verwandelt haben sollte wie bei einer Negativkopie. Insofern bleibt der christliche Ursprung auch in unserer säkularisierten Rationalität erhalten. Die in sich ruhende Endlichkeit behält ihre transzendenten Bezüge. Die Möglichkeit der Objektivität hat mit Erlösung zu tun[14].

2. *Die politische Tätigkeit der befreiten Vernunft*
Ihr Beitrag zur Ideologiekritik

Wenn der Satz, daß die Vernunft zur Sachlichkeit »erlöst« werde, seine Richtigkeit hat und wenn andererseits politische Entscheidungen mit dem Vernunftkriterium zu tun haben, so folgt daraus, daß es in der Tat einen wie immer zu bestimmenden – politischen Auftrag der Kirche gebe. Allerdings kann man das nicht feststellen, ohne sofort auch nach den Grenzen dieses Auftrages zu fragen.

Die These von der Befreiung zur Sachlichkeit weist dem Wächteramt im politischen Bereich vor allem eine *kritische* Funktion zu. Diese Funktion wird etwa dann alarmiert, wenn sich herausstellt, daß man in politicis nicht »sachlich« denkt, sondern daß man von ideologischen Vergötzungen oder Verteufelungen bestimmt ist. Denn das würde auf eine Befangenheit, besser: auf eine Gefangenschaft deuten, aus deren Fesseln wir gerade befreit werden sollen. Von dem reichen Bilderbogen, der hier für Illustrationen zur Verfügung stünde, können wir nur einige flüchtige Eindrücke vermitteln. Wir müssen uns mit ein paar exemplarischen Akzenten begnügen:

In Deutschland könnte jene kritische Funktion beispielsweise dann akut werden, wenn bestimmte ostpolitische Konzeptionen von einem *ideologisch überhöhten Heimatgedanken* bestimmt sind. In Amerika oder Afrika könnte sie dann ausgelöst werden, wenn das *Verhältnis von Schwarz und Weiß* von untergründigen Ressentiments gegenüber andern Rassen erfüllt wäre – oder auch dann, wenn das Rassenproblem durch eine undifferenzierte Menschheitsideologie überspielt oder verdrängt würde. Auch die *Politik der Entwicklungshilfe* mag jene kritische Funktion mobilisieren, vor allem, wenn hinter dem humanistischen Pathos der Menschenfreundlichkeit und der Nächstenliebe in Wahrheit merkantile oder imperiale Interessen wirksam sein sollten. So kann man von Haß erfüllt sein, der die Sachlichkeit der Vernunft verdunkelt, aber ebenso von verblendeter Liebe. In beiden Fällen würde man ideologischen Bannungen verfallen, die nach Ernüchterung rufen.

Die Möglichkeit, daß in der Sozial- und Rassenpolitik – gerade in ihr! – der Egoismus einer Interessengruppe, Klasse oder Partei triumphiert, wird jedenfalls beklemmend sichtbar. Die nicht zur Sachlichkeit befreite Vernunft wird damit menschenfeindlich. Sie würdigt den Menschen zu instrumentalen Funktionen herab. Deshalb verbindet sich mit der kritischen Funktion gegenüber einer ideologisierten Funktion zugleich so etwas wie eine »Bußpredigt« gegenüber den Menschenverächtern, eine Entlarvung jener Heuchelei, die humanistische Parolen im Munde führt, während sie in Wahrheit den Menschen zur Figur auf dem Schachbrett des ideologischen Spiels macht. Hier aktualisiert sich somit der christliche Auftrag, das Tabu dessen zu vertreten, was wir »die fremde Würde« des Menschen nannten: Der Mensch ist »mehr« als der Sabbath, als die Institutionen, als Zwecke und Dinge (Markus-Evangelium 2, 27).

Zur Bestätigung dieses ideologiekritischen und damit zugleich »humanistischen« Auftrages der Kirche mag noch das eine oder andere Blatt jenes Bilderbogens, von dem ich sprach, kurz aufgeschlagen werden:

Die »totale Demokratisierung«

Das modische Postulat einer *totalen Demokratisierung* kann diese ideologiekritische Aufgabe in vielerlei Hinsicht herausfordern. Denn jenes Postulat steht schon deshalb unter Ideologieverdacht, weil die Demokratisierung zu einem dogmatischen Prinzip hochstilisiert und dann wirklichkeitsfremd auf *alle* Lebensgebiete (z. B. die Universität, die Kirche, ja selbst den Jesuitenorden) übertragen wird. Was im Staate seinen unbezweifelbaren Sinn und auch seine Legitimität hat, wird bei unkritischer, sozusagen prinzipienreiterischer Übertragung auf andere Bereiche zu einer Säure der Zersetzung. Hier wird der legitime Satz, daß vor dem Gesetz, also in einer doch ganz bestimmten und begrenzten Beziehung, alle Menschen gleich seien, zur Ideologie einer totalen Gleichmacherei gemacht (über die wir im Zusammenhang mit dem Phänomen »Neid« schon gesprochen haben). Ganz unabhängig von aller sachlichen Kompetenz wird dem Herrn Omnes das gleiche Recht des Mitbestimmens, Mitbeurteilens und Mitredens zugebilligt. Dabei denke ich durchaus nicht in erster Linie an die Mitbestimmung in der Wirtschaft. Hier liegt das Problem zu kompliziert, um auf die einfache Alternative eines Ja oder Nein versimpelt zu werden. Ich denke vielmehr vor allem an die so belasteten Verhältnisse der deutschen Universität, die durch die Demokratisierungsmanie zu einem Konglomerat konkurrierender (zum Teil ganz unzuständiger) und sich lähmender Interessengruppen geworden ist. Ausgerechnet FRIEDRICH ENGELS hat in seiner 1872 erschienenen Schrift über die Autorität diese Form der Demokratisierung und des von ihr betriebenen Autoritätsabbaus verspottet: »Was geschähe«, so fragt ENGELS, »mit dem ersten abgehenden Zuge, wenn die Autorität der Bahnangestellten über die Herren Reisenden abgeschafft wäre? Aber die Notwendigkeit einer Autorität, und zwar einer gebieterischen Autorität, tritt am anschaulichsten bei einem Schiff auf hoher See zutage.«

Noch ein weiterer Gesichtspunkt deutet auf diesen Verlust der Sachlichkeit, auf die ideologische Befangenheit jener Egalisierungstendenz: Ich meine die Bedrohung des menschlichen Grundgutes der Freiheit, die mit jener Tendenz verbunden ist. Demokratisierung bedeutet nämlich, so sagt HELMUT SCHELSKY einmal, größere Anteilnahme der Massen an politischen Entscheidungen, also mehr Politisierung. Politisierung in diesem generellen Sinne läßt sich aber nur erreichen, wenn die oft komplizierten Sachfragen zu einem dramatischen Entweder-Oder zugespitzt und damit unzulässig vereinfacht werden. So folgt aus der totalen Demokratisierung unweigerlich Polarisierung, Konfliktverschärfung und, auch aus Gründen intensiverer Propaganda, Irrationalisierung, das heißt eine Schlagwortaufpeitschung, die Entbindung von Emotionen. Weil man das verwickelte Geflecht, in dem man sich zurechtfinden und über das man urteilen soll, nicht mehr durchschaut, flieht man in die Klischees primitiver Freund-Feind-Vorstellungen und ruft schließlich nach Führergestalten, in denen sich das Freund-Programm personifiziert. So ist die Entsachlichung der Institutionen und Fronten die notwendige Folge. Wer von der Erlösung des Menschen spricht und insofern die Erlösung zur Sachlichkeit mitmeinen muß, sieht sich hier zum Wächteramt der Ideologiekritik aufgerufen.

Das, was in dieser Form von Demokratisierung destruktiv am Werke ist, hat mit Grundsatzfragen zu tun, auf die uns das biblische Menschenbild aufmerksam macht. Die Grundsatzkrisis des hierarchischen Gefüges – von der Überlegenheit der Eltern, die antiautoritäre Erziehung ausüben sollen, bis zu übergeordneten Instanzen, die als Ausdruck eines »repressiven« Herrschaftssystems denunziert werden –, diese Grundsatzkrisis unerbittlicher Rangordnungen beruht auf einem geradezu programmatischen *Mißtrauen.* Das Mißtrauen ist, wie schon erwähnt, nicht selten von Neid diktiert. Dessen gesellschaftspolitische Bedeutung pflegen wir weithin zu unterschätzen. Die dahinterstehende pessimistische Anthropologie steht in eigentümlichem Widerspruch zu den utopischen Träumen von einer schließlichen Vervollkommnung des Menschen. Dieser Pessimismus hat in dem Leninschen Satze »Kontrolle ist besser als Vertrauen« seinen klassischen Ausdruck gefunden.

Wie kommt es zu einer solchen gleichsam kollektiven *Krise des Vertrauens?*

Wilhelm Herrmann, der große Lehrer Karl Barths und Rudolf Bultmanns, hat dazu in seiner »Ethik« eine erhellende Analyse geliefert. Vertrauen, so meint er, ist nur unter einer ganz bestimmten Bedingung möglich: daß ich unter denselben letzten Normen stehe wie der, dem ich vertraue. Dann erst kann ich vertrauend damit rechnen, wie der andere handelt; dann erst ist er nicht mehr unberechenbar und insofern unheimlich für mich. So allein entsteht Vertrauen.

Eine Planskizze für die Bedeutung und das Zustandekommen dieses Vertrauens ist die biblische Geschichte vom Babylonischen Turm (1. Mose 11): Die Tatsache, daß es am Ende zur Zerstreuung, zur babylonischen Verwirrung der Sprachen kommt, liegt nicht daran, daß Gott – gleichsam in einem metaphysischen Donnerschlag – mit der Faust auf den Tisch der Welt haut, so daß in diesem Strafgericht alles auseinanderstiebt. Die Verwirrung beruht vielmehr darauf, daß die Hybris der Turmbauer Gott abzusetzen versucht und sich damit des Bezuges zu jener umgreifenden und normativen Transzendenz begibt, die allein die Basis des Vertrauens zustande kommen läßt und so Gemeinschaft ermöglicht. Die Zentrifugalkraft der Zerstreuung entsteht aus einer *theologisch* begründeten Vertrauenslosigkeit.

Vertrauen als das aufgrund gemeinsamer Normen Zusammenhaltende ist freilich innerhalb des Wertpluralismus unserer Gesellschaften kaum noch erschwinglich. Denn diese Gesellschaften, ausgenommen die marxistisch-leninistisch bestimmten oder die Restbestände theokratischer Kommunitäten, haben sich offen oder verdeckt längst schon wieder in Klassen zerlegt, die kaum noch übergreifende Werte kennen, sondern wesentlich durch Gruppeninteressen (durch »Interessen« also, nicht durch normative »Werte«) bestimmt werden. Eine solche Gesellschaft verfügt über keinerlei Wertgemeinschaft mehr, aufgrund derer noch ein letzter Konsensus möglich wäre. Auch der säkulare Humanismus mit seiner sehr allgemeinen und verblasenen Wertskala ist kaum noch imstande, hier eine verbindende Klammer zur Verfügung zu stellen. Die Minimisierung aller Moral- und Stilnormen ist geradezu eine Signatur unserer Zeit.

Die wahrhaft explosive Zentrifugalkraft, die in diesem Pluralismus angelegt und wirksam ist, wirkt sich nun dahin aus, daß fast jeder mit wachsendem Mißtrauen zu entlarven sucht, *welche heimlichen Absichten und Interessen sich* hinter *den oft so volltönenden Grundsatzproklamationen des andern verbergen.* Wenn man von der Allanwesenheit der Ideologisierung überzeugt ist – und das sind heute die allermeisten Zeitgenossen, nicht ohne Grund –, ist man genötigt, diese geheimen Zwecke und Interessen als die wahren und eigentlichen Antriebe zu vermuten. Wenn etwa die Unternehmer von ihrem Einsatz für das allen zugute kommende Sozialprodukt sprechen, wenn sie die Notwendigkeit von Investitionen betonen und sich deshalb gegen unmäßige Lohnerhöhungen wehren, die nach ihrer Meinung wirtschaftliche Potenzstörungen verursachen müssen, dann sehen ihre Tarifpartner darin nur einen versteckten ökonomischen Egoismus, dem alles darauf ankommt, die erhöhten Gewinne allein in die eigene Kapitalistentasche fließen zu lassen. Und umgekehrt: Wenn die Arbeitnehmer die These vertreten, daß Kapital und Arbeit gleichgewichtig sein müßten, und deshalb nicht nur Mitbestimmung, sondern Mitbeteiligung an den Zusatzraten der Gewinne fordern, meinen die Unternehmer darin wiederum nur die ideologisch verklausulierte Absicht ihrer Partner zu sehen, ihrerseits der Maßlosigkeit des Profitjagens zu frönen.

Die Aufgabe eines ideologiekritischen Wächteramtes kann nun kaum darin bestehen, daß die Kirche zu derartigen Tarifauseinandersetzungen im einzelnen Stellung nimmt. Sie würde dann so oder so der Parteinahme bezichtigt und sich damit der Unglaubwürdigkeit aussetzen. Vor allem würde sie sich – und gewiß zu Recht – den Vorwurf fehlender Sachkompetenz zuziehen. Selbst moralische Maßhalteappelle ständen ihr kaum an, weil sie damit nur in den Chor anderer Mahner einstimmen würde und das unverwechselbar Eigene ihrer Stimme nicht zur Geltung bringen könnte.

Die Kirche »bewirkt« nur etwas, wenn sie von ihrem Proprium, von ihrem Eigensten spricht. Das heißt in diesem Falle: Sie hat den letzten *Grund* dieser zerstörerischen Vorgänge zu entlarven: eben jenes Mißtrauen, das eine Schattenzone unseres »Herzens« ist. Sie hat den Grund dieses Mißtrauens in ihrer Verkündigung und ihren programmatischen Kundgaben zu verdeutlichen. Und wenn sie den Pluralismus und das Wertechaos dabei erwähnt, dann sicher nicht mit dem Ziel, diesen Pluralismus einfach in den

Bann zu tun. Das wäre schon deshalb absurd, weil wir uns den Pluralismus wie einen Virus zugezogen haben und weil es gar nicht in unserer Macht liegt, ihn abzuschaffen.

Es gehört aber zu ihrem ideologiekritischen Auftrag, einiges Wasser in den Wein des albernen Stolzes auf jene pluralistische Vielfalt zu gießen. Sie kann das freilich nicht in der Absicht gesetzlicher Miesmacherei tun, sondern nur mit dem Ziel, auf den »Verlust der Mitte« aufmerksam zu machen, der hier im Hintergrunde wirksam ist. Sie hat im Menschen diese Rückfrage nach der Mitte, zu dem verlorenen Grunde seiner Existenz auszulösen.

Einer Gesellschaft, die jene Mitte verloren hat und gleichwohl den Pluralismus auf eine neue Homogenität hin überwinden möchte – denn sie will natürlich nicht explosiv auseinanderfliegen, sondern die Möglichkeit geschichtlicher Existenz aufrechterhalten –, bleibt schließlich gar nichts anderes übrig, als nach ideologischer Gleichmacherei Ausschau zu halten und wenigstens auf diese fragmentarische und dubiose Weise »homogen« zu werden.

Was soll sie denn auch anders machen? Wir können diesen Vorgang heute an den ideologischen Herrschaftssystemen beobachten. *Wenn jene Mitte verloren ist, scheint tatsächlich nur eine düstere Alternative übrigzubleiben: entweder der zentrifugale Pluralismus und damit die Selbstzerstörung oder – darin pflegt der anarchische Pluralismus denn auch zu münden – die Zwangseinheit ideologischer Konformität.* Ideologische Herrschaftssysteme sind dadurch gekennzeichnet, daß sie nicht nur mit Hilfe äußerer Gewalt und physischen Terrors herrschen, sondern so, daß sie die Partisanen ihrer Gedanken ins Innere des Menschen schleusen und so die Totalität fesselnder Bindung zu erreichen suchen. Diese Perversion des Menschenbildes in ihren Gründen aufzuzeigen und ihren Kontrast zur eigentlichen Bestimmung des Menschen, zur Freiheit seiner sachlichen Weltorientierung zu verdeutlichen: gerade das gehört wesentlich zu einer theologischen Anthropologie und ihrer Ideologiekritik.

Das antiautoritäre Prinzip

Von dem, was wir im Kapitel über die Autorität zum Wesen antiautoritärer Tendenzen bemerkt haben, soll hier nur ein einziges Motiv noch einmal aufgegriffen und unter die Lupe gelegt werden:

Es kommt den Vertretern des antiautoritären Prinzips wesentlich darauf an, ein Fehlverhalten des Kindes oder Jugendlichen (Aggressivität, Unehrlichkeit, asoziales Verhalten überhaupt) nicht disziplinär-terroristisch und also »autoritär« zu reglementieren, sondern die Ursachen des Fehlverhaltens zu erkunden und sie zu beseitigen, wodurch sich dann auch das Verhalten ändert. Da diese Ursachen fast ausschließlich in einer gesellschaftlichen Misere und hier vor allem in Jugendtraumata gesehen werden, die durch sie ausgelöst wurden, kommt es entscheidend darauf an, diese gesellschaftlichen *Hintergründe* des Fehlverhaltens zu beseitigen. Sofern das gelingt – so die Theorie –, muß es dann zu einer neuen befreiten Spontaneität kommen, in der sich das Verhalten automatisch ändert. Bei prophylaktischer Beseitigung jener gesellschaftlichen Hypotheken wird es künftighin gar nicht erst zu solchen fehlgeleiteten Verhaltensweisen kommen.

Nun haben wir früher schon zugestanden, daß das antiautoritäre Prinzip gegenüber gewissen patriarchalischen Erziehungsformen eine fruchtbare Korrektiv-Funktion ausüben kann. *Das Problem liegt auch hier wieder in der ideologischen Überhöhung einer pädagogischen Methode zum »Prinzip«.* Und wir erinnern uns an die früher gestellte Frage, ob dieses verabsolutierte »permissive« Selbstentfaltungsprinzip nicht insofern wieder »unsachlich« werde, als es zu einer grausamen Überforderung der Kinder führt und ihnen insofern nicht gerecht wird. Eine Spontaneität, die paradoxerweise selbst wieder zum Anspruch wird, löst *gerade* Frustrationen aus. (Beispiele dafür haben wir angeführt.)

In einem Punkte kann es freilich keinen Zweifel geben: Selbstverständlich bleibt das Postulat in Kraft, Bedingungen zu schaffen, aufgrund deren Spontaneität *möglich* wird. Wenn Freiheit, wie wir sagten, ein Grund-Existential des Menschen ist, muß jene Spontaneität als Form unmittelbarer Selbstbestimmung unser Ziel bleiben oder wieder werden. Wenn es nun darum geht, die Bedingungen – auch die *gesellschaftlichen* Bedingungen – dafür zu schaffen, so heißt das vor allem die Hindernisse zu beseitigen, die einer solchen Selbstbestimmung entgegenwirken.

Um uns zu verdeutlichen, was das heißt, denken wir einmal an die jugendlichen Gewalttäter, etwa an die Rocker und Provos. Es ist bekannt, daß deren Form von krimineller »Selbstentfaltung« alles andere ist als die Äußerung von Spontaneität. Sie ist vielmehr Ausdruck von Aggressionstrieben, die von außen her – meist durch die genannten gesellschaftlichen Gegebenheiten – in ihnen ausgelöst wurden. Diese Jugendlichen stehen also unter dem Druck von Zwängen, die ihnen durch die Bedingungen ihrer Umwelt auferlegt werden. Wenn man sie dem Erziehungsziel, wahre Spontaneität und Selbstbestimmung zu gewinnen, entgegenführen will, so heißt das vor allem, jene versklavenden Bedingungen ihrer Existenz, jene Wirkstoffe ihrer Denaturierung zu beseitigen. Auf keinen Fall aber kann es heißen, ihnen einen Raum vor- und unzeitiger Spontaneität zu eröffnen. Dem bisher verbiegenden Zwang durch ein antiautoritäres Prinzip entgegenzuwirken, wäre Nonsens und müßte katastrophale Folgen zeitigen.

Diese Überlegungen führen nun erst zu der entscheidenden Frage: *Können wir eigentlich so lange warten, bis jene Grundbedingungen geändert, bis die Quellen verfehlter Entwicklungen verstopft sind?* Während wir diese Pläne entwerfen und die Initiativen zu ihrer Verwirklichung erst anrollen lassen, erscheinen in den Zeitungen neue Schreckensnachrichten über Vergewaltigungen, Überfälle und terroristische Akte. Tut man den Rockern – um sie als Paradigma für dies spezielle Erziehungsproblem zu verwenden – wirklich einen Dienst, wenn man sie relativ gewähren läßt, sie minimal bestraft und das Übel nur langfristig von seinen Bedingungen und Wurzeln her zu erfassen sucht? – Indem wir über diese Frage nachdenken, geht es uns keineswegs nur um eine taktisch-methodische Verfahrensfrage. Wir stoßen vielmehr auf ein theologisches Grundlagenproblem, auf die sogenannte Lehre von »Gesetz und Evangelium«. Sie ist für anthropologische Fragen besonders bedeutungsvoll:

Auch das *Evangelium* spricht von einer neuen Spontaneität als menschlicher Selbsterfüllung, nämlich von der *Liebe*. Liebe kann nicht erzwungen werden; sie kann sich nur als etwas Selbstverständliches »ergeben«. Sie ergibt sich dann, wenn wir aus den alten Bindungen des natürlichen Menschen erlöst und eine neue Kreatur geworden sind, wenn uns im Bilde des Nächsten ein anderes Bild und eine andere Würde erscheinen als bisher. Daneben aber steht nun die Lehre vom *Gesetz*. Das Gesetz übt nach biblischer Sicht eine Art Hilfsfunktion für das Evangelium aus. Wir versuchen uns diese Hilfsfunktion an einem – vielleicht hilfreichen – Gleichnis zu verdeutlichen:

Ich stelle mir vor und scheue das Altmodische dieses Vergleichs nicht, daß das Evangelium durch einen guten Hirten repräsentiert werden könnte. Der gute Hirte ist eine Gestalt, die die Schafe lieben. Sie kennen seine vertraute Stimme. Sie folgen ihm gewissermaßen »spontan«. Es treibt sie zum Hirten. Doch nun ist am Wegrand ein saftiges Grasbüschel, das für den Schafsgeschmack schlechthin unwiderstehlich ist. Und eines der Tiere schert denn auch aus der Herde aus und tut sich daran gütlich. Natürlich *will* es damit dem Hirten nicht ungehorsam sein und seine Gefolgschaft aufkündigen. Es meint nicht (wenn wir dem Schaf einmal eine Meinung andichten): Der Hirte kann weitergehen, dies Grasbüschel ist für mich attraktiver als er. So »denkt« das Schaf nicht. Es denkt natürlich überhaupt nicht, aber ich meine, so fühlt es auch nicht. Es bleibt nur einfach dabei stehen, ohne zu ahnen, daß das im Widerspruch zu seiner Gefolgschaft gegenüber dem Hirten steht. Doch dann kommt der Schäferhund und beißt es ins Bein. Dieser Biß oder dieses leichte Anrühren mit den Zähnen bedeutet: *Dort* ist der Hirte, *dort* mußt du hin!

Der Schäferhund symbolisiert hier das Gesetz und seine Funktion. Das Gesetz ist keine zweite Autorität oder Instanz neben dem Evangelium, neben dem Hirten, in dem wir es personifiziert sehen. Das Gesetz erinnert nur daran, was das Evangelium von uns will und wohin uns der Hirte führen möchte. Es stellt uns vor die Frage: Ist deine Spontaneität der Nachfolge, deine Spontaneität der Liebe in dem Augenblick, wo du dich dem Grasbüschel widmest, noch in Kraft – oder steht das nicht in

Widerspruch zu ihr? Kommt es hier nicht wieder zu jenem objektiven Selbstwiderspruch, den wir früher als Heuchelei diagnostizierten?

Das Gesetz ist also unter anderm ein Zeichen dafür, daß wir in dieser gefallenen und fragwürdigen Welt nicht so lange warten können, bis alle Menschen spontan dem guten Hirten nachfolgen oder bis es sie dazu »drängt«, einer sonstwie bestimmten Idee des Humanum nachzuleben. Nur Schwärmer und Phantasten können das annehmen und dann der Versuchung erliegen, unter der Parole des Antiautoritären oder mit ihren Programmen der Permissivität den Menschen in eine vorzeitige Selbstverfügung zu entlassen, die ihn dann überfordern und zerstören muß. Darum bedürfen wir in diesem Äon rechtlicher und institutioneller Sicherungen. Wir bedürfen des Gesetzes und des eingreifenden »Schäferhundes«. Aus diesem Grunde werden jene Notordnungen gesetzt, von denen in der Geschichte des noachitischen Bundes die Rede ist (1. Mose 9, 1 bis 11).

Institutionen können erst dann wegfallen, wenn ihre disziplinierenden Funktionen verinnerlicht sind, wenn sie also angeeignet und – wie die Soziologen sagen – »internalisiert« wurden. Erst dann kann das, was sie besorgen möchten, auch von der eigenen Spontaneität bewirkt werden. Wer zum Beispiel liebt – und Liebe ist doch ein spontaner Akt! –, braucht in seinem Verhalten gegenüber dem Nächsten nicht mehr gegängelt zu werden. Liebe »ergibt« sich im neuen Sein des Menschen und durch das neugewonnene Bild des Mitmenschen. Sie kann darum nicht Gegenstand eines Kommandos sein.

Was sich demgegenüber in der antiautoritären Form *heutiger* Gesetzlosigkeit zeigt, ist im Grunde nur eine Spielart des *Schwärmertums*, durch das sich das Wächteramt, wie zu allen Zeiten, mobilisiert sehen muß. Um Schwärmertum geht es deshalb, weil hier ein unwahres, wiederum ideologisch pervertiertes Menschenbild im Hintergrund steht: das Bild eines Menschen nämlich, der an sich gut ist und auch realiter wieder gut wird, falls er nur von der verbiegenden Macht gesellschaftlicher Repression befreit ist. *Was ihn aber von seiner Entfremdung so vermeintlich befreit, stürzt ihn tatsächlich nur in neue Entfremdungen, nämlich in die Diktatur des gesetzlosen Vakuums.* Diese Diktatur entbehrt der Segnungen jener Ordnung, die der Schöpfer als Zeichen seiner Erhaltungsgnade auch dieser vergehenden Welt eingestiftet hat.

Die Kirche ist auch hier von der Mitte ihrer Verkündigung her aufgerufen. Sie hält der utopisch erträumten und zur Ideologie gewordenen Freiheit des Menschen von sich selbst jene *Erlösung* von sich selbst entgegen, wie sie uns das Evangelium verheißt: die Erlösung zur Spontaneität der Liebe, zur »Freiheit der Kinder Gottes«. Und die Kirche spricht zugleich von den Geboten Gottes, die ein Hinweis auf die Wohltat gestifteter Ordnungen sind.

Wir sagen übrigens nicht, daß die kritischen Interventionen des Wächter-

amtes in der (im weitesten Sinne so verstandenen) »politischen Welt« zugunsten der *alten*, von jeher bestehenden Ordnungen stattfänden. Wäre das so, dann müßte sich die Kirche als Anwalt des Status quo verstehen; sie wäre dann prinzipiell restaurativ. *Die Ordnungen, die wir als Strukturen weltlichen Seins im Auge haben, sind aber keine zeitlos-statischen, sondern zeitlich-geschichtliche Gebilde, die bis auf gewisse unwandelbare Kerne immer neuen Veränderungen unterliegen.* Aber auch die sich verändernden Ordnungen haben die Würde von Stiftungen, die nicht einseitig gekündigt werden können und deshalb der Willkür unserer manipulierenden Zugriffe entzogen sind. Theologische Ideologiekritik bedeutet deshalb, die zur Sachlichkeit erlöste Vernunft in dem Sinne wirksam werden zu lassen, daß sie Furcht und Hoffnung als erlösungswidrige Motive in unserm politischen, pädagogischen, wirtschaftlichen, gesellschaftlichen Denken, Programmieren und Handeln aufspürt und damit menschenfeindliche, unter mancherlei humanistischen Parolen versteckte Ziele entlarvt.
Damit greift die theologische Anthropologie in nahezu alle Lebensgebiete aus. *Gerade das sie treibende Motiv der Sachlichkeit und der Entideologisierung aber mag sie zugleich vor dem Ehrgeiz bewahren, bei allen Sachen nun ihrerseits sachlich mitzureden und sich in alles einzumischen.* Ihr kritischer Auftrag bezieht sich auf den Bereich der Motive, auf das also, was sich im »Herzen« abspielt. Auch das, was sie kritisch *wider* die Ideologien und *für* die Versachlichung äußert, ist motiviert und begrenzt durch ihren seelsorgerlichen Auftrag[15].

G. Mensch und Technik

Der Mensch als homo faber

Anthropologische Probleme des technischen Zeitalters

I. Die Technik als Einbruch eines qualitativ »Neuen«

a) Die geschichtliche Zäsur zwischen Handwerk und Technik

Der Weltbezug des neuzeitlichen Menschen, der uns in den letzten Kapiteln beschäftigte, ist wesentlich durch die Technik mitbestimmt. Seine Bezeichnung als homo faber drückt geradezu eine technokratische Determination aus, der er überantwortet zu sein scheint. Das In-der-Welt-Sein des Menschen läßt sich nicht bestimmen, ohne das Phänomen der Technik zu durchdringen und seine Bedeutung für das menschliche Dasein zu klären.

ERNST JÜNGER hat in seinem »Arbeiter« einmal gesagt, daß heute inmitten der Zuschauerringe der Stadien oder eines Lichtspieltheaters eine tiefere Frömmigkeit zu beobachten sei, als man sie unter den Kanzeln und vor den Altären wahrzunehmen vermöge.

Wir sollten uns von dem Unbehagen über eine solche Sentenz nicht vorzeitig übermannen lassen. Natürlich ist es etwas anrüchig, wie hier mit einer Art Psychometer die Intensität der Hingabe gemessen wird und es dadurch zu einem abenteuerlichen Vergleich zwischen religiöser, sportlicher und technischer »Andacht« kommt.

Gleichwohl stecken in dem Satze JÜNGERS zwei Hinweise, die uns anrühren:

Einmal ist der Stärkegrad sicher richtig bezeichnet, in dem der heutige Mensch durch gewisse »weltliche« Phänomene – unter anderm und nicht zuletzt durch die Technik – in Bann geschlagen wird. Man stelle sich, um das zu verdeutlichen, einmal einen Religionslehrer vor, der Glaubensfragen aktualisieren möchte und sie deshalb in den Horizont unserer technisierten Zeit einbaut. Er vergleicht etwa den Heiligen Geist mit einem elektrischen Strom, zu dem der Triebwagen durch seine Bügel Verbindung aufnehmen muß, um fahren zu können. Die Schöpfung erscheint in seinem Unterricht als eine wunderbar durchdachte und organisierte chemische Fabrik. Der Glaube wird als Kontakt beschrieben, der Kleinglaube als Wackelkontakt und der Unglaube als Kontaktverlust. Der Lehrer dürfte bei diesem didaktischen Abenteuer nun eine merkwürdige Erfahrung machen: Die verwendeten technischen Bilder gewinnen in der Phantasie des Schülers eine so penetrante Eigendynamik, daß das Illustrationsmaterial die zu illustrierende Sache erschlägt. Bei späteren Testfragen wird sich zeigen, daß die Jungen und Mädchen die technischen Bilder spannend fanden und auch behalten haben, während sie die Anwendung auf den Glauben und den Heiligen Geist vergaßen. Diese Beobachtung könnte den Hinweis JÜNGERS bestätigen.

Noch ein zweites Wahrheitsmoment drängt sich auf:

RUDOLF OTTO, der schon zum Klassiker gewordene Marburger Religionsphilosoph, hat in seinem Buch »Das Heilige« die Religion als das Erlebnis des »ganz Andern« beschrieben, als eine Erfahrung, die nicht auf der gleichen Ebene wie alles sonst Erlebte steht, vielmehr das innerweltlich Begegnende transzendiert. Es mag nun paradox erscheinen, daß uns ausgerechnet die Technik, die doch auf dem Umgang mit diesem innerweltlich Seienden beruht, vor Erfahrungen stellen soll, die in Analogie zu jenem religiösen Erlebnis des »ganz Anderen« stünden. Wie ist das möglich?

Die Technik ist nicht so etwas wie die kontinuierliche Fortentwicklung des vertrauten Handwerks. Die Betrachtung des modernen Fließbandes, automatischer Fabrikationsmethoden und der Computer-Technik vermittelt vielmehr den Eindruck einer ganz andern und zunächst unvertrauten Welt. Sie entzieht sich zum Beispiel der Anschaulichkeit des Handwerks und verhält sich in wesentlichen Punkten diskontinuierlich zu früheren Epochen der Geschichte. Schon GOETHE äußert in »Wilhelm Meisters Wanderjahren« ein Unbehagen über dieses hereinbrechende Neue, das in seinen Auswirkungen unabsehbar ist. Er empfindet den »Übergang vom Handwerk zum Maschinenwerk« als bedrohlich, denn es züchte künstliche Bedürfnisse, um überflüssige Arbeit zwecklos tätig zu erhalten. »Das überhandnehmende Maschinenwesen quält und ängstigt mich; es wälzt sich heran wie ein Gewitter, langsam, langsam; aber es hat seine Richtung genommen, es wird kommen und treffen.«

In der Tat: Das Handwerkszeug liegt in der Verfügung menschlicher Hände; zu dem so Gestalteten haben wir ein Verhältnis persönlicher Unmittelbarkeit. In der Technik dagegen ist durch die Zwischenschaltung von Naturkräften, wie des Dampfes, der Elektrizität und Elektronik sowie der Atomkraft, eine qualitativ neue Welt des Hervorbringens entstanden. Sie liegt nicht mehr in der Hand des Menschen. Vielmehr droht er umgekehrt – wie der GOETHESCHE »Zauberlehrling« – in die Rolle eines Funktionärs abgedrängt zu werden, dem das Gesetz seines Handelns durch die entfesselten Mächte vorgeschrieben wird. Das, was ich die Zwischenschaltung der Naturkräfte nannte, bringt ein Verhältnis der Mittelbarkeit zu dem mit sich, was mit Hilfe jener Naturkräfte entsteht. Und eben diese Mittelschicht, einmal virulent geworden, fängt an, eigene Prozesse auszulösen. Sie beginnt gleichsam Geschichte zu machen und die Männer zu überrunden, die ihrerseits technische Geschichte zu machen gedachten.

Die technischen Mittel entwickeln sich nämlich eigengesetzlich weiter. Der

Mensch ist gar nicht mehr gefragt, ob er technische Entwicklungen *will*, ob er zum Beispiel die Atomtechnik möchte. Er *muß* sie wollen. Er muß sie schon deshalb wollen, weil sonst andere Nationen, Wirtschaftskonzerne oder ideologische Systeme ein Monopol über diese Kräfte gewinnen und so zu einer technischen, wirtschaftlichen und wohl auch militärischen Übermacht gegenüber dem Zurückgebliebenen kommen.

b) Der Aufstand der technischen Mittel

Man hat deshalb geradezu von einem *Aufstand der technischen Mittel* gesprochen, um damit anzudeuten, daß beim Vorantrieb der Entwicklung die Initiative der menschlichen Hand entglitten und an die eigengesetzliche Selbstentfaltung jener technischen Mittel übergegangen sei. *Sie* sind es nun, die diktatorisch das menschliche Ingenium und den menschlichen Willen beherrschen. Die technischen Entwicklungen vollziehen sich nahezu automatisch. Und der Mensch muß ihnen nachrennen und zusehen, daß er mitkommt. *Aus dem homo faber droht ein homo fabricatus zu werden.*
Deshalb beginnt er in dem gleichen Maße, wie ihn der technische Fortschritt und die Verfeinerung technischer Fabrikationsmethoden beschäftigen, über die Frage nachzusinnen, wie er sich wider die von ihm heraufbeschworene und die Rolle des Mit- oder Gegen-Spielers übernehmende Technik *behauptet*. Das zeigt sich nicht nur bei der Technik im engeren Sinne, sondern auch bei der *Medizin*, deren moderne Erfolge nicht ohne die Inanspruchnahme technischer Apparaturen denkbar sind: Die Bekämpfung von Säuglingssterblichkeit und Seuchen führt zu einer Bevölkerungsexplosion, die eine Weltkatastrophe heraufzubeschwören droht. Die ärztliche Artistik bei der künstlichen Lebensverlängerung, scheinbar durch den hippokratischen Eid gedeckt, droht dem Menschen sein Recht auf den Tod zu nehmen und zum »Terror der Humanität« zu werden. Allenthalben tritt man an, um die Folgen dessen zu bekämpfen, was unser Können auf den Plan gerufen hat. Was uns vorher als utopisches Wunschbild erscheinen mochte, verwandelt sich unter der Hand in eine Schock-Utopie. (Wir haben einiges davon in dem Abschnitt über die Utopien angesprochen.[1]
In diesem Sinne sagt NICOLAI BERDIAJEW einmal, Utopien sind scheinbar heute in der technischen Welt viel eher zu verwirklichen, als man früher glaubte. Deshalb stünden wir jetzt vor der ganz anderen Frage, wie wir ihrer endgültigen Verwirklichung *ausweichen* könnten. Die Welt einer totalen technischen, physikalischen und biologischen Manipulation, eine Welt, in der alles möglich sei, werde uns unheimlich. »So beginnen wir um eine nicht-utopische, um eine weniger vollkommene Welt zu ringen.« Wir suchen also, so könnte man sagen, von jenem Gefährt abzuspringen, das uns auf den abschüssigen Geleisen jener Mittel-Schicht zu einer »erdrückenden Vollkommenheit entführt«.
Mit alledem wird die Technik zum Einbruch eines Fremden in unser Le-

ben, vor dem wir gebannt stehen und das die religionsähnliche Bedeutung des »ganz Andern« für uns gewinnen kann – jenes Andern, das in einer merkwürdigen Imitation der Andacht Faszination und Schrecken ausstrahlt und eine Art mysterium fascinosum et tremendum (ein faszinierendes und erschreckendes Geheimnis) für uns werden kann.
Die Techniker selbst stehen vermutlich am wenigsten unter diesem Eindruck eines Fremdeinbruchs. Es ist verständlich, daß sie der optischen Täuschung unterliegen, die das allzu Nahe und Gewohnte auszuüben pflegt. Um so nachdrücklicher haben die Biologen ihn bemerkt und auch besprochen. KONRAD LORENZ etwa macht darauf aufmerksam, daß in früheren Erdperioden geologische oder klimatische Veränderungen sich höchst langfristig vollzogen und damit eine entsprechende – vor allem biologische – Anpassung ermöglicht hätten. Das technische Zeitalter sei, was die elementare Gewalt der Veränderung betreffe, durchaus mit jenen Umschichtungen in der Natur zu vergleichen. Doch unterscheide es sich von ihnen dadurch, daß es in wenigen Jahrzehnten unsere Lebensbedingungen umstürzend verändert habe. Diese Plötzlichkeit seines Hereinbruchs bringe es mit sich, daß der Mensch mit seiner Anpassung nicht nachkommt, daß er die Technik gleichsam noch nicht verdaut hat. Er spielt noch mit dem Gedanken, alles zu verwirklichen, was er kann. Selbst die Kulturskeptiker aber, die ein Haar in dieser Suppe gefunden haben und in totaler Technokratie eine Bedrohung unserer Lebensqualität sehen, kennen kein Rezept, um den eigengesetzlichen Prozeß technischen Fortschritts abzubremsen oder auch nur in seinen Konsequenzen zu mildern. *Wir sind menschlich dem nicht gewachsen, was wir technisch können.* Unsere menschliche Reifung ist mit dem technischen Fortschritt nicht synchronisiert. Hinter dem Glanz unseres technischen Vermögens führt unsere geistige Konstitution eine Art Kümmerexistenz. Wir würden auf einen außerirdischen Beschauer wirken wie ein Buschmann im Frack.

ANTOINE DE SAINT-EXUPÉRY hat diese Nicht-Synchronisation von Technik und Menschlichkeit visionär verdichtet:
»Was sind die hundert Jahre des Zeitalters der Maschine, gemessen an den zweihunderttausend Jahren der Menschheitsgeschichte? Wir sind erst noch dabei, in dem Lande der tiefen Schächte und der riesigen Kraftwerke heimisch zu werden. Wir sind eben erst in das noch unvollendete neue Haus eingezogen. Alles hat sich um uns so schnell geändert, die Beziehungen von Mensch zu Mensch wie die Gesetze von Arbeit und Sitte. Sogar unsere geistigen Wertmaßstäbe sind in ihren tiefsten Tiefen erschüttert. Noch bedeuten die Worte Trennung, Fernsein, Entfernung, Heimkehr dasselbe wie früher und enthalten doch nicht mehr dieselben Gegebenheiten. Um die Welt von heute zu deuten, gebrauchen wir eine Sprache, die für die Welt von gestern geschaffen wurde. Darum scheint uns auch das Leben der Vergangenheit naturgemäßer zu sein, nur weil es unserer Sprache gemäßer ist ... Wir sind Verbannte, die noch kein neues Vaterland gefunden haben. Wir sind junge Wilde und staunen über unsere neuen Spielsachen.«

II. Die von der Technik ausgelöste Frage nach dem Menschen

Die Spannung zwischen der Fähigkeit des Menschen, alle Weltwege zu planieren sowie technisch ins Ungemessene auszudehnen, und der *gleichzeitigen* Unfähigkeit, dadurch unser In-der-Welt-Sein, unsere menschliche Existenz zu bewältigen: diese Spannung ist angsterregend. Angst dieser Art äußert sich etwa in der Frage: »Wohin soll das führen?« Sie ergibt sich angesichts der Unabsehbarkeit technischer Möglichkeiten und mehr noch aus dem dunklen und meist unreflektierten Bewußtsein, daß der Abstand zwischen der Technik und ihrer menschlichen Bewältigung sich eher noch vergrößern könnte. Die Folgen der Technik – die Ballungszentren der Großstädte, die Gigantitis der Beton-Wohnsilos, die Macht der multinationalen Konzerne, die ohne technisches Instrumentarium gar nicht denkbar wären, der industrielle Arbeitsrhythmus, der von technischen Produkten ausgelöste Konsumzwang –, alle diese und noch viele andere Folgen übermitteln das beklemmende Gefühl des Ausgeliefertseins an Zwänge, die nicht zu beherrschen sind, und stürzen das Individuum in eine entpersönlichte Anonymität. Dieses geängstete Grundgefühl dürfte vielen Depressionen und Frustrationen zugrunde liegen, die sich gerade in der Jugend der späten sechziger und siebziger Jahre oft genug explosiv Luft machten und machen. Die ältere Generation vergißt leicht, daß gerade die junge Generation es ist, die jene unabsehbare Zukunft zu bewältigen haben wird und damit auch von ihren apokalyptischen Möglichkeiten geängstet ist. (Alte Männer, sagt Bernard Shaw, seien gefährlich: »Ihnen ist die Zukunft egal.«)

Diese Angst erzeugt, wie Morgensterns Galgenlied über das »Butterbrotpapier« ironisierend zeigt, *Geist.* Sie drängt zur Reflexion. Und was in dieser Reflexion zum Thema wird, sind die längst totgewähnten, in der Leidenschaft der Weltbewältigung untergegangenen Fragen nach dem letzten Woher und Wohin. Es ist die Sinnfrage inmitten einer Welt technischer Zwecke. Abermals im Anschluß an Saint-Exupéry könnten wir sagen: Die Eroberung des Raums technischer Möglichkeiten war eine »soldatische« Aufgabe. Danach aber tritt der »Siedler« in Funktion. Dieser muß den Boden kennen, den er bebaut, und die Fundamente, auf die er seine Heimstatt gründet. Die Frage nach den Fundamenten des Daseins, nach dem also, was in dem rapid und unabsehbar sich Wandelnden Bestand hat, ist eine *religiöse Frage.*

Diese Frage ergibt sich für unzählige Menschen nicht mehr aus der Tradition der Kirche. Sie entbindet sich gerade aus dem Schoße jenes Diesseits, durch das wir sie kraft unserer nüchternen Rationalität und unseres technischen Vermögens für beschwichtigt, erledigt und antiquiert wähnten. Ausgerechnet die Technik, also das »Allerdiesseitigste«, stößt uns auf die Frage, wer wir seien und wohin es mit uns wolle.

Diese Situation ist ein Kairos besonderer Art. Denn die so entstehende religiöse Frage ist uns deshalb besonders gemäß, weil sie unmittelbar aus unserer Lebenssituation emporsteigt. So kommt es neben der gewachsenen christlichen Tradition zu ganz neuen Phänomenen eines religiösen Bewußtseins. Sie tragen vielfach die Züge einer religiösen Subkultur, charismatischer Ekstase und greifen gerne auf die Negro-Spirituals zurück.
Alle diese Bewegungen, aber auch die mehr reflexive Diskussion der Sinnfrage unter den Intellektuellen, sind dadurch charakterisiert, daß sie sich unter dem Druck einer Zeit ergeben, in der uns etwas Fremdes zu entführen und uns der Entfremdung auszuliefern droht. (Daß an diesem Eindruck der Prozeß der Technisierung maßgeblich beteiligt ist, suchten wir aufzuweisen.) Gerade dadurch mag sich auch der Rückgriff auf die Negro-Spirituals nahelegen, so gewiß sie ja ebenfalls unter Druck und Unterdrükkung entstanden. Ob die so sich aktualisierende und in neuer Gestalt auftauchende religiöse Frage Anschluß an die christliche Tradition und ihre institutionellen Ausprägungen findet, ist nicht vorauszusagen. Wichtig erscheint mir im Augenblick nur die Feststellung, daß dieser Neuaufbruch seine eigenständige Herkunft hat und sich inmitten eines rational und technokratisch bestimmten Diesseits ergibt:
Angesichts der biblischen Bilder vom Ende der Geschichte, wie sie etwa die Johannes-Offenbarung entrollt – das Meer wird zu Blut und die Sterne stürzen herab –, werden viele Zeitgenossen bekennen, daß sie ihnen fremd geworden seien. Sie sind für sie sozusagen als mythologische Vorstellungen kompromittiert, mit denen sich allenfalls weltverneinende Schwärmer abgeben mögen. Nun aber hat das *Atomzeitalter seine eigene Eschatologie entwickelt*, und zwar dadurch, daß es die äußersten, in der Technik angelegten Möglichkeiten reflexiv auszieht oder in Schreckvisionen verbildlicht:
Diese äußerste Möglichkeit besteht *einmal* im Erraffen der absoluten Macht. Diese Macht ist insofern absolut, als sie nicht mehr in den Grenzen irdischer Bezüge bleibt, sondern durch die thermonuklearen Möglichkeiten so etwas wie die Nachahmung solarer Energieumsätze betreibt. Nicht nur in der Weltraumfahrt, sondern schon in der Atomtechnik sprengt der Mensch seine bisherige Fesselung an die planetarische Provinz unserer Erde. – Jene äußerste Möglichkeit besteht *andererseits* darin, daß der Mensch, indem er das Subjekt jener letzten Machtausübung ist und sozusagen alle Energien aus der Schöpfung herausholt, zugleich das *Objekt* dieser seiner Maßnahmen wird. Sie reißen ihn mit sich fort und entführen ihn oft genug, wohin er nicht will. Er ist plötzlich der Möglichkeit und vielleicht sogar dem Zwang überantwortet, sowohl sich selbst wie seiner Welt ein totales Ende zu bereiten, die Schöpfung sozusagen rückgängig zu machen. Hier kommt die Zweideutigkeit des technischen Phänomens auf seine Höhe. Es gewinnt eschatologischen Rang.

Gerade das Allerdiesseitigste – die Atomphysik und mindestens ebenso die biologische Manipulation der Gene – ist es also, was vor allem den Boden düngt, auf dem »unsere« religiöse Frage emporsprießt. Sie lautet: *Wie werden wir mit der Lebensangst, jener Angst des Menschen vor sich selbst und seinen Möglichkeiten, fertig*? An Intensität wird diese Angst mit der Furcht früherer Geschlechter vor dem Jüngsten Gericht und den Schrecken der Hölle vermutlich konkurrieren können. Die Rolle mittelalterlicher Bußprediger, die den Menschen mit der Höllenangst einheizten, wird heute in höchst säkularer Weise von Illustrierten, Regenbogen- und Asphaltpresse sowie von Horror-Filmen übernommen. Deren Produzenten wissen, daß Gruseln Auflagenhöhe und Kartenverkauf stimuliert und daß sich die Lebensangst gerne in die Euphorie einer »Lust am Untergang« flüchtet (FRIEDRICH SIEBURG).
Eine andere Spielart der so entstehenden religiösen Frage lautet: *Wer sind wir Menschen, die wir uns in jenen äußersten Möglichkeiten selber darstellen – und verraten*? Sind wir durch die Zaubermacht der Technik Herren des Diesseits, oder sind wir der schon zitierte GOETHESCHE Zauberlehrling, dem die entbundenen Naturkräfte über den Kopf wachsen? Damit gewinnt die von der Technik entbundene Frage eine anthropologische Pointe:
Die Diesseitsbewältigung aus Ungehorsam, aus einem hybriden Herrschaftsanspruch und der Gier nach Selbstanbetung menschlichen Könnens führt zur Überwältigung durch das Diesseits. *Wer sind wir also*? Sind wir ADAM, dem der Schöpfungsbefehl gegeben ist, sich »die Erde untertan zu machen«, und dem damit auch so etwas wie ein Motiv zur Technik anvertraut wird? Oder sind wir PROMETHEUS, der ohne und wider den Befehl der Götter die Herrschaft über die Erde gewinnen und sich als den Autor eines »achten Schöpfungstages« feiern lassen will? Nochmals: Wer sind wir?
Die Technik stellt uns somit vor Grundfragen menschlichen Daseins, die wir von *ihr* zu allerletzt erwarten mochten. Es ist jedenfalls ein bedenklicher Irrtum, zu meinen, daß nur der bäuerliche und bodenverbundene Mensch den letzten Geheimnissen und der Gottesfrage verbunden sei, weil er mit Saat und Ernte noch in einer (vermeintlich) heilen Welt stehe. Wäre es so, dann würde uns nach dem Zweiten Weltkrieg mit der Liquidierung des MORGENTHAU-Plans ein neuer Welt-Heiland verlorengegangen sein. Der character indelebilis (der unzerstörbare Charakter) der religiösen Frage bewährt sich gerade darin, daß auch unser Säkulum in seinen extremen Ausprägungen den Humus zur Verfügung stellen muß, auf dem sie neu erwächst. Die Bedeutung eines Theologen wie DIETRICH BONHOEFFER besteht wesentlich darin, daß er die *säkulare* Relevanz der Gottesfrage herausgestellt hat.

III. Die Ambivalenz der Technik als Spiegelung der Ambivalenz des Menschen selbst

Der Kern dessen, was wir bei unserer Analyse des technischen Phänomens feststellten, besteht im Aufweis ihrer Doppelgesichtigkeit. Doch stehen wir damit immer noch *vor* den Kulissen des eigentlichen Geschehens. Dieses eigentliche Geschehen gründet in der Rolle und im Charakter des Menschen selbst. *Wer ist jener homo faber oder homo fabricatus, der in den technischen Prozessen als deren Initiator und Opfer offenbar wird?*

Diese Frage nötigt zu einer wichtigen Feststellung: daß nämlich nicht eigentlich die Technik *selbst* zweideutig ist, sondern daß niemand anders als der *Mensch*, als das Subjekt der technischen Hervorbringungen, jenes Doppelantlitz hat.

Um das zu verstehen, ist es hilfreich, sich des biblischen Schöpfungsgebotes zu erinnern: »Machet euch die Erde untertan!« (1. Mose 1, 28). Wenn irgendwo, so scheint die Technik hier ihren theologischen Ort zu haben. Denn gerade sie bedient sich ja der in die Schöpfung investierten Kräfte und Gesetze. Und eben dieses Sich-Bedienen setzt den homo faber instand, die Welt nicht einfach hinzunehmen, sondern bearbeitend in sie einzugreifen, sie urbar und sich gefügig zu machen.

Das Schöpfungsgebot ist allerdings zweifellos so gemeint, daß der Mensch diese Weltherrschaft im Namen und in Stellvertretung Gottes, unter seinen Augen sozusagen, ausübt. Was geschieht aber, wenn der Mensch *nicht* mehr unter Gott steht, wenn er statt dessen Gott gleich, ja selber Gott sein will, wenn er aller Dinge in eigener Regie mächtig zu sein meint – und es also den Sündenfall gibt? »Sündenfall« heißt nichts anderes, als daß der Mensch die Rolle seiner Geschöpflichkeit zu sprengen und den Thron Gottes zu usurpieren wünscht.

Dann aber wird der Mensch dem Menschen gefährlich. »Ohne Gott« – das heißt ohne jene letzte Bindung, die wir als Prämisse des Vertrauens und damit als kommunikative Grundbedingung bezeichneten – »ist alles erlaubt« (Dostojewski). Darum muß man alles fürchten. Die babylonische Zerstreuung und Sprachverwirrung entstammt eben dieser Furcht.

Die Ambivalenz des Menschen zwischen Schöpfungsgebundenheit und prometheischer Emanzipation findet ihren Ausdruck in der Zwielichtigkeit der Technik: Denn in dem Maße, wie sich die Macht des Menschen technisch potenziert, wächst nicht nur seine Fähigkeit zur Konstruktion, sondern auch zur Destruktion, nicht nur zur Gestaltung, sondern auch zur Zerstörung der Erde, wie sie mit der Verwüstung seiner unmittelbaren Umwelt beginnt. Der Satz von Karl Marx, daß der Besitz an Produktionsmitteln, das heißt an technischen Instrumentarien der Fabrikation, zugleich die Möglichkeit eines expansiven Egoismus und damit einer Versklavung der Abhängigen in sich schließt, bestätigt ungewollt die angesprochene

Ambivalenz. (Das wird auch dann gesagt werden dürfen, wenn die speziellen Prognosen, die Marx aufgrund dessen aufstellte, der Abstraktheit seiner Geschichtskonstruktion zum Opfer fallen mußten.) Die Welt von Menschen, die nur über Pfeil und Bogen verfügen, ist sehr viel weniger unheimlich als eine Welt, in der diese Menschen über die Atomkraft und die biologische Manipulation des Erbgutes verfügen. So gewiß der Mensch »nach« dem Fall fragwürdig ist, steigern sich die Folgen seiner Fragwürdigkeit mit dem Grade ihrer technischen Auswirkung.

Damit stoßen wir auf die Frage, ob es wirklich die Technik sei, die dem Menschen gefährlich werde, ob nicht vielmehr der Mensch, dessen Arm durch die Technik verlängert ist, sich selbst bedrohlich wird. Das kann nach allem Gesagten nur noch eine rhetorische Frage sein. Sie weist zugleich die Modephrase mancher Kulturkritiker von einer sogenannten »Dämonie der Technik« in ihre Schranken. Es ist ein in der Menschheitsgeschichte immer wieder auftauchendes Ablenkungsmanöver, Schuld in Schicksal umzufunktionieren (hier dürfte dieser dubiose Begriff einmal angebracht sein!) und durch die Mythisierung von Dingen und Mächten den Bannstrahl, der das eigene Haupt treffen müßte, auf billige Art abzuwenden.

Es geht letzten Endes nicht darum, wie die Atomtechnik – um den Extremfall des homo-faber-Problems heranzuziehen – zu bändigen sei, sondern wie der Mensch selbst zu bändigen, besser: wie er in Ordnung zu bringen sei. Und weil der Mensch, um den es also geht, immer derselbe ist, darum sind auch die großen Wahrheiten, die über seinem Leben stehen, immer dieselben. Darum bleiben sie jung wie die Sterne des Firmaments, die seit Urzeiten über ihm leuchten. Darum veralten die Sätze über Schöpfung und Fall, über die Bestimmung des Menschen und ihre Sabotage nicht, wenn die Gestalt der Welt sich – etwa durch die Technik – grundstürzend ändert, wenn sie alt wird und selbst die Neuzeit zum alten Eisen geworfen werden muß. »Die Welt vergeht mit ihrer Lust« (1. Johannesbrief 2, 17), sie vergeht mit ihrer Lust und mit ihrer Angst, mit ihren Konstruktionen und Destruktionen, mit ihrer Lust an menschlicher Weltbemächtigung und ihrer Angst vor diesem Vermögen – »meine Worte aber vergehen nicht« (Markus-Evangelium 13, 31). Sie vergehen nicht und bleiben vor dem Veralten bewahrt, so gewiß auch der Mensch, dem sie gelten, bis zum Ende dieser Weltzeit derselbe bleibt und nur die *Gestalten* von Gericht und Gnade, nicht aber Gericht und Gnade selbst sich wandeln.

IV. Ein bedenkliches Mißverständnis der anthropologischen Technik-Deutung

a) Nochmals: Das Problem der Eigengesetzlichkeiten

Wenn wir die Technik so als Problem des *Menschen* und nicht als ein von ihm isoliertes Sachgebiet bezeichnet haben, scheinen wir doch über das Ziel hinausgeschossen zu sein. Das Problematische dieser anthropologischen Zentrierung könnte sich in einem naheliegenden Kurzschluß kundtun. Man könnte sich nämlich zu einer bedenklichen Konsequenz veranlaßt sehen, die besagen würde: Da der Mensch selber – und nicht seine Technik – die Ursache allen Übels ist, würden sich die apokalyptischen Gefahren des technischen Zeitalters von selbst erledigen, wenn der Mensch sich sozusagen »am Riemen risse« und sein geschichtliches Rollenspiel veränderte. Würde der Mensch »in Ordnung kommen«, fände er sich auch mit seiner Technik zurecht. Diese triviale und sehr irrige Patentregel hat jedenfalls das eine Gute, daß ihre Widerlegung uns nötigt, bei der Beziehung von Mensch und Technik noch tiefer zu bohren.

Zunächst wäre, um die Absurdität jener Regel deutlich zu machen, an das zu erinnern, was wir über den »Aufstand der Mittel«, über die Zwänge in gesellschaftlichen Strukturen und geschichtlichen Abläufen sowie über die Eigengesetzlichkeit im technischen Prozeß dargelegt haben. Denn daraus geht hervor, daß der Mensch gar nicht nur autonomer, subjekthafter Hervorbringer technischer Vorgänge ist, sondern daß er gleichzeitig in Abhängigkeit von ihnen gerät. Jedenfalls kommt ein simples Kausalverhältnis zwischen dem Autor »Mensch« und seinen technischen Hervorbringungen nicht in Betracht.

Das Thema »Eigengesetzlichkeit« hat uns in verschiedenen Zusammenhängen schon beschäftigt; es bestimmt ja die entscheidende Spielart, in der sich uns das Freiheitsproblem und damit eine Grundfrage der Anthropologie *heute* präsentiert. Wir greifen auf das so schon Durchdachte im folgenden zurück, wollen es aber nun in seiner Anwendung auf die Technik genauer ins Auge fassen.

Ein konkreter Modellfall ist in diesem Sinne die Situation der *Atomforscher*, denen man immer wieder vorgeworfen hat, sie hätten »die Finger davon lassen« sollen, da man die militärtechnischen Folgen doch habe voraussehen können. Hier entsteht sofort die Frage: *Wäre eine menschliche Verhaltensweise, ein menschlicher Entschluß imstande gewesen, den Prozeß von Forschung und technischer Anwendung aufzuhalten, hätte also menschliche Freiheit hier eine Chance zum Eingreifen besessen?*

Die Atomforscher und -techniker hätten nun wahrlich einige Argumente zur Verfügung, um diesen Vorwurf abzuweisen. Ich nenne von ihnen nur zwei, weil sie beide mit der Frage der Eigengesetzlichkeit zu tun haben:

Erstens erinnern wir uns an das, was wir im Anschluß an ARNOLD GEHLEN über die »Entmündigung des Forschers« sagten: Er »entschließt« sich ja nicht dazu, bestimmte Probleme zu stellen, sondern sie »ergeben« sich im Zuge von Frage-Antwort-Prozessen. Ebenso sind Forschung und technische Anwendung, wie wir sahen, durch sachgesetzliche Notwendigkeit und also wieder nicht durch einen Entschluß des homo »sapiens« oder des homo »faber« miteinander verbunden. Wir stellten sogar die Frage, ob das Geisterschiff des wissenschaftlichen und technischen Fortschritts nicht mit leerer Kommandobrücke fahre. Nur am Anfang und am Ende des Prozesses, so hatte GEHLEN gesagt, beim Entschluß zum Wissen-Wollen und beim Konsum, gebe es so etwas wie einen in Freiheit gefaßten Entschluß. Die Zwischenphase dagegen sei durch die Notwendigkeit gesetzlicher Abläufe bestimmt.

Zweitens: Eine weitere Gestalt der Eigengesetzlichkeit gründet in der Zwangsbeziehung zwischen Aktion und Reaktion, Vorziehen und Nachziehen. Diese Gestalt hängt mit dem zusammen, was wir uns früher bereits am Konkurrenzgesetz klargemacht haben. Sie ist verwurzelt in der Interaktionalität unserer geschichtlichen Situation: Ich bin weithin gebunden an das, was die »andern« aufgrund meines Handelns tun werden, sowie an das, was sie bereits getan *haben*. Das Problem der Aufrüstung und des Rüstungsabbaus kann das beispielhaft verdeutlichen:

Ein Staat oder ein Staatenbund ist nicht frei, initiativ von sich aus abzurüsten. Damit setzte er sich der Gefahr aus, den »andern« ein Übergewicht an Machtpotential zu verschaffen, das die eigene Souveränität und den eigenen Bestand bedrohen könnte. (Das gleiche gilt von der Erhaltung eigener *wirtschaftlicher* Potenz und auch von andern Lebensbereichen.) Selbst bilaterale oder multilaterale Abmachungen heben diesen Zwangszustand nicht einfach auf: Angesichts des Mißtrauens, das im Umkreis des Babylonischen Turms herrscht, wäre immer noch ein Täuschungsversuch des andern zu beargwöhnen. Nehmen wir einmal zum Vergleich an, zwei einander feindliche Männer stünden sich mit gezückter Pistole gegenüber, so daß durch die mögliche Gleichzeitigkeit des Abschusses beide umzukommen drohen. So beschließen sie, gemeinsam auf ihre Waffe zu verzichten, bis »drei« zu zählen und dann in der gleichen Sekunde die Pistole wegzuwerfen. Da sie nun mit Recht Mißtrauen gegeneinander hegen – die durch sie repräsentierten Nationen sind ja ebenfalls keine gentlemen! –, müßte jeder von ihnen befürchten, der Dumme zu sein, das heißt, gemäß Absprache seine Waffe wegzuschleudern, während der andere sie behält und so Gewalt über ihn gewinnt. Das drückt in einem vereinfachenden Bild die ganze Problematik des Zwanges aus, wie er der Struktur unserer Interaktionen innewohnt.

Auch die in jeder Diskussion, erst recht in der Politik bestehende Nötigung, das »Gesetz des Handelns« in die eigene Hand zu bekommen, entstammt jenem Zwang: Ich kann so eine bedingte, wenn auch niemals eine totale Unabhängigkeit vom Handeln des »andern« gewinnen, auch wenn schon im nächsten Augenblick seine Reaktionen auf mich das Spiel von vorne beginnen lassen.

Sicher wird man nun kaum bezweifeln wollen, daß dieses Gesetz der Interaktionalität eine unerhörte Verschärfung erfährt, wenn es sich um Kontrahenten mit technischer Rüstung und Ausrüstung handelt. Das muß schon deshalb so sein, weil der Aufwand an Investitionen entsprechend höher ist und weil technische Planungen und Produktionen langfristig sind. Dadurch sind Zug und Gegenzug nicht nur an den Augenblick gebunden, sondern schließen die übersehbare Zukunft mit ein. Die »Wissenschaft« der Futurologie lebt zum guten Teil von dieser Erfahrung.

b) Das Liebesgebot als Durchbrechung eigengesetzlicher Zwänge

Nur wenn man sich diese Zwangsläufigkeiten klarmacht, ist zu ermessen, was jene Durchbrechung bedeutet, die in der Bergpredigt Jesu gefordert wird. Denn nichts Geringeres verlangt sie ja: Der Verzicht darauf, zurückzuschlagen, wenn mich jemand auf die rechte Wange schlägt, die Feindesliebe, die mich meinerseits nicht mehr feindlich reagieren läßt, bedeutet, daß ich aus dem Teufelszirkel jener Eskalationen, jenes Sich-aneinander-Hochschaukelns heraustrete, wie er sich bei spannungsgeladenen Interaktionen ergeben muß. Liebe im Sinne Jesu ist grundsätzlich *nicht* eine bloße Reaktion auf die, die mich lieben: »Wenn ihr nur die liebt, die euch lieben ..., was tut ihr Sonderliches? Tun nicht dasselbe auch die Heiden?« (Matthäus-Evangelium 5, 46 f.). Ist dieses Gesetz von reagierender Liebe und reagierendem Haß nicht die Signatur der »Welt«? Ihr aber: »Wisset ihr nicht, welches Geistes Kinder ihr seid?« (Lukas-Evangelium 9, 55).

Liebe im Sinne Jesu bedeutet stets, einen neuen Anfang zu machen, sein Handeln also nicht zur Wirkung von Vorangehendem oder künftig zu Erwartendem zu verstehen: Von Vorangehendem deshalb nicht, weil ich mich nur von dem Willen Gottes, aber nicht von der Determination durch Menschen und ihr Handeln abhängig machen möchte; von der Zukunftserwartung insofern nicht, als ich mich auch von den zu *vermutenden* Reaktionen meines Kontrahenten nicht bestimmen lassen will. Ich kalkuliere nicht, sondern ich wage. Ich weigere mich, nur Wirkung zu sein und mich an die festgelegten Figuren des Interaktions-Tanzes zu halten. Ich breche aus und beginne einen neuen Reigen. Die so verstandene Liebe läßt mich »erste Ursache sein«.

Damit wird eine Dimension unseres Daseins aufgerissen, in der die Diktatur der Eigengesetzlichkeiten abgeschüttelt wird. Soll damit nun die Aussicht eröffnet werden, daß in dieser Weltzeit eine totale Überwindung jener Diktatur möglich sei, wenn man sich dem Liebesgebot in radikalem Gehorsam zuwende?

Ich glaube, daß das ein Mißverständnis wäre. Die Zwei-Reiche-Lehre, die wir besprachen, ist der Versuch, sich mit fragwürdigen und utopischen Erwartungen dieser Art auseinanderzusetzen. Sie zeigt, daß die überpersönlichen Ordnungen unseres Daseins, wie sie durch die Strukturen von Staat, Gesellschaft, Wirtschaft usw. repräsentiert sind, andere Weisen des Gehorsams fordern, als sie durch das Liebesgebot markiert sind. Insofern hat BISMARCKS Wort, daß man mit der Bergpredigt die Welt nicht regieren könne, durchaus recht. Es ist auch nicht der Sinn der Bergpredigt, so etwas wie ein Verfassungsgesetz unserer Welt zu sein.

Daß das nicht so ist, hat seinen Grund im Adressaten der Bergpredigt: Es richtet sich an den Einzelnen, speziell an die Jünger als eschatologische Gemeinde. Wer im Sinne Jesu liebt, kann das nur als ein Angesprochener, kann das nur in persönlicher Nachfolge tun. Wer Liebe wagt, wo er sich normalerweise verteidigen und sichern müßte, tut das auf »eigene Kappe«. Er handelt im Sinne MAX WEBERS als »Heiliger«, nicht als »Politiker«. Der Politiker muß die Folgen einkalkulieren, er muß fragen, was »danach kommt« (THEODOR STORM); er ist für das Schicksal anderer, ja von Großgebilden wie ganzen Staaten oder wirtschaftlichen Unternehmen, verantwortlich.

Sich von der Frage nach den Folgewirkungen, von dem »Danach« und den zu erwartenden Reaktionen loszusagen, ist nur jemandem möglich, der es im Glauben tut, sich eschatologisch vom Geschehensgesetz dieses Äons distanziert und die Folgen auf sich nimmt. Er muß bereit sein, zu leiden und zu scheitern. Diese Bereitschaft kann ich für meine Person aufbringen, aber ich kann sie nicht zu einem Gesetz politischen Handelns machen – schon deshalb nicht (aber nicht *nur* deshalb nicht), weil alles öffentliche Handeln in der Welt mit Menschen völlig anderer weltanschaulicher Provenienz zu tun hat, zumal in Epochen des Pluralismus. Ihnen ist deshalb eine Bereitschaft, die ich mir selbst zumute, gerade nicht zuzumuten. So kommt es, daß im Weltreich, im Reich »zur Linken«, der Wille Gottes andere Formen der Realisierung fordert als im Bereiche jenes persönlichen Engagements, zu dem der Glaube ruft.

Das ist der Grund dafür, daß uns nicht die Verheißung zuteil wird, die Eigengesetzlichkeiten und Zwänge dieses Äons würden dort aufhören, wo der Glaube beginnt. Diese Welt geht nach den Gesetzen des noachitischen Bundes weiter bis zum Jüngsten Tag. Uns ist keine utopisch verwandelte Welt zugesagt. Nur zeichenhaft soll die eschatologisch neue Welt dort aufblitzen, wo sich das Wunder des Glaubens, der Liebe und der Hoffnung ereignet.

c) Die Eigengesetzlichkeit als überpersönliche Schuld und nicht als Schicksal

Radikale Verschiedenheiten politischen Handelns, die sich aus dieser Unterscheidung ergeben

An dieser Stelle bedarf es noch einmal der Erinnerung an einen wiederholt schon geäußerten (S. 135, 278 ff.) Gedanken, auf den mir Entscheidendes ankommt und ohne den die Konzeption der »Zwei Reiche« in einen unchristlichen Fatalismus entführen müßte: Wir sahen nämlich, daß die eigengesetzlichen Prozesse kein Schicksal sind, das mich von außen her überwältigt und mich deshalb ent-schuldet. Es stellte sich vielmehr heraus, daß sich die »draußen« vollziehenden Gesetze von Selbstbehauptung (sacro egoismo, Aktion und Reaktion) nur die makrokosmischen Spiegelungen dessen sind, was im Mikrokosmos des menschlichen Herzens lebt und webt. Ich kann mich nicht als ein von der Welt doketisch abgehobenes »Ich an sich« verstehen (hier bin ich, und dort ist die böse Welt), sondern ich selbst »bin« diese Weltlichkeit, ich muß mich mit ihr *identifizieren.*
Man möge nun nicht meinen, hier handle es sich um allerhand metaphysische Spekulationen und Theologenpfündlein, die für die Praxis des Lebens nichts austrügen. Das genaue Gegenteil ist richtig. Die Frage, wie ich über den Rang der Eigengesetzlichkeiten entscheide (ob ich sie als Schicksal verstehe oder ob ich mich mit ihnen identifiziere und mich schuldhaft in sie verwoben sehe), läßt in Lebensbereichen wie denen der Politik oder auch der Technik völlig andere Verhaltensweisen und Programme zustande kommen. Um das möglichst konkret und vielleicht auch etwas drastisch zu zeigen, wähle ich einen Modellfall aus dem Umkreis der Politik.
Ich gebe meiner Phantasie die Zügel frei und stelle mir einmal ein Gespräch zwischen LENIN und JACOB BURCKHARDT über diese Probleme vor: Nachdem die beiden Herrn sich etwas »berochen« haben, beginnen sie – stets ein ganz guter Gesprächsbeginn! – über die Ungunst der Zeiten zu sprechen. Beide sind sich, wenn auch mit andern inneren Tendenzen, darüber im klaren, daß mit der wachsenden Industrialisierung und Technisierung ein Gefälle auf Vermassung, Entpersönlichung und allgemeine Egalisierung entsteht. Sosehr sich beide in dieser Zeitdiagnose nun auch einig sind, der Dissensus setzt im selben Augenblick ein, wo man dieses Gefälle zu werten beginnt. JACOB BURCKHARDT sagt nämlich: »All dieses ist doch entsetzlich! Man sollte gegen diesen Zeittrend Barrieren aufrichten, wo immer man kann. Die Staaten müssen in ihre Verfassungen den Schutz der einzelnen Person, der privaten Sphäre aufnehmen. Entsprechende Gesetze sind zu erlassen. Und das Erziehungswesen müßte bemüht sein, persönliches Eigenleben zur Entfaltung zu bringen und Kleinstzellen, in denen dieses Leben gedeiht – etwa die Familie –, zu pflegen.« – LENIN lächelt und meint etwas gönnerhaft: »Aber lieber Dr. BURCKHARDT, Sie kämpfen da-

mit nur gegen Windmühlenflügel. Gegen das logisch-dialektische Gesetz des Geschichtstrends kommen Sie doch nicht an. Sie können unmöglich Freiheit gegen Notwendigkeit ausspielen. Freiheit ist nur Einsicht in die Notwendigkeit – mit dem Ziel, sie auszunutzen. Ihr Protest gegen das Notwendige zerreibt Sie nur, reduziert Ihre Kräfte, und Sie bewirken damit schlechterdings nichts.«

BURCKHARDT wendet ein: »Welche Lösung schlagen denn *Sie* vor?«

Darauf LENIN: »Ich bejahe die Notwendigkeit dieses eigengesetzlichen Prozesses. Ich begebe mich sozusagen *in* diesen Strom und schwimme mit. Auf diese Weise spanne ich die Dynamik der Geschichte vor meinen Wagen und vervielfache so die eigene Kraft. *Gegen* die Geschichte läßt sich nichts machen. *Mit* ihr aber kann man Berge versetzen.«

An diesem etwas phantastischen Paradigma läßt sich ablesen, welche andern Entscheidungen die verschiedene Interpretation der Eigengesetzlichkeiten nach sich zieht:

»BURCKHARDT« – obwohl er hier nicht für das Christentum vereinnahmt werden soll – sieht den Menschen verantwortlich in die eigengesetzlichen Abläufe verwoben. Er ist sich darüber klar, daß diese nicht schicksalhaft jenseits von Gut und Böse abrollen und nur ein indifferentes Gesetz sind. Darum appelliert er an den persönlichen Protest. Er stattet die Bereitschaft zum unkritischen Mitmachen, er stattet das gleichgültige Laisser-faire so wenigstens mit der Bremse des schlechten Gewissens aus.

»LENIN« dagegen macht aus der Not der Geschichte – daß sie nämlich zu Vermassung und Entpersönlichung führt – eine Tugend. Er intensiviert noch die Eigengesetzlichkeit der Geschichte durch persönliche Akklamation und vertritt die These: Was zu stürzen droht – nämlich menschliche Personalität –, das soll man noch stoßen. *Wenn* denn der Wald der Welt voller Wölfe ist, laßt uns mit den Wölfen heulen; dann wird man wenigstens nicht ihr Opfer. »LENIN« läßt die Zwänge, die »Notwendigkeit« der Geschichte, zum eigenen Imperativ werden, um dadurch seine Durchschlagskraft zu potenzieren.

Wir sehen, wohin dieser Weg führt, ohne daß das hier entfaltet zu werden brauchte. Wenn man demgegenüber einem Staatsmann wie BISMARCK – trotz seiner etwas macchiavellistischen Natur! – in seiner Auseinandersetzung mit WILHELM I. und den Militärs so etwas wie die Tugend der Mäßigung gegenüber den besiegten Nationen Österreich und Frankreich nachgesagt hat, dürfte diese Tugend nicht zuletzt darauf beruhen, daß BISMARCK die Bergpredigt kannte und durch den Widerspruch beunruhigt war, in dem die Nötigungen seines politischen Handelns zu ihr stand. Die darin sichtbar werdenden Spurenelemente eines »schlechten Gewissens« übten die Funktion der Dämpfung aus. Er blieb so jedenfalls davor bewahrt, die Not der Welt – eben die Zwänge des Politikers – zu einer Tugend hochzuschrauben[2].

Mit den auf den letzten Seiten gepflogenen Überlegungen sind wir schon über die engere Thematik »Technik« hinausgedrungen, aber doch in geradliniger Fortsetzung der Problemreihe, die zu durchdenken sie uns aufforderte. Es gibt kaum einen Bereich der Anthropologie, auf den sich vom Plateau des Technik-Themas her *keine* Aussicht eröffnete. So stießen wir auf politische Fragen ebenso wie auf die letzte Frage nach dem Geheimnis des Menschen selbst, nach seiner Geschöpflichkeit und Entfremdung, nach der Ambivalenz seines Daseins. Selbst die Verschlingung von Freiheit und Notwendigkeit trat uns am Leitbild des neuzeitlichen homo faber in plastischer Konkretheit entgegen.

H. Mensch und Zeit

I. Die Geschichtlichkeit des menschlichen Daseins

a) Das griechische Geschichtsverständnis als Hintergrund

Das Verhältnis des Menschen zur Geschichte hat uns schon in dem Kapitel »Mensch, Geschichte, Selbsterfahrung« beschäftigt (D, I). Uns interessierte dabei die Frage, inwiefern die Geschichte eine Art makroskopischer Darstellung des Menschen sei und ihm so zur Selbsterfahrung verhelfe, wenn er sich mit »seiner« Geschichte beschäftigt. Jetzt dagegen interessiert uns das Problem, welches Verständnis von Zeit und Zeitlichkeit einer christlichen Auffassung von Geschichte zugrunde liegt.

Das biblische Geschichtsverständnis gewinnt für den Betrachter sein besonderes Profil dann, wenn er es vor dem kontrastierenden Hintergrund griechischer Geschichtserfahrung sieht und dazu die bisher nur angedeuteten Konzeptionen von Herodot und Thukydides – so verschieden sie in sich selber wiederum sind – zu Hilfe nimmt.

Der Blick des geistigen Griechen haftet am Zeitlosen, Unvergänglichen. Die allem Zeitlichen entrückte Unveränderlichkeit der platonischen Idee hat dafür paradigmatischen Rang. Andererseits drängte die Feststellung der Lebenserfahrung, alles um uns her sei der Veränderung unterworfen, zu der Frage, warum das so sei und welche Ursachen diesem Wechsel zugrunde lägen. Soweit wir sehen, endete diese Frage im wesentlichen bei einer Fehlanzeige, auf keinen Fall aber mit einem anzugebenden *Ziel* des wechselhaften Geschehens, einer teleologischen Konzeption also. Die jähen »Peripetien« des Lebens, der Umschwung von Glück in Unglück, Größe in Untergang sind unergründlich. Auch die Berufung auf einen göttlichen Lebens-»Grund« führt hier nicht weiter, im Gegenteil: Wenn Herodot, der die Geschichte als eine Akkumulation solcher Wechselfälle sieht, von den Göttern spricht, bezeichnet er sie als »mißgünstig und wankelmütig«; sie genießen es geradezu, Verwirrung und Unordnung zu stiften. Gerade dieser theologische Bezug zur *Laune* der Götter scheint anzudeuten, daß man die Wirrnis der geschichtlichen Abläufe nicht für eine optische Täuschung hält, die in der Subjektivität des Beobachters begründet wäre, sondern in ihr eine fundamentale Eigenschaft des Seins und des Seinsgrundes erblickt.

Die Geschichte wird damit gegenüber dem zeitlos Gültigen und Immerwährenden als ein Spielraum der Tyche, des Zufalls, abgewertet. Nur *der* Mensch erreicht, etwa im Sinne PLATOS, sein Bestimmungsziel, der diesem Spiel der Tyche entrinnt und sich den zeitentnommenen Ideen zuwendet. *Menschliche Existenz hat ihren Grund nicht in der Geschichtlichkeit ihres Daseins, sondern gerade in dem, was die Geschichtlichkeit transzendiert: in der Wesenheit der Idee.* Die Geschichtlichkeit des Menschen als ein Constitutivum seines Wesens anzusehen wäre von hier aus absurd. Die Geschichte als Dimension des Zufälligen entfremdet vielmehr dieses Wesen; und wenn es dieser Dimension verfallen bleibt, wirkt sich das bis in das postmortale Geschick hinein aus.

Trotz dieser Deklassierung der Geschichte wird sie dem Griechen aber nicht gleichgültig. Schließlich hat er ja auch große Geschichtsschreiber hervorgebracht. Man wird nur gespannt sein dürfen, welcher *Art* dieses Interesse ist und wie es zustande kommt.

Dabei brauchen wir auf den sehr naheliegenden Grund nicht weiter einzugehen, daß sich der Grieche wie jeder Sterbliche im Wirbel seiner Geschichte zurechtfinden und deshalb selbstverständlich Interesse an dem haben mußte, was »passiert«. Was einen Historiker wie HERODOT, der den Wechselfällen zugewandt war, gleichwohl Schülern PLATOS genießbar machen und sein geschichtliches Interesse selbst ihnen als »philosophenwürdig« erscheinen lassen mochte, war noch etwas anderes:

Wenn nämlich HERODOT auch keine Zielstrebigkeit im geschichtlichen Prozeß beobachtete, wenn er keinerlei eschatologische Ausrichtung in ihm sah, ja wenn so etwas nicht einmal als Thema einer *Frage* auftauchte, dann schloß die Diagnose der Zufälligkeit gleichwohl nicht aus, daß der Sandsturm der Geschichte die wirbelnden Körper zu immer wiederkehrenden Grundmustern und Figuren zusammenschloß. Der Zufall schließt also eine gewisse immanente Gesetzmäßigkeit nicht aus. Für den modernen Menschen mag sich hierbei die Assoziation zum Gesetz der »großen Zahl« einstellen: Rollt der Würfel in einer bestimmten Häufigkeit, wird der Zufall und damit die Unvorhersehbarkeit des einzelnen Wurfes abgelöst durch ein Gesetz, nach dem die Zahlen eins bis sechs nahezu gleich oft auftauchen. Dem Zufall so hinter seinen Trick zu kommen und seine geheimen Regeln zu entdecken, ist aber für HERODOT aus einem pragmatischen Grund wichtig: Man kann sich dann nach diesen Regeln richten, man kann aus der Geschichte lernen und sie insofern für das eigene Handeln nutzbar machen.

Zu den Grundfiguren des Geschehens gehört für HERODOT zum Beispiel, daß jedes Übermaß die »Peripetie« ins Gegenteil nach sich zieht: Hybris rächt sich immer, »Hochmut kommt vor dem Fall«. POLYBIOS kennt in diesem Sinne eine Form von Gesetzmäßigkeit, die der HEGELSCHEN Dialektik des Geschichtsablaufs nicht ganz unähnlich ist: Die politische Geschichte vollzieht sich als ein Kreislauf von Thesis und Antithesis (obwohl er selbst diese Begriffe nicht gebraucht). Verfassungen kommen und gehen; Staaten bilden sich und fallen wieder dem Untergang anheim. Das alles vollzieht sich nach immer wieder auftauchenden Grundmustern, deren Kenntnis es erlaubt, gewisse kommende Entwicklungen der eigenen und aktuellen Geschichte vorauszusagen. Diese Voraussicht zu haben, ist für die Programmatik politischen Handelns natürlich von eminenter Bedeutung.

Wesentlich ist hierbei nun die Feststellung, daß diese Beobachtung beständiger und immer wieder auftauchender »patterns« durchaus keine *kausalen* Erklärungen ermöglicht. Man konnte zum Beispiel nicht sagen, daß der Reichtum des Krösus »die Ursache« seines Untergangs gewesen sei. Statt aller derartigen »Begründungen« war nur die Feststellung möglich, daß ein solches Übermaß an Glück sich eben zu rächen pflege und den Neid der Götter provoziere. Wenn HERODOT berichtet, daß Amasis seine freundschaftlichen Bande zu Polykrates löst, dann tat er das wiederum allein aus der gleichsam statistischen Gewißheit, daß der zu äußerstem Glück hin schwingende Pendel ganz gewiß nach der andern Seite hin ausschlagen werde.

Warum also konnte HERODOT, wie wir vermuteten, für einen PLATO-Schüler lesbar und erträglich sein? Offenbar deshalb, weil auch HERODOT inmitten des Zufallsspiels der Historie ein Bleibendes suchte: zwar nicht die das Geschehen transzendierende platonische Idee, aber doch das immanente, zeitenthobene und sich gleichwohl in der Zeit immer wieder manifestierende Gesetz. Im Vollzug der Abläufe gibt es eben jene gewissen Grundmuster, wie etwa die Zuordnung von Hybris und Nemesis, von Übermut und Untergang.

Macht man sich diese besondere Form von Gesetzmäßigkeit klar, so wird es auch verständlich, daß und warum der Grieche in der Geschichte keinen zielgerichteten Prozeß sehen konnte, daß und warum er keine gerichtete Zeitlinie sah, ja nicht einmal den Wunsch hegen konnte, auch nur nach ihr zu fragen. Die Art, in der er sich durch jene immer wiederkehrenden Grundmuster beeindrucken ließ, mußte ihn sogar gleichgültig machen gegenüber dem Unterschied der Zeiten: Vergangenheit, Gegenwart und Zukunft verloren ihre spezifischen Qualitäten und rückten zur zeitlosen Identität eines immer Gleichen zusammen. Die graphische Form, in der dieses Geschichtsverständnis darzustellen wäre, könnte deshalb nicht die gerichtete Zeitstrecke, sondern nur der Kreis sein. *Das zyklische Gesetz der Wiederkehr, des Übergangs vom Ende in einen neuen Beginn, die ständig neue Aktualisierung der Grundfiguren bildet die geheime Programmatik dessen, was man Geschichte nennt.* Die griechische Sehnsucht nach dem Zeitenthobenen und deshalb von der Zeit nicht Verzehrbaren hat hier eine neue Variante. Die platonische Idee findet gleichsam ihre Vorläufer und auch ihr späteres Gefolge. Es gibt hier einen konstanten

Kern, um den sich immer neue Kristalle bilden und der zu den vielfältigsten Farbbrechungen führt.

b) Die Geschichte im Rahmen biblisch verstandener Anthropologie

Wenn wir das biblische Geschichtsverständnis sich von diesem Hintergrunde abheben und gerade durch den Kontrast sich verdeutlichen sehen, kann es uns nicht darum gehen, in extenso so etwas wie eine »christliche Geschichtstheologie« zu entfalten[1]. Wir begnügen uns hier mit dem Versuch, den Menschen in seinem Selbstverständnis als zeitlich-geschichtliches Wesen aufzuzeigen.

1. Der geschichts-immanente und der geschichts-transzendente Standort

Die illegal erraffte Transzendenz: die Vogelperspektive des Beobachters

Als Summarium dessen, was wir im folgenden zeigen möchten, sei die These aufgestellt: *Geschichte ist der von Gott verfügte, im Gespräch mit dem Menschen sich vollziehende Weltprozeß, dessen Anfang, Mitte und Ende in seinem planvollen Willen gründet.* Vergangenheit, Gegenwart und Zukunft erhalten damit ihren spezifischen und unbedingten Akzent, so daß der Geschichtsverlauf – im Großen wie im Leben des Einzelnen – nicht die Gestalt eines in sich ruhenden Kreislaufs, sondern einer gerichteten Zielstrecke hat.
Joseph Wittig hat einmal gesagt, eigentlich dürfe eine Biographie nicht bei der Geburt, sondern sie müsse beim Tode beginnen. Sie lasse sich nur vom Ende her schreiben, weil nur von dorther das Ganze eines Lebens sichtbar werde. Faßt man die Geschichte, jedenfalls die Geschichtsschreibung, als eine Art Biographie der Welt auf, so wird man zu einer ganz ähnlichen These kommen und damit dem Bilde von der »gerichteten Zeitstrecke« nahebleiben.
Ehe wir prüfen, ob und inwieweit diese These an der christlichen Betrachtung der Geschichte exemplifizierbar ist, machen wir uns klar, daß die Wittigsche Sentenz auch empirisch nahegelegt wird, wenn wir an die Beobachtung geschichtlicher Abläufe denken:
Nimmt man nämlich kleinere Geschichtsabschnitte für sich oder isoliert man gar bestimmte Phasen des individuellen Lebens, so tritt ein übergreifender Sinnzusammenhang nicht hervor. Man spricht deshalb bezeichnenderweise auch von sogenannten »Augenblickserfolgen«. Der Ausdruck meint, daß Glück-Haben im Augenblick noch nichts darüber besage, ob sich eine Arbeit, ein Wagnis, ein Kampf auch auf die Dauer lohnt und Bestand hat, ob also ein sinnvoller, aufs Ganze eines Lebens (oder gar der Geschichte) bezogener Zusammenhang zwischen Leistung und Lohn gegeben ist. »Im Augenblick« tritt noch nicht hervor, ob eine wertvolle Tat ihren Lohn empfängt oder eine Schlechtigkeit sich rächt. Das System inner-

halb und aufgrund dessen sich etwas lohnt oder rächt, oder (etwas theologisierend ausgedrückt): der höhere Wille, der Lohn zuerteilt oder Strafe verhängt, lassen sich offenbar – wenn überhaupt – nur in erweiterten Beobachtungsfeldern und bei längeren Fristen erkennen. »Im Augenblick« regiert der »Zufall«. Zufall *ist* geradezu eine Kategorie des Augenblicks. »Zufälligkeit« bedeutet in unserm Sprachgebrauch weithin nicht eine Aussage über den Geschehensinhalt *selbst* – zum Beispiel in dem Sinne, daß »ohne Wahl der Strahl zuckt«, daß wir uns in einer regielosen »Fahrt ins Blaue« befänden; Zufälligkeit bedeutet vielmehr eine Aussage über einen ganz bestimmten *Aspekt*, unter dem ich an das Geschehen herantrete und es mir erscheinen lasse: eben den Aspekt des Augenblicks.

So beobachtet der Dichter des 73. Psalms die Augenblickserfolge der Reichen, Mächtigen und Gottlosen, der »fetten Wänste« (Vers 7). Sie leben vom Augenblick ihres Glückes und sind in ihm gefangen. Vom Pöbel, der den Ruhmredigen zufällt (Vers 10) – im Unterschied zu den Frommen, die der Gegenstand ungerechter Schmähungen sind –, gilt das gleiche. Die Herrschaft des Augenblicks hört aber dann auf, wenn man »ihr Ende anschaut« (Vers 17), das heißt: wenn man sein Beobachtungsfeld über den Augenblick hinaus erweitert und die Ganzheit ihrer Lebensstrecke übersieht: »Ich ging in das Heiligtum Gottes und merkte auf ihr Ende.« Hier wird der Aspekt der Zufälligkeit in einem doppelten Sinne verändert.

Einmal überbietet der Psalmist den Augenblick dadurch, daß er das Ganze der Lebensläufe überblickt, daß er sich sozusagen auf die rückwärtige Grenze der Lebensgeschichte dieser Glücksritter begibt. *Ferner* überbietet er den Augenblick insofern, als er ins »Heiligtum« geht, als er die Augenblickserfolge also sub specie aeternitatis ansieht.

Durch beide Überbietungen des Augenblicks entsteht Distanz, sieht man die Grenzen. Und von der Grenze her tritt das Gesetz in Erscheinung, das die zufälligen Augenblicke einer kontinuierlichen Kette einbeschließt. Eines dieser Gesetze, die das Sinngefüge in den Lebensprozessen, das in ihnen wirksame planvoll Gestaltende, repräsentieren, ist das Gesetz von Schuld und Sühne. Dieses Gesetz bleibt freilich auch hier weithin verborgen. Unter theologischem Aspekt wird man sogar sagen müssen, daß seine Verborgenheit auch dort, wo es sichtbar zu werden scheint, in einem tieferen Sinn erhalten bleibt. Gleichwohl kann gelten, daß gewiße Konturen einer Gesetzmäßigkeit von Schuld und Sühne hier hervortreten. In diesem Sinne hat Bismarck einmal das Wort gewagt, daß die Abrechnungen der Geschichte genauer seien als die »Revisionen der preußischen Oberrechnungskammer«.

Die Interpretationen der deutschen Geschichte, wie sie nach dem Zusammenbruch des Dritten Reiches immer wieder versucht wurden, können das eindrucksvoll illustrieren:

Sieht man von oberflächlichen Geistern (wie den Verkündern einer neuen

Dolchstoß-Legende) ab, so sind sie nahezu alle darum bemüht, mit dem erwähnten Gesetz der »langen Fristen« zu arbeiten: Sie erklären den deutschen Zusammenbruch nicht mit gewissen Zufälligkeiten des Augenblicks, etwa mit der Erschöpfung des Rüstungspotentials oder der biologischen Reserven oder mit dem Zuspätkommen bei der Erfindung der Atombombe. Sie suchen vielmehr das langfristig wirksame Gesetz von Schuld und Sühne in größeren Stadien des Geschichtsprozesses aufzuspüren. Die an sich richtige Erkenntnis, daß ein solcher Versuch zeitlich weit zurückgreifen müsse, hat dazu veranlaßt, nicht nur BISMARCK, sondern schon FRIEDRICH DEN GROSSEN, ja das Ereignis der Reformation für Fehlentwicklungen haftbar zu machen, die dann in einer so apokalyptischen Gestalt wie HITLER kulminieren und auslaufen. Man erkauft sich gleichsam die Illusion des Totalaspekts, indem man immer weiter zurückgeht. Eine noch so lange Teilstrecke der Geschichte ist aber nicht das Ganze; sie bleibt partikulär. Sie ist überdies fragmentarisch auch insofern, als ihre Wahl von der Perspektive des Betrachters abhängt und damit noch mehr von ihrem repräsentativen Gewicht verliert.

Auf diese Weise erreicht man also die Gänze der Geschichte nicht, wohl aber kommt man so – eine Art Selbstgericht dieser Illusion! – zu einer Historiographie, die ich als »kriminalistische Geschichtsschreibung« bezeichnen möchte: Das Gelände der Geschichtsschreiber und Geschichtsbetrachter wimmelt von weit ausschwärmenden Spähtrupps, die alle den Urbösewicht fangen wollen, weil die im geschichtlichen Vordergrund dingfest gemachten Bösewichter immer schon Verführte oder Mitläufer eines entfremdeten, schon seit langem verderbten Zeitgeistes zu sein scheinen. *In dieser historisch-kriminalistischen Bemühung, das Haupt der großen Verschwörungen zu erwischen und dabei den Radius der historischen Aktion immer mehr zu erweitern, zeigt sich das richtige – wenn auch schon entartete – Wissen, daß man beim Thema Schuld und Sühne bis zum »Horizont« der Geschichte vordringen müsse. Nur an der Grenze wird alles Gesetz. Wo aber ist die Grenze der Geschichte?*

Hier ergibt sich noch einmal die Assoziation zum Gesetz der großen Zahl. Zufall scheint es nur innerhalb kleiner Beobachtungsfelder zu geben, etwa beim einzelnen Elektron. Die Statistik aber, die mit der großen Zahl rechnet, sieht die »Irrationalität« der Einzelbegebenheit eingefügt in eine statistische Gesetzmäßigkeit des Großen. So ist es offenbar auch bei der Geschichte: Was im einzelnen auf unwägbarer Freiheit zu beruhen scheint – wie etwa das, was man als »Frei«-Tod zu etikettieren beliebt –, wird im Durchschnitt ganzer Länder oder gar Kontinente, also bei Erweiterung des Beobachtungshorizontes, zu einer gesetzmäßig bestimmbaren Größe.

Offensichtlich bedarf es auch in der Geschichte der großen Zahl, um des Gesetzes ansichtig zu werden: des Gesetzes, daß sich gewisse Dinge »auf die Dauer« immer lohnen oder rächen.

Nur müßte die Gesamtheit der Geschichte in allen ihren individuellen und universalen Bezügen unserm Überblick zur Verfügung stehen, wenn dieses Gesetz exakt erkannt werden sollte. Der Anspruch, über ein solches Beobachtungsfeld zu verfügen, wäre aber identisch mit dem Anspruch, das Ganze der Geschichte zu kennen, selbst also nicht mehr *innerhalb* ihrer Grenzen zu sein, sondern am Orte der Transzendenz zu stehen. In diesem Sinne hat nicht nur KIERKEGAARD der HEGELSCHEN Geschichtsphilosophie vorgeworfen, daß ihr Autor sich in ein Außerhalb des Prozesses versetze und dem Weltgeist – sprich: Gott – in die Karten zu sehen versuchte.
Jeder illegale Versuch, diese Transzendenz aus dem Innern der Geschichte heraus zu gewinnen, rächt sich dadurch, daß am Ende dieses Versuches nicht die Einsicht, sondern eher das Gegenteil, die Verblendung, steht. Kaum daß sich bei einer bestimmten Größe des Beobachtungsfeldes der Ausblick in die Korrespondenz von Schuld und Sühne zu eröffnen scheint, ist er im nächsten Augenblick schon in höherem Grade verschlossen als vorher. Denn das, was sich aus der Vogelperspektive – besser noch: aus der transmundanen Schau des Kosmonauten, jedenfalls aus der Sicht des Beobachters, des *bloßen* Beobachters – ergibt, ist nicht das Gesetz von Schuld und Sühne, sondern das Schicksal und die wertfreie Zwangsläufigkeit. Darum ist es kein Wunder, daß HEGEL sozusagen »keinen Sinn« für das Böse besitzt, daß es ihm als bloßer »Durchgang« im Prozeß erscheint.
Man kann sich das auch an OSWALD SPENGLERS morphologischer Gesamtübersicht der Geschichte klarmachen, innerhalb deren moralische oder religiöse Werte, Normen und Kategorien ihre Zuständigkeit verlieren. SPENGLERS Morphologie kann schließlich die Geschichte nur noch im Sinne eines Analogons zur Natur und ihren gesetzlichen Abläufen interpretieren. Verräterisch für diese Naturwerdung und Ent-Ethisierung der Geschichte, zugleich auch für das Ausmaß, in dem SPENGLER den Menschen des Existentials der Freiheit beraubt sieht, ist allein schon die Tatsache, daß er den tausendjährigen Ablauf der Kulturen vom naturgesetzlichen Rhythmus der Jahreszeiten, also von einem durchaus wertfreien Geschehen her, deutet. Damit werden Freiheit und Verantwortung, in deren Rahmen überhaupt Schuld und damit auch Sühne und Gericht möglich sind, entleert. Kaum daß man eines Gesetzes ansichtig zu werden schien, ist die Größe, für die es gelten sollte, schon in der Substanz verändert. Es ist kein Gesetz der Geschichte mehr, sondern nur noch ein Gesetz der Natur.
Was wir hier beobachten, ist nicht nur empirisch zur Kenntnis zu nehmen, sondern verrät einen theologischen Vorgang. Der Weg zur Vogelperspektive des Beobachters ergab sich aus der Nötigung, ein Maximum an Beobachtungsfeld zu gewinnen. Die Ganzheit dieses Feldes aber wird nur von der Grenze, von der Transzendenz, vom Abstande her einsichtig. Alles das haben wir, die wir noch *in* der Geschichte existieren, noch nicht erreicht. *Die Vogelperspektive ist deshalb, theologisch formuliert, nichts*

anderes als die illegal erraffte Transzendenz. Es ist der Versuch, sich über die Geschichte zu erheben, um ihrer ansichtig zu werden und die Grenze der Geschichte von *innen* her zu überschreiten.

Damit ergibt sich aber jene Konsequenz, die aus allen Grenzüberschreitungen folgt: daß sich der Blick nicht klärt, sondern verfinstert. Die Urmenschen, welche die Grenze zu Gott hin überschreiten, um Transzendenz zu erraffen und zu »werden wie Gott« – eritis sicut Deus –, werden eben faktisch *nicht* wie Gott, sondern sehen sich aus dem Kindschaftsverhältnis verbannt und des Paradieses verwiesen. Statt über sich hinauszuwachsen, sinken sie unter das Bestimmungs-Niveau ihrer Humanität herab. Und so zweifelhaft es ist, ob GOETHE mit seinem Wort bestehen kann, daß der Handelnde immer recht habe, so sicher ist es, daß der Beobachter, soll heißen, der die Grenze Überschreitende, der aus der Vogelperspektive Beobachtende, immer unrecht hat.

Das christlich verstandene Jenseits der Geschichte: Christus als »Mitte«

Für die christliche Bildung eines Geschichtsbegriffs ist es jedenfalls schlechthin entscheidend, daß die zur Beobachtung von *Sinn* – also auch von Schuld und Gericht – nötige Transzendenz nicht vom Innern der Geschichte her gewonnen werden kann, sondern daß die Transzendenz von außen her in die Geschichte einbricht und dann innerhalb ihrer auftaucht. Diese Gegenwart der Transzendenz in der Geschichte ist *Jesus Christus*[2]. Der Glaube sieht deshalb in ihm das Postulat erfüllt, daß man nur vom Ganzen, nur von der Grenze her etwas über Schuld und Gericht aussagen könne. Man hat die Gestalt des Christus deshalb als die »Mitte« der Geschichte bezeichnet. Dieser Begriff ist für unsern Gedanken des Geschichtsganzen insofern gleichniskräftig, als die Mitte hier verstanden wird als jenes erhöhte perspektivische Zentrum, von dem aus man den Horizont der Geschichte nach vorwärts und rückwärts überblickt. In der Tat bringt das Neue Testament diesen Tatbestand und den ihm zugeordneten Geschichtsaspekt in vielfältiger Weise zum Ausdruck.

Der Horizont der Geschichte enthüllt sich von Christus her zunächst nach *rückwärts*, wenn gesagt wird, daß durch ihn »die Welt geschaffen« sei (Kolosserbrief 1, 16). Damit soll offensichtlich dargetan werden, daß die Geschichte der Welt von vorneherein auf Heil hin entworfen sei, daß die Schöpfung gleichsam ein »Motiv« habe. Man könnte auch sagen, um wieder ein Wort GOETHES abzuwandeln: daß das Geheimnis der Geschichte nicht so sehr der Kampf zwischen Glaube und Unglaube, als vielmehr der Kampf zwischen Heil und Unheil sei. Die Geschichte ist der Raum, in den man berufen wird, um aus der Ferne in die Gemeinschaft mit Gott zurückzukehren. Das und nichts anderes ist das Geheimnis der vielen Einzelnen und Anonymen, die doch »bei Gott bekannt« sind. Das und nichts anderes ist auch das Schicksal der Könige, Diktatoren und »weltgeschichtlichen

Individuen« samt ihren Reichen, die alle – wie CHRISTOPH BLUMHARDT einmal gesagt hat – im Zeichen des Gehens stehen, während das Reich Gottes im Zeichen des Kommens steht. Die Geschichte ist seit ihrem Beginn auf etwas hin entworfen, für das Christus – wiederum von Anfang an – repräsentativ steht: auf das Heil.

Aber auch nach *vorwärts* wird der Horizont der Geschichte enthüllt, wenn er von seiner perspektivischen »Mitte« aus angesehen wird: Christus wird »wiederkommen, zu richten die Lebendigen und die Toten«; er wird das Fazit der Geschichte ziehen. Negativ heißt das: Dieses Fazit tritt in der Kontinuität der Geschichte selbst *nicht* hervor. Das wirkliche »Ende« der Halunken und »fetten Wänste« (Psalm 73) kommt in der Immanenz, im Verlauf der Weltzeit, nicht an den Tag. Am Ende der Geschichte aber, an dem die Ernte in die Scheuern gefahren wird, an dem der Abbruch aller Dinge erfolgt und das große Weltengrab gähnt, wird alles deutlich werden, weil an dieser Grenze der König »mit Sichel und Krone« steht, der weiß, »was im Menschen ist«, und der dieses Geheimnis des Menschen – *jedes* Menschen! – nicht aus dem Auge verloren hat.

Schließlich tritt das Geschichtsgericht auch in jener *Mitte selbst*, nicht nur an den Horizonten, in Erscheinung: Indem hier »Auferstehung am dritten Tage« ist, wird der Tod nicht als biologisches Gesetz, also als wertfreies Naturereignis, verstanden, sondern als die leibhaftige Unnatur, als Feindschaft, als Riß im Schöpfungsentwurf. Indem hier Kranke geheilt und Leiden gestillt werden, tritt die Welt in ihrer Heillosigkeit in Erscheinung; sie wartet auf den erfüllenden Tag der Erlösung. Indem Sünden vergeben werden und diese Vergebung als einbrechendes Wunder in Vollmacht zugesprochen wird, kommt überhaupt erst die unlösbare Verknechtung an das Schuldverhängnis und an ein unentrinnbares Gesetz zur Erscheinung.

Ist die Weltgeschichte das Weltgericht?
Das Gericht und die Person des Richters

Hier gilt nun auf eine ganz andere Weise als in der des üblichen geschichtsphilosophischen Verstandes (wie SCHILLERS »sittliche Weltordnung« ihn repräsentiert), daß die Weltgeschichte das Weltgericht sei: Die Weltgeschichte bringt nicht Gerichte und Rächungen im Sinne einer logischen Korrespondenz von Schuld und Sühne – etwa im Sinne des greisen Harfners im »Wilhelm Meister«: »denn alle Schuld rächt sich auf Erden«. Wie oft rächt sie sich eben nicht! Das Gericht haftet keineswegs an der Stringenz von geschichtlichen Prozessen, in denen es sich vollzöge. *Vielmehr ist die Geschichte selbst das Gericht; sie ist als solche und in toto unter dem Gericht.* Sie ist an das verknechtet, was kein Mensch – auch nicht durch Veränderung geschichtlicher Strukturen – aus der Welt schaffen kann: daß man von jener geheimnisvollen Zäsur an, die Sündenfall genannt wird, immerfort schuldig werden muß, daß man in das hineingesperrt ist, was FRANK THIESS die »Marterkammer der Geschichte« nennt: in den Prozeß von Krieg und Kriegsgeschrei, Herrschaft und Unterdrückung, wo nach unabänderlichen Gesetzen gilt: »Die einen sind im Dunkel und die andern sind im Licht« (Dreigroschenoper), daß man schuldig werden und daß man sterben muß.

Was wir so über die Beziehung von Geschichte und Gericht sagten, würde aber immer noch der entscheidenden Pointe entbehren, wenn wir nur bei dieser Pauschalierung des Gerichtsverhängnisses stehenblieben. Wir müssen nun noch spezieller werden und fragen, ob sich von hier aus die Frage nicht noch einmal ganz neu und ganz anders als vorher stellt: die Frage nämlich, *wie es mit der Möglichkeit stehe, nun auch ganz bestimmte Ereignisse – etwa den schon erwähnten Untergang des Hitlerreiches – als Gericht zu bezeichnen.*

Wenn es mit der Christus-Mitte der Geschichte seine Richtigkeit hat, wenn also das Geheimnis der Geschichte in einer Gestalt gründet, die nicht einfach objektivierbar ist und in unserer intellektuellen Verfügung steht, sondern im Inkognito einhergeht und nur im Wagnis des Glaubens ergriffen werden kann, dann werden wir zunächst sagen müssen, daß das Gericht ebenfalls nicht einfach »geschaut« werden kann, sondern auch seinerseits Gegenstand des Glaubens ist. Vom Gericht kann ich hier nur sprechen, wenn ich den Richter kenne, wenn mir also die entscheidende »Person« gegenwärtig ist.

Die Analogie zu irdischen Gerichtsverfahren verläßt uns hier. Denn bei diesen muß ich nicht den Richter, sondern die Gesetze kennen, deren nur ausführendes Organ der Richter ist. Im irdischen Gerichtsverfahren muß ich um den Ordo Bescheid wissen, den der Richter lediglich repräsentiert. Gott aber ist kein Funktionär eines Ordo, der über ihm stünde und ihn normativ festlegte. Vielmehr gründet aller Ordo in seinem souveränen Willen, der ihn setzt. Genausowenig, wie ich von der Schöpfung auf den Schöpfer zurückschließen kann – so als ob alles Vergängliche wirklich nur ein Gleichnis, ein aufschließbares Gleichnis wäre –, sondern wie ich umgekehrt das Geheimnis der Schöpfung nur erkennen kann, wenn ich um den Schöpfer und um sein Herz weiß, genauso *erkenne ich das Geheimnis der Gerichte nur, wenn ich um den weiß, der da richtet.*

Das alles heißt zunächst ganz einfach: Das Gericht ist »unsichtbar«, so gewiß der Richter und die Dinge des Glaubens überhaupt unsichtbar, besser: »verborgen«, sind.

Wir wollen nunmehr diese Verborgenheit des Gerichtes, die nur durch die Person des Richters aufgehellt wird, in aller Kürze an folgenden Gesichtspunkten verdeutlichen:

Daß man das Gericht nicht objektiv feststellen kann, deutet sich bereits säkular-empirisch darin an, daß es prinzipiell *zweideutig* bleibt. Das Lied singt von den in Rußland zertrümmerten Armeen NAPOLEONS: »Mit

Mann und Roß und Wagen / hat sie der Herr geschlagen.« Geht es hier wirklich um ein »eindeutiges« Gottesgericht über NAPOLEON? Vielleicht könnte ein Franzose nicht zu Unrecht einwenden, daß gerade umgekehrt (wenn denn schon einmal von Gericht gesprochen und nicht einfach die Kategorie des Tragischen angewandt werden solle), daß gerade Europa und *nicht* NAPOLEON die von Gott geschlagene Macht sei, so gewiß eben Europa auf diese Weise des NAPOLEONISCHEN Ordnungsprinzips und seiner Segnungen verlustig gegangen sei. Es hätte doch Gelegenheit gehabt, würde der Franzose vielleicht argumentieren, in das belebende Kraftfeld einer großen politischen Konzeption zu kommen, und muß nun nach NAPOLEONS Sturz in das Epigonentum seiner überalterten Traditionen zurücksinken! Und ist NAPOLEON bei diesem europäischen Gericht nicht bloßer Vollstrecker? – Nicht nur das Charakterbild großer Gestalten schwankt in der Weltgeschichte, auch ihre metaphysische Rolle ist von schillernder Art. Ist damit aber nicht jede Gerichtsaussage relativiert?

Auch gegenüber ausgesprochenen Katastrophen der großen und individuellen Geschichte, deren Opfer viel eindeutiger als im Falle NAPOLEONS feststehen – zum Beispiel gegenüber der erwähnten deutschen Katastrophe oder auch lebenslänglichem Siechtum –, stößt unsere Diagnose »Gericht Gottes« immer wieder vor eine letzte Grenze, angesichts deren sie ihre tiefe Fragwürdigkeit enthüllt: Muß dieses Leiden denn – und dann auch noch eindeutig! – »kausal« aus vorangegangener Schuld abgeleitet werden? Kann es nicht, wenn die Diagnose »banale Zufälligkeit« einmal ausgeschlossen sein soll, auch »final« gedeutet werden, etwa von einer erziehenden Absicht Gottes her? Und würden diese beiden Interpretationen sich nicht gegenseitig aufheben, so gewiß Katastrophe und Leid im *einen* Falle den Charakter des Unheils (Gericht), im *andern* Fall dagegen den Charakter des Heiles (Läuterung) besäßen?

Im Bericht des Johannes-Evangeliums über den Blindgeborenen (Kapitel 9, 1 bis 3) stoßen diese beiden Interpretationen im Dialoge Jesu mit seinen Jüngern dramatisch aufeinander: Die Jünger gehen von der für sie selbstverständlichen Voraussetzung aus, daß dem Schicksal der angeborenen Blindheit eine Schuld zugrunde liegen müsse, daß sie also Gerichtscharakter habe (»Wer hat gesündigt, dieser oder seine Eltern, daß er blind geboren ist?«). Demgegenüber wendet Jesus die kausale Erklärung der Jünger ins scheinbar entgegengesetzte »Finale« und antwortet: die Blindheit habe den Sinn, »daß die Werke Gottes offenbar würden an ihm«.

Auch in diesem Falle scheinen wir so wieder *vor der unauflöslichen Zweideutigkeit der Katastrophensituation* zu stehen. Denn wer könnte es wagen, jene Situation so vollmächtig auszulegen, wie Jesus das tat, und sie damit zur Enthüllung der eindeutigen Gottesbotschaft zu zwingen? Schließlich geht es hier nicht nur um die Vollmacht der Interpretation, sondern zugleich um die Macht, den Blinden zu einem Sehenden zu machen und damit den verborgenen Sinn der Blindheit zum Durchbruch zu bringen. Hier geht es nicht nur um ein deutendes, sondern um ein vollziehendes Wort. Schon deshalb entzieht sich dieser Bericht allen Versuchen, ihn hermeneutisch auszuschlachten und ihm ein bestimmtes (etwa teleologisches) Deutungsschema der Geschichte zu entnehmen.

Hier drängt sich nun die Frage auf, ob durch die scheinbare Zweideutigkeit, also das Zwielicht zwischen kausalem und finalem Bezug, möglicherweise nicht die Gerichtsbotschaft selbst in Frage gestellt werde, sondern ob ganz im Gegenteil die Aufforderung darin steckt, das Wesen des Gottesgerichts genauer zu erfragen: Könnte nicht eben das, was zunächst als Zweideutigkeit auf uns wirkt, in sehr demonstrativer Weise zum Ausdruck bringen, daß es um zwei »komplementäre« Bestandteile des Gerichts *selber* ginge, daß nämlich das Gericht *beides* sei: Sühne für Begangenes *und* Erziehung für Zukünftiges, Zurückstoßung *und* Heim-Suchung, Unheil *und* Heil?

Eben dieser Gedanke führt uns aber wieder auf die entscheidende Feststellung, daß das Geheimnis des Gerichtes (ob es ein Sühneverhängnis über die Vergangenheit oder aber eine Heimsuchung für die Zukunft ist) sich nur von der Person des Richters her, das heißt aber vom *Glauben* her, enthüllt. Denn die Person des Richters hat sich nach dem biblischen Zeugnis als der vorgestellt, der Schuld nicht ungestraft läßt und das Unrecht rächt, zugleich aber seinen Bund aufrechterhält und seinen Heilsratschluß über der Geschichte walten läßt. Er ist der Richter *und* der Gnädige. Beides koinzidiert im Begriff der »Heimsuchung«, so gewiß damit beides gemeint ist: das Nicht-ungestraft-Lassen *und* die Unbeirrbarkeit der Heilsabsicht, das Ans-Ziel- und Nach-Hause-Bringen. Die Verbindung von beidem ist empirisch nicht konstatierbar. Sie wird zur Gewißheit nur durch einen Akt des Vertrauens gegenüber der *Person* des Richters, der sich in der Person – wiederum in einer Person! – Jesu von Nazareth vergegenwärtigt, sein »Herz« erschließt und darin die Spontaneität jenes Vertrauens auslöst, das zugleich die Verantwortung gegenüber der Person in sich schließt.

Das »Schweigen« des Richters

Daß wir das Gericht nicht objektiv feststellen können, hat noch einen weiteren, wiederum nur theologisch zu umschreibenden Grund: die Tatsache nämlich, daß die Gerichte Gottes in seinem *Schweigen* bestehen können[3].

Daß wir keine Korrespondenz von Schuld und Strafe feststellen können (weil zum Beispiel Gott schweigt und passiv gewähren läßt, wo er nach unsern Postulaten im Wetter der Gerichte herniederfahren und klare Exempel statuieren müßte), pflegt ja die größten Anfechtungen mit sich zu bringen und das Theodizee-Problem in seiner ganzen Wucht zu entbinden. Es ist aber nun keineswegs so, daß etwa »nichts« geschähe, wenn Gott zu schweigen und passiv zu sein scheint. In seinem Schweigen und Passiv-Sein kann sich *gerade* das Gericht vollziehen, ja es vermag sogar darin zu bestehen.

In der Sprache des Glaubens bedeutet dies beides doch, daß Gott »seinen Arm abzieht« und die Menschen sich selbst überläßt, daß er sie an die Konsequenzen ihres Tuns hingibt und sie damit dem Selbstgericht ausliefert. Gott zieht sich aus den Prozessen zurück (Dieu se retire), die der Mensch in Gang gesetzt hat, und überläßt ihn, wenn man so will, der immanenten Eigengesetzlichkeit jener Prozesse. So spricht Paulus davon (Römerbrief 1, 24 und 28), daß der Götzendiener, der sich selbst nicht mehr in seiner Geschöpflichkeit versteht und sich über Gott erhebt, an das Trachten seines Herzens »hingegeben« (parédoken) und sich so selbst überlassen werde. Damit kommt es zu einer in sich geschlossenen Endlichkeit, die durch keinerlei göttliche Interventionen gestört zu werden scheint. In Wirklichkeit ist diese Endlichkeit aber ein Gefängnis, in das sich der Mensch selber gesperrt hat. Der aus dem Dasein verwiesene Gott bejaht (schauerlicherweise) sein Verwiesensein und bleibt ferne.

Gerade in diesen Augenblicken, die den Abschwörenden durch das Schweigen Gottes in Sicherheit wiegen und ihn der göttlichen Gerichte spotten lassen (weil er den furchtbaren Akt des Gewähren Lassens mit der Nichtexistenz Gottes verwechselt): gerade in diesen Augenblicken kann der Glaube die Gerichte Gottes mit beklemmendem Alpdruck auf der Welt lasten sehen. Er kann *so* sehr unter diesem Eindruck stehen, daß er den Losbruch offener Zornesgewitter und den Anbruch eines Dies irae geradezu als Erlösung von der Unheimlichkeit des schweigenden Gerichtes erleben kann. Der Verfasser erinnert sich – dieses Beispiel möchte ich mir nicht versagen –, daß der schlafwandlerisch sichere Weg einer partiell so erfolgreichen Gestalt wie Hitler vielen Christen ein solcher Alpdruck war. Das schweigende Zusehen des Herrn der Geschichte war von apokalyptischer Unheimlichkeit. Darum bedeutete es eine Befreiung, als er im Wetter der Gerichte wieder zu reden begann, selbst wenn man zum Opfer der Katastrophen wurde, die nun hereinbrachen.

Wir sehen also: Auch das Schweigen Gottes über der Welt, der scheinbare Nichtvollzug des Gerichtes, darf nicht so verstanden werden, daß uns Menschen die »Antenne« für diese Zusammenhänge fehle oder daß der Eindruck des Schweigens Gottes nur ein irriger akustischer Eindruck sei, den unsere »ertaubten Ohren und verstockten Herzen« hervorbrächten, und so das Schweigen des Richters nur der Unempfindlichkeit unserer Subjektivität entstamme.

Nein: das Schweigen des Richters gilt dem biblischen Geschichts- und Gerichtsverständnis als Realität. Es gehört sozusagen zum »Stil« der göttlichen Gerichte. Um es im Bilde zu sagen: Auch die Engel um Gottes Thron könnten das Schweigen Gottes als wirklich bezeugen; so wenig beruht es nur auf den Verstockungseinbildungen des Menschen. Der schweigende Gott richtet keineswegs nur – oder besser: er richtet sogar kaum – dadurch, daß er auf den Frevler durch Blitzstrahlen oder sonstige »Katastrophen ex machina« reagierte, sondern er richtet, indem er sich zurückzieht und gewähren läßt. *Er wird zum abwesenden Gott.* So hat er, wie wir früher erörterten, die Leute um den Babylonischen Turm an den Konsequenzen ihres Tuns zugrunde gehen lassen. Indem er gleichsam nichts tat, gab er sie an jene Zentrifugalkraft hin, die sie selber heraufbeschworen hatten. Insofern war sein Schweigen höchste Aktivität. Das, was er da geschehen »ließ«, kam einem Herniederfahren und Verwirren gleich. *Gott war ihrer Selbstverwirrung mächtig, indem er – »zusah«.*

Ähnlich sieht es Paulus (Römerbrief 1, 18 ff.). Gerade die paulinische Entfaltung dieses Gedankens bietet ein Modell, an dem sich das Offensichtliche und das Verhüllte des Gerichtes beobachten läßt. Hier entspricht der Unordnung in der vertikalen Dimension – nämlich der Selbstbehauptung gegenüber Gott – die Pervertierung auf der horizontalen Ebene des Lebens. Paulus illustriert diese Verdrehungen, indem er auf das zeitbedingte Material stoischer Lasterkataloge zurückgreift: Statt sich selber als Geschöpfe zu verstehen, machen die Menschen das Göttliche zu ihrem Geschöpf und beten selbstgeschaffene Götzen an. Entsprechend verwirrt sich auch die Rang- und Zuordnung der sonstigen Werte in ihrem Leben: Die Männer emanzipieren sich aus dem schöpfungsmäßigen Bezug der Geschlechter und wenden sich dem eigenen Geschlecht zu. Das Niedere triumphiert über das Höhere, die Triebe über den Geist, das Unvernünftige über die Vernunft, die Kinder über die Autorität der Eltern, die Unbarmherzigkeit über die Liebe.

So deutlich diese Konsequenzen des Sichrächens und des Gerächtwerdens in dieser Lebensdiagnose nun auch zu sein scheinen, so verhüllt sind sie doch zugleich. Die »Perversen«, von denen Paulus hier spricht, würden vermutlich sehr verwundert sein, wenn man ihnen diesen Spiegel vorhielte, und selbst ein hinzugedachter Psychologe würde bei einem analytischen Test sicher kaum etwas anderes herausbringen als die Feststellung, daß die Leute sich in ihrer Haut recht wohl fühlen. Der Donner des Gerichtes erreicht ihre Ohren nicht. Er ist für sie irreal. Vielleicht sprächen sie sogar vom Glück der Selbstverwirklichung, das ihnen im Prozeß dieses Sich-Auslebens zuteil werde.

Von den Leuten des Babylonischen Turms könnte ich mir Ähnliches vorstellen. Vielleicht wäre sogar ein Philosoph unter ihnen, der das Lebensgefühl der Zerstreuten und Sprachverwirrten in die Reflexion zu erheben und das Erlebte ins Positive zu wenden wüßte. Was würde er sagen? Vielleicht dies: Die Macht des Zerfalls und der Kampf miteinander, der Krieg und der Widerstreit, all das also, worin und durch das wir aus dem menschheitlichen Urfrieden, aus dem »Einerlei-Zunge-und-Sprache« herausgestürzt sind, all das ist der »Vater aller Dinge« (HERAKLIT), das ist der schöpferische Urimpuls alles Lebens. Vielleicht würden sie sogar antworten, daß ein gewisses Maß an mephistophelischer Aufsässigkeit der Verlebendigung der Welt diene:

> Des Menschen Tätigkeit kann allzu leicht erschlaffen,
> Er gibt sich bald die unbedingte Ruh;
> Drum geb ich gern ihm den Gesellen zu,
> Der reizt und wirkt und muß als Teufel schaffen.

Die extreme Verhüllung des Gerichtes ist vielleicht die, daß die letzte Not einer aus den Fugen gegangenen Welt dem Menschen als Tugend erscheint.

Weg und Ende der Warum-Frage

Alles, was wir bisher über die Erscheinungsweise des göttlichen Gerichtes sagten, war eigentlich nur eine einzige Auslegung des einen Satzes, daß das Geheimnis des Gerichtes sich vom Richter her enthülle. Außerhalb der Begegnung mit dem personhaften Du dieses Richters, der in Christus paradoxerweise als unser »Vater« erscheint, sind wir der Frage nach der Funktionsweise und Funktionstüchtigkeit der Weltordnung hoffnungslos ausgeliefert. Diese Auslieferung ist tatsächlich im strengen Sinne »hoffnungslos«: nicht nur weil in ihr die quälende Warum-Frage keine Ruhe findet, sondern auch deshalb, weil diese Warum-Frage nicht zur »Lösung« kommt, weil sie – »unerlöst« bleibt. Die großen und repräsentativen Formen dieser Unerlöstheit prägen sich vor allem nach zwei Richtungen aus:

Entweder endet die Warum-Frage im Ausweglosen, das heißt in der trostlosen Feststellung des Unergründbaren. Der nächste Schritt über diese Feststellung des Unergründbaren hinaus führt in die nihilistische Einsicht, daß das scheinbar Unergründliche gar keinen Grund habe, daß also die Welt regielos, daß sie vaterlos sei und von Moira und Tyche herumgewirbelt werde.

Oder aber die Warum-Frage endet in der statistischen Perspektive der großen Zahl und im Schweigen der Natur. Eine Kombination der ersten und der zweiten Antwort liegt in dem Versuche vor, die endliche Welt »tragisch« zu interpretieren, das heißt einen Ordo festzustellen, der für Götter und Menschen unerfragbares Schicksal ist und von dem man nicht weiß, von wem er geordnet und auf was hin er geordnet ist. Diese Situation, die das Gericht nicht mehr versteht, weil der Richter ins Jenseits ihres Horizontes entwichen ist, bedeutet selber Gericht.

Für biblisches Denken endet die Qual der Warum-Frage (und damit auch die Qual unter dem Schweigen des Weltenrichters) nicht so, daß diese Frage gelöst, sondern daß wir von ihr *er*löst werden. Diese Erlösung gründet im Vertrauen auf den, der sich als Richter, aber auch als »Vater«

erschlossen hat. Diesem Vertrauen entstammt die Gewißheit, daß nicht die Midgardschlange unsere Welt umschlingt, sondern daß die Welt einen väterlichen Grund hat. *Darum sagt der Christ angesichts der Rätsel der Geschichte, denen er sich überantwortet sieht, nicht etwa: »Deshalb, weil ..., ist es so«, sondern er sagt: »Dennoch bleibe ich stets an dir ...«* (Psalm 73). Dieser Satz gewinnt nur durch die Person des Richters Sinn. Nur im Umkreis des Vertrauens, das er auslöst, wird es möglich, auf die Enthüllung des »Deshalb, weil ..« zu warten und es jenem Schauen zu überlassen, das dem Glauben als sein Ende verheißen ist. *Alles vor- und unzeitige Schauen-Wollen endet in der Ausweglosigkeit der Warum-Frage oder im utopischen Traum.*

Ebensowenig aber, wie der Glaube vom Schauen-Wollen zersetzt werden darf, kann er es zu einem »Vertrauens-Fatalismus« kommen lassen, der den Glaubenden zum bloß passiven Objekt transzendenter Widerfahrnisse machen würde. Der Richter und der Widerfahren-Lassende sind ja eine *personale* Bindungsmacht, die zu Partnerschaft und Verantwortung ruft und darum auch die Auseinandersetzung mit dem Geschick in sich begreift. Es kommt nur alles auf das Vorzeichen an, in dessen Namen ich jene Auseinandersetzung (etwa als Arzt oder Kranker mit dem Leiden) betreibe: ob ich sie von einer vermeintlichen und angemaßten Einsicht in den Sinn und damit in die Berechtigung jener Widerfahrnisse aus vollziehe oder aber ob das Vertrauen auf den *verborgenen* Sinngeber, ob das »Dennoch« mich trägt.

2. Die prophetische Enthüllung des Geschichtsgeheimnisses

Die Geschichte kein logisch durchschaubares Kontinuum, sondern in der Freiheit Gottes gründend

Wenn Gott als Herr der Geschichte verstanden wird, schließt sie sich aus dem diffusen Vielerlei von Einzelgeschehnissen zu einem einheitlichen Ganzen zusammen. Dieser Zusammenschluß kann nicht bedeuten, daß es damit zu einer logischen Transparenz ihres Ablaufs käme und das Einzelgeschehen so in seinem Grund, seinem Ziel und seinem Sinn erkennbar würde. Dann müßte es ja doch wieder jene Einsicht in das »Deshalb, weil ...« geben, die wir soeben ablehnten. Wenn der Herr der Geschichte Gegenstand des *Glaubens* ist, dann gilt das gleiche auch von der Einheit der Geschichte, die in seinem Weltregiment gründet. Das, was wir mit dieser Einheit meinen, bedeutet vor allem, daß nicht nur die Räume von »Orient zu Okzident« »im Frieden seiner Hände ruhen«, sondern daß auch die Zeiten der Geschichte, daß Vergangenheit, Gegenwart und Zukunft aus diesen gleichen Händen entlassen werden.

Den damit sich eröffnenden Blick auf das Ganze haben vor allem die Propheten des Alten Testaments vertreten und in ihren Sprüchen kundgetan.

Aus diesem Grunde gilt es als unbestritten, daß die prophetische Geschichtskonzeption die entscheidenden Anstöße für die Bildung eines Begriffs »der« Geschichte gebildet hat. Entsprechend wirken sie auch dort noch nach, wo die Geschichtsphilosophie – entgegen der Pointe der prophetischen Botschaft – den *Glauben* an die Einheit der Geschichte in das vermeintliche *Wissen* um den logischen Zusammenhang ihres Ablaufs verwandelte. Der exemplarische Fall dieser Rezeption und zugleich Modifikation liegt in HEGELS These von der »Vernunft in der Geschichte« vor.

Das Tempus, an dem die prophetische These von der Einheit der Geschichte vornehmlich entfaltet wird, ist das Tempus der *Zukunft*. Gerade als Autor der Zukunft erweist sich Gott als der Herr der Geschichte schlechthin. Die Zukunft ist so in seinem »Rat«, in seinem »Plan« vorgesehen, und er »führt ihn herrlich hinaus« (Jesaja 28, 29). Die Geschichte gilt in diesem Sinne als »all sein Werk«, als sein Gesamtwerk also (10, 12). Das Vertrauen auf diesen Plan enthält deshalb auch die Gewißheit, daß Gott die Zukunft zu *seiner* Zukunft machen, das heißt, daß er die falschen und usurpierten Throne der irdischen Machthaber umstoßen wird: Er will »heimsuchen die Frucht des Hochmuts des Königs von Assyrien und die Pracht seiner hoffärtigen Augen« (Jesaja 10, 12). Auch hier wird es nicht die immanente Logik der Weltgeschichte sein, die sich als Weltgericht erweist, wenn Unrecht gerächt und Recht zur Geltung gebracht wird. Nein: daß es dahin kommt, ist ausschließlich im »Ratschluß des Heiligen in Israel« begründet.

Das Vertrauen der Propheten auf diesen Ratschluß und Plan erteilt ihnen die Vollmacht, Aussagen über die Zukunft zu machen. Sie ist im Wissen der Propheten schon antizipiert – nicht allerdings in Gestalt eines spekulativen Wissens, das sich anheischig machte, den Plan Gottes zu Ende zu denken, und damit der hybriden Anmaßung verfiele, Gott in die Karten zu sehen. Wenn Gott der Autor der Geschichte ist, muß es vielmehr dabei bleiben, daß wohl die Herrlichkeit des »Endes« feststeht, zu dem er »alles hinausführt«, daß aber die Wege dahin in seiner Verfügung bleiben und daß die einzelnen Schritte auf diesem Wege dem Zugriff »menschlicher Gedanken« verschlossen bleiben (Jesaja 55, 8). Wenn die Propheten es wagen können, trotzdem jene zukünftigen Schritte vorauszusagen, dann nur deshalb, weil sie ihnen »eröffnet« wurden. Amos spricht ausdrücklich von der Zusage, daß es immer wieder zu dieser Art der Eröffnung komme: Jahwe »schafft keine Geschichte, ohne daß er zuvor seinen Plan den Propheten, seinen Knechten, enthüllt hätte«.

Wenn Gott »enthüllt«, so bedeutet das hier wiederum sehr viel mehr als die bloße Voraussage über den Lauf der Dinge, über den Gang des Prozesses. Denn die Dinge laufen ja gar nicht, sondern sie werden vom Herrn der Geschichte getan und stehen in seiner Verfügung. *In diesem Sinne hat das »Wort« (hebräisch: dabar), das die Enthüllung enthält, nicht nur den verbalen Sinn des Ankündigens, sondern zugleich den ontischen Sinn des Vollziehens, des Verfügens-über ...: »Das Wort, das ich ansage, das lasse* ich auch geschehen«, (Hesekiel 12, 25 und 28); ich enthülle nicht nur Zukunft, sondern vollbringe sie. Insofern traut der in die Zukunft blickende Glaube nicht nur der *Voraus*sage, sondern vor allem der *Zu*sage, daß Gott sein Wort halten und sich selber treu bleiben werde.

Daß die Propheten aber nicht nur »prophezeiend« der Zukunft zugewandt sind, sondern das *Ganze* des Werkes Jahwes und der von ihm bewirkten Geschichte im Auge behalten, das wird an der Art erkennbar, wie sie Vergangenheit, Gegenwart und Zukunft miteinander verbinden:

Der Vergangenheit gegenüber gibt es so etwas wie eine rückwärts gewandte Prophetie. Die Propheten registrieren ja keine bloßen Fakten. Ihre Absicht geht nicht auf die Objektivität eines Protokolls, sondern sie verstehen das Sich-Ereignende als Manifestation des Heilsplans. Die Fakta sind nicht ihrer selbst wegen wichtig, sondern um der Transparenz willen, die ein Geschehen von *Gott* her in ihnen durchleuchten läßt. In diesem Sinne sind auch die Überlieferungen Israels, die Geschichtstheologien des Jahwisten, Elohisten und des Deuteronomisten Spielarten jener rückwärts gewandten Prophetie. Tradition ist von hier aus gesehen nicht nur historische Erinnerung und bloßes Fortfahren in dem so Erinnerten; sie besagt vielmehr, daß die *gedeutete* Geschichte festgehalten wird. So gehört nicht nur das Gedeutete zur Tradition, auch die »Deuter« selbst, die prophetischen Zeugen, sind in sie einbeschlossen. Sie sind ja die Vermittler des Geschichtsplanes Gottes und haben den Rang von Bürgen.

Die Verbindung der drei Geschichtszeiten tritt schon im »Namen« Gottes hervor: Denn »Jahwe«, als den er sich bezeichnet (2. Mose 3, 14), bedeutet: Ich bin, der ich sein werde – und, wie man sinngemäß hinzufügen könnte: der ich von Anbeginn schon gewesen bin. Ich bin die Klammer um Vergangenheit, Gegenwart und Zukunft.

Die Verbindung von Vergangenheit, Gegenwart und Zukunft ist so in einem doppelten Sinne *personal* bestimmt: Auf der *einen* Seite gründet sie in der Person Jahwes[4], in seinem »Ratschluß« und seinem vollziehenden »dabar«. Auf der *andern* Seite taucht sie in der durch das Wort Jahwes eröffneten Geschichtsschau der Propheten auf und weist so auf die Person des Zeugen (H. J. Kraus).

Wenn die Verbindung von Vergangenheit, Gegenwart und Zukunft derart personal bestimmt ist und demgemäß auch nur durch personal getönte Begriffe wie »Ratschluß«, »Wille«, »Absicht« und (auf der Seite des Menschen) durch »Glaube«, »Gehorsam« und »Deutungsvollmacht« beschrieben werden kann, dann ist es auch in diesem Betracht verständlich, daß der Zusammenhang der drei Tempora nicht statisch zu sehen ist und daß man ihn nicht als einen gesetzlich festgelegten Prozeß verstehen darf. Die so gesehene Geschichte ist eben nicht errechenbar und kann natürlicherweise nicht vorausgesehen werden, wie es beim festgelegten Prozeß doch sein müßte. Sie ist vielmehr voller Überraschungen. Auch der Geist Gottes, aus dem die Propheten sprechen, ist nicht konservierbar und als ein für allemal gegebenes Deutungsschema zu verwenden. Er ist vielmehr nur punktuell verfügbar: dort, wo Jahwe sich erschließt.

Dieser dynamische, »un-statische« Charakter der prophetischen Geschichtsschau wird unter einem theologischen und unter einem anthropologischen Aspekt offenbar:

Unter einem *theologischen* insofern (ich nenne nur ein einziges Beispiel), als im Alten Testament verschiedentlich zum Ausdruck gebracht wird, daß Gott etwas »gereue«. Ihn gereut es zum Beispiel, das schuldig gewordene Volk dem Gericht und damit der Logik von Schuld und Sühne zu überlassen, wie er es zunächst getan hatte (2. Mose 32, 14; Jeremia 26, 13; Amos 7, 3.6 und sonst). Hier scheut die prophetische Aussage selbst vor massiven und etwas peinlichen Anthropomorphismen nicht zurück; sie scheint sogar die Allwissenheit Gottes zu relativieren. Ironische Glossierungen wie etwa: »Gott korrigiert sich«, oder gar: »Gott fällt um« legen sich zwar nicht für die Propheten und ihre gläubigen Hörer, wohl aber für platonisch orientierte oder auch moderne Leser nahe. Was so auf den ersten Blick anthropomorph aussieht, ist aber in Wahrheit nur ein Hinweis darauf, daß »Heilsplan« keine gesetzlich festgelegte Programmatik meint, der Gott selbst einbeschlossen und deren normativem Zwang er unterworfen wäre. Wenn seine »Barmherzigkeit noch kein Ende hat« und »alle Morgen neu« ist (Klagelieder 3, 22), dann läßt sich bis zu diesem »Ende« auch nicht voraussehen, welche Wege sie gehen wird, dann muß man alle Morgen neu auf Überraschungen gefaßt sein. Daß Gott seinen Willen ändert und die Geschichte sich nicht aufgrund einmal festgelegter Urdekrete abspulen läßt, meint nicht Wankelmut im menschlichen, allzumenschlichen Sinne; denn hinter seinen Revisionen steht die Konstante seiner Treue. »Seine Treue ist groß« (Klagelieder 3, 23) – selbst wenn sie sich alle Morgen neu in anderer Gestalt präsentiert und wir kaum mitkommen. Die Transparenz der Geschichte für das in ihr wirksame Heilsziel bewährt sich an den Propheten auch hier: Sie sehen hinter dem, was sich dem menschlichen Blick als irrationale Turbulenz von Ereignissen – von widersprüchlichen Ereignissen! – darstellt, jenes unwandelbar Konstante: das, was sie die »Treue Gottes« nennen.

Daß die Geschichte so nicht als festgelegter Prozeß erscheint, wird aber zweitens auch *anthropologisch* auf seiten der *Menschen* deutlich, und zwar an der Art, wie sie mit der Geschichte umgehen, wie sie vor allem Vergangenheit, Gegenwart und Zukunft miteinander verknüpfen. Beispielhaft für diesen Umgang mit der Geschichte ist die Weise, wie die Propheten – ebenso auch die neutestamentlichen Zeugen – Weissagung und Erfüllung miteinander verbunden sehen.

Dieses Thema ist im Laufe der Theologiegeschichte nahezu von allen Interpreten der Bibel umkreist worden. In der Art, wie man das Verhältnis von Weissagung und Erfüllung bestimmt, spiegelt sich der Begriff von »Geschichte« wider, den ein theologischer Denker hat, damit zugleich aber auch sein Verständnis von »Offenbarung«. Wer dieses fundamentale Thema entfaltet, ist genötigt, alle seine theologischen Karten aufzudecken. Entsprechend der riesigen Fülle verschiedenartigster Theologien, die in den einzelnen Schulen und christlichen Denominationen produziert wurde, zeigt deshalb auch die Verhältnisbestimmung von Verheißung und Erfüllung eine große Variationsbreite von – zum Teil äußerst kontroversen – Lösungen. Ich erwähne das, um mich dafür zu entschuldigen, daß ich dieses Material hier nicht systematisch durchdringen kann, sondern nur einige wenige Gesichtspunkte herausgreifen muß, die mir wesentlich zu sein und die vorgetragene Position zu stützen scheinen.

Wenn das den Propheten eröffnete Wort Jahwes das Kommende vorausnimmt, wenn es in Verheißung und Unheilsansage auf Zukunft deutet, so versetzt es den Hörer dieses Wortes in die Haltung des *Wartens auf Geschichte* (Jesaja 8, 17). Das Verheißungswort und die später eintretenden geschichtlichen Ereignisse werden dann verglichen. Haben sich die Verheißungen erfüllt, ist das Angedrohte eingetreten? – Das ist die Frage, deren Beantwortung den Glauben an Jahwes »Plan« und an seine »Treue« entweder stärkt und bestätigt oder aber in Frage stellt und erschüttert.

Das Schema »Weissagung–Erfüllung« als Schlüssel zur Geschichtlichkeit des Menschen

Die Weissagung von Kommendem besteht nun durchaus nicht nur in Form von Prophezeiungs-*Worten*, auch Ereignisse oder Gestalten der *Geschichte selbst* können prototypische Bedeutung haben und Kommendes vorausbilden. (Man spricht in diesem Zusammenhang geradezu von einer »typologischen« Geschichtsschreibung.) Ich nenne einmal ein paar dieser Ereignisse, in denen man Kommendes präfiguriert sieht:

1. Der Auszug Israels aus Ägypten gilt als ein Befreiungsgeschehen, das nicht nur vorher – durch Joseph – angekündigt wurde (1. Mose 50, 24), sondern zugleich eine Vorausdarstellung des Handelns Jahwes ist. Wenn Israel sich durch die Amoriter bedroht sieht, soll es sich des einstigen Auszugswunders erinnern und darauf vertrauen, daß die Treuetat Jahwes sich auch in kommenden Bedrängnissen bewähren wird (Richter 6, 8 ff.). – Im gleichen Sinne kann das so Präfigurierte auch eine Unheilsansage bedeuten: dann nämlich, wenn Israel die einstige Befreiungstat nicht mehr als Weissagung versteht und statt dessen Verzagtheit, Angst oder Gleichgültigkeit Raum gibt (5. Mose 8, 14; 13, 11).

So fallen die Entscheidungen über das Kommende an der Art, wie man sich zu dem Vergangenen verhält: ob man die Weissagung zur Erfüllung kommen läßt oder ihr in den Arm fällt und sie dann zum Unheil wendet. In beidem aber – in dem Heil, das sie bewirkt, oder in dem Unheil, das sie heraufbeschwört – bleibt sie in Kraft. In diesem Sinne legt Josua auf seinem letzten Landtage das weissagende Auszugsgeschehen dem Volk vor. Es soll sich nun entscheiden, in *welcher* Weise es die Verheißung an sich zur Erfüllung kommen lassen will (Josua 24, 17 ff.).

2. Bekannt ist die prototypische Bedeutung, die Abraham als »Vater des Glaubens« hat. An seiner Gestalt wird immer wieder aufgezeigt, daß der Neue Bund die Erfüllung des weissagenden Alten Testaments ist. »Abraham hat Gott geglaubt; das wurde ihm als Gerechtigkeit angerechnet« (Römberbrief 4, 3). Diese Weissagung gilt als erfüllt, wenn die Erlösertat des Christus uns den unmittelbaren Zugang zu Gott eröffnet und uns von den Bedingungen befreit, die das leistungsheischende Gesetz uns auferlegte (Jakobusbrief 2, 23).

Auch eine alttestamentliche Gestalt wie der Priester Melchisedek kann als eine weissagende Gestalt dieser Art verstanden werden. Er wird in diesem Sinne geradezu eine zentrale Figur im Hebräerbrief, der unter den neutestamentlichen Schriften überhaupt die umfassendste Konzeption von Weissagung und Erfüllung bringt und – selbst mit allegorischen Mitteln – den Alten Bund als vorausdeutenden Schatten des Zukünftigen versteht. So ist Melchisedek eine Präfiguration des Christus, so gewiß er »ein König des Friedens«, »ein Priester in Ewigkeit« ist, »ohne Vater, ohne Mutter, ohne Geschlecht«; er hat weder Anfang der Tage noch Ende des Lebens (Hebräer 7). Er ragt sozusagen in die Geschichte hinein, ohne aus ihr hervorgegangen zu sein, und wird darum »verglichen dem Sohne Gottes« (7,3). Er ist seine vorlaufende Analogie.

3. Der Hebräerbrief hat vor allem den Opferdienst des Alten Testaments als eine weissagende Vorausdarstellung dessen interpretiert, was dann in Leiden und Kreuz des Christus erfüllt wird (Hebräerbrief 8 bis 10). Auch hier ist die Vergangenheit ein »Schatten des Zukünftigen« (Hebräerbrief 10, 1; vergleiche Kolosserbrief 2, 17). Die Priester des Alten Bundes vergossen freilich nur das Blut von Tieren. Der Gekreuzigte aber gibt sich selbst und vergießt sein eigenes Blut.

Mit diesem Wörtchen »aber« ist nun ein entscheidendes Stichwort gefallen. Es macht uns zum ersten Male darauf aufmerksam, daß in der Erfüllung noch etwas ganz anderes stecken kann, als dem verheißenden Wort oder dem prototypischen Geschehen zu entnehmen war. So ist es tatsächlich: *Die Erfüllung transzendiert die Weissagung.* Die Propheten selber wissen sozusagen gar nicht, *was* sie in ihren Verheißungsworten ausgesprochen haben. Ihre Worte wissen gleichsam mehr als die Sprechenden selber. Was wirklich in ihnen steckt, macht erst die Erfüllung offenbar. Im Lichte dieser Erfüllung sehen sie sich dann ganz anders an. Sie zeigen hier überhaupt ihr eigentliches Gesicht. *Die hermeneutische Regel, die sich ihnen gegenüber aufdrängt, besagt deshalb, daß die Verheißung von der Erfüllung her zu verstehen sei, daß das Alte Testament sich erst im Lichte des Neuen in seiner »Eigentlichkeit« zeigt.* Die Bibel muß daher wie die hebräischen Buchstaben von rückwärts gelesen werden. Erst vom Ende her enthüllen sich Beginn und Weg. Wir haben das früher schon einmal angedeutet, als wir von der Biographie eines Menschen (oder auch von der Biographie der Welt) sagten, daß sie nur vom Ende, von der vollzogenen Entfaltung her zu verstehen sei.

Die Überbietung der Weissagung durch die Erfüllung: Der Weg in die offene Zukunft

Drei Modellfälle

Daß in der Erfüllung so ein »Neues« hervortritt, das der alten Weissagung nicht durch bloße Interpretation zu entnehmen war, ist für das biblische Geschichtsverständnis überaus bedeutsam. Um zu ermessen, welches Gewicht diese Einsicht hat, möchte ich in wenigstens andeutender Weise einige exemplarische Fälle nennen, an denen man sich die Überbietung – und dann auch die Korrektur – der Weissagung durch die Erfüllung verdeutlichen kann:
Ich denke dabei einmal an den schon erwähnten Opferdienst des Alten Testaments, in dem der Hebräerbrief das Opfer des Christus präfiguriert sieht. Hier stießen wir ja auch auf das charakteristische »Aber . . .«:

Erster Modellfall: Der Opfergedanke

Daß das Kreuzesgeschehen in einer Umwelt, die derart vom Opferkult bestimmt war, selber als Opferhandlung gedeutet wurde, liegt überaus nahe. Entsprechend stellt sich eine Fülle von Assoziationen ein, durch die sich Einzelzüge des Opferdienstes mit dem Ereignis von Golgatha verbinden und sie als »Schatten des Zukünftigen«, eben als rituelle Weissagung erscheinen lassen.
Diese Analogie kann aber nach der Sicht des Hebräerbriefs nun keineswegs so verstanden werden, daß das, was sich auf Golgatha erfüllt, nur die Ausmalung dessen gewesen wäre, was der Opferkult des Alten Bundes schon in Umrissen vorgezeichnet hätte. Würde es sich so verhalten, dann ginge es nur um die zeitlose Präsenz einer Opferidee, deren Identität sich inmitten verschiedener geschichtlicher Varianten durchhielte. Das aber würde einem Geschichtsverständnis, das weder an einer zeitlosen Idee noch an der Logik eines sich entfaltenden Prozesses, sondern an Tat und Entschluß der »Person« Gottes orientiert ist, unerträglich zuwider sein.
Tatsächlich zeigt sich denn auch, wie das Kreuzesopfer des Christus, indem es die rituelle Opferweissagung erfüllt, sie zugleich sprengt und ein Neues,

Unerwartetes auf den Plan treten läßt. Es ist *so* neu, daß jemand, der das alttestamentliche Opfergeschehen selbst bis in letzte Tiefen interpretieren würde, ihm dieses Neue nicht zu entnehmen vermöchte. Er könnte es ihm schon deshalb nicht entnehmen, weil es gar nicht darin war.

Was ist dieses Neue? Ich begnüge mich auch hier mit einem doppelten, allerdings besonders charakteristischen Hinweis:

Der erste von beiden ließ uns schon auf das erwähnte »Aber« stoßen: Während die menschlichen Priester den Verunreinigten mit »dem Blut von Böcken und Stieren sowie der Asche einer Kuh besprengten« und damit »Heiligung zu leiblicher Reinheit« erwirkten, bringt Christus sich selbst zum »fehlerlosen Opfer« (Hebräerbrief 9, 13 f.). Darin sieht der Hebräerbrief – ohne daß seine Argumente hier referiert zu werden brauchten – eine neue und radikal veränderte Qualität des Opfergedankens: Diese Selbsthingabe des Christus ist mehr und anderes als das Hinwegräumen einer rituellen, am Leibe haftenden Unreinigkeit, sie reinigt das »Gewissen von toten Werken« und befreit es »zum Dienst des lebendigen Gottes«. Sie greift also in die Mitte unserer Existenz ein und schenkt ein neues Verhältnis zu Gott. »Wieviel mehr« liegt also hier vor? fragt der Hebräerbrief. Und dieses »Mehr« bedeutet: die Erfüllung ist sehr viel mehr als die Verheißung, sie bringt ein Neues und Überschießendes, dem gegenüber der Verheißungs-Ritus wirklich nur ein »Schatten«, ein hinkendes Bild und der bloße Tonfetzen einer ganzen Melodie war.

Daß die Weissagung so durch die Erfüllung überboten wird und damit von der Zukunft her das Licht empfängt, in dem sich ihre eigentliche Bedeutung enthüllt, ließe sich durch einen reichen Zitatenkatalog bestätigen. Als besonders markantes Beispiel sei nur auf die Art verwiesen, wie der johanneische Christus die wunderbare Wüstenspeisung Israels durch das Manna als einen vorausdeutenden Hinweis auf sich selbst verstehen läßt: Das Manna war eine Verheißung, aber die Erfüllung, die wahre Gottesgabe, wird »viel mehr« sein, nämlich das »wahre Brot vom Himmel«. Die weissagende Gabe des Manna war ein »Ding«, das den Hunger in der Wüste bestehen half; das »wahre Brot vom Himmel« aber ist eine »Person«, die von sich sagt: »Ich bin das Brot des Lebens« (Johannes-Evangelium 6, 30 bis 35). Im Manna gibt Gott »etwas«; in Christus gibt er sich selbst. Das ist hier die überbietende Weise der Erfüllung.

Dieser Übertritt der Verheißung in eine andere Qualität (diese metábasis eis állo génos) wird in einem weiteren Hinweis des Hebräerbriefs eher *noch* deutlicher; der Schatten des Vorausdeutenden kontrastiert noch schärfer zu dem Licht der Erfüllung:

Die Priester des Alten Bundes brachten ihre Opfer nicht nur für das kultisch versammelte Volk, sondern auch für sich selber dar (3, 3; 7, 27). Sie gehörten ja auch ihrerseits zu den Verunreinigten und standen so der Menge nicht in einer von ihr abgehobenen Distanz der Heiligkeit *gegenüber*, sondern waren ihr in der Solidarität der Sünder eingegliedert. Und weil ihre und der Versammelten Unreinheit sich ständig, kaum daß der

Opferritus vorüber war, wiederherstellte und also der Zustand der Befleckung nicht »auf Dauer« wich, darum mußten die Opfer immerfort wiederholt werden. Christus aber, der sich selbst als »fehlerloses Opfer« gibt (9, 14), hat das »einmal« und »ein für allemal« getan (9, 27 f.), er hat ein endgültig Neues im Verhältnis Mensch–Gott bewirkt. Das Endgültige unterscheidet sich von dem Vorläufigen wiederum wie das Licht vom Schatten. Die Gestalt des Endgültigen läßt sich nicht aus den Umrissen des Schattens rekonstruieren und also schon vorweg haben. Es muß *eintreten*, muß zur Erfüllung kommen und gleichsam seine Epiphanie vollziehen, um seine Bedeutung ermessen zu lassen. Erst von da her wird dann im Rückblick auch das schattenhaft Vorausdeutende in seinem Hinweischarakter ebenso wie in seiner Grenze erschlossen.

Zweiter Modellfall: Die Naherwartung des Geschichtsendes und der Parusie

Als *zweites* Beispiel dafür, daß die Erfüllung nicht in einem Verhältnis simpler Kontinuität zur Weissagung steht, sondern ein Neues in sich trägt und von da aus die Weissagung »besser verstehen läßt, als sie sich selbst verstehen« konnte, möchte ich die *Verheißung der »Wiederkunft Christi«* (der Parusie) nennen. Hier zeigt sich in besonders eklatanter Weise, daß die Zukunft (= Erfüllung) sich aus der Vergangenheit (= Weissagung) weder in Gestalt organischer Entfaltung ergibt, noch daß die Zukunft sich dem früher Vorbereiteten mechanisch einpassen läßt, wie das bei Schraube und Gewinde möglich ist. Die Naherwartung der Parusie, wie sie sich in den Evangelien findet, steigert die Spannung der beiden Zeiten bis zu einem äußersten Grade.
Ein Blick auf die entsprechenden Verheißungsworte macht uns das sofort klar: Nach dem Markus-Evangelium (9, 1) sagt Jesus: »Wahrlich ich sage euch: einige von denen, die hier stehen, werden den Tod nicht schmecken, bis sie das Reich Gottes kommen sehen in Kraft.« In der sogenannten »synoptischen Apokalypse« findet sich dann bei den drei ersten Evangelisten ein weiteres Wort Jesu, das in dieselbe Richtung deutet (vergleiche Markus-Evangelium 13, 30): »Dieses Geschlecht wird nicht vergehen, bis dies alles – nämlich die Wiederkunft des Menschensohns – geschehe.« Endlich heißt es in einem Wort an die Jünger, mit dem Jesus auf die unvollendet bleibende Mission in Palästina anspielt: »Ihr werdet mit den Städten Israels nicht fertig werden, bis der Menschensohn kommt.«

Daß dieses Verheißungswort offensichtlich *nicht* in Erfüllung ging, daß die Geschichte vielmehr weiterlief – inzwischen über Jahrtausendfristen hinweg – und Jesus sich so in der zeitlichen Fixierung des Weltendes geirrt habe, hat nicht nur die frommen Bibelleser immer wieder gequält, sondern auch die wissenschaftlichen Exegeten beschäftigt. Hierbei wurde von dem »exegetischen Allerweltsmittel«

(O. CULLMANN) reichlicher Gebrauch gemacht: nämlich die oben zitierten Logien nicht als originale Herrenworte, sondern als spätere Gemeindebildungen zu erklären. Auch hat man »dieses Geschlecht«, das die Wiederkunft noch erleben solle, nicht auf die damals lebende Generation, sondern auf das jüdische Volk als solches oder gar auf »dieses verkehrte Menschengeschlecht« insgesamt bezogen. Es kann nicht unsere Aufgabe sein, hier auch nur eine Musterkollektion dieser Deutungs- und Umdeutungsfülle aus dem Fundus der Jahrhunderte vorzuführen. Der bloße Hinweis auf die Richtung, in der sich die Verstehensbemühungen bewegt haben und bewegen, muß uns genügen. Es gibt freilich auch Neutestamentler, die mit ernsthaften Argumenten an der Echtheit dieser Worte festhalten. Wenn ich im folgenden diese Echtheitsthese zugrunde lege, dann geschieht das weder aus dem etwas unseriösen Bedürfnis des Nichtfachmannes, sich unter den Expertenäußerungen das »in seinen Kram Passende« auszusuchen, noch aus der pseudo-konservativen Angst, die Hypothese »Gemeindebildung« müsse die Verläßlichkeit des Bibelwortes erschüttern und die Berufung auf Jesus »selbst« unmöglich machen. – Natürlich habe ich mir die Gründe überlegt, aus denen ich meine, die Echtheitsthese bevorzugen zu sollen. Aber selbst angesichts der Möglichkeit, daß meine mangelnde Kompetenz mich irren lassen sollte, möchte ich sie den folgenden Überlegungen wenigstens hypothetisch einmal zugrunde legen. Ich tue das, weil mich die Aufgabe reizt, die oben schon besprochene Spannung zwischen Verheißung und Erfüllung einmal bis in ihren äußersten Grad zu verfolgen. Wenn wir das biblische Geschichtsverständnis richtig erfaßt haben, muß es diese Spannung ertragen können; sie wäre geradezu eine Probe auf unser Exempel. Diese äußerste Spannung zwischen Verheißung und Erfüllung liegt aber dann vor, wenn wir Jesus selbst als den das nahe Ende Verheißenden annehmen und dann prüfen, was die wirkliche oder vermeintliche Nichterfüllung des Verheißenen bedeutet. In diesem Sinne messe ich der hypothetischen Echtheitsannahme eine fruchtbare heuristische Bedeutung bei.

Obwohl man – begreiflicherweise – schon sehr frühzeitig dahinterkam, daß die verheißene Nah-Datierung der Parusie so nicht stimme und alles beim Alten blieb, scheint das Ausbleiben dieser Erfüllung nirgendwo zu einer Krise in dem Sinne geführt zu haben, daß man die Autorität Jesu kompromittiert gesehen hätte. Vielmehr war es so, wie wir es schon an der Interpretation der Geschichte durch die Propheten beobachteten: daß die der Verheißung folgenden Ereignisse – mochten sie als »Erfüllung« auch noch so befremdlich erscheinen – als neue Glaubenserfahrung gewertet wurden und daß man im Lichte dieser Erfahrungen die Verheißung neu zu verstehen suchte. So wird für die lukanischen Schriften die wider Erwarten eintretende Zeitdehnung zwischen Auferstehung und Wiederkunft der Zeitraum für die Geistwirkungen in der Urgemeinde und damit für eine neue Weise der Präsenz des Christus. Indem man so wiederum überraschende, die Verheißung in eine unerwartete Sinnrichtung wendende Formen der Erfüllung erfuhr, erschienen die Worte Jesu in einem neuen Licht. Jedenfalls sah man sie so wenig in Frage gestellt, daß die Gemeinde selbst zu einer Zeit, als schon klar war, daß »der Bräutigam verziehen« würde, die Worte Jesu über die Nähe seiner Parusie unbeirrt weitertradierte, statt sie als pudendum möglichst zu unterdrücken. Unter dem Eindruck der Geistwirkungen in der Urgemeinde gewinnt die verlängerte Zwischenzeit ihren Sinn.

Die Frage, warum die Erfüllung »verzieht«, läßt aber auch noch in andere Richtungen blicken und Reich-Gottes-Gesetze erkunden. Eine der Antworten, die gegeben werden, besteht in dem Hinweis auf die widergöttliche Macht, die das Heilsgeschehen noch »aufhält« (katéchein, 2. Thessalonicherbrief 2, 6 f.). Die unter diesem Bann stehende Welt ist gleichsam noch nicht reif zur Erfüllung. Der Plan Gottes vollzieht sich ja von Anbeginn her nicht in Gestalt jener Mechanik, die ihn als bloße »Ursache« walten ließe und die Geschichte zur bloßen »Wirkung« machte. Gott setzt sich, indem er den Menschen zu seinem Partner erhebt, vielmehr seiner Freiheit und den von dieser Freiheit gewirkten Zwischenfällen aus. (Man braucht nur an die Sündenfallgeschichte zu denken.) Auch die Zeit zwischen Auferstehung und Wiederkunft spult sich deshalb nicht einfach ab, sondern ist jenen »Zwischenfällen« ausgesetzt. Einer von ihnen, und vielleicht der maßgeblichste, kann sein, daß der Mensch noch unter der Bannung durch das Widergöttliche steht und daß es weiterer Auseinandersetzungen bedarf, bis der endgültige »victory day« Gottes ausgerufen werden kann. (Vergleiche dazu auch Lukas-Evangelium 8, 12.)

Sind das alles aber nicht Notauskünfte und Ausflüchte, die der Enttäuschung über das Nichteintreffen von Jesu Zusage abhelfen sollen? Ginge es wirklich darum, müßten die Erschütterungen wahrnehmbar sein, die jene Verdrängungen hervorriefen. Von ihnen ist aber nichts zu bemerken. Was mag es also sein, das trotz des Datumproblems bei der Naherwartung hier von »Erfüllung« zu reden ermutigt?

Sicherlich läßt sich das nur aus dem Kontext der sonstigen Parusie-Aussagen Jesu verstehen: »Von dem Tage aber und der Stunde (des Weltendes und der Wiederkunft) weiß niemand ..., auch der Sohn nicht«, heißt es im Markus-Evangelium (13, 32). Im Lichte dieses Wortes, das allein dem Vater »Tag und Stunde« zu wissen anheimgibt, kann die Terminierungsfrage der Parusie kaum noch als die Pointe der Verheißungsworte Jesu erscheinen, wohl aber die Naherwartung als solche. Auch da bleibt die Frage nach dem *Sinn* dieses »Nah-«, dieses unmittelbar Bevorstehenden. Und gerade diese Frage ruft zu ihrer Erhellung nach dem Nachher, aus dem die Verheißung von *rückwärts* gelesen werden kann. Anders ausgedrückt lautet diese Frage für die Urgemeinde: »Was hat sich von diesem Verheißungswort Jesu erfüllt?«, oder auch: »Warum hat es sich gerade *so* erfüllt, und welches Licht fällt von *dieser* Gestalt der Erfüllung auf Jesu Ansage?«

Diese Fragestellung, das muß festgehalten werden, ist so nur im Rahmen des biblischen Geschichtsverständnisses möglich, nur dort also, wo die Weissagung nicht eine Prognose des Sich-Ergebenden, d. h. ein Vorwissen des Zieles ist, auf das die Richtungsimpulse des geschichtlichen Prozesses drängen. *Das Schema Weissagung–Erfüllung, in dem dieses Geschichtsverständnis sich niederschlägt, lebt geradezu von der Gewißheit, daß das Kommende nicht einfach in der Geschichte steckt und nur in ihr entdeckt zu werden brauchte, um sein Telos und damit die Zukunft preiszugeben.*

Die Geschichte selbst will gar nichts, sie will auch nicht irgendwohin. Ihr Verlauf gründet allein in einem »Ratschluß«, in der Freiheit des Herrn der Geschichte. Indem er sich selber treu bleibt, wird er – in eben jener Freiheit – jeder neuen Stunde auch neu gerecht; ihn kann sogar etwas »gereuen«. Deshalb kann der, der die Verheißung empfangen hat, auf die Erfüllung nur *warten.* Und »warten« bedeutet hier nicht nur eine psychische Geduld, mit der die Zwischenzeit bewältigt wird, also ein bloß temporelles Problem; sondern sie ist zugleich eine Haltung der »Frage«, die Erwartung von etwas, das man in seinem »Wie?« und »Warum-so?« im Augenblick der Verheißung noch gar nicht kennen kann und das einen auf jeden Fall überraschen wird. *Die an die Zukunft gestellte Frage lautet so: »Wie muß ich die Verheißung aufgrund des erfüllten Hernach verstehen? Was wurde mir eigentlich in ihr gesagt?«* Stellt die Urgemeinde in *diesem* Sinne, also aus dem *Nachhinein*, die Frage, was Jesu Worte über die Naherwartung für sie bedeuten, dann findet sie eine doppelte Antwort:

Einmal sieht sie sich auf die Plötzlichkeit, auf das Unangekündigte und Nicht-Berechenbare der Parusie des Herrn verwiesen. Wir sind schon jetzt von seiner Ankunft umgeben und wissen nicht, aus welcher Richtung er kommt. Das läßt das Warten zur höchsten Wachsamkeit werden. Die Nähe des Herrn gibt dem jetzigen Lebensaugenblick einen unbedingten Akzent. Wir können die Nachfolge nicht auf später verschieben und uns das Heute als *unsern* Tag zueignen. Wenn des Herrn Tag kommt »wie ein Dieb in der Nacht« (1. Thessalonicherbrief 5, 2; 2. Petrusbrief 3, 10), dann gilt der Anruf, der in vielen Gestalten variiert wird: »*Heute*, wo ihr seine Stimme hört, verstocket eure Herzen nicht!« (Hebräer 3, 7 f.), oder auch: »Wachet, denn ihr wisset nicht, welche Stunde euer Herr kommen wird!« (Matthäus-Evangelium 24, 42). Der Haushalter, der den Terminkalender seines Herrn kennt und sicher sein kann, daß er nicht plötzlich vor ihm steht, würde sich einen guten Tag machen und ihn einen guten Mann sein lassen. Er würde sagen: »Mein Herr verzieht zu kommen« und begänne »zu schlagen Knecht und Mägde, auch zu essen und zu trinken und sich vollzusaufen« (Lukas-Evangelium 12, 45). Wer aber um seine Nähe und sein unvorhersehbares Kommen weiß, bleibt nüchtern und wacht, er läßt seine »Lenden umgürtet und sein Licht brennen« (12, 35). So scheidet die Naherwartung die Menschen in die »klugen« und die »törichten Jungfrauen« (Matthäus-Evangelium 25).

Bleibt also – scheinbar im Widerspruch zu der Ansage Jesu – alles beim Alten, geht der Weltlauf unbeirrt weiter und fragt aus diesem Hernach die Urgemeinde nun zurück nach der zunächst ganz anders verstandenen Verheißung, so kommt sie zu der Antwort: Die Zusage der Nähe der Parusie *konnte* gar nicht bedeuten, daß sie terminlich bestimmbar sei. Nach den Terminen fragt der gleichgültige Haushalter und fragen die törichten Jungfrauen. Diese Frage ist ein Indiz für das Nicht-Engagement. Wir aber erkennen, daß das Heute, daß das Hier-und-Jetzt inmitten der noch laufenden (und weiterlaufenden) Zeit durch die Nähe des Herrn und die Unvorhersehbarkeit seines Eintritts qualifiziert ist. Wir fragen nicht mehr: *Wann* ist seine Zukunft?, sondern: Was *bedeutet* sie uns? Sie bedeutet: wachen. Und dies wieder besagt, daß die Werte unseres Lebens umgewertet werden, wenn sie uns im Lichte seiner Ankunft erscheinen. Das Verhältnis zwischen groß und klein, wichtig und zweitrangig, zwischen dem vielen Nötigen und dem »Einen, was not ist«, ändert sich fundamental. *Die Geschichte Gottes kann immer nur in Verbindung mit meiner eigenen Geschichte, seine Ankunft kann stets nur zusammen mit meinem Wachen verstanden werden.*

»Geschichte« ist weder eine isoliert menschliche noch eine isoliert göttliche Dimension. Biblisch gesehen ist sie die Verbindung von beidem. Darum wird aus der Geschichte der Zukunft – hier: der Parusie des Christus – auf einmal meine eigene Geschichte, die Geschichte meines Wachens, meines Nüchtern-Seins, meiner Umwertungen, oder besser: Beide Bereiche der Geschichte verbinden sich miteinander.

Die aus dem Nachhinein gestellte Frage der Urgemeinde, was die verheißene Nähe der Wiederkunft für sie bedeute, findet aber noch eine *zweite* Antwort:

Die Gewißheit, daß das Reich Gottes »nahe herbeigekommen« sei, gründet vor allem darin, daß in der Person des Auferstandenen der entscheidende Durchbruch schon vollzogen und das Ende vorweggenommen *ist.* Ein Bild Luthers aufgreifend, können wir sagen: Das Wesentliche ist bereits geschehen; der Schlange ist der Kopf zertreten; was jetzt noch übrig bleibt, ist ein Nachzucken des Schlangenleibes. Die noch verbleibende Geschichte hat, gemessen am Gewicht *dieses* Geschehens, kein eigenes spezifisches Gewicht mehr. Sie wird zur Interimszeit[5]. Die unmittelbare Verbindung des Auferstehungsgeschehens mit dem endgültigen Triumph Gottes, der Antizipation des Endes, läßt die Zwischenzeit zusammenschrumpfen. Die Propheten ziehen gleichsam mit dem Fernrohr das Ende heran und sehen über den Zwischenraum hinweg. Dieses Phänomen ist als Betrachtungs- und Aussagestil der Prophetie so bekannt, daß es dafür sogar einen theologischen Terminus technicus gibt: Man spricht von der »prophetischen Verkürzung der Zeitperspektive«.

Diese Verkürzung gründet nicht in der Psychologie der Propheten, die sie aus Sorge oder Hoffnung mehr im Zukünftigen als im Jetzt angesiedelt sein ließe. Sondern sie gründet in einem Verständnis der Geschichte, das sie als Heilsgeschehen erfährt: als ein Heilsgeschehen nämlich, in dem das schlechthin Entscheidende bereits geschehen *ist* und das Ende schon vorweggenommen wurde. Das bloße Interim, das noch zwischen beidem liegt, ist kein wirklicher Abstand mehr. Hier ist die Nähe des Endes, hier ist das Reich Gottes »nahe herbeigekommen«. Wie könnte es anders sein, wo es schon »mitten unter uns« geweilt hat! (Lukas-Evangelium 17, 21).

Nur von hier aus wird auch ein überaus merkwürdiges kirchengeschichtliches Phänomen verständlich, das einem sonst schier unlösbare psychologische Rätsel aufgeben müßte: Wir können zahlreiche Fälle beobachten, in denen die Naherwartung der Parusie sich bis zu einem enthusiastischen Siedepunkt steigern konnte. Christliche Gemeinden sahen dem unmittelbar bevorstehenden Ende entgegen. Im letzten Kriege war zu beobachten – der Verfasser hat es selbst gehört und gesehen –, wie man diese Erwartung mit der Apokalypse des Johannes begründete: HITLER war das »Tier aus dem Abgrund«, das Parteiabzeichen sah man vorgebildet in dem »Malzeichen« jenes Tieres, ohne das »niemand kaufen oder verkaufen kann« (13, 16 f.). So schienen sich die Indizien zu häufen, daß sich das große Weltengrab bald auftun würde. Und unter solchen und ähnlichen End-Gewißheiten konnte dann wiederum – sich durch die Jahrhunderte hin wiederholend – die Neigung entstehen, einen Kalender der letzten Abläufe zu präzisieren und das Datum der Parusie zu errechnen. Sogar der ehrwürdige und im übrigen sehr nüchterne Bibeltheologe JOHANN ALBRECHT BENGEL (1687 bis 1752) hat es so gemacht und den Beginn des Tausendjährigen Reiches, also der Endphase der Weltgeschichte, genau für den 18. Juni 1836 errechnet. Das, was hierbei als psychologisches Rätsel erscheinen mag, ist nun folgendes:
Das so erwartete und berechnete Ende trat nicht ein. Manchmal versammelte man sich auf einem Berge, um zu der vorherbestimmten Stunde den Menschensohn auf den »Wolken des Himmels« niederkommen zu sehen und die Posaunen des Jüngsten Gerichtes zu vernehmen. Man harrte diesen Ereignissen mit Chorälen entgegen, die auf den Zweiten Advent gestimmt waren. Entgegen der Vermutung, daß nun eine große Enttäuschung habe um sich greifen müssen, trat eine völlig andere Reaktion ein: Es kam weder zu einer Krise des Glaubens noch zu einer Prophetenschelte. Vielmehr gingen die Menschen wieder nach Hause und – begannen aufs neue zu warten und zu rechnen.
Wie ist diese verwunderliche Wirkung zu verstehen? Man kann sie nur aus dem dargelegten Geschichtsverständnis begreifen: Unter dem Eindruck, daß die entscheidende Schlacht schon geschlagen sei, verkürzt sich die Erwartungsperspektive. Man sieht das Ende unmittelbar vor sich. Hat

man sich dann im Datum geirrt, so bleibt doch die Gewißheit, daß das Entscheidende mit der Auferstehung des Christus schon geschehen sei und darum auch die Qualifizierung der verbleibenden Welt-Zeit als einer bloßen Interimsfrist. Darum konnte man »ungeniert« weitermachen und weiter warten.

Der Leser wird den Verfasser hoffentlich nicht gewisser Onkel-Bräsig-Manieren bezichtigen, wenn er zu diesen Vorgängen noch eine kleine anekdotische Verdeutlichung beiträgt:
Im Zweiten Weltkrieg gehörte ich zu dem Kreis um Carl-Friedrich Goerdeler, der für die Zeit nach dem Sturze Hitlers als Reichskanzler vorgesehen war. Dieser in seinem Mut und seiner geistigen Kraft sehr bewunderswerte Mann gab uns bei jeder Zusammenkunft eine exzellente Situationsanalyse, die er dann mit einer Prognose der unmittelbar bevorstehenden Entwicklung verband. Diese seine Prognosen waren durch zwei Momente charakterisiert: einmal dadurch, daß der wirtschaftliche, politische und militärische Prozeß in der Tat genauso verlief, wie er ihn vorhergesagt hatte; wir konnten das bei der nächsten Konferenz immer nur mit Anerkennung konstatieren. Ferner zeigte sich, daß er im errechneten Datum des Zusammenbruchs ebenso permanent irrte: Er kündigte ihn jeweils für die nächsten drei Monate an. Doch das Regime bestand weiterhin, und beim nächsten Male waren wir wieder als eine nicht zum Ziel gekommene Opposition versammelt. Niemand von uns wäre aber auf die Idee gekommen, Goerdeler als einen Pseudopropheten zu denunzieren. Mochte er chronologisch irren; die Richtigkeit seiner sachlichen Prognose beeindruckte uns.
Was hatte sich hier begeben? Nach der Schlacht von Stalingrad war es zur entscheidenden Wende des Krieges gekommen. Was jetzt noch kam, war ein bloßes Nach- und Todeszucken. Diese Agonie mochte lange währen. Das änderte aber nichts daran, daß sie bis zum Ende kein geschichtlich »Neues« mehr zu bringen vermochte, daß sie also Interimszeit war, die im Zeichen des Endes stand und dieses Ende nur abwickelte. So ergab sich auch hier so etwas wie die prophetische Verkürzung der Zeitperspektive. *Der chronologische Irrtum war nur das Nebenprodukt, ja geradezu eine Legitimation der an sich richtigen Diagnose und Prognose.* Wer den geschichtlichen Rang der Stalingrad-Schlacht richtig eintaxierte, mußte die Nähe des Endes annehmen. Wer jenen Rang nicht erkannte und sich etwa die Stalingrad-Interpretation von Goebbels aneignete, wurde in *seiner* Voraussicht der kommenden Geschichte dann entsprechend Lügen gestraft.

Dieses Verhältnis zur Zukunft ist geradezu ein Paradefall des biblischen Geschichtsverständnisses:
Die Differenz, ja – phänomenologisch gesprochen – der Widerspruch zwischen der Verheißung und dem Übertritt in eine neue Qualität, wie sie die »angebliche« Erfüllung brachte, hat außerhalb der Hoheitszone des Glaubens (oder auch an ihren Rändern) immer wieder zu dem Eindruck geführt, die Verheißung sei eben *nicht* in Erfüllung gegangen. Der hermeneutische Grundsatz, daß man die Verheißung von jener vermeintlichen Erfüllung her *neu* verstehen müsse, daß sich der Schatten des Kommenden nur von dem *endgültig* Gekommenen her deuten lasse, muß danach bloß als

eine Ausrede erscheinen, durch die der Glaube seine Enttäuschung hinwegzuargumentieren sucht.

In der Tat ist dieser Eindruck der Nicht-Erfüllung mehr als verständlich. Er *muß* sich geradezu bei einem Geschichtsverständnis ergeben, das sich mit der Registrierung immanenter Abläufe begnügt und die Logik dieser Abläufe zu durchschauen sucht. Hier aber, in der biblischen Sicht der Dinge, geht es ja um eine ganz andere Ebene der Betrachtung: Das gleichsam heuristische Prinzip, das den Blick in die geschichtlichen Zusammenhänge leitet, ist das Vertrauen, daß der Herr der Geschichte zu seinem Worte steht, daß er sich selbst treu bleibt und daß alles Geschehen seinem Ratschluß, daß es der Aktualität seines fügenden Willens entspringt.

Wenn seine »höheren Gedanken« (Jesaja 55, 8) über der Geschichte walten und wenn wir jetzt noch nicht begreifen, was er tut, sondern es erst »hernach« erfahren werden (Johannes-Evangelium 13, 7), dann müssen »unsere Gedanken« auch durch *das* überfordert sein, was er als sein Erfüllungsziel und als seinen Weg zu diesem Ziel plant. Wir sind damit aufs Warten und Ausharren geworfen.

Nur unter dieser Voraussetzung – wirklich nur und allein *so*! – wird die These von der überschießenden Erfüllung sinnvoll. Sie gewinnt also den Rang einer prophetischen Aussage nur dadurch, daß Gott als der verstanden wird, der seines Wortes, seines Tuns und seiner Führung der Geschichte mächtig bleibt. Die Vergleiche zwischen Weissagung und Erfüllung, die eine nur phänomenologisch verfahrende Historie anstellt, können dagegen nur in die Feststellung des Widerspruchs münden. Selbst eine deistische Betrachtung der Geschichte kann hier nur Fehlanzeigen anmelden: Wird Gott nur als eine Art Uhrmacher verstanden, der die Weltenuhr am Anfang einmal aufzieht und sie dann ablaufen läßt, dann stellt sich selbstverständlich die Überzeugung ein, man habe den Weltlauf begriffen, sobald seine Kausalität durchschaut ist. Da das Prinzip der Kausalität aber gegenüber Weissagung und Erfüllung versagt, bleibt nur die Feststellung einer peinlichen Differenz zwischen Weissagung und Erfüllung. Die Propheten sind kompromittiert. Der quälende Widerspruch zwischen »zeitloser Vernunftwahrheit« und »zufälliger Geschichtswahrheit«, wie der ehrliche Lessing ihn formulierte, hat unter anderem *hier* seinen Grund.

Der *Deismus* ist überhaupt ein geeignetes Modell, an dem der Abstand der beiden Geschichtskonzeptionen erkennbar wird: Seine »Uhrmacher«-These führt dazu, daß man aus der Kausalität des Geschehens auf seinen göttlichen Inaugurator zurückschließen kann. Für das biblische Geschichtsdenken dagegen ist Gott gerade in dem verborgen, was unsere Augen in seinem Zusammenhang nicht durchschauen können. Was uns hier gewiß wird, ist allein der Inaugurator selbst. Und nur von ihm – also wieder von seinen »höheren Gedanken« – her vertrauen wir darauf, daß die Geschichte sein Werk sei. In diesem Vertrauen bleibt die Geschichte sein »Gleichnis«, auch wenn *wir* das Bild des Geschehens und das Bild des Inaugurators nicht zur Deckung bringen können. Wir »warten« darauf, daß das Unerkennbare sich erschließt. *Wir selber kennen den Zusammenhang nicht (auch nicht den zwischen Weissagung und Erfüllung), aber wir kennen den, der ihn entwirft. Wir schließen nicht von der Geschichte auf Gott, sondern von Gott auf die Geschichte. Das ist die entscheidende Differenz.*

Dritter Modellfall: Die Unheilsprophetie als Hinweis auf bleibende Muster geschichtlicher Situationen

Als letzte biblische Erläuterung des Zusammenhangs von Weissagung und Erfüllung möchte ich noch auf die Unheilsprophetien im Alten Testament hinweisen. An dem auch hier erkennbaren Abstand von Androhung und (scheinbarer) Nichterfüllung tritt noch ein weiterer und höchst bezeichnender Aspekt theologischen Geschichtsverständnisses hervor.

Jede geschichtliche Heimsuchung (zum Beispiel: Joel 4, 9 bis 21) gilt nur als eine Antizipation, eine Vorwegnahme der *letzten* Abrechnung. Gleichwohl wird es nicht für einen Irrtum gehalten, wenn die Propheten das Ende ankündigten und dann die Welt, sobald die Heimsuchung vorüber war, *doch* im alten Gleis weiterlief. Im Gegenteil: Man sieht – wie Joel in der visionären Durchdringung der Heuschreckenplage – die Anwesenheit des letzten Gerichtes in den vorübergehenden Gerichten der Geschichte. In dieser Bedeutung von Gleichnis und Vorausdarstellung hat das »Wehe« Joels seinen Sinn: »Wehe, wehe, wehe des Tages, denn nahe ist der Tag Jahwes. Wie Gewalt vom Gewaltigen kommt er« (Joel 1, 15 bis 20).

Eine dieser Heimsuchungen wird die letzte sein, ohne daß »im Augenblick« zu sagen wäre, welche es ist. (Das was hier als die »Letzte« bezeichnet wird, bedeutet völligen Untergang und Zerstörung Jerusalems, das Ende Israels. Im Licht der neutestamentlichen Eschatologie wäre auch *das* nur die Vorausdarstellung des im gefüllten Sinne »Letzten«: des Endes der Welt überhaupt.) So ging dem Schwefelregen über Sodom und Gomorrha, dem Katastrophengericht also, der Mord- und Raubzug der Ostkönige voran (1. Mose 14, 1 bis 12; 19, 24 bis 29). Und wenn Joel den Einfall der »Nördlichen« unter Antiochus ankündigte – dieser unterdrückte zeitweise den Tempeldienst –, dann konnte auch das als Vorausdarstellung der endgültigen Katastrophe Jerusalems in den Jahren 70 und 135 gelten. Der abgewandte Einfall der »Nördlichen« war für Israel so etwas wie die Präfiguration des von Hesekiel geweissagten letzten Völkersturms aus dem Norden.

An einem Bilde verdeutlicht (ich weiß nicht, ob ich es irgendwo las oder ob es von mir stammt), könnte man sagen: Der große Zeiger der Weltenuhr steht immer wieder auf Zwölf – und kriecht dann weiter. Aber jedesmal rückt auch der kleine Zeiger vor, bis er in endgültiger Weise »Zwölf, das ist das Ziel der Zeit«, ankündigt. An diesem Bilde wird deutlich, daß die Heimsuchungen nicht bloße Symbole eines zeitlos Unheilshaften sind, sondern zugleich die Unruhe, die den Gang der Weltenuhr vorantreibt, bis sie endgültig abgelaufen ist. Die Zeit wird ihr Ende haben, die Geschichtszeit stößt an ihre Grenzen.

Das biblische Verständnis der Geschichte deutet die Jetzt-Zeit als eben dieses Interim; wir stehen zwischen einem »Schon« und einem »Noch-nicht«. »Schon« ist die widergöttliche Macht gestürzt: »Ich sah den Satan vom Himmel fallen als einen Blitz« (Lukas-Evangelium 10, 18). Aber » ›noch‹ ist nicht erschienen, was wir sein werden« (1. Johannesbrief 3, 2).

Nach dieser Sicht der Dinge findet menschliches Dasein seinen Grund, seinen Sinn und seine Bestimmung nicht in der Geschichte, wenigstens nicht in dem, was sie über sein Woher und Wohin kundzutun scheint. Kausalität und Finalität als immanente Orientierungskategorien lassen das »Eigentliche« menschlichen Daseins nicht zur Erscheinung kommen. Daß das so ist, berührt sich mit dem zu Anfang dieses Buches Gesagten: daß der Mensch das Wesen seines Seins nicht aus dem Bereich des Gegenständlichen erfahren könne. Das, was ihn »letztlich« charakterisiert, ist jenes Innestehen zwischen dem »Jetzt« und dem »Noch-nicht«. Es ist die Zeitlichkeit seines Daseins, die mehr und anderes bedeutet als nur zeitlich-geschichtlichen Ablauf. *Zeitlichkeit im biblischen Sinne bedeutet vielmehr: ein Entlassen-Werden in die Zeit, ein Begleitet-Werden in der Zeit und ein Angefordert-Werden aus der Zeit.* Zeitlichkeit weist auf das, was alle Zeit transzendiert. »Meine Zeiten stehen in deinen Händen« (Psalm 31, 16). Das ist der Grund, warum sie nicht aus sich selbst verstanden werden kann und warum das Verhältnis zu ihr im Vertrauen gründet und in der Erwartung des Unerwarteten. *Die Korrespondenz von Weissagung und Erfüllung ließ diese Hintergründe der Geschichte aufleuchten und eröffnet damit so etwas wie eine Ortsbestimmung des Menschen* in *der Geschichte.*

Nachwort: Zu Erich Auerbachs Figuraldeutung der Geschichte

Um das Kapitel über die Geschichte nicht unverhältnismäßig auszudehnen, verzichte ich nicht leichten Herzens darauf, Anregungen für das dargestellte Geschichtsverständnis fruchtbar zu machen, die man Erich Auerbachs großartigem Werk »Mimesis. Dargestellte Wirklichkeit in der abendländischen Literatur« (1946) entnehmen kann. Hier sei wenigstens anmerkungsweise auf einige Schwerpunkte verwiesen.

Nach Auerbach besteht eine maßgebliche Stilregel der antik-klassischen Literatur darin, daß »das alltäglich und praktisch Wirkliche nur im Rahmen einer niederen ... Stilart, das heißt entweder als grotesk komisch oder als angenehme, leichte ... und elegante Unterhaltung seinen Platz in der Literatur« hat (494). Da deshalb das alltägliche Leben sozusagen nicht literaturwürdig ist, werden »in der antiken Realistik die ... gesellschaftlichen Kräfte nicht deutlich gemacht«. So ist die Gesellschaft nur die »gegebene ..., im Hintergrund des jeweiligen Ereignisses unveränderlich ruhende Institution« (138). Die Struktur dieser Gesellschaft (Aristokratie, Demokratie) taucht bloß indirekt, aber nicht als eigener literarischer Gegenstand auf. Sie ist eine »festgelegte apriorische Modellvorstellung« (38). Dadurch kommt in die Geschichtsvorstellung ein eigentümlich statischer Zug; das Geschehen spielt nur über einem zeitlosen Grunde. Das wird erst anders, wenn durch die Entstehung des *Realismus*, den AUERBACH bis in die Neuzeit verfolgt, das alltägliche Leben literaturfähig wird. Dann hört der Stillstand auf und die Geschichte beginnt sich zu bewegen, um so überhaupt erst »Geschichte« zu werden. An die Stelle der Statik, wie sie in den »Kategorien der griechisch-römischen Geschichtsschreibung« waltet, tritt die Dynamik.

Hierbei sieht AUERBACH den mittelalterlichen Realismus vor allem begründet in der »Geschichte Christi, mit ihrer rücksichtslosen Mischung von alltäglich Wirklichem und höchster, erhabenster Tragik, die die antike Stilregel überwältigte« (495). Eine Geschichte etwa wie die Verleugnung des Petrus – äußerlich nur eine »Polizeiaktion und ihre Folgen« – wäre in der Antike höchstens als »Posse oder Komödie« zu denken. »Der beliebige Fischer oder Zöllner oder reiche Jüngling, die beliebige Samariterin oder Ehebrecherin wird aus ihrer alltäglich-beliebigen Lebenslage unmittelbar vor die Erscheinung Jesu gestellt, und wie sich die Person in diesem Augenblick verhält, ist notwendig tiefer Ernst und sehr oft tragisch« (47 bis 49).

So erscheint eine »Welt, die einerseits durchaus wirklich, alltäglich, nach Ort, Zeit und Umständen erkennbar ist; andererseits in ihren Grundfesten bewegt, vor unsern Augen sich wandelnd und erneuernd. Dies mitten im Alltäglichen sich abspielende Zeitgeschehen ist für die Verfasser der neutestamentlichen Schriften revolutionäres Weltgeschehen« (a. a. O.). Es ist zugleich das Grundmuster, nach dem sich unser aller Geschichte abspielt.

Wesentlich ist also nach AUERBACH, daß das alltägliche Geschehen – sein eindrucksvollstes Beispiel ist Isaaks Opferung (9 ff.) – nicht an seinen zeitlichen Ort gebunden bleibt, sondern ihn transzendiert: Es wird durchsichtig für ein »Welt«-Geschehen, für grundsätzliche, unser aller Existenz betreffende Entscheidungssituationen und damit bedeutsam für »uns selbst«.

Diese Durchsichtigkeit, dieses Transzendierende des Geschehens (das nach AUERBACH sowohl dem Realismus HOMERS wie dem der Moderne fehlt) *führt deshalb im biblischen Sinne zur »Figuraldeutung« der Geschichte und läßt so das Schema »Weissagung–Erfüllung« zur Kategorie geschichtlicher Erfahrung werden.* Insofern ist es für die christliche Geschichtsanschauung charakteristisch, daß hier »ein auf Erden geschehender Vorgang« einerseits »konkrete Wirklichkeitskraft hier und jetzt« hat, gleichwohl aber doch nicht nur sich selbst bedeutet, sondern »zugleich auch einen andern, den er vorankündigt oder bestätigend wiederholt«. Dabei wird »der Zusammenhang zwischen Vorgängen ... nicht vorwiegend als zeitliche oder kausale Entwicklung angesehen, sondern als Einheit innerhalb des göttlichen Plans, dessen Glieder und Spiegelungen alle Vorgänge sind; ihre unmittelbare irdische Verbindung untereinander ist von geringerer Bedeutung, und die Kenntnis derselben ist für die Interpretation zuweilen ganz entbehrlich« (495).

Soweit die wichtigsten Hinweise, die mir deutlich zu machen scheinen, daß unsere Darstellung des biblischen Geschichtsverständnisses in wesentlichen Punkten auf der Linie von AUERBACHS literaturhistorischen Untersuchungen liegt. Vom Reichtum der Vergleiche zwischen den verschiedenen Formen des »Realismus« und von der unerhörten Stoff- und Gedankenfülle dieses Werkes konnten jene Hinweise freilich keinen Eindruck vermitteln.

II. Die Erstreckung menschlichen Daseins auf Zukunft
Sinn und Grenze der Fortschrittshoffnung

a) Hoffnung und Sorge als Vorwegnahme von Zukunft

Der Mensch ist ohne das »Prinzip Hoffnung« und das damit gegebene Verhältnis zur Zukunft nicht zu verstehen. Es bedeutet einen wesentlichen Unterschied zum Tier, daß er sich in die Zukunft hinein vorauslaufen kann – und muß. ERNST BLOCHS Lehre vom Menschen ist geradezu eine Ontologie des Noch-nicht. Mensch-Sein heißt für ihn, auf dem Wege zu etwas anderm sein. Aufgefordert, seine Philosophie in einem einzigen Satz zu formulieren, kann er antworten: »›S‹ ist noch nicht ›P‹.« Der Blick auf kommende Möglichkeiten, auf die Potentialität der Zukunft, löst Impulse aus, mich mit der Gegenwart nicht abzufinden, sie kritisch zu überwinden. In diesem Sinne haben die Verheißungen, von denen wir sprachen, ebenfalls die Funktion, unsern und der Welt jetzigen Zustand in Frage zu stellen. Hoffnung ist damit auch ein kritisches Prinzip. »Daß wir uns ... nicht abfinden, daß es zwischen uns und der Wirklichkeit zu keiner freundlichen Harmonie kommt, das macht die unauslöschliche Hoffnung. Sie hält den Menschen unabgefunden bis zur großen Erfüllung aller Verheißungen Gottes« (J. MOLTMANN).
Es wäre aber verzerrend einseitig, sähe man die Zukunft nur in diesem positiven Licht. Für FAULKNER eröffnet der Blick in die Zukunft keine Hoffnung, sondern erweckt Resignation: »Alles, was wir erleben, kann nicht von Dauer sein.« Zukunft wird so zum Zeitraum des Abbruchs, zum Inbegriff der Vergänglichkeit.
Aber auch die an der Zukunft sich entzündende Hoffnung kann ein Irrlicht sein. Sie kann uns der Verzauberung durch vielerlei »Schemen« aussetzen: durch den schöpferischen Evolutionismus, den wissenschaftlichen Humanismus oder den Kommunismus, weil sie die Bestrebungen des Menschen an die Zukunft, an den innersten Kern aller Zeitlichkeit binden. Darum »wurzeln fast alle Laster in der Zukunft. Die *Dankbarkeit* schaut in die Vergangenheit und die *Liebe* auf die Gegenwart; Furcht, Habsucht, Lust und Streberei blicken nach der Zukunft.« Wir sehen »ein ganzes Geschlecht auf der Jagd nach dem Regenbogen, nie ehrlich, gütig, glücklich in der Gegenwart«, ein Geschlecht, »das jede wirkliche Gabe, die ihm ›jetzt‹ angeboten wird, nur dazu verwendet, sie als Brennstoff auf dem Altar der Zukunft aufzuhäufen« (C. S. LEWIS). Das russische Sprichwort »Auf der Wiese der Zukunft weiden viele Narren« mag in ähnliche Richtung deuten.

Die Hingewandtheit auf Zukunft entzündet nun nicht nur das Licht der Hoffnung oder auch das Irrlicht trügerischer Hoffnung, sondern sie ist zugleich der wesentliche Grund der *Angst.* Zukunft »west an» in der *Sorge,* die für HEIDEGGER geradezu ein tragendes Existential ist. Nicht nur den Ausfall von Hoffnung, sondern auch den Ausfall von Sorge empfinden wir als unmenschlich oder jedenfalls als ein Symptom, das auf zurückgebliebene Vorstadien menschlicher Selbstentfaltung deutet. In Afrika begegnete ich Primitiven, denen Klima und Vegetation erlaubten, ohne Vorsorge, ohne Vorrat nur im Jetzt zu leben, weil sie sich am Vorhandenen genügen lassen konnten. Indem so die Zukunft keine Herausforderung (challenge) für sie war, blieben sie auf den Augenblick reduziert und damit unterentwickelt. Der humane Antrieb zur Kultur, zur Selbstverwirklichung war in diesem Stadium »noch« nicht in ihnen ausgelöst. Die eigentlichen Kulturvölker, die zu sich selbst erwachten Völker, sind immer nur solche, die der Zukunft erschlossen sind – vor allem dadurch, daß sie diese durch Sorge und Sorgen in die Gegenwart hereinholen. Klima und natürliche Umwelt sind dabei als auslösender oder hemmender Faktor nicht zu übersehen.

Hoffnung und Angst *verbinden* sich angesichts der Zukunft: Hoffnung ist die manchmal verzweifelte Erwartung, daß das Ängstigende nicht eintreten möchte. Und Angst – vor allem in Gestalt der Sorge, die sich »stets mit neuen Masken zudeckt« – begleitet wiederum die Hoffnung als ihr Schatten und stellt sie in Frage.

Schon das unwillkürlich sich einstellende Bild, daß die Hoffnung das Licht, Angst und Sorge aber ihr Schatten seien, zeigt die Dominanz der Hoffnung: Sie ist das *eigentliche* Thema des Hingewandtseins auf Zukunft. Hoffnung soll verwirklicht, und das sie Bedrohende soll ferngehalten werden.

Radikale Hoffnungslosigkeit wäre in der Tat Lebenslosigkeit; sie wäre der Tod menschlichen Daseins. Was uns als erlöschender Lebenswille im Erwachsenenbereich vielfach vertraut ist, konnten statistisch-psychologische Untersuchungen schon bei Kleinstkindern feststellen. In Säuglingsheimen, die den unehelichen Müttern regelmäßigen Besuch ihrer Kinder gestatteten, war die gedeihliche Entwicklung bemerkenswert höher und die Sterblichkeitsrate entsprechend geringer als in andern Heimen, die den Müttern diesen Zugang verwehrten. Selbst in den Anfangsstadien des Lebens bewährt die Hoffnung so ihre stimulierende Kraft.

Die Kunst der Menschenführung – vor allem im Umkreis der Politik und hier ganz besonders in Krisenzeiten – hat es deshalb immer wieder verstanden, Hoffnung zu erwecken. Ein Meister psychologisch ausgeklügelter Propaganda wie GOEBBELS war bis in die Endphase des Zweiten Weltkrieges noch krampfhaft bemüht, durch die Legende von Wunderwaffen Hoffnung zu wecken und damit den Willen zur Selbstbehauptung anzukurbeln. An der Eschatologie des marxistischen Systems kann man erkennen, wie aktivierend gerade eine utopische Zukunftshoffnung wirkt: Utopisch entbundene Leidenschaften sind von immenser geschichtlicher Durchschlagskraft.

b) Der Fortschrittsglaube als Paradigma der Zukunftshoffnung

Unter den menschheitlichen Zukunftserwartungen nimmt die Hoffnung auf den *Fortschritt* einen hohen und gewissermaßen repräsentativen Rang ein. Dafür, daß Zukunft so als das Tempus des Fortschritts, der Überbietung des Bisherigen erscheint, hat die Aufklärung einen entscheidenden Anstoß bedeutet. Eine Geschichtskonzeption wie LESSINGS »Erziehung des Menschengeschlechts« zeigt das[6]: In dem Maße, wie die Vernunft sich emanzipiert und damit von einer Wirklichkeitsverzerrung befreit wird, wie sie unter dem Bann von Mythologemen und Abergläubigkeiten entstehen muß, ergibt sich zunehmend die Möglichkeit rationaler Weltgestaltung. Unter der Herrschaft des autonom gewordenen, in all seinen Möglichkeiten entbundenen Menschen geht die Welt einer leuchtenden Zukunft entgegen.

Inzwischen ist die Naivität der ersten Hoffnungsstunden immer weiter abgebaut worden. Sie weicht dem mit der Rationalität wachsenden skeptischen Wissen des Menschen um sich selbst. *Die Aufklärung ist gleichsam in einem geschichtlichen Lernprozeß über sich selbst aufgeklärt worden.* Dem Pathos der Vernunftemanzipation gesellte sich die Erfahrung, daß Vernunft den Menschen nicht nur über sich hinausführen, sondern ihn auch »tierischer als jedes Tier« werden lassen kann.

Im übrigen scheint sich dieser Weg von – noch so begründeter – Zukunftshoffnung zu skeptischer Ernüchterung immer neu zu wiederholen: Kaiser AUGUSTUS etwa, als Völkerhirte und Friedensfürst gepriesen, ja als Mittler zwischen Makro- und Mikrokosmos und Typos des Zeus verehrt, schuf zwar den Kult der pax Romana und wurde als Erfüllung dessen verstanden, was VERGIL um 40 vor Christus in seiner IV. Ekloge geweissagt hatte: als Weltheiland des von Angst und Krieg befreiten Erdkreises.

Doch auch diese Friedenshoffnung führte dazu, daß sie sich selbst durchschauen und durch diese Aufklärung über sich selbst zugleich erschüttert werden mußte. Denn hierbei entpuppte sich die pax Romana keineswegs als Wiederkehr eines urzeitlichen Friedenszustandes, sondern als »gewaltsame« Form von Befriedung (welche Paradoxie!). Dieser Friede empfand sich selbst als den Ruhezustand, der sich aus der Unterwerfung des Erdkreises unter das römische Diktat ergab. Er blieb also ein Droh- und Gewaltfriede. Es ist bezeichnend, daß die ara pacis Augusti (der Altar, den Augustus für seinen Friedenskult und damit für sich selbst errichtete) auf dem *Mars*-Feld errichtet wurde. »Die pax Romana fand unter den unerbittlichen Bedingungen der pax Babylonica statt« (HANS P. SCHMIDT). Die durchschaute und ernüchterte Hoffnung aber mußte aufhören, ein vorwärtstreibender Impuls zu sein. Es gibt so etwas wie eine Geschichte enttäuschter Hoffnungen.

So folgt dem Fortschrittsglauben – das wird noch deutlich werden – die Angst vor den *Folgen* des Fortschritts als ein Schatten, den auch dieses Hoffnungslicht wirft. Die Emotionen, die der »Club of Rome« mit seinen Darlegungen über die »Grenzen des Wachstums« auslöste, sind nicht die Ursachen dieser Angst, sondern nur ihr reflexiver Ausdruck.

Da die Stellung zur Zukunft bei uns Heutigen wesentlich daraus geschlossen werden kann, ob wir uns hoffend-bejahend oder aber zweifelnd-skeptisch zu Fortschrittsverheißungen stellen, möchte ich den Fortschrittsglauben (im individuellen und kollektiven Bereich) nunmehr als einen repräsentativen Fall unserer Stellung zur Zukunft behandeln. Im Sinne von pars pro toto soll er uns als Modell dienen.

c) Die Entgegensetzung von »konservativ« und »progressiv« – Entlarvung einer falschen Alternative

Wer wollte eigentlich *nicht* fortschrittlich und der Zukunft erschlossen sein? Die Alternative dazu hieße ja rückschrittlich, und wer nähme schon freiwillig die Blamage auf sich, mit einem solchen Verdikt belastet zu werden? Es gehört deshalb auch zu den Tricks einer von Fairneß freien Polemik, den Kontrahenten in jene blamable Ecke der Rückschrittlichkeit zu drängen. In einer sachlichen, wenn auch mit scharfen Klingen geführten Auseinandersetzung würde sich jener Kontrahent zu wehren und vielleicht auch zu behaupten wissen. Hält man ihm aber nur entgegen, daß er »hinter dem Mond« sei, daß er »den Geist der Zeit noch nicht begriffen« habe und vermutlich ein Opfer seiner Jahresringe sei, so nützt es ihm nichts mehr, wenn er ein Demosthenes an Beredsamkeit und ein Einstein an Gescheitheit wäre. Denn alles, was er vorzubringen hätte, würde gar nicht mehr unter dem Gesichtspunkt angehört, ob es wahr oder falsch ist, sondern wäre von vorneherein diskreditiert als »gestrig«, als längst »vom Tisch« und »vom Fenster weg« (oder wie die heutige Jugend und die sie nachäffenden Erwachsenen gerne sagen: als nicht mehr »in ...«).

Es geht jedenfalls dem also Pöbelnden nicht um wahr oder falsch, sondern – wie *er* sich das vorstellt – um »konservativ« oder »progressiv«. Auf dieser Argumentationsebene, oder besser: auf dieser Ebene der Nicht-Argumentation werden dann in dem gleichen Maße, wie man sich den geistigen Strapazen der Auseinandersetzung entzieht, die Schlagworte nur so ins Kraut schießen. Es kann dann, wie Arnold Gehlen einmal sehr nett gesagt hat, zu einem »Berge versetzenden Glauben an die Phrase« kommen. Denn die Etiketten »reaktionär«, »fortschrittsfeindlich« oder »faschistoid« lassen sich natürlich ohne jeden intellektuellen Aufwand überall ankleben. Hier trägt man die Folien von Reizworten vor sich her.

Wir haben uns heute weithin daran gewöhnt, Worte, die uns peinlich oder fragwürdig sind, ins Griechische, Lateinische oder Französische zu übersetzen. Das hat den Vorteil, daß sie uns sozusagen ferner rücken und mildernde Unschärfe gewinnen. Wie viele Schlagertexte wären – trotz unseres wohl trainierten und robust gewordenen Magens – ungenießbar in ihrer Stupidität, wenn sie aus dem Englischen ins Deutsche übersetzt würden. Und wie angenehm ist es umgekehrt, wenn man statt Unzucht »Pornographie« oder »Porno« sagen kann. »Unzuchtsbeschreibung«: das hört sich schockierend an, obwohl es doch nur die wörtliche Übersetzung von »Pornographie« ist. Die Verfremdung durch das Griechische aber wirkt enttabuisierend und hört so auf, uns eine verbale Gänsehaut zu verschaffen. So spricht man denn auch – statt des etwas unheimlich gewordenen Wortes »Fortschritt« – lieber von »Avantgardismus« oder von »progressiver« Haltung. Das gilt stets als fein und strotzt von Jugend und Zukunftsträchtigkeit. Auch ältere Leute, die nicht gerne zum alten Eisen geworfen werden wollen – wer möchte das schon? –, führen in dieser Hinsicht gerne lockere, avantgardistische Reden im Mund, um ja nicht den Anschluß zu verlieren. Doch ein Schillerkragen oder ein Rollkragen-Pulli, aus dem ein welker Hals ragt, wirkt auf junge Leute eher lächerlich. Und Solschenizyn hat sicher mit Recht gegen solche gesprochen, die, statt zu widerstehen, »alles auflecken, um nur ja nicht als konservativ zu erscheinen«.

Der Begriff »konservativ« *scheint* nun die Gegenposition zu dieser lebendigen, vorwärtsdrängenden Zukunftserschlossenheit zu umschreiben. Er ist weithin zu einem Schimpfwort geworden und lebt im allgemeinen Bewußtsein als eine Firmenmarke, die den Konservativen als einen reaktionären, rückwärtsgewandten und mit der Zementierung des Status quo beschäftigten Stehkragenträger denunziert. *Die Assoziation, die sich für viele Zeitgenossen mit dem Begriff »konservativ« verbindet, ist zweifellos am besten durch die Konservenbüchse umschrieben, die kein Frischgemüse enthält, sondern steril abgepackt und vitaminlos ist.*

So hat das Begriffspaar »konservativ« und »avantgardistisch« den Rang einer Alternative gewonnen, die nahezu gleichbedeutend ist mit dem Gegensatz von Gut und Böse. Und »gut« ist natürlich, was dem Avantgardistischen verschworen ist.

Bei dem Bemühen, uns angesichts dieser Begriffsverwirrung einer kleinen Sprachkur zu unterziehen, stellen wir sofort fest, daß es sich hier um eine ganz unsaubere Alternative handelt. Denn das Wort »konservativ« hat mit reaktionärer Rückwärtsgewandtheit und Zukunftsfeindschaft überhaupt nichts zu tun. Die Alternative zu »konservativ« ist deshalb nicht »fortschrittlich« – denn fortschrittlich kann der Konservative auch sein –, sondern »neuerungssüchtig«, was soviel heißen will wie: dem Trend zur »Veränderung als Selbstzweck« verfallen sein. Vielleicht ist das zu primitiv gesagt, als daß ein durch seine gepflegte Nomenklatur verwöhnter

Soziologe das verstünde. Sprechen wir ihm zuliebe also statt von Neuerungssucht lieber von »Innovationsmanie«. Dann weiß er sofort, worum es geht.

Das Wort »konservativ« ist entstanden als ein polemisches Programmwort gegen die Französische Revolution und ihre abstrakte, ideologische Geschichtskonstruktion. Es konnte schon deshalb kein Synonym für »Erstarrung« sein, weil es gerade das Recht der *lebendigen* Geschichte gegenüber einem in abstracto konstruierten, künstlichen und als richtig proklamierten Staat vertrat[7].

Der Konservative will allerdings geschichtlich Gewordenes bewahren oder aus seiner Verschüttung hervorholen, jedoch nicht etwa, um dem Trägheitsgesetz zu frönen und den Status quo zu konservieren, sondern aus dem einfachen Grund, weil ein Gewordenes sich *bewährt* hat. Die Frage, *ob* es sich bewährt hat, ist aber nicht zu beantworten, ohne daß die Kriterien von Vernunft und Gewissen am Zustandekommen dieser Antwort beteiligt sind. Der Konservative muß also schon ein mündiger und engagierter Geist sein, um diesem intellektuellen Anspruch zu genügen.

Deshalb gehört es zu den Kennzeichen des konservativen Menschen, daß er sich am lebendig gelebten Leben orientiert und daher immun bleibt gegenüber vorgefaßten, ideologischen oder utopisch konstruierten Menschenbildern und Geschichtskonzeptionen. Wer statt dessen von vorneherein annimmt, daß alle bisherigen Strukturen nur miserabel und verdammenswert seien und daß allein die visionär erschauten zukünftigen gut sein werden, kann einem wegen der mit Sicherheit eintretenden Enttäuschung nur leid tun. Der Satz »Alles, was besteht, ist wert, daß es zugrunde geht«, wurde bekanntlich von Mephistopheles ausgesprochen.

Damit ist das, was über den Begriff »avantgardistisch« zu sagen ist, schon ein wenig präludiert. Würde dieses Wort nur meinen, daß wir die Welt *besser* machen müssen, als sie ist, daß wir die Chancen von Frieden und Gerechtigkeit zu erhöhen haben, daß wir den Hunger bekämpfen, der Bevölkerungsexplosion wehren und den Abstand zwischen Reich und Arm durch geeignete gesellschaftliche und ökonomische Strukturen verringern sollen, ich sage: wenn nur dies damit gemeint wäre, dann würden die Worte »Avantgardismus« und »Fortschrittlichkeit« von so atemberaubender Selbstverständlichkeit sein, daß gewiß niemand von uns sich ihnen versagen möchte. Doch leider begnügt man sich eben nicht mit der Absicht eines Komparativs des *Besser*-Machens. Der Avantgardismus lebt vielmehr von utopischen Fernzielen, in denen der Soll-Gehalt der Welt sich visionär verdichtet. Er lebt von der Traumwelt einer herrschaftslosen Endzeit, die nicht nur eine Perfektion des Weltgefüges, sondern damit auch eine Perfektion des Menschen *selbst* bringt: eines Menschen, der alle ihn entfremdenden Strukturen abgestreift hat und der so endlich – endlich! – einmal in seinem An-sich, in seinem originalen Gut-Sein hervorzutreten vermag. Es ist der säkularisierte Traum vom himmlischen Jerusalem, der hier geträumt wird; säkularisiert deshalb, weil nicht Gott es ist, der die neue und andere Welt heraufführt, sondern weil der Mensch selbst, weil das Genie des homo faber das besorgt.

Mißt man nun die Welt von *heute* an diesem idealen Schaubild, dann fällt sie natürlich mit Pauken und Trompeten durch. So kann man tatsächlich nur die mephistophelische Diagnose stellen, daß sie wert sei zugrunde zu gehen. Der Mephistopheles des zwanzigsten Jahrhunderts fügt dann noch die etwas geistreichelnde These von der »Dialektik des Negativen« hinzu, die in ihrer vulgären Interpretation lautet: Hat man erst einmal alles zusammengehauen, wird sich schon irgendein Phönix finden, der sich wieder aus der Asche erhebt.

So gläubig sind hier die Bräuche – und so vergänglich sind sie. Denn die avantgardistischen Konzeptionen lösen sich rapide ab. Sie veralten schneller als elektronisch gesteuerte Antiraketensysteme. Ihre Kurzlebigkeit ist so exorbitant, daß die registrierende Kamera schon für extreme Momentaufnahmen eingerichtet sein müßte, um sie einfangen zu können. Die jeweiligen Traumziele befinden sich sozusagen in einer permanenten Götterdämmerung. Und die einstigen Götter bieten, von hinten gesehen, oft einen makabren oder lächerlichen Anblick.

Verneint deshalb jemand bestimmte Avantgardismen und Fortschrittlichkeiten, so braucht er damit durchaus nicht zu signalisieren, daß er reaktionär am Vergangenen oder gar am Plusquamperfektum hänge. Seine Ablehnung kann – kann! – im Gegenteil bedeuten, daß er *fortschrittlicher* ist als der Avantgardismus: daß er nämlich als ein dem Leben zugewandter Realist den kommenden Bankrott durchschaut und schon dem »Plusquam-*futurum*« zugeneigt ist, dem also, was *nach* der großen Pleite kommt.

Im übrigen scheitert diese Art von Avantgardismus schon daran, daß es in seinem Rahmen niemals zu einem kontinuierlichen Teamwork kommen kann, daß sich seine Vertreter vielmehr in Solisten und Grüppchen aufspalten müssen, die dann notwendig ineffizient und impotent sind. Man sieht das an den Dauer-Schismen, an den permanenten Zellteilungen und Knollenbildungen, die in diesen Kreisen erkennbar sind. Als Beispiel dafür kann die Geschichte der revolutionären Studentenbewegung der späten sechziger und frühen siebziger Jahre dienen.

Warum das so ist, kann unschwer eingesehen werden. Denn da alles in Frage gestellt wird, gibt es keine gemeinsame Wert- und Normbasis mehr, von der aus man operieren könnte. So muß man denn ständig bei Adam und Eva anfangen, um neue Normengerüste zu erstellen.

Eine kleine Testfrage sei dazu gestellt: Warum sucht sich ein Chef als engste Mitarbeiter nach Möglichkeit solche aus, mit denen ihn gemeinsame Grundüberzeugungen verbinden? Er hat dafür vermutlich höchst pragmatische Gründe. Er tut das doch deshalb, weil er diese Grundsätze nicht jeden Tag neu diskutieren und in Frage gestellt sehen möchte, weil er nicht jeden Tag neu dem strapazierenden und zeitraubenden Zwang der Selbstrechtfertigung unterliegen möchte. Mit andern Worten: Eine homogene Mitarbeiterschaft ist ihm deshalb wichtig, weil man nur auf einer gemeinsamen Basis produktiv zusammenarbeiten kann. Besteht nämlich schon im Ansatz, in den Grund-Sätzen kein Consensus, dann muß man jeden Tag von vorne, eben »bei Adam und Eva«, anfangen. Und so hat man am Abend vielleicht, weil schon die Prinzipien strittig waren, zehn Stunden über die Alternative »freie Marktwirtschaft« oder »staatlicher Dirigismus« diskutiert und keinen einzigen Geschäftsbrief zustande gebracht. Die totale Blockade aller schöpferischen Impulse liegt so am Tage. Ohne das konservative Salz einer gemeinsamen Wert- und Normbasis ist keine genießbare Suppe zu kochen. Hier »reiten die Toten schnell« (G. A. Bürger).

d) Die Technik als Stimulans des Fortschrittsglaubens

Während sich nun das Wort avantgardistisch heute noch im Flor befindet und als schick gilt, ist in der Frühlingsnacht der Fortschrittsgläubigkeit schon einiger Reif auf das deutsche Wort »Fortschritt« gefallen. Umweltforscher, Verkehrsplaner, Städtebauer und Kulturphilosophen beginnen ein Haar in der progressiven Suppe zu finden. Nur Psychologen und Soziologen, die als junge Wissenschaften hie und da weniger unter der Neigung zur Selbstkritik zu leiden pflegen – jedenfalls gilt das von *einigen* ihrer Vertreter! –, dämmern noch ungebrochen dem Morgenrot ihrer Projekte entgegen. Aber auch für sie wird die Stunde der Wahrheit kommen.
Doch ehe ich so auf die Krise des Fortschrittsglaubens zu sprechen komme, muß ich zunächst noch aufzeigen, wie es denn überhaupt zu diesem Glauben kommt. Dabei widerstehe ich dem professoralen Trieb, in die Geschichte des Fortschrittsglaubens hinabzutauchen. Vom 13. Jahrhundert an, etwa mit dem Auftauchen des Begriffs »modern«, könnte man so etwas aufzeigen. Ich möchte mich hier mit der Frage begnügen, was denn in *unserer* Zeit das Vertrauen auf den Fortschritt stimuliert oder auch erschüttert. Dabei knüpfe ich noch einmal an früher Gesagtes an und versteige mich zu der These, daß es die Eigengesetzlichkeit der technischen Progression sei, die einen gewissen progressiven Glauben in uns auslöst. Wir messen also der Technik – ähnlich wie früher so auch hier – eine repräsentative Bedeutung für weltanschauliche Prozesse zu. Sie suggeriert uns nämlich durch ihre nicht umkehrbare, nicht einmal Stillstand kennende Vorwärtsentwicklung einen sozusagen in progressive Stimmung versetzenden Optimismus (jedenfalls in jenen ersten Stadien, die wir als die der Naivität bezeichneten). Ich möchte das gerne wieder durch eine Anekdote illustrieren, von der ich glaube, daß sie uns ein didaktisch fruchtbares Modell zur Verfügung stellt:

Im Dritten Reich mußten wir als angehende Dozenten alle eine Akademie in Kiel-Kitzeberg besuchen, die von ALFRED ROSENBERG weltanschaulich gesteuert war. Hier fanden sich jeweils Vertreter aller Fakultäten ein. In solchen Fällen pflegen sich lebhafte Gespräche und Auseinandersetzungen zu entwickeln, und es konnte nicht ausbleiben, daß sie immer wieder bei den sogenannten »letzten Fragen« endeten: bei der Frage nach dem Sinn des Lebens, nach dem Sinn der Geschichte überhaupt und den letzten das Leben tragenden und treibenden Kräften. – Während wir so an diesen Fragen herumbohrten, ohne zu schlüssigen Antworten zu kommen, tat einer von uns eine verblüffende Äußerung: »Das ist doch merkwürdig«, meinte er: »mit all den Fragen, in denen wir hier herumstochern, mit dem Sinn-Problem und der Frage nach dem letzten Grund, haben sich schon vor einigen tausend Jahren die Vorsokratiker herumgeschlagen. Die Philosophie marschiert also offenbar auf der Stelle und kennt keinen Fortschritt.«
In den Tagen, als dieses etwas melancholische Fazit gezogen wurde, lud uns ein Admiral auf eines der Kriegsschiffe ein, die im Kieler Hafen lagen. Die konstruktive Rationalität dieses technischen Gebildes, zum Beispiel das ausgeklügelte Zusammenspiel der verschiedenen Waffensysteme, beeindruckte uns tief. Während wir unter nachdenklichen Gesprächen heimwanderten, sagte plötzlich der junge Kollege, der die Bemerkung über die Vorsokratiker gemacht hatte: »Liebe Leute, was ist eigentlich die größere geistige Leistung: KANTS ›Kritik der reinen Vernunft‹ ... *oder* dieses Kriegsschiff?«
Diese Frage wirkte fast wie ein Tiefschlag, der einem für Augenblicke die Luft wegnahm. Ist dieses beides nicht völlig inkommensurabel, kann man das überhaupt in *einem* Satz nennen?
Diese beiden Feststellungen – auf der einen Seite der Satz, daß wir in den letzten Fragen auf der Stelle marschierten, und andererseits der Hinweis auf ein technisches Gebilde, das den genau gegensätzlichen Eindruck des Fortschritts vermittelt –, diese beiden Sätze ließen einen nachdenken. Und in der Tat: Vergleicht man diese beiden Paradigmen miteinander, können einem neue Einsichten aufgehen.
In den sogenannten »letzten Fragen« bleibt die Menschheit tatsächlich eine immer nur fragende, mit jeder Generation *neu* fragende. Die alten Fragen kommen unverändert und in endlosen Neuauflagen aufs Tapet. Das erfahren wir gerade als Eltern: Wir können die in eigenem Ringen gefundenen Antworten, wir können unsern Glauben, unsere Weltanschauung, ja selbst unsere Lebenserfahrung nicht einfach *vererben* oder unsern Kindern sonstwie übermitteln, um ihnen so eine Basis zu geben, die wir schon *für* sie gefunden hätten und auf der sie bloß weiterzubauen brauchten. So etwas nehmen sie uns nicht ab, sie wollen gar keine väterlich vorfabrizierte Basis! Eher suchen sie noch mit dem Fernrohr den Horizont ab und fragen: »Wo mag noch ein ›Fettnäpfchen‹ sein, in das ich *nicht* hinein-

getreten bin? Ich muß alle Wahrheiten und alle lebenskundlichen Regeln höchstpersönlich und am eigenen Leibe ausprobieren und bezahle gerne mit einem Schaden, wenn er mich dafür nur klug macht. Aber ich will eben *selber* klug werden und nicht nur der Erbe meiner klugen Väter sein.«

Die *Technik* nun zeigt uns demgegenüber eine Dimension des Lebens, in der es völlig anders, ja entgegengesetzt anders zugeht. Denn da fängt jede Generation gerade *nicht* von neuem an, sondern die eine Generation steht auf den Schultern der andern. Es geht immer weiter. Darum gibt es auch in der Technik, überhaupt in den exakten Naturwissenschaften, keine Generationenkämpfe. Da nun die Technik in dem bekannten Ausmaß allanwesend ist und unser Leben so vielseitig beeinflußt, ist es verständlich, daß dieses Gesetz der einbahnstraßenhaften Fortschrittlichkeit eine große suggestive Wirkung auf uns ausübt, so daß wir es unwillkürlich auch auf die andern Lebensgebiete übertragen und demgemäß verallgemeinern. Demgegenüber sagt schon GOETHE, die Menschheit schreite zwar immer fort, aber »der« Mensch bleibe immer derselbe. Darauf spielt auch JUSTINUS KERNER an, wenn er vor anderthalb Jahrhunderten – lange bevor das technische Zeitalter anbrach – Verse gedichtet hat, in denen er vom technischen Phänomen der Luftfahrt träumte:

Fahr zu, o Mensch, treib's auf die Spitze,
Vom Dampfschiff bis zum Schiff der Luft;
Flieg mit dem Aar, flieg mit dem Blitze,
Kommst weiter nicht als bis zur Gruft.

Schon daß die Erinnerung an diese Endlichkeit des Menschen in derart beschwörender Form ausgesagt werden muß, zeigt, daß die Technik offensichtlich die Versuchung auslöst, die Betroffenheit durch den Tod zu übersehen und den Menschen als ein Wesen aufzufassen, das sich selbst überbieten, das über sich hinausschreiten kann. *So übertragen wir den Fortschritt des technischen Standards irrtümlich auf das Wesen, das ihn bewirkt.*

Wenn nun der Fortschrittsgedanke, wie das technische Zeitalter ihn nahelegt, zunehmend mulmige Gefühle des Unbehagens in uns auslöst, dann dürfte dieser Mehltau auf dem progressiven Glück dadurch zustande kommen, daß wir auf den *Menschen* als das große Hindernis stoßen, auf jenen Menschen nämlich, der sich dem Mechanismus des Fortschritts aus Gründen, die zweifellos einen theologischen Bezug enthalten, offensichtlich entzieht. Im Hinblick auf diesen *Menschen* meint auch KIERKEGAARD: Was immer eine Generation von der andern lernen mag: »Das eigentlich Humane lernt keine Generation von der vorhergehenden. In dieser Hinsicht beginnt jedes Geschlecht primitiv, hat keine andere Aufgabe als jedes vorhergehende Geschlecht, kommt auch nicht weiter als irgendeines ... So hat keine Generation von der andern gelernt zu lieben, keine kann darin auf einem andern Punkt anfangen als am Anfang ...« Wollte sie sich nun nicht damit begnügen, bloß zu lieben (wie frühere Geschlechter), sondern möchte sie »mehr«, möchte sie »weitergehen«, so wäre das »bloß ein müßiges und törichtes Gerede«.

e) Gestaltwandel der Utopien

Wie wenig der Mensch so in die von der Technik suggerierte Progression paßt, kann einem deutlich werden, sobald man den Wandel seiner Utopien bemerkt und über die Ursachen dieses Wandels nachdenkt. Spätestens seit Berdjajew und Orwell beginnt sich der Mensch vor dem, was ihm an technischer Realisierbarkeit zur Verfügung steht, zu fürchten. Die Welt einer totalen technischen, physikalischen und biologischen Manipulation, eine Welt also, in der alles »möglich« ist, dünkt ihn eine unheimliche Welt zu sein. Wir haben früher schon den Grund für diese Unheimlichkeit angesprochen: Der Mensch ist sich – wie mir scheint: aus theologischen Gründen – selber unheimlich. Diese Angst vor sich selber muß im Maße seiner wachsenden Manipulationsmacht naturgemäß mitwachsen. So können denn auch utopische Wunschbilder, in denen er einst die Träume totaler Weltverfügung dargestellt sah, unter der Hand zu Schockutopien werden: Wehe einer Welt, in der der Mensch das totale Sagen hat und die dazu verdammt ist, ganz und gar »seine« Welt zu sein!

Doch es gibt noch einen *zweiten* Aspekt, unter dem man beobachten kann, wie die Utopien – jene Lieblingsgötzen des Fortschrittsglaubens – sich unter der Hand verändert und so etwas wie eine Mutation erlitten haben. Ursprünglich nämlich waren die Utopien Idealvorstellungen vom Endziel der Geschichte. An diesem Endpunkt erwartete man etwa eine klassenlose Gesellschaft oder eine Welt ohne Hunger, Ungerechtigkeit und Gewalt. Diese Ziel-Visionen nötigten zugleich zu der Überlegung, wie sie zu realisieren seien. Hinsichtlich dieser Frage kam es zu alternativen Lösungen, die ein hohes Maß von Konstanz aufweisen und bis heute immer wieder als die »revolutionäre« oder die »revisionistische« Lösung auftauchen. Die eine von beiden besagt, man müsse, um zu jenem Eschaton der schließlichen Harmonie zu kommen, die Klassenkämpfe vorerst intensivieren, die Auseinandersetzungen – einschließlich der Gewalt – noch steigern, um die Geschichte auf ihr Ziel hin zu treiben. Die andere Lösung dagegen geht von dem Postulat aus, den ersehnten Endzustand schon jetzt – antizipierend – in die Praxis umzusetzen, also um eine sofortige Ruhestellung der Konflikte, um konsequenten Pazifismus bemüht zu sein. Die eine Lösung treibt die Geschichte dialektisch durch Gegensätze hindurch auf ihr Ende zu. In diese Dialektik ist auch das revolutionäre Prinzip eingebaut. Die andere nimmt die Friedensvision des Geschichtsendes schon jetzt vorweg. In beiden Fällen jedenfalls schlägt man sich mit der Frage herum, *wie* man zu dem erträumten Ziel der Geschichte kommen könne.

Heute dagegen ist es damit wesentlich anders geworden. Die Utopien zeigen einen tiefgreifenden Gestaltwandel. Man fragt doch in der Regel nicht mehr *zuerst* nach dem utopischen Ziel und *danach* erst nach den Mitteln und Wegen, wie dieses Ziel zu erreichen sei. Sondern es ist jetzt genau umgekehrt: Die technischen Mittel sind *zuerst* da. Sie strahlen aber weniger die Freude an neuen Möglichkeiten der Verwirklichung aus als die Angst, mit ihnen nicht fertig werden zu können. Anstelle der einstigen End-Träume, zu denen man gar nicht mehr kommt, tritt die vorrangige Sorge, wie der homo faber und Zauberlehrling die Mittel in seine Gewalt bekommt, die dem Weltziel dienstbar zu sein schienen, sich inzwischen aber emanzipiert haben und uns entführen, wohin wir nicht wollen.

Den Grund für die hier sich meldende Angst haben wir früher schon mit dem Argument diagnostiziert: der Mensch sei ethisch, sei in seinem inneren Vermögen dem nicht gewachsen, worüber er technisch verfügt. Es ist ein paradoxer Zustand: Der Mensch ist dessen nicht mächtig, worüber er verfügt. Konrad Lorenz hat darauf hingewiesen, daß das Wachstum des Menschen, des *inneren* Menschen, offensichtlich nicht synchronisiert sei mit jener unheimlichen Geschwindigkeit, in der die technisch-zivilisatorische Welt sich verändert. Der Mensch kommt sozusagen nicht mit.

Ehe man also dazu kommt, geschichtliche Endstadien zu konzipieren und utopisch zu erträumen, sind die technischen Mittel da. Das ist die eigentümliche Umkehrung des Bisherigen. Ich nenne drei Beispiele, an denen man das erkennen kann:

Da ist *erstens* die Atomkraft, über die wir verfügen. Aber sie führt uns nicht zu einem visionären Schaubild eines Endes der Geschichte, an dem sie uns nur segensvolle Erfüllungen brächte, sondern wir überlegen, wie wir mit ihr fertig werden. Und das, wozu wir es dabei bringen, ist im Augenblick und in der übersehbaren Zukunft nur das Gleichgewicht des Schrekkens.

Da sind *zweitens* die biologischen Mittel der Lebenserhaltung und Lebensverlängerung. Aber wir sehen, daß auch das kein ideales Schaubild ergibt. Wir stehen vielmehr (als einer Begleiterscheinung dessen) vor dem Faktum der »Bevölkerungsexplosion« und müssen vor allem *damit* fertig werden.

Da ist *drittens* das medizinische Mittel der Konzeptionsverhütung in Gestalt der »Pille«. Damit sind völlig neue Verständnisweisen des Sexus verbunden (»völlig neu« jedenfalls dann, wenn man den öffentlichen und den generellen Charakter dieser Umorientierung bedenkt). Wiederum führt dieses Mittel aber nicht zu dem Endzustand eines »repressionslosen«, befreiten Sexus oder auch nur in Richtung auf diesen Zustand. Eher könnte man sich zu einem Katastrophenalarm veranlaßt fühlen, der sich in der Frage äußert: Wie kann man die völlige Abstumpfung des Sexus, seine Degeneration zum bloßen Hormonereignis verhindern und ihm noch menschliche Qualitäten bewahren?

Die Utopien sind anscheinend heute dadurch kompromittiert, daß wir gar nicht mehr zu visionären Endbildern kommen, sondern förmlich von der Bemühung aufgefressen sind, die Folgen dessen zu verhindern, was wir können und was zu tun wir (aufgrund der besprochenen Eigengesetzlichkeit) gezwungen sind. So träumen wir heute schon nicht mehr von den Erfüllungsstadien eines permanenten Wachstumsprozesses; unser Blick saugt sich vielmehr eher fest an den Grenzen und an der Krise des Wachstums.

f) Ambivalenz des Fortschritts

Damit stoßen wir auf eine Erscheinung, die sich längst unter uns herumgesprochen hat (auch in diesem Buch hie und da bereits anklang), so daß ich kaum noch die Chance habe, dem Leser damit eine Neuigkeit zu eröffnen. Ich meine den Januskopf des Fortschritts, seine Doppelgesichtigkeit. Nur um unserer Phantasie ein wenig auf die Sprünge zu helfen, füge ich den drei genannten Exempeln noch einige Modellfälle hinzu, die dem Fundus unserer unmittelbaren Erfahrung entnommen sind.

Einmal: Das Automobil, jenes Lieblingskind der Zivilisation, Statussymbol und Aushängeschild weiträumiger Kommunikation, bewirkt zugleich die Verpestung der Atmosphäre und verstopft die Straßen, die für jene Kommunikation gebaut wurden. So scheint sich der Fortschritt auf paradoxe Art selbst aufzufressen. Oder anders ausgedrückt: *Die technischen Mittel proben den Aufstand gegen die Zwecke, deren Instrument sie sein sollten.*

Zweites Modell: Das moderne Verkehrsproblem stellt überhaupt eine geeignete Planskizze zur Verfügung, an der wir fast alle unsere Probleme ablesen können. Wenn wir zum Beispiel durch Auto und Düsenklipper die Entfernungen schneller überbrücken, scheinen wir Zeit zu sparen. Doch erfahren wir ständig, daß das eine Milchmädchenrechnung ist. Denn die gewonnene Zeit legt uns als Ausgleich für die Ersparnis zusätzliche und neue Verpflichtungen auf. Wenn früher ein Geschäftsfreund in London verstarb, dann konnte von einem Berliner oder einem Hamburger die Teilnahme an seinem Begräbnis nicht erwartet werden. Denn die Todesanzeige brauchte zu lange, um in unsern Briefkasten zu gelangen; und unser Transport auf die Insel währte zu lange, als daß wir pünktlich hätten dort sein können. Heute werden Hin- und Rückflug in den Terminkalender eingeklemmt.

Ein *drittes Beispiel*: Wir reden so gerne – in jenen stupiden und undifferenzierten Abkürzungen, die zum Modejargon geworden sind – davon, daß wir in einer »Konsumgesellschaft« leben. Darin steckt natürlich, wie bei allen Schlagworten, eine Teilwahrheit. So stimmt es ja sicher, daß uns die technische Zivilisation mit einem übergroßen Sortiment an Konsumgütern für Essen, Trinken, Wohnen, Reisen und Freizeit versorgt. Das alles *muß* sogar in Anspruch genommen und verbraucht werden, wenn der ökonomische Prozeß störungsfrei abrollen soll. Selbst der sogenannte »kleine Mann« wird mit einem Komfort beglückt, von dem mittelalterliche Burgherren nicht einmal zu träumen wagten, wenn sie – von Zipperlein und Rheuma und auch von Zahnschmerzen geplagt – aus ihrem ungeheizten Erker ins Land blickten und sich nur kümmerlich mit dem Gedanken trösten mochten: »Dies alles ist mir untertänig!«

Nun hat aber auch der Konsum seine Grenzen. »Das Konsum-Maximum ist dann erreicht, wenn die Menschheit mehr Zeit braucht, um die Konsumgüter zu verzehren und zu genießen, ... als sie zwischen Arbeit und Schlaf zur Verfügung hat«, so hat ein kluger Mann das ausgedrückt. Man könnte hinzufügen, das Konsum-Maximum sei auch dann erreicht, wenn der gepeinigte Manager-Organismus einfach nicht mehr verträgt. Früher diente es in einem First-class-Hotel sicher dem Sozialprestige eines Gastes, wenn er ein Diner von sechs Gängen bestellte. Begnügt er sich heute mit einem Tomatensaft, wird der Ober seinem Kollegen respektvoll zuflüstern, der Mann müsse über mindestens 300 Angestellte verfügen.

Das festzustellen, ist keine Abschweifung; es soll nur die Ambivalenz eines Fortschritts verdeutlichen, der uns mit der einen Hand nimmt, was er uns mit der andern gibt. Der Fortschritt scheint wirklich seine Kinder zu fressen. Präziser formuliert läßt sich die Doppelgesichtigkeit des Fortschritts vielleicht so beschreiben (dabei schleichen sich unwillkürlich, aber auch bezeichnenderweise, lauter Paradoxien ein):

Der Computer ist das Instrument, das die Probleme löst, die es selber hat entstehen lassen.

Das Flugzeug wirft neue Varianten des Zeitproblems auf, zu dessen Beseitigung es doch geschaffen wurde.

Das Automobil bildet selbst das Verkehrsproblem, zu dessen Lösung man es konstruierte.

g) Zukunft als Transzendenzersatz

Der Sinn dieser Feststellungen kann nun natürlich nicht sein, das Haus unseres Lebens mit düsteren Gemälden eines allgemeinen Kulturpessimismus auszustatten. Wir entnehmen ihnen eher einen doppelten Hinweis:

Erstens zeigt sich uns die Hohlheit einer *naiven* Fortschrittsgläubigkeit. Wir werden gewarnt, uns in einem unreflektierten Sinne avantgardistischen Träumen hinzugeben.

Zweitens legt sich uns die Frage nahe – auf die es allerdings entscheidend ankommt –, worin dieses merkwürdige Strukturgesetz der Zwielichtigkeit und der Ambivalenz begründet sei.

Indem wir darüber nachdenken, mag uns eine Beobachtung verwirren, die mit jener Ambivalenz und der ihr entstammenden Zukunftsskepsis schwer in Einklang zu bringen ist:

Obwohl nämlich die utopischen Wunsch- und Zielbilder von einst in unserm Bewußtsein zunehmend kompromittiert sind und mehr und mehr zu Ursachen von Frustration, Beklommenheit, Skepsis, ja von Schocks geworden sind – einige Symptome dessen haben wir aufgewiesen –, obwohl das so ist, zeigt sich gleichwohl eine sehr merkwürdige *Flucht* in die Zukunft, eine fast unverständliche Erwartung, daß eben *doch* Erfüllungen in ihr enthalten seien, die uns der gegenwärtigen Misere entreißen könnten. Man denke etwa, um sich das klarzumachen, an den Boom, den heute die sogenannte Futurologie erlebt – z. B. in Gestalt der futurologisch orientierten Friedensforschungsinstitute, die zu Anfang der siebziger Jahre wie Pilze aus dem Boden schossen. Sie lebten und leben von der Erwartung, daß bei der Erforschung von Konfliktkonstellationen wirklich prinzipiell Neues an den Tag gebracht werden könne und daß die Erkenntnis der Konfliktursachen es dann ermögliche, sie unter Kontrolle zu bringen.

Die Zukunftsskepsis scheint in sehr paradoxer Weise eine fast überschwengliche Zukunftshoffnung nach sich zu ziehen, für die Ernst Bloch der maßgebliche philosophische Repräsentant ist. Wer sich als Futurologe oder auch als ein »Theologe der Hoffnung« vorstellt, gilt schon von vornherein als up to date.

Der leise ironische Unterton, mit dem ich dies zu sagen mir erlaube, soll übrigens nicht gegen eine legitime Futurologie polemisieren, obwohl der in dem Wort angemeldete Wissenschaftsanspruch nicht ohne absurde Züge ist. (Ich gestehe, mir in dieser Hinsicht eine kleine Dosis von ganz unchristlicher Schadenfreude zu gönnen, wenn ich sehe, wieviel futurologisch definierte Trends des Wirtschafts- und Währungswesens allein durch den unvorhergesehenen Zwischenfall der Energiekrise [1974] über Nacht zur Makulatur geworden sind. Und eben hatten wir noch verehrungsvoll dazu aufgeblickt wie zu einem verbal inspirierten Text. Und wie war es mit der Mengenlehre und der Ganzheitsmethode als dem Dernier cri der Pädagogik noch gestern?)

Nichts gegen eine Futurologie, wie sie in langfristigen Prognosen und Projekten etwa auf dem Gebiet der Verkehrs- und Bildungsplanung sowie im Städtebau und in andern statistisch einigermaßen erfaßbaren Teilbereichen wirksam wird. Die Alternative zu diesen Planungsaufgaben wäre ja nur ein dilettantisches Improvisieren, eine unsystematische Flickarbeit, ein »Wursteln« an den Symptomen statt einer systematisch eingreifenden Operation an der Basis. Das kann niemand von uns wollen. Und schon deshalb ist das Gegenteil davon, d. h. die futuristische Planung, das futuristische Kalkül, legitim. Denn es kommt ja darauf an, ohne utopische Träume das Strukturproblem so in den Griff zu bekommen, daß seine Bewältigung zwar nicht eine heile Welt hervorbringt, aber die gegenwärtige Welt weniger (!) unheilvoll sein läßt und sie im Rahmen des Möglichen unserer Selbstbestimmung unterwirft.

Wogegen ich mich wende, ist also nicht diese rationale und partielle Zukunftserwartung, sondern nur die ideologisierende Zukunftsverklärung, die *Flucht* in das Futurum. Wir erwähnten schon einige Formen dieser Flucht und erinnern hier vor allem an die Prognose marxistisch orientierter Soziologen (wie etwa MARCUSE): Diese Prognose sagt nichts anderes, als daß »repressionsfreie« gesellschaftliche Strukturen auch einen neuen Menschen produzieren würden, und zwar einen Menschen, der ohne Aggressionstrieb als glückliche Lemure lebe und den eine Welt ohne Kriminalität umgebe.

Wenn sich für einen nüchternen Geist derartige Zukunftsphantastereien von selbst erledigen, dann beginnen sich andere Formen von Erwartung auch in Köpfen einzunisten, die weniger unter dem Fehlen rationaler Selbstkontrolle leiden. Ich denke etwa an das faszinierende Schlagwort von einem kommenden *einheitlichen Weltstaat*, in dem die militanten Großkonflikte aufhörten und zu Auseinandersetzungen herabgemildert würden, wie sie etwa einer »Weltinnenpolitik« entsprächen. Ich halte diesen heute als avantgardistisch geltenden Traum in erster Linie nicht deshalb (in einem sehr respektabeln Sinne) für fragwürdig, weil er mir unrealistisch und unrealisierbar erscheint. Darüber könnte man immerhin diskutieren. Ein anderer und nun tatsächlich »theologischer« Einwand hat für mich noch größeres Gewicht. Denn hier wird übersehen, wer der Mensch ist und daß er »immer derselbe« bleibt, daß er eben eine höchst fragwürdige Erscheinung ist und den Sündenfall im Rücken hat. *Das Wissen um die Sündenfallgeschichte erweist sich auch hier als das stärkste Antitoxin gegen jede Form utopischer Anwandlung.*

Das alles haben die mittelalterlichen Antichristspiele und das hat auch SOLOWJEW in seiner »Erzählung vom Antichrist« in der Tat besser gewußt. Hier wird zwar der Traum von einer großen, friedenverheißenden Weltgemeinschaft entfaltet, aber so, daß man – eigentlich ein Widerspruch in sich selbst – »konsequent« träumt. Hierbei zeigt sich dann im Sinne Lord ACTONS, daß totale Macht auch »total korrumpiert«: daß nämlich der gefallene Mensch außerstande ist, den Besitz unkontrollierter Macht über die ganze Erde zu ertragen, daß dann seine prometheische, seine kainitische Natur virulent wird.

Daher rührt es, daß der Weltkaiser in jenen Antichrist-Visionen nicht das Antlitz des Erlösers, sondern daß er dämonische Züge trägt. Es gibt eben keine institutionellen Sicherungen gegen den Teufel und gegen den Bund mit ihm, auf den sich der Mensch eingelassen hat. *Das im Menschen vorhandene Potential des Bösen wird in allen strukturellen Formen der Weltorganisation einen Weg finden, um sich in kinetische Energie umzusetzen* (auch wenn es bösere und weniger böse Strukturen gibt!). Es ist jene letzte Wirklichkeitsblindheit, die die Bibel als »Torheit« bezeichnet, wenn man das nicht wahrhaben will und sich der Illusion hingibt, das Böse überspielen, es sozusagen strukturell überlisten zu können.

Als das ärgste Mißverständnis dieser Konstanz des Bösen würde ich es empfinden, wenn man in ihr die Folgerung angelegt sähe: Also lasse man die Dinge eben laufen; an diesem alten Adam sei eben Hopfen und Malz verloren. Natürlich muß man – ganz im Gegensatz zu dieser defätistischen Konsequenz – bemüht sein, das geringste Übel herauszufinden, um rebus sic stantibus mit der menschlichen Natur fertig zu werden. In diesem Sinne mag die Demokratie mit ihrer Gewaltenteilung und Machtkontrolle eine solche institutionelle Möglichkeit sein.

Wogegen wir uns wenden, ist nur der irreführende und wahrhaft unrealistische Traum, als gäbe es eine zukünftige Weltgestalt, in der eine paradiesische Harmonie wenigstens annäherungsweise erreicht werden könne. Aus diesem Grunde erschien auch die so progressiv klingende These von der »Weltinnenpolitik« auf der Seite der Illusionen.

Der Verfasser gesteht, immer wieder von dem Gefühl bedrängt zu werden, daß diese Flucht in die Zukunft eine Ausfallserscheinung sei, in der sich der Verlust von Transzendenz meldet:

Wo die Gegenwart, um mit Ranke zu sprechen, nicht mehr in ihrer »Unmittelbarkeit zu Gott« gesehen ist, wird sie geheimnisvoll entleert. Diese Entleerung der Zeit kann entweder zu der mephistophelischen These führen, daß sie wert sei, zugrunde zu gehen. Sie kann also zur Kapitulation und dann zu dem Rufe führen: »Nach uns die Sintflut!« *Oder* aber diese Entleerung führt dazu, daß man sich an *zukünftige* Erfüllungen klammert und den Utopien verfällt: »Heute« ist ja alles so entsetzlich festgelegt; wir stehen unter lauter Sach- und Zugzwängen. Die technokratische Gesellschaft sperrt uns ein in ein determiniertes Rollenspiel. Der Weg nach oben ist versperrt. Der Himmel ist evakuiert; wir sind gefangen in der in sich ruhenden Endlichkeit. Wir sind – nach Sartre – in jener Hölle, wo wir »unter uns« sind. *Offen ist nur das Zukünftige.* Da ist noch feuerflüssige Lava, die geformt werden kann. Da ist noch nichts festgelegt. Da ist noch Raum für offene Möglichkeiten – und für *Träume. Die ideologisch verklärte Zukunft ist für den säkularisierten Menschen das Surrogat für die verlorene Transzendenz.*

b) Ausblick: Was ist zu tun?

Wir versuchen nun, die Fülle der Erscheinungen, in denen sich uns das menschliche Verhältnis zur Zukunft darstellte, abschließend zu werten.

Empfangen wir nicht eine neue Bestätigung dafür, daß das, was sich uns als Ambivalenz des Fortschritts aufdrängte, nur eine Spiegelung der Zwielichtigkeit des Menschen selbst ist? Es fiel uns schon bei der Besprechung des technischen Phänomens auf, daß der sogenannte Fortschritt gar nichts anderes ist als die fortschreitende Selbstverwirklichung des Menschen. Mit dem Verlust von Grund, Ziel und Sinn des Daseins zeigt sich auch dieses Privative, diese Beraubung in fortschreitender Deutlichkeit, gleichsam auf eine riesige Leinwand projiziert: als Verlorenheit in der Masse etwa, als Hilflosigkeit inmitten gesellschaftlicher Zwänge, als Seelenlosigkeit in seinem Ausgeliefertsein an anonyme Apparaturen. Man könnte mit der Beschreibung dieses Projektionsbildes noch lange fortfahren.

Es ist gewiß sehr imposant, was der Fortschritt zustande bringt, wenn er die Welt so umpflügt und ihr seine Spuren eingräbt, bis sie zum »sekundären System« und zum Abbild seiner selbst geworden ist, bis er schließlich – ich darf wieder HEISENBERG zitieren – nur noch »sich selbst gegenübersteht«. Manchmal möchte man angesichts dieser imposanten Schöpferkraft an das SOPHOKLES-Wort denken. »Vieles Gewaltige lebt; nichts ist gewaltiger als der Mensch.« (Hierbei ist das Wort »gewaltig« die schlechte Übersetzung des griechischen »deinón, in dem auch das Moment des Unheimlichen mitschwingt.)

Doch ist es nun sehr merkwürdig: Je dichter wir an den großen Wandteppich menschlicher Kultur und Zivilisation herantreten, desto deutlicher tritt der rote Faden hervor, der sich wie eine zuckende blutige Arterie durch die Fülle der Erscheinungen und Gestalten windet. Die mütterliche Erde, auf der Städte und Dome, Fabriken und Kraftwerke erstehen, hat das Blut Abels getrunken. Und dieses Blut des Ermordeten und Mißhandelten taucht in Spuren und Rinnsalen überall, auch im Größten, auf. Kain, der große Bruder und Stammvater des Menschengeschlechts, meldet sich in geheimnisvoller Präsenz. In jeder Symphonie ist die Tonfigur des Todes und der Qualen irgendwo spürbar. An jeder dorischen Säule haftet irgendwo dieses Zeichen. Gehören nicht zur Größe und zur apollinischen Helle der griechischen Kunst eben auch die Sklaven, die Entrechteten, das Elend der Fellachen und der Kulis? Ist nicht das Größte, was Menschen erschufen, auf eine Erde gegründet, die das Blut Abels und den Schweiß eben jener Entrechteten getrunken hat? Muß man erst durch den Marxismus über diese Perspektive unterrichtet werden, oder sollten wir das nicht selbst – und dann vielleicht sehr viel tiefer – jener archaischen Kainsgeschichte entnehmen? Stimmt es denn wirklich, was TREITSCHKE einmal zu sagen gewagt hat: *eine* Statue des PHIDIAS wiege alles Elend der Millionen antiker Sklaven auf? Wer hat recht: TREITSCHKE oder diese archaische Geschichte von Kain und Abel?

Weil so der *Mensch* das eigentliche Problem der Welt und das Fragezeichen in allem Fortschritt ist, darum kommt alles darauf an, daß *er* sich ändert, wenn er die Welt verändern will. Diese Einsicht aber ist nicht zu haben, ohne daß ihm zugleich die Unverfügbarkeit dieser Änderung klar wird. Die Einsicht in diese Unverfügbarkeit ist nur das negative Pendant zu dem alten Glaubenssatz, daß ein neues Sein nur in der Gnade gründen und nicht als eigenes Werk produziert werden könne.

Es ist jedenfalls eine gefährliche Illusion, zu meinen, der Mensch könne sich selbst erlösen, wenn er diese Welt mit neuen und besseren Strukturen versieht. Diese Illusion wäre nur eine Spielart des Vertrauens auf »Werkgerechtigkeit«. Mit diesem altmodischen Begriff, der in jahrhundertelangem Gebrauch Patina angesetzt hat, ist in der Tat ja nichts anderes gemeint als der vermessene Glaube an die Fähigkeit des Menschen, sich selbst produzieren zu können. Im Judentum zur neutestamentlichen Zeit und auch im Mittelalter dachte man bei dieser Selbstproduktion vor allem an das moralische, verdienstvolle Tun, durch das der Mensch über sein Sein verfügen zu können meint. In den Sozialideologien der Neuzeit dagegen glaubt er diese Selbstverfügung auf dem Umweg über kollektives Handeln zu gewinnen, und zwar dadurch, daß er das gesellschaftliche Gefüge wandelt. Indem er das ändert und auch ändern zu *können* meint (was er für schlechthin bestimmend hält), muß er die Möglichkeit des Menschen, sich selbst zu »produzieren«, in der Tat als gegeben erachten.

Nicht als ob er sich der Aufgabe entschlagen dürfte, jene Strukturen zum Besseren zu ändern. Einen Verzicht dieser Art zu empfehlen, wäre genauso töricht, wie wenn man dem Satz, daß der Mensch »nicht durch gute Werke vor Gott gerecht« werden könne, eine *Dispensierung* von guten Werken entnähme, ja womöglich *noch* weiterginge: So muß sich etwa Paulus mit Leuten herumschlagen, die aus dem richtigen Satz: »Wo die Sünde mächtig geworden ist, da ist die Gnade noch viel mächtiger geworden« (Römerbrief 5, 20) die fatale Folgerung ziehen: Beharren wir also in der Sünde, lassen wir sie munter treiben, »auf daß die Gnade desto mächtiger werde« (6, 1 und 15)! Wir stoßen also auf Probleme die wahrlich alles andere als neu sind. Man muß sie nur als Abwandlungen eines Alt-Vertrauten erkennen.

Nicht also, als ob wir uns von der Aufgabe gesellschaftsstruktureller Änderungen dispensieren dürften. Ich wende mich nur gegen die falschen Hoffnungen, die an diese Strukturverbesserung geknüpft werden, vor allem gegen die Hoffnung, der Mensch könne so seine eigene Fragwürdigkeit loswerden. Diese Lösung, diese »Erlösung« erwartet ihn ganz woanders.

Wenn es stimmt (worüber wir früher sprachen), daß alle Einzel- und Gruppenegoismen, der sacro egoismo der Staaten, die Interessenkonflikte, die Konkurrenzen und Verdrängungen nur das makrokosmische Abbild dessen sind, was in unserm Herzen geistert und rumort, dann kann es kaum eine Frage sein, auf welchen Punkt in der Welt das Thema der Erlösung zielt. Wer die Welt meint ändern zu können, ohne die Änderung dieses Herzens zu bedenken, ohne überhaupt dieses Herz zum Thema seiner Weltveränderungspläne zu machen, der zähmt das Pferd vom Schwanze her auf und hat die Rechnung ohne den Wirt gemacht. Vielleicht hat niemand das so eindringlich zu sagen gewußt wie INGEBORG BACHMANN in ihrer Erzählung »Das dreißigste Jahr«, wo es einmal heißt: »Wenn du den Menschen aufgäbst, den alten, und einen neuen annähmst, dann . . .«

Was ein Christ unter diesem Aspekt zum Postulat »Weltveränderung« zu sagen hätte, scheint mir dies zu sein:
Es kann kein Zweifel bestehen, daß wir den Auftrag haben, diese fragwürdige Welt ein wenig gerechter, ein wenig freier, ein wenig satter zu machen.
Wenn ich mich so bescheiden ausdrücke und statt von hochtrabenden Utopien nur von einem kümmerlichen Komparativ spreche – ein »bißchen satter, ein bißchen gerechter« –, dann deute ich damit die Grenzen dessen an, was wir vermögen, und rufe ein wenig zur Demut auf. Vor allem aber soll damit die Warnung vor ideologisch hochstapelnden Hoffnungen ausgedrückt sein: *Wer den Himmel auf Erden versprach, hat diese Welt noch immer zur Hölle gemacht.*
Doch wenn es schon um diesen Auftrag zur Weltgestaltung und Weltveränderung geht, wenn dieses »ein wenig besser, ein wenig gerechter« unser Ziel sein soll, dann kommt natürlich alles auf die Regelung der Prioritäten an. Und hier wäre das »Thema eins«, wie wir das menschliche Herz bewältigen oder wem wir diese Bewältigung anvertrauen. Wenn die junge Generation heute von revolutionären Wehen, von vielen Gestalten des Unbehagens und der Heimatlosigkeit geschüttelt ist, wenn sie aus der Wüste der Sinnentleerung vielleicht in die imaginäre Welt der Drogen ausweicht, dann würde man diesen Zustand wohl viel zu trivial interpretieren, sähe man in ihm nur die Aufregung über gewisse autoritäre Unzulässigkeiten oder über Imperialismen, die in Nah- und Fernost auf dem Rücken von Menschen ausgetragen werden, oder über die Nonchalance gegenüber dem Elend der Entwicklungsländer. Die Jugend selbst weiß den Grund ihres Unbehagens ebenfalls nicht, wie man heute sagt, zu »artikulieren« und sucht ihn auch ihrerseits meist in vordergründigen Vorgängen. Ihre wahre Not aber ist in einer tieferen Dimension zu suchen: Sie leidet – mehr instinktiv als reflektiert – unter der Inkongruenz zwischen dem, wozu der Mensch bestimmt und entworfen ist, und der Verwirklichung dieses seines Lebensauftrages. Es ist das Leiden der Jugend unter einer großen Veruntreuung. Sie nennt das – im Anschluß an eine gängige Terminologie – »Entfremdung«. Christen sprechen hier von Sünde. Und weil in dieser Not die Frage versteckt ist, was der Mensch sei, wie er sich finden und seine Identität gewinnen könne, darum hat dieses Leiden auch dann seine Würde, wenn es sich in vielfach abstoßenden Formen äußert. Die junge Generation sucht hier nach einer Spur, die die ältere oft genug aus dem Auge verloren hat, weil sie ein anderes Wild und eine andere Beute mehr interessierten.
Die Spur, von der ich hier spreche, ist nichts anderes als eine chiffrierte religiöse Frage. *Eine der wesentlichen Hilfen, die christlicher Verkündigung heute aufgetragen ist, dürfte darin bestehen, daß sie zur Dechiffrierung jener latenten religiösen Fragen verhilft und damit Botschaft und Fragen*

einander begegnen läßt, statt sie aneinander vorbeigehen zu lassen wie windschiefe Gerade im Raum. Die religiöse Frage unter uns wächst in dem gleichen Maße, wie die Frage nach den kirchlichen Institutionen in eine Krise gerät. Doch kann die Gegenläufigkeit zweier Prozesse, die aufeinander zulaufen müßten, nicht das letzte sein – es sei denn, ein endgültiges Gericht wäre schon über uns hereingebrochen.

III. Mensch und Endlichkeit[8]

Über Beginn, Mitte und Ende des Daseins

a) Die Frage nach dem Wohin des Menschen

1. Das »Hiesige« und das »Drüben«

Das Siegel der Endlichkeit des Menschen ist der Tod. Der Tod ist die Grenze zwischen dem »Hiesigen« und einem »Drüben«, nach dem »die Aussicht uns verrannt« oder eröffnet ist, das einmal als ewiges Leben und dann wieder als pures Nicht-Sein verstanden werden kann. So gewiß die Todesgrenze unser zeitliches Dasein abrundet und es damit als Ganzes erscheinen läßt, so gewiß wird für das Verständnis dieses Ganzen auch Entscheidendes darauf ankommen, *wie* ich nun diese Todesgrenze verstehe: ob sie für mich die Grenze zum Nichts oder aber zum ewigen Leben ist. Nicht nur die Geschichte insgesamt, sondern auch das individuelle Leben muß ja, wie wir sahen, von rückwärts gelesen werden. Darum hängt das Verständnis des Todes mit dem Verständnis des Lebens – und umgekehrt – zusammen. Wohin gehen wir also, indem wir auf den Tod zugehen, und wohin brechen wir auf, wenn wir die Todesschwelle überschreiten?

Daß in allen möglichen Herrschaftssystemen die Machthaber immer wieder den schäbigen Trick angewendet haben, die Armen und Ausgebeuteten auf ein besseres Jenseits zu vertrösten, um sie von der Misere der Gegenwart abzulenken und damit zu beschwichtigen, ist ein ebenso trauriges Faktum wie noch ein zweites: ich meine den verhängnisvollen geschichtlichen Prozeß, in dessen Verlauf man aus Gott eine bloße Jenseitsfigur gemacht hat, die in ihrer himmlischen Etappe den Kontakt mit der konkreten Menschlichkeit des Menschen verloren hat: mit seinem Lebenskampf, mit den Zwängen und Frustrationen, denen er ausgesetzt ist, mit dem Glück und dem Schrecken des Hiesigen.

So beklemmend diese Entstellungen und Mißbräuche nun auch sind (die Scheidung von vertikaler und horizontaler Dimension kann ebenfalls hierher gehören!), so erscheint es mir doch als ganz und gar unerlaubt, aus der *Verhunzung* des Jenseits-Gedankens nun auf die *Nicht-Existenz* dieses Jenseits zu schließen. Ich liebe das Wort »Jenseits« zwar nicht, weil es nach Okkultismus riecht, weil es als angebliches Jagdrevier der Kirche –

man denke nur an die Reizworte bestimmter Diesseits-Ideologen! – kompromittiert und darüber hinaus auch theologisch mehr als fragwürdig ist. Denn seitdem der, »den aller Weltkreis nie beschloß«, in »Mariens Schoß« gelegen hat (LUTHER), ist Gott aus dem Jenseits hervorgefahren und hat sich in Solidarität mit uns Menschen dem Druck der Geschichte und des Diesseits ausgesetzt.

Das »Drüben« scheint für uns nicht mehr relevant zu sein, weil Gott nun im »Hüben« ist. – Diese Feststellung führt aber sofort auf ein neues Problem: Hat denn Gott, indem er so in unser Hüben kommt, die Tür hinter sich zugeschlagen, hat er seinen Wohnsitz ein für allemal aus der Etappe des Himmels an die Front unseres Diesseits verlegt? Und ist dieses Diesseits dann zu einer in sich ruhenden, nach außen abgeschlossenen Endlichkeit geworden – zu einer Endlichkeit, in die Gott nun »integriert« ist und in der er sich durch Weltvollendung dann auch selbst vollenden kann? Das wäre in dieser Form ein grandioses Mißverständnis dessen, was »Inkarnation« im Sinne des Neuen Testamentes bedeuten kann. Ein klassisches Exempel dieses Mißverständnisses haben wir bei HEGEL und vor allem bei den *Linkshegelianern* vor uns. Es handelt sich da um eine Interpretation, die schließlich nicht nur die Säkularisation, sondern auch den Säkularismus als Folge der christlichen Inkarnationstheologie erscheinen lassen müßte[9].

Wie gesagt, ich liebe die Worte »Jenseits« und »Drüben« nicht. Entsprechend ist auch das Unbehagen, das sich gegenüber jenen theologischen »Daenikens« einstellt, die so genau über das Außerirdische Bescheid wissen und uns einen Baedeker für den Weg durch Höllen und Vorhöllen, durch Fegefeuer und auch die Gassen des himmlischen Jerusalems zur Verfügung stellen wollen. Das Wort »Jenseits« ist allenfalls eine notdürftige und durchaus unzureichende Chiffre, um auszudrücken, daß dieses unser Dasein nicht in sich selber gründet. Und eben damit, *daß* es so nicht in sich selber gründet, hängt die früher besprochene Nötigung zusammen, daß das menschliche Dasein sich ständig transzendieren, daß es die Frage nach seinem Woher und Wohin stellen muß. Diese Fragen sind durch kein erkenntnistheoretisches Veto aus der Welt zu schaffen. Wir machen uns diesen Zwang zur »Hinter«-Fragung an einigen Beispielen klar:

Erstens: Ausgerechnet eine atheistische, in Moskau erscheinende Zeitschrift brachte vor einiger Zeit eine Leserstimme, in der sich folgende Sätze finden: »Wenn mein Leben hier auf der Erde ... sich erfüllt mit Verstand und Empfindungen – und das alles dann so einfach verschwinden soll: dann ist dieses Leben eine unerträgliche Absurdität. Wofür soll dann der Mensch seinen Verstand ausbilden und seine Empfindungen entfalten, wenn er aus dem Nichts entstanden ist und wieder so einfach in ein Nichts hinein verschwindet? Wofür soll ich ein vergängliches Bewußtsein meines Daseins haben, wenn ich in diesem kurzen Augenblick Myriaden von Himmelslichtern sah, wenn ich lernte, zu addieren und zu dividieren bis zur Unendlichkeit, Höhe und Abgrund zu empfinden, Entzücken und Grauen zu erleben, mich an der Schönheit zu erfreuen, mich am Schöpferischen zu berauschen und selbstlos zu lieben? – Wofür, fragt man sich, war das alles gegeben, wenn ich nicht ewig bin, sondern wenn ich schon im nächsten Augenblick in ein Nichtsein und sogar ohne Traumbilder entschwinde? – Wofür das alles?«

Diese Frage »Wofür das alles?« fragt nach dem Sinn des Lebens und damit nach einer Größe, die unserm objektivierenden Denken niemals als Gegenstand verfügbar werden kann. Denn diese Frage meint doch gerade das, was alle Gegenstände und sogar den Akt unserer Erkenntnis selbst umfängt und trägt.

Zweitens: Adolf Holl läßt in seinem Buch »Tod und Teufel« eine solche transzendierende Frage in Gestalt eines Bildes auftauchen. Indem er auf unser Sterben-Müssen anspielt, sagt er: »Man muß das Theater vor dem Schluß der Vorstellung verlassen, das Ende kann nicht abgewartet werden. Wenn aber das Ende nicht feststeht, der Ausgang (also) unbekannt bleibt, dann kann auch kein abschließendes Urteil über das Stück (selbst) gefällt werden.« Damit meint der Verfasser doch offenbar: Von den paar Tonfetzen und Melodiefragmenten, die mir in meinem endlichen Leben entgegenwehen, kann ich nicht das Ganze der Komposition und damit auch nicht den Sinn erschließen, der dieses Ganze trägt und konstituiert. Aber die *Frage* nach diesem Sinn, das heißt die Frage, die nach *mehr* fragt als nach bloßen Teilzwecken und zweckbestimmten Funktionen, diese Frage nach dem letzten Thema meines Lebens bleibt eben unausrottbar. Sie taucht sogar bei Denkern und Dichtern auf, die von der Absurdität der Sisyphus-Existenz sprechen, wie etwa Albert Camus oder Gottfried Benn. Wenn menschliches Dasein sich nicht als automatische Evolution, als bloße »Herausfaltung« seiner selbst vollzieht, sondern in Entscheidungen gründet und durch verfehlte Entscheidungen auch seinerseits verfehlt werden kann, dann ist damit bereits die Nötigung gegeben, nach jenem Sinnganzen zu fragen, aus dem sich das Thema unserer Existenz ergibt. Das kann – und wird in der Regel – ganz unreflektiert geschehen. Man kann von einem Hedonisten nicht erwarten, daß er seinen Standpunkt philosophisch begründet. Gleichwohl wird er im Namen eines instinktiv zugrunde gelegten Grundes leben, auf den er im Rahmen seiner Reflexionsfähigkeit dann auch befragt werden kann.

Weil der Bezug auf das Sinnganze so zur Grundbefindlichkeit des Menschen gehört, *muß* er nach dem fragen, was er unter Berufung auf immanente Zusammenhänge gerade nicht beantworten *kann*. Dieses Muß aus bloßer Neugierde oder Spekulationslust zu erklären, wäre wohl unerträglich platt: Wenn diese Frage erlöschen würde, könnte das nicht heißen, daß das Laster der Neugierde überwunden sei, vielmehr hörte dann die

Menschlichkeit selbst auf. Da würden der Roboter, der Apparatschik, der Konsument, der Playboy und andere Karikaturen des »Homo sapiens a. D.« das menschliche Bildnis ablösen.

2. *Der Tod des Menschen und das Verenden der Tiere*[10]

So wie der Mensch – im Unterschied zum Tier – nach Grund, Ziel und Sinn seines Lebens fragen muß, so wird ihm auch sein *Tod* zur Frage. Das hebt ihn ebenfalls aus dem sonstigen Kreaturenreich heraus. Das hervorstechendste Merkmal für diese Heraushebung ist, daß er – wiederum im Unterschied zum Tier – um seinen Tod *weiß*. Wir wissen darum, daß uns eine bestimmte Zeit zugemessen und daß unsere Lebensfrist begrenzt ist. So singt HÖLDERLIN:

> Freier atmen die Vögel des Waldes,
> wenngleich des Menschen Brust sich herrlicher hebt,
> und – der die dunkle Zukunft sieht, er muß auch
> sehen den Tod und allein ihn fürchten.

NIETZSCHE hat einmal von dem Mißbrauch gesprochen, den das Christentum mit der Sterbestunde triebe. Die Pfaffen suchten den Menschen ihrer Botschaft dadurch gefügig zu machen, daß sie ihn mit dem »letzten Stündlein« bedrohen, das ihm unweigerlich schlagen werde. Sicher hat es diesen Gerichts- und Jenseitsterror in Verbindung mit der Sterbe-Sentimentalität immer wieder gegeben. Aber um dieses »letzte Stündlein« und seinen Mißbrauch geht es bei dem genannten Zukunfts- und Todeswissen überhaupt nicht. Sonst würden sich ja nur die alten Leute dafür interessieren und als passende Adressaten für die entsprechenden Horror-Botschaften in Frage kommen. Denn die sind ja zeitlich nahe an dieses letzte Stündlein herangerückt, für sie ist es aktuell. Tatsächlich geht es hier aber um eine ganz andere Art des Todeswissens. Jeder von uns kann es bei sich selbst beobachten, und auch in der Literatur – von RILKE bis CAMUS und HEIDEGGER – finden wir dieses »menschliche« und besondere Todeswissen wieder:

Wir sind uns doch in *jedem* Augenblick unseres Lebens – keineswegs nur unmittelbar vor Torschluß – darüber im klaren, daß wir »endlich« sind und auf den Tod zugehen. Wir rechnen auch *dann* damit, wenn es bei uns zu keinerlei Reflexionen darüber kommt. Wir beeilen uns etwa, unsere Pläne zu verwirklichen, eine Beförderung zu erreichen, ein Haus zu bauen, ein Examen zu machen. Denn wir wissen, daß die Zeit verrinnt und daß die versäumten Stunden nicht wiederkehren. Selbst der junge Mensch hat dies verschlüsselte Wissen um den Tod. Er sagt sich etwa: Ich bin nur einmal jung; man darf nichts anbrennen lassen. Die Jugend kehrt nicht wieder. Jede Stunde läßt uns ein Stück von ihr verlieren. Der Leistungssportler, der Leichtathlet, der Fußballer wissen: schon lange vor dreißig beginnt sich die Kurve zu neigen, unwiderruflich, unrevidierbar. Deshalb holt aus dem Augenblick, der eben *nicht* verweilt, ein Maximum heraus! »Frist- und Zeitgewinn ist unser Leben«, sagt Shakespeare. In alledem zeigt sich das Wissen um unsere Endlichkeit, um den Tod.

Zugleich wird daran erkennbar, daß die Uhr ein sehr trügerisches Symbol ist, wenn wir an ihr das Wesen unseres Zeitablaufs und damit unserer Zeitlichkeit überhaupt ablesen wollen. Der Zyklus des sich drehenden Uhrzeigers, der jede Runde von neuem beginnt und der jedes Ende zu einem neuen Beginn macht, erzeugt die Illusion, daß es ewig so weitergehe und daß wir immer wieder von vorne anfangen könnten. Die Bibel aber lehrt uns (wie uns ihre Geschichtstheologie schon deutlich machte) ein Zeitverständnis, das unsere Lebensfrist zwischen Geburt und Tod als eine gerichtete lineare Strecke verstehen läßt und gerade nicht als einen Kreis oder als eine Spirale, die ständig wieder in sich selbst zurückkehren.

Hier legt sich vielmehr ein anderes Bild nahe: Wir gehen durch einen langen Korridor mit vielen Türen, die alle an der Rückseite keine Klinke haben und sich von selbst wieder schließen. Wir können nicht zurück; wir können auch nichts Vergangenes ungeschehen machen, sondern müssen auf unserm Einbahnweg weiter, bis unsere Zukunft endet. Dadurch schleppen wir unsere Vergangenheit immer mit. Sie ist unrevidierbar bis zum Tod. Wir sind diese Vergangenheit. Damit hängt es zusammen, daß die Vergebung der Sünden sich auch so ausdrücken läßt: In den Augen Gottes werde ich nicht mehr mit meiner Vergangenheit identifiziert.

3. Die Auferstehung des Fleisches

Dieser unumkehrbaren Bahn auf unser Ende hin, diesem »Sein zum Tode« setzt nun die Bibel die grandiose Antithese entgegen, daß unser vergängliches Dasein von »ewigem Leben« umschlossen und getragen sei. Und sie gibt uns weiter zu verstehen, daß unser Lebensweg zwar eine »Einbahnstraße«, aber doch keine »Sackgasse« sei, die im Tode ende, daß unser Sterben vielmehr nur ein Heimgehen, daß es nur der Übergang zu jenem unvergänglichen Leben sei.

Wenn das Apostolische Glaubensbekenntnis diese Todüberwindung mit dem Satze aussagt: »Ich glaube ... an die Auferstehung des Fleisches«, dann steht ein solches Wort heutigen Menschen steil und fremd gegenüber. Es hat so gar nichts mit windigem Unsterblichkeitsgesäusel zu tun, so gar nichts auch mit der sentimentalen Romantik des Liedes »Die Heimat der Seele ist droben im Licht« oder mit andern Luftgespinsten, die uns den Abgrund der Todesfinsternis verschleiern sollen. Es widerspricht allen homiletisch-apologetischen Künsten, mit *dieser* Tür ins Haus zu fallen. Doch möchte ich gerade hier alle taktischen Annäherungsmanöver unterlassen und den entscheidenden Satz in seiner Steilheit und Befremdlichkeit so stehen lassen: Ich glaube an die Auferstehung des Fleisches. Was meint dieser Satz?

Schon LUTHER hat sich etwas besorgt darüber geäußert, daß dieser Satz so schockierend »physisch« klinge und daß man dabei leicht an einen Fleischerladen denke. In Wirklichkeit aber meint der biblische Begriff von »Fleisch« gar nicht primär die physische Stofflichkeit unseres Körpers, sondern eine bestimmte Qualität unseres Seins. »Fleisch« ist hier ein Symbol für die Hinfälligkeit des Menschen, für sein Vergehen-Müssen. Alles Fleisch ist »wie Gras, das verdorrt« (Psalm 103, 15). Der Mensch ist von Erde – das heißt aus Staub – gemacht und wird wieder in den Staub zurückkehren. Und keine Erlösung erspart uns den Weg des Weizenkorns in diese Erde, wo es ersterben und zu Staub werden muß, um dann zu neuem Leben erweckt zu werden. »Es wird gesät verweslich und wird auferstehen unverweslich«, sagt Paulus (1. Korintherbrief 15, 42). – Im übrigen bleiben die Aussagen über die Art und Weise, wie das ewige Leben, wie das Sein in der Auferstehung sein wird, sehr diskret und zurückhaltend. Sie beschränken sich auf eine gleichnishafte Umschreibung. Es wird alles »ganz anders« sein, als es jetzt ist. Das ist der Kern dessen, was uns gesagt wird. Fleisch und Blut können deshalb das Reich Gottes nicht ererben (15, 50). Es ist zu »anders«.

Die Legende berichtet von zwei Mönchen des Mittelalters, die sich immer wieder über den Tod unterhielten. Dabei kamen sie auf die Idee, sich gegenseitig ein Versprechen abzunehmen: Derjenige von ihnen, der zuerst stürbe, solle dem andern in der nächsten Nacht erscheinen. Er habe dann seinem Mitbruder auf dessen Frage: »Qualiter? Wie ist es?« entweder zu antworten: »Taliter« – das heißt: »Es ist so, wie wir es uns gedacht haben.« Oder er solle sagen: »Aliter«, was so viel bedeutet wie: »Es ist drüben doch ›anders‹, als wir es uns vorstellten.« Als dann tatsächlich einer von ihnen starb, kehrte er verabredungsgemäß in der folgenden Mitternacht einen Augenblick als Schatten zu seinem Mönchsbruder zurück. Und als der ihn voll banger Erwartung fragte: »Qualiter? Wie ist es?«, erhielt er die Antwort: »*Totaliter* aliter – ganz, ganz anders.«

Wer diese Erfahrung des Totaliter-aliter gemacht hat, ist jedenfalls gegen utopische Träume immun, die ihm vorgaukeln wollen, es gebe eine Art Reich Gottes auf Erden, eine mögliche Welt vollkommener Gerechtigkeit, eine Identität der Welt mit ihrem Soll-Gehalt. Mit dem Glauben an das ewige Leben und das Reich Gottes, wie Jesus es verkündigt hat, kann das alles nichts zu tun haben. Denn die Utopien liegen ja auf der Linie unserer Wünsche, Erwartungen und Postulate. Sie sind sozusagen die punktierte Fortsetzung *unserer* Lebenslinien und *unserer* Projekte. Gottes Ewigkeit als das »ganz Andere« ist aber unserm Planen, Reflektieren und Phantasieren entzogen.

Daß es so unserm Tun entzogen ist, kann freilich nicht besagen, daß es mit unserm geschichtlichen Leben auch nichts zu tun hätte. Der neue Himmel und die neue Erde, die nicht von dieser Welt sind, setzen gleichwohl dieser

Welt Ziele und zugleich auch kritische Grenzen. *Ziele* insofern, als das Reich Gottes uns zeigt, worauf es hier und jetzt schon ankommt: daß wir gegen das Leid und das Geschrei und die Tränen anzukämpfen haben, die es unter uns noch gibt, daß die Liebe dieses Reiches jetzt und hier schon mächtig werden will und daß der Sabbath – hier repräsentativ für die Institutionen überhaupt – nicht Herr werden darf über den Menschen, den Gott zu seinem Bilde gemacht hat und als dieses Bild in seinem Reiche vollenden will (Markus-Evangelium 2, 27 f.).

Aber auch kritische *Grenzen* zu diesem ganz andern Reich werden uns gesetzt. Sie wirken sich ebenfalls bis in die Dimension des Politischen hinein aus: Das Wissen darum, daß das Reich Gottes nicht von uns produziert wird, feit uns ferner gegen jene Vorstellung utopischer Ordnungen, die ihrerseits einen neuen Menschen produzieren würden. Statt uns diesen Träumen zu überlassen, fordert uns das kommende Reich Gottes auf – wir sprachen darüber –, kleine Schritte zu machen: diese unsere fragwürdige Welt »ein wenig« besser, »ein wenig« satter, »ein wenig« gerechter zu machen und uns also mit diesem Komparativ zu begnügen, statt illusionären Absolutheiten nachzuträumen, die konkrete und damit schrittweise Änderungen gerade blockieren. In diesem Sinne sagt KARL BARTH einmal in einem seiner letzten Zeugnisse: »Ich kann nicht (mehr) ohne Hoffnung in die Welt schauen, in der man kleine Schritte machen kann im Blick darauf, daß einmal alles neu werden wird – *alles*, nicht wahr? Wenn man auf das Ganze sieht, so kann man auch auf das Einzelne schauen ohne Verzweiflung und Aufregung.«

Noch eine weitere *Grenze* wird uns durch das Reich Gottes gesetzt: Alle Weltendträume sprechen nur von Erfüllungen für spätere Generationen, während all die Tausende von früheren Geschlechtern dieser Segnungen nicht mehr teilhaftig werden. Die Botschaft von der Totenauferstehung aber sagt, daß sie alle – Tote und Lebendige, die Menschen der Urzeit und die letzte Generation unseres Geschlechtes – der gleichen Nähe und Erfüllung teilhaftig werden. Zeit und Zeitlichkeit haben ihre Herrschaft verloren. Sie alle – Vergangene, Gegenwärtige und Zukünftige – sind unmittelbar zu Gott.

4. Der Traum von der Unsterblichkeit

Woher nehmen wir nun die *Gewißheit*, daß der Tod keine letzte Grenze mehr sein darf? Inwiefern ist darauf Verlaß? Gründet diese Gewißheit etwa in dem Glauben, daß es eine »Unsterblichkeit der Seele« gebe, eine unzerstörbare Substanz sozusagen, wie PLATO sie lehrte und wie sie auch in heutigen christlichen Grabreden immer wieder auftaucht?

Solche Unsterblichkeitstheorien[11] beruhen in der Regel wohl auf unsern Wunschträumen, die den Tod überspielen möchten. Sie bedienen sich dabei – formal gesehen – stets desselben Gedankentricks. Er besteht darin, den Menschen aufzugliedern in einen vergehenden und einen unvergänglichen Ich-Teil. Der vergehende wird in allen Anthropologien (gleich welcher mythischen, weltanschaulichen und wissenschaftlichen Provenienz) ähnlich gesehen: er ist der physische Teil des Individuums. Man sieht ja, wie er im Tode zugrunde geht und zu Staub zerfällt. Die unvergängliche Dimension des Ichs dagegen wird jeweils verschieden interpretiert. Hier gibt es eine breite Skala von Deutungen: PLATO denkt an die todlose, vom Sterben unberührt bleibende Seelensubstanz, die schon lange vor dem sterblichen Leib da war und ihn auch überdauert. Oder aber der unsterbliche Ich-Teil ist das »Allgemeine«, das die individuelle Existenz überdauert – wie etwa der überpersönliche Baum des Volkes, der seine abfallenden Einzelblätter überlebt. Der Mensch ist dann insofern unsterblich, als sein Wesen in überindividuelle gesellschaftliche Bereiche hineinragt, in die es sich integriert und in deren Wirkungszusammenhängen es dann fortlebt. In Spurenelementen taucht diese Art Unsterblichkeitsidee sogar im Umkreis von HEGEL und MARX auf, wo das »Allgemeine« – hier repräsentiert durch die Gattung – die unzerstörbare und das Individuum in sich aufhebende Substanz des geschichtlichen Prozesses ist.

Ich frage mich, ob hinter diesen Unsterblichkeitskonzeptionen nicht das Motiv steht, verzweifelt auf jene Absurdität zu reagieren, wie sie in der genannten sowjetischen Zeitschrift angesprochen wurde: auf jene Absurdität nämlich, die uns das Erlöschen und Nichtig-Werden unseres Daseins zu einer quälenden Unbegreiflichkeit macht. Es ist verständlich, daß die Bedrohung durch jene Absurdität das Wunschdenken mobilisieren muß und nach Ich-Zonen Ausschau halten läßt, die für den Zugriff des Todes unzugänglich sind.

Die tiefsten Geister haben sich nun nicht damit begnügt, diesem Wunschdenken mit aufklärerischen – vor allem *psychologisch*-aufklärerischen – Argumenten entgegenzutreten und etwa zu sagen: Alle diese Unsterblichkeitslehren sind nur irreale und unbeweisbare Gespinste; *wir* halten uns ehrlicherweise allein an das sichtbar Reale. Was wir da sehen, ist doch das absolute Ende des Menschen; es entspricht der intellektuellen Redlichkeit, sich damit abzufinden. Nein: die tiefsten Geister setzen dem Unsterblichkeitsglauben einen ganz andern Einwand entgegen, der mich jedenfalls sehr viel mehr beeindruckt. Ich denke dabei an CHRISTOPHER MARLOWE, den Dichter der ersten Faust-Tragödie aus dem sechzehnten Jahrhundert, vor SHAKESPEARE noch und lange vor GOETHE: Faust hat da nach vierundzwanzig Jahren des Teufelspaktes *Angst* vor der Unsterblichkeit. Er fleht die Berge an, über ihn zu fallen, die Erde, ihn zu verschlingen, und den Kosmos, in ihm aufgelöst zu werden. Denn Unsterblichkeit ohne die Gnade Gottes und im Banne des Unheils sei grauenvoll. Immer weitermachen zu müssen, wenn der ewige Grund verloren ist und das Nichtige uns umzingelt, das ist die Hölle. So sehnt sich Faust gleichsam nach dem

Aufgelöstwerden im Nirwana – ganz ähnlich wie der Buddhist darauf aus ist, aus dem Samsara, dem ewigen Kreislauf und dem Zwang zu immer neuer Existenz, herauszukommen.
Mit diesem Wunschtraum der Unsterblichkeit hat die »Auferstehung des Fleisches« wahrlich nichts zu tun. Das muß schon deshalb deutlich gesagt werden, weil diese außerchristlichen Lehren sich allzu häufig auch auf unsere Kanzeln und in unsere Grabpredigten verirren. Die Bibel setzt dem in aller Härte den Satz von der Hinfälligkeit des Fleisches und dem Sterben des Weizenkorns entgegen. Ewiges Leben haben wir nicht kraft eines unauslöschlichen Seelenfunkens, der unter der Asche der Vergänglichkeit weiterglüht. Wir haben es nur, weil wir aus dem Tode herausgerufen werden und weil es eine Auferweckung aus dem Staube gibt.

5. Die Gewißheit des ewigen Lebens

Damit erhebt sich erst recht die entscheidende Frage: Wie kann es zu dieser Gewißheit vom ewigen Leben kommen, wenn der Tod gerade im Neuen Testament derart realistisch, illusionslos und ohne alle Aufweichung durch Unsterblichkeitsträume gesehen wird? Die Vermutung, es könne sich hier ebenfalls um einen Wunschtraum handeln – nur mit veränderten Kulissen und anderer Gedankenstaffage – legt sich in der Tat nahe.
Geht man diesem Gedanken, auch hier sei das Wunschthema möglicherweise bestimmend, genauer nach, so stoßen wir auf eine Beobachtung, die dem entgegensteht und damit kaum in Einklang zu bringen ist: *Wir können feststellen, daß der Tod für das Neue Testament überhaupt kein selbständiges Thema ist und darum auch gar nicht der Gegenstand einer wirklichen Auseinandersetzung sein kann.* Man stiert eben nicht mehr wie das Kaninchen auf die Schlange, weil man den kennt, der dieser Schlange den Kopf zertreten und ihr die tödliche Macht genommen hat. Die Denker des Unsterblichkeitsglaubens ringen dagegen immerfort mit dem Geheimnis des Todes und drängen auf eine gewaltsame Lüftung dieses quälenden Rätsels. Die Menschen des Neuen Testaments dagegen sind fasziniert von der Gewißheit, daß Jesus lebt, daß er aus dem Tode ins Leben durchgedrungen ist und daß man mit dem »Fürsten des Lebens« Gemeinschaft haben kann.
Alles was *dann* und darüber hinaus noch über den Tod gesagt wird, kann nicht mehr sein als das bloße Nebenprodukt dieses Urvertrauens zu dem Kyrios, der uns »nicht lassen« wird, wenn die Fackel unseres Lebens erlischt. »Sterben wir, so sterben wir dem Herrn« (Paulus). Am tiefsten hat nach meinem Empfinden Luther diese Lebensgewißheit oder besser: diese Überlebensgewißheit in einem früher schon zitierten Wort bekannt: »Mit wem Gott einmal zu reden begonnen hat – es sei im Zorn oder in der Gnade –, der ist fürwahr unsterblich.« Das will doch sagen: Gott läßt das von ihm begonnene Gespräch mit dem Menschen nicht durch den Tod

unterbrechen; für den so Angeredeten darf deshalb der Tod nicht mehr das letzte Wort haben.

Das also, was nach diesem Luther-Wort überleben läßt, besteht nicht in einer bestimmten, uns eignenden Seelenqualität, die unversehrt das Sterben überstände. Hier geht es vielmehr darum, daß Gott eine Geschichte mit uns eingegangen ist und daß diese Geschichte nun bis in alle Ewigkeit nicht aufhören darf. Die Macht, die es dem Tode verwehrt, seine Hand endgültig auf uns zu legen, ist so die Treue Gottes. *Es ist wiederum die im Zentrum unserer Anthropologie stehende »fremde Würde« und nicht eine eigene Seelenqualität des Menschen, die ihn den Tod bestehen läßt.*

Diese Gewißheit, daß Gott uns für immer treu bleibt, hat sich nicht erst – das ist entscheidend! – an der Todeserfahrung, am Vergänglichkeitsschock gebildet. Sonst müßte man auch hier sehr mißtrauisch sein und den Verdacht eines Wunschdenkens hegen. Nein: die Treue Gottes ist schon *vorher* in unzähligen Lebensbegegnungen erfahren worden, von Urväterzeiten bis in unsere Tage. Und eine Wolke von Zeugen, von Patriarchen, Propheten und Gottesmännern bis zum heutigen Tage steht über uns. Sie alle bekennen, daß dieser Gott sie von ihren Ketten erlöst, von der Angst losgerissen und von ihrer Schuld freigesprochen, daß er ihnen einen ganz neuen Beginn des Lebens eröffnet habe.

Wem das gewiß wurde, der fragt dann – aber erst *dann* und gleichsam wie nebenbei –: »Und der Tod? Was soll er denn noch, wo diese andere Hand nun auf mich gelegt ist?« Und so schwer und schmerzlich es mit unserm Vergehen-Müssen – mit Krebs und multipler Sklerose, mit Erdbeben und Flugzeugabstürzen – auch sein mag, selbst dieses Schwerste ist nun in seinem Sinn gewandelt und wird zur »Heimsuchung«, zur Nach-Hause-Suchung. Wir werden erwartet. Mehr noch als durch die Zeugen wird jene Gewißheit durch Jesus selbst ausgelöst, der den Tod geschmeckt hat und nicht sein Gefangener blieb. Allein dieses eine Wort: »Wo ich bin, da sollen auch die Meinen sein« (Johannes-Evangelium 12, 26), läßt mich das Christenlachen und jenen Trotz wider den Tod verstehen, wie er in dem Choral JOHANN FRANCKS »Jesu, meine Freude« aufklingt, wo es von den brüchigen Wänden unserer vergehenden (und vom Dreißigjährigen Krieg geschüttelten!) Welt förmlich widerhallt: »Ob gleich Sünd' und Hölle schrecken, Jesus will mich decken.« Und auch PAUL GERHARDT bezeugt, daß wir die »Gesellen« eines lebendigen Kyrios seien, der es keiner Gewalt der Tiefe, selbst dem Tode nicht, erlaube, uns seiner Hand zu entwinden: »Er reißet durch den Tod, / durch Welt durch Sünd', durch Not, / er reißet durch die Höll', / ich bin stets sein Gesell.« Die Ewigkeitslieder der Kirche lassen überhaupt erkennen, wie triumphal dieses Siegesbewußtsein, wie mitreißend die Gewißheit des Überlebens ist.

Von dieser Blickweise her wird es zugleich verständlich, daß und warum die Bibel so außerordentlich reserviert und diskret mit den Hinweisen auf das sogenannte Jenseits verfährt. *Das »Jenseits«, von dem viele Atheisten meinen, daß alle christlichen Gedanken darum kreisten, wird vielmehr in einem tieferen Sinne uninteressant.* Statt dessen haftet das Engagement des Christen um so mehr an der Verbindung mit dem Kyrios, der ihn vom Glauben ins Schauen, vom getrübten Spiegel in das »Von-Angesicht-zu-Angesicht« geleitet (1. Korintherbrief 13, 12). Dann aber ist das Wie dieses Zustandes, dann sind auch die Kulissen der jenseitigen Welt plötzlich ohne Belang.

Am Gleichnis vom »Reichen Mann und armen Lazarus« (Lukas-Evangelium 16, 19 bis 31) wird in besonderer Weise deutlich, wie die Botschaft vom Ewigen Leben unsern Blick nicht zu einem »Drüben« schweifen läßt, nach dem »die Aussicht uns verrannt« ist, sondern unsern Blick gerade ins Hier und Heute des Diesseits zwingt:

Zwar scheinen zunächst lauter Kulissen einer jenseitigen Welt aufgebaut zu werden: Da ist von Abrahams Schoß die Rede, in dem der arme und gepeinigte Mann von seinen Qualen ausruhen darf, und da wird auch von dem höllischen Feuer erzählt, an dem der »dicke Kapitalist« nun schmort, um wenigstens nachträglich und am eigenen Leib etwas von den Qualen zu erleben, die er als Lebender bei seinen Mitmenschen so hartherzig übersah. Da scheint also das Thema »Jenseits« tatsächlich angeschlagen zu werden, und immer wieder haben selbst Theologen daraus eine Art Jenseits-Topographie abgeleitet.

Damit aber werden sie ins Abseitige gelockt und entfernen sich von der eigentlichen Mitte dieser Geschichte. Die Pointe des Gleichnisses sitzt an einer ganz andern Stelle. Es heißt nämlich: Als der reiche Mann in der Hölle und in der Qual war, empfand er zum ersten Male so etwas wie Liebe. Er dachte plötzlich an seine fünf Brüder, die noch lebten und die vielleicht genausowenig wie er selbst auch nur einen einzigen Gedanken an die Frage verschwendeten, ob ihr Leben denn ein Fundament habe, das noch über den Tod hinaus standhielte. Vielleicht waren sie gegenüber dem armen Lazarus vor ihrer Tür genauso unbarmherzig wie er, der reiche Mann, der nun die Konsequenzen dieses verpfuschten Lebens auszubaden hatte.

Jetzt, wo es für ihn selbst zu spät ist, beschäftigt ihn die gefährliche Ahnungslosigkeit seiner Brüder. Und so bittet er Vater Abraham, er möge ihnen einen Reporter aus dem Jenseits schicken, um durch handfeste Berichte über das Drüben diesen Brüdern klarzumachen, welche Lebensentscheidung für sie auf dem Spiele steht. Doch Abraham winkt ab: Diesen Augenzeugenbericht aus der Totenwelt gibt es nicht. »Deine fünf Brüder, armer reicher Mann, haben ›Mose und die Propheten‹, sie haben das ›Wort Gottes‹. Wenn sie *das* nicht hören wollen, wird es ihnen *auch* nicht helfen, einen Augenzeugenbericht aus dem Jenseits zu empfangen. Den wissen sie sich dann auch vom Leibe zu halten.« (Vielleicht verharmlosen sie ihn als spiritistischen Spuk oder reden sich ein, sie hätten nur geträumt.)

Dies und *nur* dies ist das Thema des Gleichnisses: Das Schicksal der fünf Brüder, die noch leben und die dieses ihr Leben zu verpfuschen drohen. Das Thema ist gerade nicht die Jenseitstopographie. Die wird hier vielmehr nur als bildliche Verdeutlichung unseres Lebensproblems zu Hilfe gerufen. Sie ist nicht selbst das Drama, sondern sie ist nur die Kulisse, vor der das Drama spielt. Indem hier Bilder des Jenseits auftauchen, wird unser Hier und Jetzt zur Frage, da fährt Gott ins Diesseits. Die fünf Brüder und unser Verhältnis zu ihnen sind unser Thema.

In der jungen Christengeneration geht seit einiger Zeit ein Slogan um, der mir gefällt, weil er in eine ähnliche Richtung zu weisen scheint: *»Es gibt auch ein Leben* vor *dem Tode.«* Darin steckt zweifellos eine Polemik gegen gewisse Formen christlicher Jenseitsfixierung und Diesseitsvergessenheit. Man stellt damit die Frage: Sollte Gott uns denn erst jenseits der Todesgrenze begegnen wollen, während das Jetzt und Hier nichts mit ihm zu tun hätte und ausschließlich unserer menschlichen, allzu menschlichen Programmatik zur Verfügung stände? – Wie töricht ist also, auch von hier aus gesehen, die Trennung von Diesseits und Jenseits, von dem Leben *vor* dem Tode und dem Leben *nach* dem Tode, wo doch der Tod seine Funktion als Grenze gerade hat aufgeben müssen und uns nicht mehr scheiden darf von einer Liebe, die im Namen des Auferstandenen Lebendige und Tote gleichermaßen umfängt.

Die Todüberwindung ist im Christentum somit nicht an dingliche Qualitäten (wie die Todlosigkeit unserer Seelensubstanz) gebunden; sie ist vielmehr, wenn man so will, »personalistisch«: Man muß lauter personale Begriffe verwenden, um diese Todüberwindung zu umschreiben: Man muß etwa, wie wir schon besprachen, von dem *Gespräch*, von der *Geschichte* Gottes mit uns reden; oder von dem *Namen*, bei dem wir gerufen sind und der in Ewigkeit nicht ausgelöscht werden soll; oder von der *Hand*, die auf uns gelegt und die keiner Macht gestattet, uns ihrem Griff zu entwinden.

Daß es so nicht um todüberwindende *Mächte*, sondern um die *Person* des Todüberwinders geht, macht es verständlich, daß die Bibel ihre Aussagen auf das menschliche Verhältnis zu dieser Person konzentriert und daß sie mit allem, was das Wie jenseitiger Zustände betrifft, mit Kulissen und Requisiten des »Drum und Dran«, äußerst sparsam umgeht und den Vorhang vor dem Drüben kaum lüftet. Die Jenseits-Aussagen sind niemals Selbstzweck. Sie müssen und wollen auf das hin interpretiert werden, was sie für unser Dasein – für unser von Gott her verstandenes Dasein – bedeuten. Man kann sie also nicht begreifen, solange man sie nicht auf ihre anthropologische Relevanz hin abgehorcht hat – obwohl sie auch in dieser Relevanz wiederum nicht *aufgehen* und mehr und anderes sind als bloß mythische »Chiffren« für anthropologische Aussagen[12]. Als der Vater des großen Bibel-Theologen ADOLF SCHLATTER im Sterben lag, standen fromme Stundenbrüder um sein Lager und suchten ihn rührend und erbaulich zu trösten: »Bald wirst Du in Zions goldenen Hallen weilen und auf das kristallene Meer blicken.« Sie ließen keine apokalyptische Chiffre aus, denn sie kannten ihre Bibel und speziell die Offenbarung Johannis. Da richtete sich der Sterbende noch einmal auf und fuhr sie an: »Laßt mich zufrieden mit all dem Jenseitsquark! Mich verlangt nur, am Halse des Vaters zu hängen.« Er wollte nur noch dieses *eine* (wiederum »personalisierende«!) Bild gelten lassen: das Bild, wie der Vater den Verlorenen Sohn empfängt und ihm die Treue hält. Damit hatte der Sterbende in der Tat auf die wesentliche Blickrichtung verwiesen. Er wollte nichts wissen von einem himmlischen Milieu, von Kulissen des Jenseits und »Zions Gassen«, sondern es ging ihm darum, unmittelbare Gemeinschaft und ein Von-Angesicht-zu-Angesicht mit dem zu gewinnen, den er bisher nur im Glauben gekannt hatte. Ähnlich drückt es der bekannte Grabspruch KIERKEGAARDS aus, der das ewige Leben als einen Zustand beschreibt, in dem er »ewig, ewiglich mit Jesus sprechen« könne.

Nicht also, weil ich von einem Jenseits träumte und im Traum der diesseitigen Misere zu entrinnen trachtete, glaube ich an das Leben der zukünftigen Welt. Sondern ich glaube allein deshalb daran, weil ich schon jetzt der »Geselle« dessen bin, der mich nicht aus seiner Treue entlassen wird und der auch dem Tode nicht gestattet, diese Gemeinschaft zu unterbrechen. Darum gehe ich an dieser Hand auch vertrauend ins Dunkle, selbst in das »Nicht-Vorstellbare« und »Ganz-andere« der zukünftigen Welt. Denn der mich Erwartende – wiederum eine personale Kategorie! – wird mir dann *nicht* fremd und wird *nicht* anders sein. Sondern ich werde ihn auch in seinem totaliter-aliter wiedererkennen als den, dessen Stimme mir seit eh und je vertraut ist wie den Schafen die Stimme des Hirten.

Das, was uns jenseits der Todesgrenze erwartet, ist so keine terra incognita, sondern die Unmittelbarkeit dessen, was unsere Zeitlichkeit uns nur in einem dunklen Spiegel sehen ließ (1. Korintherbrief 13, 12): im Glauben nämlich, der in Auseinandersetzung mit dem Widerspruch des Augenscheins lag und so stets ein *angefochtener* Glaube sein mußte.

Das ewige Leben ist deshalb auch kein bloßes Nachher, kein nur postmortaler Epilog, dessen Relevanz noch gar nicht gegeben wäre, solange wir mit dem Text unseres *gegenwärtigen* Lebens befaßt sind. Nein: Daß mich dieses ewige Leben auch *jetzt* schon angeht und mich hier und heute bestimmt, hat seinen Grund in jener *Selbsttranszendierung des Menschen*, die uns von Anfang an bei unsern Überlegungen beschäftigte.

Was unser empirisches, objektivierendes Erkennen am menschlichen Wesen erfaßt, so sahen wir, ist grundästzlich partikulär und fragmentarisch. Wir vernehmen nie das Ganze der Melodie, sondern nur Tonfetzen. Denn als solche, die »mitten im Leben« und darin »mit dem Tod umfangen«

sind (media vita in morte), sehen wir nie unser Dasein als Ganzes. Wir sehen das Stück ohne seinen letzten Akt. Wir hören nicht mehr den kommentierenden Epilog seines Autors. Das ewige Leben meint demgegenüber jene Ganzheit, in der unser zeitliches Dasein und seine ewige Bestimmung sich zusammenfinden und zur Erfüllung kommen. Indem das ewige Leben zugleich der Zustand des Schauens und der Unmittelbarkeit ist, eröffnet es den Blick auf unsere eigentliche *Identität:* auf das Ich-Du-Verhältnis zu dem, der uns auf sich hin entworfen hat, so daß »unser Herz unruhig ist, bis es ruhet in ihm« (AUGUSTIN).

Dieses Eigentliche unserer Identität bleibt für unsere empirische Selbstbeobachtung ebenso unanschaulich wie für jeden – psychologisch noch so eindringenden – Außenaspekt. In dem aber, was wir das »ewige Leben« nennen, ist es als die Macht gemeint, die unser Leben trägt und unser Woher und Wohin bestimmt. Die Anwesenheit dieser Macht äußert sich in der Nötigung, über uns hinaus und uns zu hinter-fragen, uns also zu transzendieren und durch die Frage nach Grund, Ziel und Sinn unseres Daseins beunruhigen zu lassen.

Daß dieses ewige Leben nun allein personalisierend zu verstehen, daß es nämlich als »der« Ewige und als »der« Lebendige zu begreifen sei: das ist nichts Geringeres als die Pointe des Evangeliums. Das Gleichnis von der Heimkehr des Verlorenen Sohnes, der »am Halse des Vaters hängt«, drückt darum alles aus, was über die Erfüllung menschlichen Daseins, über die Kongruenz mit dem Bild »deß, das er werden soll«, zu sagen ist. *Das Gleichnis alles Vergänglichen – einschließlich des Gleichnisses, das wir selbst sind – schließt sich nur vom Autor dieses Gleichnisses her auf: von dem her, der das Vergängliche aus sich entließ und den Menschen als Bild und Gleichnis seiner selbst berief.*

b) Die Frage nach dem Woher des Menschen
Grenzfragen zwischen der biologischen und der theologischen Interpretation dieses Woher[13]

Ich könnte mit meiner Vermutung einsetzen, daß der Leser wohl stutze, wenn er die Reihenfolge bemerkt, in der wir das Thema »Mensch und Endlichkeit« abhandeln: Zuerst ging es um die Frage nach dem Wohin und *dann* erst um die nach dem Woher des Menschen. Müßte es nicht umgekehrt sein, also der »Ursprung« *vor* dem Ende abgehandelt werden? Was logisch so einleuchtend klingt, wäre anthropologisch gleichwohl nicht sachgemäß. Die Frage der Umgrenztheit, eben der Endlichkeit menschlichen Daseins, wird uns zuerst von seiner Todesgrenze und der von ihr bestimmten Unumkehrbarkeit unserer Zeitlinie bewußt. Erst dieses »Sein zum Tode« löst *dann* – und zwar vereint mit der ebenfalls auf den Tod bezogenen Sinnfrage – die Rückfrage nach dem Woher, nach dem Ursprung, aus.

Ein mich beeindruckender Hinweis auf diese Reihenfolge findet sich auch in dem Umstand, daß »sich umfangreichere Aussagen von Jahwes Weltschöpfung erst in jüngeren Texten finden« (Gerhard von Rad). Zwar kann man kaum annehmen, daß Israel das Thema »Schöpfung« und »Ursprung« erst sehr spät entdeckt hätte. Das ist schon deshalb schwer vorstellbar, weil Israel ja in einer Umwelt lebte, deren reiches Reservoir an Schöpfungsmythen es nicht nur auf diese Fragen stoßen mußte, sondern es zugleich zur Abgrenzung, zur Selbstbehauptung seines Jahwe-Glaubens und damit zur Thematisierung des »Ursprungs« nötigte. Daß das Schöpfungsthema gleichwohl nur in *jüngeren* Texten auftaucht, kann also kaum damit erklärt werden, daß Israel sich erst sehr spät damit befaßt habe. Viel näher liegt die von Gerhard von Rad geäußerte Annahme, »daß Israel verhältnismäßig lange gebraucht hat, den tatsächlich vorhandenen älteren Schöpfungsglauben mit der Überlieferung von den eigentlichen, das heißt den geschichtlichen Heilstaten Jahwes theologisch ins rechte Verhältnis zu bringen«. »Geschichtliche Heilstaten«, das meint das Handeln Jahwes, das in die Zukunft, auf Ziele hin und zu einem unbekannten Wohin entbietet: aus Ägypten in die Wüste und aus der Wüste ins gelobte Land. Ein permanenter Exodus auf rätselhaften Wegen zu einem verheißenen Wohin: das ist die Geschichte des Volkes mit seinem Bundesgott. Und erst von da aus, von dieser erfahrenen Geschichte her, konnte der Begriff der Schöpfung nunmehr bestimmt werden. Das aber macht schon an der literargeschichtlichen Datierung der Schöpfungstexte deutlich, wie die Frage nach dem Ursprung sich erst im Nachhinein ergibt: dann nämlich, wenn sie durch die vorgängige Frage nach dem *Wohin* ausgelöst wird.
Aber welcher Art ist nun die so entstehende Frage nach dem Woher – welcher Art ist sie besonders dann, wenn wir die *biologischen* Antworten auf die Woher-Frage mit ins Spiel bringen müssen? Man könnte davon ausgehen, daß die neue Biologie – wie Morin sagt – das Leben der Zelle auf dessen Substrate zurückführt: auf die Nukleinsäuren und die Proteine. Da menschliches Dasein – einschließlich seiner Selbsttranszendierung – an diese Nucleotide, an die »Atome des Lebens« gebunden bleibt, legt sich die Beziehung von Logos und Bios, Personhaftigkeit und Gehirn, Biochemie und Selbstbewußtsein als Gegenstand anthropologischer Forschung in der Tat nahe.
Es würde unsere Kompetenz und unser Vermögen überschreiten, die Grenzfragen zwischen Biologie und Theologie in *diesem* Sinne zu thematisieren, zumal der Nichtfachmann hier nur Auskünfte aus zweiter Hand zu kommentieren vermöchte. Meine bescheidenere, aber im Grundsätzlichen sehr dezidierte Bemühung richtet sich statt dessen darauf, die *entscheidende Fragestellung* herauszuarbeiten, um die es bei einem Dialog über diese Grenzfragen geht. Hier stehen wir weithin vor einem Chaos des Aneinander-vorbei-Fragens.

Wenn wir hier ein wenig Aufräumarbeit leisten wollen, gehen wir am besten von jener historischen Nahtstelle aus, an der sich der sozusagen eklatanteste Zusammenstoß zwischen theologischer und biologischer Anthropologie ergab: von der Kontroverse zwischen der Evolutionstheorie DARWINS – die wiederum nicht in extenso besprochen werden kann – und dem Schöpfungsglauben. Von beiden Seiten meinte man hier Unvereinbarkeit feststellen zu müssen: von DARWIN aus melancholisch und etwas resigniert, aber durchaus unpolemisch, von der kirchlichen Orthodoxie dagegen mit jener rabies theologorum, die sich bei wirklichen oder vermeintlichen Angriffen auf die Lehr- und Glaubens-Substanz einzustellen pflegt.

1. Die Bedeutung der Grenze zwischen beiden Aspekten

Im biblischen Schöpfungsbericht geht es keinesfalls um so etwas wie eine vortheoretische, in mythischen Chiffren sich äußernde Vermutung über die Menschwerdung. Wäre es so, müßte diese Vermutung selbstverständlich durch theoretisch begründete und insofern ausgereifte Feststellungen abgelöst werden, zumindest aber in einem Konkurrenzverhältnis zu ihnen stehen. Die Pointe der Schöpfungsberichte, ihr kerygmatisches Aussage-*Ziel*, geht aber auf etwas ganz anderes. *Sie wollen eine ganz bestimmte Relation des menschlichen Daseins sichern, nämlich seine Beziehung zum Schöpfer.* Diese Sicherung bleibt unabhängig von der genetischen Frage, die für die Evolutionstheorie im Mittelpunkt steht. Der Unterschied von genetischer und Wesensfrage ist hier streng gewahrt, auch wenn darüber nicht ausdrücklich reflektiert wird (selbstverständlich nicht!).
Sobald man sich darüber klar ist, daß jene Relation Mensch–Schöpfer das Ziel der biblischen Urgeschichte bildet, erweist sich der Schöpfungsbericht als prinzipiell mit *jeder* biologisch-genetischen Theorie vereinbar: sei es mit der evolutionären Aszendenz des Menschen aus vormenschlichen Entwicklungsformen, wie sie DARWIN vorschwebte, oder sei es mit der etwas abenteuerlichen, mehr als geistvolles Gedankenspiel erscheinenden Konzeption von WILHELM PREYER, MAX WESTENHÖFER und EDGAR DACQUÉ, nach der – genau umgekehrt wie bei DARWIN – das Tier nicht etwa ein Vorläufer des Menschen, sondern sein Abfallprodukt sei, wie denn auch das Organische nicht dem Anorganischen entstamme, sondern das Anorganische seinerseits wieder als das heruntergekommene Abfallprodukt des Lebendigen interpretiert wird[14]. Ich stelle absichtlich zwei so konträre genetische Theorien einander gegenüber, um so sichtbar werden zu lassen (und im folgenden noch weiter zu verdeutlichen), daß der *nicht* vom genetischen Aspekt bestimmte Schöpfungsbericht sich gegenüber entsprechenden Theorien *neutral* verhält. Die Frage der Gott–Mensch-Relation bleibt von diesen Kontroversen unberührt. Überall dort, wo man hier Antithesen sieht oder konstruiert, beruht dies auf Mißverständnissen:

sei es auf dem Mißverständnis der Naturwissenschaftler, die ihren genetischen Theorien zugleich Wesensaussagen über den Menschen meinen entnehmen zu können und damit tatsächlich in Gegensatz zum Schöpfungsglauben und seiner Relationsthese geraten müssen; sei es auf dem Mißverständnis von Theologen, die die kerygmatische Spitze des Schöpfungsberichtes übersehen und ihn als eine verbindliche Lehre von der Menschwerdung mißverstehen, die sie gegen eine konkurrierende *andere* Lehre verteidigen müssen.

Damit ergibt sich schon ein erster Hinweis auf die entscheidende Fragestellung, um die es uns geht:

Eine echte Alternative zwischen biologischer Evolutions- und christlicher Schöpfungslehre ergibt sich nur dann, wenn jene wissenschaftlichen Theorien ihre Grenze insofern überschreiten, als sie die Theorie über die »Entstehung« zu einem Dogma über das »Wesen« erheben, oder wenn man auf theologischer Seite – zu Recht oder zu Unrecht – diese Erhebung meint konstatieren zu können.

Diese Beobachtung leitet nun zu der eigentlichen Schlüsselfrage hin: *wie denn die Grenzprobleme zwischen Biologie und Theologie überhaupt entstehen.*

Daß es zu solchen Grenzfragen und Reibungsphänomenen kommt, wird verständlich, wenn man sich klarmacht, daß beide Wissenschaften ihren Gegenstand in etwa gemeinsam haben. Dieser Gegenstand ist im Rahmen der biologischen wie der theologischen Anthropologie eben *der Mensch*. Ich nenne als Beispiel drei spezielle Überschneidungszonen:

Erstens: Beide sagen etwas über den *Ursprung* des Menschen, wobei wir den Doppelklang des Wortes Ursprung im Sinne von »genetischer Ursache« und »Wesensgrund« zunächst dahingestellt sein lassen. Die Theologie spricht vom Ursprung des Menschen in Gott und bestimmt sein Wesen mit Hilfe der entsprechenden Grundrelation. Die Biologie spricht vom Ursprung der Abstammung.

Zweitens: Beide sagen etwas über den *Leib* des Menschen aus. Da die entsprechenden Kontroversen sich von jeher an das leibliche Phänomen der *Sexualität* geheftet haben, wollen wir an ihr den gemeinsamen Gegenstandsbezug zum Leibe beobachten:

Der Biologe erforscht deren physiologische Abläufe und sieht sie in der Analogie zur Geschlechtlichkeit der Säugetiere. Eine ethisch orientierte Anthropologie sieht dagegen in der Sexualität das vitale Medium, in das hinein die personhafte Bindung an ein Du eingelassen ist. Persönliche Gemeinschaft vollzieht sich ja nie in abstracto, sondern stets zwischen Individuen von konkreter Prägung: zwischen Personen, die bestimmten – jeweils gleichen oder verschiedenen – Bildungsstufen, Weltanschauungen, Berufen, Lebensaltern und schließlich eben auch einem der beiden *Geschlechter* zugehören. Die physisch-sexuelle Ebene ist nur *eine*, wenn auch besonders hervorragende Ebene, auf der Ich und Du einander begegnen, Gemeinschaft schließen, sich fördern oder aneinander schuldig werden, sich dienen oder einander ausbeuten. – Auch hier vollzieht sich wieder alles äußerst konkret: Ein abstraktes Sich-Dienen »an sich« oder eine wechselseitige Ausbeutung »an sich« gibt es nicht. Das alles ist immer nur möglich innerhalb einer oder mehrerer der genannten Daseinsbezüge. Darum können jene Daseinsbezüge und Begegnungsebenen – zum Beispiel der physisch-sexuelle Bezug – niemals selbstzwecklich und niemals Ziel sein. Die Sexualität kann für eine ethische Anthropologie wirklich nur als das verstanden werden, was wir soeben das vitale Medium nannten, in das die eigentlich personalen Bezüge »eingelassen« sind.

Drittens: Schließlich ist noch der *Tod* ein gemeinsamer Gegenstand beider Anthropologien. Der Biologe definiert ihn etwa als Erlöschen aller Lebensvorgänge (der Herz-, Kreislauf- und Gehirntätigkeit). Die theologische Anthropologie sieht auch hier den – selbstverständlich nicht geleugneten – physischen Prozeß als ein Medium an, innerhalb dessen sich noch ein ganz anders qualifiziertes Ereignis abspielt: das Gericht Gottes. »Du bist Staub und sollst wieder zu Staub werden«, heißt es in der Sündenfallgeschichte (1. Mose 3, 19). Paulus deutet diesen Hintergrund an, wenn er vom Tod als »der Sünde Sold« spricht (Römerbrief 6, 23).

Was die Sündenfallgeschichte mit diesem Verständnis des Todes sagen will, ist dies: Die schuldhafte Tat des Menschen ist seine Hybris; daß er »sein will wie Gott«. Im Tode aber wird dieser notorisch Grenzenlose hinter seine Grenze zurückgeworfen. Der über den Staub sich Erhebende wird dem Staube zugeordnet. Vor dem die Ewigkeit Erraffenden schließt sich die Schranke seiner Zeitlichkeit. Dieses Gerichtsverhängnis auf der Ebene der Mensch–Schöpfer-Beziehung vollzieht sich unter der Decke und im Medium des natürlichen Sterbegesetzes. Sein Dasein ist so im gefüllten Sinne des Wortes ein »Sein zum Tode«.

An allen diesen Punkten ließe sich nun demonstrieren, wie es zum *Konflikt* dieser beiden grundverschiedenen Aspekte kommt und wie er sich jeweils aus einer Grenzüberschreitung ergibt. Wir begnügen uns hier beispielhaft mit dem ersten und dritten Punkt:

Angesichts der Frage des *Ursprungs* ergibt sich, wie schon kurz angesprochen, die Grenzüberschreitung von seiten der Biologie, wenn diese aus der genetischen Ableitung des Menschen zugleich sein Wesen abzuleiten sucht und damit etwa zu Nietzsches Konzeption der Tierhaftigkeit des Menschen drängen muß. In der Regel spricht man bei dieser Ausweitung des naturwissenschaftlichen Aspekts nicht mehr von »Biologie«, sondern von »Biologismus« oder »Vitalismus«, um durch das »-ismus«-Suffix eine gewisse Verabsolutierungstendenz, die Erhebung eines partiellen zum weltanschaulichen Ganzheitsaspekt anzukündigen. – Von seiten der Theologie ergibt sich die entsprechende Überschreitung, wenn sie sagt, der Mensch habe sich nicht genetisch entwickelt, *»sondern«* (!) er sei in einem momentanen, historisch zu berichtenden Akt vom Schöpfer ins Leben gesetzt worden. Darauf wird dann die Biologie mit dem Hinweis auf die exakt erhebbaren Entwicklungsstadien und ihre zeitliche Ausdehnung antworten. Sie wird sich also zur Widerlegung der »historisch« verstandenen Schöpfungsgeschichte legitimiert sehen.

Gegenüber dem Verständnis des *Todes* ergibt sich die Grenzüberschreitung von seiten der Biologie, wenn sie mit ihren Aussagen über die Physiologie des Sterbens zugleich das »Sein zum Tode« als existentielles Phänomen zu treffen meint. Das könnte dann nur bedeuten, daß sie menschliches Sterben und tierisches Verenden nicht mehr in ihrer Differenz erkennt, sondern beides in eins setzt. Das würde nichts Geringeres als ein Attentat wider die Menschlichkeit des Sterbens sein; es müßte seine Entpersönlichung beinhalten.

Es bedarf keiner speziell »theologischen« Kriterien, um diese Beraubung zu erkennen und sich wider sie abzugrenzen. So macht sich z. B. RAINER MARIA RILKE zum Anwalt der »Menschlichkeit« des Sterbens. Sie zeigt sich darin, daß es nicht einfach ein biologischer Prozeß ist, der generalisiert und nivelliert zu sehen wäre, sondern daß menschliches Sterben das gelebte Leben erfüllt und daß es zu seinem einmaligen Gehalt gehört.

So heißt es im »Stundenbuch«:

> O Herr, gib jedem seinen eig'nen Tod,
> Das Sterben, das aus jenem Leben geht,
> Darin er Liebe hatte, Sinn und Not.

Indem die Frist von Liebe, Sinn und Not sich im Tode vollendet, wird so der je eigene Gehalt eines Lebens offenbar. Insofern bringt der Tod die eigentliche Begegnung des Menschen mit sich selbst. Dann aber ist er mehr und anderes als ein bloß naturgesetzliches Widerfahrnis, das auch jeden andern im Zuge eines überindividuellen Prozesses trifft. Nein: Es geht beim Menschen um den je »eigenen Tod«. Man kann deshalb strenggenommen nicht sagen: »›Es‹ wird gestorben«, sondern: »›Ich‹ sterbe.«

Das in diesem Sinne »menschliche« Sterben bezeichnet RILKE als den »großen Tod« und unterscheidet ihn vom »kleinen Tod«, in dem das Sterben unter die Kennmarke der Humanität absinkt und sich dem tierischen Verenden nähern kann. Der »kleine Tod« – so wieder im »Stundenbuch« – begibt sich dann, wenn der Mensch nicht auf sein Sterben hin ausgereift ist, so daß der Tod »grün und ohne Süße« dahängt, »wie eine Frucht an ihnen (den Menschen), die nicht reift«. Das ist so nicht mehr »mein« Tod, sondern der »fremde« Tod, der mich sozusagen nur als biologisches Geschick trifft und sich in dieser Eigenschaft des bloßen Widerfahrnisses erschöpft. Im »Malte Laurids Brigge« kommt es zu einer gespenstischen Vision dieses »kleinen«, »fremden« und »nicht von Gott besoldeten« Todes: »Jetzt wird in 559 Betten gestorben. Natürlich fabrikmäßig. Bei der enormen Produktion ist der einzelne Tod nicht so gut ausgeführt, aber darauf kommt es auch nicht an. Die Masse macht es. Wer gibt heute noch etwas auf einen gut ausgearbeiteten Tod? ... Der Wunsch, einen eigenen Tod zu haben, wird immer seltener. Eine Weile noch, und er wird ebenso selten sein wie ein eigenes Leben ...; man stirbt den Tod, der zu der Krankheit gehört (denn seit man alle Krankheiten kennt, weiß man auch, daß die verschiedenen letalen Abschlüsse zu den *Krankheiten* gehören und nicht zu den *Menschen:* der Kranke hat sozusagen nichts zu tun).«

Während so im Umkreis des Todesproblems die *Biologie* ihre Grenze dadurch überschreitet, daß sie das »je Eigene« des menschlichen Sterbens im Namen eines generalisierenden Prozeßgeschehens übersieht, vollzieht eine bestimmte Art von *Theologie* jene Grenzüberschreitung, wenn der paulinische Satz vom Tod als »der Sünde Sold« als Argument benutzt wird, um *überhaupt* eine biologische Interpretation des Todes zu bestreiten und etwa zu sagen, der Tod sei mit dem historisch zu verstehenden Sündenfall in die Welt gekommen. Der Einbruch des Todes in die Menschenwelt sei so gewissermaßen chronologisch datierbar. *Vor* dieser zeitlichen Zäsur – bei Adam und Eva vor dem Fall – habe es todloses Leben gegeben. Der Sündenfall habe somit eine Art »Mutation« im Bereich der Physiologie mit sich gebracht. Nicht immer – aber auch nicht allzu selten – kommt es bei Grenzüberschreitungen zu einer solchen Groteske wie hier. Wir werden noch Gelegenheit haben, ähnlich bizarre Konsequenzen zur Kenntnis zu nehmen.

2. Gründe und Formen der Grenzüberschreitung

Wenn die Biologie ihren Aktionsradius dadurch überschreiten kann, daß sie möglicherweise ihre genetischen Feststellungen zu normativen Setzungen erhebt, so gibt es die gewissermaßen umgekehrte Grenzüberschreitung auch bei der Theologie. Und zwar läßt sich genau sagen, wann ihr dieser Lapsus unterläuft: Er passiert immer dann, wenn sie die theologische Aussage über das Wesen des Menschen nicht ausdrücklich von den weltbildlichen Formen scheidet, in welche diese Aussage biblisch eingekleidet ist. Ich meine damit nicht nur jenes Weltbild, nach dem die Erde eine Scheibe ist, über der sich die gläserne Kugel des Firmamentes wölbt, sondern ebenso die weltbildlich bedingte Vorstellung, daß der Mensch aus einem Erdenkloß gemacht sei. Sobald dieser weltbildliche Bestandteil der biblischen Aussagen aus einer zeitbedingten *Form* des Sagens zum *Inhalt* des Gesagten gemacht und so zu einem verbindlichen Gegenstand des Glaubens erhoben wird, muß es notwendig zum Zusammenprall mit denjenigen Erkenntnissen kommen, die von seiten der Wissenschaft gemacht wurden und als Elemente eines wissenschaftlich verantworteten Weltbildes fungieren.
Wie kraß und auch grotesk sich dieser Zusammenprall abspielen kann, geht aus der räumlichen Vorstellung hervor, in der J. C. LAVATER (geb. 1741) sich die Himmelfahrt Christi denkt: »Mehr als hunderttausend Millionen Jahre hätte eine Kanonenkugel ... in den nächsten Fixstern

fortzueilen ... Man mag sich denken, mit welcher Schnelligkeit Jesus in den Himmel gefahren.« (Auf die hiermit zusammenhängenden Probleme der »Entmythologisierung« und Entweltbildlichung, wie R. BULTMANN sie in seiner Weise aufgeworfen hat, brauchen wir hier nicht einzugehen. Es mag mit der Feststellung genug sein, *daß* dieses Problem hier akut wird, und zwar ganz unabhängig von der Art, wie es im besonderen von BULTMANN gestellt und beantwortet wird[15].

Wer die Unterscheidung zwischen dem inhaltlichen Aussage*ziel* und der weltbildlich bedingten *Form* der Aussage verweigert, kann den entscheidenden Grund für die besprochenen Grenzüberschreitungen nicht zu Gesicht bekommen. Dieser Grund besteht darin, daß *die Aussagen einer biologisch oder ethisch (bzw. theologisch) orientierten Anthropologie in völlig heterogenen Geltungsbereichen beheimatet* sind. Je nach dem Aspekt, unter dem man die Dinge sieht, erscheinen die gleichen Dinge ganz anders. Daß es demzufolge ein Fehler im erkenntnistheoretischen Ansatz ist, wenn man die Aspekte und Räume nicht säuberlich scheidet, möchte ich an zwei ganz andersartigen Gegenstandsbereichen illustrieren. Dabei ist mir wichtig, daß es wirklich um Wissenschaften anderer Provenienz geht. So dürfte sich weniger leicht der Verdacht einschleichen, als hätte ich mich eines Theologentricks bedient, wenn ich den verhängnisvollen Kollisionskurs von Biologie und Theologie damit zu erklären suchte, daß man nicht zwischen den verschiedenen Geltungsbereichen und den dadurch bedingten Aussagequalitäten differenziert habe.

Erstes Beispiel: In seinem Werk »Die Grenzen der naturwissenschaftlichen Begriffsbildung«[16] kommt HEINRICH RICKERT auch auf die verschiedenen Methoden von Natur- und Geschichtswissenschaft zu sprechen. Und zwar sieht er diese Verschiedenheit darin, daß die Naturwissenschaft eine generalisierende, die Historie dagegen eine vorwiegend individualisierende Tendenz verfolge. WILHELM WINDELBAND unterscheidet analog dazu zwischen einer nomothetischen Intention der Natur- und einer idiographischen Intention der Geschichtswissenschaft[17]. Damit ist folgendes gemeint:

Die Naturwissenschaft beobachtet an einem Phänomen dasjenige, was es mit andern Phänomenen seiner Art gemeinsam hat. Sie beobachtet das die Phänomene naturgesetzlich Verbindende. Sie stellt an einem Hühnerei sozusagen das »Eihafte« fest und nicht etwa ganz ausgefallene Besonderheiten, wie sie an dem individuellen Produkt eines gleichsam »verrückten« Huhns auftreten mögen. Ein Wissenschaftler, den vornehmlich diese Ausgefallenheiten interessierten, sollte lieber Museumsdirektor als Biologe werden. Dort wäre die Einrichtung eines Raritätenkabinetts ja legitim! Wenn er sich ausschließlich dem individuell Besonderen, dem nicht Generalisierbaren zuwendete, würde er sich jedenfalls außerhalb seines naturwissenschaftlichen Zuständigkeitsbereichs bewegen und statt dessen in der

Zone des Historisch-Musealen aufhalten. Denn die Geschichtswissenschaft ist, wie RICKERT es sieht, entgegen jener Methode der Naturforschung tatsächlich am individuell Besonderen interessiert. Sie achtet gerade auf das, was die eine Erscheinung von der andern unterscheidet. Bei NAPOLEON zum Beispiel beachtet sie speziell das, was ihn von allen andern Exemplaren der Spezies Mensch abhebt. Deshalb hätte ich ihn eben nicht zutreffend und historisch sachgemäß beschrieben, wenn ich nur die allgemeinen und naturhaften Merkmale zusammenstellte, die mich veranlassen, NAPOLEON unter den Oberbegriff der Spezies »Mensch« zu subsumieren.

Verpflanze ich nun die historische oder auch die naturwissenschaftliche Aussage aus dem für sie zuständigen Geltungsbereich in einen andern und ihr fremden, so kommt es in der Tat zu Folgerungen, deren grotesk lächerlicher Charakter den Nonsens solcher Transpositionen drastisch verdeutlicht. PAUL DE LAGARDE macht das einmal an der satirischen Darstellung einer Gestalt der Geschichte klar: »HELMUTH VON MOLTKE«, so sagt er, »1800 zu Parchim geboren, gab, solange er in der Wiege lag, nicht selten Veranlassung, über seine Unsauberkeit zu klagen, trat als Jüngling in dänische, danach in preußische Kriegsdienste, wurde nach der Türkei beurlaubt, lebte eine Zeitlang als Adjutant des Prinzen Heinrich von Preußen in Rom, wurde schließlich an die Spitze des preußischen Generalstabes berufen ... Er besitzt jetzt das Rittergut Kreisau, woselbst er einen Teil des Jahres sich aufhält. So himmelschreiend lügenhafte Mitteilungen wie dieser nur wahre Aussagen enthaltende Artikel werden ... zu Tausenden gedruckt und gelesen.« Das Lügenhafte, das LAGARDE hier meint, besteht darin, daß MOLTKE nicht »historisch«, das heißt unter dem für ihn zuständigen Aspekt gesehen wird, sondern daß man ihn »generalisierend« und »nomothetisch« beschreibt: erst als biologisches Wesen in seiner Wiege, dann als Repräsentanten einer militärischen Routinelaufbahn. Es gibt auch heute Magazine und Zeitschriften, die mit Hilfe von Richtigkeiten schwindeln.

Gerade das Lächerliche solcher zwar objektiv richtigen, aber in einen verfremdenden Geltungsbereich übertragenen Aussagen macht sichtbar, welche Bedeutung die Zuständigkeit der jeweiligen (naturwissenschaftlich oder historisch bestimmten) Aussageweise hat. *Trotz der objektiven Richtigkeit im Detail wird eine Wahrheit in der Substanz verändert und in einem tieferen Sinne geradezu unwahr, wenn man sie über ihre Geltungsgrenze auf ein fremdes Territorium drängt.* Komik ist ein Phänomen des Gegensatzes[18]. Und die komische Karikatur, die bei solchen Verpflanzungen entsteht, ist ein Zeichen dafür, daß trotz der bleibenden Richtigkeiten en détail sich eben solche Gegensätze ergeben müssen. In ihrem Zerrgürtel werden die Einzelelemente eines Porträts zum unwahren Vexierbild.

Das zweite Beispiel: Auch hier geht es um die Vermischung zweier Geltungsbereiche, die bizarre Folgen zeitigen muß. Wir meinen das Verhältnis von musikalischen und physikalischen Aussagen.

Selbstverständlich hat BACHS Matthäus-Passion *auch* eine physikalische Seite. Unter deren Aspekt gesehen, besteht das Oratorium aus einer gesetzmäßigen Aneinanderreihung von Tonschwingungen, deren Erforschung selbstverständlich ebenso berechtigt ist wie die musikalische oder religiöse Interpretation des Kunstwerks. Gleichwohl muß man sich darüber im klaren sein, daß es hier um zwei verschiedene Kategorien des Sehens, Hörens und Urteilens geht, so daß die sich ergebenden Aspekte nicht einfach zueinander addierbar und erst recht nicht mischbar sind. Trotz der Identität der Sache kommt jeweils ein völlig anderer Gegenstand zu Gesicht. So falsch es nun wäre, eine diesbezügliche Statistik der Tonschwingungen als BACHS Matthäus-Passion oder (noch schlimmer!) als das *Wesen* dieser Passion zu bezeichnen, so abwegig wäre es auch umgekehrt, wenn man im Namen der musikalischen Qualität die quantitativ-physikalische Seite jenes Kunstwerks bestreiten wollte. Das wäre genauso absurd, wie wenn man die zeitlose Gültigkeit eines mathematischen Lehrsatzes mit dem Argument bestreiten wollte, dieser vermeintlich zeitlose Satz könne doch nur im zeitlich quantitativen Ablauf bestimmter Gehirnfunktionen gedacht werden.

Wie wenig beide Aspekte zu vereinen sind und wie ausdrücklich also ihre Differenz festzuhalten ist, erhellt abermals aus den grotesken Schlußfolgerungen, die im Falle ihrer Vermischung zu ziehen wären. Man müßte dann zum Beispiel, wie TH. BOVET das in einem ironischen Seitenhieb tut, die Entstehung der Faust-Tragödie aus bestimmten Drüsenabsonderungen in GOETHES Fissura Sylvii erklären.

Sobald ich ein Kunstwerk interpretiere, spreche ich über eine Qualität, zu deren Beschreibung ich den ganz andern Bereich der quantitativen Meßbarkeiten nicht heranziehen kann, weil die Quantität nichts über das Wesen besagt. Ich wäre so etwas wie ein physikalischer Materialist (so etwas gibt es ja in der »-ismus«-Zone!), wenn ich sagen würde, eine BEETHOVENSCHE Symphonie »bestünde in« physikalischen Schwingungen oder REMBRANDTS »Nachtwache« »bestünde in« bestimmten Textilgeweben, die mit öligen Substanzen bestrichen seien. EDUARD SPRANGER weist einmal auf das Aufreizende solcher Verkehrungen hin, wenn er von einem Mathematiker berichtet, der nach einem BEETHOVEN-Konzert gesagt habe: »Schön! Aber was ist damit bewiesen?« Und wiederum: Ich wäre ein idealistischer Phantast (auch das gibt es in der »-ismus« Zone), wenn ich dem Kunstwerk diese Seite der Quantitäten, wenn ich ihm sozusagen die Physiologie seiner Leiblichkeit abspräche und es nur für erlaubt hielte, von zeitlosen Geltungen und musischen Werten zu sprechen. Vielleicht ist es nicht von der Hand zu weisen, eine Analogie zu dieser Verschiedenheit und Nicht-Vermischbarkeit der Aspekte in der Mikrophysik auftauchen zu sehen: Der

Wellen-Aspekt und der Korpuskel-Aspekt verhalten sich exklusiv gegeneinander.

3. *Der Versuch, das Wesensbild des Menschen »wissenschaftlich« zu erheben (Beispielfall: Edgar Morin)*

Wir haben im Laufe unserer Überlegungen die verschiedensten Gelegenheiten zu dem Hinweis gehabt, daß und warum das Wesen des Menschen keine objektivierbare Vorfindlichkeit sei und sich so einem wissenschaftlichen Zugriff entziehe. Jetzt taucht diese Frage noch einmal in einer *neuen* Variante auf, und zwar unter dem Gesichtspunkt, wo die genauere Grenze zwischen wissenschaftlichen und Wesens-Aussagen über den Menschen verlaufe, vor allem aber, wie es zum Wissen um diese Grenze komme.
Ehe wir uns darüber Gedanken machen, verschaffen wir uns eine möglichst plastische Vorstellung von dem Versuch, mit wissenschaftlichen Mitteln zu einer Wesens-Aussage über den Menschen zu kommen. Exemplarische Bedeutung dafür hat Edgar Morins Entwurf einer »neuen«, biologisch orientierten Anthropologie, bei der es ihm um »das Rätsel des Humanen« geht.
Als charakteristisch erscheint mir schon die Absicht, die Lücke auszufüllen, welche die überfällig gewordenen Glaubens- und Vorstellungstraditionen hinterlassen haben. Wer auf andere Weise und mit anderer Tendenz das zu sagen wünscht, was jene Traditionen ihrerseits einmal sagen wollten, aber nun nicht mehr sagen können, wer so die verlassene Aufgabe jetzt seinerseits aufzugreifen wünscht, kann damit nur sagen wollen, daß es ihm »also« um das Rätsel des humanen *Wesens* gehe. Da hierfür keine metaphysischen oder theologischen Vorgaben zur Verfügung stehen, muß man von der Empirie, d. h. von objektivierbaren Fakten, ausgehen. So ist ein Summarium aus Hirn- und vergleichender Verhaltensforschung, aus moderner Informationstheorie und Kybernetik, aus der Ökologie und selbstverständlich auch aus der Biologie der Zelle zusammenzutragen, um aus dem Mosaik der Einzelwissenschaften eine umfassende Anthropologie zusammenzustellen. Hierbei halten wir als Frage fest, was uns später beschäftigen muß: ob eine Anthropologie ohne ein bereits vorher bestehendes und aus andern Quellen gewonnenes Bild vom Menschen durch eine bloße Synthese von Einzelaspekten überhaupt zu gewinnen sei.
Morin scheint gelegentlich nahe an diese Frage heranzuführen, ohne sie dann doch zu stellen. Er gibt nämlich zu erkennen, daß es offenbar nicht zureicht, wenn gewisse biologische Theorien das Leben der Zelle auf dessen Substrate zurückführen, auf die Nukleinsäuren und die Proteine, um von da her zu einem Verständnis des Lebens und schließlich auch des *menschlichen* Lebens zu kommen. Statt dieses induktiven Vorgehens und Aufbauens von unten, von den »Atomen des Lebens« her, stellte sich eine ganz andere, jedenfalls zusätzliche Aufgabe als dringlich heraus: Man

mußte nämlich »auf Ordnungsprinzipien zurückgreifen ..., die in der Chemie unbekannt sind, das heißt auf die Begriffe der Information, des Codes, der Botschaft, des Programms, der Kommunikation, der Hemmung, der Unterdrückung, des Ausdrucks und der Kontrolle«. Allein schon die Tatsache, »daß der Begriff der Maschine auf die Zelle und damit auf die Grundeinheit des Lebens angewandt wurde«, stelle »ein Ereignis von ungeheurer Tragweite dar«. Denn die Maschine repräsentiere eine »organisierte Gesamtheit« und lasse sich nicht »auf ihre konstituierenden Elemente zurückführen«. Die höhere Einheit, also die »Maschine«, läßt sich nicht in die elementaren Einheiten auflösen« oder aus ihnen ableiten. Sie macht vielmehr »deren Eigenschaften erst verständlich«. So kommt es in dieser neuen Anthropologie zu *»einer Öffnung nach oben«*. Denn »Information, Code, Botschaft, Programm, Kommunikation, Hemmung, Unterdrückung usw. sind Begriffe, die an der Erfahrung der menschlichen Beziehung gewonnen wurden und bis dahin anscheinend unauflöslich an die psycho-soziale Komplexität gebunden waren«, während sie sich jetzt bereits in der Grundeinheit des Lebens, in der Zelle, als relevant erweisen.

Hier widerlegt Morin, so dünkt mich, implizit seine ursprüngliche Absicht, das Rätsel des Humanen mit Hilfe einer Addition von Aspekten zu gewinnen. Er setzt vielmehr ein höheres Organisationssystem – dargestellt am Bild der komplexen Maschine – *voraus*. Dieses System stehe schon »an der Basis des Lebens, als sei die Zelle eine komplexe Gesellschaft von Molekülen, die von einer Regierung gelenkt werden«.

Ich meine, daß die damit gegebene »Öffnung nach oben« zu der Frage – zu der gegenüber Morin wohl kritischen Frage – nötige, was dieses nicht hinterfragbare und nicht in Einzelelemente aufzulösende Gesamtsystem des Humanum nun seinerseits sei und bedeute. Läßt sich dieses Sein und Bedeuten etwa aus der immanenten Struktur des Systems ableiten? Es bedarf keiner weiteren Begründung mehr, daß das *nicht* so sein kann. Erfahren wir dieses Sein und Bedeuten nicht vielmehr aus einer ganz andern Quelle, ich meine: aus der Selbsterfahrung nämlich? Und zwar derart, daß wir uns eben als Wesen verstehen, die nach sich selber fragen müssen, die sich ergreifen und verfehlen können und damit eine Erfahrung begehren, die der Einblick in die »organisierte Gesamtheit« und der Ausblick aus der »Öffnung nach oben« nicht gewähren? *Das aber würde wieder heißen, daß wir die letzten Kriterien für die Frage nach dem Menschen nicht auf dem Felde des objektiv Erfragbaren gewinnen können.*

Morin sieht also auf der einen Seite, nämlich gegenüber der – nicht mehr *ganz* neuen – Biologie und ihrer Fixierung auf die Substrate des Lebens, sehr genau, wo die Grenzen dieser Schau der Dinge liegen. Auf der andern Seite scheint er den Grenzen seiner eigenen Konzeption keine ausdrückliche Aufmerksamkeit zuzuwenden; jedenfalls thematisiert er diese Frage nach den Grenzen nicht. Er ist vielmehr offensichtlich der Meinung, daß die »Öffnung nach oben«, auf die höhere Teleologie des Gesamtsystems hin, wirklich das Rätsel des Humanum erhelle. Es besteht kein Zweifel, daß diese Entdeckung einen wesentlichen Beitrag zur Einsicht in das Humanum bedeutet; insofern ist sie beispielhaft für die Tragweite einer Kooperation zwischen natur-, humanwissenschaftlicher und auch theologischer Anthropologie. MORIN versteht seine Argumentation aber wohl nicht als einen Materialbeitrag zur Erhellung des Menschseins, sondern als die entscheidende Wesenseinsicht selbst. Obwohl er den Horizont eines bloßen Biologismus in der Tat durchstößt, hat er dadurch den partikulären Aspekt der »Wissenschaft« nicht prinzipiell überwunden, sondern ihn nur erweitert.

Damit gewinnt die eingangs gestellte Frage an Dringlichkeit, *wie es denn überhaupt zum Wissen um die Grenze der Wissenschaft im Bereich der Anthropologie komme.* Da die Theologie (sei es in dogmatischer Selbstsicherheit, oder sei es in der selbstkritischen Bewußtheit eines Glaubens, der um denkende Klärung seiner selbst bemüht ist[19]) mit einiger Penetranz auf diese Grenze hinweist und sie überall dort überschritten sieht, wo man jenseits und unabhängig von der Gott–Mensch-Relation das Wesen des Humanum meint gewinnen zu können, läßt sich die Frage auch so stellen:

Muß die Naturwissenschaft erst von der Theologie darauf aufmerksam gemacht werden, daß sie jene Grenze besitzt – oder bemerkt sie diese Grenze auch von sich aus?

Obwohl der Verfasser sensibel genug ist, um schon durch diese Fragestellung den Verdacht klerikaler Überheblichkeit nahegelegt zu sehen, meint er doch betonen zu müssen, daß diese Frage durchaus ihren guten Sinn hat. Denn: Um eine Grenze zu erkennen, muß man ja wissen, was *jenseits* der Grenze ist. Zum Wesen einer Grenze gehört es, daß sie zwei Bereiche voneinander scheidet. Was die durch Deutschland hindurchgehende Ost-West-Grenze wirklich bedeutet, kann einem nicht dadurch klarwerden, daß man nur seinen eigenen – etwa den westlichen – Bereich durch sie abgegrenzt sieht, sondern daß man zugleich weiß, welcher Art das jenseits ihrer beginnende Herrschaftsgebiet ist. Offenbar muß man um diese *beiden* »Areale« wissen, wenn man von der Grenze spricht, sei es auch nur so, daß man jenseits der Okeanos-Grenze, wie das der Grieche tat, das Nichts beziehungsweise das Ungeordnete, das nicht mehr Denkbare, sieht. Aber dieser Grenzbegriff des transzendierend nicht mehr Denkbaren muß eben *gerade noch* gebildet werden, damit der Begriff der Okeanos-Grenze überhaupt zu fassen ist. Müßte insofern nicht auch der Naturwissenschaftler das den Menschen Transzendierende und seine gegenständliche Faßbarkeit Sprengende kennen, um die Grenze seines anthropologischen Aktionsradius zu erfassen? Müßte er nicht um so eher auf

dieses Faktum des Transzendierenden stoßen, als es sich in der Nötigung des Menschen meldet, sich selbst verantwortlich auf einen Sinn hin zu entwerfen, der außerhalb der Kompetenz der Wissenschaft liegt? Müßte ihn nicht allein das Problem der *Freiheit* dessen innewerden lassen?
Richtig daran wäre jedenfalls, daß der Naturwissenschaftler um den Menschen als einen »Glaubens«-Gegenstand wissen, daß er also eine theologische Kategorie zur Verfügung haben müßte, um eine Wesensbestimmung des Menschen von der Biologie her als illegitime Grenzüberschreitung, als dogmatische Setzung zu verstehen. Man muß ja die Norm kennen, um Verstöße gegen die Norm ausmachen zu können. Und die Norm für das, was der Mensch seinem Wesen nach »ist«, wird eben von dem her gegeben, was über den Menschen hinausliegt, was also seine Grund-Relation bestimmt.
Dagegen bedarf der Biologe solcher theologischer Kategorien – etwa eines Begriffs von Offenbarung – nicht, um *überhaupt* wissenschaftliche Grenzüberschreitung wahrnehmen zu können. Er kann – selbstverständlich! – auch *ohne* jene theologische Hilfestellung sehr wohl die Scheidelinie fixieren, jenseits deren er von der wissenschaftlichen Aussage über die Genesis des Menschen zur weltanschaulich dogmatischen Aussage über sein *Wesen* kommt, wo er also gewissermaßen aus dem »Darwin« zu einem »Nietzsche« wird. Nur daß ihm eben ohne das Wissen um die nicht objektivierbare Dimension des Daseins, ohne das Wissen um das nur zu »glaubende« Wesen des Menschen jene Grenzüberschreitung als *erlaubt*, ja sogar geboten erscheinen muß. Er versteht sie dann als eine Art philosophischer Überhöhung der wissenschaftlich-empirischen Einzelforschung, als metaphysische Abrundung oder als natur-»philosophische« Konsequenz.

4. Verdeutlichung an Jacques Monod

Einen der letzten prominenten Versuche, mit Hilfe molekular-biologischer Erhebungen so zu einer derart »metaphysischen Abrundung« der Anthropologie zu kommen, stellt das zum Bestseller gewordene und eine tiefe Resonanz des Zeitgeistes auslösende Buch des Nobelpreisträgers Jacques Monod über »Zufall und Notwendigkeit« dar[20]. Gerade weil er von jenen Erhebungen her zu weltanschaulichen Konsequenzen drängt, sieht er sich sofort in Konflikte mit Positionen verwickelt, die je auf ihre Weise ebenfalls das die Empirie transzendierende Wesen des Menschen zu fassen suchen – ganz gleich, ob das nun in Gestalt weltanschaulicher Ideologien oder ob es in Gestalt religiöser Überzeugungen geschieht.
So ist es nicht verwunderlich, daß Monod sich in einem Zweifrontenkrieg sieht: nicht nur gegenüber dem christlichen Schöpferglauben, den er als absurd erweisen möchte, sondern auch gegenüber dem dialektischen Materialismus, dessen Annahme einer zielgerichteten Geschichtsevolution für ihn ebenfalls unter diesem Verdikt steht.

Was den Marxismus anbelangt, so zieht MONOD aus der Mikrobiologie Rückschlüsse, aufgrund deren ein zielgerichteter, zum Endzustand der klassenlosen Gesellschaft drängender Prozeß unmöglich sei. Denn Natur- und Geschichtsprozesse verliefen nicht programmatisch, sie seien vielmehr sprunghaft und vom Zufall bestimmt. – Dem Schöpferglauben hält er entsprechend vor: In dem Gemenge blinder Zufälle könne von der sinnvollen Konzeption eines göttlich gesteuerten Weltablaufs wahrlich keine Rede sein. Das sei nur eine unzulässige Trostillusion.

All diesen weltanschaulich-marxistischen und religiös christlichen Überzeugungen setzt MONOD nun *seine* entscheidende These entgegen; sie lautet – notwendig verkürzt und vergröbert –: Die Entstehung des Lebens und erst recht die des Menschen kann nicht auf eine Evolution zurückgehen, die sich nach dem Gesetz der Notwendigkeit oder gar nach dem Plan eines Schöpfers vollzieht. Die Entstehung des Menschen (nur an diese brauchen wir ja hier zu denken) ist vielmehr einem puren Zufall zu verdanken, einem gigantischen Lotteriespiel sozusagen, das auch andere Gewinn-Nummern hätte herausspringen lassen können. Denn die winzigen Mutationen und Sprünge im molekularbiologischen Bereich seien unvorhersehbar und zufällig – eben wie ein Würfelspiel. Entsprechend hätte die Entstehung des Menschen auch unterbleiben können. Darum sei sie aus keiner wie immer zu verstehenden »Konzeption« abzuleiten, gleich ob man diese als Implikament einer Entwicklung oder als den der Welt eingestifteten göttlichen Logos deute.

Daraus ergibt sich für MONOD nun eine naturwissenschaftliche und eine ethische Folgerung:

Was die *naturwissenschaftliche* anlangt, so stellen wir fest, »daß« auf der Erde Leben erschienen sei. Wie groß war nun, fragt MONOD, vor diesem Ereignis des Lebendig-Werdens »die Wahrscheinlichkeit dafür, daß es (überhaupt) eintreffen würde?« – »Aufgrund der gegenwärtigen Struktur der belebten Natur ist die Hypothese nicht ausgeschlossen – sie ist im Gegenteil wahrscheinlich –, daß das *entscheidende* Ereignis (gemeint ist der entscheidende Sprung in der Urkonstellation der Materie [Verf.]) sich nur ein *einziges Mal* abgespielt hat... Wir können zur gegenwärtigen Stunde weder behaupten noch bestreiten, daß das Leben auf der Erde ein einziges Mal aufgetreten sei, daß folglich vor seinem Auftreten fast keine Chancen für sein Dasein bestanden hätten.« Die Annahme eines solch einmaligen Zufalls, eines beliebigen Mutationssprungs, dem wir unser Sein und Leben verdanken, sei nicht nur – wie MONOD meint – für die Gläubigen, sondern auch für die meisten Naturwissenschaftler ein Ärgernis, wenn auch aus verschiedenen Gründen. Aber so sei es nun eben.

Daraus zieht MONOD nun zweitens eine sehr weitreichende ethisch-*weltanschauliche* Konsequenz. Diese Schlußfolgerung kommt sehr nahe an das heran, was sein Freund ALBERT CAMUS gleichfalls als ein Bekenntnis vertrat: Wir Menschen, so meint er, hätten ein sehr tiefsitzendes Bedürfnis,

den Weltzusammenhang zu erklären, um uns in eine kosmische Ordnung eingefügt, also von »Sinn« umschlossen und getragen zu wissen. Es sei eine unerhörte Lebensentlastung, unser Dasein einem derartigen »Heilsplan« anvertraut zu sehen. Die entsprechende Sehnsucht aber entstamme nur einem letztlich feigen Sicherungsbedürfnis, das der wirklichen Wahrheit nicht standzuhalten wage. Denn diese wirkliche Wahrheit besage, daß der Mensch als Zufallsprodukt in ein fremdes, gleichgültiges und stummes Universum geworfen ist – wie ein Findelkind, das nicht blutsverwandt ist mit dem Hause, in dem es aufwächst und existiert. Er lebt »wie ein Zigeuner am Rande des Alls«. Und dieses All ist »für seine Musik taub und bleibt unberührt von seinen Hoffnungen, Leiden oder Verbrechen«.
In theologischen Begriffen ausgedrückt heißt das: Von Fußspuren Gottes in einer sogenannten Schöpfung, von einem lógos spermatikós (von verstreuten Vernunft- und Plan-Fragmenten) kann in diesem herrenlosen und ungesteuerten Universum keine Rede sein. Wahrnehmbare Indizien, die auf den Welthintergrund deuten, besagen etwas ganz anderes: Der Mensch ist »allein in der gleichgültigen Unermeßlichkeit des Universums, aus dem er durch (puren) Zufall aufgetaucht ist. Über sein Schicksal und seine Pflicht wurde nirgends entschieden.« Es gibt also kein ewiges Gesetz, das ihm voranleuchtete, auch kein Naturrecht, das auf ihn eingespielt wäre. Deshalb – das ist nun der Schluß – »liegt es an ihm selbst, zwischen Licht und Finsternis zu wählen« und selber die Verantwortung für Normen und Gesetze zu übernehmen, denen er sich unterwirft. Niemand wird sich dem Eindruck entziehen können, den die Unerbittlichkeit und Härte dieser Konsequenzen vermittelt. Sie nötigen Respekt ab.
Es stimmt nun sehr nachdenklich und mag einen in erkenntnistheoretischer Hinsicht stutzen lassen, daß der Paläontologe Teilhard de Chardin – wir werden uns in einem besonderen Kapitel noch mit ihm beschäftigen – die gleichen Phänomene ganz anders interpretiert hat. Auch er wußte natürlich um Mutationen und Sprünge und alle Unberechenbarkeiten im Bereiche der Evolution. Indem er aber diesen Prozeß von seinem Ende, von der Sinnhaftigkeit menschlichen Lebens und dem letzten Punkt »Omega« her sieht, glaubt er gerade *in* jenen Sprüngen die Chance zu sehen dafür, daß eine vom Schöpfer in den Kosmos investierte geistige Energie sich auswirken konnte, um die tote Notwendigkeit eines Prozesses in einen sinnvoll gesteuerten Ablauf zu verwandeln.
Was uns bei dieser Beobachtung gegensätzlicher Welt-Interpretationen stutzen läßt – *erkenntnistheoretisch* stutzen läßt –, ist die naheliegende Frage, ob denn diese beiden Antipoden, Monod und Teilhard, ihre Sinn-Verneinung und ihre Sinn-Bejahung wirklich den exakt erhebbaren Fakten der Empirie entnommen hätten, so daß angesichts des auftauchenden Widerspruchs einem von beiden ein Fehler unterlaufen sein müßte: sei es ein Fehler im Bereich der empirischen Daten, die den weltanschaulichen

Konsequenzen als Prämissen dienen, sei es ein Fehler in der auswertenden Interpretation dieser Fakten. Nach KANTS Antinomienlehre wäre es aber absurd, den Grund für den MONOD-TEILHARD-Widerspruch in einem derartigen »Fehler« zu suchen. *Wenn* schon von einem Fehler geredet werden soll, dann würde er allenfalls darin liegen, daß beide aus objektiven Fakten der Erfahrung Konsequenzen gezogen hätten, welche die Erfahrung transzendieren und damit die Kompetenz unserer erfahrungsgebundenen Vernunft überziehen. Dann nämlich muß es zu derartigen »Antinomien« kommen.

In erkenntnistheoretischer Hinsicht liegt deshalb die Vermutung nahe, daß beide Denker das, was sie der Empirie als Konsequenz entnommen zu haben meinen, in Wahrheit schon als Prämisse an sie herangetragen haben und diese vorweg angenommene Wahrheit dann durch die Fakten nur bestätigt sehen. Diese weltanschauliche Vorgabe, die sie schon mitbringen, hätte dann die Funktion einer Kategorie ausgeübt, die ihren Seh-Akt leitet. (Auch MARX – neben vielen andern – bedient sich bei seinem Geschichtsverständnis einer solch weltanschaulichen Kategorie, die ihn die historischen Prozesse in ganz bestimmter Weise sehen, die Assoziationen bilden und Selektionen vornehmen läßt.)

Tatsächlich dürften denn auch beide Forscher ihre Kosmo- und Anthropologie *nicht* dem Einblick in evolutionäre Prozesse verdanken, sondern die Fracht weltanschaulichen und religiösen Besitzes schon auf dem Rücken getragen *haben*, als sie zu den Exkursionen des Forschers aufbrachen und dann aus dem Walde das Echo dessen vernahmen, was sie hineingerufen hatten. MONOD verdankte das Weltgefühl, das er in seinem Zigeunerbilde ausdrückte, der dichterischen Verkündigung seines Freundes CAMUS. Zumindest verlieh CAMUS dem, was in MONOD selbst in diese Richtung drängte, den gültigen Ausdruck und stellte ihm so die weltanschauliche »Kategorie« für seine nicht nur zur Kenntnis nehmenden, sondern zugleich deutenden Einblicke zur Verfügung. TEILHARD DE CHARDIN aber war Katholik und Jesuit. Ihm lag die Annahme einer spirituellen Regie der Evolution schon von da her nahe. Auch er empfing aus der Erfahrung und sah durch sie bestätigt, was ihm schon *vor* aller Erfahrung als Besitz des Glaubens zugeeignet war.

Das führt uns zu unserer Feststellung zurück, daß der Naturwissenschaftler zwar die Grenze erkennen könne, die seine exakt zu erhebenden (zum Beispiel molekularbiologischen) Feststellungen von ihrer deutenden und eine Anthropologie begründenden Auswertung scheidet. Doch halte er eben, so sagten wir, die Erweiterung für legitim. Wir haben uns nun um Verständnis dafür bemüht, daß und warum Naturwissenschaftler immer wieder von der Gewißheit dieser Legitimität getragen sind. Das, was die Empirie als weltanschauliche Verkündigung auszusagen scheint, stellt sich ihnen als Bestätigung eines vorher schon Gewußten, einer vorher schon innegehabten Überzeugung dar. Diese Koinzidenz von Prämisse und Konsequenz löst in der Tat den Effekt (oder die Suggestion?) äußerster Vergewisserung aus.

Wenn der Naturwissenschaftler jene Grenze nun überschreitet, wenn er also dem nur partikulär Wißbaren Glaubenssätze über das Ganze der Wirklichkeit und das Wesen des Menschen entnimmt, dann kann er das nur auf Kosten dessen tun, was in menschlicher Existenz an Transzendierendem enthalten ist. Dafür wäre TEILHARD allerdings ein unpassendes Beispiel, weil in seinen christlichen Prämissen jenes Transzendierende ja enthalten ist und darum auch bei seinen empirischen Einblicken – etwa in die spirituelle Komponente der Evolution – erhalten bleibt oder herangetragen wird. Hier geht es also von vorneherein um eine vom Ganzheitswissen gesteuerte Deutung des Partikulären, nicht um eine Erweiterung des Partikulären zur Ganzheit.

Wohl aber bewegt sich MONOD auf dieser Linie einer Erweiterung des Partikulären. Zwar kommt es auch hier zu einer Art Ganzheits-Aspekt, wie CAMUS' Weltanschauung ihn repräsentiert. Doch geht diese Art des Wissens nicht, wie beim christlichen Glauben TEILHARDS, der Erfahrung als offenbartes *Vor*wissen voraus, sondern ist ihr selbst in Gestalt eines »Eindruckes vom Leben« entnommen. Erst nachdem das empirisch Partikuläre zur Weltanschauung erweitert wurde, wirkt in Gestalt dialektischer Wechselwirkung dieses Ganzheitswissen nun zurück auf die Deutung empirischer Details. So wird der Lebenseindruck der Zigeunerexistenz »am Rande des Alls« bestätigt durch die Einsicht in das Zufallsreich der Mutationen.

Auf diese Weise aber verstellt sich MONOD den Anblick des Transzendierenden tatsächlich. Der Mensch als ein sich Ergreifender, sich ergreifen *Müssender*, bleibt außer Sichtweite. Zwar spricht auch MONOD – in moralischem Rigorismus eher *noch* nachdrücklicher als CAMUS –, der Mensch müsse zwischen Licht und Finsternis wählen; er dürfe sich also nicht aus dem Reich des Zufalls nur entgegennehmen, müsse sich vielmehr eben jenen Sinn *geben*, den das Universum ihm als Gabe versagt.

Darin könnte tatsächlich so etwas wie das Spurenelement eines verbliebenen Transzendierenden stecken. Das würde nur zeigen, daß es kein Bild des Menschen gibt, in dem jenes Sich-ergreifen-Müssen gänzlich eliminiert ist. Aber es wäre doch ein Transzendierendes gänzlich anderer Art, als *wir* es ausmachten (oder auszumachen suchten). Der Mensch würde es beim Blick in sich selbst hinein als das rätselhafte brutum factum seiner Freiheit entdecken – wie es ähnlich auch bei SARTRE ist; doch fände er außerhalb seiner, draußen im Universum, nichts, was dieser Freiheit korrespondierte. Der Mensch mag sich wohl Ziele seiner Selbstverwirklichung setzen; doch in allem, was draußen geschieht, was sich etwa an Evolutionen und Mutationen vor ihm, um ihn und an ihm vollzieht, sind keine Ziele dieser Art vorgezeichnet; nichts kommt ihm da entgegen; nichts ist seinem Sinn-Streben analog. Genau das meinte MONOD mit dem zitierten Wort, daß das All taub für die Musik des Menschen sei und daß es unberührt bleibe von »seinen Hoffnungen, Leiden oder Verbrechen«.

Wenn es stimmt, was in diesem Buch deutlich gemacht werden soll: daß der Mensch niemals eine isolierte Entelechie, sondern daß er stets nur in seinem Weltbezug zu verstehen sei, dann kann der Ausfall jeder Welttranszendenz nicht ohne Einfluß darauf bleiben, daß auch die Anthropologie ein Opfer dieser Beraubung wird. Wie sieht eine Welt und wie der *Mensch* in dieser Welt aus, wenn es kein Woher und Wohin gibt? Kann der Mensch sich selbst Bestimmungsziele geben, wenn die Welt sie ihm versagt, oder besser: wenn sie der Welt selbst versagt sind? Kann der Mensch sich Ziele setzen (kann er sich also selbst transzendieren wollen), wenn das Weltgelände, auf dem er sich bewegt, prinzipiell keine Ziele enthält? Wäre er, als ein so solipsistisch auf sich selbst Gestellter, nicht ein doketisches Gespenst, MAX STIRNERS »Einzigem ...« verwandt? Müßte MONOD sich nicht fragen, *woher* es denn komme, daß der Mensch sich zur Wahl zwischen Licht und Finsternis aufgefordert sieht und so seinerseits dem Spiel des Zufalls nicht mehr überlassen bleibt? Taucht denn diese Nötigung zur Selbsttranszendierung nun auch ihrerseits als bloßer Zufall in ihm auf? Könnte es auch anders sein? Könnte er, bei einer winzigen Mutationsverschiebung, auch ein Insekt geworden sein, dem die Last der Freiheit erspart bliebe, das vielmehr nur aus Reflexen lebte?

Zu welchen Absurditäten sehen wir uns also gedrängt? Wäre es denn keine Absurdität, wenn ich die Freiheit, die mir zu bestimmten Zielen dienen soll, selbst wieder einem ziellosen Zufallsspiel zu verdanken hätte?

Offenbar enthält meine Freiheit das Postulat, einen Weltzusammenhang anzunehmen, in dem sie vorgesehen und als Freiheit zu einem Ziel sinnvoll ist. Darauf spielt auch SALVADOR DE MADARIAGA an, wenn er an MONOD die Frage stellt: »Selbst wenn man einräumte, daß sich die Dinge so begeben (wie MONOD sie beschreibt): Woher stammt dann die Lebensinitiative, woher das ins Auge gefaßte Ziel, die Willensenergie (die nicht in Wärmeenergie umtauschbar ist), welche die sogenannte Evolution vorantreibt? Die Wahl, die Beharrlichkeit, auf die Gipfel emporzusteigen, die sich Sixtinische Kapelle oder Neunte Symphonie nennen, woher stammen sie? Das ist das wahre Geheimnis des Lebens.« Wenn wir vom Geiste sprechen, der sich unserer Freiheit bedienen soll, und damit auf das Transzendierende anspielen, dann werden wir schwerlich von dem Geiste absehen können, der die Evolution auf den Augenblick unserer Freiheit hin steuert. Denn dieser Geist ist es doch, sagt wieder MADARIAGA, »der die Evolution bestimmt, die ›Selektion‹ vornimmt, die Projekte entwirft, die

Botschaften schreibt, die Codes entwirft und überträgt, die Würfel des Zufalls auf den grünen Tisch der Zeit rollt und die Notwendigkeit mit ihrem unerbittlichen Gewicht belastet.« Möglicherweise könnte gerade die Tatsache, daß diese unsere Menschenwelt *nicht* das notwendige Produkt der Evolution ist, daß sie vielmehr auch hätte unterbleiben können, den Glauben an einen Schöpfer nahelegen, der uns aus dem Nicht-Sein ins Sein, aus dem Anorganischen ins Organische und Geisthafte rief.
Doch möge der Leser diese letzte Bemerkung nicht als den Versuch verstehen, Monod in diesem christlichen Sinne nun zu »vereinnahmen«. Es wäre mir auch allzu billig, in diesem Meinungsstreit der Naturforscher die Partei von Teilhard oder Madariaga zu ergreifen, nur weil einem die Schützenhilfe willkommen wäre, die »christlich gesinnte« Naturforscher zur Verfügung zu stellen scheinen. Ich möchte aus dieser Auseinandersetzung der Naturforscher vielmehr eine ganz andere Folgerung ziehen und drücke sie in Form einer Frage aus: Zeigt sich nicht in dieser empirisch nicht mehr zu entscheidenden Kontroverse um die Deutung der Natur die Ambivalenz, die Doppeldeutigkeit aller Natur- und Entwicklungsphänomene? Bestätigt sich nicht genau das, was uns bei früheren Gelegenheiten schon klar wurde: daß der Schöpfungsglaube sich ebensowenig wie ein Ganzheitsaspekt überhaupt aus dem Blick in die *Natur* ergibt (allerdings auch nicht der Atheismus, wie es Monod als allzu selbstverständlich unterstellt)? Der eine erblickt hier Fußspuren Gottes, der andere nur verwehte Spuren in einer ausweglosen Sandwüste; und wieder ein anderer – ausgerechnet der Psalmist! – spricht von einem Glauben, der die Frage nach den Spuren erübrigt: »Dein Weg war im Meer und dein Pfad in großen Wassern, und man spürte doch deinen Fuß nicht« (Psalm 77, 20). Im Sinne einer möglichen oder unmöglichen Spurensicherung kann also die Frage Glaube–Unglaube – und damit auch das, was vom Menschen zu glauben ist – *nicht* entschieden werden.

Damit haben wir, am Beispiel Monod verdeutlicht, das Fragwürdige des Versuchs aufgewiesen, die Empirie zur Quelle weltanschaulicher Aussagen und damit auch einer Wesensbestimmung des *Menschen* zu machen. *Es geht aus rein erkenntnistheoretischen – keineswegs nur aus theologischen! – Gründen nicht an, von evolutionären Prozessen auf ihr Ziel oder ihre Ziellosigkeit, von der Genesis des Menschen auf sein Wesen, von der Quantität auf die Qualität zu schließen.* Man kann entsprechend nicht von dem einen Aspekt in den andern übergehen, so als ob es um zwei verschiedengradige Weisen der Einsicht ginge, die aufeinander aufbauten.

5. *Der quantitative und der qualitative Aspekt in seiner Bedeutung für die Anthropologie*

Die erste Feststellung in diesem Zusammenhang lautet: Das qualitative Wesen läßt sich wohl in seinen quantitativ meßbaren *Voraussetzungen* feststellen, jedoch nicht aus diesen Voraussetzungen *ableiten*[21].

Wir greifen zur Verdeutlichung dieses Satzes noch einmal auf Beispielfälle zurück, die wir früher unter andern Gesichtspunkten befragt haben:

Bachs Matthäus-Passion läßt sich selbstverständlich hinsichtlich ihrer physikalischen Struktur, also etwa in ihren Tonschwingungen und deren Verhältnis zueinander, erforschen. Es ist aber aus diesen physikalischen Bedingungen schlechterdings nicht zu erklären, wieso bestimmte Tonschwingungen den Charakter der Anbetung oder die Qualität des Schönen gewinnen können. Viel wichtiger ist es nun für uns, die Beobachtungen auf den Menschen, insofern er Gegenstand unserer Erkenntnis sein soll, anzuwenden: Man kann wohl zeigen, daß etwa zum Aussprechen des cartesianischen Satzes: »Ich bin« (sum), daß also zu einer personhaften Ich-Äußerung bestimmte physiologische Voraussetzungen vorliegen müssen (die im Bereich der Musik den physikalischen Bedingungen entsprechen): Es muß etwa ein Kopf da sein, der denkt, und zwar aufgrund intakter Gehirnfunktionen denkt (denn ein Schizophrener kann auch meinen, er existiere nicht). Um einen störungsfreien Ablauf der Gehirnfunktionen zu ermöglichen, muß eine Unsumme weiterer physiologischer Bedingungen erfüllt sein. Alle diese Voraussetzungen vermögen aber nicht zu erklären, daß und warum ein bestimmter Bereich solcher Gegebenheiten aus dem Bereich des gegenständlich Seienden ausgegrenzt und als ein »Ich« bezeichnet werden kann.

Lecomte du Noüy führt uns in seinem Buch über »Die Bestimmung des Menschen« (1947) einmal ein eindrucksvolles Gedankenexperiment vor, das ein bezeichnendes Licht auf die Unmöglichkeit dieses Aufstiegs aus dem Bereich des quantitativ Meßbaren zur Qualität des Humanum wirft:

»Wir wollen einmal annehmen«, so führt er aus, »daß ein gewissenhafter und kluger Beobachter den Wunsch habe, die Gesetze zu studieren, nach denen menschliche Gemeinwesen regiert werden. Nachdem er alle Länder der Welt bereist hat, kommt er zu dem Schluß, daß es nützlich sei, zunächst den allen Gemeinwesen gemeinsamen Bestandteil, nämlich den Menschen, zu untersuchen. In der Tat erscheint es nur logisch, daß die Gesetze des menschlichen Zusammenlebens auf den Eigenschaften und Charakterzügen des menschlichen Individuums beruhen. Deshalb beginnt unser Beobachter das Studium des menschlichen Einzelwesens. Dabei überschreitet er, ohne es zu merken, eine Schwelle, deren Überquerung in umgekehrter Richtung ihm nicht möglich sein wird; denn die Psychologie der Massen läßt sich nicht aus der Individualpsychologie ableiten.

Da er von der Einheit der Wissenschaft überzeugt ist, das heißt von der Tatsache der Wechselbeziehung aller Erscheinungen in der Welt, und weiter von der Tat-

sache, daß eine vollständige Kenntnis der Grunderscheinungen automatisch zur Kenntnis der komplexeren Erscheinungen führen muß, stellt er fest, daß seine Unkenntnis des menschlichen Körpers ein ernstes Hindernis bedeute und daß die Ursachen des menschlichen Verhaltens notwendigerweise im Studium der menschlichen Anatomie und Physiologie zu finden seien. Hierbei überquert er, wiederum unbewußt, eine neue Schwelle, deren Überquerung sowenig umkehrbar ist wie die erste.
Die Physiologie führt ihn natürlich zur Biochemie: der dritten irreversiblen Schwelle.
Um gewisse Einzelheiten der Biochemie zu verstehen, wird er gezwungen, sich der anorganischen Chemie zuzuwenden, welche deren notwendige Grundlegung ist, wobei eine vierte Schwelle so leicht wie die übrigen überschritten wird.
Um sich treu zu bleiben, beschäftigt er sich nicht nur mit Molekülen, sondern auch deren Bestandteilen, den Atomen, und natürlich mit den subatomaren Elementen: den Elektronen, Protonen usw. Das ist die letzte Schwelle. Wenn er diesen Punkt erreicht, ist es ihm unmöglich, durch Anwendung der umgekehrten Methode seine Spuren bis zu einem der ursprünglichen Probleme – dem Problem der Gemeinwesen und der menschlichen Individualität – zurückzuverfolgen.«

Warum – das ist ja genau unser Problem! – kann dieser Prozeß der Analyse nicht umgekehrt werden? Warum kann man aus den analysierten Einzelelementen auf keinen Fall zu jener Synthesis kommen, von der man ausging, warum kann man aus den letzten Bestandteilen der Materie nicht den lebendigen Organismus, aus dem Organismus nicht die Psyche und aus der Psyche nicht das Person-sein ableiten? Wie kommt es, daß man aus der Schwingung nicht den Ton und aus der Aneinanderreihung von Tönen nicht die qualitative Synthesis des Kunstwerks, etwa des Bach-Oratoriums, zu gewinnen vermag?
Einige fundamentale Überlegungen zur Anthropologie, die wir bereits angestellt haben, können uns hier die Richtung auf eine Antwort weisen: Bei jeder höheren Stufe taucht ein qualitativ Neues auf, das unableitbar ist. Eine der am meisten einschneidenden Zäsuren ist hierbei die Grenze, jenseits deren die nicht mehr aus dem quantitativ Meßbaren zu verstehende Qualität des Humanum beginnt. Eigentlich ist hier schon der komparative Begriff einer »höheren« Stufe unangemessen, weil es ja kein hinzukommendes additives Moment ist, wenn aus der Schwingung der Ton und aus den Tönen das Kunstwerk wird. Denn die Schwingung *ist* ja der Ton, unter der Voraussetzung natürlich, daß er in Kontakt mit dem Ohr tritt. Und das musikalische Kunstwerk *ist* eine Synthesis von Tonschwingungen, wiederum unter der Voraussetzung, daß diese Synthesis in Kontakt mit dem menschlichen Vermögen des Verstehens tritt. Ein Hund heult, wenn er eine Bachsche Fuge hört.
Wir stoßen hier wieder auf das früher Erkannte: Ob ich die quantitative oder die qualitative Seite eines Phänomens vor mir habe, liegt an dem Aspekt, unter dem ich mich ihm nähere: ob ich mich ihm zum Beispiel mit

physikalischen Meßinstrumenten oder aber mit dem sinnlich wahrnehmenden Ohr oder – darüber hinaus – mit dem musikalischen Aufnahmevermögen nähere. Beides kann nicht auseinander abgeleitet werden.
Das führt uns nun zu drei Sätzen, die im Problemzusammenhang der *Genesis* des Menschen besonders aktuell werden und in diesem Rahmen am besten auch zu besprechen sind:

6. Die Frage nach der Genesis des Menschen im Lichte der Schöpfung
Die modifizierte Fragestellung

Erste These: Wir müssen zwischen »Voraussetzungen« und »Ursachen« unterscheiden. Handelt es sich um Ursachen, so kann ich die Wirkung mit Hilfe eines synthetischen Urteils a priori erschließen. Ich kann etwa aus den Ursachen der Gestirnbewegungen die Bewegung selbst, also die Wirkung, berechnen. Bei »Voraussetzungen« dagegen ist diese Deduktion nicht möglich. Voraussetzungen sind eben keine Ursachen, aus denen bestimmte Wirkungen folgen *müssen*, vielmehr Bedingungen, aufgrund deren ein bestimmter Effekt ermöglicht wird und eintreten *kann*. Wir bewegen uns hier auf der Ebene des Könnens und nicht des Müssens. So müssen etwa bestimmte physikalische Bedingungen erfüllt sein, damit Bachs Matthäus-Passion entstehen kann; ebenso müssen bestimmte physiologische Voraussetzungen gegeben sein, wenn jemand der Autor einer »Kritik der reinen Vernunft« werden kann. Wer über die betreffenden physikalischen oder musikalischen Kenntnisse verfügt – das tut ja jeder Fachlehrer –, wird deshalb durchaus nicht zum Autor solcher Werke qualifiziert. Eben darauf spielt auch Mephistopheles an, wenn er in der Schülerszene die Philosophen-Jünger ironisiert:

Der Philosoph, der tritt herein
Und beweist Euch, es müßt' so sein:
Das Erst' wär' so, das Zweite so,
Und drum das Dritt' und Vierte so;
Und wenn das Erst' und Zweit' nicht wär',
Das Dritt' und Viert' wär' nimmermehr,
Das preisen die Schüler allerorten,
Sind aber keine Weber geworden.

Die Schüler sind danach durchaus orientiert über logische Grundstrukturen, über deren Fadenführungen, Maschen und Verknotungen. Doch können sie aus diesen Elementen nicht das Gewebe eines Systems, einer qualitativen Synthese, zusammenbauen. Hier nimmt Mephistopheles das Gedankenexperiment vorweg, das wir uns von Lecomte du Noüy vorführen ließen.
Mit andern Worten: Es muß ein *eigener* Zugang zu der Qualität »Matthäus-Passion« oder »Kritik der reinen Vernunft« gegeben sein, damit aus

gegebenen quantitativen Voraussetzungen jene Qualitäten entstehen können, wie sie durch die beiden Werke repräsentiert sind. Über diesen eigenen Zugang verfügten eben nur BACH und KANT. Man bezeichnet diesen Zugang als Genialität. So muß eine selbst wieder unableitbare Qualität wie die des Genialen gegeben sein, um aus bestimmten quantitativen Voraussetzungen bestimmte Qualitäten entstehen zu lassen. Ohne diese Intervention des Genies, ohne diesen genius ex machina ist der Sprung von den gegebenen Bedingungen zum Effekt des Werkes nicht zu begreifen. Er *behält* freilich auch dann ein Moment des Unbegreiflichen, wenn man jene Intervention in Rechnung stellt, denn das Geniale bleibt selbst unbegreiflich und unableitbar. Es ist insofern eine extreme Repräsentation des Humanum selbst, eine Darstellung des menschlichen Geistes in gleichsam kristallinischer Reinheit. Die Qualität ist folglich – wie dieses Exempel nur besonders nachdrücklich zeigt – niemals aus Quantitäten ableitbar, sondern nur in seinen quantitativen »Voraussetzungen« festzustellen.

Zweite These: Auf den Menschen angewandt heißt das, daß auch er nicht aus seinen meßbaren, objektivierbaren – eben »quantitativen« – Voraussetzungen zu deduzieren ist, daß er also in seinem Wesen nicht »genetisch« erklärt werden kann. Mache ich dennoch diesen Versuch an einem untauglichen Objekt, eben am Menschen, suche ich ihn also aus seiner Genesis abzuleiten, so tue ich damit nichts anderes, als seine physischen Existenzvoraussetzungen, auch die Vorbedingungen seiner *heutigen* Lebensgestalt, zu »Ursachen« zu erheben, aus denen ich ihn als die herausspringende »Wirkung« berechnen will – sei es, daß ich ihn dabei als Endpunkt einer evolutionären Aszendenz verstehe, oder sei es, daß er für mich das Produkt des Zufalls im genetischen Würfelspiel ist. Auf jeden Fall behandle ich das Humanum dabei – so oder so – als eine objektivierbare Größe und unterwerfe sie allein damit schon einem heteronomen Prinzip.

Dritte These: Es kommt somit alles auf die richtige Einordnung der genetischen Frage an.
Wenn es stimmt, daß die Qualität »Mensch« nicht aus ihren quantitativen, berechenbaren Bedingungen abgeleitet werden kann, so kann man nur zu der Folgerung kommen, daß man *zuerst* wissen müsse, was der Mensch sei. Nur dieser vorauslaufende Ganzheits- und Wesensaspekt des Menschen gibt uns die Möglichkeit, den anthropologischen Stellenwert der genetischen Frage zu bestimmen und über den Rahmen zu verfügen, *innerhalb* dessen sie sich ergibt. Erst dann kann es zur Klarheit darüber kommen, daß der Mensch als solcher eine unableitbare Qualität ist und daß im genetischen Bereich keine Auskünfte zu suchen sind, die dieser gar nicht enthalten *kann. Man kann sich also über die Begrenztheit der genetischen Bedingungen und Voraussetzungen nur dann klar sein, wenn man über das*

Zielbild des Menschen als eine Gegebenheit bereits verfügt und es nicht als eine nachträgliche Antwort erwartet, die uns die genetische Forschung zu geben vermöchte. Nur so kann man gegen die Versuchung gefeit sein, dieses Zielbild ableiten zu wollen und die biologisch-genetischen Voraussetzungen illegitimerweise zu Ursachen zu machen oder sie – etwas metaphysisch ausgedrückt – als den Wesensgrund des Humanum zu verstehen.

Ich sage ausdrücklich und bewußt einschränkend, daß auf diese Weise das Gefälle auf einen anthropologischen Irrweg hin so blockiert sein *kann*, daß die *Möglichkeit* besteht, ihn zu vermeiden. Daß man trotzdem das genetische Problem überziehen und von seiner Lösung Wesensaussagen erwarten kann, sahen wir an MONOD. Er hatte ja – auf dem Weg über CAMUS – ein vorgängiges Wesensbild des Menschen. Dieses Wesensbild stand im Zeichen des Zufalls und der Absurdität; es sah sich durch die Gestalt des Sisyphus repräsentiert. Dieses Wesensbild aber, das den Menschen nicht als eine sich transzendierende, nicht als einen »Entwurf-worauf ...«, sondern als nackte Gegebenheit verstand, konnte jenen Schutz gegenüber der überdehnten genetischen Frage keineswegs zur Verfügung stellen, im Gegenteil: Es sah sich durch das Würfelspiel der Mutationen im molekularbiologischen Bereich nur bestätigt. Es genügt folglich nicht, nur zu sagen, *daß* ein vorgängiges Wesensbild des Menschen gegeben sein und der genetischen Frage dann ihren Ort und Rang zuweisen müsse. Es kommt vielmehr entscheidend darauf an, welcher *Art* dieses Wesensbild ist und ob es den Menschen als eine transzendierende Größe versteht oder nicht. Daß dieses Moment des Transzendierenden dabei nicht nur auf das *christliche* Menschenbild beschränkt ist – auch wenn es hier eine erhöhte thematische Bedeutung gewinnt –, ist im Laufe unserer Überlegungen immer wieder zum Ausdruck gekommen.

Ausblick auf biologische Analogien zu dieser Fragestellung (ADOLF PORTMANN)

Die Konzeption PORTMANNS

In seinen »Biologischen Fragmenten zu einer Lehre vom Menschen« (1944 und 1956) geht es PORTMANN nicht nur um den Ausweis ontogenetischer Fakten, sondern auch um deren anthropologische Deutung[22]. Bei dieser interpretatorischen Aufgabe nimmt er Kriterien in Anspruch, die in einer erstaunlichen – in seinem Fach seltenen – Analogie zu den Beurteilungsgesichtspunkten stehen, die wir unsererseits für das Verhältnis von »Genesis« und »Wesen« des Menschen herausarbeiteten. PORTMANN behält tatsächlich die von uns für so wichtig gehaltene *Begrenztheit* der genetischen Bedingungen im Auge.

Das kommt schon dadurch zum Ausdruck, daß er das Wesensbild des Menschen nicht aus der Evolution – im Sinne eines Aufstiegs aus dem animalischen Bereich – »ableitet«, sondern daß das Zielbild der Humanitas für ihn die *vor*gegebene Orientierungsgröße ist. Zugespitzt ausgedrückt könnte man sagen: Es ist nicht so, daß mein Wissen um die evolutionären Prozesse mich zum Verständnis dessen führte, was der Mensch sei; eher ist es umgekehrt: Mein Wissen um den Menschen, das in der Form meines Selbstverständnisses präsent ist, läßt mich die evolutionären Bedingungen des Menschseins verstehen. (Damit wären jedenfalls die *Prioritäten* richtig bestimmt, auch wenn beide Prozesse des Erkennens in Wechselwirkung zueinander stehen und sich gegenseitig befruchten mögen.)

»Nur der wird die menschliche Entwicklung tiefer erfassen (das heißt: er wird in der Lage sein, die evolutionären Bedingungen anthropologisch zu interpretieren [Verf.]), der in jeder ihrer Etappen das Werden eines Menschen sieht, eines Organismus mit einzigartiger aufrechter Haltung, mit der Sonderart weltoffenen Verhaltens und einer durch die Sprache gestalteten sozialen Kulturwelt« (Zoologie und das neue Bild des Menschen. Biologische Fragmente ..., S. 80).
Aus einer Synthese objektiver Fakten läßt sich das Bild des Menschen also nicht konstruieren, sondern dieses uns schon vorliegende Bild leitet die Fragestellungen des Forschers:
»Je klarer uns die menschliche Daseinsform vor Augen steht, um so folgenschwerer tritt die Gewißheit hervor, daß die Frage nach dem Ursprung des Menschen wie die ebenso schwere nach der Entstehung der großen Gestaltenkreise des Lebendigen mit den Mitteln der Forschung heute nicht beantwortet werden kann.«
»Einzig durch die Überdehnung ihres (das heißt: des genetischen) Geltungsbereichs« täuschten die Lehren über die Evolution eine Antwort auf diese schwersten Fragen der Lebensforschung, insbesondere der Anthropologie, vor, meint PORTMANN.

Da die Gestalt des Menschen in ihrer *Ganzheit*, in der Fülle ihrer leiblichen, seelischen und geistigen Lebensbezüge, für PORTMANN so die maßgebliche Orientierungsgröße ist, ergeben sich folgende wissenschaftsmethodische Konsequenzen:
1. Dadurch, daß die »Evolutionisten« bemüht sind, den Menschen von der Vorform des Animalischen her zu verstehen, achten sie vor allem auf die *Analogien* zwischen Mensch und Tier. (So können sie etwa sagen, das Menschenkind überschreite gegen Ende seines ersten Lebensjahres »das Schimpansenstadium«). – Demgegenüber führt die Fragestellung PORTMANNS dazu, gerade das »die Organisation von Pflanzen und Tieren Übersteigende« zu beobachten und im menschlichen Dasein eine Lebensform zu sehen, »die als Ganzes ein Sonderfall ist, wie nahe dieser auch in manchem dem Leben höherer Tiere stehen mag«. In dieser Beachtung des Einzigartigen, alle Analogien Sprengenden spricht sich jene individualisierende Tendenz aus, die nach RICKERT, wie wir sahen, der *geschichtlichen* Betrachtungsweise eignet, während der (Nur-)Naturwissenschaftler generalisierend verfährt. Hier sind bei PORTMANN bereits Kategorien wirksam,

die innerhalb der Fachgrenzen der Biologie nicht mehr zur Verfügung stehen, sondern die jenseits dieser Grenzen empfangen werden.

2. Diese »individualisierende« Betrachtungsweise des Menschen macht sich bei PORTMANN auch *ausdrücklich* insofern geltend, als der Mensch für ihn ein den Bios überschreitendes, der *Geschichtlichkeit* erschlossenes Wesen ist. Da aber die Einheit dieses seines Wesens in der Interdependenz aller Einzelregionen seines Daseins gründet, kann weder der biologische noch der geschichtlich-geistige Bereich für sich gesondert betrachtet werden. Der vielschichtigen Einheit des Menschen kann nur eine Kooperation der verschiedensten wissenschaftlichen Disziplinen entsprechen:

Deshalb »fordert diese Einheit dazu auf, eine kombinierte Forschungsweise zu schaffen, in der die Geschichtlichkeit unserer Daseinsführung, die Sonderart der Entwicklung unserer Erbfaktoren – ihre organismische Grundlage wie auch die Eigenart ihrer Offenheit – zur Geltung kommen – eine Forschungsweise, in der *unsere Kultur* als die humane Lebensform wirklich als *unsere zweite Natur* anerkannt wird. In dieser Auffassung sind Begriffe wie ›Weltoffenheit‹ wie ›Kultur als unsere menschliche Natur‹ nicht bloße Wendungen für festliche Anlässe ... –, sie sind Wesenszüge ..., denen auch unsere Entwicklungswege entsprechen«; (Hervorhebungen im Original). Daß PORTMANN hier von der geschichtlich-kulturellen Seite des Menschen als seiner »zweiten ›Natur‹« spricht, ist ein geistvoller, etwas ironisch getönter Hinweis auf die Relativierung einer nur biologisch verstandenen Natur. Der Begriff »Natur« umgreift die Summe der Wesenaspekte des Menschen. Er bildet insofern einen Bezugsrahmen, wie ihn für die Hirnforschung auch der Neurologe RUDOLF JANZEN vertritt, wenn er als zentrales Thema seiner Arbeit das Verhältnis von Gehirn und Personalität bezeichnet.

Man darf sich nun den Vorrang des Leitbildes, »das unteilbar Ganze des Menschen«, nicht so primitiv-einseitig vorstellen, daß PORTMANN zunächst entsprechende philosophische und geisteswissenschaftliche Reflexionen angestellt hätte, um sich *dann* erst nach den genannten biologischen Bedingungen für dieses vorrangig erhobene Menschenbild zu erkundigen. Man kann sich vielmehr das Forschungsinteresse an der Ontogenese des Menschen durchaus als das Primärmotiv der biologischen Arbeit PORTMANNS vorstellen. Im Zuge dieser Untersuchungen wird ihm nun die Sonderstellung des Menschen (zum Beispiel hinsichtlich seiner fötalen und postuteralen Entwicklung, seiner Hirnstruktur und anderer physiologischer Eigenschaften) klar; er erkennt Privilegien und auch Mängel, die den Menschen von allen Primaten unterscheiden. Dieser (hier einmal angenommene) lebensgeschichtliche Vorrang des Forschungsmotivs kann aber nicht bedeuten, daß sich erst von den so gewonnenen biologischen Befunden her die Frage nach dem Wesen des Menschen stellte und durch die Auswertung jener Befunde zugleich beantwortet würde. Dann wären wir ja wieder bei dem unmöglichen, von PORTMANN ebenso wie von uns abgelehnten Versuch, den Menschen aus objektiven Daten abzuleiten. Der Biologe kommt vielmehr auch bei seiner möglichst unvoreingenommenen Entdeckung der

Besonderheit des Menschen insofern *doch* nicht von Resten einer Voreingenommenheit los, als er gleichsam im »Hinterkopf« ein vorgängiges Wissen um diese Besonderheit mit sich bringt. Dieses Wissen übt nichts Geringeres als die Funktion eines »hermeneutischen Prinzips« aus, mit dessen Hilfe die biologischen Fakten in einen sinnvollen Zusammenhang gebracht werden. Das gilt selbst dann – wir haben das an Monod exemplifiziert –, wenn jener Sinn die Sinnlosigkeit der »Zigeunerexistenz am Rande des Alls« ist. Denn auch hier übt vom »Hinterkopf« her ein vorgängiges Menschenbild die Funktion eines Ordnungsschemas aus, das die molekularbiologischen Daten einem größeren Zusammenhang einbeschließt. Monod empfängt von diesen Daten sozusagen nur die Bestätigung eines vorher schon Gewußten.

Anders ausgedrückt: *Da der Erforscher des Menschlichen selber ein Mensch ist, kann er von seinem allen Forschungsakten vorauslaufenden Selbstverständnis nicht absehen.*

Portmann: »Wir wissen, daß keiner von uns unvoreingenommen das Wesen des Menschen erforscht, daß niemand das Resultat seiner Analyse Strich um Strich auf einer reinen weißen Fläche zum Bilde zusammenfügt, sondern daß wir die Ergebnisse unseres Forschens eingliedern in ein Bild, dessen Umrisse, oft kaum sichtbar, bereits gegeben sind durch die geistige Arbeit der Vergangenheit und durch die Macht der uns umgebenden Meinungen.« Dieses vorgegebene Selbstverständnis ändert sich je nach der Epoche, in der wir leben: im einen Falle sind wir christlich, im andern Falle materialistisch vorbestimmt und damit in unsern Kategorien geprägt. »Das wissenschaftliche Arbeiten, darin dem künstlerischen Schaffen vergleichbar, setzt mit einem Vorentwurfe ein, an dem die weitere Arbeit stetsfort ändert . . ., von dem aber doch viele Grundzüge in aller Wandlung bestehen bleiben.« Mit dem, was wir als Funktion des »Hinterkopfs« bezeichneten, meinten wir genau das, was Portmann hier den »Vorentwurf« nennt.

Indem Portmann so den Menschen nicht aus seiner Evolution ableitet, sondern sein Menschenbild aus ganz andern Quellen – vornehmlich aus seinem Selbstbewußtsein – bezieht und es dann in seinen biologischen Voraussetzungen erforscht, vollzieht er auch seinerseits die von uns geforderte Unterscheidung zwischen (vermeintlichen) »Ursachen« und (wahren) »Bedingungen« des Menschseins. Auch seine Terminologie differenziert hier genau, wenn er immer wieder von den organischen »Voraussetzungen« für menschliche und tierische Verhaltensweisen spricht.

Wie sehen nun diese organischen und entwicklungsgeschichtlichen Voraussetzungen aus?

Eine Bedingung dieser Art ist es bereits, daß der Mensch ein »Nestflüchter« (statt eines »Nesthockers«) ist. Die menschliche Schwangerschaft, hier als Nest-Aufenthalt verstanden, entläßt das kleine Menschenkind unvergleichlich hilfloser und unfertiger in die Welt, als vergleichbare Säugetiere das tun. Es ist also eine »physiologische Frühgeburt«:

Erst »nach einem Jahre erlangt der Mensch den Ausbildungsgrad, den ein seiner Art entsprechendes echtes Säugetier zur Zeit der Geburt verwirklichen müßte. Würde also dieser Zustand beim Menschen auf echte Säugerweise gebildet, so müßte unsere Schwangerschaft um ein Jahr länger sein, als sie tatsächlich ist; sie müßte etwa 21 Monate betragen«.

Dieses »extra-uterine Frühjahr« läßt das menschliche Neugeborene im Vergleich zu Säugetieren – die, wie etwa das Kälbchen oder die Giraffe, »in der ersten Stunde bereits stehen und sogleich der Herde folgen können« – als ein Mängelwesen erscheinen. Sein Mangel besteht nicht nur in Hilflosigkeit und Pflegebedürftigkeit, sondern auch in der Entblößtheit von Eigenschaften, die eine Steuerung durch Instinkte ermöglichen. Der Grund für diese Entblößtheit ist gehirnphysiologisch definierbar:

»Die Zentren der hypothalamischen Region des Zwischenhirns (sind) bei niederen Säugetieren auffällig viel reicher durchgegliedert ... als die der Anthropoiden und des Menschen ... Dieser morphologische Tatbestand muß in Zusammenhang mit einer Verarmung des Machtbereichs der Instinkte und der Verlagerung der Zentren für wichtige Funktionen in den Bereich der Großhirnrinde verstanden werden.« – »Der relativen Schwäche der Instinktorganisation steht beim Menschen eine gewaltige Steigerung anderer zentraler Antriebssysteme entgegen.« Diese Steigerung besteht vor allem in der Vergrößerung derjenigen Hemisphären, die für die Ranghöhe eines Wirbeltieres bestimmend sind. Das zeigt sich etwa an der Bestimmung von Indices der Großhirnhemisphären. »Sie ergeben für den Menschen den Wert von 170, im Vergleich zu 49 bei Schimpansen, 70 beim Elefanten – und zu Werten von 0,7 bis 32 für andere Säuger.« Diese außerordentliche Vergrößerung der Hirnrinden-Masse und ihrer Bahnen steht in deutlich erkennbarem Zusammenhang »mit der Schwächung der Instinktorganisation. *Dieser Gegensatz läßt die Eigenart der Antriebsmöglichkeiten hervortreten, die der menschlichen Lebensart zugeordnet erscheinen«* (Hervorhebung vom Verfasser).

Damit ist nur an einigen herausgegriffenen Beispielen verdeutlicht, wie PORTMANN seine Anthropologie methodisch anlegt: Indem er die physiologischen Bedingungen der Menschwerdung erforscht, beschäftigt ihn die Leitfrage, inwiefern diese Bedingungen so etwas wie Ermöglichungsgründe dafür sind, daß der Mensch mit einzigartigen Privilegien den sonstigen Kreaturenbereich überragt.

In der Tat: Gerade die »Mängel« des Menschen – seine verarmte Instinktorganisation und seine Hilflosigkeit im »extra-uterinen Frühjahr« bilden die Voraussetzung dafür, daß es zu jenen Privilegien kommen kann:

Über die Bedeutung des *Instinktmangels* haben wir bereits – schon ehe wir uns von PORTMANN über ihre hirnphysiologischen Bedingtheiten belehren ließen – im Anschluß an HERDER und GEHLEN gesprochen: Da der Mensch, um noch einmal GOETHE zu zitieren, nicht wie das Tier durch seine Instinkte belehrt wird, sondern umgekehrt seine Instinkte belehren muß, hat er sich nach Normen und orientierenden Werten umzusehen, die ihm diese Belehrung ermöglichen. Damit eröffnet sich ihm die Chance, in Freiheit und Verantwortung Kultur zu bilden.

In die gleiche Richtung weist die *Hilflosigkeit* der »physiologischen Frühgeburt«: Das extra-uterine Frühjahr sorgt dafür, daß maßgebliche Reifeprozesse sich nicht als bloß physiologische Abläufe im Mutterkörper abspielen, sondern durch den Kontakt mit der (extra-uterinen) Welt vorangetrieben werden: durch Erlebnisse zahlloser Reizquellen, die bewältigt werden müssen und in Gestalt von Reifungsvorgängen zum Erwerb der aufrechten Haltung, der Sprache und der Fähigkeit zu einsichtigem Handeln führen. »So geschehen naturgesetzliche Abläufe beim Menschen im ersten Lebensjahre statt unter allgemein gültigen Bedingungen im Mutterleibe bereits unter einmaligen Voraussetzungen.« Diese Voraussetzungen sind also maßgeblich für das, was uns als spezifisch »menschlich« gilt: Die Weltoffenheit der menschlichen Reifeform wird ermöglicht durch den »einzig dem Menschen zukommenden frühen Kontakt mit dem Reichtum der Welt«. Was so zunächst als Ausgeliefertsein der physiologischen Frühgeburt und damit als bloßes Defizienz erscheinen mochte, ist in Wahrheit die humane Chance. Hier geht es um die physiologischen Vorbedingungen für die Möglichkeit, ein »geschichtliches«, als Subjekt mit der Welt umgehendes und die Welt bewältigendes Wesen zu werden.
Ja noch mehr: Das erste Lebensjahr steht *selbst* schon »unter dem Gesetz des ›Geschichtlichen‹, in einer Zeit, wo der Mensch als echtes Säugetier noch unter den reinsten naturgesetzlichen Verhältnissen im Dunkel des Mutterschoßes sich ausformen müßte«. Bereits in dieser ersten Lebenszeit des extra-embryonalen Frühjahrs stehen neben »Vorgängen von durchaus genereller Artung« auch zahllose Ereignisse von *einmaligem* Charakter, die oft genug schicksalsbestimmend sind. (Hier klingt die Beschreibung des Geschichtlichen auch terminologisch an RICKERTS Unterscheidung zwischen dem »Individualisierenden« und dem »Generalisierenden« an.) Das erste Lebensstadium der physiologischen Frühgeburt bereitet so nicht nur auf geschichtliche Existenz *vor*, sondern es *hat* bereits die Struktur der Geschichtlichkeit. Zugleich wird damit der Mensch zu einer einzigartigen *Flexibilität* in seinem Weltverhalten disponiert:

»Es entspricht der geringen Entwicklung vorgebildeter instinktiver Verhaltensweisen beim Menschen, daß uns als Lebensraum nicht eine bestimmte Umwelt ... zugeordnet erscheint. Es gibt keine Umwelt für den Menschen, wie man sie für ein Tier meistens angeben kann: etwa die Steppe oder den Wald, Flüsse und Hochgebirge ...« Im Gegensatz dazu entspreche es »unserer« Daseinsart, »in irgendeinem von Menschen aufgesuchten Naturbereiche sich eine besondere ›Welt‹ zu schaffen, sie aufzubauen aus Naturbeständen, die durch menschliches Tun umgeformt worden sind«.

Gerade diese Flexibilität des Verhaltens zur Welt macht für PORTMANN den entscheidenden Unterschied zum Tiere aus. Sie begründet wiederum die Möglichkeit des Menschen, ein geschichtsfähiges Wesen zu sein. »Umweltgebunden und instinktgesichert«, so läßt sich vereinfacht die tierische gegenüber der menschlichen Verhaltensweise charakterisieren. Die menschliche ist demgegenüber als »weltoffen und entscheidungsfrei« zu bezeichnen. Signaturen dieser Mobilität und Welterschlossenheit sind die »aufrechte Haltung«, das Vermögen der »Sprache« und die »Fähigkeit zu einsichtigem Handeln«, also zu Autonomie und Selbstbestimmung. Die Bedingungen zu diesen Vermögen sind alle in der genetischen Disposition des Menschen vorgesehen.

Auswertung

Die Fähigkeit *und* Nötigung des Menschen, sich selbst zu transzendieren und sich also nicht als determiniertes Objekt naturgesetzlicher Prozesse hinzunehmen, sind demnach keine Gegebenheiten, die der Mensch nur als »Geist«-Wesen an sich wahrnähme, will sagen: die er nur so konstatieren könnte, daß er gerade von seiner »Natur« *absähe.* In seinem Buch »Die Rückseite des Spiegels« hat auch Konrad Lorenz die These vertreten und entfaltet, daß alles das, was die Erkenntnistheorie als Struktur menschlicher Erfahrung ausmacht, entwicklungsgeschichtlich, also im Bereich der Natur, vorbereitet ist. Lorenz, Portmann und auch Illies stimmen – von teilweise ganz verschiedenen Standorten aus – darin überein, daß gerade der Blick des Menschen in die Beschaffenheit seiner »Natur« ihn erkennen läßt, wieso er disponiert ist für das, was er bereits vortheoretisch von sich weiß: daß er sich verantwortlich ergreifen und als Subjekt der Welt erschlossen sein muß, daß er ein Wesen der »offenen Möglichkeit« ist, daß er sein Leben nicht wie instinktgebundene Kreaturen »automatisch« abspult, sondern entscheidungshaft durchlebt.
Indem er dies entdeckt und sein vortheoretisches Selbstbewußtsein so erstaunlich bestätigt sieht, kommt es gleichsam zu einem Aha-Erlebnis, wie es der vermeintlich voraussetzungslose, »nur« naturwissenschaftliche Anthropologe nie haben kann. Denn dieser meint ja vorher *nicht* zu wissen, wer oder was er ist (so daß dieses Wissen auch nicht bestätigt oder widerlegt werden kann), er hofft vielmehr aus den biologischen Gesetzen allererst zu erfahren, wer und was er ist. Er lebt in der Illusion einer unbedingten Voraussetzungslosigkeit, die auch durch sein vortheoretisches Selbstbewußtsein nicht in Frage gestellt werden kann.

Theologisch gesehen kann die Konzeption Portmanns nun nicht bedeuten, daß sie auf das biblische Verständnis des Menschen *hinführe:* auf das Verständnis des Menschen im Sinne eines Wesens, das sich als Partner Gottes auf seine Bestimmung hin zu entwerfen habe. Die christliche »Vereinnahmung« eines solchen Konzepts (die wir in früheren Fällen ebenfalls stets abgelehnt haben) käme schon deshalb nicht in Frage, weil es zugleich für ganz andere als christlich orientierte Menschenbilder seine Bedeutung hätte. Auch ein säkularer Humanismus wird die von Portmann aufgewiesenen ontogenetischen Bedingungen des Menschseins als eine Art »Unterbau« für sein Verständnis der Humanitas verstehen können. Wohl aber ist vom biblischen Menschenbild, speziell von der Erschaffung des Menschen her (1. Mose 2) die »Rück«-Frage nach den kreatürlich-evolutionären Bedingungen des Menschseins bedeutsam.

Indem wir im Namen dieser »Rück«-Frage PORTMANNS Lehre von der Weltoffenheit des Menschen, seiner Erschlossenheit für geschichtliche Existenz und seiner Befähigung zu einsichtigem Handeln zur Kenntnis nehmen, erfüllen wir das, was wir als *neuzeitliche Aufgabe der Theologie herausarbeiteten: daß sie die Fakten der Empirie zu interpretieren, sich ihnen also zu stellen habe.* Da das biblische Verständnis der Erschaffung des Menschen zugleich eine Aussage über seine Bestimmung in sich schließt, wird in der Tat die Frage relevant, welche Seins-Disposition der Schöpfer zur Verfügung stelle, damit sein Geschöpf dem verordneten Bestimmungsziel gerecht werden kann. Indem der Schöpfer sein Geschöpf anredet und seiner Bestimmung zuordnet, spricht er kein indifferentes Stück allgemeiner Natur an, sondern eine von ihm zubereitete Besonderheit der Natur – eben den Menschen. Das Wort dieses Schöpfers ist auch hier ein *kreatives* Wort, das schon die Wort-Fähigkeit des Geschöpfes – *eines* Geschöpfes! – bewirkt und damit die physiologischen Voraussetzungen dieser Fähigkeit zur Verfügung gestellt hat.

Genausowenig – vielleicht dürfen wir das so sagen –, wie PORTMANN den Menschen aus seiner Evolution ableitet, möchten wir unsererseits das biblische Menschenbild nun aus PORTMANNS Konzept ableiten. Vielmehr ist es hier ebenfalls ein vorgängiges, in diesem Fall von der *Bibel* zur Verfügung gestelltes Vor- und Selbstverständnis des Menschen, das sich in Gestalt von »Rück«-Fragen nach seinen physiologischen Vorbedingungen erkundigt. Wer den biblischen Schöpfungsbericht gelesen hat und danach PORTMANNS »biologische Fragmente« studiert, wird deshalb zu einem ähnlichen Aha-Erlebnis kommen, wie es auch PORTMANN auf seine Weise zugekommen sein mag.

Der Hintergrund der modifizierten Fragestellung: der biblische Schöpfungsbericht

Der biblische Bericht über die Erschaffung des Menschen bestätigt nun auf seine Weise, daß der Mensch nicht genetisch und evolutionär, nicht aus seinem biologischen Woher, sondern von seinem Bestimmungsziel und damit von dem ihn Transzendierenden her zu verstehen sei. Der biblische Bericht kennt sozusagen keine kausale, sondern nur eine ausgesprochen finale Intention. Er fragt nicht, »woher« die Hand komme, sondern »wozu« sie da sei.

Das ist gerade an *dem* Begriff zu verdeutlichen, der die Sonderstellung des Menschen im Kosmos und seine Privilegierung gegenüber dem Tierreich am prägnantesten umschreibt: am Begriff der *Gottebenbildlichkeit.* In diesem Begriff konzentrieren sich alle anthropologischen Grundfragen. Deshalb spiegeln sich in ihm auch die Kontroversen, die zwischen den christlichen Denominationen und theologischen Schulen ausgefochten worden sind. So ist es zu immer sublimeren Differenzierungen gekommen. Von alledem müssen wir hier notgedrungen absehen[23]. Wir beschränken uns darauf, den allen Spielarten gemeinsamen Grundzug der Gottebenbildlichkeit des Menschen herauszustellen. Dieser besteht in ihrem *finalen* Charakter und äußert sich vor allem in zwei charakteristischen Zügen:

Erstens. Gott bläst dem Menschen nach dem Bericht des Jahwisten[24] den göttlichen Lebensodem ein und gibt ihm damit Anteil an sich selber. Er entwirft ihn auf sich hin (1. Mose 2, 7).

Zweitens. Der Mensch wird noch dadurch privilegiert – immer hinsichtlich seiner Relation zu Gott und damit zu seinem Bestimmungsziel betrachtet –, daß er sowohl nach dem Jahwisten (2, 16) wie nach der Priesterschrift (1, 28) im Gebote von Gott angesprochen und darin als ein »Du« bezeichnet wird. Im Unterschied zu den sonstigen Kreaturen ist er damit mehr und anderes als ein bloßer Gegenstand des Schöpfungswortes »Es werde!«

Daß er so in der »zweiten« Person angeredet wird, kommt auch sonst im Schöpfungsbericht zur Geltung: Der Mensch wird legitimiert, in Gottes Stellvertretung die Herrschaft über die Erde und das sonstige Leben zu übernehmen (1, 28; 2, 19. 20). Es erscheint wichtig, daß der Mensch hier nicht um seiner Überlegenheit über die Tiere willen, also wegen der Relation »nach unten«, zu jener Herrschaft bestimmt wird. Er erhält diese Herrschafts-Legitimation vielmehr deshalb, weil er in Analogie zur *göttlichen* Weltherrschaft gesehen und also in seiner Relation »nach oben« verstanden wird.

Wenn wir diese Relation »nach oben«, diese finale Betrachtung der Gottebenbildlichkeit auf eine zugespitzte Formel bringen wollen, können wir sagen: *Der Mensch erhält seine Privilegierung gegenüber dem Tier und damit seine Sonderstellung im Kosmos nicht dadurch, daß er »über dem Tier« steht, sondern dadurch, daß er in einzigartiger Weise »unter Gott« steht.*

Nur von daher ist es zu erklären, daß der Ursprung des Menschen in den Schöpfungsworten des 139. Psalms – Ursprung hier als Wesensgrund verstanden – überhaupt nicht unter genetischem Aspekt gesehen wird, sondern ausschließlich unter dem Gesichtspunkt, daß Gott mich von Anfang an gekannt und zur Gemeinschaft mit sich berufen hat. Ich zitiere diese Verse, die uns früher schon beschäftigten, hier noch einmal in einer modernen Übersetzung (Verse 13 bis 16):

> Du hast meine Nieren geschaffen,
> hast mich gewoben im Mutterschoß.

Ich danke dir, daß ich so herrlich bereitet bin,
so wunderbar; wunderbar sind deine Werke.
Meine Seele kanntest du wohl,
mein Gebein war dir nicht verborgen,
da ich im Dunkeln gebildet ward,
kunstvoll gewirkt in Erdentiefen.
Deine Augen sahen alle meine Tage,
in deinem Buche standen sie alle;
sie wurden geschrieben, wurden gebildet,
als noch keiner von ihnen da war.

Die betont finale Betrachtungsweise dieses Psalms schließt es völlig aus, in ihm eine Konkurrenz zu biologisch-genetischen Aussagen über den Menschen zu sehen, oder besser: ihn als Zeugnis für ein naives, noch unaufgeklärtes Vorstadium solcher Aussagen zu verstehen. Im Gegenteil: der besondere Aspekt des 139. Psalms macht es durchaus möglich, seine Verkündigung über den Ursprung des Menschen vor dem Hintergrunde jeder Art von biologischen Entwicklungslehren zu sehen. Der Psalmist reflektiert ja in seiner Weise ebenfalls über »Entwicklungen«; nur ist diese Reflexion an den Ort verwiesen, der ihr innerhalb der finalen Bestimmtheit des Menschen zukommt. So spricht er von den Prozessen der Zeugung und der Geburt, vom embryonalen Entstehen im Mutterleib. Aber im Medium – es geht wirklich nur um ein *Medium*! – des biologischen Entstehungsprozesses geschieht es, daß Gott spricht: »Es werde!«, und siehe: es steht da, »ich« stehe da. Er hat mich, sagt der Psalmist (nach einer andern Übersetzung), schon »als ungeformten Keim«, also im gleichsam vormenschlichen Stadium meiner Entwicklung, gekannt und hat mich bei meinem Namen gerufen (Jesaja 43, 1).

Diese Einordnung der genetischen Frage in den vorgegebenen Rahmen eines Wissens um das »Wesen« des Menschen, um seine Gottebenbildlichkeit, ist entscheidend. Denn damit gewinnt der biologische Werdeprozeß den Rang jenes Mediums, in dem und durch das hindurch sich das Schöpfungswirken Gottes vollzieht. Dieselbe Einordnung der Entstehungsvorgänge ist auch vorausgesetzt, wenn christliche Eltern in einer Geburtsanzeige schreiben: »Gott schenkte uns unser Kind.« Mit diesem Wort vom Geschenk soll ja nicht gesagt sein, daß das Kind in Form einer supranaturalen Gabe »vom Himmel gefallen« sei, so daß sich die Frage nach seiner immanenten Genese erubrigen müßte. Die Eltern wissen im Gegenteil sehr wohl Bescheid über die biologischen Geschehnisse von Zeugung und Geburt. Aber sie wissen zugleich, daß das Eigentliche der Menschwerdung und des Menschseins sich in jenem genetischen Prozeß nicht erschöpft. Die wirkliche Thematik dieses Geschehens besteht vielmehr darin, daß der Schöpfer es als Mittel seines »Es werde!« verwendet und daß es die physischen Gegebenheiten repräsentiert, auf deren Grund

Person-Sein, Partnerschaft von Gott und Mensch sowie der Entwurf des Menschen auf ein Bestimmungsziel hin allein möglich werden.
Von hier aus gesehen liegt es deshalb auch sehr nahe, eine Analogie zu sehen zwischen diesem individuellen Entstehungsprozeß im Mutterleib und dem Werden des Menschen überhaupt, seinem Werden als *Typus*. Deshalb könnte man, ohne dem Sinn Gewalt anzutun, die Sätze des Psalms entsprechend variieren: »Du hast ›den‹ Menschen schon als ungeformten Keim, in der Vorform des homo sapiens, gesehen. Du bist seine Kontinuität, so gewiß du seinen Entwurf längst vor seiner Verwirklichung schon in deinem Geiste trugst und ihn dann ins Dasein riefst auf den Wegen, die das Gesetz des von dir geschaffenen Bios dafür bereit hält.« – Wenn ich sagte: »Du bist die Kontinuität«, dann soll damit angedeutet sein, daß der Übergang zum Menschen innerhalb der Evolution ein für das gegenständliche Denken unauflösbares Schöpfungsgeheimnis *bleibt* – selbst und gerade dann, wenn die biologische Seite der Genesis des Humanum lückenlos durchschaubar ist (oder wäre). In dieser Unmöglichkeit, aus der immanenten Kontinuität menschliches Person-Sein abzuleiten, spiegelt sich wiederum die aufgewiesene Diastase zwischen Quantität und Qualität, Medium und Gehalt.

Um den Leser vor dem etwaigen Verdacht zu bewahren, unser Hinweis auf das »unauflösbare Schöpfungsgeheimnis« beim Übergang zum Humanum sei möglicherweise nur ein apologetischer Gedankentrick, wie ihn Theologen sich gelegentlich leisten mögen, möchte ich auf eine philosophische Parallele zu unserm Argument hinweisen, nämlich auf Kants Untersuchungen über das Verhältnis von mundus sensibilis und mundus intelligibilis (der Welt der Sinne und der geistig-sittlichen Welt). Da wir schon im Zusammenhang des Freiheitsproblems darauf zu sprechen kamen, bedarf es zur Erinnerung hier nur einiger Stichworte:
Die Welt der gegenständlichen Erfahrung läßt das Phänomen der Freiheit und damit die personhaft-menschliche Sphäre prinzipiell uneinsichtig. Freiheit läßt sich hier, wie wir sahen, nicht als ein Loch im Kausalzusammenhang ausmachen. (Die Gründe dafür brauchen wir nicht noch einmal zu erwähnen.) Die Erfahrung der Freiheit erfolgt vielmehr in einer ganz andern Dimension: im Bereich der »praktischen Vernunft«, die mich als Wollenden und Handelnden vor ein unbedingtes »Du sollst« stellt. Diese beiden Welten der theoretischen und der praktischen Vernunft stehen – vom gegenständlichen Erkennen aus beobachtet – logisch unverbunden und unverbindbar nebeneinander. Sie sind ausschließlich durch die Personalunion jenes Ich miteinander verknüpft, das sowohl erkennendes wie handelndes – *verantwortlich* handelndes – Subjekt ist. Die Grenze zwischen beiden und damit der Übergang (die »Kontinuität«) vom naturhaften Sinnenwesen Mensch zur eigentlich personhaften, im gefüllten Wortsinne »humanen« Existenz ist prinzipiell unaufweisbar.
Wie gesagt: das ist nur eine Analogie. Aber im entscheidenden Punkt tritt unser Problem mit aller wünschenswerten Schärfe hervor: *Die immanente Kontinuität der Entwicklung zum Menschen ist nur ein biologisches Medium, innerhalb dessen das eigentliche Mensch-Sein als unableitbares Faktum auftaucht.* Denn das Person-

Sein gründet nicht im Bezug zu den in der *Evolution* wirksamen causae efficientes oder finales (zu den Wirkursachen oder Zielbestimmtheiten), sondern es gründet in der Beziehung des Menschen zu dem ihn transzendierenden praktischen Logos, theologisch gesprochen: in der Beziehung des Menschen zu dem ihn bestimmenden göttlichen Seinsgrunde.

Wie ausgesprochen final in *diesem* Sinne die Idee der Gottebenbildlichkeit ausgerichtet ist, und wie starke Abwehrstoffe sie deshalb gegen ein nur genetisches Verständnis des Menschen enthält, wird schließlich auch noch daran deutlich, daß die Ebenbildlichkeit des Menschen niemals nur als bloße Schöpfungsmitgift im Sinne einer »Gabe«, sondern immer auch als »Aufgabe«, als Zielhinweis und als Appell der Selbstverwirklichung verstanden wird[25]. Der Indikativ der Gabe (du »bist« Ebenbild, du »bist« eine neue Kreatur) ist gerade in der paulinischen Theologie stets mit einem Imperativ, also einer *Aufgabe*, gekoppelt. *Ich soll nun werden, was ich bereits bin und was mir zugesprochen ist.* Ich soll mein Sein auch von *meiner* Seite her verwirklichen. Der Appell: »Werde, was du bist!« gilt so auch hier.

Wenn man schließlich noch bedenkt, daß die Gottebenbildlichkeit im Neuen Testament notwendig normiert sein muß durch das von Christus repräsentierte Bildnis Gottes, daß also menschliche Ebenbildlichkeit nicht nur in die Schöpfungs-, sondern ebenso in die Erlösungsordnung eingezeichnet ist, dann wird der finale – oder in diesem Falle besser: der eschatologische – Charakter dieser Ebenbildlichkeit vollends unübersehbar.

7. *Die Möglichkeit einer »Entmenschlichung«*

Hier ergibt sich nun die aufregende Frage, ob der Mensch diese ihn privilegierende Sonderstellung als Ebenbild Gottes auch wieder *verlieren*, ob er sich also selber auch *aufgeben* könne. Um es noch direkter und drastischer zu sagen: Kann der Mensch, indem er sich möglicherweise so aufgibt, wieder ins Tierreich zurücksinken und damit seine spezifische Qualität verlieren? Sollte es etwa möglich sein, daß er zur bloßen Nummer im Termitenstaat wird, daß er im Zuge konsequenter Kollektivierung einer radikalen Entpersönlichung verfällt? Es bedarf kaum eines Hinweises, in welchem Maße sich bei ideologischen Herrschaftstechniken diese Frage zu aktualisieren vermag.

Bei der Frage, ob die Gottebenbildlichkeit verloren werden könne, muß man zwischen »verlieren« und »verwirken« unterscheiden. Was ich verloren habe, kann ich möglicherweise zurückgewinnen. Das Verwirken aber bezieht sich auf die Preisgabe von etwas, das ich selbst nicht erwirkt habe (zum Beispiel, daß ich Gottes Ebenbild bin) und das ich mir darum auch nicht »vom Halse schaffen« kann. Ich bleibe mit der verwirkten, aber nicht zu beseitigenden Gottebenbildlichkeit behaftet und muß mit ihr im Bannkreis des numen tremendum Dei (der erschreckend-verzehrenden Heiligkeit Gottes) stehenbleiben. Ich müßte es selbst dann, wenn ich auf dem untersten Grunde des Kollektiv-Menschentums und seiner Entpersönlichung stünde; selbst dann auch, wenn ich im Namen der These lebte: »Der Mensch ist nichts als ...« (als ein endokrines Drüsenphänomen, als ein Nervenbündel oder Reaktionsmechanismus). Keine »Flügel der Morgenröte« (Psalm 139, 9) trügen mich auch dann aus dem Gefängnis meiner Identität hinweg, und kein prometheischer Trotz entrisse mir die goldene Kette meiner Adelsbestimmung. Könnte ich meine Ebenbildlichkeit verlieren, so daß sie tatsächlich null und nichtig, daß sie eliminiert wäre, so wäre ich entschuldet und hätte die Zone »jenseits von Gut und Böse« erreicht; ich wäre dem Bannkreis dessen, der mich zu seinem Gleichnis gemacht hatte, entronnen und nähme nun wieder an der Unschuld der Tiere oder auch der Dinge teil. Da ich die Ebenbildlichkeit aber nicht verlieren, sondern nur verwirken kann, muß ich im verzehrenden Glanz stehenbleiben. Ich bleibe jemand, der auf Grund, Ziel und Sinn seines Daseins angesprochen werden kann – und damit auch auf das, was er verwirkt hat.

Was sich in diesem Bleibenden geändert hätte, wäre nur dies: Der Glanz der majestas Gottes hörte auf, ein Feuerzeichen, ein Richt-Feuer zu sein, das meinem Leben Orientierung schenkt. Er verlöre auch die Wärme, die jede Art von Behütung und Geborgenheit ausstrahlt, und würde zum »verzehrenden« Glanz, in dessen Widerschein ich meiner Nichtigkeit innewerden muß. Er bräche nicht erhellend in die Dunkelheit ein, um sie von sich selbst zu erlösen, sondern wäre nun das Nein über Nacht und Dunkelheit. Was Rettung war, wird Gericht; was Evangelium bedeutete, wird zum Gesetz. Dieses Gericht greift nicht nur nach der individuellen Existenz, die sich zur Schuld des Verwirkens bekennen muß; es betrifft auch und vor allem die überpersönlichen Mächte, die Herrschaftssysteme und gesellschaftlichen Strukturen, die das Gefälle auf jenes Verwirken hin auslösen. Aber es meint in allem auch hier die *Menschen*, die die Auslöser und Träger solcher Prozesse sind.

Zum Schluß ergeben sich zwei Gedanken, die noch einmal die Pointe dessen, worum es ging, herausstellen. Diese Pointe hebt sich hier ab von dem dunklen, apokalyptischen Hintergrund möglicher und letztlich doch *un*möglicher Entmenschlichung, wie sie als Drohung wider uns aufsteht, sobald der Mensch als bloßes Partikel und Produkt von Werdeprozessen begriffen wird, sobald also sein dingfest gemachtes Woher den Schlüssel für das Rätsel des Humanum zur Verfügung stellen soll.

Einmal: THOMAS CARLYLE äußerte einst auf einem Biologenkongreß, der das Abstammungsproblem erörterte: »Meine Herrn, Sie stellen den Menschen um ein weniges höher als die Kaulquappe. Ich halte es lieber mit dem Psalmisten: ›Du schufest ihn ein wenig niedriger als die Engel‹« (Psalm 8, 6).

In diesem Satze wird das Relationsproblem, das wir nun immer wieder umkreist haben, auf die prägnanteste Formel gebracht. Selbstverständlich will CARLYLE die etwaige Herleitung des Menschen von der Kaulquappe und deren Vorgängern nicht bestreiten. Jedenfalls hat er im Namen seiner biblisch fundierten Anthropologie kein Interesse daran, gegen irgendwelche Evolutionstheorien zu polemisieren. Woran ihm liegt, ist nur die Unmöglichkeit, das Eigentliche des Menschen mit Hilfe solcher genetischen Fixierungen zu erfassen. Dieses Eigentliche wird vielmehr nur dann angesprochen, wenn der Mensch in die Hierarchie der Geschöpfe Gottes, in die Hierarchie der »Gottbezogenen« eingestuft, oder schärfer: wenn er in Relation zur *Spitze* jener Hierarchie, zu den »Engeln« und also Gottnächsten, gesetzt wird. Dieser Bezug kann selbstverständlich bei *jeder* biologischen Deszendenztheorie in Kraft gesehen werden. *Der Mensch ist nur von seinem Woraufhin und nicht von seinem Woher aus zu bestimmen.* Und je mehr diese eigentliche, die »finale« Thematik seiner Existenz im Auge behalten wird, um so unbefangener, um so dogmatisch ungebundener kann das Woher ergründet werden. Erlösung ist stets auch Erlösung zur Sachlichkeit[26].

Ferner: Der unzerstörbare Charakter der Gottebenbildlichkeit und damit der Humanitas beruht nicht auf bestimmten immanenten Eigenschaften des Menschen. Ihrer aller könnte er verlustig gehen. Es gibt Monstren, »Menschenhülsen«, denen nichts erkennbar Menschliches mehr anhaftet. Und wir wissen aus den Diskussionen über das sogenannte »lebensunwerte Leben«, welche Konsequenzen aus dem Verlust jener menschlichen Eigenschaften gezogen werden können. Auf *sie* also könnte jener unzerstörbare Charakter *nicht* gegründet werden. Er beruht statt dessen auf einem Externum: darauf, daß der Mensch bei seinem Namen gerufen, daß er angeredet wird und daß ein anderer ihn in die Geschichte mit sich hineinzieht.

So gründet die Sicherheit der Gottebenbildlichkeit in unserm letzten Bezuge, wieder in dem, was wir die fremde Würde des Menschen nannten. Gründet man die Würde des Menschen auf seinen biologischen Ursprung, so wird er zum höher organisierten Tier oder zur Bestie (die Bestie gehört ja zweifellos auf diese höhere Stufe). Gründet man sie auf seinen immanenten Wert, auf seine Funktionstüchtigkeit, so wird er zum Opfer der Bestie. Denn dort, wo die Grenze seiner Verwertbarkeit sichtbar wird, verläuft auch die Grenze seines Lebensrechtes. Gewährleistet ist die Unantastbarkeit der Humanitas nur in jener *Relation*: darin also, daß der Mensch »Kind« und »Augapfel« Gottes ist, daß er »teuer erkauft« wurde[27].

I. Kritische Begegnung mit anthropologischen Konzeptionen

1. Der Mensch in Auseinandersetzung mit dem Unbewußten (Freud, Frankl)

Die Thesen unseres anthropologischen Versuchs wurden stets so entwikkelt, daß wir uns in ein kritisches – und hoffentlich auch selbstkritisches! – Gespräch mit andern Positionen einließen. Wir haben uns immer wieder soziologisch orientierten Anthropologen gestellt, KARL MARX vor allem, aber auch GEHLEN und SCHELSKY, nicht am wenigsten schließlich der »neuen Linken«. Im letzten Kapitel überprüften wir die eigene Konzeption an der Begegnung mit Naturwissenschaftlern, an MORIN, MONOD und PORTMANN. Alle unsere Überlegungen waren mit philosophischen und literarischen Bezügen durchsetzt (wie es beim Thema Anthropologie kaum anders sein kann).

Es erscheint mir nun wichtig, zum Abschluß das Gespräch mit einigen paradigmatisch wichtigen Formen aufzunehmen, in denen die maßgeblichen Gesichtspunkte unseres Konzeptes von humanwissenschaftlicher Seite auf die Probe gestellt werden, sei es, daß sie eine Infragestellung erfahren, die zu bestehen wäre (so bei FREUD), oder sei es, daß hier Analogien der Fragestellung oder Bestätigungen in der Sache vorzuliegen scheinen (so bei TEILHARD DE CHARDIN und VIKTOR FRANKL). Diese Dialoge können nur in kritischer Wachheit, auch gegenüber der eigenen Position, geführt werden.

a) Stoffüberblick und Probleminformation

Wir erinnern uns an das, was wir bei der Analyse der Neuzeit, speziell der Säkularisation, gefunden haben: Sie drängt auf den *empirischen* Einsatz des Erkennens und sieht sich an den Erfahrungshorizont und das in seinem Rahmen Objektivierbare gebunden. Dabei wurde uns klar, daß dieser Aspekt der Dinge, wenn er sich absolut setzt, speziell in der Anthropologie eine Krise erfahren muß. Denn da der Mensch ein sich transzendierendes Wesen ist, muß er sich selbst ergreifen und im Lichte eines Themas, einer Führungsnorm, verstehen – aber nicht nur *verstehen*, sondern auch *gestalten*. Er darf sich nicht »gehenlassen«, er wird nicht durch seine Instinkte gegängelt. Wenn diese Nötigung, sich sub specie eines Themas zu sehen – ganz gleich, ob er dieses Thema als von Gott gesetzt versteht oder

ob er es sich, wie bei SARTRE, selber gibt –, das Eigentliche des Menschen ist, dann liegt es auf der Hand, daß und warum sein Wesen für die Sonde empirischer Beobachtung nicht erschließbar ist.
Seine Verschlossenheit gegenüber allen Versuchen solcher Objektivierung ist schon deshalb offenkundig, weil selbst die Bezugsgröße, auf die *hin* er ist, nicht objektiviert werden kann. Weder Gott noch die Norm des Guten (etwa im Sinne KANTS) ist empirisch auszumachen. Deshalb sieht sich ein konsequenter Empirismus gezwungen, diese Normen – Gott oder das Gute – im Sinne *seiner* Kategorien und Kriterien zu erklären. Er kann das z. B. in der Weise tun, wie SPENCER es macht, wenn er das Gute als eine chiffrierte Bezeichnung für das Nützliche versteht und demgemäß das Gewissen als einen Erfahrungsspeicher deutet, in dem Erlebnisse aufbewahrt und registriert werden, nach denen das Gute sich als nützlich bewährt hat und das Nützliche demzufolge als gut zu bezeichnen ist[1]. Der soziologische Empirismus kann das Gute – jedenfalls das, was der Gesellschaft als »gut« vorgestellt wird – als eine pragmatische Setzung verstehen, die dem Ziele dienen soll, eine bestimmte Klassensituation zu stabilisieren. Das gilt so für MARX. Endlich können Gott oder das Gute auch, wie bei FEUERBACH, als Projektionen von Furcht und Hoffnung verstanden werden. Furcht und Hoffnung sind ja als psychische Sensationen sehr wohl objektiv-empirisch zu registrieren. Hier werden die vermeintlich empirischen *Ursachen* des als transzendierend Erscheinenden analysiert, so daß der Schein des Transzendierenden zum metaphysischen Spuk wird. Es wird der in sich ruhenden, dem menschlichen Zugriff verfügbaren Immanenz einverleibt.
Die Folgen einer so konzipierten Anthropologie zeichnen sich sofort ab: *Jetzt gerät das Menschenbild unter die Herrschaft von Axiomen, die jede mögliche Aussage über den Menschen von vorneherein präjudizieren und begrenzen.* Und zwar präjudizieren und begrenzen sie diese Aussage in dem Sinne, daß sie weder sein Eigentliches, nämlich sein Angelegtsein auf Selbsttranszendierung, noch die Fülle seiner Daseinsdimensionen in den Blick bekommen können. *Sie kommen alle bei einer reduzierten, einer »eindimensionalen« Existenz an.*

Obwohl die Anthropologie der Psychoanalyse FREUDS Unerhörtes schon insofern verdankt, als er weitere, bisher unbekannte Räume des Ich-Hauses – die Keller-Bereiche des Unbewußten vor allem – entdeckt und damit den Problemhorizont der Anthropologie eminent erweitert hat, so scheint doch selbst er ein Vertreter der angedeuteten Reduktion zu sein. Weil auch er den Menschen in seine weltanschaulich verstandene Psychoanalyse integriert und ihn in das Prokrustesbett empiristischer Axiome zwängt, möchte ich ihn hier als Paradigma der »eindimensionalen« Anthropologie verwenden.
Das legt sich schon deshalb nahe, weil VIKTOR FRANKL ohne diesen Hinter-

grund der Freudschen Psychoanalyse und ihre anthropologischen Konsequenzen nicht zu verstehen ist. Seine Auseinandersetzung mit Freud wird von einem Standort aus entfaltet, der dem unsrigen nicht nur benachbart ist; unser Versuch könnte Frankls Konzept vielleicht sogar mit einigen Argumenten unterbauen, die die christliche Tradition aus jahrhundertelangem Bedenken des Menschenbildes zur Verfügung stellt.
Wenn ich von einer »weltanschaulich« verstandenen, das heißt ihren Empirismus totalisierenden Psychoanalyse sprach, so meine ich damit, daß sie die bloße Vorläufigkeit des empirisch Erfaßbaren nicht einsieht, daß sie also keinen Sensus für ihre Grenze hat. Sie *kann* diesen Sensus auch gar nicht haben, weil sie den empirischen Aspekt absolut setzt und also das Ganze des Mensch-Seins mit seiner Hilfe meint in den Blick zwingen zu können. Obwohl es hier nicht in Betracht kommen kann, die Konzeption Freuds in extenso zu entfalten, möchte ich doch nicht auf eine vergröbernde Skizze verzichten. Sie kann nur den Sinn haben, das hervorzuheben, was anthropologisch relevant ist und zugleich die Schwerpunkte jener Kontroverse mit Freud enthält, aus der die Logotherapie Frankls hervorgegangen ist. Es wäre eine überaus reizvolle Aufgabe, auf die wir verzichten müssen, die anthropologischen Probleme der Psychoanalyse so zu entfalten, daß man die Stimmen der von ihm Belehrten und zugleich von ihm Abgefallenen – Adler und Jung zumal, aber auch Fromm und Menninger mit vielen andern – zu einem Chor zusammenstellte. Wenn es uns demgegenüber nur auf das »Duett« von Freud und Frankl ankommt, dann möchten wir den Cantus firmus zum Klingen bringen, der auch in dem stimmenreicheren Chor beherrschend hervorträte – wenigstens dann, wenn man ihn im Banne des anthropologischen Themas abhörte.

b) Zur Anthropologie Sigmund Freuds

Im Mittelpunkt der Psychoanalyse steht die verfehlte Bewältigung eines seelischen Konflikts, die mißlungene Verarbeitung eines traumatischen Erlebnisses. Die krankmachende Wirkung dieses Konfliktes beruht dabei auf der »Verdrängung«, das heißt auf der Verlagerung des Konfliktes aus der Bewußtseinszone ins Unbewußte. Die heilende Wirksamkeit liegt demgegenüber in der Aktualisierung des Konfliktes bzw. der Neurose und in der Übertragung auf die Arzt-Patient-Beziehung.
Das Unbewältigte und Verdrängte wird vor allem durch Traum-Analysen gefunden, da der Traum unterhalb der Bewußtseinskontrolle liegt und so die unverstellten Bilder des ins Unbewußte Abgeschobenen am ehesten erscheinen läßt. Durch das analytische Hervorholen wird das Unbewältigte einer fruchtbaren Verarbeitung zugänglich. Der Kranke gewinnt Führung über den Konfliktstoff. Sein Selbst erobert gleichsam die verlorengegangene Autonomie zurück.

Mit dieser Theorie tritt Freud in Gegensatz zur damaligen voluntaristischen Psychologie, ebenso zum bloß rationalen Appell an das bewußte Ich. Nicht Suggestion und Überredung zu einem bewußten sittlichen Wollen können helfen – schon deshalb nicht, weil der eigentliche Motivationshintergrund so außer Betracht bliebe –, sondern allein die Aktualisierung des im Unbewußten wirksamen und verdrängten Konfliktstoffes und seine erneute, nunmehr befriedigende Lösung.

Freud betrachtet die analysierten seelischen Vorgänge unter einem dynamischen, ökonomischen und topischen Aspekt, das will sagen: vom Standpunkt seiner Trieblehre, der Quantität der Erregung und des Ortes der Vorgänge aus. Dafür konzipiert er einen psychischen Apparat mit einer räumlichen Ausdehnung, einer wenn auch noch unbekannten Gesetzmäßigkeit und einer Einteilung in verschiedene Instanzen: in Es, Ich und Über-Ich:

Das »Es« charakterisiert Freud als das Ererbte, das konstitutionell Festgelegte oder auch Erworbene, das sich als unbewußte Triebschicht etabliert. Von ihr hebt sich ab und ihr tritt entgegen das »Ich« als Vermittler zwischen Es und Außen-Realität. Das Ich beherrscht die Zugänge zur Motilität (zur Bewegungsmöglichkeit). In gewisser Selbständigkeit gegenüber dem Ich übernimmt nunmehr das »Über-Ich« eine Art Zensurfunktion über die Ansprüche des Trieblebens an das Ich. Als eine aus dem Ich hervorgehende Instanz setzt es den Einfluß der Eltern-, Familien-, Rassen-, Volks- und Gesellschaftstradition fort, gleichsam in richterlicher Stellung und in der Rolle der Autorität. Durch den polaren Gegensatz zwischen dem das Ich kontrollierenden Über-Ich und den Triebansprüchen des Es an das Ich entstehen Konflikte, die zu psychischen Erkrankungen, zu Neurosen führen können. So ist besonders die Überstrenge des als Gewissen fungierenden Über-Ich eine dominierende Ursache der Neurose. Die tatsächliche frühkindliche Angst vor der elterlichen Autorität lebt etwa als Gewissensangst fort und wird von dem die Vaterautorität übernehmenden Über-Ich bewahrt und wachgehalten.

Der umstrittenste und für seine Thesen zugleich wichtigste Teil der Theorien Freuds ist seine *Trieblehre.* Als Triebe bezeichnet er Bedürfnisspannungen des Es; das sind für ihn vornehmlich die körperlichen Anforderungen an das Es. Hierbei nimmt er zwei Grundtriebe an: den Eros und den Destruktions-(Todes-)Trieb. Der Eros umfaßt sowohl die Spannung von Selbsterhaltungs- und Arterhaltungstrieb wie auch die von Ich-Liebe und Objekt-Liebe. Er will binden, größere Einheiten herstellen und erhalten. Ihm entgegengesetzt – analog dem Prinzip von Anziehung und Abstoßung im Bereich des Anorganischen – ist der Destruktionstrieb, der auflösen, zerstören und das Leben in anorganische Zustände zurückführen will.

Freud konzipiert diesen Todestrieb erst relativ spät, nachdem er mehrfach

– auch schon aus dem Kreis der Schüler – wegen der Einseitigkeit seiner ursprünglichen Trieblehre angegriffen worden war. Er sieht in dem Destruktionstrieb eine retrovertierte Aggression gegen die eigene Person. Diese Umkehrung ist zu verstehen als ein Umschlag der verhinderten Aggression in die Leidenschaft der Selbstzerstörung. So gilt etwa vom Selbstmord, daß niemand sich selber umbringe, der nicht zuvor einen andern hätte umbringen wollen. Das Individuum stirbt an seinen inneren Konflikten.

Die gesamte verfügbare Energie des Eros nennt FREUD »Libido«. Sie ist anfangs im Ich so aufgespeichert, daß sie hier im Zustand des »primären Narzißmus«, also als introvertierte Selbstliebe, verharrt. Dieser Zustand hält an, bis das Ich Objektvorstellungen mit Libido besetzt und dadurch die ursprüngliche rein narzißtische Libido in Objekt-Libido umwandelt. Das bedeutet: Das Ich entwickelt ein Appetenzverhalten auf ein Objekt hin, und zwar in Form eines zielbewußten Handlungswunsches. Das Ich ist also zugleich Reservoir *und* Verteiler von Libido-Besetzungen. An dieser Stelle, so scheint es, wird die Trieblehre unklar. Probleme bleiben ungesehen, deren Unbemerkt-Bleiben auf den Ausfall *nicht* empirisch auftauchender Daten deuten könnte. FREUDS Trieblehre läßt nämlich offen, nach welchen Kriterien die Libido verteilt wird und wie die Tatsache zu deuten ist, daß die Libido einerseits die Objekte wechseln kann (man sieht sich an die »Plastizität« der Antriebe bei GEHLEN erinnert), gleichwohl aber auch ein Leben lang an bestimmte Objekte fixiert zu sein scheint. (FREUD selbst hat übrigens die Tatsachen, die hier zur Diskussion stehen, durchaus behandelt, sie aber nicht im Sinne unserer Fragestellung problematisiert.)

Ebenso unklar muß in diesem Zusammenhang der Verteiler- und Besetzungstätigkeit auch die *Verdrängungsarbeit* des Ich erscheinen. In seinem Buch über »Die Stellung des Menschen im Kosmos« setzt MAX SCHELER hier eine kritische Rückfrage an FREUD an, und zwar mit der bezeichnenden Wendung, *was* denn eigentlich der Ursprung, was das »Subjekt« des Verdrängungsaktes sei: »Was denn im Menschen negiert, was denn verneint den Willen zum Leben, was verdrängt Triebe?« – FREUDS Trieblehre mit ihrem Leitbild von Gefälle und Spannung – eine verräterische Anleihe bei der Elektrizitätslehre des 19. Jahrhunderts – wird in einem empiristisch-physikalischen Rahmen entwickelt, innerhalb dessen es auf diese Frage keine Antwort geben *kann*. Es widersprach der von diesem Rahmen bestimmten wissenschaftlichen Grundhaltung FREUDS, sich für diese Fragestellung und entsprechend auch für eine Antwort zuständig zu fühlen. Er räumte höchstens ein, daß die Verdeutlichung der Wirkungsweise der Libido nur *teilweise* die Bedingungen des Eros beschreiben könne; denn die Sexualfunktion bzw. die Sexualität deckt sich nicht mit dem Eros. Vielmehr vereinigen sich mit der Libido die von verschiedenen

Organen und Körperstellen im Ich zusammenströmenden Kräfte. Der Eros repräsentiert also einen Komplex aus mehreren Partialtrieben. Die Libido ist das dazugehörige Energiequantum.
Die Rolle, die FREUD hierbei der Sexualität als entscheidendem Teil des Eros zuschreibt, wird heute nüchterner und in größerer Zurückhaltung gesehen. Für die Psychoanalyse FREUDS scheint die Sexualfunktion das nächstliegende Paradigma gewesen zu sein. Das geht nicht zuletzt aus seiner Kritik der zeitgenössischen Gesellschaft hervor, die durch die Prüderie und die kollektiven Verdrängungsvorgänge des Viktorianischen Zeitalters bestimmt war. In dieser zeitgenössischen Umwelt mag der Grund für die kritisierte Überbewertung der Sexualfunktion zu suchen sein.

Gerade diese Seite der Zeitgebundenheit FREUDS ist es, die HERBERT MARCUSE veranlaßt, sich von einigen Grundlagen der Psychoanalyse zu distanzieren. Dabei spielt die anthropologische Bestimmung des Verhältnisses Mensch–Gesellschaft eine entscheidende Rolle: Die lustheischenden, selbstbezogenen, vor allem durch die sexuelle Libido bestimmten Triebe stehen bei FREUD in einer letztlich unüberwindbaren Grundspannung zu jedem gesellschaftlichen modus convivendi, zu jeder »Ordnung« von Gemeinschaft und damit selbstverständlich auch zu allen Fortschrittschancen der Gesellschaft. Diese Grundspannung bildet den Herd permanenter Konflikte, insofern die Gesellschaft und die sie leitende Tradition ein hohes Maß an Unterdrückung oder wenigstens Sublimierung jener Triebe verlangt, wenn sie bestehen will. Dieses Verlangen kann nie völlig erfüllt werden, übrigens – nach FREUD – auch bei einer sozialistischen Gesellschaftsordnung nicht. Sie ist ebenfalls nicht imstande, die aggressiven, selbstbezogenen Triebe in gesellschaftsgebundene und -fördernde zu verwandeln.
Nun meint MARCUSE zu sehen, wie die Wohlstandsgesellschaft mit ihrer »repressiven Toleranz« auch diese Komplexe abgebaut oder doch in einen Inkubationszustand verwiesen hat, durch den ihr offener Ausbruch verhindert wird:
Einmal nämlich fehlt in der westlichen Gesellschaft der Impuls zu solchen Konflikten deshalb, weil es keine beherrschende Vaterfigur und damit keinen Anlaß zum Ödipus-Konflikt (als einem wesentlichen Phänomen der Freudschen Triebtlehre) gibt. Auch die sexuelle Repression ist durch eine weitgehende Liberalisierung und Enttabuisierung abgebaut.
Ferner ist, so MARCUSE, die Psychoanalyse insofern »veraltet«, als der von FREUD angenommene Antagonismus zwischen Individuum und Gesellschaft von einer »Identifikation des Individuums mit seinesgleichen« und dem von der Gesellschaft verwalteten »Realitätsprinzip« abgelöst wird. Daß diese Ablösung möglich ist, kann MARCUSE nur so erklären, daß er eine beachtliche Korrektur an FREUDS Psychoanalyse vornimmt: Der Mensch ist eben nicht, wie FREUD wähnte, ein konstantes, von Zeit und Raum (relativ) unabhängiges Bündel von Triebenergien, sondern er ist ein durchaus plastisches und darum verformbares Gebilde. Deshalb kann die Gesellschaft ihn pervertieren; sie kann seine Seelenstruktur abbauen, verarmen lassen, sie kann ihn gleichsam impotent machen und – vergesellschaften. Sie kann ihn integrieren und durch Anpassung seinem Selbst entfremden.
Nach dieser Feststellung, daß die neuen Verhältnisse sich einer unmodifizierten Übernahme des psychoanalytischen Konzepts widersetzen, meint MARCUSE ver-

ständlicherweise nur so weiterkommen zu können, daß er wieder den eigentlichen, den seiner bewußten und *nicht* durch Anpassung sich selbst entfremdeten Menschen postuliert. Da dieser aber nur postuliert wird und nicht in gegenständlicher Greifbarkeit zur Verfügung steht, muß man eine exemplarische Elite heranbilden, die proleptisch die ausgefallenen Bewußtseinsprozesse an sich vollzieht. Bei dieser Elite denkt er an die jungen Intellektuellen – an die Studenten.
Ich habe diese Zwischenbemerkung über Marcuse hier einfließen lassen, weil sie eine eindrückliche Illustration für das ist, was an Freuds Trieblehre als zeitgebunden-viktorianisch empfunden werden kann und wohl auch zeitverhaftet *ist.* Wenn ich Marcuse richtig verstehe, hält er diese Zeitgebundenheit Freuds aber sozusagen für unbewußt (was bei dem Vater der Psychoanalyse nicht ganz ohne ironischen Akzent ist), denn Freud will mit seiner Überbetonung der Sexualität ja nicht programmatisch und speziell auf das Viktorianische Zeitalter reagieren. Dieses mag ihn, ohne daß er es merkt, nur dazu angestiftet haben, den Menschen »als solchen« für ein derartiges Bündel von (vornehmlich sexuellen) Triebenergien zu halten, ihn aber letztlich als gesellschaftsunabhängig, jedenfalls vom *Wandel* der Gesellschaft unabhängig, zu verstehen.

Mit dem empiristischen Rahmen, der Freuds Psychoanalyse bestimmt, hängt es zusammen, daß er einen regelrechten Mechanismus des psychischen Apparates entwickelt. Hier macht er gewissermaßen einen Schritt zurück von der Sinngesetzlichkeit zur Naturgesetzlichkeit der seelischen Vorgänge. (Kein Wunder, daß er so in die Nähe von Feuerbachs Anthropologie gerät!)
Die Triebansprüche aus der unbewußten Es- Schicht drängen sich dem Ich auf, werden vor-bewußt – Freud nimmt hier ein Vorstadium des Bewußtseins an – und geraten gleichzeitig unter die Zensur des Über-Ich, das die Bewußtwerdung der Ansprüche verwehrt, also sie entweder verdrängen läßt oder nur zuläßt, wenn sie durch Entstellung oder Verkleidung in ihrer ursprünglichen Form nicht mehr erkennbar sind. Dem einmal Verdrängten tritt von nun an immer ein Widerstand entgegen, quasi als institutionalisierte Wiederholung des ursprünglichen Verdrängungsvorgangs.
Bei dieser Verdrängung entstehen in der Regel Ersatzbildungen, das heißt Verschiebungen des Wunsches auf ein zugängliches Objekt, um damit eine wenigstens teilweise Befriedigung möglich zu machen. So stellt etwa die Sublimierung einen derartigen Verschiebeakt dar und gewinnt die Funktion eines Ventils, vor allem bei allzu großer Triebenergie. Keineswegs immer gelingt allerdings die vollkommene Verdrängung eines Triebanspruchs oder die Abschwächung durch eine Ersatzbefriedigung. Verschiebungen dieser Art kommen zum Beispiel *dann* nicht zu ihrem Ziel, wenn der Trieb ursprünglich zu stark war oder von der Außenwelt zusätzlich angeheizt wurde. Kann die überschüssige psychische Energie nicht mehr somatisch abgeführt werden, kommt es zur Umsetzung und Abschwächung in Form von krankhaften Ersatzbildungen: zur Neurose. Sie ist nach dieser Sicht das Anzeichen für einen fehlerhaften Arbeitsgang im

psychischen Apparat, die rote Kontroll-Lampe für den beobachtenden Arzt.

Die Neurose hat tiefe Wurzeln in der Persönlichkeitsentwicklung. Der Konflikt zwischen Über-Ich und Es, der auf dem Boden und auf Kosten des Ichs ausgetragen wird und pathologische Wirkungen erzeugt, wird bereits im frühkindlichen Stadium vorbereitet. Die anfangs uneingeschränkte frühkindliche Sexualität – FREUD unterteilt sie in eine orale, anale und phallische Phase – wendet sich in ihrer phallischen Periode der Mutter als erstem Liebesobjekt zu. Doch findet sie zum ersten Male eine Grenze an der Rivalität des Vaters, der sich durch Verbote und Androhung von Strafe durchsetzt. Dieser erste Entzug eines Liebesobjektes führt zu einem seelischen Trauma, dem »Ödipuskomplex«. In diesem Stadium entsteht das Über-Ich als eine die Existenzweise des Menschen maßgeblich bestimmende Instanz. Vorher ließ das Ich die Ansprüche des Es ziemlich ungefiltert passieren. Nunmehr emanzipiert es sich vom Es.

Am Anfang der Persönlichkeitsbildung – oder soll man sagen der Menschwerdung? – steht also ein Komplex, ein erster Konflikt mit der Außenwelt. Wenn in diesem Initial-Konflikt das Über-Ich entsteht, so geschieht das durch »Identifizierung«, das heißt durch die Angleichung des Ich an ein fremdes Ich, das die Entwicklung des Über-Ich als Vorbild und Ideal bestimmt. In der Regel ist es das väterliche Leitbild, mit dem das Kind sich zu identifizieren beginnt. Rivalität *und* Vorbild des Vaters sind hierbei keine Alternativen, die im Ödipus-Stadium gestellt werden, sondern ambivalente Gefühlshaltungen des sich seiner selbst bewußter werdenden Kindes gegenüber einer Außenwelt, die seinen Wünschen widersteht und erstmals in der Person des Vaters spürbar wird.

Die unvollkommene Überwindung des Ödipuskomplexes, oft verursacht durch eine frühzeitige Steigerung der kindlichen Sexualität (FREUD nimmt hier einen Mißbrauch oder eine Verführung durch Geschwister oder Erwachsene an), bildet die Grundlage aller späteren Erkrankungen. Die kommende Entwicklung des Menschen ist in der Art der Bewältigung dieses Komplexes festgelegt. Das Kind wird zum »Vater des Erwachsenen«.

Das Leben des Menschen beginnt so mit einer dramatischen Exposition. Die Abhängigkeit dieses dramatischen Lebenseinsatzes von der biologischen Konstitution und der sozialen Disposition des Einzelnen läßt einen großen Spielraum für Vermutungen über ihren Ausgang. FREUD hat sie bewußt vermieden. Das Drama der Persönlichkeitsentwicklung war für ihn nur insoweit von Interesse, als er in ihm eine bestimmte Gesetzmäßigkeit der Entwicklung, nämlich die Einschränkung der Sexualität, zu entdecken glaubte. Der scheinbaren Zufälligkeit dieser Entwicklung hat er nur einen gesetzmäßigen Rahmen zu geben versucht.

c) Kritische Überlegungen

1. Die Normenblindheit der Psychoanalyse

Es liegt nahe, anzunehmen, daß sich im Rahmen dieser Konzeption ähnlich wie bei MARX eine Schichtung von Unterbau und Überbau ergeben muß, nur daß der Geist hier nicht durch seine material-*ökonomische* Basis, sondern durch den biologisch bedingten Libido-Druck und den so ausgelösten Konflikt mit der Gesellschaft bestimmt ist. Die geistigen Produktionen – die Philosophie etwa oder auch die Religion – erscheinen dann als Sublimierungen dieses Grundkonfliktes. So mag man mit LUDWIG BINSWANGER feststellen, daß für FREUD die Philosophie »nichts anderes« sei als eine »der anständigsten Formen der Sublimierung verdrängter Sexualität«. Sie hat also eine neurotische Genese. Das bedeutet: Die Philosophie – hier als Disziplin der Wesensaussage verstanden – hätte wie im Marxismus die Bedeutung einer »Ideologie«. Sie wäre überhaupt keine normative Wissenschaft mehr, die ihr Woraufhin in der Wahrheit hätte, sondern sie wäre nur aus ihrem genetischen Woher zu verstehen und erschiene so als das Produkt des libidinösen Antriebsmechanismus. Ihre Aussagen könnten nur die Bedeutung von Projektionen und Sublimierungen dieser Triebe haben. Darum nähert sich ihr sachlicher Aussagewert notwendigerweise der Null-Linie. Ihre Aussagen sind allenfalls noch relevant als Symptome eines bestimmten Antriebs-, Sublimierungs- und Verdrängungsprozesses.

In dieser Optik, so meint FRANKL, werde aus der Philosophie nichts anderes als die Theoretisierung einer verkappten Neurose. Die Frage, ob es nicht eher umgekehrt sein könne und die Neurose als Praktizierung einer verfehlten Philosophie (und Anthropologie!) zu verstehen sei, werde außer acht gelassen. Einen ersten Hinweis auf die Folgen dieses Konzeptes bringt KARL JASPERS, wenn er in seiner »Allgemeinen Psychopathologie« FREUD zwar einräumt, daß er das, was »durch Verdrängung der Sexualität entsteht, oft außerordentlich treffend« sehe. Aber er frage nicht einmal, was »durch Verdrängung des Geistes entsteht«. Und könnte die Verweisung der Philosophie in den ideologischen Überbau nicht tatsächlich – eine ironische Selbsttäuschung bei diesem Lehrer des Verdrängungsphänomens! – in einer solchen *Verdrängung* des Geistes gründen? Die Bejahung dieser Frage dürfte FRANKL zu seinem logotherapeutischen, den Geist in die Psychologie wieder einbringenden Konzept geführt haben.

Nun kann selbstverständlich kein Zweifel daran bestehen, daß jede Wissenschaft und entsprechend auch jede psychologisch-analytische Tätigkeit die Aufgabe hat, zu entlarven und zu demaskieren. Was damit ein wenig zugespitzt und polemisch formuliert wird, ist uns in milderen Ausdrucksformen aus der Erkenntnistheorie bekannt: KANT hat alle Formen von Metaphysik entlarvt und so ans Licht gebracht, daß sie den Aktionsradius der Erfahrbarkeit übersehen. Jeder Versuch, im Namen des Vorausset-

zungslosigkeitsaxioms in irgendeiner Theorie die unerkannten, latenten Prämissen hervorzuziehen, ist ein Akt solcher Entlarvung. Und schließlich bedeutet auch jede Ideologiekritik, jeder Versuch also, heimliche weltanschauliche oder pragmatische Hintergründe einer Theorie offenbar zu machen, ein Unternehmen der Demaskierung. Darum ist es durchaus legitim, gegenüber philosophischen oder theologischen Konzeptionen einen derartigen Ideologieverdacht zu hegen und sie auf psychogene Antriebe hin abzuhorchen. (Für einen Psychiater legt sich gegenüber einem Denker wie KIERKEGAARD z. B. die Frage nahe, welche Bedeutung die übermächtige Figur seines von Konflikten zerrissenen Vaters für seine Reflexionen gehabt habe. Der Verfasser erinnert sich an ein Streitgespräch, das er über dieses Thema mit dem Psychiater BÜRGER-PRINZ geführt hat.)
Doch besteht die Legitimität dieser ideologiekritischen oder psychogenetischen Befragung wohl nur so lange, wie sie aus dem Wust des unsachlich Verfremdeten das Wahre herauszuholen wünscht, wie sie jedenfalls im Namen der *Wahrheit*, aus Interesse an *ihr* jene kritischen Explorationen vornimmt. Diese wären dann nur Mittel zum Zweck. Wo die Entlarvung dagegen Selbstzweck wird, dient sie einer Entwertungstendenz und gewinnt eine nihilistische Pointe. »Vor den Bäumen der Lebenslüge«, sagt FRANKL, »sieht ... der entlarvende Psychologe nicht mehr den Wald des Lebens selbst, dann münden Demaskieren und Entlarven in Zynismus, und schließlich werden sie selber zur Maske: zur Larve des Nihilismus.« Die Selbstzwecklichkeit der Entlarvung läßt FREUD seiner Zeit gleichsam zurufen: »Ich werde euch schon zeigen, was die eigentlichen Triebfedern eures Denkens und Handelns sind!«
Mit diesen »eigentlichen Triebfedern« steht es demnach so: »Die Produktion sexueller Erregung«, so schreibt FREUD in den Abhandlungen zur Sexualtheorie, »liefert einen Vorrat von Energie, der großenteils zu andern als sexuellen Zwecken verwendet wird, nämlich vermittels der Verdrängung zum Aufbau der späteren Sexualschranken.« Das sexuelle Energiepotential produziert also gleichsam nicht nur Stoffe für den eigenen Bedarf, sondern es hat überschüssige Reserven frei für zusätzliche Investitionen: nämlich für Aufbauten – sie heißen dann »Über-Ich« –, die den elementaren Strom der sexuellen Grundenergie kanalisieren, in Schach halten und auf andern Gebieten zum kreativen Motor werden lassen. Jenes Potential bewirkt somit zugleich Selbstbändigung und Selbsterweiterung mit Hilfe der »Sexualschranken«.
Sexualschranken – was ist das? Damit können natürlich auch und unter anderm künstlich erzeugte Hemmungsmechanismen, etwa im Sinne viktorianischer Prüderie, gemeint sein. Und sicher hat dieses puritanisch verklemmte Zeitmilieu, wie schon erwähnt, nicht geringen Einfluß auf die Theoriebildung FREUDS gehabt. Die Sexualschranken sind aber doch nicht *nur* unter dem Aspekt dieser pervertierten Domestizierung zu sehen. In

ihnen kündigt sich eben *auch* jene Selbsttranszendierung an, die im Mittelpunkt unserer anthropologischen Erörterungen stand und steht: daß der Mensch sich nicht als passive natura naturata (als bloße Naturgegebenheit) aus der natura naturans (der allein in Aktion befindlichen Natur) entgegennimmt und empfängt, daß er sich vielmehr in seiner Eigenschaft als Person seinen Naturtrieben abringen muß, daß er im Widerstreit zwischen Wille und Trieb, zwischen personaler Bestimmung und animalischen Trends steht.

Unsere entscheidende Beobachtung ist nun die: Dieser die Signatur des Humanum bildende Protest des Menschen gegen sich selbst, sein existentieller Grundwiderstreit also, wird hier genausowenig wie seine geistigen Produktionen (z. B. die Philosophie) von irgendeinem normativen Woraufhin aus, sondern ausschließlich als Produkt seiner fehlgeleiteten oder jedenfalls die bloße Sexualität überschreitenden Triebenergie her interpretiert. Eben das ist hier die nihilistische Entleerung: Sie macht nicht vor der echten Realität des Humanum halt, sondern eliminiert sie, das heißt löst sie auf in objektivierbare Triebprozesse. Beispiele für diese Überfremdung von Geist und Seele durch mechanistisch-apparative Prinzipien gibt es im Schrifttum Freuds zuhauf. Diese Auflösung der »moralischen« Welt in psychische Abläufe und Gesetzlichkeiten ist nach Schopenhauer die eigentliche Perversion der Gesinnung; sie sei »wohl im Grunde auch das, was der Glaube als den Antichrist personifiziert hat«.

Daß Freud demzufolge keinen Sensus für die Sinn-Frage hat und haben kann, daß sie vielmehr ebenfalls nur die Bedeutung eines Symptoms – sogar eines pathologischen Symptoms – haben muß, bemängelt auch C. G. Jung in seiner Arbeit über »Die Beziehungen der Psychotherapie zur Seelsorge«: »Die Tatsache, daß viele Theologen psychologische Stützung oder praktische Hilfe bei der Freudschen Sexual- oder der Adlerschen Machttheorie suchen, mutet sonderbar an, denn beide Theorien sind im Grunde geistfeindlich, weil es Psychologien ohne Seele sind. Es sind rationalistische Methoden, welche das Zustandekommen geistiger Erlebnisse geradezu verhindern ... Unter allen meinen Patienten jenseits der Lebensmitte, das heißt jenseits 35, ist nicht ein einziger, dessen endgültiges Problem nicht das der religiösen Einstellung wäre.« Zur Verdeutlichung dessen, was Jung hier mit »religiöser Einstellung« meint, mag der Satz dienen: »Die Psychoneurose ist im letzten Verstande ein Leiden der Seele, die ihren Sinn nicht gefunden hat ... Und der Grund des Leidens ist der geistige Stillstand, die seelische Unfruchtbarkeit.«

In diesem Sinne ist ein Satz Freuds aus einem Brief an Marie Bonaparte überaus entlarvend: »Im Moment, da man nach Sinn und Wert des Lebens fragt, ist man krank.«

2. *Die Pervertierung des Menschenbildes*

Wir meinen es nur als Pervertierung bezeichnen zu können, wenn Freud das, was den Menschen zum Menschen macht – sein Entworfensein auf Sinn – als Indiz einer Krankheit deutet. Stellt man die Gegenfrage, worin dann die *Gesundheit* des Menschen zu sehen und zu bestehen hätte, so scheint man in ein Gestrüpp widersprüchlicher Tendenzen in Freuds Gedankengebäude zu geraten: Denn zunächst könnte sich als Antwort auf die Frage nach der Gesundheit doch anbieten, daß sie nur einem Menschen eigne, der von der Sinn- und Wertfrage unberührt und in einem gleichsam ungenierten Laisser-faire seiner Spontaneität lebte. Wie anders sollte man sich einen Lebenslauf, der abseits jedes Sinn-Interesses verliefe, denn vorstellen? Doch diese Alternative zur eliminierten Sinnfrage, die sich uns anbietet, will Freud durchaus nicht! Denn der ungesteuert sich seiner Spontaneität überlassene Mensch wäre ja zugleich jemand, der im unkontrollierten Banne seines Unbewußten lebte und der den Streichen dieses Unbewußten, wenn man einmal so frivol reden darf, hilflos überlassen wäre. Gerade aus dieser Hilflosigkeit will ihn die Psychoanalyse doch befreien! Sie will Unbewußtes, aus dem quälende Komplexe und Irreführungen hervorgehen, bewußtmachen, unter Kontrolle bringen, den Menschen aus einem Passagier seines hilflos treibenden Lebensschiffes zum Kapitän auf der Brücke machen und ihn zur bewußten Steuerung des Schiffes befähigen. Dann aber *führt* sie ihn doch gerade in eine Situation, in der er am Steuer seines Lebensschiffes die Frage nach dem Ziel – sprich: nach Sinn und Wert – stellen muß. Ist diese Sinnfrage *zweiten* Grades etwa Inbegriff der Gesundheit? Steht sie *nicht* mehr wie die Ausgangsfrage unter pathologischem Verdacht? Wie kann ein Mensch steuern und sich in die Hand nehmen, wie kann er Selbstverfügung gewinnen (die Freud doch will), wenn er nicht weiß oder zu wissen wünscht, wohin er will? Könnte er nicht ohne Auskünfte dieser Art als von seinen Komplexen Geheilter doppelt hilflos sein und nach der Auseinandersetzung mit seiner Vergangenheit nun der Hilfen für die Bewältigung seiner Zukunft bedürfen? Auch diese Frage scheint mir einer der Impulse zu sein, die zur Konzeption der Franklschen Logotherapie treiben, wie sie denn auch im Hintergrunde von Jungs Kritik an Freud steht.

Die Perversion des Menschenbildes, die sich in diesen ungelösten Widersprüchen ankündigt, scheint mir wesentlich darin zu bestehen, daß der Mensch bei Freud sub specie seines Verhältnisses zur Zeit sozusagen halbiert wird: Die Psychoanalyse fixiert ihn – gerade bei ihrem Befreiungsakt – auf seine Vergangenheit. »Die für die menschliche Entfaltung gleichermaßen bedeutungsvolle Zukunftsbezogenheit findet (dagegen) nicht annähernd dieselbe Beachtung«, wie der Psychiater Friedrich Braasch wohl richtig beobachtet hat. Zukunftsbezogenheit ist, wie wir im Kapitel H über das Verhältnis des Menschen zur Zeit aufwiesen, eine spezifisch menschliche Qualität. Das Tier hat keine Zukunft. Die humane Zukunftsbezogenheit ist aber von der Frage, wohin es mit mir wolle und wohin ich wolle, unablösbar. Sie ist insofern aufs engste mit der Sinnfrage verknüpft.

Die Perversion, die »Verdrehung« des Menschen, äußert sich aber nicht nur in seinem Verhältnis zur Zeit, in der Fixierung auf die Vergangenheit und ihre Bewältigung, sondern sie drückt sich auch in *räumlichen* Symbolen aus. Das Funktionsgehäuse »Mensch« wird gleichsam im Innern umgekrempelt: Der animalische Unterbau, die Trieb- und Affektschicht, wird zur eigentlich dominierenden Größe aufgewertet. Was vom Menschen erscheint – als gefiltertes, vom Über-Ich reglementiertes Ich –, ist nur die Spitze eines Eisberges, dessen tragende und die Spitze bestimmende Masse »unter Wasser« ist.
Hier legt sich die Frage nahe, ob diese anthropologische Konstruktion nicht auch ihrerseits das Problem aufwirft, aus welchen Zonen unbewußter Existenzsituationen sie stamme. Sie muß sich der Frage, die sie selbst an jede Philosophie stellt, nun auch ihrerseits stellen. JASPERS macht auf die eigentümliche Tatsache aufmerksam, daß FREUD selber »unanalysiert« gewesen sei. Wir können nicht so hybrid sein, diese ausgefallene Analyse hier nachholen zu wollen. Ein Spurenelement davon darf aber vielleicht in Gestalt der Frage auftauchen, ob dieses psychomechanistische Menschenbild nicht seinerseits wieder der »Ausdruck« einer bestimmten Lebens- und Zeitsituation sei. Anders gesagt: *Entstammt es nicht einer Situation des Sinnverlustes, einer verlorenen Gott-Mensch-Beziehung, so daß es nicht erst zu einer Preisgabe der Sinnfrage* führt, *sondern bereits ursprungsmäßig in ihr gründet?*

In diesem Sinne fragt auch JOACHIM BODAMER in einem Essay über »Die Krankheit der Psychoanalyse«: »Es scheint, als ob eine derart den Menschen pervertierende Psychologie erst dann überhaupt auftreten kann, wenn der Mensch sich selbst nicht mehr vom höchsten Rang her, von Gott bestimmt sehen kann, als ob, um im Bild zu bleiben, der Mensch dann aus dem Gleichgewicht geraten muß und eine Psychologie seiner selbst hervorbringt, die dieser Gleichgewichtsstörung entspricht, die sich zudem als wissenschaftliche Wahrheit tarnt und damit nach den Gepflogenheiten unseres Zeitalters, weil angeblich Wissenschaft, unangreifbar und unbezweifelbar wird. Wo Gott als Geheimnis den Menschen nicht mehr übersteigt, wird auch der Mensch selbst geheimnislos, konstruktiv so durchsichtig wie eine Maschine, und die Psychoanalyse ist nichts anderes als die säkulare Simplifizierung des Menschen . . ., der sich von seinem Ursprung abgeschnitten hat. Damit soll ausgedrückt sein, daß die Psychoanalyse als psychologische Lehre dem Selbstverständnis des modernen Menschen offenbar entspricht; beide bedingen einander, rufen sich gegenseitig hervor.«

3. Die pragmatische Bedingtheit der Psychoanalyse

Der Zusammenhang der Psychoanalyse mit der religiös emanzipierten, dem Säkulum verhafteten Industriegesellschaft mag an der maschinell-mechanischen Struktur ihres Menschenbildes beteiligt sein. Das legt die Vermutung nahe, die BODAMER ebenfalls äußert, daß die Analogie zur Maschine sich noch in anderer Hinsicht auswirkt: in dem therapeutischen

Ziel, die Funktionsfähigkeit des Menschen innerhalb dieser »mechanistischen« Gesellschaft herzustellen und seine reibungslose Anpassung an deren Abläufe als Gesundheit zu verstehen. Der Verfasser kann aus eigener Anschauung bestätigen, was BODAMER an Illustrationen aus dem amerikanischen Leben dazu beibringt: Eine Gesellschaft, die derart stark auf funktionalen Konformismus im Erwerbsleben (nicht *nur* dort, aber dort vor allem!) aus ist, kann keine Menschen gebrauchen, die mit funktionsstörenden Hemmungen oder mit persönlichen Problemen belastet sind, die eine völlige Integration in den Produktionsprozeß verhindern oder auch nur erschweren.

So muß etwa der *Eros,* dieser irrationale »Gegenpol zur Technik«, der Industrielandschaft angepaßt und »funktionalisiert« werden. Das dürfte ein entscheidender Grund für die Rolle des Psychiaters und des Psychotherapeuten in den Staaten sein. Er ist gleichsam der Allvater, dessen Bild allenthalben präsent ist. Es gibt kaum jemanden, der nicht irgendwann auf seiner Couch gelegen hat. Begriffe der Psychoanalyse oder der ADLERSCHEN Individualpsychologie (wie »Minderwertigkeits- oder Ödipuskomplex«) tauchen in völlig enttabuisierter, versachlichter Form nicht nur bei Diskussionen, sondern auch bei der Tee-Konferenz im Damen-Komitee auf. Der Eros mit seiner Lust und seiner Qual gilt so als eine Macht der Ablenkung, er streut Sand in die Maschine und blockiert ihr reibungsloses Funktionieren. Seine Sperrigkeit hindert den von ihm Ergriffenen, sich vorbehaltlos und total in das Leistungsgeschehen einzubringen. So ist der Eros für die pragmatische Sichtweise eine leistungs*mindernde* Größe. Mag er auch im Menschlichen motorische Kräfte entfalten, in der Sachlichkeit des Job-Geschehens kann er nur als Bremse, als Widerpart aller Rationalisierung gelten. Darum bedarf es des Psychiaters oder Psychoanalytikers, der den Reibungsverlusten entgegenwirkt und das Maximum der verfügbaren Leistungspotenz entbinden kann.

»Der Konkurrenzkampf, nicht die Liebesfähigkeit ist die eigentliche Vitalitätsprobe, die es zu bestehen gilt. Eine nicht versachlichte, nicht regulierte, gleichsam ungebrochene Sexualität verdirbt einem die Chancen in diesem Rennen nach einem möglichst reibungslosen und äußerlichen Glück. Merkwürdig ist nur, daß mit der Ausbreitung der Psychoanalyse die Neurosen zunehmen, ein Beweis für ihre gegenseitige Bedingtheit« (BODAMER). Vielleicht ist es etwas zu hoch gegriffen, wenn BODAMER hier von einem »Beweis« spricht. Es ist mehr eine Vermutung, wie mir scheint. Aber selbst wenn man von dieser zweifellos vorhandenen Inflation an Neurosen nur sagen würde, daß sie »trotz« und nicht »wegen« der Psychoanalyse eingetreten sei, könnte die These, die Psychoanalyse sei ein Ausdruck ihrer Zeit und ihrer Krankheit, aufrechterhalten werden.

Was ist eigentlich, möchte man fragen, eine Humanität, deren Konflikte so in der Manier der Psychoanalyse nur noch pragmatisch bewertet und genetisch – etwa aus Jugendtraumata – erklärt werden? Was sind Konflikte, die man – auch abgesehen von ihrer pathologischen Übersteigerung – nicht mehr als wesentliche Signatur des Menschen versteht, nicht mehr als die Nötigung, gegen sich selbst protestieren zu müssen, im Kampfe mit sich zu liegen und sich durch Einsatz von Geist und Willen etwas abzuringen? Genau das ist doch das Wesen dessen, was wir als Selbsttranszendierung herausgearbeitet haben. Würde FREUD nur die krankhaft entarteten, neurotisch bestimmten Konflikte meinen, so möchte wohl niemand deren therapeutische Behandlung in Frage stellen – aber *nur* dann nicht, wenn die Therapie sich gegen die pathischen *Wucherungen* der Konflikte, nicht aber gegen sie selber wendete, wenn sie also, statt den Konflikt radikal abzubauen, sich nur vornähme, die Scheinkonflikte auf ihren wahren und bleibenden Kern zurückzuführen. Dieser Konflikt-Kern selbst hat den unzerstörbaren Charakter des Menschlichen.

Es ist ein Verdienst von FRANKLS Logotherapie, auf der Basis dieser *Respektierung* des Konfliktes zu arbeiten und so dem Humanum Genüge zu tun. Im Gegensatz dazu sieht sich FREUD durch die beherrschend gewordene Kategorie des Genetischen gezwungen, den Konflikt als solchen in Frage zu stellen. Die Vorentscheidung über diese Diskriminierung des Konfliktes wird schon dadurch getroffen, daß er ihn aus seinem evolutionären Woher und nicht mehr aus seinem Wozu begreift. *Daß der Konflikt ein Zeichen für die Offenheit des Menschen, für sein Vermögen und seinen Auftrag der Selbsttranszendierung sein könnte, muß so außer Betracht bleiben.* Selbst der ins Pathische hineinragende Konflikt kann unter Umständen nicht bloß der Verzerrung, sondern der Ausgestaltung des menschlichen Bildes dienen und ein kreativer Impuls geistiger oder künstlerischer Leistungen sein. Das mag an einer selbsterlebten Anekdote verdeutlicht werden:

Ich trat einmal herzu, als zwei berühmte Ärzte, der Heidelberger Internist RICHARD SIEBECK und der Neurologe VICTOR V. WEIZSÄCKER, sich aus bestimmtem Anlaß über ihren gemeinsamen Kollegen-Freund KARL JASPERS erregten und davon sprachen, daß das Geschehene nur aus seiner Neurose zu verstehen sei. Da auch ich JASPERS recht gut kannte, mischte ich mich etwas leichtfertig in dieses Gespräch: »Nun hat dieser JASPERS das Glück, zwei so berühmte Mediziner zu Freunden zu haben – warum heilen Sie ihn denn nicht von seiner Neurose?« – Wie aus einem Munde – und natürlich nicht ohne Selbstironie! – antworteten sie: »Dann würde er ja aufhören, zu philosophieren!«

In seiner Autobiographie (»Ein Psychiater berichtet«) hat HANS BÜRGER-PRINZ Wesentliches zu dieser Frage bemerkt. Er berichtet von Künstlern und Dichtern, denen er ihre Konflikte, einem bekannten Dichter zum Beispiel seine gleichgeschlechtliche Problematik, weggeheilt habe, und zwar mit dem Ergebnis, daß ihre schöpferische Kraft erlahmte oder völlig erlosch. In diesem Zusammenhang bekennt sich BÜRGER-PRINZ auch seinerseits dazu, daß die Konflikte zu den Konstitutionsmerkmalen der Menschlichkeit gehörten und insofern einen bleibenden Sinn hätten, teleologisch gleichsam eingeplant seien. Ohne daß er auf FREUD dabei Bezug nimmt, könnte man darin doch eine polemische Spitze gegen den großen Wiener sehen. Sie ist hier nur eingewickelt in seine These, daß die Konflikte, einschließlich gewisser neurotischer Tendenzen, nicht bloß unter genetischem Aspekt zu sehen, sondern zugleich aus ihrem Wozu zu erklären seien. Wörtlich sagt er:

»Immer wieder stößt man auf die falsche Vorstellung, am besten sei *der* Mensch daran, der problemlos lebt. Man darf ruhig sagen: Nichts ist falscher. Die Risse und Sprünge in der ›Kugel Mensch‹ geben erst die Anstöße zu Überbrückungen, zu Verstehen und Begreifen. Wären die Kugeln glatt wie Billardbälle, dann gäbe es nur Abgestoßen-Werden und gerade kein Hinüber zu andern und zu sich.« – »Alles irgendwie Bedeutsame im Leben, auch die Kraft, die einer entwickelt ..., die Dinge, die einer bewältigt ..., das alles stammt aus *Problemen*, aus Reibungsflächen des Lebens. Das alles *ist* Leben.«

Konflikte sind also nicht nur eine negative Hypothek – jedenfalls dann nicht, wenn man vermeiden will, das Humanum selbst mit dem Verdikt des Negativen zu belegen, obwohl man nicht selten inkonsequent genug ist, die Verneinung des Konflikts und die Bejahung des Menschen in einem Atem auszusprechen. Versteht man den Konflikt statt dessen als Konstitutionsmerkmal des Humanum, wird es auch zu der Bereitschaft kommen können, Konflikte »anzunehmen«, unter Umständen sogar dann, wenn sie die Grenze der Neurose berühren oder gar überschreiten.

4. *Albert Görres über die Psycho-»Physik« Freuds*[2]

Daß FREUD den Konflikt *nicht* als konstitutive Signatur menschlicher Existenz verstehen kann, sondern ihn nur traumatisch erklärt, liegt letztlich wohl daran, daß er den Menschen nicht in einem übergreifenden Sinnzusammenhang sieht: daß er gar nicht auf den Gedanken kommt, seine Angst, seine Konflikte könnten – weit entfernt, *nur* Produkte immanent-psychischer Fehlentwicklungen zu sein – in einer Verfehlung dieses Seinszusammenhangs gründen[3]. Statt dessen nötigt ihn seine Vorstellung vom »seelischen Apparat« zu einer Art Trieb-Physik, die nur ein immanentes, entelechisches Spiel psychischer Kräfte wirksam sieht. Nach FREUD sei der Mensch, so GÖRRES, ein hormonal gesteuertes Triebwesen, dessen Organismus als physiko-chemisches System sich durch die in ihm stattfindenden Stoffwechselprozesse ständig ändert. Diese Veränderungen müßten einen Zerfall herbeiführen, wenn es nicht zu einem regenerierenden Wechsel von Abbau, Wiederaufbau und erneutem Abbau käme. »Jeder Organismus verfügt nun über sogenannte Regelmechanismen, die Aufbau und Abbau seines Stoffwechsels so im Gleichgewicht halten, daß er als Einheit und Ganzheit erhalten bleibt, wächst und sich vermehrt.« Das, was FREUD den

»seelischen Apparat« nennt, will den Menschen als ein solches System erscheinen lassen, »das durch besondere, ihm eigentümliche Regelmechanismen gekennzeichnet ist«.

Von hier aus wird noch einmal beleuchtet, was wir als Geistfremdheit und Normenblindheit der Psychoanalyse meinten feststellen zu müssen. Die Vorstellung vom Regelmechanismus wirkt sich eigengesetzlich dahin aus, daß nun auch »das seelische und geistige Leben, alles Erleben und Handeln« ausschließlich und allein die Funktion hat, für das Gleichgewicht jenes Stoffwechsels zu sorgen. »Der Mensch und sein Geist ist nicht der Hirte des Seins, wie HEIDEGGER ihn beschreibt, wohl aber der Hirte seines Stoffwechsels, seine Lebensaufgabe ist es, ein getreuer Sachwalter der Ansprüche zu sein, die der Stoffwechsel ihm stellt.«

Auch aus dieser Sicht wird es verständlich, daß und warum FREUD den Konflikt – und speziell den Grundkonflikt zwischen Sein und Sollen, konkreter Befindlichkeit und Sinn – nur negativ interpretieren kann. Die Ökonomie des Stoffwechselgleichgewichts kann ihn »in allem Sinnen und Trachten, in allem Erleben und Verhalten« nur den »Stoffwechselzustand mit der geringsten Spannung« erstreben lassen. Die einzige Norm, wenn man es etwas zugespitzt formuliert, ist das Gesetz des geringsten Widerstandes. Wir haben früher gesehen, daß diese Ökonomie des psychischen Kräftehaushalts – Amerika diente uns als Beispiel – auf eigentümliche Weise der Ökonomie jenes Funktionalismus korrespondiert, auf den die Industriegesellschaft drängt. »Lust« und »Glück« umschreiben nach FREUD diesen Zustand des konflikt- und spannungslosen Gleichgewichts.

Es wäre nun falsch und bei einem Denker dieses Ranges geradezu absurd, wollte man sagen, in dieser Trieb-Physik werde der Geist notwendig geleugnet; FREUD also, der den Geist in so hohem Maße in Anspruch nimmt, der auch in seinem Leben, wie das Buch seines Arztes es erkennen läßt[4], sich dem Anspruch eines eminenten Ethos stellt, habe beides als nichtexistent bezeichnet. Es könnten viele Zitate beigebracht werden, in denen FREUD dem Geiste seine Reverenz erweist. Er kann sogar »mit ARISTOTELES den Menschen als animal rationale« definieren. Nur muß man dabei im Auge behalten, daß das vernünftige Bewußtsein keine normativ steuernde Bedeutung hat, sondern lediglich ein Werkzeug ist, »das sich die Triebe zur Befriedigung ihrer stoffwechselbedingten Bedürfnisse geschaffen haben«, schaffen *mußten*, weil sie beim Menschen eben nicht, wie sonst in der Natur, auch ohne den instrumentalen Beistand des Bewußtseins zum Frieden des Gleichgewichts kommen. »Der Geist«, so wieder GÖRRES, »ist ein Luxusinstrument des animalischen Lebens.« Diese Fürsorgeleistung, in der der Geist dem Leben dient, werde von ARISTOTELES und seinen Nachfolgern nicht im geringsten bestritten, doch werde dieser Dienst »wie der des Reiters an seinem Pferd aufgefaßt. Der Reiter geht in seiner Funktion als Pferdeknecht nicht auf. Er ist nicht nur um des Pferdes willen da.«

In dem instrumentalen Verständnis des Geistes, wie ihn die psycho-ökonomische Modellvorstellung erzwingt, ist auch der Grund dafür zu sehen, daß die Gottesvorstellung ebenfalls nur eine *funktionale* Bedeutung für das Zustandekommen seelischer Gleichgewichtslagen hat. Sie sorgt für den »Ausgleich der Triebbilanz« des Menschen. Unter dem Druck von Gefahr, Depression und Schuldgefühlen kann der Mensch in die Rolle eines hilflosen Kindes geraten, dem der Gottesgedanke bei seinem Schutzbedürfnis zu Hilfe kommt: Die Vorstellung von einer Liebe Gottes, die vergibt, mildert die Bedrängnis durch Schuldkomplexe. Und ein gewisser Machttrieb empfängt Befriedigung in der Gewißheit, die Unterstützung eines »allmächtigen Bundesgenossen« zu genießen. Der Gottesgedanke kann so ein Mittel sein, das »quälende Triebspannungen aller Art zu lindern« in der Lage ist. Gott ist ebensowenig eine eigenständige Realität wie der Geist. Er hat nur den Rang einer Projektion, deren der Triebhaushalt sich *bedient*, genau wie der Geist ein Instrument ist, das sich das animalische Leben im Falle des Menschen leistet, weil dieser der automatischen Selbstregulierung entbehrt, deren das instinktgesteuerte Tier teilhaftig ist. »Das Leben, wie es uns auferlegt ist, ist zu schwer für uns«, sagt FREUD selbst. Darum greife der Mensch, um sein unerträgliches Los zu erleichtern, nach Hilfskonstruktionen. Sie reichen von primitiver Intoxikation bis zum sublimeren »Narkotikum« Religion[5].

Es hängt wohl mit dem Fixiertsein FREUDS auf den Triebmechanismus der Psyche zusammen, daß ihm die Frage nicht in den Sinn kommt, die wir früher an FEUERBACHS Projektionstheorie richteten und die in der Logotherapie gegenüber FREUD auftaucht: Liegt hier nicht insofern eine Perversion (oder sagen wir vorsichtiger: eine weltanschauliche Voreingenommenheit) vor, als nicht Gott die ursprüngliche Vater-Imago ist, sondern als der menschliche Vater eine Imago Gottes ist? Könnte es nicht umgekehrt sein: daß nicht der Vater das Urbild aller Göttlichkeit wäre, sondern daß Gott als das Urbild aller Vaterhaftigkeit zu gelten hätte? *Wo steckt die Wahrheit: in der Enthüllung der »Anthropomorphie« des Gottesbildes als einer Projektion des Vater-Modells* oder *in dem Bekenntnis zur »Theomorphie« der Wirklichkeit, in deren geschöpflichen Zügen sich die Imago* des Schöpfers abzeichnet?

5. *Weltanschauung oder weltanschauliche Indifferenz der Psychoanalyse?*

Natürlich ist diese Alternative zwischen Anthropomorphie und Theomorphie, zwischen FREUDSCHER und christlicher Anthropologie nicht objektiv zu entscheiden. Darum haben wir sie bewußt als Frage formuliert. Hier scheinen zwei »Bekenntnisse« gegeneinander zu stehen, von denen das eine Gott als das Urbild und das andere ihn als Kopie und sekundäre Projektion bezeichnet. Gleichwohl können wir uns nicht damit begnügen, hier den Dialog zwischen zwei miteinander unvereinbaren, aber auch nicht

verifizierbaren Positionen einfach abgebrochen zu sehen. Vielmehr sind noch zwei wesentliche Feststellungen zu treffen:
Einmal ist zu unterstreichen, daß eben Freud hier etwas »*bekennt*«, daß er sich auf dem Boden einer axiomatischen und dem Wahrheitskriterium sich nicht mehr stellenden weltanschaulichen *Vorentscheidung* bewegt. Die Psychoanalyse ist hinsichtlich ihrer Voraussetzungen so eine *Glaubenslehre*, und zwar eine letztlich nihilistische, so gewiß sie den Menschen aus seinem Woher und nicht aus seinem Woraufhin versteht.
Die Folge dessen ist, daß bei der christlichen Kontroverse mit Freud nicht Glaube und Wissenschaft miteinander im Handgemenge stehen, sondern Glaube und Glaube. Es ist vielleicht übertrieben, wenn Jaspers sagt, Freud vermeide weltanschaulichen Appell und gebe sich nie als Prophet. Das stimmt nur insofern, als er nicht sektiererisch andringend und nicht in Imperativen spricht (aber welchen Selbstwiderspruch der Psychoanalyse würde es auch bedeuten, wenn er das täte!). In seinen religionskritischen Hauptschriften »Totem und Tabu« und »Die Zukunft einer Illusion« zeigt er aber klar Flagge, genauso wie er sich in seinem bewegenden Briefwechsel mit dem evangelischen Pfarrer Oskar Pfister – selbstironisch – als »bösen Ketzer« bezeichnet, dem der christliche »Vorstellungskreis so ferne liegt«. Auf jeden Fall gilt, das gibt auch Jaspers zu, daß alle Theorien die Tendenz haben, »mit weltanschaulichem Enthusiasmus vertreten zu werden«. So sei gerade Freud »zum Ausgangspunkt einer weltanschaulichen Bewegung geworden, die sich schließlich weit von ihm entfernt hat und doch von seinem Geiste lebt«. Was hier weiterlebt und sich ausweitet, ist der konfessorische Charakter der Axiome, die wir zu eruieren suchten.
Ferner: Doch auch mit diesem Hinweis auf die weltanschauliche Axiomatik Freuds kann die christliche Aussage noch nicht erschöpft sein. Ihr Glaubenssatz, daß Gott die Urwirklichkeit sei und die menschliche Vaterschaft präformiere (statt umgekehrt), liegt jedenfalls auf der Linie des anthropologischen Satzes von der Selbstranszendierung des Menschen. Infolgedessen geht es um die Frage, ob der Mensch eben ein solches Wesen *sei*, das sich selbst transzendiere, das eine Beziehung zu Grund, Ziel und Sinn seiner Existenz habe und sich dazu verhalten müsse. Natürlich ist letzten Endes, wie wir früher sahen, der Mensch selbst ein Glaubensgegenstand, so gewiß der transzendierende Grundbezug seines Daseins nicht objektivierbar ist. Immerhin haben wir bei diesem Glaubensgegenstand »Mensch« aber mit unserer ureigensten Wirklichkeit zu tun, die ständig aufgefordert ist, sich in diesem Bilde eines sich selbst transzendierenden Wesens wiederzuerkennen. Auch wenn dieses Bild nicht objektiv zu verifizieren ist, so enthält es doch den Anspruch, sich in der Begegnung mit dem Leben als Verum zu erweisen. Schon deshalb kann es sich bei diesem Glaubensgegenstand nicht um ein transzendentes Oktroi, um die rabiate Zumutung eines Zwangsglaubenssatzes handeln.

Die Frage nun, ob und in welchem Sinne der Mensch ein derart »offenes«, sich zu einem Letzten verhaltendes Wesen sei, kommt bei FREUD überhaupt nicht in den Blick (es sei denn, daß implizit die Möglichkeit dieser Frage verneint wird). Und doch gewinnt nur von dieser Frage her der theologische Satz, daß Gott die letzte Wirklichkeit und keine projizierte Illusion sei, ihren Sinn. Selbst das, was man (mit dicken Anführungsstrichen versehen und cum grano salis) als »modernen Nihilismus« bezeichnen könnte, selbst SARTRE, CAMUS und GOTTFRIED BENN – keineswegs nur die Christen! – leben aber mit diesem Satz von der Selbsttranszendierung des Menschen. Gerade deshalb muß die entscheidende Frage an FREUD lauten, ob seine religionskritische Illusionstheorie nicht verrate, daß er eine Grundwirklichkeit menschlicher Existenz übersehen oder veruntreut habe. *Indem er über den Himmel spricht, muß er sein Verständnis der Erde preisgeben.* Die Evakuierung des Himmels könnte mit der Sinn-Entleerung dessen zu tun haben, der auf der Erde lebt. *Wer über Gott spricht, verrät zugleich sein menschliches Geheimnis.*

In diesem Sinne geht der Streit schließlich darum, ob FREUD den »wahren Menschen« gesehen habe oder ob er es nur mit dem *entfremdeten* Menschen, mit seiner denaturierten Gestalt zu tun hat. *Das* ist der eigentliche Streitpunkt. Ein Stück weit ist das auch eine Frage der Phänomenologie, des unbestechlichen Hinsehens auf die Wirklichkeit, und nicht nur eine Sache christlicher Theologie. Insofern möchte ich sagen, daß das »theologische« Menschenbild an dieser Stelle auch die *erkennbare* Wahrheit des Menschen auf seiner Seite habe.

Deshalb hat ERICH FROMM, den man wahrhaftig nicht für eine christliche Anthropologie in Anspruch nehmen kann, den entscheidenden Punkt sicher richtig angepeilt, wenn er in seiner »Analytischen Sozialpsychologie und Gesellschaftstheorie«[6] sagt: Um eine einigermaßen sinnvolle Änderung des Zustandes derer zu erreichen, die von der allgemeinen Zeitkrankheit der Angst und des Unbehagens ergriffen sind, hätte man »eine Vorstellung davon haben müssen, was ein nicht-entfremdeter Mensch ist, davon, was es bedeuten könnte, ein Leben zu führen, das sich ums *Sein* und nicht (bloß) ums *Haben* und *Benutzen* dreht«. Man müßte also – das will FROMM mit dem Begriff »Sein« doch offenbar sagen – über eine Anthropologie verfügen, die nicht nur Negativa (Entfremdungen, Verdrängungen, neurotische Verbiegungen etc.) feststellt, sondern die um das originale Bild des »eigentlichen« Menschen, um sein »eigentliches Sein« weiß und deshalb das bloß gegenständliche Verfügbare wie »Haben«, »Benutzen« und »Funktionieren« übersteigt.

FROMM will somit kundtun, daß FREUD das Grundverhältnis zur Welt und zum Sein überhaupt nicht beachte. *Deshalb* muß er das, was man als »Sein« des Menschen zu bezeichnen hätte, in psychische Prozesse und Projektionen auflösen. Aus diesem Grunde versäumt er es (und *muß* es im Banne seiner Prämissen auch versäumen), gegenüber dem Über-Ich als dem Repräsentanten des Seins, seiner Normen und Werte die *Wahrheitsfrage*, die quaestio facti, zu stellen. Er stellt lediglich fest, wie dieses Über-Ich »zustande kommt«, aber nicht, ob es Seins- und Normrang besitzt, ob es im extra-me fundiert ist und also nicht durch psychische Prozesse produziert, sondern nur reproduziert und ans Licht gebracht wird. Statt dessen ist dieses Über-Ich schon dadurch kompromittiert, daß man es aus seiner Genese ableiten und damit als Produktion ausmachen kann. So kommt man zu der Diagnose: Es ist nichts als . . ., in diesem Falle: nichts als Projektion. Es ist, wenn man so will, die Ursünde des weltanschaulichen Empiristen, eine Wirklichkeit dann für erklärt und durchschaut zu halten, wenn man ihre Genesis erklären kann. Muster dieses Vorgehens finden sich bei den Darwinisten (mehr als bei Darwin selbst) und bei Spencer. Die Erklärung aus dem Woher statt eines Verstehens aus dem Wozu führt aber stets zur Verfehlung der anthropologischen Pointe, weil so der Mensch aus jenen Bezügen gelöst wird, die ihn zum Subjekt einer Entscheidung machen. Damit kommt es zu einer erschreckenden Eindimensionalität des menschlichen Selbstverständnisses und weiter wohl auch, wie Frankl meint, zu neuen Neurosen. Unter dem Eindruck dieser Zusammenhänge mag das ironische Diktum entstanden sein, daß die Psychoanalyse eine Krankheit sei, als deren Heilung sie sich ausgebe.

Ich kenne keine geistvollere Kritik dieser Fehlkonzeption als die von Fromm in seinem Aufsatz »Marx' Beitrag zur Wissenschaft vom Menschen[7]«: *»Die moderne akademische und experimentelle Psychologie ist weitgehend eine Wissenschaft, in der entfremdete Forscher mit entfremdeten und entfremdenden Methoden entfremdete Menschen untersuchen.«* Hier ist jedes Wort wichtig:

1. »Entfremdete Menschen, die als Objekt der Untersuchung fungieren, sind solche, die unter Langeweile, Lebensleere und Sinnlosigkeit leiden und dadurch in neurotische Fixierungen geraten.
2. »Entfremdete Forscher« sind Diagnostiker und Therapeuten, die von einer verzerrten Planskizze menschlicher Existenz ausgehen, etwa von jenem eindimensionalen Menschen, über den wir sprachen. In dieser Planskizze ist die Frage nach dem »Sein« des Menschen nicht vorgesehen.
3. »Entfremdete Methoden« meinen einen modus procedendi, der durch jenen verfehlten anthropologischen Gegenstand geprägt ist. Er nimmt lediglich die Kategorie des Genetischen, das heißt die Einsichtnahme in empirisch erhebbare psychische Prozesse, sowie die Kategorie des Pragmatischen, das heißt den Gesichtspunkt zweckvoll-funktionaler Anpassung, in Anspruch.
4. »Entfremdende Methoden« endlich sind solche, die durch diesen Fehlansatz von Diagnose und Therapie die schon gegebene pathologische Entfremdung nur noch intensivieren und in eine Eskalation treiben. Sie füh-

ren zu dem, was GERTRUD VON LE FORT in ihrer Novelle »Das Schweißtuch der Veronika« als den »furchtbaren Frieden des Psychiaters« bezeichnet.

Wenn bei FREUDS Psychoanalyse weltanschaulich-atheistische Motive unverkennbar sind, wird man äußerst zurückhaltend sein müssen, wenn es um die Frage geht, ob die Psychoanalyse auch als »parteiloses Instrument«[8] zu verwenden sei und sich neutral gegenüber den Glaubens- und Weltanschauungspositionen der Patienten verhalte. Vermutlich wird die Antwort so lauten müssen, daß jede Art von Psychotherapie, gleich welcher weltanschaulichen Provenienz, FREUDS Entdeckungen (insbesondere die Erhebung des Unbewußten ins Bewußtsein, einen Teil seiner Neurosenlehre und vieles andere) partiell in Anspruch nehmen muß. Gerade FRANKLS Logotherapie trägt in diesem Sinne die Spuren von FREUDS Schule deutlich genug an der Stirn, zeigt aber zugleich kritische Distanz von seinen weltanschaulichen Prämissen, ja kehrt sie in etwa ins Gegenteil: Statt der krank machenden Verdrängung von Trieben, die FRANKL selbstverständlich nicht leugnet, sieht er den dominierenden und *eigentlichen* Krankheitsherd in der Verdrängung des Geistes, in der Nichtbewältigung oder Verdrängung der Sinnfrage, in der Eliminierung von Normen und Werten. Schon JASPERS hatte FREUD vorgeworfen, daß er diese Seite der Verdrängung übersehe. Doch immerhin: Sosehr sich das weltanschauliche Vorzeichen ändern und damit die entsprechende Neutralität der Psychoanalyse bestritten sein mag, geht es doch hüben und drüben um das Phänomen der »Verdrängung« und damit um die Aufgabe, ein unterschwelliges Geschehen für das Bewußtsein zu aktualisieren. Das ist und bleibt selbstverständlich ein »unverwelkliches Erbe« der Psychoanalyse. Gleichwohl wäre es unsachgemäß, wegen dieser Übertragungsmöglichkeit von einer weltanschaulichen Indifferenz der Psychoanalyse zu sprechen. Die verschiedenen »Überzeugungspositionen werden sich ihr gegenüber nur eklektisch verhalten können.

Von FREUD selbst ist schwerlich eine eindeutige Auskunft zu dieser Frage zu erhalten. Wenn nicht alles trügt, zeigt gerade der Briefwechsel mit seinem Pfarrer-Freund PFISTER[9] hier eine bezeichnende Unsicherheit. Jedenfalls ist seine Äußerung, die Psychoanalyse sei ein »parteiloses Instrument«, das auch in die christliche Seelsorge einzubringen sei, auf den ersten Blick schwer vereinbar mit dem, was er in seinen religionskritischen Schriften sagt. So kommt er in einem Brief auf die erfolgreiche psychoanalytische Arbeit seines Freundes zu sprechen und gibt der Überzeugung Ausdruck, daß seine therapeutischen Ergebnisse sicherlich auf dem (formal) gleichen Wege zustande gekommen seien wie auch »bei uns«. »Aber Sie sind in der glücklichen Lage«, fährt er fort, »auf Gott weiterzuleiten und jenen in dem *einen* Punkte glücklichen Zustand früherer Zeiten herzustellen, in dem die religiöse Gläubigkeit die Neurosen erstickte.« An sich sei die Psychoanalyse »weder religiös noch das Gegenteil, sondern ein unparteiisches Instrument, dessen sich der Geistliche wie der Laie bedienen kann, wenn es nur im Dienste der Befreiung Leidender geschieht«. Er sei sehr frappiert, nie daran gedacht zu haben, welch »außerordentliche Hilfe die psychoanalytische Methode der Seelsorge leisten kann«. Er habe das wohl übersehen, weil ihm »als bösem Ketzer der ganze Vorstellungskreis so ferne liegt«.

Hat FREUD damit wirklich die weltanschauliche Indifferenz der Psychoanalyse glaubhaft gemacht? Konnte er dieses Zugeständnis an den befreundeten Seelsorger nicht auch dann machen, wenn er seine atheistischen Vorbehalte – die ja nicht *neben* der Psychoanalyse bestanden, sondern aus ihr hervorgegangen waren! – durchaus aufrechterhielt? Sollte man wirklich annehmen müssen, daß er unter dem Eindruck gestanden hätte, Gott könne eine Realität sein, weil sein Freund PFISTER ihn trotz seiner Psychoanalyse zu vertreten vermochte? FREUD scheint eher der Meinung zu sein, daß der Glaube an Gott, wie er ihn, sicher ganz unironisch, den »glücklichen früheren Zeiten« zuerkennt, sich tatsächlich kreativ-therapeutisch gegenüber den Neurosen ausgewirkt habe. Könnte er aber diesen Effekt nicht auch dann gezeitigt haben, wenn er eine – Illusion war? Wie viele Illusionen haben in der Geschichte nicht eine motorische Potenz entwickelt und vielerlei Kräfte und Gegenkräfte entbunden! Man braucht nur an die Rolle der Utopien zu denken. Und kann es nicht sogar ärztlich geboten sein, die Schwere eines Krankheitsbildes zu verhüllen, um durch die Illusion der Lebenshoffnung die Last des Augenblicks zu erleichtern und den Patienten womöglich durch die Mobilisierung der Lebensgeister über die kritische Schwelle hinwegzubringen? FREUD braucht sich von seinem Atheismus nichts abmarkten zu lassen, um diese Laudatio des Gottesglaubens möglich sein zu lassen.

Gerade weil dieser Gottesglaube bei FREUD oszilliert zwischen der Eigenschaft, pathologisches Symptom zu sein, *und* seiner Bedeutung als mögliches Mittel der Therapie, weil er jedenfalls auch eine Heilfunktion haben *kann*, wird der Arzt FREUD dem Patienten seinen etwaigen Gottesglauben nicht »weganalysieren« wollen. Er wird sich vielmehr der auch sonst von ihm vertretenen Toleranz befleißigen. Sollte die Analyse ergeben, daß der Gottesglaube im vorliegenden Falle mehr auf die *therapeutische* Funktion als eine traumatische Entgleisung des Über-Ich hinweist, so wird er, denke ich mir, den Patienten im Sinne von VAIHINGERS »Philosophie des Als-ob« behandeln: Er wird so tun, als ob diese Fiktion zu Recht bestünde, genauso, wie die in diesem Punkt »glücklichen Zeiten« es annahmen.

Wird FREUD aber im Ernste annehmen können, daß der Kranke das Als-ob-Spiel seines Therapeuten nicht bemerkt? Er müßte schon extrem unfähig zur »Unterscheidung der Geister« sein (1. Korintherbrief 12, 10) und einen sehr der konventionellen Oberfläche verhafteten »Glauben« haben, wenn man ihm diesen Grad von Blindheit zutrauen würde. Wird einem sensibleren Patienten nicht auch jene Unsicherheit FREUDS bemerkbar werden, die sich in seinem oszillierenden Verständnis des Gottesglaubens verrät?

Ist die Psychoanalyse also wirklich ohne Abstrich in den verschiedenen weltanschaulichen Lagern zu verwenden, ist sie wirklich ein parteiloses Instrument[10]? Mußte nicht auch PFISTER in dem oben angedeuteten Sinne *eklektisch* verfahren, wenn er Psychoanalyse und christliche Seelsorge – offenbar erfolgreich – miteinander verband? Ob er wirklich, wir wissen wenig darüber, die Verdrängung des Geistes gegenüber der Verdrängung der Triebe so zurücktreten lassen konnte, wie es bei seinem Meister offensichtlich der Fall war? Er wird als Therapeut in der Nachfolge FREUDS sicher bemüht sein, die Ödipus-Entartung des Gottesglaubens, seine Degeneration zum Vater-»Komplex«, abzubauen. Im Unterschied zu FREUD wird er das aber als Seelsorger doch nur so können, daß er im Namen des wahren, in Christus erscheinenden Gottes sein zum »Laios«-Götzen entartetes Bild zu stürzen sucht, auf keinen Fall aber so, daß er den Gottesglauben *selbst* als Wurzel allen Übels eliminieren würde. Im Gegenteil: Der »wahre« Gott würde hier als normative Größe auf den Plan gerufen. Die Berufung auf ihn wäre geradezu das entscheidende Mittel, um seine traumatische Entstellung, um pathologische Wucherungen zu *entdecken* und das ursprüngliche Organ von den Krebszellen zu *unterscheiden*.

Geht die Psychoanalyse also wirklich ungeschoren und als indifferentes Gebilde durch alle weltanschaulichen Filter hindurch? FREUD selbst gibt sich jedenfalls nicht auf in dem, was er an PFISTER schreibt. Er bleibt der Prophet, wenn auch erfreulicherweise ohne Gestus und Pathos jener Größe, die man sich gemeinhin unter einem Propheten vorstellt.

Vielleicht aber wird auch noch ein anderer Ton hörbar, ein Ton der Unsicherheit gegenüber dem, was sein Freund glaubwürdig vertritt und worin er dessen »glückliche Lage« erblickt. Ein Hauch des Zweifels an sich selbst mag durch diese Briefe wehen: des Zweifels an seiner anthropomorphen Konzeption, des Zweifels daran, ob das Gottesbild produziert oder nur reproduziert sei. Wer unter dem Eindruck des Ethos steht, in dessen Namen FREUD lebte (und wie die Erinnerungen seines Arztes es bewegend verdeutlichen), wird sich schwerlich vorstellen können, daß er die normative Richtschnur seines Lebens nur in den Fiktionen seines Über-Ich begründet sehen könnte.

Doch wäre es müßig und auch unzulässig, vielleicht sogar geschmacklos, sich Spekulationen dieser Art hinzugeben und FREUD selbst einem mehr als fragwürdigen psychoanalytischen Test zu unterwerfen[11]. Wie immer es damit auch stehen mag: Der sich selbst transzendierende Mensch wird sich gegenüber aller ihm zugeschriebenen Eindimensionalität durchsetzen.

Und einer seiner Durchbruchstellen – neben vielen andern – ist sicher die Logotherapie VIKTOR FRANKLS.) Doch die Dimension des Unbewußten, die FREUD entdeckt hat, wird sich in jeder Gestalt kommender Anthropologie zur Geltung bringen.

d) *Die Überwindung der Eindimensionalität der Psychoanalyse durch die Logotherapie Viktor Frankls*[12]

1. Der kritische Einsatz: Wider die Reduktion des Menschen

Der entscheidende Neuansatz von FRANKL, der die Selbsttranszendierung des Menschen ernst nimmt und so ein unerhört fruchtbarer Partner im Gespräch zwischen Psychologie und Theologie sein muß[13], ist zeitgeschichtlich bedingt: Er geht von der Voraussetzung aus, daß wir heute nicht mehr wie zur Zeit FREUDS in einem Zeitalter der sexuellen, sondern vielmehr der *existentiellen* Frustration leben. Wir befinden uns weithin in einem existentiellen Vakuum, das sich in Verzweiflung am Sinn, im Scheitern am Wozu des Lebens und damit zugleich in Entleerung und Langeweile manifestiert.

Wie zahlreiche Autoren aus dem sowjetischen Machtbereich feststellen, ist diese Zeitkrankheit auch dort verbreitet[14]. Der Verlust des Lebenssinnes, gerade bei der Jugend, überschreitet »ohne Bewilligung« die Grenzen der kapitalistischen und der sozialistischen Gesellschaftsordnung. Es geht also um ein universales Syndrom. FRANKL erinnert daran, daß PAUL POLAK diese Entwicklung bereits 1947 vorausgesehen habe, wenn er sagt, die Lösung der sozialen Frage werde die geistige Problematik erst eigentlich frei machen, sie erst wirklich mobilisieren. Der Mensch würde erst »dann sich so richtig in Angriff nehmen« und »das Problematische an sich selber, seine eigene Daseinsproblematik, so richtig erst erkennen«.

Gerade die Entlastung von elementarer Daseinsvorsorge in den Wohlfahrtsstaaten schafft also eine enorme, wenn auch durch ihre Herausforderung zugleich fruchtbare Belastung: Der Mensch hat dann Zeit und überschüssige Kraft, sich mit sich selbst konfrontieren zu lassen, sich aushalten zu müssen. Es tritt hier eine Art kollektiven Entspannungszustandes ein, wie wir ihn nach beruflicher Erschöpfung aus unsern Ferien kennen. Die Entspannung kann freilich in Frage gestellt sein durch die auftauchenden Gespenster des Unbewältigten, die der Streß des Alltages von uns fernhielt, die aber nun eine offene Flanke unserer Psyche finden. »Die Menschen bekommen dann«, so ERNST BLOCH, »jene Sorgen geschenkt, die sie sonst nur in der Todesstunde haben«, wo sie mit sich allein und unabgelenkt sind.

Hier mag auch einer der wesentlichen Gründe für die erhöhte Spannung zwischen den Generationen liegen, wie sie sich seit der Jugendrevolte der späten sechziger Jahre besonders markant abzeichnet: Die ältere Generation hat einen oder gar zwei Kriege erlebt, sie hatte – falls ihre Vertreter nicht angepaßt waren – den Terror der Hitler-Ära, den Krieg, die Besatzungszeit, den Hunger und den Kampf ums Dasein in jeder Gestalt zu bestehen. Sie war von dem fordernden Elementaren so ausgefüllt, daß gleichsam kein Raum für die Empfindung verblieb, es gebe noch unbesetzte Leerstellen im Bereich des Innern. Jedenfalls ließ die elementare Sorge einen Schmerz im Geistigen kaum aufkommen. Darum war diese Generation auch miserabel gerüstet, als sie der Forderung einer Jugend gerecht werden sollte, die im Komfort einer wiederhergestellten Zivilisation und unter dem Schutz vieler betreuender Hände genug an nicht absorbierten Kräften zur Verfügung hatte, um mit den Fragen nach Grund und Sinn des Daseins konfrontiert zu werden. Was sie von der vorangehenden Generation nicht oder viel zu kärglich empfangen konnte – nämlich selber erfahrene und durch Erfahrung glaubwürdig gewordene Antworten auf jene Fragen –, das mußte sie entweder als Leere ertragen oder in oft abenteuerlicher Gewaltsamkeit sich selber erraffen. Daß es dabei nicht ohne Utopien und den davon ausgelösten Fanatismus abgehen konnte, daß diese entleerte Jugend hilflos gegenüber demagogischen Parolen war, ist nur zu verständlich. Jedenfalls war es unbillig von den Älteren, diese Jugend mit dem pharisäischen Argument zu schulmeistern, sie stäche wohl der Hafer, weil sie es zu gut habe; sie solle sich ein Beispiel an denen nehmen, die Katastrophen und Brände zu bestehen gehabt und den Wiederaufbau geleistet hätten.

Wer von beiden es letztlich schwerer hatte, wessen Qual größer war – die der ums Überleben Kämpfenden oder der am Leben Verzweifelnden –, ist eine nicht zu entscheidende Frage, aber wirklich eine *Frage*. Ein Holländer dürfte, geistvoll und wahrhaftig zugleich, das Richtige getroffen haben, wenn er den Provos in Amsterdam zurief: »Ihr habt keine Probleme – *das* ist euer Problem!« Keine Probleme haben, weil die äußeren gelöst und die inneren so ausweglos sind, daß man sie verdrängt oder vor ihnen in die imaginäre Welt der Drogen flieht: Dieser Zustand kann von größerer Qual sein als der Hunger oder die Angst vor der nächsten Bombennacht. *Eine Generation, die trotz der Schwere des Durchgemachten jedenfalls keine Frustration durch Langeweile oder den Mangel an Herausforderungen zu leiden hatte, sollte sich vor pharisäischem Dünkel hüten.*

Die Beobachtung, daß die Grundfragen des Daseins in unserm sozial zunehmend gesicherten Gehäuse um so vehementer aufbrechen müssen, hat sicher dazu beigetragen, daß ein Psychiater wie Frankl sie in ihrer Relevanz für sein Fachgebiet zu entdecken begann und daß er in ihnen *Realitäten* (nicht bloße Projektionen) der Existenz zu sehen lernte. So bildet sich bei ihm die durch zahlreiche Patientengespräche erhärtete Überzeugung aus, daß es nicht nur psychogene, sondern auch noogene Neurosen gebe, das heißt Neurosen, die im Bereich des Geistes entstehen, die durch Sinn-Ver-

lust, durch Störungen im Prozeß der Selbsttranszendierung zustande kommen. Es kann in diesem Sinne auch Komplexe geben, die durch Verdrängung des *Geistes* hervorgerufen sind.
Daß dieser Sinnverlust eintritt, hängt wesentlich mit dem zusammen, was FRANKL als »Reduktionismus« bezeichnet. Damit meint er eine geistige Situation, die den Menschen auf einen vorfindlichen, objektivierbaren und insofern eindimensionalen Realitätsbezug reduziert. Die Psychoanalyse ist für ihn eines der wichtigsten *Symptome* dieser Einseitigkeit, wirkt aber in Gestalt einer Rückkopplung zugleich auf eine *Intensivierung* dieser Einseitigkeit zurück. Der anthropologische Reduktionsvorgang verrät sich in einer immer wiederkehrenden phraseologischen Chiffre: »Der Mensch ist ›nichts als‹ . . .« »Das Leben ist nichts anderes als ein Verbrennungsprozeß, ein Oxydationsvorgang«; oder (so in einer amerikanischen Fachzeitschrift für Psychotherapie): »Werte sind nichts anderes als Abwehrmechanismen und Reaktionsbildungen« (nothing but defense mechanisms and reaction formations); oder: »Der Mensch ist nichts als ein biochemischer Mechanismus, gespeist durch ein System, welches Computern Energie zuführt.«
Wenn FRANKL diese Beispiele des Reduktionismus berichtet, dann ist seine Spontanreaktion darauf sicher ein wichtiges Motiv, das ihn zu seiner neuen Konzeption treibt: »Nie und nimmer wäre ich bereit, um meiner Reaktionsbildungen willen zu leben oder gar meiner Abwehrmechanismen wegen zu sterben.« Grenzsituationen, in denen es um ein letztes Bestehen-Können, um die Kraft zum Leben oder zum Sterben geht, pflegen es an sich zu haben, daß sie Realitäten bloßlegen und Fiktionen als leeren Schein entlarven. Indem FRANKL die Frage nach Leben und Sterben stellt, wird der in seinem Ungenügen erlebte Reduktionismus wider Willen zu einem Plädoyer für die ausgerechnet von ihm – dem Reduktionismus – verschrottete Sinnfrage. Sie gehört zu den so freigelegten, sich als hartes Metall erweisenden Realitäten, die nicht mehr als bloße Emanationen des Über-Ich zu deuten sind.

Sehr bezeichnend ist die Art, wie FRANKL auf die reduktionistische Feststellung reagiert, der Mensch sei »nichts als ein Computer«: Der Mensch sei zwar unter anderm ein Computer, zugleich aber unendlich *mehr* als ein Computer. »Daß sich die Werke eines KANT und eines GOETHE letzten Endes aus denselben 26 Buchstaben des Alphabets zusammensetzen wie die Bücher der COURTHS-MAHLER und der MARLITT, ist ja ebenfalls richtig; aber darum ist es noch lange nicht wichtig. Vor allem läßt sich nicht sagen, die ›Kritik der reinen Vernunft‹ sei ebenso wie ›Das Geheimnis der alten Mamsell‹ (MARLITT) nichts als eine Anhäufung ein und derselben 26 Lettern.« – Damit soll doch gesagt sein: Das, was in KANTS und GOETHES Werken das qualitative, die Buchstaben-Quantität übersteigende Mehr ausmacht, ist eben der ungegenständliche Sinn-Bezug, der Aussage-Inhalt und die Aussage-Form. Auch beim Werk des Menschen muß also die gleiche Selbsttranszendierung bedacht werden wie bei ihm selber.

2. Die Bedeutung der Sinnfrage in der Existenzanalyse

Wenn es deshalb bei der psychologischen Erfassung des Menschen auf den *Sinn* ankommt, dem er sich durch Selbsttranszendierung zuzuordnen hat, muß man sich darüber im klaren sein, daß der Sinn nicht »gegeben«, sozusagen »verordnet« werden kann, nur weil man ihn aus therapeutischen Gründen eben braucht. Das müßte den Realitätsrang des Sinnbezuges ja wieder in Frage stellen und drohte aufs neue in die bei FREUD beobachtete Nähe einer Philosophie des Als-ob zu geraten. Der Therapeut würde, ähnlich wie der Internist das endokrine Drüsensystem anregt, das Über-Ich dazu anregen, gewisse Sinnhormone zu produzieren. Weil der Sinnbezug als eine ungegenständliche Realität nicht nur nicht objektivierbar, sondern auch nicht machbar ist, kann er unmöglich verordnet werden. Sinn auf diese Weise zu geben und zu verordnen, würde nach FRANKL »auf moralisieren hinauslaufen. Und die Moral im alten Sinne wird bald ausgespielt haben«. In der Zukunft würden wir nicht mehr im hergebrachten Sinne moralisieren, sondern »die Moral ontologisieren«.

Was ist mit dieser Ontologisierung der Moral gemeint? Negativ zunächst dies: Die Moral kann sich nicht in kasuistischen Bestimmungen dessen erschöpfen, was wir tun oder lassen sollen oder was uns verboten ist. Im Sinne der paulinischen Theologie wäre das ein »gesetzliches« Verständnis der Moral: Moral als Zwang. Eine ontologisierte Moral wird demgegenüber das für gut halten, »was die Erfüllung des einem Seienden aufgetragenen und abverlangten Sinnes fordert«, und für böse das, »was solche Sinnerfüllung hemmt«.

Es ist sicher kein Zufall, wenn sich bei dieser Bestimmung der Ontologie Assoziationen zu ANSELM einstellen, bei dem jedes Ding im Seins-ordo seine Stelle hat und dem Anspruch des Guten und des Wahren nur insofern gerecht wird, als es diesen seinen Seinsbezug und damit seinen Sinn erfüllt. So besteht die Wahrheit des Feuers (und zugleich sein Gut-Sein) darin, daß es brennt. Beim Menschen wird dieser Anspruch insoweit erfüllt, als er sich auf Gott als die letzte Wirk-Ursache bezieht.

In der ontologisierten Moral sind die Begriffe Gut und Böse also identisch mit sinngemäß und sinnwidrig. Sie sind deshalb nur in der Weise definibel, daß wir unsere Existenz auf das Sein selbst beziehen, daß wir uns in einen allumgreifenden Rahmen eingefügt sehen. Dieser Rahmen ist gleichsam das uns Vorgegebene, er hat, wenn man so will, den ontologischen Primat. Dann aber kann es im Sinne FRANKLS tatsächlich nicht um Sinn-»Gebung« gehen; damit würden wir jenen Primat ja bestreiten. Unser Auftrag kann nur die Sinn-»Findung« sein.

Die Unverfügbarkeit des Sinnes, der unserm Machen entzogen ist und allererst gefunden werden muß, bringt es mit sich, daß uns der Sinn auch entzogen bleiben kann. Die Frage, was dann geschieht, ist für den Therapeuten wichtig. Denn er hat es im wesentlichen, wie schon C. G. JUNG von seiner Praxis bekannt hatte, mit Menschen dieser Art zu tun. Da Existenz in der Sinnlosigkeit qualvoll ist, werden für den, der nicht mehr imstande ist, in seinem Leben Sinn zu finden, ebensowenig aber auch ihn zu erfinden, Motive wirksam, die ihn in die Flucht vor dem quälenden Sinnlosigkeitsgefühl treiben. Auf dieser Flucht wird er sich Surrogate für den verlorenen Sinn zu schaffen suchen. Surrogate dieser Art können Ablenkung und Zerstreuung sein, die mit Hilfe von Reizüberflutung aus dem Außen die innere Zerrissenheit zu überdecken und das Vakuum durch Importe zu füllen suchen. Weitere Surrogate bestehen in der Produktion von Unsinn (wie im Absurden Theater) oder im Versuch zur Bewußtseinserweiterung oder -dämpfung im Rausch[15], der »subjektiven Sinn« bilden soll.

Gerade im Falle des LSD-Rausches wird sichtbar, daß der so gesuchte »subjektive Sinn« nicht nur ein Not-Surrogat für den verlorenen *wahren* Sinn ist, sondern die Nacht der Sinnlosigkeit noch zusätzlich verdüstert und den »echten Aufgaben draußen in der Welt«, der Aufforderung zu sinnerfülltem Leben und Handeln nur noch weiter entfremdet. »Mich erinnert das immer«, sagt FRANKL, »an die Versuchstiere, denen kalifornische Forscher Elektroden in den Hypothalamus gepflanzt haben. Wann immer der Strom geschlossen wurde, erlebten die Tiere Befriedigung, sei es des Geschlechtstriebs, sei es des Nahrungstriebs; schließlich lernten sie es, den Strom selber zu schließen, und ignorierten dann die realen Geschlechtspartner und das reale Futter, das ihnen angeboten wurde.« Sie leben also unter Ausschluß des Lebens. Genauso aber machen es viele, die sich der Konfrontation mit dem realen Leben und seinen Sinn-challenges entziehen und in den Bereich des Imaginären, des Surrogatlebens fliehen – sei es in den Bereich des Rausches oder den der Utopien.

Ist die Krankheit des heutigen Menschen seine existentielle Frustration, das heißt sein Hineingehaltensein ins Nichts der Sinnlosigkeit, dann wird die Erziehung des Menschen – als eine Art therapeutischer Prophylaxe – vor allem das *eine* Ziel verfolgen müssen, die Bereitschaft zur *Verantwortung* freizumachen. Verantwortung bedeutet hierbei, sich dem zu stellen, woraufhin der Mensch ist, also sein eigentliches Menschsein zu wollen, seine Humanitas zu übernehmen. Das Gegenteil davon wäre, wenn er sich mit der Rolle begnügen wollte, ein bloßer Spielball von Außenreizen oder eine bloße Funktion des Zeitgeistes zu sein. Man könnte also sagen, daß Erziehung zur Verantwortung in gewissem Umfang identisch wäre mit der Erziehung zur Emanzipation, jedenfalls insofern, als der Mensch sein autonomes Gegenüber zur Außenwelt wahrzunehmen habe. Er nähme danach seinen ontischen Rang nur dann ernst, wenn er *nicht* in seiner Umwelt aufgeht und ihren Ansprüchen *nicht* wahllos nachgibt.
In diesem Zusammenhang wird der zeitgeschichtliche Hintergrund wieder einmal als veranlassendes Moment für logotherapeutische Überlegungen sichtbar. Denn dieser *legitimen* Aufgabe der Emanzipation – man möchte den Begriff wegen seines modischen Mißbrauchs am liebsten vermeiden! –

stellen sich gewisse Grundtendenzen unserer Zeit insofern entgegen, als sie uns durch eine wirre und intensive Fülle von Ansprüchen vereinnahmen und in sich hineinsaugen möchten.

Frankl macht diese Ansprüche beispielhaft klar an der Reizüberflutung durch die Massenmedien und die »Pille«.

Wenn das Menschsein sich niemals in der geschlossenen Entelechie des Individuums erschöpft, sondern den Bezug zum Sein und damit die Stellung im Gefüge alles Seienden impliziert, dann wird sofort erkennbar, daß gerade an dieser Stelle »die« Bedrohung des Menschseins heute lauert. Denn die Gefahr einer völligen Außensteuerung müßte, gäbe man ihr nach, die Stellung des Menschen im Sein zerstören. Da in der Natur der Horror vacui herrscht, liegt es am Tage, daß diese Gefahr in dem Maße wächst, wie die zunehmende Sinn-Entleerung Vakuumräume in der Psyche erzeugt. Ja noch mehr: Wieder in Gestalt einer Rückkopplung wird der Mensch noch zusätzlich seine Psyche evakuieren, das heißt: den Geist und seine Empfänglichkeit für Sinnansprüche verdrängen, um Leer- und Unterbringungsräume für die Importe aus der Außenwelt freizusetzen.

Wie ist diesen destruktiven Tendenzen therapeutisch zu begegnen?

Sicher nicht so, daß man den derart bedrohten Zeitgenossen mit bloß moralischen Appellen zur Beachtung der Sinnfrage aufruft. Er hat sich ja gegen seine »Anfälligkeit« gegenüber dem Anspruch des Humanum gerade immunisiert. Er hat im Banne der Reizüberflutung das Gespür dafür verloren und wäre in diesem Zustande gar nicht mehr hörfähig. Darum muß die therapeutische Prophylaxe, der die Erziehung zu dienen hat, an einer viel früheren Stelle einsetzen: Sie muß gegenüber dem verwirrenden Pluralismus von Reizen, Ansprüchen und angebotenen Möglichkeiten zur *Auswahl*, zu einem »selektiven Verhalten« erziehen. Nicht nur die Auseinandersetzung mit Reizen, sondern schon die *Wahl* der Reize, denen ich mich aussetze, wird zur ethischen Aufgabe. »Wollen wir nicht in der Flut all dieser Reize, in einer totalen Promiskuität (deren Möglichkeit durch die »Pille« eröffnet werden könnte) untergehen, dann müssen wir unterscheiden lernen, was wesentlich ist und was nicht, was Sinn hat und was nicht, was sich verantworten läßt und was nicht.«

Vorläufig, so meint Frankl, zeigen sich nur erste Anzeichen dafür, daß man diese Zusammenhänge zu durchschauen beginnt. Er glaubt solche Indizien z. B. in den zahllosen Protestaktionen, gerade der Jugend, zu erkennen. Aber sie schlagen in der Regel nur ziemlich blind um sich, sind bloße »Antitestierer«, ohne daß man sich über das positive Modellbild des Humanum klar wäre, in dessen *Namen* man so protestiert. Sicher gehört es deshalb zu den therapeutischen Aufgaben, das verdrängte, jedenfalls außer Sicht geratene Thema des Humanum als Gabe und Aufgabe zu entbinden.

3. *Die Frage nach der weltanschaulichen Neutralität der Logotherapie*

Der Leser hat vielleicht schon darauf gewartet, daß nun die Frage zu kommen habe, die wir auch an Freud zu stellen hatten: ob denn eine derartige Existenzanalyse und die darin dominierende Sinnfrage nicht weltanschaulich gebunden sein müsse, ob sie denn wirklich – wie wir es bei Freud in Frage stellten – als »unparteiisches« Gebilde beliebig übertragbar sei. Verlangt die Lösung der Sinnfrage nicht ein eigenes weltanschauliches oder religiöses Engagement? Kann der Therapeut dann aber neutral sein gegenüber ganz *andern* Sinn-Verständnissen, die er etwa bei seinem Patienten vorfindet? Sieht er sich nicht eher in der Lage eines Missionars oder eines Seelsorgers, der, wenn er sachgemäß verfährt, sich zwar hüten wird, sein Gegenüber zu indoktrinieren, ihm aber doch keinesfalls die Basis verschweigen wird, von der aus er spricht. »Nicht verschweigen« hieße dann aber doch: mitteilen oder anbieten. Man möchte das auch für legitim insofern halten, als der Seelsorger von der Überzeugung erfüllt ist, nichts Heilsameres anbieten zu können, als was er selber als heilbringend erfahren hat.

Wir müssen noch weiter an dieser Frage bohren: Während bei Freud Wert, Sinn und Norm in die Projektionssphäre des Über-Ich verwiesen sind, ja das bloße Auftauchen der Sinnfrage bereits als Krankheits-Symptom interpretiert wird, geht Frankl von der Realität des Normativen aus. Seine Aufgabe gegenüber dem Patienten ist es also, entweder diese verlorengegangene, verdrängte Realität wieder freizulegen oder ihre neurotischen Wucherungen (etwa in Gestalt des Ödipus-Komplexes) abzubauen, d. h. dem Zuviel oder dem Zuwenig entgegenzuwirken. Hier stellt sich noch einmal die Weltanschauungsfrage: Kann man denn von der normativen Instanz des Gewissens neutral sprechen? Kann man es gerade dann, wenn man wie Frankl so viel über die Relativität, über die Irrmöglichkeiten des Gewissens weiß? Kann man vom Gewissen anders reden als so, daß man zugleich sagt, *was* es gebiete? Kann man von Verantwortung anders sprechen als so, daß man sagt, was sie beinhaltet?

Hier scheinen tatsächlich Fragen offen zu bleiben. Ohne daß Frankl selbst darauf hinweist, könnte ich mir denken, daß es für den Patienten naheläge, sich einen Psycho- oder Logotherapeuten zu suchen, dessen persönliche Überzeugungen dem eigenen Wertsystem entsprechen. Dann gäbe es von vorneherein eine gemeinsame Basis, die nicht dazu zwänge, Überzeugungen a limine in Frage zu stellen und so nicht nur die Krebswucherung, sondern das Organ selbst für die Wurzel alles Übels zu halten (wie Freud es etwa bei der Religion und ihren psychischen Wurzeln tut). Jedenfalls müßte das für solche Patienten gelten, die nicht von ihrem nihilistischen Vakuum bedrängt sind, sondern an Entartungen einer de facto vorhandenen Überzeugung leiden. In einem Bereich, der so mit dem Intimbereich zu tun hat wie die Psychotherapie, der in diesem Maße auf Kommunikation von Patient und Therapeut angewiesen ist, kann ich mir eine fruchtbare therapeutische Arbeit *ohne* jenen Grundkonsensus schwer vorstellen.

FRANKL selbst scheint hier viel sorgloser zu sein, und man wird ihm zubilligen müssen, daß er dabei über Erfahrungsargumente verfügt, die dem nichtfachlichen Kritiker versagt sind. Er wird mit der Frage der weltanschaulichen Indifferenz gemäß dem Motto fertig, das diesem Buche vorausgestellt ist: Kein Psychiater, kein Psychotherapeut – auch kein Logotherapeut – könne einem Kranken sagen, was der Sinn sei, sehr wohl aber, *daß* das Leben einen Sinn hat, ja noch mehr: daß es diesen Sinn auch *behält*, unter allen Bedingungen und Umständen. Es behält ihn dank der Möglichkeit, noch im Leiden einen Sinn zu finden.

Sicher hat FRANKL hier insofern recht, als einer der markanten Unterschiede von Mensch und Tier darin besteht, daß der Mensch »ethisch leiden« kann. Das ist sogar der entscheidende Einwand gegenüber gewissen Postulaten von Euthanasie und Gnadentod. Und doch geraten wir hier in einen Dschungel von offenen Fragen[16]. Gibt es nicht einen Grad des Leidens, der eine reflexive Bewältigung *nicht* mehr möglich macht, so daß die Sinnfrage »draußen vor« bleibt? Gibt es nicht auch einen Grad intellektueller Primitivität, an der jeder logotherapeutische Zugriff abprallen müßte? Und endlich: Zeigt das Gespräch der drei Freunde mit Hiob nicht, daß man zwar Sinn postulieren, ihn aber gleichwohl verfehlen kann? Hiob findet sein Heil nicht dadurch, »daß« ihm die Vorhandenheit von Sinn klar wird, sondern in der Antwort, »welcher« Sinn es ist. Diese Antwort wäre dann aber mehr, als sie FRANKL der Kompetenz des Therapeuten zugesteht.

Wie FRANKL seine These vom »Daß« der Gegebenheit von Sinn meint, geht aus den Beispielen hervor, mit denen er sie illustriert: So spricht er in einem Zuchthaus nahe San Francisco zu Schwerstverbrechern, darunter zu einem zum Tode Verurteilten. Er meint, daß gerade das »Werterleben des schlichten einfachen Menschen« ihn stets darum wissen lasse, »was für eine Bewandtnis es hat mit dem Sinn des Lebens, der Arbeit, der Liebe und, last but not least, des tapfer durchgestandenen Leidens«. Entsprechend hätten ihn auch die Zuchthäusler verstanden.

Hierbei sind zwei Züge, so scheint mir, besonders wichtig:

Erstens setzt FRANKL bei jenem »schlichten Menschen« ein unreflektiertes Sinn-Wissen voraus, ohne daß er auf die Frage eingeht, in wie verschiedenen weltanschaulichen Koordinatensystemen es auftaucht. Es kann – offenbar – im einen Fall ein Produkt des gesunden Menschenverstandes, im andern Falle christlich, wieder in einem andern Falle durch irgendeine Ideologie produziert sein. FRANKL läßt das dahingestellt, erwähnt es nicht einmal. Bei einem so sorgsamen Denker wird man das kaum anders verstehen können als so, daß FRANKL jenes Koordinatensystem *bewußt* ausklammert, weil es für die Therapie nicht wesentlich ist. Er hat sozusagen nur das »Daß« der Sinnhaftigkeit zur Sprache zu bringen und aus seiner Verschüttung zu befreien, um es dem Patienten dann zu überlassen, sich seinen speziellen Reim darauf zu machen: den Sinn etwa von einem humanistischen Pflichtethos her zu verstehen oder seiner Verhüllung mit dem Dennoch des christlichen Glaubens zu begegnen. Spräche das für die weltanschauliche Neutralität der Logotherapie? – Daß diese Frage schwer eindeutig zu beantworten ist, zeigt der zweite Zug, auf den ich hinweisen möchte:

Zweitens: Als Frankl zu den Zuchthäuslern und dem Todeskandidaten sprach, räumte man ihm, so erzählt er, Kredit ein, weil er in seiner KZ-Zeit selbst der Gaskammer nahe war. Wenn Frankl dieses biographische Datum den Gefangenen so preisgab, tat er das zweifellos, um an *einem* entscheidenden Punkt Solidaritätsgewißheit in ihnen auszulösen: Auch er hatte nicht nur in einer äußersten Grenzsituation gestanden, sondern sah sich in dieser Grenzsituation gleichfalls mit der Aufgabe konfrontiert, die Sinnfrage zu bewältigen. Angesichts offenkundiger Sinnlosigkeit, ja Sinn*widrigkeit* stellte sich ihm das Thema »Sinn«. Also legitimiert er sich gegenüber seinen Hörern als glaubwürdiger Zeuge für die Möglichkeit, selbst in dieser Grenzsituation nicht zu verdrängen, sondern ihr standzuhalten und sogar zu einer Antwort durchzufinden.

Daß diese Solidarität äußerst hilfreich ist, daß sie Vertrauen bewirkt und überdies den kommunikativen Erfordernissen jeder Psychotherapie entgegenkommt, steht außer Frage. Ist diese Solidarität aber vorstellbar, *ohne* daß Frankl den Zuchthäuslern mitgeteilt hätte, *wie* er nun – er für *seine* Person! – mit der Sinnfrage fertig geworden sei, worin er also jenen Sinn erblickt habe, der ihn durch den Schrecken des KZ-Terrors hindurchtrug? In der Tat kann man sich dies Verschweigen schwer denken. Wenn er aber hier über die bloße Feststellung des »Daß« der Sinngegebenheit hinausging und gleichsam »persönlich« wurde: hätte er sich dann nicht mit *seinen* Überzeugungen aufgedrängt und die Grenze überschritten, die der Zuständigkeit des Arztes offenbar gesetzt ist?

Das Beispiel ist insofern ein wenig schief, als es bei jenem Zuchthausvortrag nicht um ärztliche Behandlung ging. Übertragen wir trotzdem einmal, etwas gewagt, jene Situation auf das ärztliche Sprechzimmer, hätte man doch wohl Hemmungen, die ärztliche Kompetenz hier verletzt zu sehen. Frankl hatte wohl Farbe bekannt und »Flagge gezeigt«; aber doch nur in dem Sinne, *daß* – hier ist wieder das Franklsche »Daß«! – ein Sich-Durchfinden zur Sinnfrage in dieser äußersten Friktion möglich gewesen sei und daß daraus jeder den Mut schöpfen könne, nun auch seinerseits und im Rahmen seines Überzeugungsgebäudes den gleichen Weg zu gehen.

Wenn ich Frankl recht verstehe, möchte die Logotherapie nur bis zu diesem Punkt führen. Das würde heißen, daß ihr eine sokratische Tendenz innewohnte: auf keinen Fall also den Patienten weltanschaulich zu indoktrinieren, sondern Verschüttetes und Verdrängtes in ihm freizusetzen, Wucherndes abzubauen und Verzerrtes geradezubiegen. Das eigene Bekenntnis, das vermutlich nicht zu verschweigen wäre, würde dann therapeutisch nur insoweit relevant sein, als der Arzt sich als jemanden bekennt, der auf *seine* Weise die Probe aufs Exempel gemacht hat, der deshalb nicht wie der Blinde (wie der existenziell selbst nicht Betroffene) von der Farbe spricht und sich so in seiner Solidarität zu erkennen gibt. Das sokratische Moment läge hier in dem Anspruch an den Kranken, der bekannten »Übertragungsverlockung« aus dem Wege zu gehen und in Form von Mitarbeit sein Eigenes hervorholen zu helfen, statt die Überzeugungen des Therapeuten nur zu kopieren.

Mit den letzten Überlegungen sind wir der Zone zumindest nahe gekommen, deren Betreten wir uns bei FREUD verboten haben. In dem Bemühen, FRANKL zu verstehen, haben wir Fragen gestellt, die so bei ihm selber nicht auftauchen. Doch mußten wir sie stellen, wenn es uns um den anthropologischen Hintergrund der Logotherapie gehen sollte. Es liegt im Wesen dieser Konzeption, daß sie die Frage nach Überzeugung und Engagement, dann aber auch nach dem *Inhalt* von Überzeugung und Engagement notwendig aufwirft.

Zur Illustration dessen, wie FRANKL seine Sokratik meint, sich nicht aufdrängt, sondern jedem in *seinem* Lebens- und Weltanschauungshause zurechtzuhelfen sucht, seien am Schluß dieses Abschnittes ein paar Sätze aus seinen KZ-Erinnerungen zitiert[17]:

»Eines Tages saßen im Lager zwei Menschen vor mir, beide zum Selbstmord entschlossen; beide gebrauchten die im Lager stereotyp zu hörende Redewendung: Ich habe vom Leben nichts mehr zu erwarten. Nun galt es, die beiden eine Art kopernikanischer Wendung vornehmen zu lassen, so zwar, daß sie nicht mehr fragten, ob und was sie vom Leben zu erwarten hätten, sondern darauf hingewiesen wurden, daß ja umgekehrt das Leben auf sie wartete, daß jedes einzelnen von ihnen ... irgendwer oder irgend etwas harrte – je nachdem: ein Werk oder ein Mensch. Tatsächlich stellte sich alsbald heraus, daß ... ja ihr Leben mit ganz konkreten Aufgaben auf sie wartete. Hatte sich doch ergeben, daß der eine eine Serie geographischer Bücher veröffentlicht, die Serie aber noch nicht zum Abschluß gebracht hatte; und der andere hatte eine Tochter im Ausland, die mit abgöttischer Liebe an ihm hing. Auf den einen wartete somit ein Werk, auf den andern – ein Mensch.« – Hier zeigt sich recht plastisch, was FRANKL damit meint, daß kein einheitlicher, für alle geltender Sinn verordnet werden könne, daß es aber ein »Daß« des Sinnes gebe, der sich dann bei jedem wieder anders ausprägt. Alle diese Sinnvarianten sind durch ein Transzendierendes miteinander verbunden, das nur dem *Menschen* eignet: Der Mensch kann im Unterschied zum Tier *hoffen*, das heißt, er kann Zukunft vorwegnehmen, er kann lieben und sich geliebt wissen. Im Wissen um diesen Sinn kann das Leben auch in seinen Grenzsituationen ertragen werden. Das entspricht der Weisheit eines Satzes von NIETZSCHE, den FRANKL denn auch zitiert: »Wer ein Warum zu leben hat, erträgt fast jedes Wie.«

4. Freud-Kritik im Lichte der Logotherapie

Der markante Abstand dieser Konzeption zu Freud ist unverkennbar: Hier wird nach der Realität dessen gefragt, was für Freud nur die Projektion des Über-Ich ist. Wenn »Heilung« ein In-Ordnung-Bringen des Menschen, wenn sie Heimkehr zu seiner eigentlichen Identität, und das heißt: zum Soll-Gehalt seiner Existenz, ist, dann bedeutet es letzten Endes eine Irreführung, wenn dieses Heilungsziel und -thema dadurch unterschlagen wird, daß die im Namen des Lebenssinns uns auferlegte Selbsttranszendierung zu einer spukhaften Projektion, zu einem vom Menschen gesetzen Über-Ich herabgewürdigt wird.

Wir stehen damit vor der Wahrheitsfrage *menschlicher Existenz.* Die heute weithin grassierende Psychologie ist deshalb so destruktiv und begnügt sich in der Regel mit der Legitimierung unzähliger Tabubrüche und einer von keinem Sinn mehr gesteuerten Freiheit – man braucht nur an das verhätschelte Reizwort »Emanzipation« zu denken! –, weil sie eben diese Frage nach der Wahrheit menschlicher Existenz unterschlägt. In diesem Sinne müssen wir das tiefsinnige Wort von Fromm noch einmal hören: daß entfremdete Forscher mit entfremdeten und entfremdenden Methoden entfremdete Menschen behandelten. Man kann nur beklommen fragen, in welches neue kaudinische Joch diese Seelen-Ingenieure die schon von Entfremdung Geschlagenen führen werden.

Wir können die Wende, die sich in der Logotherapie ankündigt, so zusammenfassen: Sie ist als Antwort auf die Herausforderung durch die Freudsche Psychoanalyse zu verstehen und bleibt ihr durch diesen Bezug in Bewahrung und Widerspruch verbunden.

Freuds Anthropologie war, wie wir sahen, durch eine Reduktion bezeichnet. Sie beschränkte das menschliche Selbst auf ein Bündel von Triebenergien, die sich im Bewußtsein manchmal glückende, manchmal mißglückende Selbstregulationen verschaffen.

Es ist nun merkwürdig: Da diese Reduktion des Menschen seine Wahrheit verfehlt, melden sich die unterschlagenen Dimensionen der menschlichen Wirklichkeit in Widersprüchen und Ungereimtheiten der anthropologischen Aussagen. Ich nenne nur zwei solcher Ungereimtheiten:

1. Auf die *erste* haben wir schon bei der Freud-Kritik Max Schelers hingewiesen: Der These Freuds, daß die Triebenergien vom Über-Ich zensiert und daraufhin verdrängt oder sublimiert würden, begegnet Scheler mit der kritischen Frage: Wer oder was ist das eigentlich, was hier zensiert? Noch schärfer: Wer oder was ist, das diese Zensurbehörde im Ich überhaupt setzt? Diese Frage bleibt bei Freud – notwendig – offen. Die Lücke deutet auf einen Widerspruch, der im Rahmen dieser Konzeption nicht aufgelöst werden kann. Denn – so Frankl – »man kann die Instanz,

die da verdrängt, zensuriert und sublimiert, nicht von den Trieben herleiten, die ja das Was des Verdrängtwerdens abgeben und darum nicht den Wer des Verdrängens ausmachen können«. FRANKL hat für diesen Widerspruch eine verblüffend einfache Formulierung gefunden: »Noch nie ist es vorgekommen, daß ein Fluß sein eigenes Kraftwerk errichtet hat.«

2. Der *zweite* Grundwiderspruch bei FREUD liegt in folgendem: Auf der einen Seite betont FREUD die Ohnmacht des bewußten Ich, das vom Es getrieben, vom Über-Ich gehemmt und von der Realität zurückgestoßen wird. »Der größte Teil des Seelischen«, so der Psychosomatiker PAUL CHRISTIAN, »bleibt unbewußt, eigenständig und unbekannt als ein elementares, in den Menschen hineingesenktes Sein. Vorstellungen, Handlungen und Gedanken werden wesentlich vom Unbewußten bestimmt; sie sind von den Mächten der Tiefe determiniert. Was menschlich geschieht, gedacht und gefühlt wird, das ist vordergründig, in seiner Phänomenalität uneigentlich, nur repräsentativ für die unbewußten Auseinandersetzungen zwischen Es und Über-Ich.«

Gleichwohl aber – und darin meldet sich der Grundwiderspruch dieses Denkens – geht es FREUD *nicht* um den Beweis einer schicksalhaften, ausschließlich biologischen Determiniertheit des Menschen. Daß es ihm *nicht* darum geht, ja noch mehr: daß er gerade *gegen* diese Determiniertheit antritt, zeigt der Ansatz der psychoanalytischen Therapie: Der Kranke soll sich mit Hilfe der Analyse selbst erkennen und sich als den, der er ist, wählen. In dieser selbstverantwortlichen Wahl ist die Freiheit vorausgesetzt, die FREUD ja auch selbst für seine Forschungen in Anspruch nahm. Diese Freiheit aber war für ihn nicht mehr der Gegenstand wissenschaftlicher Untersuchungen. Sie *konnte* dieser Gegenstand auch gar nicht mehr sein, weil damit sofort das Thema der Selbsttranszendierung (nämlich die Frage des Woraufhin und Wofür der Freiheit) gestellt gewesen wäre. Dieses Thema hatte jedoch in dem empiristisch reduzierten Menschenbild FREUDS und innerhalb der durch diese Reduktion begrenzten Erkenntnisaufgaben keinen Platz.

Genau hier meldet sich der Widerspruch, auf den ich aufmerksam machen wollte: So wenig die Freiheit des Sich-selber-Wählens der *Gegenstand* seiner wissenschaftlichen Untersuchungen war und sein konnte, so sehr war diese Freiheit doch die *Bedingung* jener Untersuchungen. FREUD nahm sie einfach für sich in Anspruch, sozusagen unreflektiert in Anspruch. Denn hätte er das nicht getan, so würde das zu der absurden These führen, daß er seine eigene psychoanalytische Tätigkeit auch ihrerseits als eine Produktion seines Unbewußten hätte verstehen und entsprechend relativieren müssen, während er diesem Unbewußten doch gerade in Freiheit, undeterminiert, gegenübertreten und es unter Kontrolle bringen wollte. Auch hier konnte er kaum annehmen, um das Bild von FRANKL noch einmal aufzugreifen, daß der Fluß seiner eigenen Triebenergien das Kraftwerk der psychoanalytischen Theorie produziert hätte. An dieser Stelle »glaubte« FREUD, ohne das Geglaubte verifizieren zu können oder sich auch nur klar zu sein über das Vorhandensein seiner Prämissen. Er *»glaubte« an die Kraft der Vernunft und ihre Fähigkeit, den Menschen vom Aberglauben und den trügerischen Gaukel-Produktionen seines Unbewußten zu befreien.*

5. Arzt und Seelsorger vor dem Thema der Anthropologie

In diesen Widersprüchen melden sich die durch die Psychoanalyse abgeblendeten, man könnte auch sagen: die unterschlagenen Ich-Dimensionen. Hier tritt so das von uns erwartete Phänomen ein: *daß sich die Ganzheit des Menschen gegenüber ihrer eindimensionalen Verengung durchsetzt.* FRANKL macht sich zu deren Anwalt, insofern es ihm »um eine Psychologie vom Geistigen her, nicht nur (!) vom Seelischen her« geht, wie es in der »Ärztlichen Seelsorge« heißt. Der Psychotherapeut sieht sich täglich mit weltanschaulichen Fragen konfrontiert, die mit dem Sinn des Lebens und mit dem Scheitern, das heißt mit Sinnverfehlung oder Sinnverleugnung zu tun haben. »Schon aus weltanschaulicher Fairneß heraus«, die sich von da her nahelege, »sollten wir uns ... mit gleichen Waffen schlagen. Ein Arzt mit erkenntniskritischer ›Kinderstube‹ wird es ... ablehnen, gegen die Verzweiflung eines geistig ringenden Menschen – etwa eine Arsenkur zu verschreiben. Er wird vielmehr mit Hilfe einer am Geistigen orientierten Psychotherapie den Versuch machen, dem Kranken Halt im Geistigen zu geben, geistige Verankerung zu ermöglichen.«
Die Logotherapie nimmt also den »Logos«, den Bereich von Wahrheit, Wert, Sinn und Gewissen ernst und rechnet damit, daß seelische Erkrankungen, zum Beispiel Neurosen, in einer *miß*geleiteten Auseinandersetzung mit diesem Logosbereich oder auch in seiner Verdrängung gründen können. Negativ heißt das: Die Logotherapie verschließt sich einem »psychologistischen Abgleiten in inadäquate Kritik oder heterologe Argumentation«, wie sie z. B. dann gegeben sind, wenn Schuldgefühle, Verzweiflungen oder auch philosophisch-reflexive Aporien a limine als Ausfluß von Komplexen diagnostiziert und damit ihrer eigenen Würde, ihres eigenen spezifischen Gewichtes beraubt werden. Statt dessen muß sich der Arzt »einer immanenten Diskussion von Weltanschauungsfragen zuwenden und sich in eine sachliche Debatte der geistigen Not des seelisch leidenden Menschen einlassen«. Darum »muß das Geistige vom Seelischen geschieden werden«, das heißt: das Geistige ist nicht psychologisch oder psychopathologisch aus dem Seelischen abzuleiten. Beide, das Geistige und das Seelische, »stellen vielmehr zwei wesensverschiedene Bereiche dar«. Das Geistige ist »eine Welt für sich, deren Wesen und Werte sich nicht einfach in die psychologische Ebene psychologistisch hinabprojizieren lassen«. So

will die Logotherapie eine Wendung vollziehen zu einer Existenzanalyse als einer Analyse des *Menschseins auf Verantwortung* hin.

Die damit angesprochene Verpflichtung darf, wie wir in dem Abschnitt über die Ontologisierung des Ethos gesehen haben, nicht als legalistisches Oktroi, sie muß vielmehr von dem in Anspruch nehmenden *Sinn* her verstanden werden. Diese »Sinnfrage kann einen Menschen in ihrer ganzen Radikalität geradezu überwältigen«, etwa in der Pubertät. Eine der pathologischen Formen, in denen sich die Sinnfrage meldet, ist der ethische Nihilismus, »der behauptet, der ganze Sinn des Lebens sei doch eigentlich nur Lust« und Lustgewinn. Das führt »in moralischer Hinsicht zu einer Nivellierung möglicher Zielsetzungen« und damit zu Indifferenz, Apathie (Antriebslosigkeit) und lähmender Langeweile. Unter diesem Aspekt wäre es völlig gleichgültig, was immer man täte: Das Geben von Almosen diente dann »ja ebenso der Beseitigung von Unlustgefühlen wie die Verwendung desselben Geldes zu kulinarischen Genüssen«. Da alles Leben aber vor dem Tode stünde, sei »jede Lust jedes Menschen ... gleichermaßen sinnlos«. In diesen Hinweisen FRANKLS wird beispielhaft *deutlich, wie die eindimensionale Reduktion des Menschen auf Lust und Trieb die Rache der damit veruntreuten und beleidigten Dimension der Werte, zum Beispiel des Wertes »Sinn«, provoziert. Diese Rache vollzieht sich dann in psychopathologischen Sensationen.*

Nimmt man so die Welt der Werte ernst, behandelt man sie also *nicht* als bloßes Derivat psychischer Prozesse, so führt das zu wichtigen Folgerungen für das therapeutische Verhalten des Arztes. Dann muß er nämlich mit dem Patienten in ein weltanschauungs-immanentes Gespräch über die Sinnfrage eintreten. Er wird ihn etwa darauf hinweisen müssen, daß er sich selbst einem irreversibel geminderten (einem unheilbar kranken, verkrüppelten) Leben gegenüber »sinn«-bestimmt verhalten könne. Darum dürfen wir, sagt FRANKL, selbst einem »Todgeweihten niemals die Chance ... nehmen, ›seinen Tod‹ (etwa im Sinne des ›großen Todes‹ von R. M. RILKE) zu sterben; die Chance, noch bis zum letzten Augenblick seines Daseins dieses mit Sinn zu erfüllen, mag es sich dann auch nur mehr um die Frage handeln, wie ... der Leidende eben zu seinem Leiden an dessen Höhe- und Schlußpunkt sich einstellt«. Es bedarf kaum eines Hinweises, daß das zugleich ein Plädoyer gegen Suizid- und Euthanasie-Lösungen ist.

FRANKL schildert in diesem Zusammenhang einen Fall, in dem ein als psychisch gesund (sine morbo psychico) bezeichneter Selbstmordkandidat von seiner Absicht dadurch geheilt wird, daß ein anderer Arzt den »zwar seelisch Gesunden, aber geistig Irrenden« über sein falsches Verständnis von Freiheit belehrt: daß er nämlich nur von »Freiheit von ...« und nicht von »Freiheit wozu ...« wisse und daß er bei einem richtigenVerständnis von Freiheit sein Leben nicht wegwerfen dürfe. FRANKL schließt diese Fallbeschreibung mit der Frage: »Wer wollte leugnen, daß dieser Arzt zu einem im herkömmlichen Sinn nicht eigentlich ›ärztlichen‹ Vorgehen trotzdem nicht nur schlechterdings berechtigt, sondern nachgerade verpflichtet war?«

Der Arzt steht hier mit dem Patienten zusammen wieder in jener letzten *Solidarität* gegenüber den Fragen der Bestimmung des Menschseins, von der wir schon gesprochen haben. Er behandelt ihn nicht im Sinne des FREUDSCHEN Ansatzes als einen Getriebenen, dem er in der Distanz eigener Entnommenheit überlegen gegenüberstünde, sondern er behandelt ihn genau wie sich selbst: als einen Sich-Verhaltenden und zum Verhalten Aufgerufenen.

Man könnte mit FRANKLS eigenen Worten die letzte Konsequenz dieser von ihm so proklamierten Arzt-Position in der Weise umschreiben, daß man sagt: Der Nervenarzt, dem die Menschen vom kirchlichen Seelsorger hinweg zuströmen, müsse auch *Seelsorger* sein, das will sagen: er müsse jemand sein, der sich mit dem Kranken zusammen solidarisch zu seiner Sinnfrage verhält. Andernfalls müsse sich diese Abwanderung zum säkularen Seelenbehandler destruktiv auswirken.

So kommt FRANKL zu seinem Begriff der »ärztlichen Seelsorge«, zu seiner »metaklinischen« Sinndeutung des Leidens sowie zu einer »Existenzanalyse als ontologischer Explikation personaler Existenz« und schließlich zum Entwurf eines »Menschenbildes der Psychotherapie«.

Was FRANKL hier vorzuschweben scheint, ist die Personalunion von Priester und Arzt, Seelsorger und Psychotherapeut, zumindest aber die Kooperation beider, insofern sie beide auf einer letztlich gemeinsamen Ebene wirken. Diese Gemeinsamkeit der Ebene brauchte, wenn ich FRANKL richtig verstehe, nicht eine im engeren Sinn verstandene Gemeinsamkeit des Glaubens – z. B. im Sinn eines konfessionellen Bekenntnisses – zu sein. Sie bestünde vielmehr in dem besprochenen »Daß«: *daß* nämlich die Dimension der Werte und Normen, *daß* die existentiellen und gesellschaftlichen Konflikte – und insofern auch die Dimension des Glaubens – hüben und drüben ernst genommen werden. Negativ wäre diese Gemeinsamkeit dadurch charakterisiert, daß die destruktiven Konflikte jedenfalls nicht bloß als psychogen interpretiert, sondern als unbewältigte Auseinandersetzung mit einer echten Wirklichkeit verstanden werden.

Im übrigen kann kein Zweifel daran bestehen, daß FRANKL – hier einmal als Repräsentant eines neuen Typus von Psychotherapie genommen – über alle schulmäßigen Finessen der Analyse und der Therapie verfügt und daß sich im technischen Bereich der »Kunstlehre« sein Tun weithin mit dem deckt, was ein FREUDSCHER Analytiker *auch* tut. (Insofern dürfte er sich in dem erwähnten Sinne »eklektisch« gegenüber der FREUDSCHEN Analyse verhalten.) Nur kommt für FRANKL eben alles auf das *Vorzeichen* und auf den *Rahmen* an, innerhalb dessen sich dieses sein ärztliches Handeln vollzieht.

Dieser Rahmen umschließt das Bild des sich selbst ergreifenden, sich transzendierenden und auf Verantwortung hin angelegten Menschen.

Ohne dieses Menschenbild würde alles falsch, weil das orientierende Woraufhin der Therapie fehlte. Genauso wie es in der Pädagogik nicht nur auf geschickte didaktische Manipulationen und auf die Technik der Menschenbehandlung, sondern vor allem auf das Ziel, auf das hin man erzieht, ankommt, so ist auch für die Psychotherapie dieses Telos maßgebend. Ohne diese orientierende Planskizze des Menschseins *wirkt die Psychologie nur zerstörerisch und fördert genau jene Neurosen, die sie ihrer Intention nach bekämpft*, ja sie kann selber zum *Ausdruck* dieser Neurosen werden. Ich glaube, wir sind heute in besonderem Maße Zeugen dieses melancholischen Schauspiels.

Ob der Arzt durch die Ansprüche, die FRANKL an ihn stellt, nicht überfordert ist? Der Ernst dieser Frage ist nicht zu übersehen. Der Arzt soll ja nicht nur medizinisch – speziell psychiatrisch und neurologisch – auf der Höhe sein und die »Kunstlehre« (die leges artis) beherrschen, sondern er soll auch »weise« sein, er soll über die letzten Lebensprobleme nachgedacht und sich selber mit ihnen auseinandergesetzt haben. Und – er soll von dem Motiv der *Solidarität* mit dem Leidenden, sagen wir es ruhig christlich: er soll von der *Liebe* bewegt sein.

Man wird nicht behaupten wollen, daß der heutige Arzt und speziell der Seelenarzt in seinem herkömmlichen Bildungsgang auch nur einigermaßen darauf vorbereitet würde. Hier stellen sich bedeutsame Aufgaben der Studienreform. Wenn schon keine eigenen Lehrstühle, so sind doch Lehrveranstaltungen zum Problemgebiet ärztlicher Anthropologie und Ethik das Gebot der Stunde. Sie hätten einen interdisziplinären und interfakultativen Vermittlungsdienst zu leisten, wenn die Anthropologie in *alle* Fachbereiche übergreift (sogar in die modernsten Bereiche der Informationstheorie und der Computer-Technik). Insofern muß der werdende Arzt auch in Verbindung mit Philosophie und Theologie gebracht werden. Und der Theologe bedarf seinerseits der Vertrautheit mit wesentlichen Aspekten der Psychotherapie – wenigstens insoweit, als er dadurch instandgesetzt ist, seine eigenen Grenzen zu erkennen und als Partner im Dialog zwischen Psychotherapie und Seelsorge zu bestehen. Es liegt so etwas wie die gebieterische Forderung in der Luft, das an unsern Universitäten verlorengegangene Terrain des Studium generale neu zu erschließen, um so die anthropologische Affinität *aller* Wissenschaften wieder zu Gesicht zu bekommen und sich damit der Sinnfrage zu stellen. Der Dialog von Psychotherapie und Seelsorge ist nur ein repräsentatives Modell für das, was hier geboten ist.

II. Der Mensch in seiner Selbstüberbietung (Teilhard de Chardin[18])

a) *Skizze von Teilhards Konzeption*

I. Teilhard als Repräsentant von Zeitfragen

Kaum ein Vertreter der geistigen Welt – und sicher kein Theologe! – hat in den letzten Jahrzehnten eine derartige Faszination auf die gebildete Welt ausgestrahlt wie der Paläontologe und Jesuitenpater TEILHARD DE CHARDIN. Die Naturwissenschaftler, jedenfalls ein Teil von ihnen, werfen ihm vor, er weiche seine an sich exakte Wissenschaft durch metaphysische Spekulationen auf. Und die Kardinäle in Rom, jedenfalls manche von ihnen, beschuldigen ihn, er baue das christliche Dogma in eine naturwissenschaftliche Entwicklungslehre ein, verfremde es damit und berühre die Grenzen der Häresie. Noch sind viele seiner Schriften nicht zur Veröffentlichung freigegeben. Sie ruhen im Mausoleum von Pariser Archiven.

An sich wäre es reizvoll, an dieser Stelle TEILHARDS Lebensgeschichte zu erzählen, nicht zuletzt von seinen Forschungsreisen zu berichten, um so einen Eindruck davon zu vermitteln, wie tief sein Denken mit dem Drama seiner persönlichen Existenz verknüpft ist. Doch müssen wir uns notgedrungen medias in res begeben und wählen als Einstieg die Frage, *wodurch* die Faszination des Teilhardschen Denkens ausgelöst werde. Zwei Hinweise könnten uns einer Antwort zuführen:

Einmal: Die Unruhe der jungen Generation rührt nicht zuletzt daher, daß ihr die Einheit unseres Lebens zerbrochen ist. Sie sieht auf der einen Seite den rasanten Fortschritt der Naturwissenschaften und ihrer technischen Anwendung. Sie sieht die kommende Herrschaft der Computer und damit die zunehmende mechanistisch-dingliche Entseelung. Sie sieht die schauerlichen Möglichkeiten, das Leben biologisch zu manipulieren. Sie sieht die ökologischen Probleme und die Bedrohlichkeit der Massenvernichtungsmittel. Und sie weiß zugleich, daß die so gefährdete Zukunft *ihre* Zukunft sein wird. – Die Frage, die uns angesichts dessen bedrängt – wir haben sie früher schon gestreift –, lautet: Sind wir dem, was wir theoretisch wissen und technisch können, auch menschlich gewachsen? Können wir es im Namen eines übergeordneten Sinnes »bewältigen«? Oder werden wir hilflos von den technischen Entwicklungen überrollt? Klafft nicht ein unheimlicher Riß zwischen der Fähigkeit zur Weltbewältigung und unserer Unfähigkeit, »Mensch« zu sein? – Bei TEILHARD DE CHARDIN aber wird uns nun ein neuer und grandioser Rahmen geboten, der das Auseinanderstrebende zusammenhält. Deshalb horchen wir auf.

Damit hängt der *zweite* Grund der Faszination zusammen:

Die Zerspaltung der Welt führt dazu, daß die Angst vor der Zukunft eine verbreitete Zeitkrankheit ist. Ein unbekanntes X, das sich in vielerlei

Schockutopien Ausdruck verschafft, scheint auf uns zuzukriechen. – TEILHARD aber bietet uns eine Weltkonzeption an, in der die Zukunft Erfüllungszeit ist. Die göttliche Weltregie sieht keinen Widerruf der Schöpfung vor, im Gegenteil: sie führt das Geschaffene erst seiner *Vollendung* entgegen. Am Schluß kommt es zu einer Epiphanie des *Sinnes*, dessen Spurenelemente für einen unbefangenen Blick schon jetzt erkennbar sind. Ausgerechnet die Naturwissenschaft ist uns behilflich, die Fährte dieser Zukunft Gottes bereits im Jetzt und Hier aufzuspüren. Wenn ein Forscher und Denker von dem Range TEILHARDS unserer Zukunftsbeklommenheit mit derart hoffnungsvollen Prognosen begegnet, sind wir bereit, solche Trostbotschaften begierig in uns aufzunehmen.

2. Das Motiv Teilhards: die Synthese von Wissenschaft und Glaube

TEILHARD DE CHARDIN geht es *einmal* um das, was man eine Theodizee des Lebens nennen könnte: Jeder Mensch »braucht etwas, das das Leben rechtfertigt«. Eine solche Rechtfertigung des Lebens fordert den Nachweis, daß es sich nicht im Leeren verliert, sondern auf einen übergeordneten Sinn hin konvergiert. *Was könnte uns deshalb die Kenntnis des Einzelnen und ihre Summierung nützen, wenn wir das Ganze nicht verstehen?* Sosehr TEILHARD als Paläontologe mit exakten Fakten und Funden – also mit jenem »Einzelnen« – zu tun hat, so werden sie ihm unter der Hand doch »symbolisch«, das heißt: sie werden zu Chiffren für einen universalen Sinn, in den alles Leben, ja schon das Vor-Lebendige und erst recht die Lebensgestalt »Mensch«, einbezogen ist. Noch mehr: Jener universale Sinn kommt in der Noosphäre des menschlichen Gehirns allererst zum Bewußtsein seiner selbst.

Daraus ergibt sich ein *zweites* Motiv: Eine Wissenschaft, die nicht im objektivierbaren Einzelnen steckenbleibt, sondern symbolisch denkt und also ihre Gegenstände auf Sinn hin deutet, berührt sich mit den Intentionen der *Religion*. Denn selbstverständlich steckt in jeder religiösen Aussage eine Mitteilung von Sinn. Schon die Schöpfung meint einen plan- und sinnvollen Weltentwurf, dessen Gerüst allem widerstrebenden Bösen oder Zufälligen widersteht, ja es in sich einbezieht. Menschliches Denken, Planen und Tun mag meinen, das Schöpfungskonzept durchkreuzen und es eigenmächtig ersetzen zu können. In Wahrheit ist auch dieses Denken, Planen und Tun in jenem Konzept vorgesehen. Es wird wider Willen zum Werkzeug und muß den Zielen des Herrn der Geschichte schließlich dienen. »Ihr gedachtet's böse mit mir zu machen«, sagt Joseph zu seinen Brüdern, die ihn nach Ägypten verkauft hatten, »Gott aber gedachte es gut zu machen« (1. Mose 50, 20). Ein Wissenschaftler, der im Rahmen eines so strukturierten Weltgefüges denkt, repräsentiert in Personalunion die Funktionen des Erkennens *und* des Glaubens. Jedenfalls versteht er so seine Bestimmung.

Die so erstrebte Synthese muß Teilhard notwendig in einen Zweifrontenkrieg verwickeln:

Seine wissenschaftlichen Kollegen wenden gegen ihn ein, daß er mehr sage, als objektiv verifizierbar ist, und daß dieses Mehr nicht besonders markiert werde. Die Grenze zwischen beiden muß bei Teilhard tatsächlich fließend oder sogar eliminiert werden, weil sich für ihn der Erkenntnisvorgang ja nicht so vollzieht, daß im ersten Akt gesagt würde: »Dies sind die exakten Tatsachen«, und in einem zweiten Akt: »Dies ist meine Deutung, dies ist das Symbolische und Transzendierende; das Erste müßt ihr annehmen, das Zweite könnt ihr bleiben lassen.« Die Sache stellt sich vielmehr ganz anders dar: Ehe Teilhard zu forschen beginnt, ist das konstruktive Gerüst bereits *da*. Deshalb kann es nicht ausbleiben, daß dieses vorgegebene Koordinatensystem dazu beiträgt, die in ihm angeordneten Fakten selbst mitzubestimmen. Denn selbstverständlich beeinflußt die Ausgangshypothese nicht nur die nachträgliche Deutung der Fakten, sondern schon sie selbst und ihre Anordnung.

Sie wirkt sich selektiv aus. In diesem Sinne bringen etwa Jacob Burckhardt und Karl Marx nicht nur verschiedene *Deutungen* des Griechentums; ihre verschiedenen weltanschaulichen Prämissen lassen sie sogar andere *Fakten*, eine andere Anordnung von Dominierendem und von bloßen Folgewirkungen sehen.

Doch auch von kirchlich-religiöser Seite wird es Einwände geben: Bedeutet der Versuch, eine biologische Entwicklungslehre konsequent durchzuhalten, sie auch theologisch zu vertreten, also gleichsam Darwin mit Thomas zu versöhnen, nicht ein Attentat auf die Schöpfungslehre? Hört etwa die Gestalt Adams so nicht auf, »der erste Mensch« zu sein, in dem – hinsichtlich seines Erschaffen-Seins und seines Sündenfalls – das Schicksal der Menschheit präfiguriert ist? In den Augen der Wissenschaft, sagt Teilhard, die aus der Ferne nur Gesamtheiten und keine Individualitäten erfaßt, sei der erste Mensch »eine Menge«; er könne gar nichts anderes sein. Man braucht sich demgegenüber nur einmal die Enzyklika Pius xii. »Humani generis« (1950) anzusehen, um die dogmatische Kalamität zu ermessen, auf die Teilhard zuzutreiben scheint. Denn hier wird die Deutung Adams – im Sinne einer »Menge« als *Polygenismus* verworfen – vor allem mit dem Argument: Wenn nicht alle Menschen von dem einen Adam abstammten, lasse sich die Lehre von der Erbsünde nicht durchführen. (Hier wird die Erbsünde also in gewisser Naivität als bloße »Vererbungssünde« verstanden, der sich die Reflexion Teilhards nicht zu fügen vermag.)

Doch kommen wir auf die theologischen Probleme später noch zurück. Im Augenblick möchte ich nur einen Eindruck davon vermitteln, wie der Geist Teilhards zweier Hemisphären Schlachtgebiet ist. »Mich wundert's nicht, daß er Dämonen sieht«, sagt C. F. Meyer von Ulrich von Hutten, dessen Geist in anderer Weise der Schauplatz widerstreitender Mächte ist. Auch TEILHARD mag diese Dämonen sehen. Doch dürfte er sie kaum in den ihn befehdenden Fronten erblicken. (Seinen säkularen Kollegen gegenüber verhält er sich konfessorisch und argumentierend; Rom aber unterwirft er sich in Demut.) Wenn es schon um den Anblick von Dämonen geht, dann dürfte TEILHARD sie vor allem dort sehen, wo man Glaube und Naturwissenschaft auseinanderfallen läßt und nicht mehr unter dieser Schizophrenie unseres Bewußtseins *leidet*, wo man also außerstande ist zu verstehen, daß sein, TEILHARDS, Geist »von einem unwiderstehlichen Verlangen nach organischer Einheit und Kohärenz beherrscht« ist.

Auch bei ihm liegt beides, »der Sinn für das Kosmische« und der »Sinn für das Christische«, zunächst disparat auseinander. »Sie bilden in mir zwei voneinander in ihrer Wurzel augenscheinlich unabhängige Achsen; und erst nach langer Zeit und vielen Bemühungen bin ich dahin gelangt, durch das Menschliche hindurch und jenseits von ihm eine Konvergenz und schließlich ihre grundlegende Identität zu erfassen.«

Wir halten so fest: Die Verbindung von beidem, die Entdeckung der Kohärenz alles Seienden, ist zunächst für ihn noch *nicht* da, jedenfalls noch nicht in der Reflexionsgestalt, höchstens als Postulat, das die Richtung des Forschens bestimmt. Doch das Drängen auf jene Harmonie ist von Anfang an in seinem Geiste enthalten – einfach deshalb, weil der Sinn für das Kosmische *und* für das Christische sozusagen gleich stark in ihm angelegt ist und insofern zum Ausgleich drängt. Hierbei mag die katholische analogia-entis-These die Rolle einer Verheißung gespielt haben, die ihn des Gelingens dieser Synthese gewiß machte.

Es scheint mir wichtig zu sein, daß man das von Anfang an sieht: Bei TEILHARD geht es nicht darum, daß er sich rein theoretisch den Gewinn einer vereinheitlichenden Weltformel vornähme (das mag ihn von HEGEL, dessen Denkansatz er sonst durchaus nahesteht, unterscheiden). Es geht vielmehr um zwei divergierende Seelengehalte, man könnte auch sagen: um zwei Leidenschaften, die nicht unverbunden nebeneinander bestehen bleiben können. Das gibt dem Denkweg TEILHARDS bei aller Bemühung um wissenschaftliche Detailfragen jene Tönung des Existenziellen, jenes konfessorische Engagement, von dem niemand unberührt bleibt, der ihn liest.

3. Die Evolution als verbindende Klammer um Diesseits und Jenseits, Denken und Sein, Theorie und Praxis

Seine Leidenschaft der Einheitlichkeit verwirklicht sich nun so, daß alle Gestalten des Seins unter dem Stichwort einer sie sämtlich umgreifenden *Entwicklung* zusammengefaßt werden. An dieser Entwicklung – sie ist das neue Zauberwort – sind Diesseits und Jenseits beteiligt: das Diesseits insofern, als es dabei um biologische Phänomene geht, die sich in kontinuier-

lichen Prozessen oder in Sprüngen, in »Mutationen«, auseinander entwikkeln; das Jenseits insofern, als göttliche Steuerungskräfte, als eine intelligente, spirituelle Innerlichkeit inmitten jener Phänomene am Werke ist.
Dieser Entwicklungsgedanke impliziert aber noch mehr: Wie er Diesseits und Jenseits umgreift, so umspannt er auch Subjekt und Objekt, Denken und Sein. Das Denken und Erkennen steht nämlich jener Entwicklung nicht nur »gegenüber« (das heißt in Objekt-Distanz gegenüber), sondern es ist selbst ein Teil dieser Entwicklung[19]. Denn auf einer der Entwicklungsstufen wird die Materie durchseelt und durchgeistet, wird sie sich ihrer bewußt. TEILHARD bezeichnet dieses Stadium als das der Noosphäre. Das Denken ist folglich selbst in jene Entwicklung hineingezogen, hat im Weltprozeß einen bestimmten Platz und ist einem seiner Stadien zugeordnet. Es ist somit in den Horizont der Zeitlichkeit eingegliedert. Das unterscheidet TEILHARDS Konzeption von dem Ansatz KANTS, so gewiß bei diesem das Erkennen den als zeit*los* bestimmten Kategorien und Anschauungsformen zugeordnet ist. DESCARTES abwandelnd, könnte man sagen, daß bei TEILHARD die res cogitans (das denkende Ding) und die res extensa (das ausgedehnte, gegenständliche Ding) sich nicht nur gegenüberstehen, sondern daß die res extensa selber zur res cogitans *wird* und beide so in der gleichen Identität gründen. »Um dem Denken in der Welt seinen Platz zu geben«, sagt TEILHARD in seiner Anthropologie, »mußte ich die Materie verinnerlichen«, so daß sie also geistige Möglichkeiten, Selbstbewußtsein aus sich heraus geben kann; mußte ich »eine Energetik des Geistes erdenken, im Gegensatz zur Entropie die Vorstellung einer steigenden Noogenese fassen, der Evolution einen Sinn, eine Spitze und kritische Punkte geben, schließlich alle Dinge zu *Jemandem* zurückkehren lassen«.
Wie nun die Dualität von Diesseits und Jenseits, Subjekt und Objekt durch das Monon der Entwicklung aufgelöst ist, so soll auch der Widerspruch zwischen Kirche und Welt, Erlösung und Kosmos überwunden werden. Ausgerechnet der Entwicklungsgedanke, der durch DARWINS Deszendenztheorie einmal die tiefe Entfremdung von Biologie und Theologie ausgelöst und den Glauben zu einem exterritorialen Fremdling inmitten des modernen Wissenschaftsgeländes gemacht hatte, ausgerechnet *er* soll nun beide wieder einander annähern. Die Angst des heutigen Menschen vor einem Auseinanderfallen aller Seinsschichten – von Natur und Geist, Gott und Welt – bildet sicher ein wesentliches Motiv dafür, daß viele Glieder unserer Generation ihre geheime Sehnsucht in TEILHARDS Einheitsschau erfüllt sehen.
Doch muß noch ein letzter Punkt bedacht werden, an dem TEILHARDS Denken dieser Sehnsucht entgegenkommt: Außer den genannten Dualismen ist auch der Widerspruch von Denken und Handeln, Theorie und Praxis im Prinzip hier überwunden. TEILHARD ruft den Menschen auf, den Kosmos, die Schöpfung zu vollenden, also nicht nur Mitläufer und Passagier einer

ihn mitnehmenden Entwicklung zu sein, sondern diese Entwicklung auch zu wollen und voranzutreiben.

Hier drängt sich eine formale Analogie zu KARL MARX und indirekt wieder zu HEGEL auf: Gewiß ist unserm Wollen die Notwendigkeit der Entwicklung und der geschichtlichen Prozesse vorgegeben. Daß diese Entwicklung aber auf einer ihrer Stufen ein Wesen erzeugt, das Bewußtsein hat und die Gesetze jener Prozesse einzusehen vermag, verleiht diesem Wesen zugleich die Freiheit, sich zu ihnen zu verhalten, sie also auch zu wollen und mit diesem seinem Wollen voranzutreiben, aus dem Müssen geradezu ein Wollen zu machen. Das meint ja der Hegel-Marxsche Satz, daß Freiheit die »Einsicht in die Notwendigkeit« sei.

Um nun die Welt in diesem Sinne vollenden zu können, müssen wir in einer systematisch zusammenschauenden Wahrnehmung diese Welt vor Augen haben. Die *Erkenntnis* des Kosmos ist deshalb die Bedingung dafür, daß wir Prozesse auf seine Vollendung hin auslösen können. Dann aber meint TEILHARD, seien intellektuelle Entdeckung und Synthese »nicht mehr bloße Spekulation, sondern Schöpfung«. Genauer müßte man wohl sagen: sie seien aktive Einschaltung in das Schöpfungsgeschehen, sie würden die bloß betrachtende Haltung in eine bewirkende Tathandlung überführen. Auf jeden Fall aber sei »die Vollendung der Dinge gebunden an ihre genaue Wahrnehmung durch uns«. »So haben die Denker zumindest teilweise recht, die als Krönung der Evolution einen höchsten Akt kollektiver Schau annehmen, der durch die gemeinsame menschliche Forschungs- und Gedankenarbeit vollzogen würde.« Mag das Ausgangsmotiv dabei auch sein, daß man wissen möchte, um zu wissen, in noch höherem Maße aber gehe es im Wissen um das dadurch ermöglichte »Können«, also um den Übertritt in die aktive Sphäre. – Mit dem bloßen Übertritt ist jedoch die Mission des Menschen im Dienste des Geistes noch nicht erfüllt. Denn auf das »Mehr-Können« kommt es *deshalb* an, um »mehr zu *tun*«, und das »Mehr-tun« hat den Sinn, »mehr zu *sein*«.

Mag sich auch hier wieder die Assoziation zu der marxistischen Forderung einstellen, daß es nicht nur darauf ankomme, die Welt zu interpretieren, sondern vor allem darauf, sie zu verändern, so tritt doch sofort die Differenz zutage: Es geht nicht eigentlich um das pragmatische Ziel der Weltverbesserung, sondern um den sich unterwerfenden Bezug auf die Schöpfung und damit um das »Mehr-Sein« des Menschen als des Zieles der Schöpfung. Trotz dieser Differenz aber mag ein gewisses Unbehagen unter den römischen Kardinalshüten nicht ganz unverständlich sein: Werden im Bannkreis dieser alles integrierenden Synthesen nicht die vertrauten Fronten fließend, die traditionellen Zäune als nichtexistent behandelt? Werden nicht alle Feinde und Partisanen als Freunde vorgestellt, die ausnahmslos von dem *einen* Monon umfangen und in dem gleichen göttlichen Weltkonzept vorgesehen sind?

4. Der Geist der Lebensbejahung

Doch nicht nur die Synthese als solche ist faszinierend, fast mehr noch ist es der Geist der *Bejahung*, der von ihr ausgeht. Wir kennen die These der mancherlei weltlichen und christlichen Kulturpessimisten, daß die der Atomphysik entspringende Technik zerstörerisch sei. Als eher noch verderblicher gilt die Möglichkeit biologischer Manipulation: Der Mensch tastet die Gene an. Mehr zu wissen, als man verkraften kann und als es dem »Mehr-*Werden*« dient, führt zum Frevel.

Ganz im Gegensatz dazu weht uns aus TEILHARDS Werk eine stürmische, ja enthusiastische *Bejahung* des sonst Perhorreszierten an. Er sieht im Rahmen der Schöpfungs-Konzeption die Chancen dieses Wissens zu einem wahrhaft weiterführenden Können. Die Auswirkungen der Atomphysik, die Entdeckungen der Virusforschung und die immer eindringendere Durchleuchtung der Erbvorgänge gelten ihm als Vorzeichen einer kommenden Beherrschung der Lebensprozesse: »Wird uns die bevorstehende synthetische Herstellung der Eiweißstoffe nicht eines Tages befähigen, eine Wirkung hervorzurufen, die der sich selbst überlassenen Erde versagt scheint: eine neue Woge von Organismen – das künstlich hervorgebrachte *Neovitale*?« TEILHARD spricht in diesem Zusammenhang von der »menschlichen Wiederankurbelung der Evolution«, von einem Akt also, kraft dessen und durch den der Mensch die Initiative bei der Schöpfungsvollendung übernimmt, statt diese Schöpfung nur zum schließlichen Stillstand sich ausschwingen zu lassen, sie damit sich selbst zu *über*lassen. Die Sendung, ein im Schöpfungsprozeß erzeugter Impuls für das Weitergehen der Schöpfung zu sein, ist ihm wohl providentiell zugedacht.

Theologisch ausgedrückt, könnte man es wohl auch so sagen: Auf einer bestimmten Stufe der Evolution – dort nämlich, wo das Stoffliche sich im menschlichen Gehirn seiner selbst bewußt wird – ist dem Menschen die Rolle des Kooperators, ja des Cocreators Gottes zugewiesen. Daß er sich diese Rolle schöpfungsmäßig »zuwachsen« sieht, wirkt hierbei als Abwehrstoß gegen prometheische Mißverständnisse dieser Rolle. Ganz offensichtlich soll hier nicht der blasphemische Bemächtigungsakt eines Prometheus, sondern die demütige Inanspruchnahme von Gnaden das Motiv sein, in dessen Namen der Mensch das ihm dargebotene Steuerruder der Schöpfung ergreift:

»Der heimliche Traum des menschlichen Forschens ersehnt, über die Energien der Atome und Moleküle hinaus, die Herrschaft über die Grundenergie zu erlangen, für die alle andern Energien nur Dienerinnen sind: dann würden wir, alle vereint, das Steuerruder der Welt ergreifen, indem wir die Hand auf die eigentliche Triebkraft der Evolution legen. Den Mutigen, die sich eingestehen, daß ihre Hoffnungen so weit gehen, sage ich, daß sie die menschlichsten unter den Menschen sind.« In diesem Sinne bestehe auch »zwischen Forschung und Anbetung ein geringerer Unterschied«, als man gemeinhin denke.

Die zur Anbetung sich neigende Forschung, geradezu ein Gegenbild des Prometheus, verdeutlicht sich symbolisch in einer Szene, die TEILHARD 1952 vor dem Riesen-Zyklotron der Universität Berkeley in Kalifornien zeigt. Über dieses Rieseninstrument der Forschung, das ihm zum Symbol der Noosphäre, ja des Übermenschlichen wird, schreibt er 1953: »Was wir zu einfach ›die Forschung‹ nennen, belud sich, färbte und erwärmte sich für mich mit besonderen Mächten wie Glauben und Anbetung, die bisher als der Wissenschaft fremd betrachtet werden.« Forschung und Anbetung einer gemeinsamen Wurzel entstammen zu sehen und diese Synthesis gedanklich auszudrücken, wird ihm so zur geistigen Lebensaufgabe.

Wo hätte sich wohl je bei einem Theologen angesichts eines solchen Ungetüms diese Art technisch-physikalischer Andacht eingestellt! Hier wird FRANZ VON ASSISIS »Sonnengesang« auf die technische Welt angewendet, und diese Welt hört auf, als dämonische Aufstandswelt aus dem Reiche Gottes ausgegliedert und zu einem Anti-Körper der Schöpfung gemacht zu werden. Nein: Der Kosmos ist geradezu »der Leib dessen, der ist und im Kommen ist«, und die Materie kann als das »Fleisch Christi« bezeichnet werden[20].

5. *Struktur und Antrieb der Entwicklung*

Wie sieht nun die Evolution aus, die den Weltaspekt TEILHARDS so wesentlich bestimmt? – Ich charakterisiere zunächst nur stichwortartig ihre Stufen:

Die *erste* Stufe wird vom Vorlebendigen der anorganischen Natur gebildet. Ihr folgt dann als

zweite Stufe die Vitalisation. Sie ist charakterisiert durch die Selbstvermehrung der Organismen, durch einen Vorgang also, der im Gas, im Flüssigen, in der Erdkruste einschließlich der Kristalle vorher nicht existierte. Er bildet ein Gegenbild zum Schicksal der rein stofflichen Welt, die im Wärmetod enden wird.

Dritte Stufe: Die so belebte Materie entwickelt und differenziert sich. Aus dem ungegliederten, wirren Durcheinander der Einzeller, das wie ein Humusboden die Erdkruste bedeckt, erhebt sich der verästelte Lebensbaum, an dem vier Hauptstämme erkennbar sind. Aus einem dieser Stämme entwickelt sich der Zweig der Säugetiere – neben Reptilien und Amphibien –, und aus diesem wieder gehen die Primaten, die zukunftsträchtige Gruppe, hervor. TEILHARD sieht diese Entwicklung unter dem Bild einer mehrstufigen Rakete; sie trägt in sich das Geschoß, den »Pfeil des Humanen«. – Damit ist schon die

vierte Stufe angezeigt: die Cérébration (die Gehirnwerdung). In ihr wird die Grenze von der Biosphäre zur Noosphäre zum Bereich des Bewußt-

seins und der Reflexion überschritten. Das Bewußtsein, das schon den höheren Lebewesen eignet, kondensiert sich beim Menschen zum Selbstbewußtsein. Der Mensch als denkendes Lebewesen ist gekennzeichnet durch die höchste bisher anzutreffende Komplexität, wie sie schon im Bau seines Gehirns manifest wird. Durch diese Ausstattung von Lebewesen mit einem hochdifferenzierten Gehirn und insofern auch mit Bewußtsein und Denkfähigkeit kommt das Universum an *einer* Stelle zum Bewußtsein seiner selbst. Der Mensch ist deshalb »nichts anderes als die zum Bewußtsein ihrer selbst gelangte Evolution«. Von dorther ergibt sich dann die angedeutete Chance, im Wissen um die Evolution deren Trend verantwortlich zu wollen und ihn voranzutreiben.
Als *fünfte* und letzte Stufe versteht TEILHARD den Endpunkt der Entwicklung, in dem die Materie vollends transparent wird für die sie durchleuchtende und beseelende spirituelle Innerlichkeit, wie sie in der Noosphäre schon zeichenhaft hervorbricht. In diesem Endpunkte »Omega« kulminiert die ganze Entwicklung. Sie führt zu einer mystischen Vereinigung mit Gott. Im Punkte Omega »läuft alles zusammen, findet seine Erklärung, fühlt sich geborgen, besitzt sich selbst«.

Wie kommt nun die so geschaute Entwicklung zustande, welcher *Impuls* treibt sie voran?
In der Art, wie TEILHARD die Entstehung und Entwicklung neuer Arten beschreibt, bedient er sich weithin der dem Biologen geläufigen Anschauungen und Begriffe. Er kennt auch jene als Zufall wirkenden Sprünge, die man »Mutationen« nennt und deren Annahme Gemeingut der heute geltenden Evolutionstheorien ist. Doch können diese Mutationen, sofern sie ausschließlich als Ergebnisse des Zufalls verstanden werden, die Erscheinungen nicht restlos erklären. TEILHARD meint, man komme nicht aus ohne die Annahme eines zusätzlich lenkenden Faktors, wenn man die »Orthogenesis« interpretieren wolle. Darunter versteht er den zielgerichteten Ablauf der Evolution. Seine Zielbestimmtheit macht sich am deutlichsten in jenen privilegierten Entwicklungslinien bemerkbar, die zur Noosphäre führen: in der schon vorliegenden Flugbahn des »Pfeils des Humanen« und in der visionär geschauten Aufgipfelung im Punkte Omega. Der im Sinne der Orthogenesis wirksame Impuls, das heißt jener »lenkende Faktor« habe gerade darin seine Wirkungschance, daß die Entwicklung nicht bloß kausal determiniert abrollt, sondern daß die offenen Mutationsstellen empfänglich für neue Richtungsanstöße sind.
Damit sind wir beim Kern von TEILHARDS Weltkonstruktion angelangt: Sein Grundgedanke ist, daß ein permanentes Zusammenwirken bestünde zwischen dem stofflichen Faktor und einem System der »Innerlichkeit«, man könnte auch sagen: einem der Welt eingestifteten spirituellen Faktor, der als Macht der Evolutionsleitung wirksam ist. Wenn HEGEL sagt, das

Sein als Geschichte sei vernünftig, so könnte man im Sinne TEILHARDS vielleicht sagen, es sei spirituell. Diese kosmische Macht des Geistes ist von Anfang an in der Welt wirksam, schon im Stadium des Vorlebendigen. Auch in ihren ursprünglichsten Stadien hat die Materie bereits eine »dumpfe, rudimentäre Psyche«. Nichts in der Welt »könnte durch die verschiedenen Stadien der Entwicklung hindurch eines Tages als Endzweck in Erscheinung treten, was nicht schon anfangs dunkel vorhanden« gewesen wäre.

Man mag sich dabei an das monistische Entwicklungsschema, wie man es schon bei ORIGENES findet, erinnert fühlen: Das Ur-Monon enthält potentiell alle Entwicklungsstufen, zerlegt sie dann in polare Dualismen, um nach diesem Zwischenspiel das Diskursive wieder in die ursprüngliche Einheit zurückkehren zu lassen. Auch im germanischen Mythos entstammen die Gegenmächte Odin und Loki dem gleichen Weltgrunde und kehren am Ende in ihn zurück.

Der Gedanke TEILHARDS von der spirituellen Mitgift der Materie, die sich im Zuge der Orthogenesis immer deutlicher bemerkbar macht, kann aber auch noch eine andere Assoziation auslösen: Man könnte an die logische Peinlichkeit der »petitio principii« denken, die besagt, daß man etwas erschließt, was man vorher eingeschmuggelt hatte. Man verbirgt seine heimlichen Prämissen gleichsam wie Raupen-Larven im Boden und zeigt im Frühjahr ein Heer zauberhaft-farbiger Schmetterlinge vor. Sicher ist das, was man so als Trick empfinden könnte, bei einer so respektablen Gestalt wie TEILHARD auf keinen Fall eine bewußte Manipulation. Doch wird man es schwerlich vermeiden können, diese *Frage* wenigstens zu stellen.

6. Der Mensch im Prozeß der Evolution

Entscheidend ist also, daß das Zielgerichtete, daß der Orthogenesis-Charakter der Evolution für TEILHARD nur denkbar ist, wenn man jenen spirituellen Faktor einkalkuliert, der von Anfang an in der Materie wirksam ist. Von hier aus bekommen dann auch die Mutationssprünge den schon angedeuteten Sinn: Sie stellen einen Entfaltungsspielraum für jenes geistige Prinzip zur Verfügung. Ein Weltprozeß, der im Sinne von LAPLACE kausal determiniert – wie ein Film gleichsam – abrollte, böte keine Ansatzstellen für Interventionen und Richtungsstöße. Dieser Entfaltungsspielraum ermöglicht es, daß das spirituelle Prinzip als »inhärente Präferenz« (als vorziehende, auswählende Instanz) wirksam wird. Diese inhärente Präferenz zeigt sich am augenfälligsten bei der zukunftsträchtigen Primatengruppe, die aus dem allgemeinen biologischen Prozeß ausgewählt und ihrer menschlichen Bestimmung zugeführt wird. In diesem Zusammenhang stellt sich das schon erwähnte Bild vom »Pfeil« des Humanen und der mehrstufigen Rakete ein. Der Mensch, der als einzige Kreatur die Noosphäre erreicht, ist ein Symbol dieser Erwählungsmacht, die ihn aus der riesigen Zahl der Bios-Varianten heraushebt.

Da der Prozeß der Evolution mit der Menschwerdung nicht beendet ist, drängt sich die Frage auf, ob sich innerhalb seines Gesamtverlaufs der Ort markieren läßt, an den die *heutige* Menschheit zu stehen kommt, ob sich auf der kosmischen Uhr unsere Lebensminute zwischen Morgen und Mitternacht ausmachen läßt. Es gibt wohl keinen aufs Universale gerichteten Denker – beispielhaft sei nur an HEGEL oder SPENGLER erinnert –, den es nicht dazu triebe, aus der Weite seiner Dimensionen auf den Punkt und Augenblick zurückzuschauen, der er selber ist – er, in dem sich dieses Universum spiegelt.

Für diese epochale Bestimmung *unserer* Existenz ist TEILHARDS Symbol der Kugel ein wichtiges Illustrationsmittel, an dem man sich die Vergangenheits-, Gegenwarts- und Zukunftsphase der Evolution verdeutlichen kann. Der Südpol bezeichnet den Punkt Alpha, von dem aus sich das privilegierte Menschengeschlecht ausbreitet. Bei dieser Ausbreitung treten zugleich die einzelnen Menschengruppen, die Typen und die Rassen, auseinander. Dieses Sich-Entfernen voneinander erinnert an die Längsgrade des Globus, die zum Äquator hin einen immer größeren Abstand voneinander gewinnen. Zwar kommt es auch in dieser Phase des Auseinandertretens zu kommunikativen Berührungen. Dennoch bleibt der Grundcharakter dieser ersten Phase – des Weges zum Äquator – der der Differenzierung und der Divergenz. Auch die heutigen Rassenunterschiede und -gegensätze sind durch diese Phase bestimmt. Man könnte dabei an das babylonische Geschick der Zerstreuung und der Sprachverwirrung denken. Beim Überschreiten des Äquators drängt die Evolution nun zu einer gegenläufigen Tendenz: Die Längsgrade nähern sich wieder einander, bis sie am entgegengesetzten Pol, dem Punkte Omega, vollends zusammenlaufen. Aus dem divergierenden wird so ein konvergierender Trend der Evolution. Die wesentlichen Symptome dieser neuen Drift bestehen in der wachsenden Zahl von Menschen, der größeren Kommunikation der Gruppen und der wechselseitigen kulturellen und zivilisatorischen Durchdringung.

Nicht als ob dieser Weg der Konvergenz so glatt und problemlos verliefe wie der mathematisch formierte Weg der Längsgrade. Wo es um den Menschen geht, kommt es nie zu mathematisch errechenbarer Geradlinigkeit. Statt eines harmonischen Sich-aufeinander-hin-Bewegens sieht TEILHARD diese zweite Phase vielmehr durch schwere Kämpfe, durch Anpassung und Abstoßung, Expansionen und Zurückdämmungen bestimmt. TEILHARD selbst ist im Zusammenhang mit dem chinesisch-japanischen Krieg zu vielen Abgründen des Menschlichen begegnet, als daß utopische Träumereien von einer Weltharmonie ihm eine ernsthafte Versuchung sein könnten. Er weiß, daß der Vernunftbegabung des Menschen zugleich eine Hypothek der Unvernunft korrespondiert. Die Noosphäre ist wahrlich kein homogenes Gebilde, sie ist eher das Gegenteil. So ist die konvergierende Phase voller Gefährdungen, auch voller Leid. Darum verbindet sich die Prognose kommender evolutionärer Entwicklungen zugleich mit der Aufgabe, Warner und Mahner zu sein, um Irrwege verhüten zu helfen.

Wenn wir innerhalb dieser doppelphasigen Entwicklung nun eine Ortsbestimmung unserer selbst vornehmen, können wir sagen, daß wir bereits in die Epoche der Konvergenz eingetreten sind, also den Äquator überschritten haben und uns auf den Punkt Omega zu bewegen. Die Längsgrade nähern sich einander wieder: Der internationale Austausch, die Verflechtung der Weltmärkte haben eine nie gekannte Intensität erreicht. Die Entfernungen sind durch Verkehrs- und Nachrichtensysteme verkürzt. In zunehmendem Maße begreift sich die Menschheit als Einheit, sieht sich solidarisch denselben Gefahren überantwortet und drängt so auf kollektives Bewußtsein. In dieser »psycho-biologischen Megasynthese«, die noch keine erreichte Station ist, aber doch schon als Richtungsziel zu erkennen ist, wird die ganze Menschheit zum Kollektiv. Der Einzelne bleibt zwar körperlich bestehen, sein Geist aber wird zum integrierten Bestandteil des »Noosphären-Hirns«, eines Organs, in dem das kollektive Bewußtsein der Menschheitsmasse wirkt. – Wiederum fühlt man sich hierbei, ausgelöst durch die Analogie des monistischen Denkschemas, an bestimmte marxistische Visionen erinnert, vor allem an die Erwartung eines neuen Menschen mit »gesellschaftlichen Organen«, der als Kollektivwesen denkt, empfindet und handelt.

Das letzte Stadium *vor* dieser beginnenden Konvergenz war die exzessive Geltung des Individuums im Abendlande. Sie war Ausdruck der größten äquatorialen Entfernung der Längsgrade voneinander, ist aber nun einer Phase zunehmender Sozialisierung gewichen. TEILHARD scheut sich bei der Darstellung dieser Phase nicht, einen so dubiosen Begriff wie den des »totalitären Soziallebens« zu gebrauchen. Dabei weiß er sehr wohl, welche unglückseligen Assoziationen sich bei uns mit diesem Begriff verbinden. Doch auch damit wird sein spiritueller Optimismus fertig: Selbst in der Verzerrung des Totalitarismus sieht er noch die abgebogene Linie der Konvergenz. Und im übrigen hat er, wie wir sahen, deutlich genug zum Ausdruck gebracht, daß der Weg zur Harmonie des Punktes Omega nicht selber harmonisch ist. (Ist mir damit nicht eine Formulierung in die Feder geflossen, die man wieder genauso bei dem marxistischen Wege zur klassenlosen Gesellschaft gebrauchen könnte?) Der Mensch bewegt sich auf die Omega-Konvergenz in tastenden und häufig fehlschlagenden Experimenten, auf keinen Fall aber geradlinig, zu. Diese Fehler muß man einkalkulieren, darf also die konvergierende Bewegung nicht durch sie widerlegt sehen. Es ist ja einer der markantesten Unterschiede zum Tier, daß der Mensch durch die Evolution nicht einfach automatisch geleitet wird, sondern daß er sie als ein Durchschauender, Programmierender, die Schöpfung bewußt und willentlich Vollendender *ergreifen* muß. Dieser Raum der Freiheit impliziert dann aber auch ein entsprechendes Risiko, so daß Teilhard sich durch die totalitären Karikaturen der Konvergenz nicht irre machen läßt.

7. *Die Synthese von Natur und Gnade im Punkte Omega*

Indem der Kosmos sich auf den Pol Omega zu bewegt, wird die letzte und gewaltigste Synthese offenbar: die von Natur und Gnade. Der Katholizismus, meint der Pater, sei »engstirnig«, wenn er an mittelalterlichen Kosmogonien hängenbleibe, statt das Kerygma (die christliche Botschaft) in das neue Weltverständnis einzuzeichnen und seine ungeheuren Ausdruckschancen zu nutzen. Tue man das, so gewänne die Erscheinung Christi einen ganz neuen kosmischen Sinn, dessen man sonst nicht ansichtig werde.

Die naturwissenschaftliche Konzeption Teilhards drängt nach seiner Meinung genau auf das, was das christliche Dogma *auch* sagt – ja, dieses Dogma hat innerhalb der Evolution sogar seinen festen Ort, so daß man ihre Stadien abschließend so bestimmen könnte: Kosmogenese, Biogenese, Noogenese – Christogenese. »Das Universum vollendet sich in einer Synthese der Zentren, in vollkommener Übereinstimmung mit den Gesetzen der Vereinigung. Gott, Zentrum der Zentren. In dieser endgültigen Schau gipfelt das christliche Dogma.«

Im Dogma ist also wie in einem unerhörten kerygmatischen Korreferat das ausgesagt und vorweggenommen, was die naturwissenschaftliche Analyse ihrerseits ergeben hat. Freilich hätte sie das wohl nicht gezeigt, oder besser: Teilhard hätte in seinen Konsequenzen – bis zur Bestimmung des Punktes Omega – nicht so weit zu gehen gewagt, wenn dieses Kerygma sich nicht von einer ganz andern Seite bestätigend der biologischen Entdeckung zugesellt hätte. In diesem Sinne sagt er: Das Endziel, Gott als »Zentrum der Zentren, . . . trifft so genau den Punkt Omega, daß ich gewiß niemals gewagt hätte, auf rationale Weise (!) die Hypothese von Omega ins Auge zu fassen und zu formulieren, *wenn ich nicht in meinem gläubigen Bewußtsein sein ideelles Bild (schon) vorgefunden hätte*, ja noch mehr: seine lebendige Wirklichkeit« (Hervorhebung vom Verfasser). *So ergibt sich als letztes Ziel die Koinzidenz von gläubigem und erkennendem Bewußtsein, von Noogenese und Christogenese.* Natürlich legt sich dabei die Frage nahe, ob die vom Dogma her vorgegebenen Kategorien nicht von *vorneherein* bereits wirksam gewesen seien, als Teilhard in den Kosmos hineinzublicken begann, ob er also nicht vorher in den Kosmos »hinein«gesehen habe, was er dann »heraus«-sieht. So stellt sich auch hier noch einmal das Problem, ob sich die logische Figur der petitio principii nicht im Grundriß dieser Konzeption bemerkbar mache.

Christus ist jedenfalls für TEILHARD der Treffpunkt, in dem die beiden Elemente seines Denkens, Gott und das Universum, koinzidieren. Was liegt deshalb näher als die Annahme, daß jene inhärente Präferenz, die der Entwicklung ihre Zielgerichtetheit verleiht, das dem Kosmos von vorneherein eingestiftete Christische sei? Von da aus würde dann die Lehre von der Inkarnation, vom Eingehen Christi in den Kosmos, eine ganz neue Note gewinnen. Auch die dogmatischen Aussagen über seine Präexistenz gewännen unerwartete Sinngehalte. Sie kommen nicht nur durch eine Interpretation der Christus-Gestalt selbst, sondern zugleich durch eine Interpretation kosmologischer Befunde zustande. Auch hier ergibt sich so eine Koinzidenz zweier Aussage-Reihen, die zunächst denkbar weit auseinanderliegen und als heterogen gelten.
Die so verstandene Inkarnation ist freilich noch verborgen, wenn auch nicht *ganz* verborgen. *Ganz* verborgen kann sie schon deshalb nicht sein, weil die von TEILHARD entdeckte »Seele der Welt« – also jenes spirituelle Moment, das ihr als das Christische eingestiftet ist – unmöglich eine »zerbrechliche Schöpfung seines individuellen Denkens« sein kann, sondern den Inhalt einer »langen historischen Offenbarung« bildet. Darum können selbst »die am wenigsten Gläubigen nicht umhin, darin eine der wesentlichen Leitkräfte des menschlichen Fortschritts zu sehen«. Insofern sind die Kräfte der Inkarnation tatsächlich nicht ganz verborgen.
Wenn Beobachtung und Interpretation ihre Spuren derart erkennen lassen, wird das Verständnis der Evolution fast zu einem Gottesbeweis, der das blinde Glauben durch die Evidenz des Schauens abzulösen scheint. Gleichwohl werden jene Spuren, wird jener lógos spermatikós erst am Ende des Prozesses in Eindeutigkeit offenbar: dann also, wenn der eschatologische Punkt Omega erreicht ist. Erst hier ist Christus ganz vollendet; erst hier ist, wenn man so sagen darf, aus der Inkarnation Christi *in* der Welt seine Identifizierung *mit* der Welt geworden; erst hier ist sein kosmischer Charakter vollendet. »Der ganze Christus vollendet sich und wird erreichbar erst am Ende der universalen Evolution.« Man kommt dieser eschatologischen Vollendungsgestalt Christi deshalb *nicht* dadurch nahe, daß man entgegen dem Augenschein und also im »Dennoch« glaubt, sondern allein so, daß ich ganz in das Universum eingehe. Denn wer in die Welt eingeht, wer sozusagen ganz »weltlich« wird, kommt notwendig auch der spirituell-christlichen Komponente der Welt nahe: Ich erkenne, »daß ich in der Nachfolge des inkarnierten Gottes, den er mir offenbart, nur gerettet werden kann, wenn ich ganz in das Universum eingehe«.
So wird Christus aus einer dem Individuum und dem individuellen Heil zugeordneten Erlöserfigur der »kosmische Christus«; so wird er zum Pantokrator und zum Zentrum der ganzen universalen Geschichte. Kein Zweifel, daß dadurch gewisse christologische Sätze – etwa die des Kolosserbriefes (1, 16 ff.) – in ein ganz neues und faszinierendes Licht treten.

Zugleich aber erschrickt man vor einer Spekulation, die Christus zu einem ohne Glauben wahrnehmbaren Weltprinzip werden läßt und die christliche Botschaft allenfalls als ein bestätigendes Kerygma versteht, das genau in die vorgeprägten Erkenntnisformen hineinpaßt. Der Verdacht, hier könne ein apologetischer Kunstgriff vorliegen – eben jene unbeabsichtigte petitio principii –, will nie ganz verstummen. Die Harmonisierungstendenz des thomistischen Denkens, die Natur und Gnade in einem Schema der Analogie aufeinander abstimmt, wird hier ins Extrem vorgetrieben und zu einer eschatologischen *Kongruenz* von Natur und Gnade gemacht; oder noch schärfer: beide werden zur Identität verschmolzen. So kann man es schon verstehen, daß das kirchliche Lehramt hier Nähe und Fremdheit zugleich empfindet.

Was einen trotzdem davon zurückhält, diese Konstruktion als apologetischen Trick zu verstehen, was im Gegenteil Ergriffenheit auslösen kann, ist der Eindruck, hier gehe es um mehr und anderes als bloße Spekulation. Die so geschaute Verbindung von Glaube und Wissenschaft, von Gnade und Natur hat sich bei TEILHARD ja als Ziel eines lebensgeschichtlichen *Durchbruchs* ergeben: eines Durchbruchs aus dem Leiden an der Disparatheit des Seienden, die er auf Einheit hin überwinden will. Er kommt also von demselben Ausgangspunkt her, den wir alle einnehmen. Das macht ihn uns so vertraut. Die Harmonie ist hier nicht eine Sphärenmusik, die TEILHARD von Anfang an hörte. Er steckt in denselben Dissonanzen wie wir, und die Harmonie ist Gegenstand seines *Suchens*. Noch einmal möchte er auf neue Weise und angesichts eines veränderten Weltverständnisses inmitten moderner Biologie und Atomphysik jene Einheit des mittelalterlichen Weltbildes beschwören, in dem Himmel, Erde und Hölle in einem letzten Bezug zueinander standen. Sollte das nur eine sublime Form von Nostalgie sein? Jedenfalls wird diese Einheit völlig anders aussehen, als sie einst aussah, aber – sie kann nach TEILHARD gewonnen werden. Diese Überzeugung macht die Faszination seines Denkens aus. »Das große Ereignis meines Lebens«, so kann er sagen, »war die schrittweise Indentifizierung zweier Sonnen am Himmel meiner Seele: Der eine dieser Sterne war der *kosmische* Gipfel, wie er von einer Evolution, die vom Konvergenzgedanken her gesehen wird, postuliert werden mußte; der andere wurde von dem auferstandenen Jesus des christlichen Glaubens gebildet.« Diese beiden Sonnen sind also identisch. Deshalb bewegen wir uns in falscher Richtung, wenn wir sie beide, wenn wir also Wissenschaft und Glauben im Verhältnis der Trennung oder gar Antithese zueinander sehen[21].

b) Kritische Überlegungen

1. Der Einsatz der Kritik

Implizit waren in unserer Darstellung TEILHARDS schon kritische Gesichtspunkte mitgegeben. Wir brauchen sie nur noch systematisch zu ordnen.
Für die Richtung dieser Kritik sind zwei leitende Gesichtspunkte maßgebend:
Einmal: Die Verzauberung durch eine totale Zusammenschau von Kosmos und Christus, Wissenschaft und Glaube, Entwicklung, Schöpfung und Eschatologie ist offensichtlich damit erkauft, daß die Grenzen zwischen exakt Feststellbarem und spekulativ-gläubiger Deutung offen sind und fließend werden. So ist zum Beispiel gerade die entscheidende Prämisse, nämlich das Zusammenwirken der Vorziehungstendenz, die das Komplizierte und Geistige fördert, mit dem Stofflichen und seiner eigengesetzlichen Entwicklung nicht objektivierbar. Scheinbar wird das zwar von den Phänomenen »abgelesen«, doch bleibt ungewiß, ob es nicht vorher – präjudizierend – in die Phänomene hineingelegt worden ist.
Ferner: Auch innerhalb der mehr spekulativ-deutenden Komponente bleiben wesentliche Fragen offen. Ich nenne zunächst nur die wichtigste:
TEILHARD erkennt innerhalb des Gesamtspannungsbogens der Evolution eine einzige tiefgreifende und schicksalhafte Zäsur: Bis zur Erdgegenwart, also bis zu der *uns* bestimmenden geologisch-anthropologischen Phase, hat sich die Noosphäre durch Herausbildung des menschlichen Gehirns so weit entfaltet, wie die orthogenetische Evolution sie von sich aus voranzutreiben vermochte. Hier hat die Entwicklung den Punkt erreicht, in dem sie sich ihrer selbst bewußt wird. Und sie erreichte das dadurch, daß sie sich ein Organ schuf, das dieses Bewußtsein ermöglicht – eben das Gehirn. Damit aber sind die evolutionären Möglichkeiten, wie sie in der *Selbst*-Entfaltung des Bios angelegt sind, erschöpft. Tatsächlich ist denn auch »seit der Quartärzeit« keine wesentliche Größenveränderung im Gehirn mehr feststellbar. TEILHARD interpretiert diesen evolutionären Stop, wie wir sahen, nun so, daß er sagt: Von jetzt an hat der Schöpfer den evolutionären Weitergang an das von ihm erweckte menschliche Bewußtsein delegiert. Von jetzt an »entwickelt« der Mensch sich nicht mehr, sondern von nun an »gestaltet« er sich selbst, indem er sich bewußt und willentlich auf sein Bestimmungsziel hin entwirft: indem er sich vergeistigt, vereinheitlicht und auf neue, innigere Formen kollektiver Kommunikation hin gestaltet. Nunmehr sind das Werden und die Vollendung des Menschengeschlechts Inhalt eines *Programms* und nicht mehr der bloße Trend eines Prozesses, der sich *an* ihm vollzieht.

Ganz abgesehen von ihren theologischen Implikationen, auf die wir noch zu sprechen kommen, enthalten diese Thesen TEILHARDS auch Probleme, die von seiten der Naturwissenschaftler ganz anders und sogar entgegengesetzt gelöst werden. Dabei denke ich gar nicht so sehr an naturphilosophische Konzeptionen (wie etwa die von MONOD), die selbst wieder spekulativ-weltanschauliche Tendenzen verfolgen und von daher zu einer Antithese kommen müssen. Es geht mir also nicht um eine Gegenüberstellung von Bekenntnis und Gegen-Bekenntnis, sondern um eine *wissenschaftliche* In-Frage-Stellung von TEILHARDS Konzeption, die ihren weltanschaulichen Überhang hervortreten lassen könnte. Eine derartige In-Frage-Stellung wäre etwa dann gegeben, wenn es sich mit Hilfe exakter Forschung erweisen oder wenigstens wahrscheinlich machen ließe, daß diese Selbstüberbietung des heutigen Menschen in der Schlußphase auf den Punkt Omega hin ohne Anhalt in begründeten Evolutionstheorien wäre.

Eine solche Kritik findet sich z. B. bei HEINRICH K. ERBEN (in seinem Werk »Die Entwicklung der Lebewesen. Spielregeln der Evolution«, 1975), auch wenn er nicht ausdrücklich, sondern nur gelegentlich und dann in andern Zusammenhängen auf TEILHARD DE CHARDIN Bezug nimmt. Gerade weil ERBEN die Noosphäre ebenfalls und in einem ähnlichen Sinne wie TEILHARD als eine Zäsur in der Evolution versteht, geben seine ganz andern und auf Fakten gegründeten Konsequenzen zu denken. Viele Soziologen, aber auch einige Biologen, so referiert ERBEN eine verbreitete Zeitmeinung, sähen den heutigen Menschen durch wissenschaftlichen und technischen Fortschritt in die Lage versetzt, seine eigene Bio- und Psycho-Evolution zu beeinflussen, ja sogar selber lenkend in die Hand zu nehmen. Er habe sich durch Selbstdomestikation von der Natur, der Umwelt und deren Selektionsdruck endgültig befreit. So kann also auch eine »weltliche«, ohne theologische Prämissen arbeitende Evolutionsforschung zu der Folgerung kommen, die wir bei TEILHARD fanden: daß der Mensch aus einem Produkt der Evolution zur Herrschaft über sie emporgestiegen sei – nur daß es nicht der homo religiosus ist, der sich diese Rolle vom Schöpfer zugedacht sieht, sondern der homo faber, der sie aus eigenem Vermögen ergreift. Nichts aber, so meint ERBEN, sei »oberflächlicher, kurzsichtiger und bedenklicher« als diese dem Wunschdenken entstammende utopische Konstruktion.
Was an exakten Daten gegen diese vom Menschen selbst gesteuerte Weiter- und Höherentwicklung spricht und den alten Traum vom »Übermenschen« nicht zur Realität werden läßt[22], ist vor allem »der extrem hohe Grad an Spezialisation«, den in der Stammeslinie des Menschen deren zur Zeit letzte Spezies, der Homo sapiens, erreicht hat. Diese Spezialisation hat aus Gründen, die hier nicht zu entfalten sind, ein Moment des Degenerativen in sich, so daß das Entstehen eines Ultra- oder Übermenschen, eines neuen, »über alles Bisherige herausragenden Bauplans der Menschenlinie« höchst unwahrscheinlich sei. Im Gegenteil: »Als eine ungemein progressistische, außerordentlich spezialisierte Stammeslinie ist die der Gattung *Homo* mit fast an Sicherheit grenzender Wahrscheinlichkeit hinsichtlich der weiteren Evolution steril geworden – eine Erwartung des Ultramenschen wäre ein ›Warten auf Godot‹.« Man kann sogar noch weitergehen und sagen, »daß die Prosperitätssituation des gegenwärtigen Menschen bei der weiteren Steigerung des Populationswachstums bald ihr Ende finden und von einem künftigen Abstieg gefolgt sein wird. *Den künftigen Übermenschen oder Ultramenschen wird es also nicht geben: Wir selbst, wir modernen Erzeugnisse des*

Fortschritts sind der Ultramensch ...« (Hervorhebung im Original).
Statt einer Selbstüberbietung des heutigen Menschen in seiner letzten Wegstrecke auf den Punkt Omega zu, statt einer Vergeistigung des Universums sieht ERBEN also einen (nicht chronologisch, aber doch in der Evolutions*richtung*) nahezu errechenbaren Weg auf ein Ende der Menschheit hin: Was vor dem Homo sapiens liege, werde demnach mit großer Wahrscheinlichkeit ein allmählicher *Abstieg* der Entwicklung sein. »Ihm muß später das Ende folgen, weil die Überpopulation dieser Spezies zu einer völligen Erschöpfung der verwertbaren Rohstoffe ihrer natürlichen Umwelt geführt haben wird und damit zu einem Zusammenbruch der künstlichen Umwelt, jener Mega-Prothese, deren diese Spezies für ihr Fortbestehen bedarf.«
Das Bild des Menschen selbst, wie ihn diese Untergangsphase zustande kommen läßt, könnte dabei ebenfalls einen wenig erfreulichen Anblick bieten und eher so etwas wie die Karikatur des erwarteten Übermenschen sein. Nach der Version von PAUL LÜTH[23], für die sich aus der bisherigen Evolution des menschlichen Verhaltens nach ERBEN durchaus Ansatzpunkte ergeben, wird »unser lieber Ur-Urenkel ..., um es amerikanisch auszudrücken, zu einem übersteigerten egg head geworden sein, mit einem mächtigen, embryonenhaft kuppelförmigen, spiegelglatten Wasserkopf, unter dessen weit vorgewölbter Stirn ein kleines, spitzes, wegen Zahnverlust und Rückbildung der Jochbeine schon greisenhaft wirkendes Gesicht versteckt ist. Die Zahl der Rippen des Brustkorbs wird geringer sein, die besonders kleine Hand vermutlich nur noch drei Finger aufweisen, und falls der *sapientissimus* sich überhaupt noch zu Fuß fortbewegt, wird sein Gang aufgrund einer Verschmelzung von Ferse und Fußgelenk alles andere als graziös wirken. Im übrigen wird er wahrscheinlich ein rechtes Ekel sein, denn ebenso wie sein Geruchssinn ist schließlich auch sein Gefühlsleben verloren gegangen, wenn auch bei gleichzeitig enorm angestiegenem Intelligenzquotienten.« Ein Übermensch also? Höchstens ein »Superintellektueller«! – Auch wer diese Prognose als allzu gewagt empfindet, wird sie hier als Zwischenspiel hoffentlich nicht bedauern und sie als karikierende Verdeutlichung einer im Prinzip ernsthaften Prognose respektieren.
Wenn denn einmal angenommen werden soll – und davon distanziert sich ERBEN keineswegs ausdrücklich! –, daß die Evolution einen Punkt erreicht habe, von dem an der Mensch maßgeblich in sie eingreift, dann läßt sich voraussehen, daß die nunmehr von ihm mitverantwortete Entwicklung nicht zur Selbstüberbietung seines bisherigen Status, sondern eher ins Ende führt. An die Stelle dessen, was für TEILHARD die spirituelle Durchdringung des Kosmos ist, tritt bei ERBEN eine Form technischer Durchdringung, die eine »künstliche Umwelt«zustande kommen läßt. Der extreme Grad der Spezialisation, mit der der Mensch auf diese Umwelt fixiert ist, sowie das Versiegen der Rohstoffquellen, von denen diese künstliche Umwelt lebt, lassen keinen andern Schluß zu als den, daß es statt zu letzten Aufgipfelungen nur zu einem Ende kommen könne. Das, was ERBEN an Nichtobjektivierbarem in diesem Zusammenhang äußert – und das tut er –, bezieht sich ausschließlich auf das ethische Problem, wie der Mensch auf dieses ihm verordnete Fatum des Endes eingeht, wie er sich mit ihm auseinanderzusetzen hat und wie er es allenfalls hinhalten kann. (Formal weist das eine gewisse Ähnlichkeit mit O. SPENGLER auf, der den »Untergang des Abendlandes« aufgrund gewisser natur-

gesetzlicher Strukturen des Geschichtsablaufs prognostiziert und dem eigenen Vermögen des Menschen nur die Verwirklichung eines ethischen Auftrags zutraut: dieses Ende mit der Haltung des »Soldaten von Pompeji« zu ertragen.)

Es entzieht sich der Kompetenz des Verfassers, die Sicht ERBENS mit Hilfe der Kriterien zu beurteilen, die für diesen allein maßgebend sein sollen: nämlich der Kriterien seiner Wissenschaft. Darüber, daß ERBEN alles tut, um sich von weltanschaulichen und ideologischen Überfremdungen fernzuhalten, daß er nur Fakten sprechen lassen möchte, kann kaum ein Zweifel bestehen, auch wenn wir uns in früheren Kapiteln die Grenzen solcher Objektivität klarzumachen suchten. Auf jeden Fall hat dieses ungewollte »wissenschaftliche« Korreferat ERBENS zu TEILHARDS Vision von der Zukunft der Menschheit für uns einen erheblichen heuristischen Wert: Es kann uns die Nahtstellen verdeutlichen helfen, an denen TEILHARDS Konzeption vom Aufweis evolutionärer Prozesse in Metaphysik übergeht und zugleich von dieser ausgeht.

2. Zu den anthropologischen Folgerungen Teilhards

Mehr als das Wissenschaftsproblem interessiert uns bei TEILHARD aber seine anthropologische Konzeption, der wir uns nun wieder zuwenden. (Beides hängt freilich eng zusammen und kann nicht isoliert betrachtet werden.)

Angenommen einmal, TEILHARDS These bestünde zu Recht, daß der evolutionäre Status des Menschen ihn instand setze, den Prozeß der Entwicklung nun seinerseits zu steuern und auf sein Bestimmungsziel voranzutreiben: Würde er diesen Auftrag denn annehmen, würde er ihn erfüllen? Bei TEILHARD klingt diese Frage zwar an, aber doch nur insoweit, als er mit der Freiheit des Menschen mögliche Pannen und vorübergehend beschrittene Irrwege verbunden sieht. Müßte aber nicht jemand, der durch die Sündenfallgeschichte vorgewarnt ist, auch die Möglichkeit ins Auge fassen, daß es zu einer grundsätzlichen Perversion des Humanum kommen könnte, daß die Freiheit etwa dazu mißbraucht würde, fragwürdige utopische Leitbilder und götzendienerische Konzeptionen zum Programm zu erheben? Könnte das Böse, das Titanische, das Abgründige im Menschen nicht gerade dadurch freigesetzt und virulent werden, daß es zum Ziel der nun möglichen Selbstgestaltung gemacht wird oder zumindest bei der Programmierung jener Ziele mitwirkt? Sind die exzessiven Formen, in denen sich Ähnliches in der Geschichte als Titanismus, Hybris und Terror immer wieder begeben hat, wirklich nur Experimente der Freiheit, die aus nebensächlichen Gründen mißglückt sind? Oder sind sie nicht aus *wesentlichen* Gründen mißglückt, und zwar deshalb, weil das Abgründige im Menschen zugleich sein Leitbild werden und weil er aus der Not seiner Fragwürdigkeit eine Tugend machen kann? Muß sich nicht angesichts einer gewissen Harmlosigkeit TEILHARDS, die ihn das Gewicht dieser Probleme übersehen läßt, die Frage aufdrängen, ob er wirklich das Geheimnis des Bösen ernst nehme? (Das wird uns gleich noch beschäftigen.) Die Frage, ob mit dem evolutionären Status der Selbstmächtigkeit des Menschen nicht auch der Weg zu jener von PAUL LÜTH karikierten Verstümmelung des Menschenbildes gegeben sein könne, scheint dem Pater nicht zu kommen.

Wir müssen die Fragen noch weiter vorantreiben: Hätte das Postulat, daß der Mensch sich von nun an selbst zu entwerfen und zu gestalten hat, nicht allein dann Sinn, wenn der Mensch um das ihm gesetzte Zielbild *weiß*, statt es nur selbstmächtig – und dann womöglich als Modell eines superman! – zu setzen, wenn er also unter der Leitung einer Offenbarung stünde (oder wie man dies ihm autoritativ Zuteilwerdende nennen mag)? Da das aber nicht oder nur bei verschwindenden Minoritäten der Fall ist, gewinnt die Vision TEILHARDS utopische Züge.

Gewiß kann er, wie schon erwähnt, zuweilen selbst die Frage nach den Irrwegen der Freiheit und der Evolutionssteuerung streifen. Doch verharmlost er sie dadurch, daß selbst massive Formen solcher Verirrung – zum Beispiel der Totalitarismus und sein Terror-System – nur auf die legitime Entwicklungslinie eines neuen kommunikativen Bewußtseins deuteten und lediglich aus sekundären Gründen, nämlich als erster experimenteller und noch unreifer Anlauf, verunglückt seien. So kann es dann in der Tat zu der »grauenhaftesten Versklavung in den Ketten des Kommunismus und des Nationalismus« kommen. »Der Kristall statt der Zelle. Der Termitenbau statt der Brüderlichkeit«. Aber: »Ist das moderne Totalitätsprinzip nicht eben deshalb so ungeheuerlich, weil es vermutlich das Zerrbild eines wundervollen Gedankens ist und der Wahrheit ganz nahe kommt? Es ist unmöglich, daran zu zweifeln: Die große Maschine der Menschheit ist zum Funktionieren bestimmt – und sie *muß* funktionieren und einen Überfluß an Geist erzeugen. Wenn sie nicht funktioniert, oder vielmehr, wenn sie nur Materie erzeugt, dann arbeitet sie eben in einer falschen Richtung.«

Ist aber nicht *das* gerade das Problem: die falsche Richtung? Wie wäre es widerlegbar, daß die »Maschine der Menschheit« bei ihrem pervertierten Einsatz nur noch Instrumente der Zerstörung, aber nicht des Auf- und Weiterbaus erzeugt? Wie könnte sie denn verbessert werden, wenn der Mensch sein Ziel nicht weiß oder wenn er es selber bestimmt, und wenn bei dieser Zielbestimmung sein Böses beteiligt ist? Gewiß könnte der Glaube dieser Zweifelsfrage mit dem Bekenntnis entgegentreten, daß die Menschen »gedenken mögen, es böse zu machen«, (1. Mose 50, 20), daß aber der Herr der Geschichte auch dieses Bösen mächtig ist, sich nicht sein Konzept davon durchkreuzen läßt, ihm vielmehr seine Funktion *auf* diesem seinem Konzept zuweist. Der Verfasser möchte sich zu dieser Stimme des Glaubens sogar bekennen. Jedoch ist das hier gerade *nicht* das Problem. Denn TEILHARDS Verharmlosung jener bösen Zwischenspiele der Geschichte bedient sich ja nicht der Argumente des Glaubens, sondern der Argumente seiner Einsicht in die Evolution. Und gerade dies scheint mir hier der Fraglichkeit überantwortet zu sein.

Daß es so um Ergebnisse des *Denkens* gehen soll (für das der Glaube allenfalls die Funktion eines heuristischen Anregers oder eines bestätigenden Korreferates ausübt, ohne damit aber das Eigengewicht der Reflexion zu mindern), ich sage: daß Teilhard wirklich im Namen des Denkens und Forschens sprechen möchte, geht besonders prägnant aus dem Schlußpassus seines Werkes über »das Auftreten des Menschen« hervor. Hier werden noch einmal die drei Phasen der Evolution vom einfachen Lebendigen bis zum eschatologischen All-Einen zusammengefaßt, und zwar im Namen der »Wissenschaft«, durch »logische Folgerung« und »Zu-Ende-denken«: »Auf der Stufe des ›einfachen Lebendigen‹, lehrt uns die ganze Wissenschaft, differenziert die Vereinigung die Elemente, die sie einander annähert (nämlich organisch miteinander verbindet; Verf.).
Auf der Stufe des Reflektierten ... personalisiert sie sie. Durch Ko-Reflexion, so müssen wir logisch folgern, totalisiert sie sie zu einem ›ich weiß nicht was‹, in dem an der oberen Grenze jeder Unterschied zwischen Universum und Person verschwindet.
So will es das bis zu Ende gedachte Komplexitäts-Bewußtseins-Gesetz.«

3. *Die Ortlosigkeit des Glaubens*

Auch wenn man sich scheut, ein Denken dieses Ranges und dieser Verwurzelung in existentieller Betroffenheit allgemeinen Rubriken einzuordnen und es bei der Bezeichnung »hegelianisch« oder »gnostisch« bewenden zu lassen, so wird man doch kaum umhin können, gewisse monistisch-pantheistische *Züge* von Teilhards System zu konstatieren. Mit dieser Bestimmtheit seines Denkens hängt es zusammen und bildet sogar eine Probe auf das Exempel dieser Feststellungen, daß der Pater in seinem Denk-Gehäuse keinen rechten Ort für den *Glauben* hat. So vielerlei Bedeutungsgehalte das Wort »Glauben« in der christlichen Tradition auch durchlaufen haben mag, der Schwerpunkt dieser Bedeutungsgehalte – keineswegs nur nach reformatorischem Verständnis – liegt sicher darin, daß mit ihm ein Akt des *Vertrauens* umschrieben wird, und zwar eines *angefochtenen* Vertrauens. Die Anfechtung liegt darin, daß dieses Vertrauen sich gegen den Augenschein behaupten muß, für den die Realität Gottes keineswegs auf der Hand liegt, sondern verborgen und tausendfach in Frage gestellt ist.
In seiner Wüsten-Versuchung weigert sich Jesus, mit Hilfe eines Demonstrationswunders aus seiner Verborgenheit hervorzutreten und sich für den Augenschein evident zu machen. Daß er das Mirakel vollziehen solle, unbeschädigt von der Zinne des Tempels herabzuspringen, aus Steinen Brot zu machen und sich als offensichtlicher Weltherrscher zu präsentieren, um »vor aller Augen« seine objektive Legitimation als Gottessohn zu erbringen: das ist für ihn nichts Geringeres als eine satanische Versuchung, die er von sich weist (Matthäus-Evangelium 4, 1 ff.). Statt dessen geht er

den Weg der Verborgenheit zum Kreuz und endet nach dem Bericht des ältesten Evangeliums mit dem Schrei: »Mein Gott, mein Gott, warum hast du mich verlassen?« Christus steht als Pantokrator eben *nicht* vor aller Augen. Man kann auch nicht mit Hilfe einer Schlußfolge auf ihn stoßen, so daß man zu sagen vermöchte: »Deshalb, weil ... ist er der Christus Gottes.« Er erschließt sich nur einem Vertrauen, das die Verborgenheit, die »Decke des Kreuzes« und das Gegenargument des Augenscheins durchstößt. Glaube *lebt* geradezu aus dem Protest gegen den Augenschein: » ›Dennoch bleibe ich stets an dir«, obwohl alles gegen dich spricht (Psalm 73, 23). Damit hängt es zusammen, daß der Glaube nur aus seiner Doppel-Dimension zu verstehen ist: nämlich nicht nur als »Glaube *an* ...«, sondern stets auch als »Glaube *gegen* ...«.

Insofern ist er geradezu eine Gegengröße zum »Schauen«, in dem wir Gott sehen können, »wie er ist«, und ihn in der gleichen Unmittelbarkeit erkennen, wie wir von ihm erkannt sind (1. Korintherbrief 13, 12). Wer ihn »jetzt schon« zum Gegenstande seines Schauens, Wahrnehmens oder Denkens zwingen will, nimmt (prometheisch oder fromm!) einen eschatologischen Zustand vorweg und muß damit das Bild Gottes notwendig verfremden, muß es zur Spiegelung seines eigenen Geistes werden lassen und es seinem System adaptieren. Die Redeweise von dem himmlischen Doppelgänger, den sich der Mensch erschaffe, oder die Feuerbachsche Projektionstheorie samt ihren modernen – etwa psychoanalytischen – Varianten könnten aus den so sich ergebenden Gottesbildern Material für ihre Selbstbestätigung gewinnen.

Teilhard scheint nun (sicher nicht in seinem persönlichen Christsein, wohl aber in seinen systematischen Konstruktionen) die Nähe zu diesem Gottesbilde kaum vermeiden zu können. *Sein Denken hat eher eine Affinität zum Schauen als zum Glauben.* Der sich verwirklichende Gott als Prinzip der Orthogenese erscheint jedenfalls kaum als personaler Gegenstand des Glaubens, sondern eher als Gegenstand eines divinatorischen Ahndungsvermögens, das sich mit empirischen Beobachtungen und rationalen Analysen verbindet. Wo sollte für ein Denken, in dem die Evolution zu sich selbst erwacht und das also in einer letzten Identität mit seinem Gegenstande gründet, noch Raum für ein »Dennoch« sein?

Diese Identität des Forschers mit seinem Gegenstande bringt zugleich die erkenntnisnotwendige Analogie zwischen Sein und Bewußtsein zustande. Sie ergibt sich letztlich daraus, daß beides nur zwei Seiten derselben identischen Wirklichkeit darstellt. Die Evolution ist es ja, die selber das Bewußtsein von sich erzeugt und die Noosphäre aus sich heraussetzt. *Das* ist der Grund dafür, daß der Mensch den Kosmos, daß er dessen Entwicklung und zugleich die spirituellen Hintergründe dieser Entwicklung »*durchschauen*« kann und als ein so Durchschauender des Glaubens nicht mehr bedarf.

Man könnte eine Sentenz GOETHES abwandeln und sagen: Das Auge, das die Sonne sieht, stammt selber aus der Sonne und ist insofern »sonnenhaft«. Hier schaut sich eine mit sich identische Wirklichkeit selber an, und zwar mit Hilfe eines Organs, eben des Gehirns, das sie sich schuf. Wieder drängt sich hier eine Formulierung HEGELS auf (aus seinen Vorlesungen über die Religion): »Der absolute Geist weiß sich im endlichen Wissen und umgekehrt: der endliche Geist weiß sein Wissen als der absolute Geist.« Das sei »der allgemeine Begriff der Religion überhaupt«. Auch hier west das umgreifende Monon, in dem der Mensch dem spirituellen Hintergrunde des Seins, bei HEGEL »absoluter Geist« genannt, nicht nur nahebleibt, sondern sich in letzter *Identität* mit diesem Hintergrunde versteht – so sehr, daß zwischen dem absoluten und dem endlichen Geiste die distanzierende Subjekt-Objekt-Relation sogar aufgehoben ist.
Damit stoßen wir auf den wohl tiefsten Grund dafür, daß TEILHARD keinen systematischen Ort für den Glauben haben kann: Die christliche Entgegensetzung von Glauben und Schauen ist nicht ohne die Sündenfallgeschichte zu verstehen. »Paradiesische«, urständliche Existenz ist der Unmittelbarkeit zu Gott teilhaftig. Aber sie ist verwirkt. Der Griff nach der verbotenen Frucht, das Sein-wollen-wie Gott hat Abkehr und Entfremdung gebracht – eine Entfremdung, die wir ohne die mythische Chiffre des Urstandes nicht zu verstehen vermöchten. Nun erst ist Gott »der ganz Andere«, der nicht mehr auf der Hand liegt und als Gegenstand einer möglichen Erfahrung – wie Bäume, Steine oder Sterne – nicht zur Verfügung steht. Nun ist er dem Schauen entzogen. Der Abgrund, der sich aufgetan hat, ist nur durch das »Dennoch bleibe ich stets an dir« zu überwinden.
Bei TEILHARD gibt es dieses Geschick der Entfremdung nicht[24]. Darum gibt es auch keine Überbrückung durch ein »Dennoch«. *Die identitätsphilosophische Konzeption schließt den Menschen mit dem spirituellen Grunde des Seins zusammen und läßt ihn in jener Unmittelbarkeit »offenbar« sein, die im biblischen Denken als Schauen bezeichnet wird.*

4. Die Entmächtigung des Bösen

Die Schwierigkeit, dem Bösen in TEILHARDS System einen angemessenen Platz anzuweisen oder es gar als »Sünde« zu interpretieren, rührt an dasselbe Problem wie das der Ortlosigkeit des Glaubens in seinem Denkgebäude. TEILHARD reagiert im Nachwort zu seiner Anthropologie auf den Vorwurf, in der Landschaft seines Denkens gebe es nur Licht und keinen Schatten, mit einer gewissen Empfindlichkeit. Er sei einzig und allein darauf bedacht gewesen, »die *positive Essenz* des biologischen Menschwerdungsprozesses bloßzulegen«, und habe es darum für unnötig gehalten, »das Negativ des entworfenen Bildes zu entwickeln« und die Aufmerksamkeit auf die Schatten der Landschaft zu lenken. Schmerz, Schuld und

Tränen seien ja nur »Nebenprodukte, von der Noogenese während ihres Wirkens erzeugt«. Sie gelten also nicht als Charakteristika des menschlichen Wesens selbst, sondern mehr als zufällige Begleiterscheinungen. Aber selbst in dieser ihrer Bei- und Mitläufigkeit sind sie ohne die Hypothek eines nur negativen Akzentes. Sie sind vielmehr »häufig wertvoll und neu verwendbar« und bilden so auch ihrerseits wieder sinnvolle Stufen im teleologischen Prozeß. Sie sind, wie man mit ALBRECHT SCHAEFFER sagen könnte, am Baum der Menschheit »nur die zwiegefärbten Blüten«. Sie sind der Schatten des Lichtes, aber keine Verfinsterung und erst recht nicht die Macht der Finsternis.

Diese Relativierung des Bösen ist nicht verwunderlich, weil sie sich aus der Eigengesetzlichkeit des monistischen Denkschemas ergibt. In jeder Gestalt des Monismus wird das Böse dialektisch in einen Prozeß intregriert, der seiner bedarf und es zum schöpferischen Impuls werden läßt. Auch Mephistopheles, der das Böse will, muß am Ende doch das Gute daraus hervorgehen lassen. So wird das Böse im Hegelschen Sinne zum bloßen »Durchgang«, zu einem letztlich kreativen Prinzip. Es kann aber nicht mehr als Anti-Macht, als endgültige Entfremdung und als eigenständig aktive Potenz verstanden werden.

Beispielhaft dafür ist die schon besprochene Interpretation *totalitärer* Tendenzen im Geschichtsverständnis TEILHARDS. Der Raum der Freiheit, wie ihn die von der Evolution erzeugte Noosphäre zur Verfügung stellt, birgt auch entsprechende Risiken. Der Mensch kann sich verkalkulieren. Seine autonome Navigation kann ihn vom eigentlichen Trend der Evolution abirren und ihn Umwege machen lassen. Sie kann ihn sogar zu jenem Omega-Zerrbild entführen, wie es die totalitäre Karikatur der Einheit darstellt.

Es ist nun für TEILHARDS Denken charakteristisch, daß solche Kursabweichungen die optimistische Erwartung eines happy end nicht ernsthaft stören. Wie kommt es, daß er sogar im Vexierbild des Totalitarismus die Züge der wahren Geschichtsvollendung wiedererkennt und so selbst die Abirrung noch als sinnvolle Phase im Aufstieg zur Vollendung verstehen kann? TEILHARD ist gewiß, daß die unwiderstehliche Drift der Entwicklung damit fertig wird. Die Kursabweichungen spielen sich – nun doch wieder automatisch! – auf den eigentlichen Trend der Evolution erneut ein. Sie sind Intermezzi, mehr nicht. Die Evolution verfügt über die Macht der Selbstkorrektur.

Darum ist das Böse im Menschen kein ernsthafter Widerstand, keine dämonische Potenz. Es ist vielmehr wie in allen monistischen Systemen nur »privativ« verstanden. Es ist lediglich ein Minus an Gutem, das jederzeit ausgeglichen werden kann, oder auch ein Vakuum, das den horror vacui mobilisiert und so auf seine Auffüllung drängt. Das Böse hat, könnte man sagen, eine bremsende, verlangsamende Bedeutung. Auch das kann eine durchaus produktive Funktion sein. An einem Bilde verdeutlicht, könnte man sagen: Der Unruhe in der Uhr, die den Zeiger vorantreibt, ist ein Hemmungsmechanismus zugeordnet, der den sinnvollen Gang der Uhr überhaupt erst ermöglicht. So ist auch das Böse im Mechanismus der Weltenuhr nicht einfach so etwas wie »Sand in der Maschine«, der nur zerstörerisch und blockierend wirken könnte. Sondern das Böse ist eben dieser Hemmungsmechanismus der Unruhe, der gleichsam evolutionär einkalkuliert ist und so eine *notwendige* Funktion ausübt.

Teilhard hat keinen Sinn für das Böse, keinen Sinn für die Dämonie menschlicher Hybris, die im Sündenfall ihren Ausdruck findet und einen Mißbrauch menschlicher Freiheit zeigt, der die Schöpfung zu verderben vermag und sogar bei einem bestimmten Maße technischer Macht zur Selbstzerstörung führen kann. Deshalb war Teilhard nie ohne eine gewisse Verlegenheit, wenn er auf diese Fragen angesprochen wurde.

Ich fürchte, daß aber gerade diese Fehlanzeige für viele Menschen unserer Generation attraktiv ist. Auch in den modischen Utopien, in den Träumen von einer einheitlichen, herrschaftslosen Welt, in jenen Visionen also, die immer wieder den Antrieb revolutionärer Leidenschaften bilden, zeigt sich, daß die Rechnung ohne den Wirt gemacht wird: ohne den Menschen nämlich, dessen Bosheit jene idealen Weltkonstruktionen sabotiert. Das kann sie um so ungenierter tun, als jene Konstruktionen nicht mit ihr rechneten und ihr so die Möglichkeit gaben, anonym und getarnt wirksam zu werden. »Den Teufel spürt das Völkchen nie ...«

Es ist jedenfalls ein gigantischer Irrtum anzunehmen, daß dann, wenn man perfekte Gesellschaftsstrukturen verwirklichte, Kriminalität, Neid, Haß und sonstige inferiore Triebe des Menschen automatisch verschwinden würden. Für den, dessen Blick an der biblischen Sicht der Dinge geschärft ist, gilt das genau Umgekehrte: Die utopische Ordnung der Welt scheitert gerade daran, daß der Mensch selbst nicht in Ordnung ist und daß er so der Saboteur der Schöpfung bleibt.

Darum darf man das Pferd nicht vom Schwanze her aufzäumen. Das heißt ohne Bild: Es geht nicht an, nur und ausschließlich an die Perfektion der Weltordnung zu denken – sei es in dem *revolutionären* Sinne, daß man diese Ordnung in der Leidenschaft des prometheischen *Täters* zu verwirklichen sucht, oder sei es, daß man im Sinne Teilhards vom Punkte Omega träumt, an dem sich über alle Irrungen und Wirrungen hinweg das happy end der Geschichte mit evolutionärer Notwendigkeit einstellen wird.

Für den Christen bleibt die eigentliche und zentrale Aufgabe, die Krise des menschlichen Herzens im Auge zu behalten und jene Kräfte der Erneuerung anzubieten, die seine Botschaft verheißt. Nur wenn man die Dunkelheit dieses Herzens im Blick hat und zugleich der Verheißung gedenkt, daß dieses Nächtige aufgehellt werden soll, daß die Macht der Gnade und der Erlösung dawider aufgeboten wird: nur dann, so meine ich, wird man gegen utopische Träume geschützt sein und das rechte Augenmaß gewinnen, um realistisch und nüchtern in der Welt zu wirken und sie so ein Stück gerechter zu machen, sie ein wenig näher an ihren Schöpfungsentwurf heranzuführen. Die Zukunft Gottes ist nicht der Traum einer perfekten Welt. Diese Zukunft wird immer die Situation des Vaters sein, der auf die Heimkehr des Verlorenen Sohnes wartet. Und *daß* dieser Sohn aus der Fremde zurückfindet und angenommen wird, vollzieht sich nicht in einem automatischen Prozeß – als dialektischer Umschlag sozusagen –, sondern das bleibt das Wunder einer Gnade, dem kein Kalkül unseres Denkens gewachsen ist.

5. *Teilhards Anthropologie im Zerrgürtel zwischen Heiligem Geist und Zeitgeist*

Es kann keinem Zweifel unterliegen, daß TEILHARD ein in katholischen Traditionen tief verwurzelter Christ ist und daß wesentliche Züge seines Denkens von der Scholastik, vor allem wohl von deren analogia-entis-Prinzip, geprägt sind. Dennoch sprengt er diese Tradition insofern, als – geistesgeschichtlich ausgedrückt – die Renaissance seinen scholastischen Fundamenten gegenüber zur Dominante wird und ihn dem Geist-Monismus HEGELS nahekommen läßt.

Das wird bei seiner Anthropologie vor allem darin sichtbar, daß ihn die Eigengesetzlichkeit seines monistischen Ansatzes nötigt, den Ort für das Lehrstück über den Sündenfall unbesetzt zu lassen. Dieser bleibt ein weißer Fleck auf der Landkarte seines Weltbildes. Dadurch gewinnt das Kernstück christlicher Anthropologie, die Lehre von der *Gottebenbildlichkeit*, eine völlig andere Gestalt, so daß sie sich in beachtlicher Distanz von den dogmatischen Lehrgehalten der Scholastik abhebt:

Die scholastischen Aussagen über die Gottebenbildlichkeit des Menschen sind nämlich ohne den Bezug auf die Sündenfallgeschichte nicht zu verstehen. Dieser Rückbezug sorgte dafür, daß man eine natürliche und eine übernatürliche Komponente an der Ebenbildlichkeit des Menschen unterschied: einen natürlichen Grundbestand (Vernunft, Gewissen, aufrechter Gang), der die Zäsur des Sündenfalls nur leicht angeritzt übersteht, und einen gnadenhaft-übernatürlichen Bestand, durch den der Mensch in ein persönliches Kindschaftsverhältnis zu Gott versetzt wird[25]. Diese übernatürliche Komponente fällt durch die Absage, durch die »Emanzipation« des Menschen dahin. Nur eine neue, durch Gnade bewirkte Schöpfung kann eine restitutio ad integrum zustande bringen.

Die Renaissance, die wir hier als Symbol der neuzeitlichen Wende verstehen, bestreitet zwar auch ihrerseits nicht den Charakter des Menschen als eines Ebenbildes Gottes. CH. TRINKAUS hat die Imago Dei sogar zum Thema seiner umfassenden Darstellung der Anthropologie der Renaissance gemacht[26]. Doch kommt es zu einer entscheidenden Modifikation: Der De-

facto-Ausfall der Sündenlehre macht auch die Unterscheidung zwischen Natur und Übernatur überflüssig. Ein Erlösungsziel, das zum Wiedergewinn einer verlorengegangenen Bestimmung führte und deshalb der Gnade bedürfte, wird so plötzlich gegenstandslos.
Dennoch kann das nicht heißen, daß die Renaissance auf ein hochgreifendes Bestimmungsziel des Menschen verzichtete. Auch sie kennt die Spannung zwischen dem Sein und dem Sein-Sollen des Menschen, zwischen dem schon Gegebenen und der noch ausstehenden Erfüllung des menschlichen Bildes. Nur ist der Grund dieser Spannung nicht mehr der Sündenfall, dessen Folgen durch die erlösende Gnade überwunden werden müßten. Vielmehr ist die Spannung in der Natur des Menschen selbst angelegt, so gewiß er erst de facto *werden* soll, was er nach seinem Entwurf bereits *ist*. Was in ihm keimhaft angelegt ist, muß allererst zur Entfaltung gebracht werden. Die Humanitas will aus ihrem Inkubationszustand befreit sein, um virulent werden zu können. »Daß die Vernunftseele seine Form ist, besagt gerade, daß er noch ungeformt ist, ein Bildner und Schöpfer seiner selbst zu der Form hin, die ihm gefällt« (EBELING). Von einer Selbsttranszendierung des Menschen, die ihn nötigt, sich selbst zu ergreifen, weiß so auch die Renaissance. Nur daß sie im Unterschied zur Scholastik, hierin einen Auf- und Überstieg sieht, der in der natürlichen Ausstattung des Menschen gründet und darum auch im Rahmen seiner Natur zur Erfüllung kommt. Eine fundamentale Störung, die Grund, Ziel und Sinn jener Ausstattung bedrohte und einen Akt der »Erlösung« erforderlich machte, ist in diesem Schema nicht mehr vorgesehen. Hier sprechen eher GOETHES »Urworte. Orphisch« das lösende Wort, wenn sie die menschliche Entelechie umschreiben, die sich als geprägte Form lebend entwickeln soll.

TEILHARD DE CHARDINS Konzeption, so scheint mir, drängt auf diese Renaissance-Lösung. Der Mensch braucht nicht von einer tiefen Verwundung seiner Existenz zu genesen, er bedarf keiner restitutio ad integrum, sondern er vollendet sich, indem sich durch ihn und seine Evolution das göttliche Universum vollendet. Insofern geht es nicht um die Regeneration eines Gestörten, sondern um die Entfaltung von Keimen zu ihrer vorgesehenen Endgestalt.
Hier scheint sich so eine christlich bleibende Terminologie mit neuen geistigen und geistlichen Gehalten zu erfüllen. Darum wird man die Befürchtung des Vatikans zumindest verstehen können, daß die Partisanen eines christlichen Zeitgeistes sich hier das Ordensgewand eines wahrhaft frommen Paters borgen und das Kostüm einer vertrauten und tradierten Begrifflichkeit als Maske benutzen könnten, um unerkannt den Tempel zu besetzen. So wird der Ruf zur Unterscheidung der Geister akut (1. Korintherbrief 12, 10).

Zugleich stehen wir hier vor dem immerwährenden und nie durch eine Patentformel zu lösenden Problem, wie zweierlei miteinander zu vereinigen sei: *erstens* die Aktualisierung der christlichen Botschaft durch ihre Verknüpfung mit zeitgeschichtlichen Denkmodellen (wie TEILHARD das durch die wechselseitige Durchdringung von Dogma und Evolutionstheorie tut); und *zweitens* die Aufgabe, die christlichen Lehrgehalte nicht einfach in solche Modelle zu integrieren, sondern sie in ihrem eigenen spezifischen Gewicht unangetastet zu erhalten.

Der Geist TEILHARDS ist ein Schlachtgebiet dieser beiden Fronten. Vielleicht könnte man von einem tragischen Konflikt sprechen, der dem theologischen Denken konstitutionell innewohne. Daß TEILHARD im opportunistischen Sinne um Zeitkonformismus bemüht und insofern ein »schuldig« Irrender wäre, ist mir zu denken unmöglich. Daß er das Opfer eines Konfliktes, einer »Gedankentragödie« sein könnte, leuchtet mir eher ein (obwohl ich damit einen Begriff von nicht gerade »christlicher« Provenienz riskiere).

Ein Pharisäer aber wäre, wer sich der Aufgabe TEILHARDS entzöge, das Dogma zu aktualisieren und die beiden Sonnen des Kosmos, von denen er sprach, aufeinander zu beziehen. *Es ist leicht, im Elfenbeinturm des Esoterischen, in der Etappe bloß dogmatischer Reflexion rechtgläubig zu sein.* Wer hier im Jüngsten Gericht auf die Seite der Böcke und wer auf die Seite der Schafe zu stehen kommt, dürfte nach menschlichen Maßstäben – auch nicht nach denen höchstkirchlicher Lehrämter – kaum zu ermitteln sein.

Man muß Häresien wagen, um die Wahrheit zu gewinnen.

Epilog

aus LUTHERS »Disputatio de homine« vom Jahre 1536[27]:

So ist der Mensch dieses Lebens für Gott nur der bloße Stoff zu dem Leben seiner zukünftigen Gestalt.

Wie die Kreatur überhaupt, die jetzt der Nichtigkeit unterworfen ist, für Gott der Stoff zu ihrer herrlichen zukünftigen Gestalt ist;

und wie sich Erde und Himmel im Anfang zu der nach sechs Tagen vollendeten Gestalt verhielten, nämlich als deren Stoff,

so verhält sich der Mensch in diesem Leben zu seiner zukünftigen Gestalt, bis dann das Ebenbild Gottes wiederhergestellt und vollendet sein wird.

Inzwischen befindet sich der Mensch in Sünden und wird tagtäglich zunehmend gerechtfertigt oder verunstaltet.

Anmerkungen

Die Hinweise auf die Arbeiten des Verfassers bedeuten zugleich Verweisungen auf die dort erfolgenden Literaturangaben.

A. Der Mensch – eine offene Frage

1 Wir kommen später noch verschiedentlich – vor allem bei dem Gespräch mit TEILHARD DE CHARDIN – auf diese Thematik zu sprechen.

2 Das damit angerührte Problem der »Fraglichkeit« des Daseins, seiner Offenheit für die Woher- und Wozu-Frage, spielt auch bei W. PANNENBERG eine wesentliche Rolle. Vgl. Was ist der Mensch?, Kleine Vandenhoeck-Reihe, Bd. 139/140; Die Frage nach Gott, in: Grundfragen systematischer Theologie, 1967, S. 361 ff. – Ferner: R. BULTMANN, Glauben und Verstehen, Bd. I, 1933, S. 26 ff.

3 Auf MONOD und MORIN kommen wir innerhalb des Kapitels »Mensch und Zeit« (H) in dem Unterabschnitt »Die Frage nach dem Woher« (III, b 3/4) noch ausführlicher zurück. – Zur Literaturangabe: JACQUES MONOD, Le hasard et la nécessité, 1970; deutsch: Zufall und Notwendigkeit. Philosophische Fragen der modernen Biologie, 1971. – EDGAR MORIN, Das Rätsel des Humanen. Grundfragen einer neuen Anthropologie, 1973.

4 Zum Verständnis des Verhältnisses von Mythos und Geschichte vgl. das Buch des Verfassers: Der evangelische Glaube, Bd. I, 1968, S. 74–94; 120–131.

B. Der Mensch – eine unsichere Frage

1 A. GEHLEN, Der Mensch, 1950; Urmensch und Spätkultur, 1956, E. BRUNNER, Der Mensch im Widerspruch, 1941.

2 Beispielhaft seien nur genannt: ALEXIS CARREL, Der Mensch – das unbekannte Wesen, o. J.; KONRAD LORENZ, Das sogenannte Böse, 1963; Die Rückseite des Spiegels, 1973.

3 Vgl. dazu das Buch des Verfassers: Wer darf leben? Ethische Probleme der modernen Medizin, 1970.

4 P. L. BERGER, Auf den Spuren der Engel. Die moderne Gesellschaft und die Wiederentdeckung der Transzendenz. 1970; Zur Dialektik von Religion und Gesellschaft, 1973.

5 H. HENKEL, Einführung in die Rechtsphilosophie, 1964; R. LANGE, Das Rätsel Kriminalität, 1970.

6 Whatever became of Sin?, New York 1974.

7 HUGO VON HOFMANNSTHAL, Prosa II, 1959, S. 7–20.

8 Vgl. dazu das Kapitel über die Artistik in: Theologische Ethik, Bd. II, 1, 1615 ff.

9 Vgl. dazu das Kapitel über den Karneval in dem Buch des Verfassers: Das Lachen der Heiligen und Narren, 1974.
10 Illustrationen dessen finden sich in: DRIES VAN COILLIE, Der begeisterte Selbstmord, o. J.
11 Vgl. die Darstellung des Problems in: Theologische Ethik, Bd. II, 1, S. 298 ff.

C. Die neue Frage nach dem Menschen aus dieser Unsicherheit

1 Im folgenden greife ich einiges von dem auf, was in dem Buch: Wer darf leben? Ethische Probleme der modernen Medizin, 1970, ausführlicher behandelt wird.
2 R. KAUFMANN, Die Menschenmacher. Die Zukunft des Menschen in einer biologisch gesteuerten Welt, 1964.
3 Vgl. dazu: Wer darf leben? siehe Anmerkung 1.
4 Siehe dazu das Kapitel über die Schwangerschaftsunterbrechung in: Theologische Ethik, Bd. III, S. 749 ff.
5 Vgl. auch hier die ausführliche Darstellung des Problems in dem Buch »Wer darf leben?«.
6 Vgl. Wer darf leben?, S. 27 f.
7 Vgl. die ausführliche Analyse des Straf-Problems in: Theologische Ethik, Bd. III, Kap. »Ethik der Rechtssphäre«.
8 Für die anthropologischen Hintergründe des Strafproblems sei nachdrücklich auf das bedeutende Werk von RICHARD LANGE, Das Rätsel Kriminalität, 1970, hingewiesen.
9 Erschienen 1952; vgl. dazu: Theologische Ethik, Bd. III, § 1578 ff.
10 Der Verfasser hat das im folgenden nur angedeutete Verkündigungsproblem ausführlich behandelt in dem Buch: Leiden an der Kirche, Furche-Stundenbuch Nr. 52.
11 Der Zusammenhang von heutigem Sexualverständnis und Anthropologie wird vorzüglich herausgearbeitet in dem Buch von ARMIN MOHLER, Sex und Politik, 1972.
12 Vgl. Der Evangelische Glaube, Bd. I, 561–563.
13 LUTHER hat diesen Widerspruch durch die Unterscheidung eines opus alienum und eines opus proprium Dei, eines »fremden« und eines »eigentlichen« Werkes und Willens Gottes, zum Ausdruck gebracht. Der Verfasser hat diese Differenzierung in der Theologischen Ethik als ein maßgebendes Prinzip christlicher Anthropologie entfaltet.

D. Mensch, Geschichte, Selbsterfahrung

1 In dem späteren Kapitel über die Normen werden wir uns noch ausführlicher mit dem Begriff Autonomie befassen.

E. Der Einfluß des modernen Wirklichkeitsverständnisses auf die Anthropologie

1 Da wir uns hier kürzer fassen müssen, sei auf die ausführliche Analyse von Säkularisation und Säkularismus in: Der evangelische Glaube, Bd. I, S. 305 ff., hingewiesen.

2 Man mag es als Widerspruch dazu empfinden, wenn BARTH in verschiedenen Perioden seines Lebens – auch schon in der Römerbrief-Periode – sich politisch-ethisch keineswegs indifferent verhalten, sondern entschieden Stellung bezogen hat. Das gilt etwa für seine Auseinandersetzung mit einem ausbeuterischen Fabrikherrn seines Kirchspiels Safenwil, das gilt für seine Kooperation mit den Sozialdemokraten – ich spreche im Unterschied zu MARQUARDT betont nicht von seinem »Sozialismus«, ohne daß hier der Ort wäre, diese Differenz zu begründen –; und das gilt schließlich, ohne daß die Beispielreihe damit erschöpft wäre, von nicht wenigen Stellungnahmen in dem Sammelband »Eine Schweizer Stimme«, 1948, vor allem von seiner Kreuzzugsmahnung an die tschechischen Christen. Alle diese Entscheidungen sind bei BARTH aber nicht im engeren Sinne »theologisch« begründet (gegen MARQUARDT), sondern sie entstammen dem Ermessen der Vernunft, für die durch das theologische »Vielleicht – vielleicht auch nicht« ein Freiraum erwirkt zu sein scheint (vgl. dazu Band I und II, 1 – Register – der Theologischen Ethik. Theologisch begründet ist nicht die politische Entscheidung selbst, sondern allenfalls die ihr innewohnende ideologiekritische Haltung BARTHS. Gerade sie – aber nicht *nur* sie – nötigt den Verfasser zur Kritik an dem Versuche MARQUARDTS, dem Denken BARTHS so etwas wie eine theologische Begründung des Sozialismus zu entnehmen. Hier wird sowohl die Theologie BARTHS wie der Sozialismus in einer, wie dem Verfasser scheint, bedenklichen Einseitigkeit interpretiert.

3 Da ich darauf nicht näher eingehen kann, verweise ich auf die betr. Abschnitte in: Theol. Ethik (Gesamtregister) sowie: Der ev. Glaube II (Stichworte. Analogie, analogia entis u. ä.).

4 Die gleichwohl kritische Stellung zu Gogartens Thesen wird in: Der evangelische Glaube, Bd. I, Register »Gogarten« entfaltet.

5 Zur genaueren Darlegung von ANSELMS Wahrheitsverständnis und Ontologie vgl.: Der evangelische Glaube, Bd. I, S. 397 ff. – Zur Unterscheidung von griechischem u. hebräischem Wahrheitsbegriff vgl. KLAUS KOCH, in: H. R. MÜLLER-SCHWEFE (ed.), Was ist Wahrheit? 1965, S. 47 ff.

6 Zu Descartes vgl. die ausführliche Darstellung in: Der evangelische Glaube, Bd. I, § 3.

7 Er unterscheidet wohl intelligere von cogitare, wobei intelligere als »durchdringende Einsicht« vielleicht eine gewisse Verwandtschaft mit unserm Begriff des Verstehens hat.

8 Ich verdanke die Anregung zu dieser Formel dem Buche von J. RATZINGER, Einführung in das Christentum, 5. Auflage 1968.

9 Das gilt ja mit einer gewissen Nuancierung auch noch von VICO.

10 An Werken, die für diese Fragestellung besonders aufschlußreich sind, nenne ich nur: WERNER LEIBBRAND, Der göttliche Stab des Äskulap. Eine Metaphysik des Arztes, 1939. – PAUL CHRISTIAN, Das Personverständnis im modernen medizinischen Denken, 1952. – ARTHUR JORES, Menschsein als Auftrag, 1964. – Dazu die Arbeiten von VICTOR FRANKL, auf die wir später zu sprechen kommen.

11 Vgl. das Kapitel darüber in: Theologische Ethik, Bd. III, § 2877 ff.

12 Wegen der relativen Unbekanntheit nenne ich zur einschlägigen Literatur: G. SCHERZ, Pionier der Wissenschaft – Niels Stensen, 1963; Ders., Niels Stensen, 1964.

13 Man könnte nicht ganz zu Unrecht eine ausgeführte Lehre von den Geschlechtern und vom Eros in einer Anthropologie wie dieser erwarten. Ich hoffe aber auch dann, wenn ich diese Lehre auf ihre Relevanz für den Wandel des neuzeitlichen Bewußtseins beschränke, doch die wesentlichen Akzente setzen zu

können. Eine ausführliche Darstellung findet sich in der Theologischen Ethik des Verfassers, Bd. III, »Ethik der Geschlechter«, S. 507–812, auch als Sonderband erschienen im J. C. B. Mohr-Verlag, Tübingen. Zum biblischen Eros und Eheverständnis vgl. H. W. WOLF, Anthropologie des Alten Testaments, 1974.

14 Sehr interessant ist in diesem Zusammenhang auch das Eheverständnis des Pietismus, das wir hier nicht behandeln können. Vgl. dazu die Darstellung in: Theologische Ethik, Bd. III, S. 648.

15 Über die Bedeutung, die der individuelle Eros für das Problem Monogamie/Polygamie hat, vgl. Theologische Ethik, Bd. III, S. 579 ff.

16 Ausführlicher über dieses Problem der Ehescheidung im Verhältnis zur christlichen Tradition in: Theologische Ethik, Bd. III, S. 695 ff.

17 Daß damit auch der Umfang der anthropologischen Thematik begrenzt und z. B. von allen empirischen – allen humanwissenschaftlichen Daten – abgesehen wird, bezeugen noch die großen Denker der lutherischen Orthodoxie (etwa QUENSTEDT, CALOV, CHEMNITZ oder GERHARD). Die Kapitel »De homine« (»Vom Menschen«) beschränken sich hier auf die Themen »Die ursprüngliche Integrität« des Menschen, seine Sünde (Erbsünde und Tatsünde) sowie auf das Problem der Willensfreiheit. Übersichtliche Stoffzusammenstellung bei Heinrich Schmid, Die Dogmatik der ev.-luth. Kirche, 7. Auflage 1893, S. 153 ff.

18 Ich erinnere etwa an den äußersten und ersten Fall jenes Positivismus, an MAX STIRNERS (JOH. KASPAR SCHMIDTS) seltsames Buch: Der Einzige und sein Eigentum, 1845.

F. Mensch und Norm

1 Auf die Frage, welche Folgen sich daraus für eine theologische Interpretation KANTS ergeben, können wir hier nicht eingehen. Ich weise dazu auf die ausführliche Darstellung in der »Theologischen Ethik« hin, Bd. I, § 1441 ff.; 1643 ff.

2 Zu der entsprechenden KANT-Interpretation verweise ich wieder auf die »Theologische Ethik«, Bd. I, § 1612 ff.

3 Die Kulturrevolution an den deutschen Universitäten in den Jahren nach 1967 bietet reiches Illustrationsmaterial für diese Überlegungen. Vgl. das Buch des Verfassers: Kulturkritik der studentischen Rebellion, 1969.

4 Der Neid. Eine Theorie der Gesellschaft, 2. Auflage 1968.

5 Vgl. dazu das Buch des Verfassers: Offenbarung, Vernunft und Existenz. Studien zur Religionsphilosophie Lessings, 5. Auflage 1967.

6 Vgl. Theologische Ethik, Bd. II, 1, § 1067 ff.

7 Vgl. Theologische Ethik, Bd. I, § 1852 ff.

8 Vgl. Theologische Ethik, Bd. II, 2, § 401 ff.

9 Zu Marcuse vgl.: Kulturkritik der studentischen Rebellion, 1969, S. 40 ff.

10 Vgl. die ausführliche kritische und Entfaltung und Weiterführung der Zwei-Reiche-Lehre in: Theologische Ethik, Bd. I, § 1783 ff.

11 Die Todesstrafe hat hier die Bedeutung eines Paradigmas für die Rechtsordnung. Sie bedeutet zweifellos nicht, daß sie den gleichen obligatorischen Rang hätte wie die Rechtsordnung selbst und ein für allemal – auch unter veränderten Verhältnissen, zum Beispiel heute – im Namen Gottes verhängt werden dürfte.

12 Zur ausführlicheren Interpretation dieser marxistischen Thesen vgl. die Arbeiten des Verfassers: Marxistische Anthropologie, in: Die geheime Frage nach

Gott, Herderbücherei Nr. 429, S. 41–90. Zu MARCUSE: Kulturkritik der studentischen Rebellion, 1969.

13 Genauer, als es hier geschehen kann, hat der Verfasser diese Fragen in der Schrift »Notwendigkeit und Begrenzung des politischen Auftrags der Kirche«, 1974, behandelt.

14 Weiterführende Darstellungen des Verfassers zu diesem Thema: Vgl. das Kapitel über die theologische Kritik der Vernunft, in: Theologische Ethik, Bd. II, 1 § 1321 ff. – Zur Säkularisation und ihrem christlichen Ursprung: Der evangelische Glaube, Bd. I, § 16: Die gottlose Welt und der weltlose Gott, S. 453 ff. – Zu den Folgerungen für das Verhältnis der Kirche zur Politik, die wir im folgenden behandeln, vgl. Notwendigkeit und Begrenzung des politischen Auftrags der Kirche, 1974. In überarbeiteter Form wird davon einiges hier aufgenommen.

15 Zusätzliche Erwägungen über das Verhältnis von Mensch und Struktur – auch über die politische Änderung der Strukturen im Namen der Agape – finden sich in dem Buch des Verfassers: Die geheime Frage nach Gott. Hintergründe unserer geistigen Situation, 1972, besonders in den Kapiteln: »Freiheit und Bindung gegenüber gesellschaftlichen Strukturen", S. 71 ff., sowie »Marxistische Anthropologie« S. 41 ff. – Zur Bedeutung der Vernunft bei Luther vgl.: B. LOHSE, Ratio und Fides, 1958.

G. Mensch und Technik

1 Näheres darüber, speziell im Bereich der Medizin, in dem Buch des Verfassers: Wer darf leben? Ethische Probleme der modernen Medizin, 1970.

2 Zu dieser Bismarck-Deutung vgl. die »Ethik des Politischen«, in: Theologische Ethik, Bd. II, 2, § 520–650.

H. Mensch und Zeit

1 Versuche einer solchen Entfaltung finden sich in den Arbeiten des Verfassers: Geschichte und Existenz. Grundlegung einer Theologie der Geschichte, 2. Auflage 1964. – Offenbarung, Vernunft und Existenz. Studien zur Religionsphilosophie Lessings, 5. Auflage 1967.

2 Wie sich der Glaube begründet sieht – selbstverständlich ist er nach dieser Begründung gefragt und muß sich selbst danach fragen –, wie Christus als das inkarnierte Wort die Geschichte transzendiere, kann hier nicht abgehandelt werden. Der Verfasser darf hier auf seine größere Darstellung der Christologie verweisen: Der evangelische Glaube, 1973, Bd. II, S. 322 ff.

3 Ausführlicheres zu dieser Bedeutung des Schweigens als Gericht, aber auch zur Typologie des Geschichtsgerichtes überhaupt in: Theologische Ethik, Bd. II, 1, S. 580–622.

4 Zu dieser Anwendung des Personbegriffs auf Gott als »persönlichen Gott« vgl. das Kapitel über »Die Personhaftigkeit Gottes« in: Der evangelische Glaube, Bd. II, 1973, Seite 123 ff.

5 Nur so ist etwa die eschatologische Ethik des Paulus zu verstehen, wie sie im 7. Kapitel des 1. Korintherbriefes vorgetragen wird.

6 Vgl. dazu das Buch des Verfassers: Offenbarung, Vernunft und Existenz. Studien zur Religionsphilosophie Lessings, 5. Auflage 1967.

7 Ausführlicheres zu den Begriffen »konservativ«, »modern« und »fortschrittlich« in: Der evangelische Glaube, Bd. I, S. 12 ff.

8 Aus der reichen Literatur zum Todesverständnis seien hier nur genannt: Eberhard Jüngel, Tod (Bibliothek Themen der Theologie des Kreuz-Verlages). – Elisabeth Kübler-Ross, Interviews mit Sterbenden, 1971. – Thielicke, Death and Life, Philadelphia 1970. – Zur Zukunft überhaupt: J. Moltmann, Theologie der Hoffnung, 1964 ff. – W.-D. Marsch, Zukunft (Bibliothek Themen der Theologie).

9 Zur Darstellung dieses Fehlschlusses und der Auseinandersetzung mit ihm vgl: Der evangelische Glaube, Bd. I (Exkurs über Hegel), S. 372 ff,; Bd. II, S. 189 ff.

10 Zu diesem und den folgenden Abschnitten finden sich genauere Begründungen in dem Buch des Verfassers: Tod und Leben. Studien zur Anthropologie, J. C. B. Mohr/Tübingen und Verlag Oikumene/Genf. Nur noch englisch verfügbar bei Fortress/Philadelphia, 1970.

11 Die wesentlichen von ihnen hat der Verfasser in dem zitierten Buch »Tod und Leben« dargestellt und auf gewisse gemeinsame Strukturprinzipien untersucht.

12 Zum Verständnis des Mythos in diesem Zusammenhange: Der evangelische Glaube, Bd. I, § 4/5, S. 67–143.

13 Für diesen thematischen Zusammenhang wäre nicht nur das bisher schon sporadisch mit Konrad Lorenz geführte Gespräch, sondern eine ausführlichere Auseinandersetzung wünschenswert. Denn bei ihm findet sich eine anregende (und provozierende) Verknüpfung von Zoologie und Theologie. Das gilt vor allem von seinen Büchern »Das sogenannte ›Böse‹« und »Die Rückseite des Spiegels«. Der Umfang unseres anthropologischen Versuchs nötigt uns hier zu einem Verzicht. Doch ist dem Leser vielleicht der Hinweis auf ein – tatsächlich stattgehabtes und später publiziertes – Gespräch willkommen, das der Verfasser mit Konrad Lorenz über diese Grenzfragen führte. Es findet sich in dem von Eberhard Stammler im Kösel-Verlag herausgegebenen Buch: Wer ist das eigentlich – der Mensch?, S. 90 ff. – Ferner weise ich hin auf die im folgenden teilweise angesprochenen Werke von Jacques Monod, Le hasard et la nécessite, 1970 (deutsch: Zufall und Notwendigkeit. Philosophische Fragen der modernen Biologie, 1971); Theo Löbsack, Versuch und Irrtum. Der Mensch: Fehlschlag der Natur, 1974; Edgar Morin, Das Rätsel des Humanen. Grundfragen einer neuen Anthropologie, 1973. Eine gute Dokumentation zu unserm Thema bringt Klaus Funk, Der Mensch im Schnittpunkt von Biologie und Theologie, hrsg. von der Evangelischen Zentralstelle für Weltanschauungsfragen, Stuttgart (Information Nr. 61. VI/1975). Im folgenden greife ich (mit zahlreichen Ergänzungen) auf das Kapitel über den »Ort des Menschen in der Welt«, Theologische Ethik, Bd. II, 1, zurück.

14 Angaben dazu in :Theologische Ethik, Bd. I, § 770–773.

15 Äußerungen des Verfassers dazu in dem Kapitel »Die Frage der Entmythologisierung des Neuen Testaments«, in: Theologie der Anfechtung, 1949, S. 135 ff.

16 5. Auflage 1919.

17 Präludien II, 9. Auflage 1924. – Ich halte die von Rickert und Windelband getroffene und sehr radikal gemeinte Unterscheidung so für fragwürdig und ihrerseits genauerer Differenzierungen für bedürftig. Nicht zuletzt hat die Verwendung soziologischer Kategorien im Rahmen der Historiographie – man denke nur wieder an K. Marx – gewisse generalisierende und nomothetische Aspekte auch in diesem Rahmen als durchaus legitim erwiesen. Trotzdem hat Rickerts Unterscheidung für unseren Zusammenhang eine gute heuristisch-didaktische Bedeutung, die wir uns nicht entgehen lassen sollten.

18 Vgl. dazu das Buch: Das Lachen der Heiligen und Narren. Nachdenkliches über Witz und Humor, 2. Auflage 1975.

19 Ich formuliere das in Anlehnung an ANSELMS berühmte These vom »Glauben, der die intellektuelle Durchreflektierung seiner selbst sucht«: fides quaerens intellectum.

20 Die für Laien schwer verständlichen, weil ausgesprochen fachwissenschaftlich abgehandelten molekularbiologischen Zusammenhänge sind sehr viel eingängiger dargestellt in dem glänzend geschriebenen Buch von SALVADOR E. LURIA, Leben – das unvollkommene Experiment, 1973. Das Werk bringt zwar Hinweise auf die anthropologische Problematik, vor allem hinsichtlich der Verfügung des Menschen über die Natur und der damit verbundenen Selbstgefährdung (zum Beispiel durch die Manipulierbarkeit der Gene). Im übrigen hält sich der Verfasser im Unterschied zu MONOD von weltanschaulichen Konsequenzen fern.

21 Daß diese Ableitung innerhalb des Marxismus-Leninismus gleichwohl vollzogen wird (»Umschlag von Quantität in Qualität«), ist charakteristisch für das weltanschaulich-materialistische Fundament dieses Denkens.

22 Umfassend dargestellt sind die Beziehungen zwischen der Biologie und den Humanwissenschaften in der Aufsatzsammlung PORTMANNS: Entläßt die Natur den Menschen? Gesammelte Aufsätze zur Biologie und Anthropologie, 2. Auflage 1971.

23 Zur Entfaltung dieses Lehrstücks vgl.: Theologische Ethik, Bd. I, § 690–1174.

24 Jahwist und Priesterkodex sind die beiden Quellenschriften des biblischen Schöpfungsberichts.

25 Dazu: Theologische Ethik, Bd. I, § 763 ff.

26 Was wir hier mit Finalität meinen, ist selbstverständlich zu unterscheiden von gewissen teleologischen Sichtweisen, wie sie auch *innerhalb* der Biologie auftauchen können. So fragt KONRAD LORENZ etwa: »Wozu sind die Korallenfische bunt?« und fügt dann gleich hinzu: »Wenn ein Biologe ... diese Frage nach dem Wozu stellt, so will er nicht etwa den tiefsten Sinngehalt der Welt ... ergründen, sondern er möchte (nur) ... etwas ganz Einfaches und prinzipiell ... Erforschbares erfahren.« So ist die Antwort auf die *biologisch* gemeinte Wozu-Frage die Feststellung, daß die Buntheit der Korallenfische auf einer sehr zweckmäßig organisierten Schutz- und Tarnfärbung beruht. Unser Blick auf die Finalität des Menschen und seine Selbsttranszendierung ist im Gegensatz dazu gerade nicht etwas »prinzipiell Erforschbares«. Sie liegt, wie wir sahen, auf einer gänzlich anderen Ebene.

27 1. Korintherbrief 6, 20; 7, 23; Offenbarung Johannis 5, 9.

I. Kritische Begegnung mit anthropologischen Konzeptionen

1 Über HERBERT SPENCER vgl.: Theologische Ethik, Bd. I, 1465 ff.

2 A. GÖRRES, Physik der Triebe – Physik des Geistes, Psychoanalyse und klassische Anthropologie, in: Gott in der Welt. Festgabe für Karl Rahner, Bd. II, 1964, S. 556 ff. Nicht weiter bezeichnete Zitate im folgenden sind diesem Essay entnommen.

3 In seinem bedeutenden Werk »Grundformen der Angst« (6. Auflage 1971) hat FRITZ RIEMANN diesen Bezug zum Seinszusammenhang, die Verbindung von Anthropologie und Kosmologie für das Verständnis der Angst, fruchtbar gemacht.

4 MAX SCHUR, Sigmund Freud. Leben und Sterben, 1973.

5 Vgl. ERNST STADTER über die Religionskritik Freuds, in: Wahrheit und Verkündigung, Festschrift für Michael Schmaus, Bd. I, 1967, S. 285 ff.
6 Edition Suhrkamp, 1970.
7 Er findet sich im gleichen Band der Suhrkamp-Edition.
8 So FREUD in einem Brief an Oskar Pfister (siehe A. 9).
9 Briefe 1909–1939, 1963.
10 Den Verfasser hat die These, daß die Psychoanalyse tatsächlich so übertragbar sei, bei GÖRRES um so mehr überrascht, als er deren weltanschaulichen Charakter eindrücklich herausstellt.
11 Auch JASPERS macht auf dieses Handicap aufmerksam: »Die Psychoanalyse wäre auf FREUD selbst anzuwenden, diese Persönlichkeit klar durchsichtig zu machen, um die Gedankenwelt solcher Psychologie zu begreifen. Das ist unmöglich ... FREUD selbst bleibt persönlich undurchsichtig, ein verstehender Psychologe, der, im Gegensatz zu allen großen verstehenden Psychologen der Geschichte, sich selbst versteckt hält.«
12 Da FRANKL in Deutschland, im Unterschied zu Amerika, noch relativ unbekannt ist, nenne ich seine wichtigsten Veröffentlichungen: Der unbedingte Mensch. Metaklinische Vorlesungen, 1949. – Ärztliche Seelsorge, 6. Auflage 1952; hierin besonders das 1. und 2. Kapitel: »Von der Psychotherapie zur Logotherapie« und »Von der Psychoanalyse zur Existenzanalyse«. – Theorie und Therapie der Neurosen. Einführung in die Logotherapie und Existenzanalyse, 1956. – Zu diesen Publikationen in deutscher Sprache kommen zahlreiche Aufsätze in Zeitschriften, vornehmlich in »Universitas«.
13 Zu diesem Gespräch vergleiche das eindringende Buch von UWE BÖSCHEMEYER: Die Sinnfrage in Psychotherapie u. Theologie, 1976.
14 Äußerungen dieser Art sind zusammengestellt von H. F. STEINER, Marxisten-Leninisten über den Sinn des Lebens, 1970; H. ROLFES, Der Sinn des Lebens im marxistischen Denken, 1971. FRANKL selbst weist auf zwei tschechoslowakische Psychiater hin, die sich in dem angegebenen Sinne äußern: STANISLAV KRATOCHVIL und OSVALD VYMETAL.
15 Das zweite und dritte Beispiel stammt von FRANKL.
16 In seiner Schrift »Wer darf leben? Ethische Probleme der modernen Medizin«, 1970, hat der Verfasser einige von ihnen behandelt, ebenso in seinem Buch »Zwischen Gott und Satan«, 1955 ff.
17 Die Kraft zu leben. Bekenntnisse unserer Zeit, 1963.
18 TEILHARD DE CHARDIN hat eine nahezu unübersehbare Sekundär-Literatur hervorgerufen, die hier auch nicht auszugsweise genannt werden kann. Der Leser, der zum ersten Male zu TEILHARDS eigenem Werk greift, findet den leichtesten Zugang durch seine Reisebriefe 1923–1939, unter dem Titel »Geheimnis und Verheißung der Erde«, hrsg. von CLAUDE ARAGONNES, 1958. Seine Anthropologie im engeren Sinne findet man in dem Buch: Der Mensch im Kosmos (Le phénomèn humain), 1959. Die paläontologischen Fachfragen sind zugänglich in dem Werk: Das Auftreten des Menschen (L'apparition de l'homme), Werke, Bd. III, 1964. – Von den Büchern *über* TEILHARD führt am leichtesten ein: N. M. WILDIERS, Teilhard de Chardin, Herder-Bücherei, Bd. 122, 1962. Eine umfassende Darstellung bringt das bedeutende Buch von SIGURD MARTIN DAECKE, Teilhard de Chardin und die evangelische Theologie. Die Weltlichkeit Gottes und die Weltlichkeit der Welt, 1967. – Eine höchst anregende, gleichsam korreferierende Ergänzung zu TEILHARD ist das außerordentliche Werk des Paläontologen H. K. ERBEN, Die Entwicklung der Lebewesen. Spielregeln der Evolution, 1975. Es verfolgt – in der Spannweite ähnlich ausgreifend wie TEILHARD – die Entwicklung des Lebens von der Urzelle bis zu der

übersehbaren Zukunft des Menschen – ohne die metaphysisch-religiösen Hypothesen TEILHARDS, aber auch ohne die Bedeutung der »übersinnlichen« Fundamentierung des Lebens zu übersehen. TEILHARD selbst wird von ihm als möglicher Vermittler zwischen Religion und Entwicklungstheorie erachtet.

19 Hier liegt bei TEILHARD eine erkenntnistheoretische Fragestellung, der sich KONRAD LORENZ in seiner »Naturgeschichte des menschlichen Erkennens« (Die Rückseite des Spiegels, 1973) zuwendet.

20 Vgl. L. SCHEFFCZYK, Der Sonnengesang des hl. Franziskus von Assisi und die »Hymne an die Materie« des Teilhard de Chardin, in: Geist und Leben, 35, 1962, S. 219 ff.

21 Auch eine reformatorische Theologie – wie übrigens jede weltoffene Theologie – sieht sich vor die Aufgabe gestellt, das Verhältnis von Wissenschaft und Glauben zu bestimmen und es nicht beim Eindruck des Heterogenen, des bloßen Widerspruchs oder gar der Indifferenz zu belassen. In diesem Sinne waren die Darlegungen in unserem Kapitel über die Grenzfragen zwischen der theologischen und der biologischen Seite des menschlichen Ursprungs gemeint (S. 394–431). – Bemerkenswerte Feststellungen zu diesem Thema werden von naturwissenschaftlicher Seite getroffen von W. HEISENBERG in: Der Teil und das Ganze. Gespräche im Umkreis der Atomphysik, 1969 ff. (vor allem S. 116 ff.; 279 ff.); von PASCUAL JORDAN in: Der Naturwissenschaftler vor der religiösen Frage, 1963. – Eine besonders eindringende theologisch-naturwissenschaftliche Dialog-Arbeit liegt vor in dem Buch von A. KLAUS MÜLLER und W. PANNENBERG, Erwägungen zu einer Theologie der Natur, 1970. Eine empfehlenswerte Einführung bietet: GÜNTER EWALD, Naturgesetz und Schöpfung, 1966.

22 Eine umfassende Übersicht dieser Visionen findet sich in dem von ERNST BENZ herausgegebenen Werk »Der Übermensch. Eine Diskussion«, 1961. Vgl. besonders die Beiträge ERNST BENZ' über das Bild des Übermenschen in der europäischen Geistesgeschichte, von LUDOLF MÜLLER über Solowjew, von HANS MISLIN über den Übermenschen in der gegenwärtigen Biologie, und von A. PORTMANN über das gleiche Problem bei Teilhard.

23 Paul Lüth, Schöpfungstag und Mensch der Zukunft, 1965.

24 Trotz seines Anhanges zur Anthropologie »Über den Rang und die Rolle des Bösen in einer evolutionären Welt«.

25 Eine ausführlichere Darstellung der scholastischen Lehre von der Imago Dei findet sich in der »Theologischen Ethik«, Bd. I, § 948 ff.

26 In: Our Image and Likeness. Humanitiy and Divinity in Italian Humanist Thought, 2 Bde., London 1970. Vgl. dazu den Aufsatz von GERHARD EBELING, Das Leben – Fragment und Vollendung. Luthers Auffassung vom Menschen im Verhältnis zu Scholastik und Renaissance, in: Zeitschrift für Theologie und Kirche 3/1975, S. 310 ff.

27 Weimarer Ausgabe, Bd. 39, I, S. 177. Eine ausführliche Analyse dieses Textes findet sich bei G. EBELING, a. a. O., S. 315 ff.

Personenregister

Acton, C. 376
Adler, A. 435, 446
Aischylos 88 f., 156
Anouilh, J. 57 f., 62
Anselm von Canterbury 169 ff., 177, 460, 506
Aragonnes, C. 508
Aristoteles 71, 101, 176, 187 ff., 197, 230, 449
Auerbach, E. 359 ff.
Augustin 51, 277, 394
Augustus 363

Babeuf, F. 249
Bach, J. S. 403, 414 ff.
Bachmann, I. 379
Bacon, F. 67
Barth, K. 124, 163 ff., 304, 387, 502 f.
Beethoven, L. van 403
Bengel, J. A. 355
Benn, G. 68, 153, 383, 452
Benz, E. 509
Berdiajew, N. 36 f., 313, 371
Berger, P. L. 39, 124, 163
Binswanger, L. 441
Bismarck, O. v. 90, 157, 323, 325, 331 f., 505
Bloch, E. 361, 375, 457
Blumhardt, Chr. 335
Bodamer, J. 445 f.
Bodelschwingh, Fr. v. 106
Bollnow, O. F. 130
Bonaparte, M. 443
Bonhoeffer, D. 115 f., 162, 165, 185, 233, 317
Böschemeyer, U. 508
Bovet, Th. 403

Braasch, Fr. 444
Brecht, B. 68 f., 279
Brockes, B. H. 199
Brunner, E. 39, 124
Bultmann, R. 130 f., 178, 304, 401, 501
Burckhardt, J. 222, 262, 324 f., 475
Bürger, G. A. 368
Bürger-Prinz, H. 442, 447 f.
Busch, W. 74

Calov, A. 504
Camus, A. 29, 383 f., 408 ff., 418, 452
Carlyle, Th. 430 f.
Carrell, A. 501
Chemnitz, M. 504
Christian, P. 468, 503
Churchill, W. 141, 153
Claudel, P. 33
Coillie, D. van 501
Conrad, J. 69 f.
Courths-Mahler, H. 118, 459
Cullmann, O. 350

Dacqué, E. 396
Daecke, S. M. 508
Darwin, Ch. 43 ff., 396, 407, 453, 475
Descartes, R. 26, 172 ff., 177, 198, 477
Dilthey, W. 32 ff., 139 f., 142, 145 f., 225
Donatello 168
Dostojewski, F. M. 48 ff., 110, 318

Ebeling, G. 499, 509
Einstein, A. 84, 99, 127
Engels, Fr. 303

Erasmus von Rotterdam 31
Erben, H. K. 489 ff., 508
Ewald, G. 509
Eyck, J. v. 168

Faulkner, W. 361
Feuerbach, L. 180, 270, 434, 439, 450, 494
Forte, D. 270
Franck, Joh. 390
Frankl, V. E. 35, 39, 46, 97, 433 ff., 441 f., 444, 447, 453 f., 457 ff., 507
Franz v. Assisi 270, 480
Freud, S. 35, 39, 43 f., 46, 53 f., 73, 119, 227, 433 ff., 460, 463, 466 ff.
Freyer, H. 237
Friedrich II. d. Gr. 90, 332
Frisch, M. 59 ff.
Fromm, E. 19, 435, 452 f., 467
Funk, Kl. 506

Gabor, D. 253
Galen, C. A. v. 165
Galilei, G. 192
Gandhi, M. 260
Gehlen, A. 39, 85 f., 193, 217, 321, 364, 422, 433, 437
Gerhard, J. 504
Gerhardt, P. 390
Gide, A. 70
Goebbels, J. 356, 362
Goerdeler, C.-F. 356
Goethe, J. W. v. 32 ff., 37, 46, 61, 63 f., 72, 87 f., 139, 146, 157, 193, 208 f., 225 f., 252, 265, 289, 312, 317, 334 f., 370, 388, 403, 422, 459, 495, 499
Gogarten, Fr. 166 f.
Gorer, G. 95
Gorki, M. 153
Görres, A. 448 f., 507
Grotius, H. 185 ff.

Habermas, J. 119
Handke, P. 59, 67, 271 f.
Havemann, R. 268, 294
Heckel, Joh. 246
Hegel, G. W. F. 36, 172, 183, 206, 328 f., 333, 343, 382, 388, 476, 478, 481 ff., 495 f., 498
Heidegger, M. 56, 104 f., 130, 145, 362, 384, 449
Heimann, E. 84
Heisenberg, W. 181, 378, 509
Henkel, H. 39, 501
Heraklit 341
Herder, J. G. 145, 193, 217, 231, 422
Herodot 175, 327 ff.
Herrmann, W. 304
Hesiod 40 f.
Heydrich, R. 24
Hippokrates 187, 190
Hoche, A. E. 51
Hofmannsthal, H. v. 66 ff., 501
Hölderlin, Fr. 384
Holl, A. 383
Homer 156, 360
Horaz 157
Horkheimer, M. 45
Huizinga, J. 73
Humboldt, W. v. 209
Hutten, U. v. 475

Illies, J. 45, 424
Innozenz XI. 197

Jackson, R. H. 42
Janzen, R. 420
Jaspers, K. 46, 130, 134, 441, 445, 447, 451, 454
Jensen, A. 248
Jordan, P. 509
Jores, A. 503
Jüngel, E. 505
Jünger, E. 291, 311 f.
Jünger, F. G. 61
Jung, C. G. 178, 435, 443 f., 461

Kaltenbrunner, G. 72
Kant, I. 24, 26, 29 ff., 38, 72, 85, 90, 134 f., 149, 155, 189, 231 ff., 241 ff., 246 f., 369, 410, 416 f., 428 f., 434, 441, 459, 477, 504
Kästner, E. 69
Kerner, J. 370
Kierkegaard, S. 51, 56 f., 61 f., 72, 131, 151 f., 155, 159, 226, 287, 333, 370, 393, 442
Kinsey, A. C. 94

Kleist, H. v. 93
Koch, Kl. 503
Köhler, L. 203
Kolle, O. 94
Kopernikus, N. 43 f., 192
Kratochvil, St. 508
Kraus, H. J. 344
Kraus, K. 46
Kübler-Ross, E. 505

Lagarde, P. de 402
Lange, R. 39, 501
Laplace, F. 186, 482
Lavater, J. C. 400 f.
Lawrence, T. E. 153 f.
Le Fort, G. v. 454
Leibbrand, W. 503
Leibniz, G. W. 197 f.
Lenau, N. 157
Lenin, W. 263, 304, 324 f.
Lenz, S. 69
Leonardo da Vinci 168
Lesser, F. C. 199
Lessing, G. E. 126, 257 f., 357, 363
Lewis, C. S. 361
Löbsack, Th. 506
Lohse, B. 505
Löwith, K. 176
Lorenz, K. 46, 119 ff., 263, 314, 372, 424, 501, 506, 507
Luria, S. E. 506
Lüth, P. 490, 492, 509
Luther, M. 31 f., 89 f., 103, 109, 134, 185, 201 f., 205 f., 228 f., 238 f., 246, 259 f., 270, 275 ff., 281, 292, 300, 354, 382, 386, 389 f., 500

Macchiavelli, N. 183
Madariaga, S. de 28, 412 f.
Mähl, H.-J. 67
Makarenko, A. S. 153
Mann, Th. 265
Mantegna, A. 168
Mao Tse-tung 263
Marcuse, H. 53 ff., 269, 272, 294, 438 f.
Marlitt, E. 459
Marlowe, Chr. 388 f.
Marx, K. 36, 47 f., 119, 156, 179 f., 183 f., 222, 230, 244, 249 f., 254, 267 ff., 273, 288, 292 ff., 318 f., 388, 410, 433 f., 441, 475, 478, 506
Mead, M. 217
Melanchthon, Ph. 236
Menninger, K. 46, 435
Meves, Chr. 252
Meyer, C. F. 475
Meyer, St. 194
Mindszenty, J. 75 f., 115
Mislin, H. 509
Mitscherlich, A. 295
Moleschott, J. 55
Moltke, H. v. 402
Moltmann, J. 361
Monod, J. 27 ff., 263, 407 ff., 418, 421, 433, 489, 501
Montessori, M. 253
Morgenstern, Chr. 192, 315
Morgenthau, H. 317
Morin, E. 28, 395, 404 ff., 433, 501
Müller, L. 509
Müller-Schwefe, H. R. 503

Napoleon I. 336 f., 402
Nehru, J. 260
Nietzsche, Fr. 139, 143 ff., 149, 192, 227 f., 237, 248 f., 265, 384, 398, 407, 466
Nikolaus von Kues 167
Noüy, P. L. du 414 ff.

Oppenheimer, R. 85
Origenes 482
Orwell, G. 248, 371
Otto, E. 145
Otto, R. 312

Pannenberg, W. 501, 509
Parkinson, C. N. 255 f.
Pascal, B. 53
Pessoa, F. 72
Pfister, O. 451, 454 ff., 507
Phidias 378
Pindar 154 ff.
Pius XII. 108, 475
Plato 55, 155, 157 f., 175, 202, 254 f., 328 f., 387 f.
Polak, P. 457
Polybios 178 f., 328 f.
Portmann, A. 45, 418 ff., 433, 507

Preyer, W. 396
Protagoras 55, 157

Quenstedt, J. A. 504

Rad, G. v. 282, 395
Rahner, K. 507
Ranke, L. v. 180, 377
Reinhardt, K. 156
Rembrandt 403
Rickert, H. 401 f., 419, 423, 506
Riemann, F. 507
Rilke, R. M. 384, 399 f., 470
Rolfes, H. 508
Roosevelt, F. D. 84
Rosenberg, A. 369
Rüstow, A. 263

Sagan, F. 60
Saint-Exupéry, A. de 314 f.
Sartre, J. P. 49, 57 f., 62, 130, 138, 200 f., 218, 377, 411, 434, 452
Saussure, F. de 230 f.
Schaeffer, A. 496
Scheffczyk, L. 508
Scheler, M. 437, 467
Schelsky, H. 217, 303, 433
Schiller, Fr. v. 64 f., 93, 96, 145 f., 335
Schlatter, A. 393
Schleiermacher, Fr. 33, 63 ff., 72, 126
Schmaus, U. 507
Schmidt, E. 258
Schmidt, H. P. 363
Schmidt, J. K. 504
Schoeck, H. 248
Schopenhauer, A. 51, 69, 443
Schur, M. 507
Sehrt, E. Th. 114
Shakespeare, W. 55, 245, 269, 385, 388
Shaw, B. 153, 315
Siebeck, R. 447
Sieburg, Fr. 317
Solowjew, W. 376, 509
Solschenizyn, A. 365
Sophokles 41, 156 f., 378
Spaemann, R. 272
Spencer, H. 434, 453
Spengler, O. 333, 483, 490 f., 507
Spinoza, B. de 197
Spranger, E. 403
Stadler, E. 507
Stalin, J. 23
Stammler, E. 506
Steiner, H. F. 508
Stensen, N. 197 ff.
Stirner, M. 155, 226, 412, 504
Storm, Th. 323

Teilhard de Chardin, P. 97, 119, 146, 196, 217, 409 ff., 413, 433, 473 ff.
Thiess, F. 336
Thomas v. Aquin 475
Thompson, F. 87
Thukydides 175, 327
Tillich, P. 21, 186
Tocqueville, A. de 253
Tolstoi, L. 119
Topitsch, E. 250
Toynbee, A. 214, 264
Treitschke, H. v. 378
Trinkaus, Ch. 498
Troeltsch, E. 174

Vaihinger, H. 455
Vergil 157, 363
Vico, G. 172 f., 176 ff.
Vymetal, O. 508

Watson, J. B. 223
Weber, M. 54, 269, 323
Weil, S. 259
Weizsäcker, C. F. v. 301
Weizsäcker, V. v. 447
Westenhöfer, M. 396
Wildiers, N. M. 508
Wiener, N. 27
Wilhelm I. 325
Winckelmann, J. J. 222
Windelband, W. 72, 401, 506
Wittig, J. 330
Wolf, H. W. 503
Wurm, Th. 165

Ziegler, L. 37

Sachregister

Absurdität
– absurdes Theater 461
– bei Camus u. Monod 407 ff.
Agape u. Eros s. Eros, Liebe, Nächstenliebe
Aggressionstrieb 121
Alter 127
Ambivalenz
– des Fortschritts 373
– der Technik 318
Amerika u. psychoanalytische Anthropol. 446
Analogie
– hermeneutisch 33, 169
– theologisch 166, 197 f.
– bei Teilhard de Chardin 485
– s. a. totaliter-aliter
Angst 56, 181, 315, 362
Animalische, das 146 ff.
– s. a. Natur
Anonymisierung 52
Anpassung 54
Anthropologie
– biologische u. theologische 396 ff.
– doketische 138
– erkenntnistheoretische Probleme 409 f.
– als Form der Selbsterfahrung 139
– griechisch-platonische 154 ff.
– das In-der-Welt-Sein als ihr Gegenstand 138
– materialistische s. Materialismus
– mythische 216
– objektivierende bei Monod u. Morin 404, 407
– romantische 63
– theologische u. philosophische 168
– s. a. Mensch
Anthropormorphie – Theomorphie 450
Antiautoritäres Prinzip 242 ff., 306 ff.
Antichristspiele 376
Apartheid 43
Artistik 71
– medizinische 104
Arzt u. Seelsorger 469
– s. a. Medizin
Ärztliche Studienreform 472
Atheismus, methodischer 275
Atombombe, Weg zur 83 ff.
Atomzeitalter 316 f.
Auferstehung des »Fleisches« 385 ff.
Aufklärung 26, 243, 363
Aufstand der technischen Mittel 313 ff.
Außensteuerung 461 f.
Autonomie
– u. Autorität 156, 257 ff.
– bei den Griechen u. in der Moderne 155
– u. göttliche Gebote 231 ff.
– des Rechtsbrechers im Prozeß 258
– u. Spontaneität der Liebe 240
– s. a. Theonomie, Freiheit, Selbstverfügung
Autoritäre Strukturen 255 f.
Autorität 242 ff.
– u. anti-autoritär 242 ff.
– u. Autonomie 243, 257
– u. autoritär 244
– u. Gewalt 258
– u. Gleichheitspostulat 245
– ihre zeitliche Begrenzung 259
– ihr Zustandekommen 255 ff.
– s. a. Freiheit, Gebote Gottes
Avantgardismus 365
– s. a. konservativ, Fortschritt

Babylonischer Turm 304
Barmherziger Samariter 289
Beginn des menschlichen Lebens 100 ff.
Behaviorismus 223
Bekennende Kirche 164 f.
Bergpredigt 135 f., 277 f., 282, 322 f.
Beseelungstheorie 101
Besessenheit 75 ff.
Bevölkerungsexplosion 83
Bewußtsein 241 f.
– s. a. Unbewußtes
Bibel als Autorität 259
s. a. Autorität
Bibelkritik 184
Bildung 265
Biologie
– Biolog. Manipulationen 76, 96
– Grenzen der 81 f., 96 ff.
– u. Theologie, Konflikte 396 ff.
Bios als Medium des Person-Seins 427 f.
Böse, das
– in der Geschichte 376 ff.
– bei Marx 268
– das sogenannte 121
– bei Teilhard de Chardin 495
– seine Unableitbarkeit 90 f.
Brunstzeiten 215 ff.

Chancengleichheit 250
Christologisches Geschichtsverständnis 334 ff.
Christus 116, 166, 335 ff.
– gekreuzigter 494
– Himmelfahrt 400
– kosmischer 486
Ciba Foundation 96
Club of Rome 364
– s. a. Fortschritt
Contergan-Kinder 105

dabar 343 f.
Daimon 157
– bei Goethe 225
Dasein(s) 105, 167
– Grund, Ziel, Sinn des 200
– Grundrelation des 151
– -orientierung 226
– Plastizität des 217 f.
défense sociale 90, 110 ff.
Deismus 357
Dekalog 93
Demokratie 254 f.
Demokratisierung, totale 250, 266, 302
– s. a. Gleichheit, Neid, Pluralismus
Denken 171
– u. Sein 169
– bei Teilhard 476
Deshumanisation s. Entmenschlichung
desperatio (Verzweiflung) 292
Deszendenztheorie 477
Dialektischer Materialismus s. Materialismus, dialektischer; Marxismus
Dichtung s. Identität in der Dichtung
Diesseits 182
Diktatur s. Tyrannis
Dogma 136 f.
Doketismus, anthropologischer 131, 139
Drogensucht 75, 461
Du, menschliches 208 ff.
– Sein zum 134

Ebenbildlichkeit des Menschen s. Gottebenbildlichkeit
Egoismus 209
Ehe 201 ff.
Ehescheidung 203, 281
eîdos 188 f.
Eigengesetzlichkeit(en)
– geschichtlicher Prozesse 52, 83 ff.
– und die Initiative der Liebe 322
– des Ökonomischen 131
– ihre Stimulierung durch Mißtrauen 321
– der Technik 312, 320
– als überpersönliche Schuld 324 ff.
Eindimensionale Anthropologie 452, 456, 459, 469
Einzigartigkeit des Eros-Partners 212
Ekstase 75
Elite 250
Emanzipation
– allgemein 42, 47 ff.
– Begriff 266
– geschichtlicher Beginn 167
– und Tradition 265 ff.
– bei Vico 179
Embryo 100
Empirismus, neuzeitlicher 152 f., 156, 168 f., 185
– der Schock bei seiner Entstehung 191 ff.

– der von ihm ausgelöste psychologische Aspekt 433
Ende menschlichen Lebens 103
– s. a. Tod
Endlichkeit 95, 127, 381 ff.
Engagement des Geistes 297
– s. a. Vernunft, Rationalität
Entelechie 61
Entfremdung 52, 120, 181, 250 f., 309
– in der Psychoanalyse 453
Entkonfessionalisierung 166
Entmenschlichung, Möglichkeit der 53, 429
Entmythologisierung 178
– s. a. Sachlichkeit
Entpersönlichung s. Entmenschlichung
Entwicklung s. Evolution
Erbsünde (Ursünde) 86 ff., 136
Erfahrung 260
– s. a. Sinnsphäre
Erkenntnistheorie/Anthropologie 409 f.
Ermessensurteile 299
Eros 200 ff., 218 ff., 226
– animalischer und menschlicher Faktor 149, 214
– biblisch-reformatorisches Verständnis 200
– Eros und Agape 209
– Freiheit in der Geschlechtsgemeinschaft 212
– Gesetz der Komplementarität 211
– bei Luther 205
– pragmatisch entstellt 446
– in der Romantik 206
Erregungskurven 213
Erziehung 125 ff.
– antiautoritäre 244
– permissive 253
– s. a. Autorität, Tradition
ES 77
– s. a. Psychoanalyse
Eschatologie 137, 381 ff.
– marxistische 269 f.
– s. a. Auferstehung, Geschichtsende, Utopien, Zukunft
Ethik, christliche 135, 233, 242
– s. a. Autonomie, Theonomie, Eudämonismus, Gewissen
Eudämonismus 235
Euthanasie 100, 105
Evangelium und Lebensfragen 126 ff.
Evolution 44, 97, 396
– Verständnis des Menschen aus der E. s. genetisch
– bei Teilhard de Chardin 480 ff.
Ewiges Leben 385
– s. a. Auferstehung, Unsterblichkeit
Ewigkeit und Zeit 161 ff.
Existenz 200, 238, 328
– eindimensionale 434
– s. a. Eindimensionale Anthropologie
Existentialismus 130 f.
– s. a. Kierkegaard, Heidegger, Sartre, Anouilh

Fakultäten, anthropologische Aspekte der 99
– s. a. Biologie, Medizin, Technik u. a.
Fest 72 ff.
Figuraldeutung der Geschichte 359
Finalität 359
Fixierung durch Umwelt 57
Fleisch als biblischer Begriff 386
Folter 75
Forscher(s), Entmündigung des 321
Fortschritt, Fortschrittsglaube 361 ff.
– s. a. Ambivalenz, Utopien, Technik, konservativ
Fötus 100 ff.
Frau im alten Israel 202
– s. a. Ehe, Eros u. ä.
Freiheit(s) 27, 48 f., 57 f., 60, 93, 95 f., 212 ff., 218, 231 f., 254 f., 268, 295 ff.
– u. Bindung 50, 237 f.
– als Einsicht in die Notwendigkeit 183
– Gewißheit der 30
– nicht objektivierbar 29
– u. Norm 232
– der »Sohnschaft« 296
– Sprung in die 268
– von und zu etwas 49 f., 231
– s. a. Notwendigkeit, Zwänge, Eigengesetzlichkeit, Autonomie, Zwänge
Freizeit 53
Friede (pax Romana) 363
Fristenlösung 100 f.
Frühgeburt, physiologische 421
Funktionär 52
Futurologie 375

Gebote Gottes 93, 231
Geist(es)

– des Menschen 449, 454, 459
– heiliger 239, 498
– ethische Relevanz des G. s. Rationalität
Generationenkampf 255, 265, 457
Genetischer Aspekt des Menschen 45, 396 ff.
– seine Bedeutung u. Grenze 416 ff.
Genialität 417
Gen-Manipulation 76
Gericht u. Gnade 221
Geschichte 174 ff., 330 ff., 354 ff.
– Christus als Mitte der 334 ff.
– Einheit der 342 f.
– Figuraldeutung der 359 f.
– als Gericht 335 ff.
– Gott als Herr der 342 ff.
– als Interimszeit 354 f.
– u. Selbsterfahrung 139 ff.
– Sinn der 178, 334
Geschichtlichkeit des Daseins 327 ff. 366
Geschichtskonstruktion, ideologische 366
Geschichtsschreibung
– figurale 359
– typologische 346
Geschichtsverständnis(ses), Formen des
– Fragwürdigkeit nur historischen Wissens 143
– bei den Griechen 175, 327
– historisch distanziertes u. existentielles 140
– im Neuen Testament 334
– bei den Propheten 330 ff., 342
– s. a. Descartes, Dilthey, Herodot, Nietzsche, Ranke, Thukydides, Troeltsch, Vico
Geschlechtlichkeit, Geschlechtstrieb s. Eros, Sexus u. ä.
Gesellschaft
– Bedeutung des Vertrauens 304
– gesellschaftliche Organe 268
– Leistungs- 446
– Mensch u. 273 ff.
– Strukturen der, s. Struktur, Eigengesetzlichkeit u. ä.
– Ungleichheit 247; s. a. Gleichheitspostulat
Gesetz, ungeschriebenes 41
– s. a. Naturrecht
Gesetz u. Evangelium 58, 221, 308
Gesetzesreligion 297
Gesinnung 235
Gesundheit 187 ff.
Gewaltenteilung 262
Gewissen 29, 227 ff., 232 ff., 237
Glaube 129, 172, 185, 393
– u. Sachlichkeit 299 ff.
– u. Schauen 494 f.
– bei Teilhard 493
– u. Wissenschaft 451, 474
Gleichberechtigung 266
Gleichheitspostulat 245 ff.
Gott
– sein eigentlicher u. uneigentlicher Wille 281
– als Hypothese 186
– sein Jahwe-Name 344
– als Richter 335 ff.
– Tod Gottes 275
– als Träger der Grundrelation 151, 181, 186
– seine Verborgenheit 338
– der weltlos gewordene 274
Gottebenbildlichkeit 44, 103, 115, 426, 498
– ihr möglicher Verlust 429
– s. a. Würde, fremde
Gottesbeweis
– bei Anselm 171 f.
– bei Teilhard 486
Gottesfrage innerhalb der Anthropol. 26
Gottesbegriff der Psychoanalyse 450, 454
Götter, griechische 151, 154, 327
Grenzüberschreitung
– des Menschen 333; s. a. Übermensch
– von Theologie u. Biologie 398 ff.
Griechische Anthropol. 154
Griechische Tragödie 87 f.
Grundrechte 42 f.
Gut u. Böse 92 f.

Handwerk u. Technik 311
Heiliger Geist s. Geist, heiliger
Heimsuchung 390
Hermeneutik 177 f.
Herrschaftstechnik, totalitäre 297
Herz 239, 292 ff.
Heteronomie 231 ff.
– s. a. Autonomie, Theonomie
Heuchelei 293
Hippokratischer Eid 104

Historisch-kritische Schriftforschung 184 f.
Historismus, seine Eröffnung durch Vico 176
Hoffnung 361 ff.
homo creator 181
homo faber 181, 311 ff., 318 f.
homo fabricatus 313
Homosexualität 193
Homunkulus 99
Humanismus, säkularer 305
Humanität 149 f., 154, 156
– Axiome der 41
– einäugige 289
– Krise der 40
– Leitbild der 23
– Terror der 313
Humanum 45 f., 84, 98, 227
Humanwissenschaften 200, 218
hyle 189

Ich bei Paulus 76
Ich-Werdung 63
Idee, platonische 327
Identität
– anders sein wollen; Rollentausch 69 ff.
– ihr Bestand über den Tod hinaus 108 f., 394
– in der Dichtung (Sartre, Anouilh, Frisch 57 ff.; F. G. Jünger 61; v. Hofmannsthal 66; Handke 67; Benn, Brecht 68; J. Conrad 69; Gide 70; W. Busch 74)
– ihre Konstanz 107
– als Problem im Strafrecht 109
– u. Rechtfertigung 293
– u. Selbstbewußtsein 104
– ihr theologischer Grund 102
– ihr möglicher Verlust (s. Folter, biologische u. ideologische Manipulation)
– u. Zeitlichkeit 110, 114
– im Rahmen der Verkündigung 117
Identitätsfindung 139 ff.
Identitätsnot 51 ff.
Ideologie 50, 248
Ideologiekritik 301
Indikativ–Imperativ 182, 429
Individualität, geistesgeschichtlich 62 ff.
Industriegesellschaft u. Psychoanalyse 446
Inkarnation, kosmische 486
Innovationsmanie 366
Instinkt, Instinktmangel 45, 146, 193
Institution 309
Interesse 305
Internalisierung 264, 309
Introspektion 34

jadah 121
Jahwe als Gottesname 344
Jenseits u. Diesseits 26, 381 f., 391 ff., 476
Jugend, gegenwärtige 457 f.
– ihre Rebellion, Stellung zur Autorität 255

Karneval 73
Kastration 112
Kasuistik, Ablehnung durch Jesus 284, 296, 298
kategorischer Imperativ 232
Kausalität 29 ff., 359
Kirche
– u. Individualität 220
– u. Politik 299 ff.
– u. Wächteramt 305 f.
»Knecht« u. »Sohn« 296
Kommunikation 214 f.
Komplementarität im Erosbereich 211
Kompromiß 284 ff.
Konflikte
– Deutung durch Psychoanalyse 447 ff.
– Konfliktsituation 297
– als Signatur der Humanität 448
Konkurrenzprinzip 131
konservativ u. »progressiv« 265, 364 ff.
Konsumgesellschaft 373 f.
Körper als Leib des Menschen 134, 146, 214, 397
Kosmologie 168 ff.
Krankheit zum Tode 51, 56, 151
Kreatur, neue 115
Kultur 217
– biologische Voraussetzungen der 422

Leben(s)
– -angst 317
– Beginn des menschlichen 100 ff.
– Ende des 103 ff.; s. a. Tod

– Erhaltung des 104
– ewiges 385–394
– lebensunwertes 24
– und Selbsttranszendierung 393
Leib 134, 213 f.
– animalischer 146 ff.
– u. Diesseitsfeindlichkeit 205
– s. a Körper
Leiblichkeit in Gestalt der Geschichte 134
Leiden
– ethisches Vermögen zum 105, 464
– u. Schuld 337 ff.
Leistungsgesellschaft 52, 446
Leistungsprinzip 292
Libido 135, 214, 437
Liebe(s) 207 f., 279
– auf Ganzheit der Person bezogen 241
– -gebot 322 f.
– Gottes- u. Nächsten- 239 ff.
– ihre persönliche u. politische Dimension 283 ff.
– als spontaner Akt 308
– s. a. Nächstenliebe, Eros, Agape
Linguistik 230 f.
Linksradikale, theologische 291
Logos 179 f., 188, 198
– des Erkennens u. des Seins 169, 172
– göttlicher u. menschlicher 168 ff.
– praktischer 29, 33, 232
Logotherapie 46, 447, 454, 457–472
Lügendetektor 258
Lustprinzip 470
Luthertum(s), Weltverhältnis des 275 ff.

Machbare, das 179
Macht 248, 376
– s. a Autorität, Tyrannis
Mängelwesen Mensch 217, 231
Manipulation 97
– s. a. biologische M.
Marxismus
– Bedeutung des Lebenszieles 256
– Frage nach dem eigentlichen Menschen 267; s. a. Marcuse
– u. Nächstenliebe 288
– Begriff des Bösen 268
– Berührungen mit Teilhard 484
– sein Verständnis bei Monod 408
– s. a. Materialismus, dialektischer
Maske 73
Materialismus, dialektischer 152 f., 158, 164, 179, 183, 222
– theologische Fragen 184
– s. a. Marxismus
Materie 480, 482
Medizin
– zu ihrer Anthropologie 187–200
– moderne, ihre Grenzen 81 f., 103 ff., 112 ff., 313
– spekulative u. mythologische 187 ff.
– s. a. Arzt und Seelsorger
Mensch(en)
– als animal rationale 250
– als Fehlkonstruktion 82
– als Gegenstand der Erkenntnis 32 ff.
– als Gegenstand des Glaubens 200
– als Geistwesen 36
– als Mängelwesen 217, 231
– als material-ökonomisch bedingt 36
– als Maß aller Dinge 25, 55, 157
– als Mikrokosmos der Welt 35
– als Risiko Gottes 145
– als Subjekt 37, 49
– als Zufall 27, 29, 407 ff.
– bei Descartes 173; Vico 176; Marx 267; Marcuse 54; Teilhard 479
– alter 239
– eigentlicher 266 ff.
– innerer 77, 372
– moderner 117 f., 124
– wahrer 54
– u. Endlichkeit 381 ff.
– u. Geschichtsstrukturen 267, 294 f., 376, 378 ff.
– u. Gesellschaft 53 ff., 228 f., 273 ff.
– u. Gott 97, 151 ff., 173, 229 f., 389 ff.
– u. Klassengesellschaft 47
– u. Tier 45 f., 49 f., 105, 145 f., 226 f., 361, 384, 398 f.
– u. Weltlichkeit 130 ff.
– u. Zeit 327 ff.
– Ambivalenz des 318 f.
– Bestimmung des 221 f.
– Erklären u. Verstehen des 32 ff., 237
– Geschichtlichkeit des 36, 134, 327 ff.
– Grundbezüge des 226 ff.
– Menschlichkeit des 39 ff., 95, 103, 155, 222
– Mündigkeit des 47, 49
– Natur u. Geschichte des 145 ff.
– Umprogrammierung des 55, 269, 271

– Unbedingtheit des 25 f., 44
– Ursprung des 394 ff.
– Würde des 102 f., 107 ff.
– s. a. Menschheit, Autonomie, Geschichte
Menschenbild 100, 165, 229, 271
– doketisches, s. Doketismus
– neuzeitliches 161 ff., 176 ff.
Menschenrechte 42 f., 265 ff.
Menschheit 72, 234, 370
Menschwerdung, genetisch u. schöpfungsmäßig 396 ff.
Mißtrauen, gesellschaftlich 304
Mitbestimmung 266, 303
Moderne 154
– s. a. Wirklichkeitsverständnis
Molekularbiologie 407
Monismus 482, 493 ff.
Mündigkeit 185
– s. a. Autonomie
Mutation 477, 481 f.
Mythos u. Anthropologie 35 ff.

Nächstenliebe 131 f., 209 f., 215, 235 f., 241, 283 ff.
– als Anspruch an den Geist 291
– u. Gottesliebe 241
– improvisierende u. politische 289
– als Initiative 322
Naherwarung des Endes 350
Narkoanalyse 258
Natur 175
– u. Geschichte 145 ff.
– u. Gnade s. Analogie
– Transzendieren der 213
– ihre Umwertung im humanen Bereich 148
– unschuldige, wertfreie 147
Naturrecht 40, 186
Naturwissenschaft
– ihre Anthropologie s. Illies, Lorenz, Monod, Portmann, Ciba Foundation
– u. Historie, ihre Forschungsmethoden 401 ff.
– u. Schöpfungsgeschichte 396 ff.
Neid 248 ff.
Nestflüchter, der Mensch als 421
Neue Kreatur 114 ff., 239
Neue Linke 272
Neurosen 436, 439, 458
Nihilismus 441, 451

Noachitischer Bund 201, 280 ff., 323
Noosphäre 458, 474, 477, 481
Normen 41, 225, 232
– s. a. Autonomie, Autorität, Tradition
Notverordnungen 281, 309
Notwendigkeit u. Freiheit 29

Objektivierende Anthropologie
– Beispiele 404, 407
– deren Problematik 23, 32
Objektivität s. Sachlichkeit
Ödipus-Komplex 440
Opfer
– Christus als 348 ff.
– als rituelle Weissagung 348 ff.
Ordnung(en)
– der Geschlechter u. Ehe 207 f.
– als Objektivation des Menschen 137
– des Rechts 280 f.
– Schöpfungsordnungen 137, 203 ff., 225 ff., 277 ff.
– s. a. Notverordnungen
Original 252
Orthogenesis 481

Pantheismus 493
Partnerwahl 202
Parusie 350
Patriarchalisches Weltverständnis 276
Pax Romana 363
Person, Personalität 44, 46, 149, 202, 237, 260
– u. Natur 138, 145 ff.
– u. Zeit 138
– s. a. Autonomie, Freiheit, Gewissen, Identität, Schöpfungsbericht, Selbstbewußtsein, Selbstzwecklichkeit, Verantwortung
Personalismus biblischer Aussagen 392
Philosophie in der Psychoanalyse 441
Pille, ovulationshemmende 372, 462
Pluralismus 304 ff.
Politische Dimension
– des christlichen Handelns 299
– der Nächstenliebe 284, 289 ff.
Politischer Gottesdienst 117
Politisches Handeln, seine Änderung durch den Glauben 324
Politische Programmatik christlicher Ethik? 299, 301
Polygenismus 475

Prädestination u. Verantwortung 31
Prager Schule 230 f.
Pragmatische Anthropologie s. Verwertbarkeit, Selbstzwecklichkeit
Pragmatismus der Psychoanalyse 445 ff.
Predigt, Krisis der 117 ff.
progressiv-konservativ 364 ff.
Projektionstheorie 450, 494
Propheten, Geschichtsschau der 342 ff.
Prothesenkultur 83
Psychiatrie, negative 75, 107
Psychoanalyse 46, 227 f., 433–472

Quantität-Qualität im Humanum 414 ff.
– im Marxismus 507 A. 21

Rassenkampf, Rassismus 43, 302
Rationalität
– antik u. modern 154
– ihre ethische Inanspruchnahme 284, 291, 296, 298 ff.
– s. a. Vernunft, Vernunftwesen
Reanimation 104
Rebellion der Jugend 256
Recht, positives 40
– s. a. Naturrecht
Rechtfertigung
– bei Paulus u. bei Sartre 58
– im Individualbereich u. im Weltverhältnis 292
– ihre kollektive Variante in den Sozialideologien 379
Reduktionismus der Anthropol. 459
Reformation, anthropol. Nachholbedarf 292 f.
Reich Gottes 137, 162 ff., 386 f.
Reizüberflutung 461
Relation Gott–Mensch
– als Grundrelation 102, 151
– vorletzte Relationen 152
Relationsgefüge des Daseins 64, 138
Relativitätstheorie 83 ff.
Relativismus 174
Religion
– als Opium 48
– religiöse Frage, chiffriert 380
– in technischer Zivilisation 315
– s. a. Psychoanalyse, Gott, Glaube
Renaissance 167 f.
repressive Toleranz 272
Resozialisierung 111
Restauration 310
Revolution, Revisionismus 371
Richter(s)
– Autorität des 258
– Gott als 336
Rocker 307
Romantik
– ihre Anthropologie 63
– ihr Eros-Verständnis 206
Rüstung, Abrüstung 321

Sachlichkeit, Erlösung zur 299 ff.
– s. a. Ideologiekritik
Säkularisierung
– des Menschenbildes 25, 161, 179
– als Folge des Christentums 166
Säkularismus 161 ff., 166 f., 179, 194, 382
Samariter, barmherziger 289
Sammlung, Zerstreuung 53
Scham 92
Schöpfung u. Ursprung 395 ff.
Schöpfungsbericht, biblischer 104 f., 194
– Erschaffung des Menschen 425
– u. Naturwissenschaft 396 ff.
– s. a. Gottebenbildlichkeit
Schöpfungsordnungen s. Ordnungen
Schöpfungstag, achter 179
– s. a. homo faber
Schuld
– u. Sühne in der Geschichte 331, 336, 338
– Infragestellung der 90
– tragische 86
– s. a. Böses, Erbsünde, Prädestination
Schuldgefühl, metaphysisches, des Arztes 108
Schwangerschaftsabbruch 100
– s. a. Beseelungstheorie
Schwärmertum 282, 309
– s. a. Utopie
Schweigen Gottes 338
Seele 157 f.
– bei Plato 388
– s. a. Beseelungstheorie
Seelsorger u. Arzt 469
Selbst(-) 77, 83, 151, 234 ff.
– -analyse 34 f.
– -bestimmung 48, 104 f., 242 f.
– -bewußtsein 35, 104 ff., 258

– -entfaltung 243
– -entfremdung 49, 240
– -erfahrung 35, 139, 265
– -findung 62, 68, 74, 252, 265
– -losigkeit 105
– -mord 437, 470
– -rechtfertigung 86 ff.
– -transzendierung 218, 393, passim
– -überbietung 97
– -verfügung 84, 88 f., 309
– -vergessenheit 51 ff., 56 f., 252
– -vergewisserung 242
– -verständnis 44, 193, 200 f.
– -verweigerung 74
– -verwirklichung 32, 131, 181, 209, 221, 242 ff., 251
– -werdung 144
– -zwecklichkeit 24, 44
Sexualität 121 f., 218
– Naturalisierung, Entpersönlichung 240 f.
– in der Psychoanalyse 438, 442
Sinn, Sinnlosigkeit 33, 35, 37, 50, 172, 183, 226, 315, 342, 383 f., 457 ff.
Sinnsphäre u. Erfahrungssphäre 196
Sisyphus 383, 418
Situation, geschichtliche 134
– in-Situation-sein 138
»Sohn« u. »Knecht« 296
Sorge 362
Sozialleben, totalitäres 484, 492, 496
– s. a. Gesellschaft
Soziologismus im Strafverständnis 110, 120
– s. a. défense sociale
Sphinx, der Mensch als 139, 145
Spontaneität u. Autonomie 240
Sprache, Sprachlosigkeit 64 ff., 230 f.
Sprachverwirrung 304
Staat 227, 281
Sterben s. Tod
Sterbehilfe s. Euthanasie
Strafe
– Beziehung zur Identität 90, 109 ff., 258
– soziologisches Verständnis der s. défense sociale
Strukturalismus 230
Strukturen
– autoritäre 255
– als Konstitutionen der Identität 52, 134
– s. a. Ordnungen
Studium generale 472
Sublimierung 441
Sünde 120, 136
– s. a. Böses, Erbsünde, Schuld
Sündenfallgeschichte 89 ff., 95 f., 250, 281, 294, 398 ff., 495, 498

Tabu, Tabubruch 92 ff.
Tätigkeit u. Selbsterkenntnis 34
Teamwork 367
Technik 311 ff.
– ihre Ambivalenz 318
– u. Fortschritt 368
– u. Geistesgeschichte 369
Theologie 126, 185
– u. Anthropologie 117 ff., 126 ff.
– u. Biologie 394 ff., 473 ff.
– im Dialog 128
– u. Humanwissenschaften 218 ff.
– u. Metaphysik 195 f.
Theonomie 231 ff.
– u. Autonomie 156 f., 238, 241 f.
– u. Heteronomie 233 f., 238
– Selbstkritik theonomer Ethik 242
Tier u. Mensch s. Mensch u. Tier
Tod 103 ff., 127
– seine Definition 104
– Differenz zum Verenden 384 ff.
– bei Rilke 399
– bei Schopenhauer 69
– u. Sein zum Tode 398 f.
– als Tabu 94 ff.
– Todestrieb bei Freud 436
– Tod Gottes 275
Toleranz, repressive 272
Totaliter aliter
– des Seins nach dem Tode 386
– von Zeit und Ewigkeit 165
Tradition 261 ff.
– ihre Entartung 263
– u. Freiheit 262
– als rückwärtsgewandte Prophetie 344
– u. Veränderungsideologie 271
Tragik 42, 86 ff.
Transzendenzbezug
– sein Verblassen 182
– impliziter 184, 197
Transzendenzersatz 374
Transzendenzgewinn, illegitimer 332 ff.
Transzendierung 214, 218, 225, 393

Trieblehre der Psychoanalyse 436 ff.
Trieb-»Physik« 448
Triebstruktur, menschliche 213 ff.
Triebtäter 112 ff.
Typologische Geschichtsschreibung 346
Tyrannis 253 ff.

Über-Ich 436, 440, 453
Übermensch 98, 489
Unbewußtes 433 ff.
Unheilsprophetie 358 ff.
Unsicherheit des Menschenbildes 39, 43
Unsterblichkeit 387 ff.
Unterbau–Überbau bei Freud 441
Unumkehrbarkeit der Geschichte 184
Urgeschichte, biblische 396
Urworte. Orphisch 225
Utopie 313
– Gestaltwandel der 52, 371 ff.
– des Zukunftsmenschen 96, 98, 489
– s. a. Transzendenzersatz

Veränderung als Selbstzweck 271 ff., 365
Verantwortung 114, 461
– u. Notwendigkeit 29
– u. Prädestination 31
Verdrängung 435, 437
– des Geistes 441
Verfremdung der Sprache 68
Vergangenheit 344
Vergebung 385
Verkündigung, ihre anthropologische Relevanz 117 ff.
Verlorener Sohn 115, 216 f., 237, 394
Vernunft
– als »Hure« (Luther) 300
– nicht neutral 297 ff.
– s. a. Rationalität
Vernunftwesen, der Mensch als 146
Verstehen 32 ff.
Vertrauen(s), gesellschaftliche Bedeutung des 304 ff.
»Verwertbarkeit« des Menschen 24, 98
Völkerrecht 41 f.
Voraussetzungslosigkeit 96, 192 ff.
Vorgeschichte 177

Wachstum(s), Grenzen des 364
Wächteramt 301
Wahrheit 158, 199, 300
– Begriff der 168
– bei Descartes 173
– in der Geschichte 175
– des Handelns u. des Machbaren 170 f., 179 ff.
– Pluralismus der 185
– des Seins u. der Erkenntnis 169
– bei Vico
Warum-Frage 341 f.
Weissagung u. Erfüllung 346 ff., 360
Welt 181 f., 323
– gefallene 135 ff.
– als makrokosmisches Bild des Menschen 35
– u. Reich Gottes s. Zeit u. Ewigkeit
Weltbilder
– biblische u. moderne 122 f.
– ihr Wandel 43 ff.
– als zeitbedingte Aussageform 401
Weltgeschichte u. Weltgericht 335
Weltgestaltung, improvisierte u. geplante 283
Weltinnenpolitik 376
Weltlichkeit u. Weltdistanz 130, 206 ff.
Weltstaat 376 f.
Weltveränderung, ihr Liebesmotiv 292, 380
Weltverantwortung 165
Weltverständnis der Reformation 275
Wiederkunft Christi 162, 350 ff.
Wille 31, 271 f.
– zur Macht 248 f.
Wissenschaft
– ihre antike u. mittelalterliche Einheit 191
– Anthropologie als 37
– ihre empirische Neuorientierung 192
– u. Glaube 474
Wunschdenken 388
Würde, »fremde« 102–108, 114, 116, 151 f., 390

Zehn Gebote 93
Zeit
– u. Ewigkeit 161 ff.
– s. a. Geschichte, Endlichkeit, Tod
– mythische u. geschichtliche 216
– Verhältnis zur 146, 327–431
Zeitgeist 122 ff., 498
Zeitlichkeit 359

Züchtung, zoologische u. anthropologische 96, 98
Zugzwang s. Zwänge
Zukunft
– als Erfüllungszeit (Teilhard) 474
– bei den Propheten 343 f., 346 ff., 361 ff.
– als Transzendenzersatz 374 ff.
– s. a. Fortschritt, Eschatologie, Utopie
Zwänge
– ökonomische 131
– politisch-gesellschaftliche 31, 52, 82
– technische s. Technik
– s. a. Eigengesetzlichkeit
Zwei-Reiche-Lehre 165, 205, 276 ff., 323

Aus den Buchveröffentlichungen des Verfassers

BEI J. C. B. MOHR, TÜBINGEN:

Theologische Ethik (Theological Ethics)
I. Band *Prinzipienlehre.* Dogmatische, philosophische und kontroverstheologische Grundlegung. 4. Auflage, XIX, 746 Seiten
II. Band *Entfaltung.* 1. Teil: Mensch und Welt. 4. Auflage, XXII, 644 Seiten
II. Band *Entfaltung.* 2. Teil: Ethik des Politischen. 3. Auflage, XXIV, 787 Seiten
III. Band *Entfaltung.* 3. Teil: Ethik der Gesellschaft, des Rechtes, der Sexualität und der Kunst. 2. Auflage, XXXI, 972 Seiten
Der Evangelische Glaube (The Evangelical Faith). Grundzüge der Dogmatik
I. Band *Prolegomena:* Die Beziehung der Theologie zu den Denkformen der Neuzeit, XX, 611 Seiten
II. Band: *Gotteslehre und Christologie,* XIX, 585 Seiten

IM QUELL-VERLAG, STUTTGART:

Das Gebet, das die Welt umspannt. Reden über das Vaterunser. 13. Auflage, 207 Seiten
Das Bilderbuch Gottes. Über die Gleichnisse Jesu. 150. Tausend, 319 Seiten
Wie die Welt begann. Der Mensch in der Urgeschichte der Bibel. 5. Auflage, 329 Seiten
Ich glaube. Das Bekenntnis der Christen. 4. Auflage, 328 Seiten (zugleich in der Herder-Bücherei, Nr. 396)
Und wenn Gott wäre ... Reden über die Frage nach Gott. 2. Auflage, 276 Seiten

IM HERDER VERLAG, FREIBURG:

Das Lachen der Heiligen und Narren. Nachdenkliches über Witz und Humor. 2. Auflage, 142 Seiten (Herder-Bücherei, Nr. 491)
Die geheime Frage nach Gott. Hintergründe unserer geistigen Situation. 2. Auflage, 204 Seiten (Herder-Bücherei, Nr. 429)
Theologisches Denken und verunsicherter Glaube. Eine Hinführung zur »modernen« Theologie. 3. Auflage, 126 Seiten (Herder-Bücherei, Nr. 506)

GÜTERSLOHER VERLAGSHAUS GERD MOHN:

Offenbarung, Vernunft und Existenz. Studien zur Religionsphilosophie Lessings. 5. Auflage, 172 Seiten
Geschichte und Existenz. Grundlegung einer evangelischen Geschichtstheologie. 2. Auflage, 394 Seiten

GOLDMANN VERLAG, MÜNCHEN:

Wer darf leben? Ethische Probleme der modernen Medizin. 160 Seiten, Taschenbuch, Nr. 2650

Furche-Verlag, Bielefeld:

Auf Kanzel und Katheder. Aufzeichnungen aus Arbeit und Leben. 239 Seiten, Band 55 der Stundenbücher
Leiden an der Kirche. Ein persönliches Wort. 187 Seiten, Band 52 der Stundenbücher

Übersetzungen sind erschienen in: USA/England, Brasilien/Portugal, Dänemark, Norwegen, Schweden, Finnland, Holland, Italien, Spanien, Südafrika (africaans), Japan.